尼山世界儒学中心
中国孔子基金会
文库

论语解读

中国孟子研究院 组编
陈来 王志民 主编

齊魯書社

图书在版编目（CIP）数据

论语解读 / 陈来，王志民主编. -- 济南：齐鲁书社，2021.12
ISBN 978-7-5333-4523-5

Ⅰ. ①论… Ⅱ. ①陈… ②王… Ⅲ. ①儒家②《论语》—研究 Ⅳ. ①B222.15

中国版本图书馆 CIP 数据核字（2021）第274784号

责任编辑　向　群　王亚茹
装帧设计　赵萌萌
责任校对　王其宝　赵自环

论语解读
LUNYU JIEDU
陈　来　王志民　主编

主管单位　山东出版传媒股份有限公司
出版发行　齐鲁书社
社　　址　济南市英雄山路 189 号
邮　　编　250002
网　　址　www.qlss.com.cn
电子邮箱　qilupress@126.com
营销中心　（0531）82098521　82098519
印　　刷　山东临沂新华印刷物流集团有限责任公司
开　　本　720mm×1020mm　1/16
印　　张　53
插　　页　2
字　　数　706 千
版　　次　2021 年 12 月第 1 版
印　　次　2021 年 12 月第 1 次印刷
标准书号　ISBN 978-7-5333-4523-5
定　　价　186.00 元

目　录

传承与训解
——《论语》引论（陈来）/ 1

《论语》中孔子的主体性思想
及其当代价值（安乐哲）/ 33

学而第一（王中江 解读）/ 52

为政第二（王中江 解读）/ 102

八佾第三（王志民 解读）/ 141

里仁第四（王志民 解读）/ 170

公冶长第五（李存山 解读）/ 191

雍也第六（李存山 解读）/ 227

述而第七（孔德立 解读）/ 263

泰伯第八（孔德立 解读）/ 307

子罕第九（杨朝明 解读）/ 334

乡党第十（杨朝明 解读）/ 382

先进第十一（杨海文 解读）/ 419

颜渊第十二（杨海文 解读）/ 472

子路第十三（梁涛 解读）/ 523

宪问第十四（梁涛 解读）/ 586

卫灵公第十五（肖永明 解读）/ 646

季氏第十六（肖永明 解读）/ 689

阳货第十七（颜炳罡 解读）/ 722

微子第十八（颜炳罡 解读）/ 761

子张第十九（刘瑾辉 解读）/ 783

尧曰第二十（刘瑾辉 解读）/ 818

传承与训解

——《论语》引论

陈 来

开篇，我先就《论语》的传承、地位和影响，跟大家做一些一般性的介绍，提供一些历史文化的基础知识，帮助大家更好地从总体上了解《论语》传承发展的历史及其在中华文化中的基本地位，为我们进一步解读提供一个基础。

一、《论语》的书名

《论语》的书名，在《汉书·艺文志》里面有一个明确的交代。“《论语》者，孔子应答弟子时人及弟子相与言而接闻于夫子之语也”，这是说明《论语》是关于什么内容的书籍。“之语”，我把它理解为两部分：一部分是“孔子应答弟子时人”之语，孔子回答弟子及当时一些人的问题；另一部分是“弟子相与言而接闻于夫子之语”，弟子之间相互讨论以前听到的夫子说过的话。然后说“当时弟子各有所记。夫子既卒，门人相与辑而论纂，故谓之《论语》”，孔子应答弟子、时人讲的那些话，当时弟子们各有所记，等到夫子死了以后，“相与辑而论纂”。“纂”就是编纂，把这些“语”加以编辑整理，所以叫作《论语》。在这个讲法中，我们可以看出班固把《论语》中的“论”解释为“辑而论纂”，“语”是孔子和他的弟子讲的那些话。这是《汉书·艺文志》给我们的一个说明。

到了东汉，在《释名》里面也提到了《论语》，“《论语》，纪孔子与诸弟子所语之言也”。这句话比较简明，是说《论语》就是记载了孔子和他的弟子们之间的谈话。东汉还有一位学者叫王充，他写了本书叫《论衡》。这本书里面说：“夫《论语》者，弟子共纪孔子之言行。”这个讲法当然更完整一些，表明《论语》里面不仅记载了孔子之言，还记载了孔子之行。同时，在赵岐的《〈孟子〉题辞》里面也讲到“七十子之畴，会集夫子所言，以为《论语》”，意思是会集了夫子所讲的话就成了《论语》。其实在孔子跟他弟子的对话之外，《论语》还有一小部分记载了他的弟子的一些言论或者言行，这在整部《论语》里面占的分量比较小，可以说附属于“孔子与诸弟子所语之言也”。关于《论语》的内容，上面应该说都讲清楚了，主要是记载了孔子的言行，当然还有一小部分记载了孔子弟子，比如曾子、子贡等的言行。回到刚才所讲《论语》中的“论”字，照《汉书·艺文志》来讲是“辑而论纂”，即编辑整理的意思。汉代对此也有一些解释，像《释名》里面讲到“论，伦也，有伦理也”，“论”就是伦理，伦理也就是次序的意思；《释名》还把“语”解释为“叙也，叙己所欲说也”；因此，“语”

是自己讲的话，“论”是把这些话整理得有次序。

有关“论”“语”这两个字在汉代还有一些其他的表述，比如在《毛传》里面讲到“直言曰言”，我直接说自己的话，这叫“言”；“论难曰语”，跟别人辩论问题，这叫“语”。郑玄的《周礼注》里面讲“发端曰言，答述曰语”，“语”主要是对别人的回答，这也是汉人的一种区分。

关于《论语》这本书，在古书里面多有记载和引用。譬如《礼记·坊记》中讲道：“《论语》曰：‘三年无改于父之道，可谓孝矣。’”这里完整地出现了《论语》这个书名。《史记》引太史公曰：“《传》曰：‘其身正，不令而行；其身不正，虽令不从。’”《汉书·宣帝纪》讲：“《传》曰：‘孝弟也者，其为仁之本与！’”《史记》《汉书》里面引用了《论语》中的话，但是成了“《传》曰”。据汉人和后来有些学者的区分，像张华在《博物志》里面讲，“圣人制作曰经，贤者著述曰传”，《史记》《汉书》里面引用孔子的话，称其为“《传》曰”，是因为《论语》在当时还不属于“经”，所以就把它称为“传”。此外，还有一些书称其为《语》，或者称为《记》。在《孟子》一书里面有29章引用了孔子的话。这些话，现在见于《论语》者有8段。从这里可以看出，在孟子所处的时代，《论语》这本书应该已经辑定了。刚才提到《坊记》里面直接称其为《论语》，所以在战国时代，应该说在孟子和《礼记》的时代，《论语》这本书应该已经辑定了。

关于《论语》的篇章，我们后面会稍微讲一讲《论语》篇次的数目，这里只是简单地提一下近代以来对《论语》的辨伪研究。在清朝乾嘉时代，有一位学者叫崔述，他最早致力于古史的辨伪。“五四”以后，顾颉刚先生继承了这个传统，编了《古史辨》。崔述的《洙泗考信录》应该说是对《论语》的辨伪研究，主要是对《论语》里面的篇章提出了一些质疑。比如他认为，我们今天看到的《论语》并不是孔门传下的《论语》的原本，也不是汉代鲁国传下的《鲁论语》的旧本，这里面已经出现了篡乱和续补。篡乱是说篇章可能乱了，次序颠倒了；续补是说孔门《论语》编好了以后，我们现在的这个本子又续增了一些内容。崔述认为，今本《论语》20篇中的前十篇是最纯粹的，没有什么篡乱、续补的地方，而后十篇与前十篇大不相同。首先就是文体不同，尤其是最后五篇更可疑。他的理由是，《论语》前十篇通例称呼孔子为子，但是后五篇不称子，而称孔子或夫子，于是他认为这五篇应该是后人续入的，不是孔门的原本。如果我们从材料的真伪角度来看，后来续入的材料也可以是真材料。比如，前十篇是七十子辑订的《论语》，后十篇是七十子的后学把他们所收集的资料继续加入到了《论语》之中，这些材料虽然属于续补，但内容是真实的，所以不能用辨伪这个概念模糊了内容的真实性。崔述这个观点，对我们今天国内的《论语》研究者影响不是很大，但对国外特别是对美国学者有一定的影响，个别美国学者不仅把它看成定论，甚至把它推向极端，这是非常不恰当的。

二、《论语》的传本

《汉书·艺文志》明确地讲过：“汉兴，（《论语》）有齐、鲁之说。”“汉兴”，就是汉代刚开始的时候。秦朝焚书坑儒以后，很多经籍的传承应该说受到了很大的影响，相当一部分经典是凭经师的口耳记诵才传承下来的。《论语》也是一样，因为是凭经师的口耳记诵，所以不同的经师传下来的本子就有所不同。“汉兴，有齐、鲁之说”，那就是说主要有两个传本，一个是《齐论语》，一个是《鲁论语》。在这里我们主要介绍四个传本。

第一个是《鲁论语》。《汉书·艺文志》里面著录《鲁论语》20篇。据北宋邢昺《论语注疏》记载，《鲁论》的篇次跟今传《论语》相同，就是说《鲁论》和我们今天看到的《论语》的篇名、篇次是相同的。因为它是由鲁国人所传所学的，所以汉代称其为《鲁论》。汉代《熹平石经》中的《论语》就是《鲁论》。在西汉的时候，传《鲁论》的学者有八家，据《汉书·艺文志》里面讲，有“常山都尉龚奋、长信少府夏侯胜、丞相韦贤、鲁扶卿、前将军萧望之、安昌侯张禹”等，可见还是很多的。刚才讲《熹平石经》所刻的是《鲁论》，但是刊本我们今天不可能看到了。1973年，在河北定州的西汉墓里面出土了竹简《论语》，这个竹简《论语》可以说是我们迄今所能看到的最早的《论语》抄本，保存下来的内容不到今本的一半。据研究者讲，其中就有《鲁论》的文字。研究者的结论是：定州的《论语》与许慎所见到的古文《论语》（鲁壁里面发现的用古文书写的《论语》）有明显的差异，所以它不是古文《论语》，而且它与汉代有重大影响的《张侯论》也存在相当多的差异，因此它应当属于今文《鲁论》的系统。可惜因为受到当时地震的影响，定州竹简有很多遭到了损坏。

第二个是《齐论语》。据《汉书·艺文志》记载，《齐论语》有22篇，比《鲁论语》多了2篇。这2篇是什么呢？据记载，是《问王》和《知道》。这2篇是《鲁论语》传本里没有的。何晏在《论语集解》的序文里面说它“二十篇中章句颇多于《鲁论》”，也就是说，《齐论语》不仅比《鲁论语》多了2篇，而且前20篇里面的字句往往比《鲁论语》要多。《齐论语》前20篇的题名和《鲁论语》是一样的，但是文句、字数多少还是有所不同的。西汉传《齐论语》者有六家，刚才讲传《鲁论语》者有八家，比《齐论语》要稍微多一些。2015年，在南昌的西汉海昏侯墓里出土的竹简中发现《论语》，据目前披露的消息说，出土的《论语》是《齐论语》，因为它里面有《知道》篇。由此，今天我们在出土文献里面也可以看到《齐论语》的一些真面目了。目前，海昏侯竹简还没有公布，保存的完整程度到底如何，我们还不了解，但对于《论语》研究者来说，无论如何也是一个好消息。可以说，自20世纪70年代发现定州《论语》以来，海昏侯墓出土的竹简为我们研究《论语》提供了新的文本资料。

第三个是《古论语》。《汉书·艺文志》讲："武帝末，鲁共王坏孔子宅，欲以广其宫。"鲁共王觉得自己的宫苑小，就把孔子的故宅拆毁，从中"得《古文尚书》及《礼记》《论语》《孝经》凡数十篇，皆古字也"。《古论语》有一个特点，就是把《尧曰》分成上下两篇，下篇叫作《子张问》。它不仅在分篇上多了一篇，而且每篇的次序与《鲁论语》《齐论语》也有所不同。南北朝的皇侃讲过，《古论语》"以《乡党》为第二篇，《雍也》为第三篇"，而我们现在的传本是《为政》第二，《八佾》第三。除了篇次不一样，异文也时有存在。桓谭在《新论》里指出：《古论语》与《鲁论语》《齐论语》相比，"文异者四百余字"，有400多个文字不同。孔安国曾对《古论语》作过注解，此注解后来被何晏的《论语集解》采纳了。

第四个是《张侯论》。何晏《论语集解》里面讲："安昌侯张禹本受

《鲁论》”，张侯本来接受《鲁论语》的传习，“兼讲《齐》说”，也吸收了《齐论语》的一些文本特点。“善者从之”，他觉得《鲁论语》《齐论语》哪一个版本比较好，就采纳哪一种说法。“号曰《张侯论》，为世所贵”，他的《张侯论》在当时很受重视。《隋书·经籍志》里面讲：“除去《齐论·问王》《知道》二篇，从《鲁论》二十篇为定，号《张侯论》。”是说《张侯论》把《齐论语》中《问王》《知道》两篇去掉，将《鲁论语》20篇作为定本。这是强调《张侯论》主要是依从了《鲁论语》的文本体系。西汉之下，《鲁论》《齐论》以后，《张侯论》成为最流行且对后世影响最大的《论语》文本。郑玄依据这个本子作的注，一直流传到今天。

三、《论语》的单注本

关于《论语》的单注本，这里主要讲郑玄注本。西汉孔安国对《古论语》已经作了训解，这可以说是最早的《论语》注解本。除了《古论语》注本，《鲁论》《齐论》也都有注本出现，特别是郑玄注本，影响比较深远。何晏《论语集解序》讲：“汉末大司农郑玄就《鲁论》篇章考之《齐》《古》，为之注。”就是说，郑玄以《鲁论》的篇章为基础，参考《齐论》《古论》，为《论语》作了注解。后来《隋书·经籍志》著录了郑注《论语》10卷，又说道：“汉末，郑玄以《张侯论》为本，参考《齐论》《古论》而为之注。”郑注本以《张侯论》为本，一共20篇，章句里也参考了《齐论》《古论》。据后人说，郑注的读音特别参考了《齐论》《古论》，甚至有的学者说郑注的读音主要以《齐论》《古论》为依据，但是保留了《鲁论》读音数十条。一直到隋唐时期，郑注本都是最流行的本子。隋唐时期还有一个流行的本子，那就是何晏的《论语集解》本。我们今天流行的《论语》，主要来源于郑注本。

由于《论语》郑注一直到隋唐时期都非常流行，所以我们晚近出土的一些文献，主要是敦煌文书和吐鲁番出土的写本里，都发现了《论语》郑注本的残卷，两者加起来差不多有半部《论语》之多，其中也可以看到大量的异文。郑注本在宋代以后就亡佚了，敦煌和吐鲁番出土的这些残卷，应该能够帮助我们看到隋唐以前郑注本的面貌。吐鲁番出土的这些残卷时代比较早，属于十六国时期，大约公元 309—439 年，所以非常珍贵。在敦煌文书里面发现的唐写本的郑氏注有篇题，篇题下面有题注“孔氏本，郑氏注”。也就是说，这个本子本来是孔安国所传之本，那就是《古论语》本，然后由郑玄作注。但是这个说法和《汉书·艺文志》的讲法不一样，因此唐写本的研究者就认为“孔氏本，郑氏注”这个讲法可能是书商所为，书商凭自己的想象增加了“孔氏本，郑氏注”。其实关于《论语》郑氏注的底本，我们还是应该遵从何晏之说。出土的郑氏注的写本，近代以来仍受到学者的注意，比如说罗振玉、王国维都专门对《论语》郑注残卷做过研究。罗振玉认为，唐写本的篇次同于《鲁论》，但题为孔氏本，初不可晓。就是说，那篇次明明是《鲁论》的篇次，他不明白为什么写成孔氏本。他认为应该是据《古》正《鲁》，还是以《鲁论》为本，但是参考《古论》做了一些校定。王国维也认为，“郑氏所据本固为自《鲁论》出之《张侯论》，及以《古论》校之”。可见，近代的一些学问大家也非常关注出土文献里面的《论语》文本。《论语》郑注的特点是重训诂、音韵，这与郑玄对其他经典的注释特点一致。

四、《论语》的集解本

前面讲郑注本是单注本，不是集解本。其实汉代《论语》的单注本已经不少了，比如《古论》有孔氏注、马融注，《张侯论》有包氏注、周氏注，等等。为了整体地了解汉晋南北朝的这些《论语》注本，我们来看看何晏和皇侃的详细叙述，从中也可以了解何晏、皇侃集解本的特色。

何晏《论语集解序》言：

> 叙曰，汉中垒校尉刘向言：《鲁论语》二十篇，皆孔子弟子记诸善言也。太子太傅夏侯胜、前将军萧望之、丞相韦贤及子玄成等传之。《齐论语》二十二篇，其二十篇中章句颇多于《鲁论》，琅邪王卿及胶东庸生、昌邑中尉王吉皆以教授。故有《鲁论》，有《齐论》。鲁共王时，尝欲以孔子宅为宫，坏，得《古文论语》。《齐论》有《问王》《知道》，多于《鲁论》二篇。《古论》亦无此二篇，分《尧曰》下章《子张问》以为一篇，有两《子张》，凡二十一篇，篇次不与齐、鲁《论》同。

以上讲传本，即文本传授。

> 安昌侯张禹本受《鲁论》，兼讲《齐》说，善者从之，号曰《张侯论》，为世所贵，包氏、周氏章句出焉。《古论》唯博士孔安国为之训解，而世不传。至顺帝时，南郡太守马融亦为之训说。汉末大司

农郑玄就《鲁论》篇章考之《齐》《古》，为之注。近故司空陈群、太常王肃、博士周生烈皆为义说。

以上讲义解，即义说训解。

前世传授师说虽有异同，不为训解；中间为之训解，至于今多矣。所见不同，互有得失。今集诸家之善，记其姓名，有不安者，颇为改易，名曰《论语集解》。

以上讲集解，即集诸家解。

何晏的《论语集解序》的时代早，也讲得比较清楚。他讲："《鲁论语》二十篇，皆孔子弟子记诸善言也。"前面我们也提到了何晏的这句话，其中"善言"就是嘉言的意思。"太子太傅夏侯胜、前将军萧望之、丞相韦贤及子玄成等传之。"他指出了有哪些人来传承《鲁论语》。"《齐论语》二十二篇，其二十篇中章句颇多于《鲁论》。"所有关于汉代《论语》情况的说法都依据这句话。"琅邪王卿及胶东庸生、昌邑中尉王吉皆以教授。"我们前面讲，传《鲁论语》的有八家，传《齐论语》的有六家，"传"不仅是文本的传递，同时是用这个文本来进行教学。然后他总结说："故有《鲁论》，有《齐论》。"他又说："鲁共王时，尝欲以孔子宅为宫，坏，得《古文论语》。"在《鲁论》《齐论》之外，还有《古论》。《古论》是鲁共王破坏孔子故居的墙时发现的。"《齐论》有《问王》《知道》，多于《鲁论》二篇。"《齐论》比《鲁论》多出了《问王》《知道》两篇，并且《古论》也没有这两篇，"《古论》亦无此二篇，分《尧曰》下章

《子张问》以为一篇”。总体来看，何晏《论语集解序》的第一段主要讲《论语》传本，有《鲁论》《齐论》《古论》。

下面接着讲，“安昌侯张禹本受《鲁论》，兼讲《齐》说，善者从之，号曰《张侯论》，为世所贵，包氏、周氏章句出焉”。包氏、周氏依据《张侯论》作了章句。“《古论》唯博士孔安国为之训解”，可见《古论》在西汉被发现以后，孔安国为其作了训解。“而世不传”，但后来没有传下来，没有更多的人关注孔安国的训解。“至顺帝时，南郡太守马融亦为之训说。”西汉时期，除了孔安国，其他人不传《古论》；到了东汉顺帝时，马融也为《古论》作了训说。训说、训解都是注释类的著作。“汉末大司农郑玄就《鲁论》篇章考之《齐》《古》，为之注。”郑玄的注本以《鲁论》为主，也参考了《齐论》《古论》。“近故司空陈群、太常王肃、博士周生烈皆为义说。”陈群、王肃、周生烈对郑玄所确定的《论语》文本作了进一步的解释。

第一段讲的是传本，第二段讲的是义解，义解包括义说、训说、训解等。最后何晏总结：“前世传授师说虽有异同，不为训解。”《论语》在汉代刚开始流传的时候，主要是经师传授，不作训解。“中间为之训解，至于今多矣。”从西汉中期开始，出现了注释类的著作；到了何晏所处的时代，注释类的著作已经很多了。“所见不同，互有得失”，每一部训解的观点大有不同。“今集诸家之善，记其姓名，有不安者，颇为改易，名曰《论语集解》。”这就是《论语》史上最有名的著作之一《论语集解》，是由何晏等人将汉代有关《论语》的训说、训解等注释编集而成的。据后来皇侃对何晏《序》里面所讲的“包氏、周氏章句”的说明，包氏、周氏二人对《张侯论》所作的义说属于注解本，并不是单纯分章的传本。孔安国对《古论》作了训解，马融也为《古论》作了训说；郑玄为《鲁论》作注，同时依据《齐论》《古论》做了一些校定；陈群、王肃、周生烈也为《鲁论》作了义说。所以，《张侯论》《古论》《鲁论》都有注解。

何晏的《序》可以说非常清楚地叙述了《论语》的流传，包括了从传本到个人义解，再到集诸家解这个过程的三个阶段。此后单注本（即个人义解）还在历史上不断出现，同时集解这种形式的注本在历史上也不断出现，但相较而言，应该说集解本在历史上发挥的作用更大。如果不从体例（集解和单注本的体例是不一样的），而是从内容上看，汉代注解的特点是只诠字义，当然有的也讲了读音，但主要是诠解字义，以训诂字义为主。从魏开始，注本就从仅仅训诂字义向阐释义理发展。《论语集解》就是集合了汉魏时期《论语》注的大成，所以它在注解、体例、义理的解说方面都有自己的特点。其特点如下：

第一，它创立了经学注释的集解体，保存了大量的汉魏古注，这是很有价值的。因为何晏坚持“集诸家之善”这个原则，所以他对汉魏的《论语》研究成果进行了集解。在《论语集解》里面收录了八家注释，有孔安国、马融，他们是讲古文的；有包咸、周氏，他们以今文见长；有郑玄，他兼采今古文；有陈群、王肃、周生烈，他们是曹魏时人，重视以义理解说。这些人“所见不同，互有得失”，何晏却能够把他们的解释融为一体，不拘师法的界限，不拘今古文的差别，博采章句、训诂、义说种种方法，所以突破了单注的形式，有综合性的优点。

第二，改易各家，自下己意。何晏等人在编《论语集解》的时候，承认诸家“有不安者，颇为改易”。“颇为改易”这个词说明何晏等人是按照他们自己的立场来集解《论语》的注释的，而不是完全照录旧注，所以南朝的皇侃在解释这四个字的时候说："若先儒注非何意所安者，则何偏为改易，下己意也。"改动《论语》一些旧注的原貌，这是不恰当的。

第三，汉代人的解释以训诂字义为主，曹魏时期开始向义理诠释发展。从义理的角度来看，《论语集解》有一个鲜明的特点，就是以《易传》注《论语》。就何晏本人来说，他善谈"易老"，"老"是《老子》，"易"是《易传》。何晏自己著有《周易讲说》，因此他主持的《论语集解》里面多有《易传》之说，这可以说是《论语集解》在义理解说方面最突出的特点。因为汉代包括曹魏时期的人都认为《易传》是孔子所作，自然就拿它来跟《论语》比照解释。但是应该指出一点，用《易传》来解释《论语》，推崇《易传》，并不能说它就是代表玄学的本质，或者受到了玄学的影响。比如《论语·公冶长》说"性与天道，不可得而闻也"，《论语集解》里面说："性者，人之所受以生也。天道者，元亨日新之道，深微，故不可得而闻也。"这个解释与老庄没有关系，并不是玄学、道家之言，而是用《系辞》来解释的。所以，以《易》解《论》，这还不能说就是受到了道家或者玄学的影响，而应该说是这个时期义理解释的一个鲜明的特点。

我们再来看皇侃的《论语义疏》。除了何晏的《论语集解》，南朝梁皇侃的《论语义疏》在历史上的影响也是比较大的。《论语义疏》的序言也很详细：

> 论语，通曰《论语》者，是孔子没后七十弟子之门徒共所撰录也。……语者，论难答述之谓也。《毛诗传》云：直言曰言，论难曰语。郑注《周礼》云：发端曰言，答述为语。今按此书，既是论难答

述之事，宜以论为其名，故名为《论语》也。……又此书遭焚烬，至汉时合壁所得，及口以传授，遂有三本，一曰《古论》，二曰《齐论》，三曰《鲁论》。既有三本，而篇章亦异。《古论》分《尧曰》下章《子张问》更为一篇，合二十一篇，篇次以《乡党》为第二篇，《雍也》为第三篇，内倒错不可具说。《齐论》题目与《鲁论》大体不殊，而长有《问王》《知道》二篇，合二十二篇，篇内亦微有异。《鲁论》有二十篇，即今日所讲者是也。

寻当昔撰录之时，岂有三本之别？将是编简缺落，口传不同耳。故刘向《别录》云：鲁人所学，谓之《鲁论》；齐人所学，谓之《齐论》；合壁所得，谓之《古论》。而《古论》为孔安国所注，无其传学者；《齐论》为琅琊王卿等所学；《鲁论》为太子太傅夏侯胜及前将军萧望之、少傅夏侯建等所学，以此教授于侯王也。晚有安昌侯张禹，就建学《鲁论》，兼讲《齐》说，择善而从之，号曰《张侯论》，为世所贵。至汉顺帝时，有南郡太守扶风马融字季长，建安中，大司农北海郑玄字康成，又就《鲁论》篇章，考《齐》验《古》，为之注解。汉鸿胪卿吴郡包咸字子良，又有周氏不悉其名，至魏司空颍川陈群字长文、太常东海王肃字子雍、博士敦煌周生烈，皆为义说。魏末吏部尚书南阳何晏字平叔，因《鲁论》，集季长等七家，又采《古论》孔注，又自下己意，即世所重者。今日所讲，即是《鲁论》，为张侯所学，何晏所集者也。

晋太保河东卫瓘字伯玉、晋中书令兰陵缪播字宣则、晋广陵太守高平栾肇字永初、晋黄门郎颍川郭象字子玄、晋司徒济阳蔡谟字道明、晋江夏太守陈国袁宏字叔度、晋著作郎济阳江淳字思俊、晋抚军长史蔡系字子叔、晋中书郎江夏李充字弘度、晋廷尉太原孙绰字兴公、晋散骑常侍陈留周坏（怀）字道夷、晋中书令颍阳范宁字武子、晋中书令琅琊王珉字季瑛，右十三家，为江熙字太和所集。侃今之讲，先通何集，若江集中诸人有可采者，亦附而申之。其又别有通儒解释，于何集无好者，亦引取为说，以示广闻也……

“通曰《论语》者，是孔子没后七十弟子之门徒共所撰录也。”说明《论语》不是孔子一人所写，而是他的弟子们共同撰录的。“语者，论难答述之谓也。”这句话是汉代以后对“论”和“语”这两个字的解释。“此书遭焚烬，至汉时合壁所得，及口以传授，遂有三本，一曰《古论》，二曰《齐论》，三曰《鲁论》。既有三本，而篇章亦异。”因为此书被烧掉了，只能通过口耳传授，于是就有了三个本子。既然有三个本子，其篇章也是不一样的。“《古论》分《尧曰》下章《子张问》更为一篇，合二十一篇，篇次以《乡党》为第二篇，《雍也》为第三篇，内倒错不可具说。《齐论》题目与《鲁论》大体不殊，而长有《问王》《知道》二篇，合二十二篇，篇内亦微有异。《鲁论》有二十篇，即今日所讲者是也。”他认为《古论》的篇章是倒错的，《鲁论》的篇章还是比较正的，在皇侃的时代，使用的文本主要是《鲁论》。“魏末吏部尚书南阳何晏字平叔，因《鲁论》，集季长等七家，又采《古论》孔注，又自下己意，即世所重者。今日所讲，即是《鲁论》，为张侯所学，何晏所集者也。”今天我们讲《论语》的本子就是《鲁论》，张侯据之为本所作《张侯论》，以及何晏《集解》的文本里也都体现了《鲁论》。下面又提到了 13 个人的名字，然后说：“右十三家，为江熙字太和所集。侃今之讲，先通何集，若江集中诸人有可采者，亦附而申之。其又别有通儒解释，于何集无好者，亦引取为说，以示广闻也。”这句话比较重要。因为从中我们得知，皇侃的《论语义疏》先对何晏的《集解》做了一些疏通解释，然后将江熙所集的十三家中有可采取者收录进来。如果是在何晏的《论语集解》、江熙的集注里面都没有的，另外的通儒的解释，皇侃也将其采纳进来，“以示广闻也”。从中可以看出皇侃《义疏》的一种多样性的特色。这篇序很长，我上面挑的这几句都是值得注意的。另外，我们还要注意以下几点：

第一，西汉《论语》学教授的重点对象是王侯。照皇侃的讲法，“以此教授于侯王也”，所以我们在海昏侯墓里发现《论语》是很正常的，因为王侯要学习《论语》。

第二，皇侃的《论语义疏》确实进一步扩大了集解的范围。何晏是集八家之说，而皇侃从江熙所集的十三家《论语》注里面又取材不少，说明江熙也有一个《论语》集注本，虽然没有传下来，但皇侃看到了，他从江熙的集注里面吸取了不少素材。

第三，除了何晏所集的八家、江熙所集的十三家，皇侃的《论语义疏》还吸取了其他通儒的解释。哪些通儒呢？一个是江熙本人，再就是王弼、郭象，所以皇侃集解的范围就远大于何晏的《集解》。

《论语义疏》的特点就是，它的内容有许多关于老庄玄学的应用。前面我们讲何晏的《论语集解》里面含有《易传》与《论语》相比照的解释，而皇侃的《论语义疏》，不仅增加了十三家，还吸取了其他的通儒，像王弼、郭象等玄学代表，所以它有大量的对老庄玄学的应用。比如，在皇《疏》里面引用《老子》的文本不少见，有“重为轻根，静为躁本”（《老子》第26章），还有“民安其居而乐其俗，邻国相望而不相与往来”

(《老子》第80章)。而王弼作为通儒被引用，是最明显的代表。皇侃引用了王弼的许多话，比如“举本统末”，这就是玄学的思想。再比如“有子”章引王弼曰：“自然亲爱为孝，推爱及物为仁。”“一贯”章注引王弼曰：“贯，犹统也。夫事有归，理有会，故得其归……总其会，理虽博，可以至约穷也。”又王弼曰：“忠者，情之尽也；恕者，反情以同物者也。未有反诸其身而不得物之情，未有能全其恕而不尽理之极也。”特别是“性相近”章注引王弼曰：“不性其情，焉能久行其正？此是情之正也。”这是王弼最有代表性的“性其情”的思想。“为政以德”章引郭象曰：“万物皆得性谓之德。夫为政者奚事哉？得万物之性，故云德而已也。……得其性则归之，失其性则违之。”“阳货欲见孔子”章又引郭象曰：“圣人无心，仕与不仕随世耳。”这些都是郭象的一些有代表性的玄学思想。所以，《论语义疏》一方面扩大了《集解》的文本范围，提供了一些汉魏以后难见的资料；另一方面将大量的玄学思想加入了《论语》的注疏文本里面。

前面讲了何晏的《论语集解》、皇侃的《论语义疏》，下面讲北宋邢昺的《论语注疏》。《论语注疏》在宋明的时候也称为《论语正义》，清代中期以后改称为《论语注疏》，题名是“何晏注，邢昺疏”。邢昺于宋真宗咸平二年（999）受诏校定诸经义疏，他做好了以后，颁列学宫。《四库提要》里面讲邢《疏》的特点是“大抵翦皇氏之枝蔓，而稍傅以义理”。“皇氏”就是皇侃的《疏》，其内容有的比较支离，邢《疏》把这些东西都剪除了；并且皇侃的《疏》义理诠释还不够，然后邢《疏》就向义理方面做了发展，但这个发展只是初步的，所以说“稍傅以义理”，这就为后来宋人义理方面的注释奠定了基础。这是《四库提要》对邢《疏》

做的总结，历来被大家所接受。同时《四库提要》也指出了它的一个缺点，即它在何晏《集解》以外引用了很多义说，但都没有标注出处。刚才讲邢《疏》“大抵翦皇氏之枝蔓”，就是把皇《疏》里面很多以道家解《论语》的地方都删掉了，因此，邢《疏》的文化取向是非常明显的，就是要回归儒家本来的意义。书中引用《集解》的文，叫作“注”；“疏”后的文字，也就是“邢疏”。邢《疏》里面也引用了各家的大量说法，但专属于邢昺的这部分叫作“正义”。周中孚对邢《疏》有一个评价：“章句训诂名器事物之际甚详，故能与何注并传。”就是说，邢《疏》中的章句训诂和名器事物的解释都很详细，依靠它们才能比较深入地了解何晏《集解》中注的意思。然后又说：“其荟萃群言，创通大义，已为程、朱开其先路矣。”也就是说，邢昺开始向义理方面发展，为程朱义理派的解释开了先河。

接下来就是《论语集注》。前面我们大多把重点放在章句、篇章、篇次等方面，《论语集注》我们要稍微讲得细致一点。从整个《论语》注解的历史来看，可以说从汉代以来就开始谋求义解，但是不同时期义解的方式有所不同。汉代的义解主要是训诂，即关于字义的训解，但从皇《疏》开始，就增加了很多对于义理解说的发挥。当然，在何晏的《集解》里面，也包括了刚才提到的以《易传》来解释《论语》的义理阐释方式。但是从皇《疏》开始，对义理解说的发挥更多了，特别是其中引入了玄学的许多思想。作为《论语》训解里面义理层面的这些努力，反映的是这个时代的思潮。

北宋是一个儒学复兴的时代，这个时代从政治到社会都与之前的朝代有了很大的变化。从唐代开始复兴的儒学，在北宋应该说得到了全面的推展，这种儒学的复兴，必然会在《论语》的解释体系上表现出来。这样看来，第一步就是宋真宗时代的《论语注疏》，它去除了以往像皇侃《义疏》里那些道家玄学的思想要素，使对《论语》思想义理的解释归本儒学大义。同时它也很注意保留汉代以来相关词义训诂的成就，如同前人对邢《疏》的评价，“章句训诂名器事物之际甚详”。再就是在这个基础上发挥这个时代新的儒学义理，将其贯通到《论语》的解释中。这个任务的主导线索应该是道学，就是用道学的义理来重新诠释《论语》。从北宋到南宋，首先开始于二程，然后二程的门人后学做了很多的努力，最后由朱熹集大成。朱子关于《论语》有好几部作品，比如《论语训蒙口义》《论语精义》《论语要义》《论语集注》《论语或问》，其中影响最大的是《论语集注》。朱子的《论语集注》是用以理为中心的义理体系来贯穿对《论语》的解释的。《论语集注》相对于《论语注疏》仅仅“稍傅以义理”来说，那就是一个重大的补充、加强和改进，可以说比《论语注疏》更好地完成了这个时代所要求的儒学对《论语》的再诠释，也就使《论语》的诠释在理论上提升到了一个全新的阶段。《论语集注》的叙述特点是先训读，次解释大意，次引程子、程门之说，最后以“愚谓”“愚按”补足之。为了凸显理学的这种诠释特色，我们就《论语集注》举几个例子。第一个例子：

子曰：“不然，获罪于天，无所祷也。”（《论语·八佾》）

《集注》：

天，即理也；其尊无对，非奥灶之可比也。逆理，则获罪于天矣，岂媚于奥灶所能祷而免乎？言但当顺理，非特不当媚灶，亦不可媚于奥也。

“天，即理也”，这明确地继承了二程的理学思想，把《论语》文本中原本带有古代宗教意味的“天”明确解释为“理”，这是理学解经思想的一个最重要的基点。这个“理”是宇宙的普遍法则，所以“其尊无对”，人只能顺理而动，不能逆理而行。

第二个例子：

子贡曰：“夫子之文章，可得而闻也；夫子之言性与天道，不可得而闻也。”（《论语·公冶长》）

《集注》：

文章，德之见乎外者，威仪文辞皆是也。性者，人所受之天理；天道者，天理自然之本体，其实一理也。

此句先解释“文章”可得闻，“性”与“天道”不得闻。什么是“文章”，什么是“性”，什么是“天道”？“文章”是“德之见乎外者”，它不是脱离了德的；“性”是“人所受之天理”；“天道”是“天理自然之本体”，用“理”来解释“天道”。所以，照这个解释，应该说“命”是“天所赋之天理”，“性”是“人所受之天理”，“命”是从施发之赋而言的，“性”是从禀天之受而言的，所以“天命”“天性”是同一个过程的两个方面。“天道”是指“天理”本来的存在和状态，天道流行，发育万物，也就是天把“理”赋予人和物，这个过程叫作“天命”。人和物接受了天所给予的“理”，那就是“性”。所以“天道”是自然的天理流行，“性”是禀受在人身上的“天理”，其实都是“理”。

通过这样对《论语》的解释，朱子就把这种道学的天理论的体系，明确地贯穿到了整个对《论语》的解释中。在理学思想里面讲，“天道者，天理自然之本体”，一般以“理”解释“道”，像《论语集注》里面解释“食无求饱……就有道而正焉，可谓好学也已”，说：“凡言道者，皆谓事物当然之理，人之所共由者也。”在这个解释里面，“道”的基本含义是“事物当然之理”，也就是事物的规范原则，这些规范是社会中人人必须共同遵守的。“事物当然之理”主要指人们的规范，这里的“道”主要针对“人道”而言。

再举个例子：

> 曾子曰：“夫子之道，忠恕而已矣。”（《论语·里仁》）

《集注》：

> 尽己之谓忠，推己之谓恕……盖至诚无息者，道之体也，万殊之所以一本也；万物各得其所者，道之用也，一本之所以万殊也。以此观之，一以贯之之实可见矣。

很明显，朱熹用道的体用，也就是理学的体用论来发挥、解释《论语》里面“忠恕一贯”的思想。他首先从人生的最高境界来解说圣人的一贯之道，认为一贯之道指的就是圣人之心浑然一理，而它的应用是各有所当。心浑然一理是体，随时随事各有所用是万殊。如果在道德实践上能够随事精察，那只表明在应用上不错，但还没有达到体一的最高境界，即只完成了具体，还没有达到一贯。朱子还指出，一贯的人生境界和天地之化是一致的，因为天地万物也具有这种万殊和一贯的关系。比如说，夫子境界里面的浑然一理，相应于天地总体的至诚无息；夫子的泛应曲当，相应于万事万物各得其所。所以，天地至诚无息的总体运动是道之体，万事万物各得其所是道之用。这个道之体是万物统一性的本源和根据，是一本；道之用是统一性的个别的、具体的表现，是万殊。这样就用理学的理一分殊的思想对一贯之道进行了诠释。

最后再举一个例子：

子在川上，曰：“逝者如斯夫！不舍昼夜。”（《论语·子罕》）

《集注》：

天地之化，往者过，来者续，无一息之停，乃道体之本然也。然其可指而易见者，莫如川流。故于此发以示人，欲学者时时省察，而无毫发之间断也。程子曰：“此道体也。天运而不已，日往则月来，寒往则暑来，水流而不息，物生而不穷，皆与道为体，运乎昼夜，未尝已也。是以君子法之，自强不息。及其至也，纯亦不已焉。”……愚按：自此至篇终，皆勉人进学不已之辞。

为了解释“子在川上曰”，朱熹发挥了二程道体的观念来做说明。二程认为，“逝者如斯夫”，逝是指道体运行不已，天地万物的运动变化都是以道为体的；进而提出，生生不息、流行不已的天地变化过程就是本然的道体，即自然变化就是道的真实的、本来的事情，道并不是抽象的实体。这些都非常鲜明地体现了朱子以系统的道学家的理论来解释《论语》。

朱熹 34 岁时就编成了《论语要义》。在《论语要义序》里，他讲：“独取二先生及其门人朋友数家之说，补辑订正，以为一书，目之曰《论语要义》。”朱子采用了二程和他们的弟子、朋友（如张载等）对《论语》的解释。朱子 43 岁时编成了《论语精义》，其编撰方针与《论语要义》一样。他在《论语精义序》里面讲：“间尝搜辑条疏，以附本章之次，既又取夫学之有同于先生者，与其有得于先生者，若横渠张公，若范氏、二吕氏、谢氏、游氏、杨氏、侯氏、尹氏，凡九家之说，以附益之，名曰《论孟精义》。”朱熹首先收集二程先生的讲法；然后又采用了学术同于二程先生学问宗旨，以及“有得于先生者”的说法，附在每个注解的后面。《论语精义》后来更名为《论语集义》，对九家之说做了进一步的补充。随着自身学问的成熟，朱熹渐渐觉得，他前期几种《论语》著作里面收集的北宋以来道学诸儒的说法，有些未精，比如原来引用的谢上蔡等人的说法，他就认为未精，所以后来又作了《论语集注》。《论语集注》的特点是，在上面几种《论语》著作的基础上，“约其精粹妙得本旨者”，把最精粹、最能够真正体现孔子原本宗旨的内容作为“集注”保留下来。所以，朱熹说“《集注》乃《集义》之精髓”。既然《集注》是对《集义》的一种选择，把精髓选出来，那择取的理由是什么？针对这个问题，他还撰写了一本书叫《论语或问》，详细说明为什么原来在《论语要义》里面选了那么多道学系统的《论语》解释，在《论语集注》里面却只保留这几家，其他家没有保留下来。前面我们说《集注》有一个特点，一上来先讲音读、字义的训诂，这是朱子的自觉。早在他 34 岁编成《论语要义》的时候，他还同时编成了《论语训蒙口义》。他在《论语训蒙口义序》里面讲："本之注疏以通其训诂，参之《释文》以正其音读。""本之注疏"就是本之以往对于《论语》的注疏，最近的当然是邢昺的《疏》，更远当然还包括何晏的《集解》和皇侃的《义疏》。"参之《释文》以正其音读"，《经典释文》里面包括了很多经文的音读。"然后会之于诸老先生之说，以发其精微。""诸老先生"主要指二程、张载。所以，《集注》的基本做法不是突然出现的，朱子在一开始作《论语训蒙口义》的时候，就没有忽视训诂和音读。但是重点是"会之于诸老先生之说，以发其精微"，所以他注释的方法和宗旨，应该说还是一贯的。《语类》里面也记载了不少朱子的表白，他说："某所集注《论语》，至于训诂皆仔细者，盖要人字字与某着意看，字字思索到，莫要只作等闲看过了。"就是说，他所集注的《论语》中的训诂都是很仔细的，是要后来看《集注》的读者把每个字都着意来看。在《论语精义序》里面他也讲了："汉魏诸儒，正音读，通训诂，考制度，辨名物，其功博矣。学者苟不先涉其流，则亦何以用力于此？"这说明朱子《论语集注》批判地吸取了汉唐经学有益的地方，融入自己的解经著作中，但是他用力的地方还在于精微的义理解释上。朱子兼顾训诂，但还是以义理解经为主；如果我们看道学的解经史，就会发现，他的义理解释在思想上既继承了二程，又和二程在解释方法上有所区别。他自己说过："程先生《经解》，理在解语内。某集注《论语》……理皆在经文内。”这是说，二程先生解经讲的道理是对的，但是这个道理很多不是经文里直接有的，而是离开了经文，另外讲出了一条道理，道理虽然是对的，但不能紧密地贴合文本。朱熹说他集注《论语》，“只是发明其辞，使人玩味经文，理皆在经文内”。他也是要讲理的，但讲理不能脱离辞文，而是要“发明其辞，使人玩味经文”，讲理要贴合经文。所以朱子注重义理，但是他的《集注》在主观上力图使读者能够切就经文来理解经文的义理，引导读者就经文去理解它的意义。所以他是即经求理，不是离经说理。实际上，朱子解经的很多地方也是发挥了经文里面没有说明的义理，像我们前面提到的一些例子，可以看到他的哲学解释的一些特点，这是一切义理派解经学共有的一种必然的归趋。但是，朱子没有忽视训诂、音读和名物的解释，注重经文自身的脉络，所以他的《四书章句集注》能够经得起汉学的批评，同时彰显出义理派的优长。

对这一部分我们做一个总结：如果从文献和文献解释的角度看，从汉代到清代，《论语》最重要的注释恐怕是一部以何晏《集解》为核心的《论语》注疏史，表现出力图理解古注、求文本原意的解释意向。比如何晏的《集解》汇集了两汉三国诸家之说，保留了《论语》几个古本的原貌。而皇侃的《论语义疏》与《集解》一样有名，它是对何晏《集解》的进一步疏解，是以何晏的《集解》为注释对象的。邢昺的《论语注疏》也是对何晏《集解》所作的疏证，只是剪除了那些道家玄学的思想痕迹。清代刘宝楠的《论语正义》，还是对何晏《集解》的注释和疏证。但是，刘宝楠的《正义》更体现了清代汉学的学风，吸取了乾嘉学派的成果，特别注重文字训诂、史实考订，在典章、名物、制度、考证方面吸取了清儒的很多成果。近人程树德的《论语集释》，也可以说是刘宝楠工作的延伸。

所以从文献和文献解释的角度来看，在《论语》学史里面最受关注的注释著作，主要是以何晏《集解》为核心，这是一种文本的语文学的诠释学最明显的表现。

文本的诠释可以分为几种形态，比如，一种是语文学的诠释学，它是对文本主要进行语文学的一种诠释；另一种是义理学的诠释学，它是对文本主要进行义理方面的一种诠释。文本的语文学的诠释学，主要是研究文本的原始意义，并以此为一个根本任务。这种类型的诠释学认为，由于时间的距离和语言的变化，过去文本的意义对于我们会变得陌生，所以我们需要把陌生的文本、语言换成我们现在所能了解的语言，从而把这种陌生的意义转变为熟悉的意义。这种语文学的诠释学，应该说是《论语》文本诠释的一个主要模式，它的宗旨是重构作品的意义和作者原初所想的意义。这种情况与欧洲文本诠释史类似。欧洲诠释学的早期形态是《圣经》学。18世纪出现的语文学诠释，也是从语文学和文献学的角度，对所有的古典文本进行分析解释的，这跟中国古代对《论语》的研究是一致的。在中国古代，训诂学所对应的是文字，它的取向是语文的意识。与此对照的就是文本的义理学的诠释。义理学的诠释对应的不是文字，而是意义和精神，所以它的取向不是语文的历史，而是哲学的思想。

既然古代是这样解读《论语》的，那么20世纪以来又是如何解读《论语》的呢？我们看《论语》的注解，主要还是语文学的这种模式，思想性的义理诠释极少。在当代，这种思想性的义理诠释的代表是李泽厚的《论语今读》，但是《论语今读》的读者反应并不热烈，这也许说明对于《论语》这部伦理实践性很强的经典，今天的社会文化所需要的主要还是文本的语文学的解释，让读者自己借助语文学的注释，去理解、思考和实践，而不是在注释中做哲学思想的发挥。

除了这两类诠释学，还有第三类，我们把它叫作文本的应用型的诠释学。这种应用型的诠释学，旨在把经典文献里面已知的意义应用于我们要解决的具体现实的问题上。因此经典的意义对它来讲是明确的，不需要反复加以复杂的探究，而应把任务界定在将经典的意义应用于现实问题的实践上。事实上，我们可以参考德国哲学家伽达默尔的哲学解释学，它的目的并不是对《圣经》《论语》的文本进行注解，而是做哲学的发挥，即对经典的基本观念做适应时代的发挥和应用。所以，我们把它叫作应用型的诠释学。这一类诠释学，我觉得今天应该加以重视。在前面讲的两类即语文学和义理学的诠释之间，也可以说语文学和哲学的诠释之间，还有这样一种应用型的诠释学。我们这次所开展的《论语》解读活动就属于应用型的经典诠释。为什么要进行这样的经典解读活动？因为这些年我们的文化实践，包括我们在市面上看到的很多《论语》今译，就属于语文学的诠释，但仅仅有今译是不够的，广大干部群众往往还不能具体地理解经典与今天时代的关联及其意义，只有加上应用型的解读，才能够真正满足我们今天社会广大干部群众读书的需求。我想我们以前做的《孟子》《大学》《中庸》的解读，应该为今天这个时代广大干部群众的读书学习发挥了很重要的作用。

五、《论语》和孔子的权威性

除了我们前面讲的几种重要的集解作品非常受关注，历代还有很多著名学者的单注本。从汉代开始，有夏侯胜的《夏侯论语说》、孔安国的

《论语训解》、何休的《论语注》、马融的《论语训说》、郑玄的《论语注》、王肃的《论语注》、虞翻的《论语注》、王弼的《论语释疑》、郭象的《论语体略》、范宁的《论语注》，这些都是汉魏时代的作品。南北朝时期，有释惠琳的《论语琳公说》、梁武帝的《论语注》、祖冲之的《论语注》、陶弘景的《论语集注》、崔浩的《论语解》。唐代，有贾公彦的《论语疏》、韩愈的《论语注》、李翱的《论语笔解》。宋代，有王安石的《论语解》、苏轼的《论语解》、伊川的《论语说》、吕大临的《论语解》、游酢的《论语杂解》、尹焞的《论语解》、杨时的《论语解》、谢良佐的《论语解》、侯仲良的《论语说》、胡宏的《论语指南》、张栻的《论语解》、吕祖谦的《论语说》、薛季宣的《论语小学》、杨简的《论语传》、孙应时的《论语说》。明代，有李材的《论语大意》、罗汝芳的《论语答问集》、刘宗周的《论语学案》。近代，有康有为的《论语注》。提到这些人的名字和他们的著作有什么意义？20 世纪长期在香港提倡中国文化的唐君毅先生，曾经写过一篇文章《孔子在中国历史文化的地位之形成》，他主张孔子不是先秦诸子之一，孔子地位的形成非由帝王之提倡，而是由各时代不同学术文化的特出人物之尊崇，当然还有历史上的一些不是学者的人物，包括政治家对孔子的推崇。我们上面提到的是政治人物以外的学者，大家可以看到从汉代以来历代的主要思想家和学者都注解过《论语》。当然，他们是依据各自的思想立场来注解《论语》的，但一致的是，在中华文明几千年的历史上，这些最杰出的思想家和学者对《论语》的理解注释，汇聚为一条历史文化的长流，也可以说是洪流，这股长流或洪流造就了中华民族、民族文化对孔子的认可和推崇。以往有人统计过，历史上的《论语》注解有 3000 多家，这可能已经包括了韩国和日本。当然，这并不是说每一部《论语》的注解都能够发挥出很重要的思想，但是几千年绵延不断对《论语》的注解，而且是中华文化里面历代主要的思想家对《论语》的注解，的确塑造了孔子和《论语》的生命，缔造了中华文化的繁荣，也塑造了中华文化的价值观，构成了浩浩荡荡的孔子文化景观，中华文化的生命之流也是这样传承和发展的。借助着这股历史洪流，《论语》长久不断地渗透进几千年中国的社会文化和人民大众中，成为中华美德教育的根本堡垒。

《论语》和孔子的地位，应该说在先秦已经被各家所称述。秦末陈涉称王，好儒术，立孔子后人孔甲为博士，这体现出《论语》和孔子地位的提高。汉高祖过泰山，以太牢祭孔子。太牢是大祀，与祭天地日月相同，是最高的祀等，这表示孔子地位的提高。汉文帝的时候立传记博士，其中《论语》也置了博士，跟秦末陈涉称王的时候立博士是同类的，显示出当时《论语》受到极高的重视。汉武帝的时候不再设传记博士，但是《论语》《孝经》是学习“五经”的前提，这是社会的一种共识。西汉的扬雄就曾说过：“经莫大于《易》……传莫大于《论语》。”《论语》的地位很明显是非常高的。

《汉书·艺文志》里面有九流之说，九流之中有儒家，儒家是“祖述尧舜，宪章文武，宗师仲尼”。在《汉书·艺文志》里面，《论语》排在“六经”之后、儒家之前，不属于儒家53种之内，故唐君毅认为孔子不是先秦诸子之一，孔子本人应该在历史上就没有列在儒家之内。儒家有谁呢？有孟子、荀子等。因此，孔子的地位比儒家更高，他是“上承六艺，下统九流”。所以《论语》是“六经”之辅翼，地位特殊。东汉刻《熹平石经》，“五经”之外加了《论语》《公羊传》，立于太学，可见，《论语》

此时应该说已经明确获得了经典的地位。事实上，这样一种趋向在董仲舒的时代也已经表现出来了，因为董仲舒把孔子和“五经”并列为独尊的地位，他说：“诸不在六艺之科、孔子之术者，皆绝其道，勿使并进。”到了唐代，由于宗老子，所以《论语》没有列入“九经”。但是在唐末文宗下令刊刻《开成石经》的时候，在“九经”之后又加了《孝经》《论语》《尔雅》，一共12种。到了北宋刻“十三经”的时候，又加入了《孟子》。到了南宋，朱熹集注“四书”，把“四书”合为一编，变成大经。元明清时期，“四书”的地位甚至超越了“五经”。东汉以后，祭祀孔子成为国家级的祭祀，地位跟社稷之祀相同。唐代以后，每个县都要建庙祭祀孔子，朝廷以“至圣先师”封赠孔子，孔子得到特别的尊崇。

《论语》是中国人的“圣经”，也是人生向善的指南，是教人做人、做事的指南，是君子人格和君子德行的集中体现，是中华美德最集中的表现，也是中华文化养成美德的根本精神。《论语》中由孔子所提炼概括的美好德行，作为君子的典范，在中华文化中有丰富的表现。《论语》中所表达的君子人格和君子德行，是中华文化核心价值具有丰富魅力的具体体现，是中华文化基因的一部分。后人说“半部《论语》治天下”，说明《论语》包含了普遍性的原理，它的作用是兼覆内外，对治国理政也有重要的价值。总之，《论语》奠定了中华文明的道德基础，确立了中国文明的基本价值观，赋予了中华文化道德的精神和力量，它的地位在中国文化史上是不可替代的。

以上是我讲的《论语》概论，基本没有涉及《论语》的思想，其思想留给各位名家在具体解读的时候再来讲述。但是我还想讲一点：孔子思想的核心到底是什么？美国的一些学者把我国清代崔述的观点极端化，认为《论语》的文本大部分是不可靠的。对此，国内给予驳斥的人还不多，但相信的人也不多。20 世纪 70 年代，美国有一位著名哲学家名叫赫伯特·芬格莱特，他不是汉学家，但在汉学方面也做了一点努力，写了一本书叫《孔子：即凡而圣》。这本书的封面上写了一个“礼”字，他在对孔子的解读中认为“礼”是孔子思想的核心。其实这个看法在中国历史上也曾提出过，但他特别强调这一点。为什么要强调这一点呢？我感觉是这样的：“礼”的概念对于西方人来说很陌生。若讲仁，“仁者爱人”，在西方的宗教文化里有相应的说法，无论是圣爱还是博爱，都很容易理解，所以西方人并未对《论语》中的“仁”给予特别的重视。但这个“礼”字对他们来讲很陌生，所以我们看到很多美国学者都很关注这个“礼”字。因此，在美国的学界里面用“礼”来解读孔子，把它作为美国文化里面的一种讨论，也无可厚非，因为除了现实的需求，它与文化的陌生感也有一定的关系。但是，从我们对《论语》本身的了解来讲，把《论语》的核心思想解释为“礼”而不是“仁”，这与我们中国绝大多数学者的共识是相违背的。从《吕氏春秋》讲“孔子贵仁”开始，历代思想家中的绝大部分都认为“仁”是孔子思想的核心。如果讲仁和礼的关系，一般都认为以仁统礼、以仁贯礼。所以仁对于礼来讲，不仅有优先性，而且是统贯于礼之中的一个根本。当然，仁、礼是相结合的，在儒家思想特别是早期儒家思想里，也重视仁与礼的结合，而不是分离。但是二者当中，仁应该是统礼、贯礼的根本，这一点在历代学者包括我们今天的学者的认识中也是一致的。从我们今天来看，在孔子思想里面，“仁”是一种最高的道德、最高的德行、最高的原则，同时“仁”又是德行的全体，其地位是任何一种德目都不能相比的。宋明时期也很强调“仁”，“仁”不仅是最高的德行、最高的道德、最高的原则，同时还是最高的精神境界，这些是“礼”所不能包含、表达的。20 世纪以来，我们更关注“仁”作为伦理的金律所具有的普世意义，所以“仁”是孔子思想的核心。这一点是我们今天在学习《论语》的时候要认清并坚持的。

《论语》中孔子的主体性思想及其当代价值

安乐哲

对以儒家角色伦理为基础的由关系构成的人的概念的常见关注之一围绕身份和主体这两个问题展开，并且在与自由个人主义所假定的自主、自觉式的人的概念相对比时变得更为明显。问题在于：焦点—场域的人观，能否对个人的身份、完整性、自主性提供足够清晰的说明？回应上述关注的一种可能方式是去反思儒家文本是如何塑造个人身份和主体性的，尤其是这两者又是如何在孔子本人身上反映出来的。若能这样做，我们或许可以找到一种方法——一种诉诸腿与行走之间、身体与具身化生活（embodied living）之间重要分别的方法，来替代那种早已陈旧却仍根深蒂固的“物”（thing）的思维模式。在这里，我们首先需要区分两种主体观：

前者视人为离散的个体，并以每个人的意向为指引其活动的内驱力；后者既与每个人密切相关，又推动着世界上分散却又非常集中的人之活动（activities）或事件（events）的出现。正如行走是双腿与世界之间的一项重大协作，我们不能简单地视之为与情景离散或者分离的某物（thing）；同样，人是作为事件（events）存在于世界的，主体的概念必须具备反映这一事实的复杂性。

《论语》中间部分的一些篇章为读者提供了一系列与孔子生活相关联的真实画面，它们与孔子的饮食、行坐、衣着有关，也与孔子在不同的场合如何与人相处有关。这些不同段落，为读者提供了很多图像与轶事，将这位模范老师的生活呈现给他那个时代的追随者，以及代代相传至今的学生。也正是在这些核心篇章内，孔子被描述为有四件他个人绝不能容忍的事情——“四毋”，这深刻揭示了孔子的自我认识和他自己的价值观：

> 子绝四：毋意，毋必，毋固，毋我。（孔子杜绝了四种毛病：不凭空臆测，不武断绝对，不固执拘泥，不自以为是。《论语·子罕》。）

这四个“毋”加起来就成了一个整体，其积极含义在于：对孔子而言，过一种道德的生活，不仅仅指遵守某种道德教义、依从某些既定规则。依据这些严苛的要求，我们可以推论孔子有他自己所期许的一套总体的、自觉性高而且诠释性强的个人行为习惯；我们也可以看出孔子毕生所追求的是务实的参与（pragmatic engagement）而非抽象的假设（abstract speculation），开放、包容的态度而非对终局（finality）的执着，灵活的意愿而非固执己见，对他人之需求的敏感与尊重而非对一己私利的过度关注。这种惯常的、高自觉性倾向即使不能使人们做到像整个文化传统之榜样的孔子那样圣贤，也足以激发人们对德行的追求。

孔子的过程宇宙论（process cosmology）回避了一切强目的论或者唯心主义，它的焦点是如何更好地活在“当下”（very now）。作为一种个人的处事方式，孔子的“四毋”将行为与人类经验中最直接的东西——关系——联系起来，并且专注于塑造一种习惯性倾向，而这种习惯性倾向在具体应对不断变化的环境时最为有效。虽然我们可以视“四毋”为一个整体，认为四者相互蕴含，但我们仍可追问：当单独分析这四者时，我们又如何推知孔子自觉的道德主体？

子绝四之一——“毋意”（不凭空臆测）。这恰是我们在《论语》中看到的孔子形象——他并不是一个墨守成规的人。也就是说，我们并不觉得他只依据那些由僵固的前设原则所决定而与任何特定环境无关的迂阔理论行事。正好相反，孔子的主体性似乎已经渗透在当下（here-and-now）发生的每一件特定的人类叙事之中，并对其做出反应。与此同时，他也正在努力把实践转化成理论，以期产生更明智的结果。《论语》中大部分表达孔子道德愿景的语言都是情态性的（modal），而不指涉具体的行动，是在行动中所持的一种特定意见（a particular attitude），而非任何具体的行为准则（specific rules of conduct）。我们应该以“诚”作为行动依归，于己存“忠”并好学不断，对其他人则应该有“信”。如此强调情态而非具体内容，也反映出这样一个事实，即我们的大多数行为都是我们的角色和关系中存在着的一种承诺的运行（a function of existential commitment），它们并不是由我们一连串零散的选择依次序决定的。而且，生活本身的复杂性也要求最理想的道德行为必然是对特定环境的有效反应，而不是预先决定的。

从记载他生平的文本传统中，我们可以看到孔子的思维和行为习惯：他并不看重迂阔的抽象原则所提供的表面明晰，而是务实地利用更直接、更显而易见的信息。孔子似乎专注于思量我们生活中错综复杂的角色和事件中那些现成的杂乱无章而具体的可能性，并依此行事。孔子之叙事的结构和节奏在他致力于克己复礼（即完善自己的各种角色和关系）的过程中充分表现出来。

在对人的理解方面，孔子不但抗拒臆测，而且为我们提供了一套完全自然主义视角的主体观，不诉诸自我的形而上学，也不诉诸任何统一的基础，如灵魂、心灵、自然或性格。孔子把“人”定义为“仁”，展现了一个在活动中而非活动前、关系中而非关系外的具有批判意识、自我意识的主体。在对经验世界的理解方面，孔子同样抗拒臆测，反而引领我们朝着每一天都在发生的日常事件进发，从中寻找我们行为的依据和理由。孔子给我们提供的这一个主体概念，远非诉诸某种简单、孤立、高高在上的统一性，对其最恰当的描述应为：通过一个个生活片段中与孔子相交的同仁、学生和朋友对孔子所表现出的尊敬而聚焦的自觉的决心。在上述的这些关系中，“诚”在人们的选择方面似乎担当了重要角色：孔子并没有把自己的意愿强加于其他人身上，他的影响力似乎更多地通过他对周围人需求的尊重和理解发挥作用，而这些人的行为也受到了他这一做法的影响。

理解个人自主性（personal autonomy）的传统方式是自我规范（self-legislating）：人们受个人意志所支配，在自己的行为中行使自由和控制权。在更专业的康德哲学的意义上，自主性是指人的意志自由地服从普遍的道德法则，因为它由客观理性所决定。与这些假设相反，对由关系构成而不是离散的人们而言，他们关系中强制力（coercion）的缺乏可能成为我们思考关于自治这种替代理解的另一种方式。对孔子而言，自主性似乎被表达为人们对自己的角色和行为有自觉的决心，对自己生活中的事件有充分的、创造性的参与；他们通过协商的尊重模式（negotiated patterns of deference）行事，而在这一模式下，他们能够在尊重他人利益的同时获得自己需求的满足，并在与同伴的关系中达至一种融合的品质，使他们在所做的事情上不受强制。这样的一种自主性，表现为一个人在行动上的复杂统一（complex coherence），正如《孟子·公孙丑上》所描述的，这就是"配义与道"。

这种在推测性假设上的阙如，立即就体现在以家庭而非以上帝为中心的宗教观念之中，这是儒家传统的标志之一。当樊迟问及"智慧"时，孔子并没有尝试为它下一个我们从柏拉图对话中熟知的那种通用、正式的定义。孔子仅就樊迟这个人自身而言，告诫他要分清事情的本末轻重（樊迟给人的印象是热衷于发问。他曾经在《论语》的其他篇章向孔子请教"仁""智"。见《颜渊》"樊迟问仁"章、《子路》"樊迟问仁"章。他似乎不是一个学得很快的人，而总是重复地问孔子早已回答过的问题。有一次，樊迟请学稼。对于在成仁一事上似乎不能分清本末次序的樊迟，孔子表现出了困惑以及不耐烦。见《子路》"樊迟请学稼"章）：

> 务民之义，敬鬼神而远之，可谓知矣。(《论语·雍也》)

鉴于亚伯拉罕宗教信仰中普遍存在的推测性假设，孔子这一与人建立务实有效的关系、与鬼神保持距离的建议，使得许多评论家认为孔子对人为培养的宗教信仰的各种要求缺乏兴趣，尽管他也未必厌恶它们。对这类评论家来说，孔子在寻求与神灵世界建立亲密关系这一点上，总是表现得静默，所以也就清楚地证明了孔子在乎的，是一种世俗的人文主义（secular humanism）。这种人文主义解读，在《论语》另一段落，即当文本谈及孔子的课程内容时得到强化；或许更重要的是，这一段描述了他的教学体系所排除的内容：

子贡曰："夫子之文章，可得而闻也；夫子之言性与天道，不可得而闻也。"（《论语·公冶长》）

在这一段中，我们被告知：虽然孔子乐于把自己的见解灌注于已被接受并仍在不断发展的人类文化中，但他不愿意去推测人类未来的命运，也不愿意去推测宇宙的将来会怎样演变。孔子专注于探究我们是谁，以及我们的文化取得了什么成就，却似乎不太愿意冒险猜测我们和我们的世界可能会变成什么样子。

在解释这些段落时，虽然有些人把孔子的思想归类为去魅的人文主义（disenchanted humanism），但其实，我们也可以另辟蹊径进行另一种解读，从而与孔子以家庭为中心的"宗教"设想统一起来。例如，我们可以得出结论：对于孔子来说，真正的宗教信仰，并不在于敬畏和祈求远古的神祇，而应该在于邻里之间建立联系。这种另类的宗教信仰表现为一种共享的、以家庭为中心的精神性（spirituality），这种精神性通过追求一种家庭和社群之间的卓越生活而实现。对孔子来说，一个人的成长总是围绕个人的自修展开，同时应致力于在紧密的家庭和社群关系中不断向四周延伸出去，以至于达到宇宙整体（cosmic totality）的高度。在那里，有一个相互渗透的中心和外围，最自觉的集中具有最大的延展范围及影响力，与此同时，最广泛的延展又被反射回来巩固最集中的东西。更具体来说，我们可以这样推断：对孔子而言，在家庭道德生活中流露的自觉的尊重、崇敬和感恩，同与对祖先的崇敬和一种自然的虔诚的表达相关联的那种静逸欢愉的精神性之间，具有直接而密不可分的联系。或者更简单地说，这种儒家的宗教信仰只不过是一种宇宙归属感，是由我们在最直接、最亲密的关系中获得的价值感所激发的。

如果拉丁文“宗教”（religare）一词的本义确实意味着“紧密结合”（to bind tightly），那么，礼似乎就是理解这种以家庭为中心的宗教的关键词，因为它是一种社会语法（social grammar），能够在社会结构中产生有意义的联系并增强其强韧度。“礼”，始于对家庭和宗族的仪式化奉献，然后扩展到社群，并同时把众人的角色以及他们之间的关系神圣化。在这一解读下，传承至今的传统春节应被视为一个意义深远的“宗教”事件。在这一人类历史上规模最大的人口迁移中，我们见证了主要移民城市人口大量向外流动的现象。在中国，几乎每个人都会用尽一切可用的交通方式在春节期间返回家乡，进行持续一段时间的庄重的道德“再创造”（re-creation）。这一再创造活动由一些终其一生都受到道德教育的熏陶、十分尊敬培育了自己的家族、长辈、老师以及社群的人参与，并且他们会把自己的“老家”视为判别自己个人身份的一项主要决定因素。本着这种对家庭的崇敬，他们回归自己的“根”，去续存他们最亲密的关系，在几周后，蓄积了足够的力量，又返回城市里去工作。如此这般，年复一年。

唐君毅先生将这一充分体现了以家庭而非上帝为中心的宗教信仰的早期中国天道观（cosmology）概括为“性即天道观”。这一主张承认了这样一个事实，即我们正在成为什么样的人这件事从根本上被嵌入我们无限的叙事中，因此，只能通过考虑我们全盘的情境化关系来全息地理解。这种对焦点—场域主体性（focus-field agency）的理解，要求人们从最远的外围场域走近焦点，然后进入中心点，同时要从整体到特殊，从与我们无关紧要的各种因素走向与我们最相关的各项细节。这种焦点—场域的主体性描述了一个人的自我意识显现为整体中或多或少有意义的决心的中心。孔子本身就是一个叙事场域，他的后人可以在《论语》以及其他经典文献中看到这些故事。后学通过在孔子的大小故事里面寻找灵感来塑造自己独特的人格与行为习惯，而把孔子的叙事变成他们自己生活的一部分。

子绝四之二——“毋必”（不武断绝对）。这种避免将固定的、终极的东西作为命令或普遍法则是基于孔子对变化和新奇的基本尊重。它反映了孔子对置身于“生生不已”这个宇宙法则之中的人类生命的开放式复杂性（open-ended complexities）的一种觉悟。“生生不已”四字出自《周易》，有连续不断并且不可逆转的变动的深邃意涵。在《周易》的其他段落，这一“生生”的过程被明确表述为“天地之大德曰生”。这表明我们的出生、成长、生活都在情境化的、不断发展的自然、社会和文化关系中展开，在这一背景下，自我意识的成长本身就是宇宙道德的实质。在这一个过程中，主体感首先出现在我们不断展开的个人叙事中，目的明确、深思熟虑地担负起至关重要的、常与人协作的角色时。焦点—场域的、关系性的主体性的这一典型特征，要求我们不仅要对这些角色的持续成长保持不懈关注，还要具备足够的道德想象力，去意识到并且应对不断变化的外在环境。不可化约的复杂的人是生动而活跃的，在不断地尊重他人、与他人协作的过程中，他们必须保持随机应变、知错能改以及乐于助人。对他们来说，这一切既没有终局也没有结束。

与此相关的是子绝四之三——“毋固”（不固执拘泥）。这种灵活性，为明于自省的人所必备，因为他们敏锐地意识到人类经验交易、联合的性质，并坦然接受在周围其他人的域境内自己身份之多重性，是多变而又确定的焦点。这种焦点—场域的主体，必须被理解为在他们重要的关系模式之中自觉地去塑造或接受塑造的、不可化约的交易性的主体。根本而言，这种主体性只能通过已然确立的认同和顺从习惯而议定。也就是说，虽然这种行动在受到过去影响的意义上必然是被动的，即总是“承受”着他人的行动，但它同时必须在自觉性、灵活性、目的性、前瞻性几个方面找到适当的平衡。简而言之，我们只有在定义我们身份的活动中灵活反应，才能过一种道德上负责任的生活。

子绝四之四——“毋我”（不自以为是）。具有高度自觉意识的主体有不可化约的社会性，不以自我为中心。随着通过在关联中塑造他们的符号学过程、符号学能力而逐渐适应于一种文化（enculturated），这些焦点—场域的主体从与他人的“内在”主观关系（“intra-” subjective relations）中发展出自己的一套自我反思和反省意识。这些既是精神的又是极度物质的物活性主体（hylozoistic agents），必然以他们散漫却活力充沛的血肉之躯，演活他们生命之中的多种角色。但是，当他们努力在变化着的同样有机的身体和社会关系（equally organic physical and social relations）结构中实现自己的一致性时，他们的身体就像形成了多孔薄膜那样，不断地将经验内化为他们发展着的身份的一部分。

这些焦点—场域的主体必须施展他们通过学习得来的能力以应对所处的环境，同时在与其他人共享的活动之中，非强制地展现出一种由关系定义的自主性。这种自主性是这些环境当中合作关系的最直接结果——将合作网络的价值和目的变成与每个协作者的相一致。

尽管儒家角色伦理学是从一个独特的视角考察道德生活，有着自己的一套特定、专门的词汇，但在另一种哲学背景下更好地理解这一学说，并更有效地与当代西方哲学家沟通的另一种方法也许是问这样一个问题：对于当代自由主义讨论伦理学理论常用的专业术语，例如“自主”“选择”，我们能否将之重构，然后用来有效地解释儒家角色伦理学呢？

自主性（autonomy）一词在个人主义的意义上是自我（Gk autós）+法则（Gk nomos），字面的意思为对自己发号施令的人，或自我立法的人。在儒家角色伦理学里，我们不能把“自主的人”理解为独立、理性的行动者；也不能把“选择”理解为人们可以在他们日常生活发生的事情之中，以独立行动者的身份进行自由选择。在儒家的传统内，拥有自主性的行动者的选择，一定指的是受关系制约并且彻底嵌入其中的人，通过投身于他们自己特定叙事中的角色的特性而表达自己的偏好。我们所理解的“关系性自主”（relational autonomy），并不是指那些对自己特殊、独立的行动拥有操控权的个体，而是指那些有自我意识但又有不可化约的社会性的主体，他们通过在持续的交往中相互适应，能够在非强制的情形下行动。同样地，我们所说的“抉择”（thick choices），并不是指离散个体不受他人影响、不考虑他人利益地行使自己的自由时，所做出的碎片式的重大决定，而是指具有批判性自我意识的社会性主体，随着时间的推移，表明了他对自己的角色和关系中的某种行为模式一以贯之的坚持。

传统上，自由理论中的“自主”是指自我管治（self-governance）意义上的独立自主，由一个被认为是离散、排他的自我开始。可以说，这种个体离散性的概念仅仅是一种功能性的抽象，并且有时候所谓绝对自主对这一点的声称其实是一种误导性的，却仍然具有强大影响力的虚构。事实上，假如关联生活（associated living）是实情的话，我们表面的离散就不是一个初始条件，同时不会排斥别人。相反，我们会变得独特甚至出色恰是因我们一直以来能够与人相处而具有的特性。儒家的人观为我们提供了关于独特的、相互依存的人的另一种动名词的概念，对他们来说，他们的关系性、独特性、社会性，正是他们个性化（individuation）的来源及表现。而且，对他们来说，这种个性化——独特、坚定的特质——非但没有拒人于千里之弊，反而是通过他们在构成自己的关系模式中所达到的水平高低来衡量的。自觉的、关系性的自主所描述的是目的明确、非强制的活动，因为这些活动在我们的角色和关系中实现圆满。有批判性自我意识的、不可化约的社会性的主体的抉择（thick choices）描述了这些主体在其生活角色中所具有的决心和承诺。

由关系构成的人与人相互依赖，彼此没有特定界限，因此在任何情况下，作为“自我管治”的自主都需要一个集中但在程度上分散的个人身份，以及在交际中，它必须将所有相关的利益都作为其自主特性的组成部分。对以上这种相互依存的自我来说，关系性的自主要根据彼此之间的关联做出协调，即协调人与人之间的特殊差异，以期在大家共享的明智做法中实现有意义的多样性。这样的一种关系性自主定义，跟一些表面上独立自主的选择的说法大相径庭；它具备一种功能，在自愿尊重他人利益的前提下来达到自己的合理目的，从而能够在常见的共同活动中把强制减少。

事实上，那些被视为模范的人，他们的自主性比其他人更强，甚至变成了启迪别人的榜样——他们能够吸引人群，并且通过获得大家尊重的方式，使自己的价值观影响和塑造群体行为。以圣雄甘地、马丁·路德·金、纳尔逊·曼德拉三人的模范人格故事为例，他们都具备这么一种关系性自主，通过榜样的作用，影响了一代又一代人，并且已经造成了定义我们这个时代的价值观的持续巨变。通过尊重他们所代表的东西，以及追随他们的价值观，我们所有人都与他们每一个人的共同身份（corporate identities）关联起来。

这里要说明的一点是，本构关系（constitutive relations）原则并不会剥夺人们各自的主体性或者选择权，而只是要求我们以与关联性生活的经验事实相符合的方式重新思考我们所熟悉的如自主、选择这样的术语。鉴于基础个人主义（foundational individualism）作为一种存在已久的常识性看法所具有的巨大吸引力，提及由关系构成的人的概念，会常常被误解为要向我们提供一种被大大弱化的个人身份感。然而，一个强有力的例子可以证明，在关系上建立的人观不但没有损害作为个人自主性表述而受到高度评价的独特身份，实际上反而提升了它。例如，在希腊唯心主义人类范式中，个体身份是外部关联、个体分散式的，每个个体都被赋予一些相同的特征（eidos）。在这样的一个范式下，人被视为本质上是同一的，只是偶然会有一点分别。在这个模型中，个人身份只能带有一种相对残缺的独特感。相比之下，本构关系之假设——我们每一个人都是一个非凡、独特、不可替代的，是且仅是我们自己的关系矩阵，其中的一个学说就是一种彻底嵌入式的人的模型，这一模型反而将那些可被归于个人的特殊性和独特性放大了。

此外，通过说明个体身份自觉、专注、目的明确、有决心，并且同时在重要程度上扩散到我们的关系中，角色伦理学在生活的事件当中定位人，从而提供了一种经验上更有说服力的人的主体性概念。虽然我们焦点身份的独特性由这样的决心而得到确定，但这种独特性与我们对他人的意义相关，并且依赖于此。在我作为母亲的儿子这个角色中，我一直以来的身份与行为必然受到我对亲爱的母亲的感情的尊重的影响。个人身份当然是特殊和独特的，但同时也是具有多种意义的，其中包含了多段错综复杂的关系，所以它是包括而不是排除我们周边的其他人。如此理解我们的角色身份，那么它虽然是持久的，但也在不断地变化；虽然非常自觉地富有目的性，但同时非常包容和圆通；虽然出自主观个人，但同时尊重并关心其他人。

当我们转向儒家文本去证实这种关系性的自主而非个人性的自主，以及一以贯之的抉择而非碎片化的选择时，我们或许可以套用黄百锐从《论语》中引用的一段话作为说明。黄百锐就是以它为例发展出他自己称之为“关系性的、自主的自我”（relational and autonomous selves）的微妙概念：

> 子欲居九夷。或曰：“陋，如之何？”子曰：“君子居之，何陋之有？”（《论语・子罕》）

黄百锐对这段话的理解是：孔子比大多数人更“自主”，因为作为一个模范人物，他是自己行为的唯一控制者，能够坚持一种理想的整体特质——“义”，而不受被他影响的人的影响。这里表现出来的正义感，使得他能够不受那些在特定环境下由特定的人触发的特定情境特征的影响。用黄百锐自己的话说就是："似乎贵族阶层的部分成就就在于这种保持道德卓越的能力，无论他们走到哪里，和谁一起生活，他们都能对他人施加影响。"（黄百锐：《人际关系的自我与自主的自我》，《中国哲学》2004年第4期）

我们随即就会想到一些也许能够支持黄百锐上述说法的《论语》文本佐证。举例来说：

季康子问政于孔子曰："如杀无道，以就有道，何如？"孔子对曰："子为政，焉用杀？子欲善而民善矣。君子之德风，小人之德草。草上之风，必偃。"（《论语·颜渊》）

我们也许可以从这段话中得出与黄百锐的解读相关的一个类比：孔子是明辨是非的典范，而东夷人是蒙昧的不辨是非的人，这些人将不得不俯首于孔子的正面影响之"义"。

孔子在这一对话中想要表达什么？首先，身为国相兼三家之首的季康子，被孔子视为篡夺鲁国王权的人。而从这个段落以及其他几个段落，我们知道孔子把这个篡权者看作一个无能管治国家的人。季康子想要把杀死一些自己的人民作为管治国家的方法这一事实也遭到孔子谴责。对孔子来说，有效的管治，取决于统治者在多大程度上是他们用以教化人民的价值观的典范。而这些价值的来源又是什么？"善"在这段话中被解释成统治者努力达至行为上的"善"（good），而不是单从人所固有的某种先天的或更高层次的"善"（goodness）衍生出来的某种优越的品格特征；也不是某种通过指导一个人的行为而得到践行的“善”的一般原则。也就是说，道德成长意义上的“善”始于连续叙事中散漫的关系性活动。只有这样，它才能充当对一个人或一种行为的一般描述。“善”是通过相互联系（relating）和有效沟通来发展我们的关系并使它们变得有意义（meaningful）的社交活动。要想真正做好我们所做的事情，并且使得这样的行为对我们的同伴也是善的，需要尊敬和尊重。

一切行为的那种不可化约的关系性质，以及“善”作为一种特性的事实，被理解为要在关系本身中得到实现，而不是作为模范者的某种品质。以上这一点，在《论语》另外一个相关段落中得到明确阐释，即文明人与“野蛮人”之间的区别，它与追求行为完满的人们所要求的行为质量无关，无论是与家人、公众，还是与昔日的“野蛮人”打交道，完美的行为都需要真诚的尊重、尊敬和尽心：

> 樊迟问仁。子曰：“居处恭，执事敬，与人忠。虽之夷狄，不可弃也。”（《论语·子路》）

《论语》中提到的德风草偃比喻的话，在《孟子》中也有出现：

> （世子）谓然友曰：“吾他日未尝学问，好驰马试剑。今也父兄百官不我足也，恐其不能尽于大事，子为我问孟子。”然友复之邹问孟子。孟子曰：“然。不可以他求者也。孔子曰：‘君薨，听于冢宰。歠粥，面深墨。即位而哭，百官有司，莫敢不哀，先之也。’上有好者，下必有甚焉者矣。‘君子之德，风也；小人之德，草也。草尚之

> 风必偃。'是在世子。"然友反命。世子曰:"然。是诚在我。"五月居庐，未有命戒。百官族人可谓曰知。及至葬，四方来观之，颜色之戚，哭泣之哀，吊者大悦。(《孟子·滕文公上》)

就一位国君之死，孟子向其储君提出忠告，建议后者遵从孔子的训示，为朝廷设立一套新的守丧三年的规矩。同样，这里传达的信息一定是：统治者必须成为影响人民做出改变的榜样。但要指出的重要一点是，模范人物的影响，来自他们与其他人交往时的尊敬和尊重，因为这种态度，本身就是他们为"善"和做"在一定情况下最适当的事情"（义）的源泉。

孟子对这位世子的劝告，始于世子自觉地认识到自己过去荒废学业而没有受到朝廷官员和亲人的重视。因此，作为新即位的国君，他将难以获得他们在国家事务上的支持。世子遵从孟子的劝告，注重自己的品格，以提升和完善自己的行为，给人民树立榜样。通过这样做，他赢得了朝廷的尊重并且能够改变大臣们的行为。如此一来，这种改变是并行的：世子的品格，因为人民的期望而得到改善，而他的人民，也因为他现在的模范行为而相应得到改变。

下面我们按照解读《孟子》中这一段话的方式来解读《论语》中孔子想要与东夷人一起生活的段落。对孔子来说，"义"有"做最适当的事情"的意思，这当然也是他在这种情况下（或者在任何其他情况下），将其作为最终决定因素而援引的标准。不过，对孔子而言，"义"的观念又肯定不是某种遥不可及的、前置的原则，凭借着明示的客观性和普遍性，可以放诸四海而皆准。相反，孔子认为，与"夷人"一起生活，那些渴望成为榜样的人和"夷人"一样，通过相互迁就以及在人际关系中追求最适当的关系，彼此都会变得越来越“意义重大”（significant，义）。而在这个共同的叙事中，孔子和“夷人”的身份都会发生重大转变。考虑到人是由关系构成的，黄百锐所说的“理想的整体特质”其实就是通过多数人的利益和典范人物的行为关联起来而实现的。这样，由孔子行动随之而来的“行而宜之”（义），就会符合所有相关方（即孔子和“夷人”）的利益。正是这种在多样性中实现的共享和谐（一多不分）构成了孔子的关系性自主。“夷人”受到启迪，向孔子学习并以孔子为榜样，他们的行为肯定会有所改变，能够戒除任何陋习。与此同时，随着“夷人”在他的影响下行为既得到道德上的提升又保留了自身独特性，孔子也将扩大自己的影响范围。重要的是，这段话并非期许单方面将一个既定的标准强加于“夷人”，孔子与“夷人”必须以一种并行关系在携手合作中相互适应、共同成长。

从孔子的角度出发，通过接触和学习另一种文化，他对“义”的理解（即什么是适当的和有意义的）会变得更加丰富。事实上，当孔子的学说被接受并且适应于新人群的不同思维方式和生活方式时，孔子本人的地位和影响也将得到价值提升。榜样当然会激励那些效仿他们的人，如果没有这样的效仿，他们也不能成为榜样，并且效仿者对榜样的尊敬，也会引起这些榜样自身的重要变化。

作为理解上面这个段落的一种具体方式，我们或许可以思考儒家文化对朝鲜、日本、越南这三个东方民族历史的延伸。这种文化价值观与制度不是通过武力或者占领强加给其他东方国家的。在过去的几个世纪，儒家文化一直都在以不同方式在不同程度上，被这些不同的人群自觉接受和使用。而且，在此一转变过程中，被转化的不仅仅是这三者，而其实牵涉四个汉文化传统。韩国、日本和越南的独特文化，以及中国儒家文化自身的本质，全部都因为这一全息的焦点—场域过程而变得不同并且更加丰富。在这种全息的焦点—场域过程中，每种文化都与其他文化相互关联。在这种模式下，自主并不是一个所谓“正确”的范本通过单方面超越其他文化影响并将秩序强加于他人，从而控制他人。相反，关系性的自主需要同时结合非强制性的解决方案和回应性的尊重。这是一个机会，让身处关系里的所有各方，都可以以自己独特的方式，为不断演变的文化传统做出贡献；这种传统，同时是“一多不分”的。如此一来，所有各方都在这个多边进程中得到转化。

在当前历史时刻，中国、韩国、日本和越南这四种独特的儒家传统似乎都处于上升阶段，鉴于他们所信奉的儒家价值观，他们应逐渐成为当下不停变动的世界文化秩序的重要资源。但很不幸，近几十年来，这些不同的儒家文化本身，都未能实现他们自己包容、互敬与多元共享的价值观，结果变得支离破碎，相互冲突。本来，儒家作为亚洲东部地区的一种整体性现象，对当下这个不停变动的世界文化秩序的塑造，应该是很有作为的，但随着他们自身关系的弱化，他们对这种新文化秩序产生影响的可能性，就在很大程度上被削减了。

这里，我们可以考虑一个简短但兴许有帮助的问题：假如上述的这些儒家文化传统之间实现了关系性自主，他们可能会对“西夷”产生一种类似的转化作用。但迄今为止，阻碍“西夷”进行任何此类改变的，就是那些源自西方文化内部本身的现代性（modernity）和西化（Westernization）对其他可能性永无止境并且不加批判的扼杀。鉴于普世主义作为一种突出和持久的民族中心主义在这些西方传统的演变过程中担当的重要角色，他们已经形成了一种经久不衰的对自给自足（self-sufficiency）的自我理解，排除了新兴儒家文化可能带来的任何实在性的重大影响。美国人类学家克利福德·格尔茨（Clifford Geertz）将这类情况恰当地描述为“正在纡尊降贵地拯救世界”。在我们这个历史时刻，东亚的迅速崛起，给世界经济和政治秩序带来了翻天覆地的变化，我们只能寄希望于这四种儒家文化之间的关系会变得更好，以及“西夷”的精英主义和排外的自我理解，或许会被新兴的世界力量的各种形式所调和。

（张喜仪 译 关欣 校）

学而第一

王中江 解读

作为学养，想必大家对中国早期的一些典籍都有所学习和体会，对《论语》应该有自己的心得和见解，在这里我和大家一起来探讨。

前面陈来教授和大家讨论了《论语》的整体情况，做了概述和总结，为我们之后的分篇解读做了铺垫。这很重要。按照诠释学理论，部分的解释需要从整体的解释中看；反过来，整体的解释又要基于部分的细致的认识，即所谓“致广大而尽精微”。

《论语》的书名何意？“论”和“语”分别是什么？“语”主要是记录孔子和他的弟子以及当时的人们之间的对话；同时，除了言论，也记录了他们的一些行为和事迹。“论”就是对这些言论和事迹进行编撰，把它们保留下来。

从整体上讲，《论语》是后来孔子的弟子和再传弟子们共同编撰形成的。古代书的形成和现在不一样，“五经”的形成过程非常漫长；子书的形成时间相对较短，但也不是一次性形成的。这样，一本书就出现了不同的传本。陈来教授也讲了，《论语》形成过程中有不同的传本，有齐国传的《齐论语》，也有鲁国传的《鲁论语》，还有文字不同的《古论语》。我们现在用的可能主要是《鲁论语》。可喜的是，考古工作者发掘出土了一些古代抄本，特别是发现了战国时期或汉代的《论语》，这是非常珍贵的。因为流传下来的传本，在一代又一代往下传的过程中，内容难免有变化。从版本学上讲，越早的版本就越接近原来的样子，一般称之为善本。从目录学、文献学、校勘学研究上说，一定要选一个好的底本。而底本好坏的一个非常重要的判断标准就是时间的早晚。目前已发现的《论语》出土文献，最早是刻在竹简上、抄在帛书上的。汉代基本上还是以竹简或帛书为主，没有纸张，或者纸张还不成熟。

历史上《论语》有许多不同的注解，由此形成了《论语》诠释史。一部著作形成之后有一个流传的过程，它的地位越来越高，从一般的著作变成重要的著作，甚至进一步变成经典。我们现在说的名著、经典，都是指一些重要的著作。古代创造的文化都体现和凝聚为这些伟大的著作，而这些著作也构成了传统文化非常重要的组成部分。《论语》的各种注解慢慢多了，就会出现集解，即学者把之前的注解汇合起来，对字、词、章的意义进行解释。因为各注解者的治学特点或立场观点不同，注解就会出现差异性。什么样的注解是最好的？作集解的人在当时也会做出自己的判断。这些都是在《论语》经典化过程中出现的具有普遍性的注释和解释行为。

《论语》的核心思想是什么？对此学术界有争论，有人认为儒家的思想整体上是以礼为中心的。礼确实是儒家文化的重要组成部分，中国的早期文明，特别是从西周开始，称为礼乐文明，后来儒家从春秋开始传承了礼乐文明。但是儒家又是一个强调中国文化伦理道德价值的学派，除了礼，它其实更多传承的是道德价值和伦理价值，后来汉代总结为“五常”——仁、义、礼、智、信。这五种道德价值的关系是什么？儒家是礼乐文明，那么仁和礼乐是什么关系？乐是音乐、乐教，现在称之为艺术。礼体现在一系列的礼仪规范上，它和仁是什么关系？儒家的思想千言万语，经典众多，卷帙浩繁，概括起来最核心的思想是什么？在理解这个问题时，我们可以参考在儒家的演变过程中，特别是早期，人们是怎么去认识儒家的。春秋战国时期的人尤其是诸子学派，以及汉代的人，他们是怎么看待儒家的，这也是我们概括儒家的核心思想时要参照的。比如《吕氏春秋》就概括得很好。过去称《吕氏春秋》为杂家，其实也不能说是杂家，它吸收的东西非常多，我们更乐意称之为一种综合的思想体系。《吕氏春秋》是由吕不韦主编，集体创作完成的。因为吕不韦养士，所以宾客非常多，有人说他的宾客有几千乃至上万人，当时还称之为食客，有些人可能是去吃闲饭的，但是在关键时刻也会发挥作用。他们集体创作了《吕氏春秋》，不仅概括了儒家的思想，而且概括了老子的思想以及其他子学的思想。其中说到孔子的思想，他们的概括就两个字——“贵仁”。现在我们称某某主义、某某思想、某某论，其实古代形容最推崇、最重视的思想和价值是用“贵”这个字。还有一种类似的说法是“尚”，比如“尚贤”指的是在政治生活里贤人非常重要，要重视选拔贤人。

《汉书·艺文志》讲儒家是“游文于六经之中”，他们学习的重点是“六经”，“六经”就是“六艺”。儒家追求的价值是什么？“留意于仁义之际”，又加上“义”的概念。“义”作为一种道德价值也是非常重要的。现在讲的公平和正义，其实是在世界性的思潮下要维持良好的秩序，构成社会的合作。如果不能稳定地按照公平正义去发展，社会迟早会出问题。因为如果社会大众处于不公正的地位，受到不公平的待遇，他们是不愿意合作的。中国历史上在一个朝代晚期往往会出现很多政治危机，最后导致起义或者革命这种反抗运动，根本原因是什么？说得直白一点，肯定是老百姓活不下去，生活没有保障，社会失去公平正义，人们忍无可忍。“义”现在涵盖的意思很多，其中包含的公平正义的价值观对建立好的秩序是非常重要的。

一般来讲，大家都说《论语》是经典，特别是儒家的经典。到了唐末之后，它成为“十二经”之一；到了宋代以后，成为“十三经”之一。怎么看待经典？为什么要不断地去学习、认识经典？近代以来，社会发展得非常快，发生了文明的转型，出现了传统和现代的关系问题。很多人就把传统和现代对立起来，认为传统都是过去的产物，很保守，和现在的时代需求不能统一，所以出现了反传统思潮。而经典就是传统的一部分，所以过去我们对经典实际上是否定的。但是如果理性、客观地看，不把传统和现代完全对立起来，就会看到传统和现代之间既有变化，又有连续性和统一性。古代的伟大传统和著作，实际上可以不断地提供丰富的思想价值和智慧资源。

我们比较不同的文明，会发现它们实际上有一个共同的特点：都是有经典的。认识古代文明的伟大，现在考古是一种方法，流传下来的经典文献的善本是文物，出土的经典文献也是文物。它们都是文本，保留了每个时代，特别是文明早期，人类处于文明高峰、创造力最强的时候留下的著作。所以文明的发展，一方面是不断地变化，另一方面是不断地从最初的那些伟大的著作和经典里面寻找活力，现在称之为返本归根。强调这一点是因为“五四”运动以后我们对过去否定太多，好像古人都是愚蠢的，没有留下什么了不起的东西，而现在的一切都是先进的、文明的。很奇怪的是，过去的人认为中国是世界文明的中心，但是在近代新文化运动的时候，人们突然认为中国没有产生现代文明，法制也不健全，等等，甚至中国好像突然变得很野蛮。这非常激进，是不正确的，所以我们要学习经典。

儒家的经典在中国传统里面非常宏大。这个传统非常早，最早是先秦“六经”的体系，经过孔子的整理、编纂和加工，才开始稳定下来，即《诗》《书》《礼》《乐》《易》《春秋》这6部经典。过去否定先秦有“六经”，认为“六经”到汉代才形成，现在出土文献研究证实了“六经”在先秦就已存在。其实在先秦的传世文献记载里面已经有“六经”了，而且“六经”是什么书都很明确。可是后来又都否认这些记载，认为这些记载不可靠，并通过近代的所谓“辨伪”把很多部经认作伪书，或者把成书年代往后推，认为是晚出的书。这种现象很普遍，现在我们要重新正本清源。孔子和他的弟子们学习的主要内容是什么？其中就包含这6部经典，这一点是很清楚的。在学习的过程中，要对这些书进行解释、注解，这样就形成了解释经的一种做法，叫作传或者传述。传或传述就是最早的解释、注解。学习古文都要看注释来帮助理解。因为传的产生，儒家经典在早期就出现了经和传的区分，后来进一步分化成其他种类的著作，《礼记》的“记”，其实也是传述类的一种。原则上讲，《论语》是孔子和他的弟子们以及当时其他人交流、讨论问题时的语录，这些语录一方面是他们自己思考、体验的结果，另一方面也可以说是他们自己学习了经典之后的体会。这一类著作都是称为“传”的著作，又称为子学。《论语》是以孔子为主记下来的语录，在儒家里面的地位非常重要。当然，儒家学派在子学里面也是重要的一派。孔子的弟子非常多，留下的东西也很多，因此，儒家的典籍在当下流传的先秦典籍中数量是最多的，内容是最丰富的，在出土文献里也是这样。

孔子强调要崇尚三代圣人、周公，认为只有圣人能创作、能著书立说，即“圣作则”，其他人都只是记载、传述、解释，也就是“述而不作”。当然，现在的观点认为大家都可以去立一家之言、去创作，这是现代社会发生的变化。经典的形成其实不是靠政治和权势，而是有一种内在的创造性，留下来的作品有一种内在的力量，吸引大家不断地去学习、理解、接受、应用，然后才渐渐形成了经典。

儒家的意义和价值非常复杂，因为这个系统非常庞大。儒家拥有自己的一套学问系统，这一部分称为学统，学术的谱系博大精深。儒家对宇宙、天道的认识，这一部分称为道统。道统有天道论、宇宙观、世界观，这一部分也称为天道。但是儒家的学问从来都是要与社会人生结合起来的，所以天道一定会发展为人道。人道最核心的是伦理价值、道德价值，人生观、价值观等，是一个非常大的体系，也是道统的一部分。儒家从来都是讲求入世的，所以会从天道发展出人道，然后到政道，或者称为治道。儒家把治理国家、社会或天下的最好的道理、方法称为治道。儒家的意义和价值非常复杂，同时结构体系非常系统，包括道统、政统、学统等。这些是理论性的、义理性的。

儒家从来不会满足于只是作为思想家、理论家，而是会把理论、思想、道理和现实结合起来，所以儒家特别强调实践和运用，具体体现在鼓励人们去参与政治，从修身开始，然后治国、平天下。举个例子，最近中央电视台要做一个节目叫《典籍里的中国》，他们和我们联系，选的典籍就有《论语》《老子》等大概10种，还有艺术类的。节目组所选择的这些典籍都是伟大的著作经典，要做成一个节目不容易，因为既要有思想性，体现经典内在的东西，又要有可视性，让大家觉得非常好看，不只是图文并茂。他们与学界合作，和我们联系讨论怎么讲《论语》的故事。《论语》这本书影响了哪些人，在哪些时候产生了什么样的影响，都要讲成故事展现出来，而不只是去讲道理。

比如说，半部《论语》治天下，即宋朝皇帝赵匡胤的宰相赵普用半部《论语》治天下。赵普出任了宰相，但是藏书不多，读书也不多。传说他家里只有《论语》，这有些不可思议，现在不做学问的人家里也不会只有一种书。那时《论语》是线装书，最多也就一箱子的体积。当时的人不相信，就去他家看，结果没有发现其他书。他就是只学《论语》，觉得《论语》最重要，用好了就完全可以了，不需要学更多。赵普说半部《论语》治天下，那么还有半部做什么？我们要结合起来说：半部《论语》也可以打天下，先把天下打下来，然后就是治天下。确实，任何经典著作运用好了都可以给我们提供无限的力量和智慧，让我们受用无穷。赵普对此是有真正体会的，这是一种政治运用。

经典只是在政治上有用吗？对人生有没有指导呢？答案是肯定的。比如我们现在经常讲的儒商，可能大家会疑惑，在古代社会里，儒家的思想怎么会和商业结合起来呢？因为在中国市民阶层里面，士农工商，商是排在最后的。古代社会确实是以农业为本位，现在称为实体经济，其实就是生产的环节。虽然社会同样需要处在流通环节的商业，但是商业在传统中一直被看作“末”。因为儒家特别强调义利之辨，而商业是在流通环节追求利益的，儒家从社会政治理念出发认为商业是次要的。现在经常讲儒商，好像儒家与商业之间关系变得非常密切，不再简单地认为儒家反对商业，而是肯定了对利益的追求。举一本书作为例子，《论语与算盘》讲的就是《论语》在商业上的运用。中国在近代以来走向文明转型，当然要发展商业，但是这个过程比较缓慢。而西方的商业文明出现之后，产品输入中国，就出现了商战，中国与西方的竞争就变成商业文明的竞争了。西方有商业文明、工业文明和科学文明，中国当时都没有，都要发展。

日本近代转型开始比较早，近代化的过程比较快，很早就出现了实业兴国的思想。有一位日本近代非常著名的企业家，叫涩泽荣一，被称为日本的近代化之父。他本来从事政治，升到了很高的官位，类似日本财政部副部长的级别，按说应该积极在政治领域里发展，但是政治领域有时候也会出现变化：时任财政部部长受到了一些批判，辞职引退，涩泽荣一也就不愿意再做官了，和财政部部长一起辞职。现在人们可能很难理解他为什么轻易辞职，当时的日本也有很多人感到不解，认为即使他和财政部部长共事，也不一定捆绑在一起，劝他不要辞职，但他就是坚定要辞职。当时涩泽荣一不只是因为人事上的变动产生了辞职的想法，他还有更深层的考虑，他不想再继续从事政治了，要转行到商业。日本的商业文明在近代开始发展，但是仍然不发达，因为日本受中国文化影响，自古以来也有一种被称为“官本位”的思想，好像政治领域和权力才是最重要的，和中国有点类似。所以涩泽荣一想通过经商去改变日本对商业的轻视。他认为一手要拿着算盘，学习如何去经营；但是单靠这个不行，另一手还要拿着《论语》。《论语》里面的真理是非常重要的，儒家从来不会把义和利、仁和富对立起来，所以他就把《论语》和算盘结合起来经商。最后涩泽荣一取得了很大的成就，成为日本近代化之父，创立的企业集团有几百家，包括很多日本的银行。涩泽荣一在日本的地位非常高，原来日本面值最大的纸币1万日币上印的头像是福泽谕吉，后来改为涩泽荣一。福泽谕吉是一位教育家，创立了庆应义塾大学，这所大学是现在东京的十所大学之一。福泽谕吉这个人也没有选择去当官，而是去从事教育。我在日本学习的时候对他的思想产生了兴趣，做的博士学位论文是《严复与福泽谕吉：中日启蒙思想比较》。福泽谕吉是一位教书先生，可是他创立了庆应义塾大学，影响非常大，在日本受到普遍的敬仰，他去世的时候日本给他举行的是国葬。日本1万日币的头像都是近代以来为日本做出杰出贡献的人物，原来是福泽谕吉这样的教育家，说明日本强调教育立国、科技立国；现在改成了涩泽荣一，说明日本现在又强调商业价值、企业价值。我在日本学习的时候，凑巧看到了《论语与算盘》这本书，后来又比较早地将它翻译成中文。中国改革开放早期，有一些商人不择手段，认为如果要追求富裕，就不能有仁爱之心、讲社会关怀，讲利的同时一定不能讲义。涩泽荣一认为这种观点完全是错误的，只有贪图小利之人才会这样做，如果要追求长远的利益是不能这样做的。从上述内容我们可以看出，《论语》的地位很高，其影响范围已经超出了中国。

我们已经讲了很多内容来铺垫，下面来看解读《论语》的方法，主要是采取分章的方式去解读《论语》。解释每一章时，我们先把这一章的主旨讲一下，然后采取语文学的方法去解释一些疑难字词，同时解释其中的义理，最后再做一些引申和运用的讨论。

《学而》是《论语》的第1篇，篇名取自这一篇的头两个字。“学而”这个篇名不具有实质的意义，也不是一个固定的词，是把一个实词“学”和一个连词“而”放在一起而成的。古人为书籍名篇的方法和我们现在不一样，大部分情况下是抽取篇章开头的两个字。如果开头是人名并且人名是三个字的话，就不能把人名断开，这样太不尊重人，于是就有了三个字的篇名出现，比如《论语》里的《公冶长》篇。在《庄子》里面也如此，除了内七篇《逍遥游》《齐物论》这些篇名是三个字，后面大部分的篇名，如果不是人名，都是两个字。这也涉及一个问题，为什么《庄子》内七篇的篇名都是三个字？我们根据先秦古籍名篇的方法，以及汉朝乃至魏晋名篇的方法，并结合一些其他的记载，认为《庄子》内七篇的篇名是被后人所改的，其篇名最早也不是三个字，比如《逍遥游》其实可以命名为《逍遥》，《齐物论》就是《齐物》。以两字名篇的现象非常普遍，个别的是三个字。《论语》里面大部分的篇名是两个字，有的以人名为篇名的是三个字。但是因为很多篇的开头是“子曰”，不能都用“子曰”来名篇，所以如果遇到这种情况，就用“子曰”之后最前面的两个字作为篇名。

还有一种名篇的方法，就是根据篇章的意旨去名篇，这种名篇方式是后来才出现的。《孟子》也是抽取篇章开头的两个字或者三个字的人名来名篇的，而到了之后的《墨子》、《庄子》和《荀子》，篇名的主题性就非常强了。作者写一篇文章会有中心思想，就用两个字对中心思想进行概括。《荀子》第一篇是《劝学》，讲学习的重要性，勉励人们好好学习。前面所讲的日本近代的福泽谕吉，他的一本著作的书名翻译成中文也叫《劝学》，用了《荀子》中这一篇的篇名，鼓励人们去学习。中国还有一部书影响很大，也叫《劝学篇》，由清代的张之洞所写。所以“劝学”这个篇名从先秦时期的荀子开始用，清代的张之洞用过，后来日本的福泽谕吉也用过，当然他是用日文表达的。这说明学习是很重要的。

为什么把《学而》放在第1篇？《论语》从整体上讲是按一定顺序排列的。现在写论文或著作都要有一个逻辑上的结构和先后关系，内容怎么排列，是需要从整体上考虑的，并不是随意排列的。如果是随意排列的著作，没有严格的统一性，最多称之为杂论。严格意义上的著作一般都是有体系、有排序的。为什么《论语》把《学而》排在首篇？朱熹在《论语集注》中是这样解释的："此为书之首篇，故所记多务本之意，乃入道之门、积德之基、学者之先务也。"他认为从整体上讲，做事情、思考问题要抓住根本，《学而》篇是入道之门、积德之基，所以学者要先好好学习这一篇。可以去反思朱熹的解释，如果这篇是最重要的，是不是意味着最后一篇就不重要？这也是一个问题。

《学而》篇共有16章，其中涉及论学的内容有6章。这一篇讨论了儒家的很多价值，包括学（如果学是一种美德、品质的话，那么也属于此类）、孝、道、礼、信等。

1·1子曰："学而时习之，不亦说乎？有朋自远方来，不亦乐乎？人不知而不愠，不亦君子乎？"

我们先讲这一章文字上的问题。简单看一下"子"这个概念，现在常见的用法是儿子、孙子，指的是男性后代，这种用法也是从古代演变下来的。在先秦时代，"子"是对男子的尊称。不过卫灵公宠爱的夫人叫南子，也称"子"，这有点奇怪。《论语》中"子曰"的"子"是实指，不只是说孔子是男性，还是孔子弟子对老师的尊称，弟子不称老师名字，只称“子”。“子”在《论语》里面也可以泛指现在的老师、先生。子学文献里称“子”，比如墨子、庄子、公孙龙子，也是这样的意思。孔子的尊称还有一个比较常用的词叫“夫子”。现在有时候用“老夫子”这个词，好像是有些讽刺的意味，甚至说这个人有些迂腐了，于是“夫子”这个词又变成了一个贬义词，不再是古人的褒义的运用。先秦的学者都称“子”，很有意思的是，他们的著作也称为“子”，这样的现象很普遍，比如《孟子》《庄子》《墨子》《公孙龙子》《荀子》，甚至包括过去怀疑的一些著作，都是称为“子”的。这是古代“子”这一概念的使用情况。

再看“学而时习之”里的“学”。古人一开始造“学”这个字，并非现在作动词或者名词用的“学习”的意思。“学”在古代的本义指的是学校，也就是学习的地方，比如庠、序都是学习的场所，称为“学”。现在“学校”一词还有“学”字，但是“学”常用的意思可能不是这个了。中国的字不断出现各种各样的引申义，甚至有的读音都变了。“学”在后来作动词用，其中一个意思就是在学校里学习。那么“习”的本义是什么？“习”的本义是和鸟联系在一起的，是长有羽毛的鸟练习飞行。虽然鸟生下来就有飞行的潜力或者能力，但它也得去练、去习，才能飞起来。有些小鸟第一次练习飞行时会从树上摔下来，小孩子学走路也是一样，跌倒之后再爬起来，反复练习，慢慢学会走路。所以“习”字一开始是和鸟练习飞行结合在一起的，后来引申成练习、复习。人要练习各种能力，巩固所学，掌握课堂上老师讲的知识内容，称为“习”。

“学而时习之”，“时”和“习”连在一起，“时”不是指随时去复习，古代教育是有复习的时间的，按时去复习叫时习。现在一般是白天上课，复习的时间在晚上，所以叫晚自习。古代也是这样，白天孔子带他的学生学习新东西，然后把晚上的时间留给学生复习巩固。复习有规定的时间，上课时间是不能去复习的。现在有些学生上课看别的东西，考试就临时应付。比如政治课，内容相对枯燥，为了让学生对课堂内容感兴趣，有些老师甚至挖空心思。我当年在清华大学的时候，有一个讲思想政治课的老师就很有智慧，他讲辩证法，重点放在马克思主义辩证法是怎么来的，从古希腊苏格拉底讲到黑格尔。辩证法在具体的发展过程中，哲学家的不同看法确实很有意思，并且这些内容学生没有听过，他们自然愿意听。这是一种灵活运用的技巧。

"习"在《论语》里非常重要。因为上课时间是有限的，要把所学的知识巩固下来，进而灵活运用，确实需要下大功夫——课前要预习，上课要听老师讲解，然后复习，甚至反反复复地复习。这个过程非常复杂。曾子说："传不习乎？"（《论语·学而》）老师传授的知识，不复习就会忘掉，就算拥有好的记忆力也会忘，所以"传不习"是不能真正掌握知识的。子夏也说过，"日知其所亡，月无忘其所能"（《论语·子张》）。"日知其所亡"，就是说我们每天都要总结，要知道有什么知识还没有掌握，这才是一个努力的学生。"月无忘其所能"，以前学习的技能，每个月都要反复练习才不会忘记。"温故而知新"（《论语·为政》）里的"温故"，其实也是一种复习、加深理解的过程。

"学习"这个词非常重要，是我们现在的常用词。很多人每天都要使用"学习强国"来学习，这是因为中国要通过学习成为强国，所以大家要随时随地学习。

"说"是"悦"的假借字，指的是愉悦、愉快。古代文字特别是先秦文字中的假借字非常多。我们今天所见到的出土文献进一步证明了假借字的大量存在。为什么古代会使用假借字？一种情况是，当时这个字还没造出来，只能用另外一个字代替，后来这个字才造出来；还有一种情况，它实际上就是错别字，当时想不起来了，所以找另一个字假借。假借的原则是必须找音近或音同的字，有一定的规范。出土文献是很重要的考古发现的文本，发掘出来之后，古文字学研究者要做的一项很重要的工作就是整理、释文，把假借字的本字恢复出来。

“不亦”中的“亦”是“也”的意思，“不亦说乎”是一个反问句式。

“学而时习之，不亦说乎？”这句话的意思就是学生听老师讲课之后一定要复习。在孔子看来，复习是一件很愉快的事情，孔子的弟子们跟随孔子学习应该也是很愉快的。

这一章谈学习，学习也是这一篇的重点，我们分四点来讲解。

（一）如何获得知识

孔子在《论语·季氏》篇专门讲过这个问题，区分了三种“知”的来源。第一种是生而知之，生下来就知道的。现实中是否有这种人不得而知，但孔子把它作为知识来源的一种。第二种是学而知之，通过后天的学习学到知识。第三种是困而学之。第二种和第三种的区分很奇怪，学而知之和困而学之到底是什么意思？学而知之的人就没有困惑吗？一学就能知道吗？困而学之是说他确实有困惑了，有不明白的地方了才去学，这样他才知道。这是讲学习的原因，为了解决困惑去学习。学而知之和困而学之之间的区分没有严格的逻辑关系，但孔子就是这样分的。对孔子来说，这三种知识的来源存在等级：生而知之是最好的；学而知之次之，也就是通过后天学习获得知识，并不如第一种；然后是困而学之，有困惑才去学，这是第三等的。但是和困而不学相比，困而学之又是好的，有困惑也不去学习是最不好的。有的人认为掌握的知识足够生活日用就行了，即便有困惑也不会去学习，因为他们认为即使不知道也可以生活得很好。这就是孔子批评的困而不学。

什么人是生而知之者呢？天才吗？从最新研究来看也不是这样。爱因斯坦似乎是天才，但爱因斯坦也是要学习的。爱因斯坦的数学学得也不好，当他研究相对论的时候，数学不好成了一种麻烦，所以他去补数学课。这么看来爱因斯坦也不是生而知之者。到底什么人是生而知之者？汉代以后，人们把孔子神化，认为孔子是生而知之者。但孔子本人并不承认自己是生而知之者。在孔子看来，只有圣人才是生而知之者。谁是圣人？尧、舜、禹、汤、文、武、周公。但是不是这样？我们也不这样认为。圣的繁体字“聖”由耳、口、王组成，是聪明的意思。聪明在古代往往还意味着拥有一种特殊能力——听，圣人不用去看，一听声音就能够对事情进行判断。圣的概念本来是指聪明，后来又演变成了道德境界高的意思。所以，中国的圣人有两个意思，一指特别聪明的人，才性、悟性特别高；二指道德境界最高的人。儒家所讲的圣人本来也是指聪明的人，但后来意思发生了变化，认为圣人不一定就非常聪明，只要道德境界高、人格境界高即可，甚至于说即使是普通人也都可以成为圣人。因为聪明才智这种能力不可能人人都很强，相比而言，为人处世更容易做好，只要做好了就可以成为圣人。

孔子认为圣人是生而知之者，但是他认为自己不是生而知之者。他说：“我非生而知之者，好古，敏以求之者也。”（《论语·述而》）孔子是通过勤奋学习古代的经典才掌握知识的，他确实是这样做的，《子张》篇里提到学无常师，就是指随时随地可以学习。孔子还说过“三人行，必有我师焉”（《论语·述而》），三个人一起出行可以相互学习。孔子年轻的时候“入太庙，每事问”（《论语·乡党》），好奇心非常旺盛，求知欲非常强烈，不知道的事情他都要去问，还“不耻下问”（《论语·公冶长》），降低自己的身份去询问。儒家好学的精神始于孔子。

生而知之可能也牵扯到对大脑的科学研究。古希腊有一位哲学家叫柏拉图，他大概会赞同有“生而知之者”，因为他认为学习就是回忆，出生时，脑中已有知识，但是它不显现出来，得慢慢回忆。人生下来之后什么时候开始回忆？这个问题很复杂。有伦理学家认为，道德能力是后天学习培养出来的；还有很多人认为，认知也是后天通过学习培养出来的，但必须依靠先天的能力。比如人类的语言能力和动物的语言能力肯定不一样，所拥有的潜能也不同，无论如何培养，鹦鹉也不可能培养出人类那样复杂的语言能力。所以，一定要先有先天蕴藏在人类遗传基因里的语言能力，通过进化，它逐渐成为人类基因的一部分。每个人都有着潜在的能力，必须要把这种能力在后天激发出来。完整地看，先天和后天必须结合，只有先天能力不行，完全靠后天也不行。这让我们联想起孟子，他认为人有成善的可能，但是如果后天没有不断学习，它也不能表现出来。

（二）孔子及其弟子的好学

学习的思想是孔子和儒家最突出的思想之一，它还体现在好学上。儒家好学的代表就是孔子。他这样描述自己的学习态度：“默而识之，学而不厌，诲人不倦，何有于我哉？”（《论语·述而》）就是静下来默默地背诵，学习是从来不厌倦的，教诲人也是从来不厌倦的，这对于我是没有什么困难的。

鲁哀公在孔子晚年的时候与孔子有很密切的关系，孔子是他的顾问。他问孔子哪个弟子最好学，孔子说颜回最好学，达到了“不迁怒，不贰过”（《论语·雍也》）的境界。遇到什么事情都不会拿别人撒气，这叫“不迁怒”；“不贰过”就是同样的错误不会第二次犯，非常善于总结经验教训。孔子又说，可是颜回非常不幸，短命，现在我的弟子里面要找一个最好学的代表，还不好说。

从这段话里面可以看出孔子对颜回的评价是非常高的。学习其实是无穷无尽的，我们称之为学海无涯，特别是现在我们称之为知识爆炸。为什么会出现知识爆炸？因为大家都在创造知识。如果可以通过高科技手段帮助人记忆，通过现代人工智能把人所需要的知识储存起来植入大脑，以后人们可能就不需要再去机械地记忆了。大量的精力会放到哪里？第一是去休闲；第二是通过休闲把身体状态调整好，去进行创造性思维。这样就可以省去记忆需要花费的大量精力。这可能是未来不可预测、不可想象的一种变化。

古代人学习主要靠记诵，因为知识太多了，所以学不完。庄子就感叹知识太多学不完，他觉得知无涯，学有涯，每个人生命有限和知识无限就产生了矛盾，无限的知识在有限的生命中是学不完的，麻烦的是有些学过的知识还会忘记。有人认为学得越多忘得越多，学了会忘就别学了。当然这是消极的想法。庄子认为人生有限，“以有涯随无涯”（《庄子·养生主》），就会陷入困境。知识学不完，干脆不学，就没有苦恼了。这种思想不是儒家思想。儒家认为虽然人生有限，但是还要不断地学，到老的时候，离开这个世界的时候才可以休息。一般来讲，好学不具有道德价值，但是儒家认为好学可能也是一种美德，鼓励人人都要去努力学习。

（三）学习的内容

要学习什么？对于孔子的弟子来讲，通常要学习的就是周王朝流传下来的6种技能——礼、乐、射、御、书、数。音乐非常重要，现在只有音乐学院的学生才好好学音乐，那时候音乐是必备技能，孔子的弟子都一定要学音乐课。然后是射击、驾车（即“御”），当然驾车现在成为基本技能之一，几乎人人都要学会驾驶了。第五种技能是书法，最后一种技能是数学，在古代，数学也是一种基本能力。当然现在所需要的技能更多，做饭、计算机、外语等能力都变成了必需。除了这些技术化的能力，孔子的弟子们也要学习精神性的东西，就是学习经典。

要学习哪些经典？儒家讲过“博学于文”（《论语·雍也》），实际上在孔子的时代，广义上属于文化的内容都要学。文化中包含了各种文献，文献中包括了经典，具体而言就是“六经”，即《诗》《书》《礼》《乐》《易》《春秋》。现在的学科在文科、理科、工科之下又有细致划分，但是都有一定的基础学科要学，然后再开始专门化，到了研究生阶段再进一步分化。在孔子弟子的时代，相对来讲学习的范围还没那么广，技术还没那么发达，“六经”就是最重要的。通过阅读、记诵来学习“六经”，这在儒家看来是最基本的。

进一步发展是什么？要“下学而上达”，学习基本内容后，一定要培养更高的理解力、创造力。掌握真理是更重要的，儒家认为要学习道，所以孔子讲志于道，追求最高的真理。下学而上达，更重要的是自我完善、自我实现，涵盖了非常多的方面。比如说追求自己喜欢的事业，或者说在哪一方面想有一种特长，比如政治、商业、科技领域，都可以去专攻。儒家认为除了学习知识，更重要的是学以成人，就是成就人格，包括精神人格、道德人格、境界、品质等，最后成为君子、贤人、圣人。

有些父母对孩子期望高，希望自己的孩子成为贤人、圣人，就给自己的孩子起名叫希贤、希圣。君子和贤人之间差别有多大？是不是君子的范围可能更广一点？君子一般对应小人，贤人对应不肖，而最高的是圣人，圣人是中国文化和儒家传统里的最高理想。成为圣人太难了，那么成不了圣人该怎么办？难道就不活了吗？儒家可能不会带给人们这么大的心理压力，倡导一步一步做就可以，做到哪一步都行，但是不能去做坏人、不肖的人。如果不能成为圣人，那么一生就都没有意义和价值了吗？如果统一标准的话，也是强人所难了。所以说儒家在这方面不会形成一个强制的命令，而是为你的人生定下目标。孔子到最后成为圣人了吗？孔子很谦虚，认为自己还不是圣人。后来我们尊称孔子为圣人，还有尧、舜、禹、汤、文、武、周公可以被称为圣人。我们追求成为圣人，而圣人的数量却非常少，这就产生了矛盾，但是我们仍然可以把成为圣人作为目标。我们把发展最好的国家称为理想国、桃花源，都是美好的寄托和想象，但即使没有生活在桃花源，我们还是一样去生活。虽然目标无法达成，但是人始终要追求更好。过去有一种进步主义的观点认为未来一定就是最好的，但是地球以后会消失，太阳系、宇宙以后也会消失，这是最好的吗？如此看来好像人活着没意义。所以有人在追寻“人生的意义是什么”这个问题时会认为人生没有意义，因为人类最后就不存在了，这样就想得太远了，纠缠一个问题陷入死胡同，这不是儒家的立场和态度。学习是一个过程，只要在这个过程中努力就行，不管最终的结果是什么样子，我们都欣然地、坦然地、达观地去接受。追求任何事物都是这样，不要和自己过不去，如果一直用高标准衡量或苛求自己，就成了心理负担，可能就会让自己出问题了。所以，儒家虽然认为人生要有目标，比如王阳明认为人生下来就要学着做天下第一等人，做天下第一等事，但是如果做不到，难道人生就没有意义了吗？显然不是这样。在这一点上，儒家还是持开放的立场的。

第 24 届世界哲学大会会议的主题是“学以成人”。全世界哲学那么复杂，选的主题是“学以成人”，这在当时引起了很大的争论。北京大学主办这次会议，杜维明教授参与了会议筹备，他是研究儒家的学者，对儒家有特别的情感，他认为“成人”始终是非常重要的，“成人”的道路是非常漫长的，所以将会议的主题定为“学以成人”。

过去我们批评传统，认为儒家思想不好，一切新的都是好的，旧的都是不好的。迷信未来，否定过去，这种进步主义大行其道。当时冯友兰先生还想为儒家辩护，认为儒家的东西并不完全过时，他提出了抽象继承法，指出对于儒家文化我们哪些方面要继承，哪些方面要抛弃。抽象继承法是什么意思呢？古代提出了一些原则比如仁、义、礼、智、信，因为古代生活与现代生活不一样，所以这些原则在古代所体现的具体内容肯定有一些在现代并不适用了。但是从抽象上讲，人与人的交往不需要信用吗？不需要礼仪吗？不需要智慧和知识吗？冯友兰先生举了一个例子，是对“学而时习之”这句话的解释。孔子的时代学习的内容和现在当然不一样，当时学的是“六艺”，培养六种技能，包括驾马车；现在北京的街道上、邹城的街道上都不能行马车了，如果一定要学驾马车，那就不对了。不过，虽然现在不用再学驾马车的技能了，但要掌握汽车驾驶的技能。驾车这一技能虽然在不同时代有不同的内容，但都是需要的。冯友兰先生想表达的是，虽然各个时代学习的内容是不同的，但是我们都要学习。学习这个抽象原则是没错的，是儒家思想里面不会过时的原则。

（四）学习的乐趣："乐学"和"学乐"

"学而时习之，不亦说乎？"学习的乐趣是什么？有人认为自觉学习、自主学习是人生的快乐，孔子认为学习、复习就是快乐。人生下来是不是天性好学？这个问题很复杂。若学好了，可能乐趣就多了；若学不好，可能乐趣就少了。中国的考试教育就是这样。"学而时习之，不亦说乎"，可能是儒家鼓励人们学习，劝人们一定要学。

魏晋时期的张叔辽写了一篇《自然好学论》，认为人生下来就好学，这是第一个论点。第二个论点讲得更具体，认为人不仅生下来好学，而且生下来就喜欢学习儒家经典，不喜欢学习老、庄。看到张叔辽的这篇文章，嵇康表示不太赞成。嵇康是魏晋的名士，竹林七贤之一，他认为张的观点不对，就写了一篇《难〈自然好学论〉》，要与张叔辽辩论。在文中，嵇康拿自己来论证，说自己生下来就不好学，而且更不是生下来就只喜欢学习儒家经典。

广义上讲，人都是要学习的。学习是一个人成长、发展的重要历程，不学习要在社会上生存是很困难的。即使是动物也要学习，因为这是它生存的基本要求。改革开放早期的时候，中国出版了一本书，名字就叫《学习》，当时这本书的影响非常大。我们现在也可以称为学习时代。儒家认为一定要快乐地学习，因为如果学习是快乐的，就越想学习；如果不快乐，就越不想学习。这是儒家的立场。

"有朋自远方来，不亦乐乎？"此处提到了朋友的概念。古代什么叫"朋"？即同一位老师门下的同学。孔子讲"有朋自远方来"，就是说老同学好久没见了，从很远的地方过来了，这很难得，所以应该是很愉快的。为什么孔子强调这一点呢？因为在我们的人生中，除了亲人，朋友确实是很重要的。一个人如果完全把自己封闭起来，不交往、不交流，没有朋友，就可能会很不愉快；并且这种不愉快还不是突然发生的，而是会占据你整个人生的相当一部分。

我们能和谁成为同学呢？这也不是先天决定的，而是自然形成的机缘。大家想想我们过去的经历，和谁成为同学是一件随机的事情，是可遇不可求的。好的同学关系也是朋友关系，但是同学最后还是要分开，到各个地方去工作学习。所以如果有机会再见面进行交流，那自然就是人生中令人高兴的事情之一。当然同学之间也会有关系不好的情况，这是一种不幸的现象。孔子的弟子们好像关系都还比较好，不过历史上也有一些同学关系不好的，比如韩非和李斯。当时李斯到秦国去当国相（宰相），韩非后来也去了。韩非写作能力非常强，创作的《韩非子》影响非常大，秦始皇非常喜欢他，但是他不善于表达，最后被李斯陷害。总体上讲，同学之间的情谊是人生经历中非常重要的一部分，也是人生中最快乐的一部分，留给我们的大部分都是美好的回忆。我们应该好好发扬这种朋友之情、同学之情。

“人不知而不愠，不亦君子乎？”“愠”是发怒、生气。“君子”有时指有德、有涵养的人，有时指有官位的人。《论语》中的“君子”主要指前者。“君子”是儒家人生修养的主要目标之一。

如果别人不知道自己也不生气，这个人就是君子。这里涉及一个问题，即被人了解为什么那么重要？儒家不只是一种讲道理的学问，其蕴含的道理与我们的生活体验、实践相关。儒家除了要指明道理，同时要我们联想别人不了解自己的时候。希望被人了解是人之常情，一般来说，是希望被身边的人了解。比如作为学生，就希望老师了解我们的志向和性情，希望同学和熟人了解我们，而不可能让天下那么多人都了解我们。儒家讲的爱人也一样，“仁者爱人”不是说对所有人都表现出具体行为，而是在一个有限的范围内。人在与别人的相处过程中希望被了解，甚至希望别人成为自己的知己，但人生中真正能了解我们的人是有限的，大部分人是一般的了解或表面的了解，不是真正的了解。人生难得一知己，如果只有知己算是朋友，那朋友就太少了，所以古代社会里面还讲究同学、乡亲、熟人。这里的了解是不同层次的，有深有浅。

现代社会是陌生社会，对别人的了解就更少了。为什么现代社会成为陌生社会？因为现代社会是自古以来流动最普遍的社会，很多人离开了小乡村，离开了熟人社会，都集中到大城市去了。在偌大的城市里，我们能被多少人了解呢？所以现代社会就成为陌生社会，坐在对面的人大多是陌生的，或者是长期不交往的，这就是现代的现象。

但我们还是希望能被更多人了解，因为每个人都希望被尊重、被肯定。被肯定就是人的荣誉感，这一点可以说既是人类天生的，也是后天发展的一种自我意识。小孩子刚出生的时候是没有自我意识的，自我意识完全是后天培养出来的，逐渐发展出这种荣誉感、被人尊重感，这是普遍的现象，既是天性的一部分，也是人后来在社会生活中追求的一部分。所以如果说一个人不被尊重、了解、肯定，甚至于被批评、被否定，哪怕是陌生人的否定，也一定会觉得很痛苦。历史为什么不断地被创造？就是人们希望不仅是生前被了解、被记住，死后也要被了解、被记住。所以中国古代就有一种说法叫“三不朽”：立德、立功、立言。老子讲“死而不亡者寿”，人死而不亡，就是说被人们记住了。

被人了解是人生的快乐之一。人生中快乐的范围非常广，不同的哲学家、伦理学家研究了很多种快乐。一般哲学家认为快乐有两种，一种是身体上的，还有一种是灵魂的快乐或者精神的快乐。古希腊哲学家伊壁鸠鲁认为快乐和幸福就是身体没有痛苦，灵魂没有纷扰。身体非常健康，没有痛苦，这是一个标准，但是光有这个还不行，因为如果精神不宁，灵魂不安，还是会有很多苦恼，这样也称不上快乐和幸福。苦恼来自哪里？这个佛教里讲得非常多。哲学家认为只要没有纷扰，没有各种各样烦心的事情，就可以很快乐。上述两条标准低吗？特别是第一条标准可能到一定时候就不低了，因为要保持健康确实不容易，需要锻炼、保健等。

相比于身体的快乐，儒家更强调精神的快乐。儒家认为不能一味追求改善物质生活，而要追求精神快乐，追求更高的境界。对于乐，孔子有很多区分，他认为有益的快乐有三种："乐节礼乐，乐道人之善，乐多贤友。"有害的快乐也有三种："乐骄乐，乐佚游，乐宴乐。"（《论语·季氏》）孔子认为，如果只关心身体的享乐，不关心灵魂、精神的快乐，这是有问题的。

儒家有一个故事影响很大，就是孔颜乐处。孔子和颜渊在生活上清贫简单，粗茶淡饭，他们不追求物质享乐，而是追求精神快乐。"一箪食，一瓢饮，在陋巷。人不堪其忧，回也不改其乐。"（《论语·雍也》）但是一定要追求这种生活吗？孔子和颜回他们乐意这样、希望这样吗？显然不是这样的。因为如果是这样的话，那么孔子的弟子看起来就像愚蠢的人了。孔颜乐处这个故事，首先是强调人不能一直想着追求物质上的快乐而不追求精神快乐。其次，我们生活的好坏是变化的，有现状与未来，如果现下生活得不好该怎么办？孔颜乐处实际上就是告诉我们要有一种态度和立场来面对这种情况。困难来了，有时候可以躲，但是很多时候不能躲，这时我们就要面对这个困难。生活也一样，有时生活状况不那么好，我们努力改善，即使改善不了，也要用一种达观、坦然的态度来面对。所以，孔颜乐处绝不是说孔子和颜回就喜欢这种生活，好的生活不要，只追求清贫的生活。这种理解不仅是错误的，也是不近人情的，它不是儒家观点，儒家强调义和利是统一起来的。

1·2 有子曰："其为人也孝弟，而好犯上者，鲜矣；不好犯上，而好作乱者，未之有也。君子务本，本立而道生。孝弟也者，其为仁之本与！"

这段文本并不长，记载了孔子的弟子有若的话，主要讨论孝悌，认为孝悌是仁爱美德的根本，或者说是做到仁爱的入手处。

《论语》主要记载的是孔子的言论，但有一部分是孔子弟子的言论，这段话就是其中之一。这个弟子叫有子，是孔子的学生，姓有名若。他是鲁国人，比孔子小 30 多岁。在《论语》中记载孔子的言论一般都称孔子为"子"，弟子一般都称字。但有几个人例外：曾参、有若、闵子骞和冉有这四个人在《论语》里也称为"子"。这里的"子"是尊称。孔子称"子"，学生也称"子"，难道学生和老师的地位一样吗？不一定。为什么学生也称"子"？《论语》是否可能是由曾参、有若的弟子编的？弟子和老师关系比较近，所以也称曾参、有若为"子"。

"其"字意思很多，这里为假设词，表示若、如果、假定。"为人"就是我们讲的为人处世、做人。"孝"讲的是子女对父母的爱和敬，因为父母地位高，有权威，所以不仅要爱，还要尊敬。这里的"弟"同

“悌”，指弟弟对兄长的爱和尊敬。中国传统社会里，长子的地位和其他的兄弟是不一样的，如果父亲不在了，就由兄长代替父亲的角色。在政治领域中，有长子继承制。从三代开始，在中国几千年的文明里，长子继承制与其说是一种制度，不如说是一项特权。当然，这里有各种各样的复杂因素，也有把长子废掉的情况。孝和悌在中国儒家传统文化里是家庭关系，在家庭关系中乃至往外延伸时，这种尊老爱幼的思想很普遍。在家庭关系里，儒家特别提倡孝和悌这两种基本的道德规范。《论语义疏》说：“善事父母曰孝，善事兄曰悌也。”二者有时单独称，有时合称为“孝悌”。

“犯”就是冒犯的意思，“上”一般指长者、居上位的人，“犯上”就是冒犯上司、长者。“鲜”是少的意思。“作乱”是兴乱。

《孔子家语》里有一篇《五仪解》记载了鲁哀公和孔子的对话，他问孔子：“智者寿乎？仁者寿乎？”我们现在讲的“仁者寿”就出自这里。是有智慧的人长寿，还是有仁爱之心的人长寿？孔子讲“知者乐水，仁者乐山”（《论语·雍也》），“知者不惑，仁者不忧，勇者不惧”（《论语·子罕》），有时候把仁和智放在一起说，有时候把智、仁、勇三者放在一起说。孔子没有直接回答这个问题，而是说人不能够长寿，甚至死于非命的有三种情况：一是“寝处不时，饮食不节，逸劳过度者，疾共杀之”。如果生活饮食、睡眠调节不好，就容易产生疾病，甚至会危害性命。二是“居下位而上干其君，嗜欲无厌而求不止者，刑共杀之”。其实这指的就是犯上作乱。处于下位的人冒犯处于上位的人，会受到刑律的惩罚，这种人肯定不会长寿。三是“以少犯众，以弱侮强，忿怒不类，动不量力者，兵共杀之”。愤怒不该愤怒的，常常好勇斗狠，这里可能是指国与国之间的战争问题。这三种情况都可能造成短寿和死于非命。孔子认为这些人都是咎由自取，做出了错误选择，造成了对自己的伤害。如果志士仁人生活得非常健康，行为合乎“义”，喜怒按照“时”，该愤怒时愤怒，比如在战场上要愤怒，但是不能随时随地发怒，不损害其本性，这些人就会长寿。

这一章主要是说一个人如果孝敬父母、遵从兄长，在外面犯上作乱是很少见的。不想犯上的人会去作乱，这是从来没有过的。这种说法其实是一种推论。或许有人会问，一定是这样吗？或者反过来说，在外面做得很好的人，在家里一定会孝敬父母、遵从兄长吗？儒家认为，君子应该在家里、外面保持一致。可是现实中可能不完全是这样，有保持一致的，也有不能一致的。

“务”是专心、致力于。“本”是根本的意思。“道”是人道。“仁”即“爱”，是孔子道德的最高价值。这段话是说君子致力于根本，根本确立了，仁道就会随之产生，孝悌这种美德大概就是仁爱的根本吧。我们要做到仁爱，就要先从孝悌这一家庭伦理做起，向外推广延伸。

以上是这一章的主要内容，重点涉及以下几个观念。

（一）孔子的道

道家讲“道”，儒家也讲“道”，二者有什么不一样？《论语》里讲的“道”是什么？

第一，“道”是社会政治的理想和目标。具体来讲，指社会治理得非常好，有序、规范，人们安居乐业。孔子说：“齐一变，至于鲁；鲁一变，至于道。”（《论语·雍也》）鲁国治理得特别好，齐国改革了，就可以像鲁国一样治理得好；鲁国改变了，就可以达到“道”的理想标准——天下有道。这是“道”的重要意义，而且这个意义一直延续至今。后来人说某某“有道”，“有道”就是一个尊称。现在台湾同胞还这样写信，比如称“王有道”，即王先生有道，是对这位王先生人格的尊称，“有道”成为礼貌用语。

第二，“道”指真理。讲不讲理实际是指是否合乎理（真理）。对事物的解释、对社会的看法是否正确，都可以说是否合乎“道”。这个“道”用现在的话讲就是真理、真实的意思。在孔子的思想里面，这层意思也非常明显，比如孔子说“朝闻道，夕死可矣”（《论语·里仁》）。追求真理不容易，有的人一生可能只有一个发现，特别是重大发现，但一旦完成，人生的意义也就实现了。“士志于道”（《论语·里仁》），儒家认为士就是要追求“道”，这个“道”也可以有真理的意思。“人能弘道，非道弘人”（《论语·卫灵公》），“信道不笃”（《论语·子张》），“君子学以致其道”（《论语·子张》），都可以把其中的“道”理解为真理。

第三，“道”和“德”合在一起时，指道德价值、道德规范、伦理价值等。

第四，“道”在儒家还指原则、方法和途径。做任何事情都要有一个好的方法，这样更容易做好。比如出门都要选好路，不能常常想着舍弃大路走小路，更不能走邪道。

（二）孝与中国文化

“孝”是中国儒家文化中非常重要的核心，历史上塑造的“孝”的典型有二十四孝，现在很多地方还在宣传。曾子不仅是孝子，还写有《孝经》。

在山东有很多关于“孝”的故事，比如西汉临淄大孝女淳于缇萦的故事。缇萦的父亲淳于意是医师，被人诬陷，要被送到长安受刑罚。可是淳于意的 5 个孩子都是女儿，他认为女孩子遇事起不了什么作用，在关键时候帮不上忙。淳于意的女儿们很伤心，觉得自己没有办法帮助父亲。这时候最小的女儿缇萦站了出来，说要随父亲到长安去。这在当时是非常不容易的。怎么帮父亲呢？她想了办法，最后上书汉文帝，陈述了三点：第一，她父亲是无罪的，是被人诬陷的。第二，人如果受肉刑，在脸上刺字或是其他肉刑，会伤害身体，一旦伤害了就没法改变，即便他悔过自新了，造成的伤害仍然会留下来，成为永远的耻辱。第三，如果她父亲真的犯了罪，她愿意代替父亲受罚。所以一定要免了父亲的刑罚。缇萦的上书感动了文帝，文帝最后确实觉得有道理，可能也经过调查，就赦免了淳于意，当然也没有惩罚缇萦，因为她没有罪。而且因为缇萦之事，汉文帝废除了肉刑，这在当时是一件了不起的事情。

（三）孝悌与仁之本

孝悌与血缘亲情是联系在一起的，并不是对社会上所有人都要讲“孝”“悌”。所谓“亲亲尊尊”，“亲亲”是处理家庭内部关系的规范；“尊尊”是对外的，比如在政治生活、公共领域里，对执政者要尊重、忠诚。

《中庸》认为仁爱的思想是人的本质。作为一个人就必须有爱心，爱心之中“亲亲为大”。郭店竹简《唐虞之道》就讲到尧舜已经这样做了，舜是大孝子，即便受到父亲的不公正对待，依然做孝子。《孟子·离娄上》也讲“仁之实，事亲是也”，对于“仁”来说，非常重要的事情就是侍奉父母。《孟子·离娄上》还讲，“不得乎亲，不可以为人”。儒家经典里这样的论述非常多。

为什么要孝呢？孝出自血缘亲情，好像是自然而然的。儒家认为人的身体是父母所给，自己的身体和父母相连，一定要孝敬父母：“身也者，父母之遗体也。”（《礼记·祭义》）“身者，亲之遗体也。”（《大戴礼记·曾子大孝》）这是把孝和血缘亲情联系在一起。

孝为什么又是仁爱之本？检验一个人有没有仁爱之心，首先要看他能不能做到在家庭里对父母、兄弟好。如何理解“仁之本”？仁爱思想是普遍的，不只是爱家庭、爱父母、爱兄弟，整个社会大众相互之间都要有爱心。儒家特别强调孝的重要性和首要性。宋明理学家们认为，为了把对天下人的爱统一起来，要从孝敬父母入手。所谓百善孝为先，基于父子亲情关系和身心之间的紧密关联，子女对父母，天然就会亲近、有爱心，同其他关系相比，亲情有优先的、亲密的和厚重的特点。

随之也产生了一些问题。在与其他学派或其他文明的价值对比中，有人认为儒家的仁爱有些狭隘，过于强调家庭关系。基督教讲“博爱”，不讲过多家庭孝悌和礼的问题，或者不讲太多父为子纲的问题。墨家讲兼爱，认为天下如一家，爱别人和爱自己的亲人一样，爱别人的家乡和爱自己的家乡一样，爱别人的国家和爱自己的国家一样。而儒家的爱好像没那么普遍，是有等差的。如何看待这个问题？

儒家强调孝悌，但是没有把爱限定在孝悌的范围内。这里要区分两个概念，一是爱的范围，二是爱的程度。儒家认为孝悌在爱里边重要，但没有限制爱的范围，只是强调人在出生后最先接触的社会关系是家庭关系、亲情关系。

为什么儒家这样讲？“仁”字左边是亻，右边是二，指的是发生在人与人之间的相互关系。但后来发现其实一开始“仁”这个字上面是一个“身”，下面是一个“心”，指的是自我的身心关系。孟子讲恻隐之心，首先是自己身心里的恻隐之心，自己的心对痛痒等的感知是最直接的，所以首先是从这里发展出来的。自己的身心和父母的身心关系最紧密。小孩子生下来首先要自爱，要成长，然后发展出对父母的爱，一步一步往外推，推己及父母，推己及人，推己及物，即爱自己、爱父母、爱人、爱万物。宋明理学讲要爱万物，程颢就提出“仁者以天地万物为一体”。儒家爱的范围非常广，不限于爱人类，还要爱物。儒家讲成己成物，除了成就自己，还要成就他人、成就万物。从这种意义上讲，孝的思想不完全等于仁，实际上只是爱的一部分。

中国文化里还有忠的思想，孝与忠是什么关系？刚才说的“亲亲尊尊”，“尊尊”就指向忠的概念，上下关系要相互沟通、有很好的合作，还要有忠诚之心。中国古代认为治理家庭、社会关系要靠孝，治理国家就要靠忠。忠孝成了一个固定搭配，一个人对外要忠，对内要孝，但这又会产生矛盾。首先是以孝治天下，好像只要做到孝了，人人都会忠，不忠是因为不孝，是不是这样？还有一种忠孝之间的矛盾，有时候陷入困境，忠孝不能兼顾，比如要打仗或者有紧急公务，无法照顾父母，就不能忠孝两全了。

有一个故事说，一个鲁国人特别讲孝道，战场上，号令一响，别的人都往前面冲，唯独他往后退。长官问他为何不冲，他说家有老父老母，自己是独子，如果死在战场上，老父老母没人照顾。如果是法家听到这种辩解，肯定是不同意的，因为法家认为军人首先要尽忠卫国，违反军令就要判死刑。孔子听说了这件事，称赞这个鲁国人是大孝子。孔子认为忠孝难两全的情况下要先尽孝。可是这种情况确实很矛盾，因为尽忠尽孝都是应该的，这就是道德困境。

比较中国文化和日本文化，人们提出一个看法：中国文化强调孝，日本文化强调忠。后来日本发展出公司至上思想，即所谓集体主义。

近代以来多讨论公德和私德问题，认为公德是公共领域的，现代社会的公务员首先应该考虑公德，要遵守职业道德，而家庭中的关系都是私人关系，私人关系不能影响公共关系。公司、社会、国家和家庭的关系，就变为公德和私德的关系。

1·3 子曰："巧言令色，鲜矣仁。"

第3章主要讲人的言语表达、表情表现与"仁"的关系。"巧言"就是说好听的话、花言巧语。"令"是好、善、美的意思，"色"就是面目表情，"令色"可以说是和颜悦色。"令"字在这里有点表演的成分，并非自然的情感。所以朱熹注说："好其言，善其色，致饰于外，务以悦人。"他外表这样，是为了讨好别人，内心里并不是这样。对一个人并不是那么喜欢，可是为了某种目的又不能表现出不喜欢，还说好听的话，表现得和颜悦色。孔子认为这种做法不是爱，而是表里不一。所以，这句话的意思是，孔子认为经常花言巧语，表演、假装，很会取悦别人的人，很少有爱心、爱德。

这里涉及一个内外、表里的关系，在美学上就是内心美和外表美的关系。理想的状况应该是统一起来的，外表美，内心也美，不能只有表面上美，内心不美。别有用心、别有企图、算计别人，这就是内里不好。孔子说"巧言令色"的人缺乏仁爱，说得还比较客气，实际上这种人可能是虚伪的，有自欺欺人的行为。孔子当然不喜欢这种人，而且孔子说此话肯定是因为遇到过这种人，因为孔子的哲学不是坐在房间里凭空想出来的，而是在生活中遇到各种人、各种事，总结提炼出来的。而且这个道理孔子不仅在这个地方讲，在其他地方也讲。比如在《论语·颜渊》里孔子还说"色取仁而行违"，表面好像非常仁爱、亲近，但实际在背后做的是另一套，这就很糟糕。孔子在《论语》中还有一处提到了巧言令色："巧言、令色、足恭，左丘明耻之，丘亦耻之。"（《论语·公冶长》）有的人巧言令色，表现得非常谦恭，当时的人物左丘明不齿于这种行为，孔子也看不起这种人，以这种人为耻。所以，在这个问题上，孔子认为做人要表里如一，不能说一套做一套。

1·4 曾子曰："吾日三省吾身：为人谋而不忠乎？与朋友交而不信乎？传不习乎？"

这一章记载了曾子的话。曾子也是圣人之一，姓曾名参，字子舆，鲁国人，鄫国贵族的后代，是孔子的得意门生。前面讲了曾子是大孝子，作有《孝经》，影响非常大。

"省"即察看，也可以说是反思、反省。"三"不一定是三次，也可以说是多次，因为《论语》里有很多"三"，有时是实指，有时是虚指，比如"三人行""举一反三"。

"身"在此处不仅仅指身体，而是包括身心。儒家的"身"有时指完整的一个人，既是身体的也是精神的。如修身就不单单指保健（把身体保养好），更重要的当然是修养精神与道德。到后来，儒家和道家把身、心区分开来。孟子讲大体、小体，大体就是心，小体就是身体、感官。

"忠"，朱熹注曰："尽己之谓忠。"对人尽心竭力就叫忠。"信"是信任，是五常之一。“信”也可以是诚。在儒家后来的发展过程中，“诚信”二字结合了起来。

这一章的大意是，曾子说：“我每天要多次反省自己：为人做事是不是尽心竭力了？同朋友交往是不是做到真实诚信了？老师传授给我的东西是不是按时复习了？”

这一章讲的是人与人之间的关系，不限于家庭。人在家庭中生活，同时也生活在社会中。除了家人，与自己合作的大部分是同事或者朋友，之所以要讲信和忠，是因为人确实是社会的动物——人是政治的动物，既要忠实于自己，又要忠实于他人，不仅要在行为上表现出真诚，内心更要真诚。

道德良知是后天发展出来的还是先天即有的？前面已提到这个问题。其实从人的演化讲，人类的基因是逐步演化出来的，因为人类的形成也有一个过程，从类人猿演化成智人、早期人，然后到人类。人类要在地球上生存、繁衍靠的是什么？第一当然是技术手段，即必须有生存手段和工具。第二是合作，人与人之间必须合作。人出于生存的需要而合作，由此衍生出了道德规范、伦理价值，这些道德规范、伦理价值后来就成了人类内在基因的一部分。从这个意义上说，孟子讲得有道理，人确实有先天的道德能力，这是人类共同的基因，一代一代延续下来。知识和道德的发展并非完全同步，有人认为，有了技术后，知识的发展非常快，但人类的道德能力似乎发展很慢，与知识的发展速度无法匹配。为什么道德能力发展慢？是合作不重要了吗？并不是这样。对人类而言，“第一生存能力”可能是最重要的。“第一生存能力”首先指向活下来，即要有生存权，因而工具等物质条件更重要，只有生存下来才有可能谈发展精神层面的道德。

所以，虽然合作很重要，虽然道德的部分也是天生的，但这里有先后顺序，首先要满足基本的生存需要，然后往高级层面发展。

1·5 子曰："道千乘之国，敬事而信，节用而爱人，使民以时。"

在这一章里，孔子说明了一个诸侯国的君主要如何治理一个国家的问题。这里的"道"同"导"，作动词用，表示治理。"乘"在这里读 shèng，指车辆。"千乘之国"是指这个国家有 1000 辆战车，用千乘说明一个国家的军事力量。一辆车要配备的甲士是 3 人，车下有步卒 72 人、后勤人员 25 人，即一辆车需配备 100 人。孔子生活在春秋时期，当时的千乘之国算得上是大国了。战国时期的大国就不止"千乘"，而是"万乘"了。

"敬事"指诸侯国的君主要兢兢业业，做事情首先要谨慎专一，不能一会儿想干这个工程，一会儿想干那个工程。因为一个国家财力物资有限，人力有限，有限的人力、财力决定了肆意做事是行不通的。

同时，人力、财力的有限性使得节约开支也很重要，这就是"节用"。古人在财政上一直强调不能浪费。

"爱人"指国君先爱护他的官员，而不是先爱护天下百姓，因为替君主做事的首先是各级官员。由爱护官员扩展开来就是爱百姓。在孔子看来，国君一定要爱自己的下属，要照顾、关心他们。在军队里也一样，将领对自己管理的军人是非常好的，在古代有很多此类故事。因为如果将领对下属不好，军人就会离心，在战场上作战能力就会削弱。

"时"是农时。古代中国是农业社会，季节非常重要，比如春耕的时候就不能不让老百姓种地，这是强调农业的重要性。

在此章中，孔子认为君主如果治理有 1000 辆战车的大型国家，一定要做到谨慎处理各种事务，节约开支，维持收支平衡，信任和爱护他的官员，同时不能影响老百姓的农业生产。因为国家需要税收，要收粮食，影响农业生产势必会影响农民的生活和国家的税收。

这里强调三方面：第一，君主要有责任感、使命感，一定要勤政。春秋时期的很多君主不勤政，这肯定会影响官员的施政，继而对百姓生活造成非常大的影响。第二，君主要节约开支，爱护他的官吏。在现代也一样，经济不景气时，国家财政收入可能减少，压缩预算是普遍的做法。第三，要以农业为本，不能耽误农时。古代春耕夏种，秋收冬藏，节气和农业生产的关系非常密切，每一个环节都不能耽误。

孔子为什么强调这三方面？很有可能是在现实中这三方面不能得到保证。造成这种局面的原因主要有两种：一是战争。老子讲“戎马生于郊”，如果战场在农业地区，战马在农田里奔跑，农田就会遭到破坏。另外，打仗要征兵，农民都上战场了，田地就会荒芜。所以战争是影响农业生产的一个重要因素。二是劳役。国家兴修大型水利工程、修筑边防工事，都需要抽调年轻力壮的劳动力。如果劳动力在农耕时被抽调，就会影响农业生产。

1·6 子曰：“弟子入则孝，出则弟，谨而信，泛爱众，而亲仁。行有余力，则以学文。”

第 6 章又讲到孝悌的问题。从这一章可以看出孔子教导学生如何做人、做事。“弟子”这个词在当时有两种意思：一种指年纪较小的，为人弟和为人子的人；一种指学生。这里采用的是后者。到现在也经常把学生称为“弟子”。“入”就是回到家里。还有一种说法认为“入”指儿子到父亲那里去，这涉及古人的生活方式，古时候父子可能住在不同的地方。与“入”相对的就是“出”，即外出拜师学习。“出则弟”指出去要尊敬师长，“师长”泛指年长于自己的人。少说话，寡言少语称为“谨”。“泛”是广泛爱人。“亲”是亲近。“仁”是仁人、有爱心的人。“行”是行动、行事。“文”是文学、礼乐文化知识、经籍、经典等，指称范围非常广。

在这一章中，孔子说弟子们在自己父母身边时，要时时刻刻孝敬父母，如果出门在外就要尊敬师长。言行一定要谨慎，同时要诚实可信，要广泛有爱心地对待别人，亲近有仁德的人，如果你觉得这个人不好就敬而远之。人们一定要躬行实践这些东西，如果还有余力的话就要学习文化知识，人生有限，不要浪费时间。

在这一章中，孔子教导弟子应如何孝敬父母和尊重师长。要真正做到是非常不容易的，古代和现代都如此。父子关系和师生关系有时会处理不好，原因可能是多方面的。举一个例子，现在有些学生向老师请教时不说“请教”“指导”，而说“老师，我想和你聊聊”。很多人认为师生之间太严肃不应是常态，轻松一点似乎也可以。虽然儒家所讲不必苛求，但还是要有一个相对尊敬的态度。有时候开会讨论问题，老师之间都说“请教”，师生之间反而不用了。

1·7 子夏曰："贤贤易色，事父母能竭其力，事君能致其身，与朋友交言而有信。虽曰未学，吾必谓之学矣。"

这一章主要讲子夏提出如何对待自己的父母、如何对待君主（国家领导人）、如何交朋友的问题，认为忠、孝、信是一致的。内容与前几章有很多交叉。

子夏姓卜，名商，字子夏。他是孔子的学生，比孔子小 44 岁，师生之间的年龄差距很大。他在孔门四科中以文学见长，是孔子弟子里著名的文学家。

子夏确实是孔子弟子里比较优秀的学生，经常有一些独到的见解，受到孔子的赞许。比如《诗经》里有一句话"巧笑倩兮，美目盼兮，素以为绚兮"，子夏问孔子是什么意思。孔子说"绘事后素"，要先以粉地为质，然后施以五彩，进一步化妆。即首先要美质，然后进一步文饰，这是有先后的。子夏说，老师，礼也是靠后的吗？孔子说，这个问题提得好！你能够启发我也思考这个问题，然后我可以和你进一步讨论《诗》的问题了。

《论语》里记录子夏的言论较多，子夏在孔子弟子中的地位比较高。比如《子张》篇中所记载的子夏之言："博学而笃志，切问而近思，仁在其中矣。"恳切地请教别人，好好去思考，广泛学习，这就是有仁爱之心了。后来有一本书叫《近思录》，就是借用"切问而近思"中的"近思"。"百工居肆以成其事，君子学以致其道。""日知其所亡，月无忘其所能，可谓好学也已矣。""虽小道，必有可观者焉"，小技艺里也有可以学习和借鉴的地方，有其精彩之处。这些都是子夏所言。子夏还说过一句非常著名的话，“仕而优则学，学而优则仕”，“优”就是有闲暇。做官做好了就学习，学习学好了就做官。孔子也有类似的说法，“行有余力，则以学文”，工作做完了，有闲暇的时间就去学习。

孔子去世后，子夏到魏国西河郡教书育人，也有很多著名的弟子，比如李悝、吴起。子夏被魏文侯尊为师傅，地位很高，很多人向他学习。

“贤贤”，第一个“贤”作动词用，是尊重的意思，尊重贤者叫“贤贤”。“易”指取代、改变。这里的“色”，有人认为是美色、美人，指女性长相比较美；也有人认为指脸色。尊重贤人一定要和颜悦色吗？这里的“色”还是解释成美色比较好，指女性的形象美。人们一般爱美人，好色似乎是人之常情，孔子也不否定，但他认为不可以只爱色。孔子有一句感叹：“吾未见好德如好色者也。”（《论语·卫灵公》）这不是一句平白无故的话。孔子在卫国时见卫灵公不认真执政，不爱护贤人，却过于宠爱南子，就不高兴了。孔子所说的“好色”实际上是好美色的意思。结合起来，这一章里的“色”不能解释成脸色，“贤贤易色”应是讲爱美人的同时也要爱贤人。孟子常劝齐宣王要努力治理国家。齐宣王这个人很真实、可爱，他说“寡人有疾”，讲了自己的几个缺点，其中一个就是“寡人好色”。孟子怎么看待这个问题？孟子也很实在，他没有劝说齐宣王不应该好色，而是认为好色也可以，但你不能一个人好色，要君民同好，君王自己好色的同时也要保证天下的男子都能够结婚。孟子这样讲也很合情合理。所以，“贤贤易色”是说尊重贤人非常重要，特别是在政治生活中。

“事”指侍奉。“事父母能竭其力，事君能致其身”，对内要孝，对外要忠，竭尽全力。过去有人认为忠臣没有好下场，其实是有些大臣没做好，因为他们过于耿直，进谏时把君主批评得一塌糊涂，让君主没有脸面。开明的君主或许还可以接受，昏庸的君主听到一点不同意见都会觉得大臣不尊重他。人是有荣誉感的，都需要被肯定，君主也是人，也需要被肯定。所以，大臣不能认为只要尽忠就行，还要讲究方法和策略。

魏徵是很能进谏的人，虽然魏徵进谏让李世民时常不高兴，但李世民开明，能够接受。魏徵对李世民说：我不做忠臣，而做良臣。忠臣和良臣有什么不一样？魏徵认为忠臣不好，忠臣太耿直，为了自己得到美名就很激烈地批评皇上，皇上一生气把他杀了，结果忠臣的名声传出去了，皇上的恶名却留在了史书上；如果当良臣，尽到进谏的责任之后，皇上会接受他的进谏，这样皇上和大臣都能得到美名。李世民特别肯定魏徵，说自己这一生有三面镜子：以铜为镜，可以正衣冠；以古为镜，可以知兴替；以人为镜，可以明得失。魏徵的去世让李世民失去了一面镜子。这说明魏徵在李世民心目中的地位确实很高。

“与朋友交言而有信”，交朋友，一定要讲信用，特别是为政者，话不必多，讲太多而实际做不到，就是空话。

1·8 子曰：“君子不重则不威，学则不固。主忠信。无友不如己者，过则勿惮改。”

这一章的内容仍然是孔子教诲人们如何做一个“君子”。“君子”在先秦的典籍中出现得非常多，它的本意是君王之子，后来延伸为政治地位很高的人。而孔子所讲的“君子”，主要指有道德、有品格的人，或者是儒家人格修养的目标之一。“重”是庄重、郑重的意思。“威”指威仪。“固”有两种解释：一指牢固，不庄重就没有威仪，所学也不牢固；二指固陋，见解少。这里采用第一种解释。“主”是注重，“主忠信”即以忠信为根本。“无”不是没有，而是不要。“如”是比得上。“无友不如己者”即不要交不如自己的朋友。有人认为这种理解不符合孔子的原意，孔子并非看不起人。孔子还说过，“道不同，不相为谋”（《论语·卫灵公》），道不同的人就不要与他交朋友、共事或合作，因为志向不一样。“无友不如己者”的意思应该是不要与自己性情不合或没有忠信的人交朋友。“过”是过错、过失。“惮”是害怕。犯了过错不敢改正或者不敢承认，这是不对的。

首先，孔子认为君子做事要严肃，至少要庄重，特别是在关键时刻，这样才会受到尊重。

其次，孔子说明了交朋友的技巧。在儒家看来，交朋友是人的重要交往之一，朋友之间要讲信用，这是很重要的，孟子就强调“朋友有信”。

什么是良好的朋友关系？孔子讲“益者三友”，好的朋友关系有三种：一是交正直的人，二是交诚实的人，三是交知识广博的人。交这样的朋友能给自己带来很大帮助。那什么样的朋友不能交？“便辟”，行为古怪的；“善柔”，假装和善的；“便佞”，巧言善辩、巧言令色的。对这些人要敬而远之。

子贡问孔子对待朋友的方法。孔子说“忠告而善道之”（《论语·颜渊》），如果朋友做得不好，要提出忠告，不要鼓励他做不好的事情，而要帮助、引导他。但是他不听就不要硬劝了，因为如果硬劝会有强迫之感。曾子也言“君子以文会友”（《论语·颜渊》），君子之交淡如水，而非金钱酒肉朋友。有一种说法认为朋友是另一个自己。为什么这么说？因为“物以类聚，人以群分”，人一般会选择和自己性情相投的人做朋友，如果三观不合，话不投机，可能也成不了朋友。从这个角度看，“无友不如己者”的意思也应该是不要同与自己性情不合或没有忠信的人交朋友。

最后讲的道理是知错就改。人犯错误，这是难免的，关键在于是否敢于承认错误。孔子说，有了过错，就不要害怕改正。但人们往往不愿意承认错误，甚至习惯于文过饰非、转嫁他人。孔子认为不可以这样，知错就改是一种美德，知错就改人才能进步。

1·9 曾子曰："慎终追远，民德归厚矣。"

这一章主要讲如何尽孝，以及此做法对政治生活和百姓的影响。"慎"是虔敬、尊敬的意思。"终"是逝世。"远"是祖先。"慎终追远"指一定要虔敬认真地办理好父母的丧事，祭祀追念祖先。这种观点在儒家文献中出现多次，比如《论语·为政》有"生，事之以礼；死，葬之以礼，祭之以礼"，《中庸》言"事死如事生，事亡如事存"。有些人可能觉得亲人死后，反正看不见，于是祭祀就可以不认真。儒家认为不能这样，要对先人保有一颗尊敬、恭敬的心。"事死如事生，事亡如事存"，这就是孝的最高境界了。

"慎终追远，民德归厚矣"，这句话应该是讲给统治者的——君主"慎终追远"，老百姓自然就淳朴忠厚了。

"慎终""追远"这两件事情都和孝联系在一起，体现在礼仪上就是丧礼和祭祀。儒家有"三礼"，第一讲礼的道理、义理，即为什么要守礼，礼的根源是什么。第二讲礼的制度，具体有婚礼、丧礼、军礼等。第三讲礼仪，即具体可操作的行为规范。

中国古代的祭祀有三大体系，第一个体系是最高的神，即上天。第二个体系是自然神，如山神、水神、井神等。第三个体系是祖先神，也就是鬼神。

为什么要祭祀？一是感恩报德，二是祈福，换言之，一是感谢，二是希望得到护佑。通过祭祀进行纪念，构成了社会和集体的记忆，由此形成了文化传统，直到现在仍很普遍，比如每年举行的祭黄帝、祭孔仪式。

1·10 子禽问于子贡曰："夫子至于是邦也，必闻其政。求之与，抑与之与？"子贡曰："夫子温、良、恭、俭、让以得之。夫子之求之也，其诸异乎人之求之与？"

这一章主要讲子禽向子贡请教。子禽问子贡：为什么老师到一个国家就一定会听到那个国家的政治事务？到了齐国等诸侯国，君主都接待他，让他问政，这个机会是如何得到的？是夫子主动要求的，还是国君主动给他的呢？子贡回答：这是夫子受到尊敬的结果。夫子为什么受到尊敬？因为夫子非常温和、善良、恭敬、俭朴、谦让，有这五种美德，所以君主很尊敬孔子。

这里出现了两位学生：一是子禽，名陈亢，陈国人。他比孔子小40岁，可能和孔子并非直接的师生关系，而是子贡的弟子。二是子贡。在孔子的弟子中，子贡、子路、颜渊几人是最主要的。子贡姓端木，名赐，字子贡，比孔子小31岁。子贡是孔门四科中善于言语的学生，而且特别有怀疑精神，敢于质疑自己的老师。

"夫子"是古代对老师的一种敬称，《论语》中指孔子。"邦"是诸侯国。"抑"表示还是。"其诸"是大概、或者的意思。

这一章强调了孔子的五德，现在看来仍然很重要。首先，对人要温和，不要横眉竖眼；当然，温和不能只是表面的，同时要善良，有善心。

其次，对人要有恭敬之心；同时生活上要俭朴，即便自己很富有也要俭朴。最后，还要谦让，温和与谦让可以结合在一起看。

讲到这里，好像孔子有很多机会施展政治抱负，但实际上孔子的政治生涯并不是很顺利，自55岁离开鲁国以后，孔子十几年都没有在某个诸侯国获得过很重要的政治地位，只是担任顾问之类的职务。为什么那些君主尊敬他却又不给他官位？主要原因还是孔子太理想化，目标提得太高，君主觉得做不到，所以不听孔子的话。关于孔子的政治生涯，之后谈孔子的经历时我们再进一步展开。

1·11 子曰："父在，观其志；父没，观其行。三年无改于父之道，可谓孝矣。"

这一章还是讲如何尽孝。"观"就是看。"志"是志向、意愿。"行"是行为举止、所做之事。"父在，观其志；父没，观其行。"这里的"其"指儿子。有人认为"其"指父亲，可是"父在"的时候看父亲的志向，"父没"的时候"其"又变成谁？父亲去世之后还怎么看他的行为？这里前后无法统一。所以，"其"应该指儿子。父亲在世的时候，看儿子的志向是什么，合不合乎父亲的志向；父亲去世后，过去父亲做得好的地方儿子应该继承。

"三年"是虚数，非实指。虽然守丧是三年，但父亲好的经验或道理可以一直听，甚至会影响自己一生。

"三年无改于父之道"，可如果父亲做得不好怎么办？父亲说的话不对我们还要听吗？虽然"天下无不是之父母"的说法过于绝对，但一般来讲，大部分父母都希望自己的子女健康、优秀。父母不是圣人，他们说得不对、做得不好的时候，做子女的也不要生硬地批判，甚至强烈地对抗，最好以温和的方式动之以情、晓之以理。

我们常讲“父慈子孝”，现代社会孝的方法和途径相比于古代肯定不一样，但总体上看，当下父母对孩子的付出往往比孩子对父母的付出要多，现在的“孝”常常不如“慈”，有些子女甚至谈不上“孝”。虽然社会发生了变化，但“孝”始终有其重要意义。

1·12 有子曰：“礼之用，和为贵。先王之道，斯为美，小大由之。有所不行，知和而和，不以礼节之，亦不可行也。”

这一章是有子关于礼仪的言论和看法。“礼”在前面已讲述过，此处主要讲礼仪的规范和价值。“和”也是儒家的一个重要思想，在这里主要讲的是和谐、恰当。“先王之道”就是古代圣王的治国之道，具体来说，就是传承尧、舜、禹、汤、文、武、周公等古代圣贤君王的治世之道。“斯”就是这。“斯为美”指这是非常好的，需要保留的。

这一章讲如何让礼发挥好的作用。第一，礼确实是原则规范，但如何表现要有一个尺度，做得太复杂不合乎礼，太简单也不合乎礼。先王就做得非常和谐、非常好。第二，如果是做表面的礼怎么办？即便内心不愿意，可是为了得到别人的肯定，也要大肆铺张。孔子对此非常反对，认为如果只是做表面文章，而缺少内心的真诚，那宁可不要这种礼。孔子讲“无礼之礼”，表面的礼是需要的，但一定要发自内心，形式上也恰到好处，这样的礼才被需要。

孔子否定没有内在的东西，他认为与其奢侈，还不如简单一点，不要做表面文章。礼是人与人的交往之中非常重要的规范。礼表现为尊重，如果不尊重对方，对方就会觉得受到了轻视，相互之间的关系就处理不好。礼具有重要作用，一方面具有普遍性，另一方面又有差别性。礼的差别性尤其体现在国家之间交往的时候，不同的政要受到接待的礼是不一样的，古代更是有等级和层次，现代社会虽然没有太过复杂，但也是非常明显的。

西周的礼乐文明特别复杂，到了春秋时期，礼崩乐坏，人们不遵守古礼，孔子就有很多批判礼崩乐坏的话，他认为如果完全不要礼，就是文明堕落。孔子要复周礼，需要恢复礼的价值。现代社会的礼显然没有古代复杂，特别是传统文化中的很多礼被否定，导致当下的礼太过简单，有时甚至表现得好像没有礼貌，这又走向了另一个极端。现代社会仍是需要礼的，只是内容发生了变化。

1·13 有子曰："信近于义，言可复也；恭近于礼，远耻辱也；因不失其亲，亦可宗也。"

这一章讲的是关于信和义、恭敬和礼的美德，以及对待宗亲的做法。"近"是接近、符合。"义"是正义、正当、公平。"信近于义"指所守的诺言符合道义。"复"是可以做，做得到。"言可复也"，许诺的话就可以做到。"恭"是恭敬。"远"是远离、避开。"恭近于礼，远耻辱也"指待人谦恭，尽量合乎礼仪，就不会让人耻笑。"因"是宗亲。"因不失其亲"指对待宗亲要做到不失去亲情，在亲人和亲戚之间兼顾好，这样后人也可以效法。

信是五常之一，诚信非常重要。如何避免耻辱？常有人说自取其辱，就是自己做得不好而感受到耻辱，并非别人所施加，这就要求人们自己承认错误。当然，如果是别人侮辱自己，那么可能是他人做得不好，这是双向的。这些道理在现代社会仍然通行，并不过时。

1·14 子曰："君子食无求饱，居无求安，敏于事而慎于言，就有道而正焉，可谓好学也已。"

"君子食无求饱"并不是让人饿肚子，"求饱"的"饱"指追求吃得好。孔子认为，对于吃饭、居住条件，不要要求太高，吃饭不要求饱足，居住不要求安逸，勤奋敏捷地做事，谨慎地说话，向有道的人学习，让他们帮助自己，这可以称得上是好学了。

关于吃饭、居住的问题，温饱是一般标准。君子的重心不应放在追求精美的食物、舒适的住处上，或者不能一直挑剔。好的生活并不一定就是奢侈、豪华的，也可以是非常简单的。人的追求有很多，除了吃、住，人更应该好好学习、上进，这就是"就有道而正焉"。

人如何提高自己、发展自我？要多看别人的优点，不要一直看缺点。因为总是看别人的缺点，或者总是批评、否定别人，并不能提高自己。孔子说"见贤思齐焉，见不贤而内自省也"，看到比自己强的人一定要学习，看到不好的人也不要轻易批评，要多反思对比，如此较为客观。这个道理对做人做事都很重要。

1·15 子贡曰："贫而无谄，富而无骄，何如？"子曰："可

也。未若贫而乐，富而好礼者也。”子贡曰：“《诗》云，‘如切如磋，如琢如磨’，其斯之谓与?”子曰：“赐也，始可与言《诗》已矣，告诸往而知来者。”

“谄”是谄媚。“如切如磋，如琢如磨”出自《诗经》，加工骨头、象牙、玉石等，切磋琢磨，用不同的工具就有不同的方法，后来延伸成切磋学问、互相学习等。“告诸往而知来者”，是说子贡能举一反三，是对子贡的肯定。这一章讲子贡向孔子请教问题，最后孔子肯定了子贡，说可以与子贡讨论《诗》了。

子贡提出的问题是，贫穷但不谄媚别人，富贵但不骄傲自大、盛气凌人，这样是不是就很好？孔子说这样也不错，但还是不如贫穷的时候乐于道，富裕的时候谦虚好礼。子贡说，是不是就像《诗经》里说的，对待不同的物料，要用不同的工具、不同的方法，切磋琢磨？然后孔子夸赞子贡讲得很好，认为子贡也启发了他，可以进一步与子贡讨论《诗》了。

这里强调两个方面。首先，孔子并不是让人安于贫穷，而是说即便处于贫穷状态也要自尊自爱，不能自认低人一等。富人则容易傲慢，看不起人，所以孔子希望人能“富而好礼”，富裕的同时拥有好的修养、品行。其次是举一反三的问题。学习和做事的目的都是使自己不断变好，成就更好的自己。在这个过程中，不断思考是一个重要方式——不仅要知其一，还要通过一推出更多。

1·16 子曰："不患人之不己知，患不知人也。"

"己知"就是知己，知道、了解自己。"知人"是知道、了解别人。别人了解我们和我们了解别人，哪一个更重要？孔子认为了解别人更重要。在这一篇的首章孔子就说过，"人不知而不愠，不亦君子乎？"从侧面指出人们是希望别人了解自己的，为什么在这里孔子强调了解别人更重要？

孔子主张学习他人的优点和长处，其中一点就是见贤思齐，向贤人学习。当然，见到别人不好的地方，也要告诫自己，尽量避免。从这个角度来说，了解别人很重要。孔子还讲过："不患人之不己知，患其不能也。"(《论语·宪问》)不担心别人不了解我们，而是担心自己做不到，没有能力。所以，了解别人和了解自己在儒家思想里都是存在的。

这里有一个问题需要稍做讨论——人为什么要认识自己？自己难道还不了解自己吗？哲学家苏格拉底说，哲学是用来认知自己的，认知自己是哲学智慧的核心。老子讲"知人者智，自知者明"，知人者有智慧，了解自己则是"明"（明智、明哲)。认识自己并不是一件简单的事情，高估或低估都不是正确认知自己。苏格拉底认为，要认知自己，很重要的一点是认知自己的无知。有的人常觉得自己有知，不懂也说自己懂了，这就是不能认知自己。认识到自己的无知和不足才能不断学习，反之，如果自我满足，好像自己很了不起，而实际并非如此，那就是自己不了解自己。

在这里孔子强调认知他人很重要。比如，一个人是行政官员，就要能认知和使用人才；如果是老师，就要了解学生，这样才能因材施教。同样，父母也要了解孩子。父母大多希望孩子按照自己的意愿做事，而忽略孩子自己的兴趣爱好。比如大学里的学科选择，在很多家长看来，人文学科不如社会科学，社会科学又不如工科、理科，因为前者就业不易，挣钱太慢。如果孩子的兴趣爱好是人文学科，父母对孩子不了解，用自己的价值观代替孩子的价值观，就容易产生矛盾，这在教育中是不好的事情。

《学而》篇总共 16 章，简单总结一下，主要内容可归纳为四点：

第一，讲学习的重要性。学习在任何时代、任何时候都是重要的，它是让人进步的最重要的方式。要学，要练习，其中还有一个反复巩固提高的过程。

第二，讲了很多价值理论，包括仁、礼、义的思想，尤其涉及大量孝的思想。有些是从原则上讲的，如“孝弟也者，其为仁之本与”，讲孝的重要性。有时候讲具体怎么尽孝，“事父母能竭其力”，或者“慎终追远”，又或者更具体的“三年无改于父之道”。孝在儒家思想中确实非常重要，这也是中国文化的一种特色。从一定意义上讲，孝在现代仍然是重要的，礼的思想就更不必说。

第三，讲修身。修身就是要学以成人，不断发展自我，成就自我，成就好的人格，发展自身能力，成为一个德与能兼备的人。现代教育追求“德、智、体”全面发展，但往往发展不均衡，“智”被过分强化，“体”得不到重视，“德”这部分也不易发展。培养出来的人发展不全面，就容易产生各种各样的问题，比如不能与人很好地合作。儒家重视道德教育、品质教育，总结起来，就是强调两条，即如何做人、如何做事。

第四，强调认知他人、认知自己。这两方面都很重要，了解自己才能更好地发展、进步，但也不能因为别人不了解自己而抱怨；了解他人才能更好地尊重他人，而不是简单地将自己认为好的强加给别人。

为政第二

王中江 解读

《为政》篇总共有 24 章。“为”就是做，“为政”可以解释成从事政治。“为政”背后是一个从上到下的官僚体系。孔子讲“为政”，首先针对的是国家，是君主如何建立秩序、管理国家。

《论语》并不是严格按内容分篇的，前后内容会有一些交叉，学习的时候需要前后照应。比如“孝”“礼”“仁”等概念，孔子在不同章都讲过。在这里可以先概括一下《为政》篇的主要内容。

第一，讲如何从事政治。儒家的理念认为，从事政治一定要跟道德、伦理、做人结合起来，这是《为政》里面要讲的。

第二，讲谋求官职和从政为官的基本原则。政治不只是有一些规范性的东西，还包括我们要遵循的原则、道理和价值，同时还有方法。政治是一个复杂的事物，如果把政治看得太简单，或者认为政治只是如何获得权力，甚至于把权力当成目的的话，政治就变成权术了。那么，从事政治的人就会被批评为政客，因为他没有把政治与理想统一起来，政治纯粹变成了自己升官发财的工具，这是不符合儒家思想的。当然，政治岗位肯定要有俸禄，但是我们的主要目的是通过政治舞台实现自己的政治理念，如果没有政治理念，就容易腐败。关于如何获得权力，如何很好地运用权力实现政治理念，这是《为政》里面要讲的。

第三，讲学习，讲我们要思考问题，同时对问题提出见解，即学习已有的道理、经典，同时结合自己的实际情况思考，看看之前的看法怎么样，正确不正确，由此不断加深认识。从广义上讲，学习和思考是一个整体，不能只学不思考。当然，《论语》里面也讲不能什么也不学不看，老是自己坐在那里冥思苦想，这种思考也是不行的，后面我们都会讲到。

第四，讲人生的道理，例如如何修养自我、成就自我，过一种好的精神生活、伦理生活、价值生活，让自己更充实。在学习过程中，孔子特别讲到了“温故”，通过自己掌握的东西，进一步从里面发掘出新的东西，现在称之为创造性转化，是一种对优秀传统文化进行学习的方式，不能生搬硬套，不能食古不化，一定要活学活用。虽然是古代的东西，但其中有很多道理、很多原则、很多观念完全可以和现在对话，也可以被现在吸收，转化成我们现在可运用的资源。

2·1 子曰：“为政以德，譬如北辰，居其所而众星共之。”

这一章主要讲从事政治一定要与“德”结合起来，也就是讲“德”在政治领域中的重要性。孔子把“德”在政治领域中的地位与北辰做了一个类比。“北辰”一般被解释成北极星。“所”就是位置。“共”是假借字，同“拱”，在这里是环绕的意思。北辰是天枢，像枢纽一样，是不动的，众星围绕北辰旋转，就叫“众星共之”。从事政治有一个非常重要的原则，就是跟道德、价值结合起来，跟政治目的结合起来。孔子说君王要以道德教化来治理国家，就像北极星居于一定的方位，群星都围绕在它周围一样。这等于说，从事政治一定要抓住中心、抓住根本。儒家强调以德治国的重要性，认为这样就会有最好的治理。

中国古代的思想文化中有道理、道德的概念，很多学派都讲道德，除了儒家，道家也讲道德，比如老子的书就叫《道德经》。“道”与“德”在先秦时期是分开讲的，现在合起来变成了“道德”。“道”与“理”在先秦也是分开讲的，中国古代以单音节字表达概念的现象非常普遍。

“德”的概念在儒家是非常重要的，孔子讲“志于道，据于德”（《论语·述而》），“德”是一个总的原则，说一个人有德是对这个人的总体评价。德是发展的，关于德的条目非常多，仁、义、礼、智、信可以称为五常，也可以称为五德；此外，我们还可以列出孝、忠、廉洁、刚正、中庸等很多不同侧面的德的条目。所有道德规范和原则都可以看作德的具体表现、具体类型。一言以蔽之，德可以被解释成道德的总的原则、总的概念，也可以被解释成品质、品德、德行等。与具体的品质、德行相联系，德又分为很多种。下面举几个《论语》里的例子。

“骥不称其力，称其德也。”（《论语·宪问》）孔子说马有马德，也就是马的品质。“德不孤，必有邻。”（《论语·里仁》）德不是一个孤立存在的人才会表现出来的，实际上大家都可以相互学习，共同修养自我。还有“中庸之为德也，其至矣乎！”（《论语·雍也》）“主忠信，徙义，崇德

也。”（《论语·颜渊》）

德在不同的情况下会跟具体的德行联系在一起，表现为某一种意义上的德。比如，礼是一种德，按照礼去做，就是有德的。仁、信也是德，仁和礼、仁和信之间的关系表现为不同的层次。归根结底，学习儒家的东西包含两方面：一是游文于“六经”之中；二是留意于仁义之际。除了学习知识，还要追求价值和意义，其中核心的价值和意义就是仁义，总结起来就是通过学习“六经”去追求道德价值。

“道”在道家里面是最高的概念，同时在儒家思想中占据重要地位。“德”可以拿到“道”里面去看；“道”的含义更广，不限于“德”那一部分。“道”的第一种含义是追求最高的真理。儒家的学习不能停留在一般的知识性的东西上，而要变成一种追求道的工作。“道”的第二种含义是跟最高的价值联系在一起的，或者说普遍的价值、普遍的意义，甚至与我们的信念和信仰结合起来。追求道就是追求信念、追求信仰。“道”的第三种含义是我们做事情的方法、途径。这层意思可能跟“道”的本意最接近。在中国文化中，“道”字最初产生的时候就是道路的意思。去任何地方都需要路，如果没有路就修一条路，或者人经常走就形成了一条路，这就是“道”。后来这个字的运用延伸到其他事物，每个事物都有它的运行方式和轨迹，即天、地、人各有其道。在中国文化里面，除了这三种道，还有所谓鬼道，也就是中国人的祖先信仰、鬼神信仰。以上讲的是“道”和“德”的关系。

在孔子的弟子中，德行最好的是颜渊、闵子骞、冉伯牛和仲弓。当然，他们四个人也不完全一样，各有各的特点。比如，坚持仁爱是非常不容易的，而颜回可以三个月不违背仁。

“为政以德”，儒家思想把道德当作政治的根本。德治是中国传统政治领域中非常重要的一个部分。而德治里面非常重要的一部分叫“礼”，有很多具体的制度、规范是通过礼来界定的，某种程度上，德治也可以称为礼治。

现代社会形成了一个巨大的转变，道德领域和政治领域变成两个空间、两个世界，政治领域不再是道德的试验场，或者说在政治领域，不再用道德来衡量人了。政治领域是运用权力的领域，特别是运用制度的领域，制度也不都是通过礼来规范了。这种转变在西方尤其大，他们的政治以法治为中心，好像把道德从政治领域剔除出去了，或者至少认为这两个领域是不能混在一起的。中国的德治传统从近代开始发生转变。这个转变虽然也受西方影响，但其实早在先秦时期，荀子就提出了关于人治和法治的问题。有人认为儒家只讲人治、只讲礼治、只讲德治，其实并不是这样，儒家是以德为本、以刑为辅的。古代的刑法实际上就是关于刑事犯罪这一类的法律体系。儒家认为刑法在政治领域应是起辅助作用的，不能作为主导，而不是说完全不要法律。现代社会以法治为首要，但政治领域不能完全不要道德。类似经济学领域，不以道德为主，但也需要讲道德。儒家的义利之辩就是讲这个问题。

2·2 子曰：“《诗》三百，一言以蔽之，曰：‘思无邪。’”

这一章主要是孔子对《诗经》的精神、核心价值做的一个概括。《诗经》是中国古代最早的一部诗歌总集。这些诗歌的时间跨度非常长，从西周初年到春秋中叶；产生的地域主要是黄河流域，集中在陕西，也涉及甘肃、山西、山东、河北、河南、安徽、湖北等地，反映了这些地方数百年间的社会面貌。这些诗的作者都是佚名，传说整部《诗》是尹吉甫这个人采集的，但他一个人不太可能采集时间跨度那么长的诗。可以肯定的是，最后定型的300余篇的《诗》是孔子编订的，“《诗》三百”是取一个整数。这部书在先秦时期称为《诗》，后来成为“六经”之一，就称作《诗经》了。现在我们见到的《诗经》，内容分为《风》《雅》《颂》三个部分：《风》主要是各地的歌谣，反映当地的生活、民俗等，这部分跟社会大众的关系更密切；《雅》主要是西周人的正音雅乐，包括《小雅》和《大雅》；《颂》主要是反映周王、王庭和贵族宗庙相关内容的乐歌，分《周颂》《鲁颂》《商颂》三种。

“一言以蔽之”，就是用一句话来概括整部《诗》。“思无邪”有不同的解释，现在我们一般解释为情感纯正、思想纯正。比如说，《风》主要是讲情感的，历史上有各种各样的解释，其中有一种是美刺说，就是说一个人如果做得很好，我们就赞美他；如果做得不好，我们就讽刺他。这主要是从道德层面去理解《诗经》。

先秦时期，《诗经》是作为当时人的共同教养、基本修养存在的。大家都学《诗经》，《诗经》和每个人的志向、情操联系在一起，所谓“《诗》言志”或者“《诗》以道志”（《庄子·天下》），即大家认为《诗》主要是讲人的志向的。从先秦到汉代，《诗》都是表达人的志愿、志向的一种核心符号。

孔子在这里讲“思无邪”，并不是否定《诗》与志的关系，而是说得更具体了，将志具体到人的情感、思想、理念等方面。出土文献里面有一篇《孔子诗论》，说“《诗》无隐志”，就是《诗》把人们的情感、愿望、情操充分表现出来的意思。

先秦时期，各国的使者经常引《诗》来说明自己的立场，先说《诗》里面怎么讲，再表达自己的具体思想，这叫引经据典。引用《诗》的时候经常以“《诗》云”起头，那个时代就被称为“《诗》云时代”。

对于儒家来讲，引《诗》主要还是为了实际运用。《论语·子路》讲：“诵《诗》三百，授之以政，不达；使于四方，不能专对；虽多，亦奚以为？”你将整部《诗》都背了下来，但从事政治的时候不能运用，背得再多也没什么实际作用。但若是能活学活用，特别是在政治生活中，关键时刻恰到好处地引出一首诗，不仅能充分反映自己的学养，也能很好地表达自己的政治思想。

2·3 子曰：“道之以政，齐之以刑，民免而无耻；道之以德，齐之以礼，有耻且格。”

这一章与前面讲的第1章有一定联系，讲的是不同的治理模式，即你是用政令、法律这种单一的方法去治理，还是结合道德的方法，培养正直人格，进行感化教化，以身作则去治理的问题。

这里的“道”是一个假借字，本字是“导”，意为引导、指导。这里的“政”不是指广义的政治领域，而是指政令，类似于我们现在的政策或条例。“齐”就是整齐，这里是约束的意思。“免”就是避免，避免被惩罚。“民免”就是免于刑。前面我们讲到刑，刑在中国古代就是刑律、刑法。古代没有专门的民法，虽然不可能没有民事纠纷，但一部分归入刑法，另一部分则通过调解解决。不轻易诉诸法律是儒家的传统，这在中国的法律实践里面成了一个特点。不要大事小事都去开庭审理，可以先进行调解，在彼此都可以接受的情况下解决问题；如果调解无效，再走法律程序。我认为这是一个好方法。相比之下，现在的西方社会更强调法律，很多人都有自己的律师，最后法律就变成律师之间的一种较量了，随之带来的是社会成本的飙升。“格”本来是至的意思，在这个地方指归向。“有耻且格”，就是说人们都有耻辱之心，有自尊。“格”的第二个意思，就是讲远处的人都会归附于我们，很乐于接受我们的治理。“格”在其他地方也有类似的说法：“夫民教之以德，齐之以礼，则民有格心；教之以政，齐之以刑，则民有遁心。”（《礼记·缁衣》）“遁”是逃避的意思。这句话的意思是，如果用道德教化百姓，用礼治理百姓，则会民心归附；如果用政法来引导他们，用刑罚来管制他们，百姓就要逃避了。逃避和归从正好是相对的。

这一章孔子说，治理一个国家，如果纯粹用政令去管理百姓，用刑法去强制约束百姓，百姓由于害怕惩罚而避免触犯政令，并不是内心里不愿意去作恶，这样的结果就是丧失了羞耻之心。但是反过来，如果先用道德教化引导百姓，教育百姓不要做那样的事情，然后用礼治这种软性的、弹性的手段去规范百姓的言行，百姓就会不仅有廉耻之心，还会追求更高尚的人格，不断发展自己的人格。

儒家认为，仅仅靠政令、法律并不是最好的治理方法，用道德和礼去治理才是最好的。其实这就是两种不同的治理模式，以哪一个为主，哪一个为辅，儒家分得很清楚——始终是以道德治理为主。有时候道德治理就简化成了以孝治理，历朝历代都有以孝治天下的说法，把孝变成了第一位的，强调孝的作用。

孔子在当大司寇的时候负责诉讼，有父子二人前来打官司，孔子将二人关在同一间牢房里，三个月不审判。最后父亲要求撤诉，孔子便将父子二人释放了。孔子为什么把他们放走？首先，孔子认为父子之间发生矛盾是一件不幸的事情。其次，发生这种事情的一个很重要的原因是管理者没有做好，没有好好教育百姓，责任不在百姓，而在管理者，所以不能轻易给百姓判刑。从这件事情可以看出来，孔子在对百姓的治理上是很包容、宽容的，不轻易动用法律。

孔子强调教化、弹性治理、软性治理的重要性。但是任何社会不能只有软性、弹性的治理，同时一定要有硬性治理、强制治理。也就是说，要宽猛相济。宽，就是社会秩序比较好的时候可以宽容一点；宽到一定程度，社会犯罪有增多的倾向，这个时候就要猛一点，也就是严一点。总之，不能始终宽，更不能一直很严，让社会处在高压之下。宽猛相济做得比较好的有子产。孔子也认为子产的治理非常好，认为宽与猛确实要统一，他说："政宽则民慢，慢则纠之以猛；猛则民残，残则施之以宽。宽以济猛，猛以济宽，政是以和。"（《左传·昭公二十年》）"政宽则民慢"，政治过于宽松，百姓就会散漫，不遵守法纪，这种情况下要用"猛"来纠正。如果政治过于严苛，百姓会受到伤害，这时候要稍放松一点。总之，要把握好分寸，从儒家来讲就是一定要掌握中庸、中道，"宽"与"猛"搭配好，才能政通人和。

2·4 子曰："吾十有五而志于学，三十而立，四十而不惑，五十而知天命，六十而耳顺，七十而从心所欲，不逾矩。"

这一章可以看成孔子为自己一生做的一个简短的自传。"十有五"就是 15 岁，“有”通“又”。“志”，心之所向谓之“志”。“立”，立足于社会。“惑”在这里是困惑的意思。“不惑”就是深通事物之理，对事物了然于胸，简单来讲就是掌握了基本知识，不被外界的事物所迷惑。这里的“天命”指的是天所主宰的必然性。“耳顺”，这里有两种解释，一种是听一听就能判断事物的信息、道理真伪；另一种是能听进去不同的意见，特别是批评意见。“逾”是逾越、超过。“矩”是规矩、法度。

孔子说：我 15 岁开始立志学习；30 岁能够自立于世；40 岁时对各种各样的事物及其道理不再困惑；50 岁的时候懂得了天命的道理；60 岁的时候能听进去很多不同的意见；70 岁的时候就达到了中庸、自由的境界，做事的时候不会逾越法度、规矩。

“十有五而志于学”，这跟中国古代的教育有关系。这里的立志学习并不是说启蒙阶段立志要努力学习，而是学到了一定阶段，开始立大志，学习的标准更高了。孔子勤学好问，虽然家族后来没落了，但他还是立志学习，用很高的标准要求自己。

“三十而立”，关于立什么，学界有很多争论。有人认为是立于礼，能熟练掌握礼了。但是好像也不能简单地理解成立于礼。我们看孔子的经历，30 岁的时候是鲁昭公二十年（522），孔子没有从事政治，而是治学、办学，办私人教育。在孔子的一生中，这是一个非常重要的转折点，他在为自己订立更高的学习目标之后，通过培养弟子来自立于世。孔子的弟子来源非常多，有家庭不好的，书费都交不起，孔子说有教无类，不能只收贵族子弟。孔子的弟子数量也很多，他周游列国的时间很长，在那段时间收了多少弟子还需要进一步研究，现在能基本弄清楚的是七十二贤的名字。

到了40岁，孔子不困惑了。《论语·子罕》里说“知者不惑”，这就把“不惑”跟“知”联系在一起了。“知”通“智”，儒家的智除了知识类的东西，还包括道德、人文等各个领域。人生下来就有各种各样的困惑，特别是孩子，经常会问这问那。这种好奇心是最难得的，要给予保护。但在应试教育下，学生仅仅把知识当作固有的东西记下来就可以了，长此以往，失去了好奇心，也就失去了创造性。好奇心和创造性是紧密联系在一起的，好奇心、想象力是所有创造的基础，同时好奇心是一种快乐之源。科学研究也要有想象力，提出假说，进行推测，实验证明，都需要想象力的参与。儒家讲仁、义、礼、智、信五常，其中仁和智是两个经常并提的概念，孔子有时候也专门讲仁与智的关系。一个人的发展是和智力、智能、知识联系在一起的，我们认识世界、认识社会、认识人生、认识各种事情也都是跟智联系在一起的。

孔子讲天和命多数情况是分开说的。孔子讲的天有不同的天，命也有不同的命，有正义的天、公道的天，有正义的命、使命的命。此外，孔子还讲一种超自然的天、超自然的命，这种超自然的天、超自然的命和那种被理性化的、正义化的天与命不一样，这种天、命必然是我们人类没法认识、没法左右的。“获罪于天，无所祷也”（《论语·八佾》），这是公正的、宗教性的、正义的天。“死生有命，富贵在天”（《论语·颜渊》），这是超自然的天、超自然的命。这种天、命一方面有偶然性，一方面好像也有必然性。在哲学、科学里面，这叫因果的非决定论和因果的决定论。过去我们说世界都是由因果决定的，现在我们说自然界不支持单一的因果决定性，还有偶然性、随机性、不确定性。如牛顿力学在宏观世界里面可能是通用的，但在微观世界就不通用了。这并不是说牛顿错了，他的理论在宏观领域仍然是对的，只是不适合微观领域。微观领域就是量子学的领域，这一领域充满着随机性、不确定性，一个人可以是这个人，同时可以不是这个人，一只猫既是死的又是活的，总之，量子学领域与我们对宏观世界的理解和感觉不符。那么，孔子“五十而知天命”，知的是哪一种“天命”？我想，可能两种“天命”孔子都掌握了。

“六十而耳顺”，关于“耳顺”，一种解释说这是一种超自然的能力，高级的判断力，坐在那里一听就知道是非曲直；还有一种解释就是能听进去不同意见。我们常说忠言逆耳，那么“耳顺”就是听了不同的意见甚至批评的话后不仅不生气，还要顺耳。人都喜欢听好听的，因为人需要被肯定、被赞美，以此来获取存在的价值与意义，这与自我保护是统一的。要听进去别人的意见，特别是要听进去逆言、批评意见是非常不容易的，因为它不是一个人的自然倾向，恰恰跟人的自然相悖，而“耳顺”就是要听进去，不仅能听进去，还听得很高兴、很愉快。孔子也是到了60岁才做到“耳顺”；60岁之前，可能孔子也不是所有批评的话都能听进去吧。

“七十而从心所欲，不逾矩”，到70岁境界就更高了，人生非常达观，看待事情非常开放，做事情也都恰到好处了。

2·5 孟懿子问孝。子曰：“无违。”樊迟御，子告之曰：“孟孙问孝于我，我对曰‘无违’。”樊迟曰：“何谓也？”子曰：“生，事之以礼；死，葬之以礼，祭之以礼。”

这一章主要讲孟懿子向孔子请教孝的问题，孔子做出了回答。然后樊迟与孔子对话，孔子做了进一步的解释，即什么叫孝。

孟懿子是鲁国的一个大夫，他父亲临终前要他向孔子学礼。樊迟，姓樊名须，是孔子的弟子，比孔子小 46 岁。他向孔子请教的问题，主要是知和仁爱思想。在《论语》里面记载有樊迟问知。孔子说："务民之义，敬鬼神而远之。"樊迟问仁。孔子说："仁者先难而后获。"（《论语·雍也》）

孟懿子问孔子什么是孝，孔子回答孝就是不要轻易违背父母的话。这个回答不够具体，樊迟就进一步问，究竟怎么理解"无违"？孔子进一步解释：父母活着的时候一定要好好侍奉父母，按照礼做到对父母的尊敬；父母去世后也要按礼安葬他们、祭祀他们。《论语·学而》篇讲孝非常多。关于如何尽孝，现代与古代有共同之处：一是赡养父母，二是保持情感，三是尊敬父母。但具体的尽孝方式在现代社会已然发生了变化。随着社会人口的流动性大大增强，很多人远离父母，能常回家看看就非常不错了，我们不能完全按古代的要求去尽孝，但可以用电话、视频等多种通信方式来表达对彼此的思念。

2·6 孟武伯问孝。子曰："父母唯其疾之忧。"

孟懿子的儿子孟武伯向孔子请教孝的问题，孔子回答"父母唯其疾之忧"。这句"唯其疾之忧"中的"其"指代谁？一种解释是父母，还有一种解释指儿子。如果指儿子的话，这句话就要理解成父母老是担心孩子生病，显然与"问孝"的主题不符。我认为这里的"其"还是指父母，也就是说子女对父母的身心健康要关心，这样来看更通顺。

这一章具体讲对父母的疾病要重视，这是对父母尽孝的很重要的内容。父母身体很好的时候，不需要子女特别费心；但生病了，无论生理上、心理上都需要子女的照顾。俗话说，“久病床前无孝子”。照顾生病的父母，这对子女而言是一种考验。当然，现在我们有医疗保险，有比较好的医疗环境，但无论如何，亲人的陪伴还是无可替代的。

《为政》篇里面有多处讲孝，孟子后来也多次讲孝。孝有多重含义：第一，讲子女如何对待父母，其中包括很多侧面；第二，讲子女自己如何做，自己的事情做好了，不让父母操心，这也是一种孝。儒家同时强调这两种孝。可是我们现在往往只强调前一种，即子女如何对待父母。其实，做子女的照顾好自己，不生病，不好勇斗狠，不让父母操心；或者有志向、有才能，事业有成，让父母自豪，这也是一种孝。

2·7 子游问孝。子曰：“今之孝者，是谓能养。至于犬马，皆能有养；不敬，何以别乎？”

这一章提到孔子的学生子游。子游姓言，名偃，字子游。古代往往都是称呼别人的字。字一般是名字意思的引申，号可以不受名字的影响。号可以有很多，在文学家里面这种情况很普遍，但字一般只有一个。

这一章讲孝讲得很具体。孔子特别强调，对父母不能只是尽赡养的义务，让父母衣食温饱是尽孝的最低标准，高标准是必须保持情感，然后保持尊敬。现在的儒家伦理学里面，有一些学者特别强调孝，他们认为现在治理社会，官员首先还是要尽孝，然后去尽忠，或者说处理好公共事务。但现实中孝和忠可能统一，也可能不完全统一，有时候我们可能会遇到一些困境，导致忠孝无法两全。

2·8 子夏问孝。子曰："色难。有事，弟子服其劳；有酒食，先生馔，曾是以为孝乎？"

"色难"，这里的意思是孝子侍奉父母，做到和颜悦色，不要露出不高兴的脸色。当然，人总有累的时候，有时不高兴了，脸上肯定会出现不悦之色，这都是正常的。但孔子认为不论何时，都要对父母和颜悦色。"弟子"是指年轻一辈的子弟，不一定是儿女。"食"是食物。"先生"和弟子相对，这是延伸到更广的范围了。"馔"就是吃。"曾"是竟然的意思。这里的"曾是以为孝乎"，是孔子的反问，意思是这样不是孝。

这一章主要是子夏问孔子什么是孝道，孔子从另一个侧面回答子夏。孔子说，侍奉父母要保持和颜悦色，这非常难，可能平常做得很好，但是有些时候也会做得不好。遇到事情让年轻人去做，有好吃好喝的让老年人先享受，这难道就是孝吗？其实做到这些已经不容易了，但在孔子看来，这些仅是孝的基本要求。将这一章与前面的5、6、7章统一起来看，我们就会发现，孝在不同的层次有不同的表现。

2·9 子曰："吾与回言终日，不违，如愚。退而省其私，亦足以发。回也不愚。"

第9章讲孔子回忆颜回，或者谈对颜回的看法。颜回姓颜名回，字子渊，比孔子小30岁。他是鲁国人，是孔子非常得意的门生，孔门四科里面以德行著称。

"省"是观察。"私"是独处，回到住所一个人待着；还有一说，

“私”是私语，说颜回私下跟别人讨论。我认为还是前一种说法比较好。“发”是启发。孔子这样评价颜回：我整天给颜回讲学，颜回特别尊重老师，从来不提反对意见，看起来好像有点愚笨。但回家后，他能独立思考老师讲的内容，并且有所发挥。由此可见，颜回表面木讷，实际上并不笨。这里可以联系到另一个词，即老子讲的大智若愚——有点小聪明的人看不出来愚蠢，但是拥有大智慧的人往往看起来有点蠢笨。

在《论语》里面有多处孔子对颜回的评价，包括孔子和颜回的对话。颜回这个人是“一箪食，一瓢饮，在陋巷。人不堪其忧，回也不改其乐”（《论语·雍也》）。他生活上清贫、艰苦，但从来不改变自己的快乐。“不迁怒，不贰过”（《论语·雍也》），“其心三月不违仁”（《论语·雍也》），这些都是孔子对他的评价。在孔子的弟子里面，跟孔子关系最紧密的除了颜回，还有以勇敢著称的子路，以及以言语著称的子贡，这些弟子的很多言论都被记载下来了。孔子在不同地方分别向这三个弟子提问，比如孔子问什么是仁，什么是智，如何待人，等等。我们举个例子，在《韩诗外传》中，孔子要这三个弟子回答如何对待别人，如何与别人相处。子路说：“人善我，我亦善之；人不善我，我不善之。”别人对我好，我也对他好；别人对我不好，我也对他不好。这叫有仇必报，或者说以德报德，以怨报怨。这是子路的回答。子贡说：“人善我，我亦善之；人不善我，我则引之进退而已耳。”子贡的回答前半部分与子路相同，即别人对我好，我也对他好。但后半部分就不一样了，当别人“不善我”的时候，子贡的做法是思考对方为什么这样对我，是我哪里做得不对吗？这比子路高了一个境界。我们再看颜回的回答：“人善我，我亦善之；人不善我，我亦善之。”你对我好，我也对你好；你对我不好，我也对你好。这叫以德报怨，是最高的境界，也是最难的。

2·10 子曰："视其所以，观其所由，察其所安，人焉廋哉？人焉廋哉？"

这一章孔子讲了观察、了解别人的方法、途径。"以"，这里是为的意思。"视其所以"，就是视其所为。"由"是从的意思。"观其所由"，就是看他遵从什么，按照什么去做。"察"是察看。"安"是安于什么东西。"察其所安"，即看他追求什么东西，他的兴趣、爱好、习性是什么。"廋"是隐藏、掩盖的意思。

孔子说，我们如何判断一个人？第一，要观察他的所作所为，而不是光听他说了什么话。第二，考察他的目的和采用的方法，看他是不是合法、合德、合礼，还是说不择手段。第三，了解他安心于什么、追求什么、爱好什么、习性是什么。通过这三方面去观察一个人，那这个人不就被我们看得很清楚了吗？他还能有什么隐藏起来不让我们知道的地方呢？

要了解一个人不容易，比如企业招聘，通过看简历、面试，只能了解一个人的表面。要想真正了解一个人，还是需要深入接触、交流、考察。这个方法在《逸周书·官人解》里面也讲过，"考其所为，观其所由"。另外，《孟子·离娄上》说："存乎人者，莫良于眸子（眼睛）。眸子不能掩其恶。"我们说眼睛是心灵的窗户，就是通过一个人的眼睛看他是善是恶。《周易·系辞下》里面讲："将叛者其辞惭，中心疑者其辞枝。"如果一个人说话违背事实，他的言辞就会表现得惭愧、躲闪；如果一个人内心有疑惑，他说话可能就支支吾吾，不那么顺畅。以上都是判断一个人非常有用的方法。

2·11 子曰："温故而知新，可以为师矣。"

本章讲学习和提高、学习和创造的关系问题。"温"就是温习、复习，跟学习的习意思基本上是接近的。"故"是旧的知识。"新"是从旧的知识里面能够掌握到新的东西。孔子说在温习旧知识的时候，能有新的体会、新的发现，那么我们就可以当老师了。孔子把温习看得非常重要，通过温习不仅可以消化和理解已经学过的东西，同时可以发挥、延伸出新的认识和发现。从这种意义上说，单纯的背诵是不行的。《礼记·学记》说："记问之学，不足以为人师。"一味背诵，不求甚解，这和真正理解一本书、掌握其精神差别还是很大的。

我的导师张岱年先生听说一个老学者"文革"期间把上海图书馆的书全看完了。这很了不起，但不知道是真是假。张先生说，如果是真的，那他理解了吗？读懂了吗？《周易》字数并不多，但把《周易》弄懂了就不得了，很多人花了很长时间研究《周易》，还是有很多地方不是那么清楚。也有人一辈子研究《墨经》，还是有很多疑难未解。读书有一个博和约的问题：博是多看，广泛涉猎；约是专深化、精细化。一生读 10 部经典，甚至只是 1 部，只要真正精通了，就可以一辈子陪伴我们。温故知新就是说，一要真懂，二要从中不断去延伸。我们读经典就是这样，要不断把经典变成源头活水。创造和创新并非无本之木，都是在已有的前提下不断去转化、发挥，然后增加新东西。

创造是有基础的，必须先把基础的东西理解了才能谈创造。创造也是跟模仿联系在一起的，做技艺工作的时候先模仿，再创造，这也是温故知新，即学习理解已有的，进而走向创造的一个过程。所以，死记硬背不是一个真正好的学习方法，一定要加强理解。后面讲学思关系时也会提到，学习过程中一定要思考、要理解。

2・12 子曰："君子不器。"

"君子不器"，意思就是君子不能像一件器具那样只有某一方面的用处。这里可以分三个层次理解。第一，孔子说人不能像一件器具一样只有某一方面的用处，是认为君子应该全面发展。但是，这个全面发展并不等于要成为全才、通才。联系现在，我们说要全面发展，实际上也是针对不同的群体有不同的限定。比如，中学教育说的是德、智、体全面发展，道德、智力、体魄三方面不可偏废；体育里面有个人全能，其实也只是包括一个大项目里的几个小项目。第二，鼓励人掌握多种技能。比如，古代教育中要求学生掌握 6 项基本技能，即"六艺"——礼、乐、射、御、书、数。第三，鼓励人发展多方面的能力。孔子反对一开始就把人局限在一个方面，这也可以说是当时的人文知识分子或者士阶层自我发展时的全面性要求。具体到这里，孔子的"君子不器"可能主要是强调培养治国平天下的政治人才。政治人才需要具备多方面的条件，比如孔门有德行、言语、政事、文学四科，孔子可能希望弟子四科全面发展，但实际上孔门弟子各有所长，也不是那么均衡。

2·13 子贡问君子。子曰："先行，其言而后从之。"

这里讲的是言行关系问题。子贡问老师，怎样才能做一个君子？孔子说，对于你要说的话，先实行，然后再把它说出来。言行关系是《论语》里面很重要的一个论题。本来先说后做也可以，但宰予白天睡大觉的事，使孔子对人的态度，从"听其言而信其行"转变为"听其言而观其行"（《论语·公冶长》），从开始注意言行的统一和一致，发展到在总体上强调行的优位。不管怎么讲，孔子强调言行要统一，只说不做，这是最不好的。此外，孔子还强调要少说，特别是"君子欲讷于言而敏于行"（《论语·里仁》），就是要少说话多做事，不要夸夸其谈。

儒家特别强调知行和言行一致，也就是内外一致；认为看人不能只看外表，即便表面上做了好事，但是内心不这样想，这也是不行的。儒家不是效果主义者。效果主义者只看效果，不管动机；看你做了什么，不管你说了什么。儒家一定要看动机，看你内心怎么想，要求知行、言行统一，这样的人格才是一个完整的人格。

我们经常说言必信，行必果，但儒家的观点其实是"言不必信，行不必果"（《孟子·离娄下》）。为什么这样讲？儒家讲言行一致，一定要实践自己的诺言，可是为什么又同时讲"言不必信，行不必果"？这实际上讲的是特殊情况下的做法，就像一位女性落水了，如果你在场，你救不救？按照礼，男女授受不亲，但特殊情况应该特殊处理，不能见死不救。当然，把一般情况当成特殊情况，或者美其名曰灵活，灵活得没有原则了，这也不对。具体到"言不必信，行不必果"的特殊情况，比如说一个人被胁迫、被强迫、作为人质的时候，他的承诺是可以不兑现的。再比如善意的谎言，如果家人检查出来生了重病，为了不造成病人情绪上的波动，而对他有所隐瞒，这是善意的，也是允许的，大家不会对此进行道德谴责。所以，没有说真话、实话，在特殊情况下也是允许的。

但是从原则上、整体上讲，儒家强调先行后言、言行合一、知行合一、表里如一、内外如一。清华大学的校风是“行胜于言”，它就强调行的重要性，倡导先做后说。

2·14 子曰：“君子周而不比，小人比而不周。”

这两句话主要是孔子对如何成为君子做了一个侧面的说明，它实际上反映了人与人之间应如何交往。孔子认为好的交往方式是“周而不比”。“周”的意思是周全或者整个，这里可以翻译成团结的意思，更进一步说就是人以群分，人们以道义结合在一起。“比”的意思是偏，有党的意思。古代“党”的概念是和结党营私联系起来的，或者是说在社会生活里拉帮结派，这种负面意思用得多。现代社会则不一样，国家是要靠党派组织起来的，不同的国家由不同的政党来执政。古代社会认为不是以道义结合的“比”，就是勾结，是一种不好的结合。

孔子对人与人之间的交往做了一个“周”和“比”的二分。孔子说君子周全众人，并且用道义去相聚、相结合，不像小人往往没有道义，不考虑其他人，互相勾结起来谋私利。《论语》里面常常区分君子与小人。君子与小人一开始的本意并不含有道德上的评价，君子是稍微有地位的人，小人跟君子相对的时候，意思是社会上没有地位的人，或者指百姓。小人的本意并没有多少贬义，相当于“士、农、工、商”四种阶层的后三种，即没有担任官职的、没有社会地位的都可以说是小人。但是后来儒家里面“小人”的含义发生了变化，儒家特别强调道德品格意义上的、价值意义上的“君子”，与此相对的“小人”就具有了负面的道德、价值评价意味，并在儒家里面被普遍运用。

人与人之间合作、共处、交朋友，往往会受性情、爱好的影响，有可能志同道合，也有可能“道不同，不相为谋”（《论语·卫灵公》）。所谓“道不同”，指“道”的差异性，而非对立性。前面讲天道、地道、人道，其中人道里面又包括各种各样的道，它们都是并行并存、相互包容的。现代社会讲多样性、差异性，这些各种各样的道都是被大家承认的。而对立的道则有是非善恶之分。我们在选择合作伙伴、朋友时，既可能选择志同道合的，也可能基于普遍的价值观选择道不同的，这个异是可以包容的，因为我们虽然有差异性、多样性、复杂性、丰富性，但同时还有共识。现在多元和共识、一体和多元的融合成就了好的共识与好的多元。与此相对，小人之间讲同，却等于不讲是非，不讲善恶，因为他们认为的好和社会一般价值认为的好是不一样的。孔子说“君子和而不同，小人同而不和”（《论语·子路》），“同而不和”就是贬义的，批评小人同流合污，没有道义，不讲是非、善恶。总而言之，儒家强调社会上人与人之间的交往，应该遵守道义、原则；反对吃吃喝喝，拉帮结派。

2·15 子曰：“学而不思则罔，思而不学则殆。”

这一章主要讲学习和思考的关系。学习和思考应该是结合在一起的。如果只学习不思考，就会陷入“罔”。“罔”的意思是迷惘、糊涂、无知。

相反，如果只思考不读书，那就是空想，在儒家看来是“殆”。“殆”就是懈怠。懈怠就会有危险，所以“殆”也有危险或陷入困境的意思。“百战不殆”的“殆”和这里的意思类似。庄子说“以有涯随无涯，殆已”(《庄子·养生主》)，就是说以有限的人生追求无限的知识世界，就会陷入困境。

这一章可以与前面讲的“温故而知新”结合起来看。孔子反对一味地看书、记诵而不去思考，因为这样的学习方式最多能让人知道这是什么，但无法让人明白它为什么这样，知其然而不知其所以然，这样就不能很好地理解贯通，更无法引申发挥和创造，并不能真正学到知识。

关于学和思的关系，孔子在别的地方也讲到过。孔子说：“吾尝终日不食，终夜不寝，以思，无益，不如学也。”(《论语·卫灵公》)他自己曾经整天不吃饭，整晚不睡觉，有了困惑就思考，但想半天也想不清楚。孔子认为这样没有带来真正的收获，“不如学也”。这样的经历说明孔子曾经也陷入过只思不学的困境。学习是接收已有的知识和文化，但必须跟思考结合起来。之前我们讲“温故而知新”，“温故”也是学习已有的东西，但对学习过的东西要进一步思考。

我们对小孩子的教育可能更强调背诵，特别是文科，因为小孩子的社会阅历少、理解力不够，很多道理他们无法体会、理解。比如“人生酸甜苦辣”，小孩子经历的人生还很短，没有那么多酸甜苦辣，对于这句话只能是先记诵，暂时无法做进一步思考。但即便如此，还是要尝试着引导小孩子去思考、理解，这是一个过程。而对于一个成年人，他的人生经历可能就能支撑他理解“人生酸甜苦辣”这句话了。

20世纪50年代，关于清华、北大的哲学系有一个说法：清华是思而不学，北大是学而不思。这个评价不一定完全准确，但是可能有这样的倾向性。就是说，清华的哲学系学生可能更愿意思考，重视知识论、逻辑学，研究新哲学，提出自己的哲学理论和体系；北大的哲学系则可能更重视哲学史，通过研究中西方历史上的哲学，进一步提出看法。当然，学和思更重视哪一方，这是一个相对的概念。我们现在看学生的论文，往往也是有些引经据典比较多，有些则体现了更多思考的东西，各有各的特点。但不管如何，原则上学和思是要结合的，最好能将两者统一起来。

历史上的哲学家、思想家的不同特点实际上也跟性格有关系。美国实用主义哲学家代表詹姆斯就总结哲学家实际上有不同的性格，并将其分为两种：一种是刚性的，也就是说这一类人心肠比较硬；另外一种相反，是柔性的，也就是心肠比较软。他对这两类哲学家的特点做了概括，认为这两类人最后创造的哲学具有非常明显的不同。他说刚性哲学家创造了唯物主义、无神论、资本主义、科学主义等，而柔性哲学家的哲学都是唯心主义的，或者是强调宗教信仰的。这种二分法虽然过于简单化，不过也是抓住了某一种特点。还有一种二分法把思想家分为刺猬型和狐狸型。狐狸的特性是有多种智慧、多种能力，而刺猬只有一种智慧、一种能力。当然，这一种智慧与能力用好了也非常管用，而狐狸则需要将多种智慧、能力结合起来才行。有些思想家一生可能只讲一个问题，把某一个部分作为焦点，然后放大，比如弗洛伊德就抓住了精神分析，努力放大，然后成了一位刺猬型的思想家。有的思想家讲了很多问题，是一种学问式的、博大精深的、综合型的思想家，黑格尔就是这种狐狸型的思想家。如果看中国的哲学家，比如朱熹和王阳明，显然朱熹是狐狸型的思想家，王阳明是刺猬型的思想家。这种不同可以说源于他们不同的教育背景，也可以说源于他们先天就有的不同的倾向性。学和思在原则上是应该结合的，但是不同的人表现不一样，有的人表现得更倾向于学习，然后引申出很多问题；有的人则经过一定的学习后就开始创造，提出新的东西来。

2·16 子曰："攻乎异端，斯害也已。"

这一章讲对异端的态度和立场。"异端"这个词在先秦时期的用法和现在不同，我们现在常说的"异端"带有一种反叛的、叛逆的思想，跟邪说联系在一起。"攻"有治、致力于的意思，"他山之石，可以攻玉"之"攻"即此意思。此外，"攻"还有指责、抨击的意思。"攻乎异端"的"攻"应该取第二种意思。《论语·先进》篇里面也有一个用"攻"的例子："非吾徒也，小子鸣鼓而攻之可也。"这里的"攻"就是批评的意思。结合起来看，这里的"异端"，我们还是倾向于解释成杂学，甚至于指不正确的学说。

孟子批评、抨击的"异端"最典型的有两个，一个是墨家，一个是杨朱。战国晚期思想家荀子批评的范围就更广了，他在《非十二子》里面对六种学说进行了批判。另外，他批评老子"有见于诎，无见于信"（《荀子·天论》），说老子一味讲柔和，讲退守，只看到委曲求全的"诎"，看不到往前走的"信"。今人解说老子是以守为攻，比如老子说"知其雄，守其雌"（《老子》第28章）；老子是以柔弱胜刚强，比如"天下莫柔弱于水，而攻坚强者莫之能胜"（《老子》第78章），水往低处走，看上去柔弱、谦和，但实际上很有力量。道家哲学特别是老子的哲学是阴性哲学。儒家哲学讲阴阳平衡，讲乾坤刚柔，但其实儒家更强调阳和刚的部分，比如刚健有为。这样儒、道确实形成了一个对比。荀子批评庄子“蔽于天而不知人”（《荀子·解蔽》）。庄子认为我们要尊敬自然、尊敬天，天下雨我们就接受，天不下雨我们也不要管，天怎么样就怎么样，人不要干涉。荀子说那样不行，人一方面要遵循天的规律，另一方面要有能动性，天不下雨，农民就要开水渠、建水库，想办法灌溉，不能完全坐等天发挥作用。荀子的批评确实有道理。老子、庄子的思想其实很复杂，但荀子能把它们都概括出来，并且概括准确，这是很了不起的。

在先秦子学里面，“攻乎异端”者其实主要是批评杨朱、墨家的孟子，以及“非十二子”的荀子。孔子有没有批评过“异端”？老子和孔子之间，老子年长一点，但当时道家学说还没有形成，那个时候还不是诸子百家争鸣的时代，孔子很难找到成体系的思想家去批评。孔子曾评价过管仲、子产、晏婴，这些人是政治家，同时也有思想家的一面。孔子对他们一方面有微词，另一方面也有肯定，并不是单一的批评或肯定。但是到后来诸子学派形成之后，相互之间的批评就非常多了。

中国哲学史上派别之间相互批评也是一种自由的表现。儒释道都出来以后，也会相互竞争、相互批判，但历史上并没有发展出激烈的压制，到唐代的时候儒释道并行，再到宋明之后三者合一，相互吸收得更多了，相互批评得更少了，这也就是说，思想更趋于包容了。

对于“异端”，一方面可以“攻”，另一方面也可以从中学习很多东西。西方有个很有名的哲学家叫赫胥黎，他是为达尔文的进化论辩护的。进化论认为人是由猴子进化来的，这一观点当时遭到了宗教等保守势力的极端反对，他们讽刺赫胥黎的祖先都是猴子变来的。赫胥黎很坦然地说是，我的祖先是猴子变来的，这没有什么可羞耻的。再比如哥白尼的太阳中心说，一开始也被视为异端，不被接受。赫胥黎讲过一句话：真理一开始都是异端。因为人们见惯了习以为常的事物，接受了习以为常的看法，这些已经成为大家心目中的真理了。但随着人类社会的发展，要不断提出新的真理，或者至少要补充已有的真理，让它们更加完善。追求真理是一个危险的过程，一开始大家不接受，视其为异端，只有等时间长了、经受住了考验之后，它才会被承认。接受很难，接受之后再打破也很难，但总体来说，人类总是不断变化、发展的，追求真理之路永无止境。

2·17 子曰："由，诲女知之乎！知之为知之，不知为不知，是知也。"

这一章孔子教导子路什么是知，什么是真知。子路姓仲，名由，字子路。他以勇猛著称，后来因卷入卫国的政治冲突而被杀害。子路长期追随孔子，对孔子很忠诚，在关键时刻能挺身而出保护孔子，是孔子非常重要的学生。

这里的"女"是一个假借字，本字是"汝"，你的意思。孔子说："子路，我来教你什么是知：真正明白、清楚了，这就是知道；没有真正明白、清楚，就是不知道。这样的知才是真知。"

我们在参加学生论文答辩的时候经常会遇到这样的情况：一篇论文虽然主要讲一个核心问题，但是涉及的其他问题非常多，其中有些内容是铺垫性的，有些是辅助性的，如果老师就这些铺垫性、辅助性的内容提问，掌握得比较多的学生自然回答得恰当、充分，掌握得比较少的学生不好意思直接说自己不清楚，只能勉强作答，自然回答得不好。理解是一个渐进的过程，有程度深浅的区别，但是没弄懂、不理解，那就应该说不理解，然后去学习、请教，而不能停留在不求甚解的层面上。

孔子这里讲的实际上是学习要谦虚，不要不懂装懂，不要似是而非。真正的学习，首先要知道的是自己的无知。苏格拉底讲过，研究哲学首先是要认识你自己，认识自己的无知，知道自己的有限，然后才会去求知。知识是无穷无尽的，面对知识的海洋，面对无限知识的空间，学得再多也不要说自己最有智慧。老子也讲过类似的话，他说："知不知，上；不知知，病。夫唯病病，是以不病。圣人不病，以其病病，是以不病。"（《老子》第71章）知道自己不知道，这是很高的境界；不知道却说自己知道，那就是缺乏自知之明，是一种缺点，老子说这是一种病。如果你知道自己有这种缺点，那你就不会再有什么缺点了。圣人就是这样，他知道自己的缺点，然后通过不断的学习，成为聪明、渊博的人。从一般意义上讲，知道自己的无知，知道知识的无限性，我们才会去追求学问，不断丰富自己。总之，学问从无知开始。

2·18 子张学干禄。子曰："多闻阙疑，慎言其余，则寡尤；多见阙殆，慎行其余，则寡悔。言寡尤，行寡悔，禄在其中矣。"

这一章主要讲如何从事政治事务，或者说如何参与公共生活。

子张是孔子的学生，姓颛孙，名师，字子张。他是陈国人，比孔子小48岁。子张为人勇武，性情与子路相似，甚至更偏激。他广交朋友，《论语·子张》中记载了他说过的一些很有名的话："士见危致命"，士看到危险肯豁出性命。"见得思义"，看到有所得便思考是否符合道义，是不是应得的。“祭思敬，丧思哀”，祭祀的时候一定要做到虔诚，举行丧礼的时候要表现出真正的哀伤之情。

“干”是求取、获得。“禄”是俸禄。“干禄”就是求取官职获得俸禄的意思。“阙疑”的意思是存疑。孔子说，即便是博闻之人，仍会有一些不知道的事情，所以要存疑，不要对有疑问、不清楚的事情下判断。“尤”是过错的意思。“寡尤”就是过错很少，甚至没有过错。

子张要学习如何获得官职，孔子就给他讲了一个方法，他说：首先要多听别人讲，先了解情况，有不清楚的地方先搁置起来，将有把握的地方讲清楚、说明白，这样就可以少犯错误。其次是多看，观察别人怎么做，感觉不妥的地方不去效法，做得好的、值得效法的地方要谨慎实行，这样就可以少做后悔的事情。说的话错误少，做的事后悔少，这样就官运亨通了。简单讲就是，一开始要善于倾听、多观察，说实话、做实事，不清楚、有疑问的地方先不说，感觉做得不妥当的地方不去效法。

结合现实生活，我们会发现这好像也是现在通行的方法。新领导走马上任，一开始不会轻易讲很多话，定很多规矩，或者做规划，而是先到各职能部门去调研，听工作人员的汇报。除了听汇报，还要看他们的行为，因为汇报的内容一般都是好的、正面的，不容易发现问题。这种调研，虽然想法很好，但有时候难免走马观花，按孔子的话说，还是要真正掌握清楚，有不清楚、感觉做得不妥当的地方先存疑，再进一步去了解，看怎么做合适。

这个方法也可以用在学问上。上一章说“知之为知之，不知为不知”，不清楚的地方就是不清楚。可是有些人在研究问题的时候，虽然数据不全、实验不完备，但急于出成果，于是重复使用数据，甚至伪造数据。这是很不好的事情。如果还有问题没研究清楚，就应该存疑，然后进一步调查、实验，取得可以支撑的证据。

不只是做官、做学问，做人也一样，要学会存疑，为事情留下余地。真理很复杂，学问也很复杂，要给不知道的东西留下空间。

2·19 哀公问曰："何为则民服？"孔子对曰："举直错诸枉，则民服；举枉错诸直，则民不服。"

这一章里的"哀公"即鲁哀公，鲁国的君主。他向孔子请教如何治理一个国家，百姓才会归服。孔子的回答是"举直错诸枉"。"举"是推举、选拔。"直"是正直、公平的意思，它是政治德行最重要的表现之一。"错"就是放置的意思，也有废置的意思。"枉"是邪曲、不正。"错诸枉"就是废置那些不好的、无德无能的人。

孔子晚年的时候与鲁哀公交往比较多，那时候鲁哀公没有重用孔子，孔子对政治可能也不那么积极了。但是鲁哀公还是很尊重孔子的，向孔子请教，用现在的话说就是把孔子当作顾问。鲁哀公向孔子请教、学习的过程，在《荀子》《礼记》《孔子家语》里面都有相关记载。比如，《荀子·哀公》中记载了鲁哀公问孔子如何治国的一些事。他对孔子说："寡人生于深宫之中，长于妇人之手，寡人未尝知哀也，未尝知忧也，未尝知劳也，未尝知惧也，未尝知危也。"意思是，我生于深宫之中，在妇人的怀抱中长大，从不知道生活的艰辛，从没有什么忧虑，从不知道劳动辛苦，从不知道什么是要小心的，从不知道什么是危险的。也就是没有什么生活阅历。孔子回答："君之所问，圣君之问也。"你能这样问，实际上已经很了不起了，真正想治理国家的人才会这样努力学习。“丘，小人也，何足以知之？”我只是个“小人”，怎么能知道那些呢？鲁哀公说，除了你我还能去问谁呢？你别谦虚了，给我讲一讲吧。鲁哀公很谦虚，很尊敬孔子。孔子后面回答了很多内容，其中有一句话很有名，他说：“丘闻之，君者，舟也；庶人者，水也。水则载舟，水则覆舟，君以此思危，则危将焉而不至矣？”将君主和百姓的关系比喻成船和水，关系好，水可以承载船在水面上航行；关系不好，水就可能把船打翻。船和水一方面可以很和谐，另一方面也可能存在着危险。你知道这里面有危险的话，就会小心、谨慎地执政。这个故事实际上就是讲如何处理好君民关系。

在这一章里，孔子具体讲了如何选拔官员的问题。这个问题如果放在广义上讲，可以看成公共权力，也就是政治领域的权力，从上到下如何分配、安排的问题。从原则上讲，就是公平正义，任人唯贤。孟子说：“贤者在位，能者在职。”“尊贤使能，俊杰在位，则天下之士皆悦，而愿立于其朝矣。”（《孟子·公孙丑上》）就是一定要让贤人有位置，让有能力的人有职务。如果不选拔贤能，而任用无德无能之人，那么贤人就会很痛苦，不愿意与那些无德无能之人一同立于朝堂，而选择隐退。所以，“惟仁者宜在高位”（《孟子·离娄上》）。荀子也说：“决德而定次，量能而授官。”“上贤禄天下，次贤禄一国。”（《荀子·正论》）通过考察一个人的德行来确定他的等次，根据他的才能来授予官职。最高的禄是当天子，次等的就是成为诸侯国的君主。

原则确定下来了，还需要去识别贤人。要考察一个人是不是有德有能非常不容易，因为有些人可能会从中作假，他们采取包装、宣传的方法，比如把自己包装成一个孝子，后来发现他并不孝，甚至于守丧期间照样生儿育女。因此，各个时代都有具体的选贤举能办法，通过制度来保证所选贤能的可靠性。

2·20 季康子问："使民敬、忠以劝，如之何？"子曰："临之以庄，则敬；孝慈，则忠；举善而教不能，则劝。"

这一章主要讲季康子问孔子如何从事政治，跟上一章关系很密切。

季康子是鲁国的大夫，即季孙肥，在当时的鲁国很有权势。这里"忠以劝"的"以"是连词，与、和的意思。"敬""忠""劝"这三个概念是并列关系。"劝"就是勉力、勤勉。"临"是上级对下级。"庄"就是庄重、严肃。如果上级对待下级很庄重、很认真，那下级就能够尊重上级，这是一个相互关系。儒家说，"君使臣以礼"（《论语·八佾》），君主尊敬大臣，大臣才会忠诚，这是相互的。在前一篇我们讲到慈与孝也是相互的。"善"指德。"能"指才。善者举之，不能者教之，这个是普遍的。

季康子问："怎么做才能让老百姓很恭敬、有忠心，同时又很勤勉？"孔子认为，可以对百姓有"敬""忠""劝"的要求，但首先要考虑的是当政者、上级应该怎么做。当政者尊重百姓，对百姓的事认真严肃，百姓就会对当政者恭敬。当政者孝顺父母、慈爱幼小，老百姓看见了，会学习当政者的慈与孝，从而更忠诚于君主。当政者选用贤能的人，教育无能的人，老百姓就会受到鼓励，感受到公正、公平，自然就会勤勉、努力。

我们可以看出来，孔子的说法跟季康子是颠倒的。季康子是直接对下面做要求，不要求上面。孔子则反过来，强调当政者首先要以身作则。上有所好，下必从之，当政者做得很好，百姓也会效仿，这是一种正面的上行下效。还有一种相反的上行下效，当政者做得不好，下必甚之，老百姓会做得更过分。所以我们说儒家强调的政治是一种示范政治。

从孔子的立场可以看出来，孔子是非常正直、忠诚的，即便是面对当权者，且不一定认同他所说的，仍然会坚持自己的看法。可以说，孔子是站在整个社会的立场上来看问题的。

2·21 或谓孔子曰："子奚不为政？"子曰："《书》云：'孝乎惟孝，友于兄弟，施于有政。'是亦为政，奚其为为政？"

这里的"或"是有人，类似于我们说的某人。"奚"，疑问词，相当于为什么。有人问孔子，你为什么不去从政？这个问题从侧面说明当时的孔子是没有官位、没有职务的。孔子引用了《尚书》里的一句话，"孝乎惟孝，友于兄弟，施于有政"，现在的《古文尚书·君陈》篇里能找到类似的说法。"施于有政"就是施于政，"有"是语助词，"施"是实行、延及。"奚其"的意思是为什么。在上位的人，包括士，一般都要去从政，孔子当时没有从政，没有官位，这个人觉得不可理解，就问孔子为什么，于是孔子给他解释。孔子的解释很有意思，也说得比较婉转：《尚书》中说孝就是孝敬父母、友爱兄弟，然后推广到对天下人好，这不就是影响政治了吗？这也是一种参与政治的方式，为什么一定要当官呢？即便没有官职，我们也可以对国事、家事、天下事，事事关心，做力所能及的事情，以不同的方式参与政治。

关于孔子没有具体职务这个问题，在《论语》里面还有其他类似的记载。比如在《论语·子罕》篇中，子贡问孔子，如果这里有一块美玉，你是放在匣子里藏起来，还是找一个好的买主卖掉它呢？孔子说："沽之哉！沽之哉！我待贾者也。"卖掉！卖掉！我正在等待机会。《论语·阳货》里面也记载，"阳货欲见孔子，孔子不见"，阳货便给孔子送了一只蒸熟的乳猪。孔子尽管可能不太喜欢阳货，但按照礼仪要登门拜谢，于是他趁阳货不在家时回访。不料二人"遇诸涂"，在路上碰见了。阳货对孔子说："怀其宝而迷其邦，可谓仁乎？""怀其宝"就是有一身才能。"迷其邦"的意思是没有在国家事务中好好发挥作用。这可以称为仁吗？"好从事而亟失时，可谓知乎？"喜欢从事政治却屡屡错失时机，这可以称作聪明吗？孔子说，你说得很好，我打算做官了。上面这两处记载都说明孔子当时没有职务，但内心愿意参政。《论语·子路》篇中孔子也说："苟有用我者，期月而已可也，三年有成。"三年就可以把这个地方治理得非常好，这说明孔子对自己的能力是认可的，对参政充满了信心。

孔子的一生经历丰富，大概 20 岁的时候做过委吏（仓库管理员），21 岁时做过乘田吏（畜牧管理员）。30 岁的时候就没有做官了，开始游学、治学、办学，留下大量言论。到了 51 岁的时候，孔子在鲁国任中都宰（一个大的都城的行政长官，类似于现在的市长），在任一年，卓有政绩，"四方皆则之"（《史记·孔子世家》），都称赞孔子。52 岁时，孔子从中都宰升任司空（管理工程建设的官员），后又升到大司寇（掌管司法诉讼的最高长官），还"摄相事"，也就是兼任宰相，只是"摄相事"的时间非常短。在鲁国从事政治之前，孔子曾到过齐国。本来齐国君主想用孔子，但当时是晏婴辅政，晏婴对孔子有排斥心，齐王最终也没能任用孔子。后来孔子在鲁国发展得非常好，齐国就不安了，担心鲁国太强大会对他们构成威胁。于是，齐国给鲁国君主赠送美女、财物，试图离间鲁国的君臣关系。最终，孔子因为与鲁国国君政见不和而辞职。辞职之后，孔子周游其他诸侯国家，15 年中到过中原地区，也到过北边的晋国和南边的楚国，想看看有没有参政的机会，但最后都没能成功。

儒家的特点是入世，强调一个修身、齐家、治国、平天下的连续过程，或者说是内圣外王，修身养性的同时一定要去淑世，改造社会，完善社会。这是儒家最大的特点。这种特点，使得儒学在中国几千年的文化传统里面始终是一种要参与公众政治生活的学说。佛教、道教就不一样，它们都讲求出世。虽然也有佛教徒、道教徒参与政治，甚至充当皇帝的参谋，但他们主要还是出世的。儒家想入世，想治国、平天下，首先必须获得权力。春秋战国时期是一个士自由流动的时代，诸侯国相互竞争形成春秋五霸、战国七雄，而竞争的核心力量之一就是人才。那些治学之士不仅提出思想、创立学说，同时获取官职，参与各个诸侯国的治理。总体来看，从春秋到战国，儒家著名人物获得权力的机会比较少，孔子只有很短的一段任职经历，孟子连类似于孔子的正式的职务都没有，荀子则更不用说了。

虽然儒家入仕的机会并不多，但其积极入世的特点给人留下了深刻印象，以至于章太炎认为儒家利禄之心太重。我觉得这是误解，对儒家的评价太片面了。孔子、孟子、荀子，包括后世真正的儒者都很正直，他们不会轻易委曲求全，不会轻易放弃选择，他们有独立的人格，追求真正的价值，这是可贵的，这也正解释了为什么孔子死后影响那么大。古代帝王那么多，被人们传颂的很少；孔子是个布衣，无权无势，可是他留下的大量智慧、精神和价值值得人们去学习、传颂。就像我在《学而》篇开头讲到的日本教育家福泽谕吉，虽然不是国家领导人，但为国家做出了非常大的贡献，去世后日本为他举行了国葬，受全民敬仰。从这个意义上讲，儒家确实不是纯粹为了获得权力，他们的目的是治国、平天下。但如果没有权力，他们也不会放弃原则去投机取巧。

2·22 子曰："人而无信，不知其可也。大车无輗，小车无軏，其何以行之哉？"

这一章孔子主要强调信用的重要性。这里的"而"表假设。"信"是信用、诚实。"其"是代词。"可"是可以。"人而无信，不知其可也"的意思是，人如果没有信用，不知道那怎么可以。

孔子将信用比作大车的輗、小车的軏。这里涉及一个器物——车。当时的车有大小两种，大车是牛车，小车是马车。车的结构大同小异。其中，车辕端有一个用来连接、固定横木或车轭的部件，大车的叫輗，小车的叫軏，如果没有这个部件，横木固定不上去，车就没法行走。孔子拿这个部件的重要性来类比人的信用的重要性。讲信用，是人之所以为人的一个非常重要的品质，也是儒家五常之一。与我们前面所讲的内容联系起来，讲信用又具体表现为说了就要做，言行要合一。当然，在一些特殊情况下，比如面对坑蒙拐骗、面对病人时，我们需要讲策略，灵活处理。但总体上看，"信"是处理人际关系的必要条件，没有信用很难交到朋友，没有信用也很难达成合作。

2·23 子张问："十世可知也？"子曰："殷因于夏礼，所损益可知也；周因于殷礼，所损益可知也。其或继周者，虽百世可知也。"

这一章子张提出一个问题：今后十世的事情我们是否可以预测？孔子通过历史的损益说明，不仅十世可以预测，百世也可以。古代30年为一世，十世是300年，百世就是3000年。"损"就是减少、去掉。"益"就是增加。

在礼仪制度方面，殷继承夏，在此基础上有所增减，周对殷也是这样，以后的朝代对周可能也是这样，由此可以推知百世。这里就涉及历史的连续性和历史的间断性的关系问题。如何连续？荀子在这个问题上讲得非常清楚，他说："圣人者，以己度者也。故以人度人，以情度情，以类度类，以说度功，以道观尽，古今一也。"(《荀子·非相》)古今虽然有变化，但是有的东西是连续的，有先王有后王，后王效法先王，先王虽然不在了，但后王将他的东西继承了下来。历史的传统和历史的发展之间有这样一种复杂的、矛盾的运动关系。近代以来，有人提出中国历史几千年不变，这是一种保守、落后的传统，基于这一历史观，他们认为中国要变就要全变。这就是全面反传统了。彻底否定过去，迷信未来，将未来和过去完全对立起来，导致历史失去延续性，这是不对的。现在我们就改变了这样的历史观。通过过去知道现在与未来，这就是过去、现在和未来的关系，历史的连续性和间断性里面包含了这个道理。

2·24 子曰:“非其鬼而祭之,谄也。见义不为,无勇也。”

在古代,人死以后叫作“鬼”,资历深的“鬼”叫作“神”。各家有各家的鬼神,也就是祖先神,谁家的鬼神谁家祭祀。当时有个词叫“淫祀”,就是把祭祀弄混乱了,或者是祭祀越界了。不该你祭祀的,你也去祭祀了,这就叫“非其鬼而祭之”,是谄媚的。儒家也讲鬼神“不歆非类”(《左传·僖公十年》),不是自己的后人祭祀的供品,鬼神也不会接受。关于儒家的鬼神思想,学界争论比较多。比如“祭如在,祭神如神在”(《论语·八佾》),说祭祀的时候好像鬼神是存在的。有人就说,好像存在,实际上还是不存在,既然不存在,还去祭祀,儒家不就是内外不一致、分裂的吗?我想这不是不一致,他们真正的意思是,祭祀的时候一定要身临其境,想象自己祖先的声音容貌,要进入那个角色里面去,然后表达自己的真实情感,不做表面文章。

“见义不为,无勇也。”“勇”就是勇气。这句话后来演化出了一个成语——见义勇为。孔子还说过“杀身以成仁”(《论语·卫灵公》),它与见义勇为的思想是统一的。儒家讲“勇”,不是匹夫之勇、战士之勇,而是正义的勇气、道德的勇气,这是儒家特别强调的。

我们对这一篇做一下总结。《为政》篇涉及的人物很多,问题也很广。首先,最重要的一部分是道德伦理和价值,其中讲到孝、信、勇等,尤以讲孝为多。其次,强调学习和修养。儒家始终认为人是学习的动物,要不断提高自己、成就自我。如何成就?《为政》篇提出了很多方法,包括学习的方法、为官的方法,这些方法也可以用于其他方面,适用的范围很广。最后,孔子对自己的一生做了总结,概括了每一个阶段所体现出的不同境界，从学到立、到不惑、到知命、到耳顺、到自由的境界，展现了孔子不断追求自我完善、追求人格提升的一生。孔子的一生，虽然在政治领域留有颇多遗憾，但在思想、文化、教育领域硕果累累，给后世留下了巨大且深远的影响。

八佾第三

王志民 解读

《论语》全文共计20篇，《八佾》是比较特殊的一篇。在这20篇中，篇名一般选取第1章的头两个字，如果头两个字是“子曰”，则自动略过，选取其后两个字作为篇名，如《论语》第1篇《学而》篇。但《八佾》篇不符合这个规律，因此它比较特殊。为何《八佾》篇的命名方式与其他篇有所不同？前代人对此做过专门解释。

关于《八佾》篇命名，前人有两种解说：一是因为后面第16篇《季氏》，头两个字也是“季氏”，为了区分，所以后移而用“八佾”；二是因“深责其恶，故书其事以标篇也”《论语义疏》，也就是季氏所作所为影响恶劣，其根源就在于“八佾舞”，所以用“八佾”来命名，借以表达编纂者对季氏越礼的憎恶。我个人认为：在吸收前人解说基础上，还应该再深入探讨。一方面，前人解题二说，都有道理，可以从二者兼顾来理解。为了与

《论语》后面第16篇相区别，避免重名，同时，首章批判季氏，最不能容忍的就是“八佾舞”问题，所以用《八佾》名篇，表达鲜明态度。另一方面，要想理解本篇命名，还应综观《八佾》篇的全部内容。《八佾》篇共计26章，其中有22章专门谈礼，“八佾”是最高层次的礼乐，而季氏“八佾舞”是严重违礼行为，所以遭孔子严厉批判。22篇之外，有两篇虽谈乐，实际也牵涉礼，另外两篇谈其他内容，也和礼有一定的联系。所以，用“八佾”来名篇，应是对本篇内容的高度概括。在《论语》20篇中，其他篇各章间的内在联系并不是很密切，唯有《八佾》篇各章之间逻辑关系比较密切，应是编纂者着意编排而又斟酌取舍以命其名的。

3·1 孔子谓季氏：“八佾舞于庭，是可忍也，孰不可忍也？”

在讲本章之前，先对三桓做一背景介绍。三桓，指鲁国卿大夫孟孙氏、叔孙氏和季孙氏。鲁国的三桓起于鲁庄公时代（前693—前662年在位）。鲁庄公父亲鲁桓公有四子：嫡长子鲁庄公继位国君。庶长子庆父，又称共仲，其后代称仲孙氏；庶子之长又称“孟”，故又称孟孙氏。庶次子叔牙，其后代称叔孙氏。嫡次子季友，其后代称季孙氏，也称季氏。由于三家皆出自鲁桓公之后，所以被人们称为“三桓”。鲁庄公将三桓封官为卿，后代都形成了大家族。三桓是春秋时期对鲁国政治产生最大影响的贵族集团，春秋后期，“三桓做大，公室衰微”是鲁国衰败的重要原因之一。

“季氏”，这里指季友的后裔季平子。据周礼：“诸侯不敢祖天子，大夫不敢祖诸侯，而公庙（桓公）之设于私家，非礼也。”（《礼记·郊特牲》)也就是大夫不能直接建诸侯的庙，而根据郑玄注：孟孙、叔孙、季孙氏皆立桓公庙。鲁以周公之故，立文王庙，三家见而僭焉。可见，三桓违礼，由来已久。“八佾”，“佾”指舞蹈的队列。古代乐舞队伍按周礼是有严格规定的：8 人一列，共计 8 列，即 64 人，是为八佾，天子独享；6 人一队，共计 6 列，即 36 人，诸侯独享；4 人一队，共计 4 列，即 16 人，大夫独享。

这一章的大意为，孔子谈到季氏，说：“（他用）天子的八佾舞在庭院中舞蹈，这种行为可以容忍，还有什么不能容忍？”

季氏在庭院中欣赏八佾舞，为何孔子说“是可忍也，孰不可忍也”？八佾是只有天子才能享用的乐舞规格，而季氏只是一个大夫，竟然在庭院里面用八佾舞，在孔子看来，这就是让人无法容忍的越礼行为。周天子曾给鲁国一项特殊的礼遇——祭祀周公时可用天子的礼乐。因此，鲁国国君在周公庙里祭祀周公时，是可以和天子一样用八佾舞的。然而三桓却用八佾舞来祭祀他们的祖上桓公，僭越了礼，所以孔子才说，季氏如此的肆无忌惮，如此的胆大妄为，这样的行为如果可以容忍，还有什么事情不能容忍？

“礼”是孔子的核心思想之一。而孔子所处的春秋末期，是一个礼崩乐坏的时代。在孔子看来，这个社会没有礼就会大乱，只有礼才是维护社会秩序的重要制度。所以孔子维护礼，就是要维护社会正常的秩序，为天下之事担忧，他对违礼的行为是深恶痛绝的。朱熹在《四书章句集注》里提到：“孔子为政，先正礼乐，则季氏之罪不容诛矣。”为什么季氏罪不容诛？有三点：一是礼是治国之大纲，是从三代以来形成的纲常。《论语·为政》有载：“殷因于夏礼，所损益可知也；周因于殷礼，所损益可知也。”而周礼是最完备的，所谓“周监于二代，郁郁乎文哉！吾从周”

(《论语·八佾》)。所以，孔子是最推崇周礼的。二是季氏所为破坏了周礼的传统秩序，是对礼崩乐坏时代“犹秉周礼”的鲁国最严重的损毁，这是孔子所难以容忍的。三是在孔子愤怒的背后，也有对季氏专权、公室削弱、鲁国衰微的哀叹。

3·2 三家者以《雍》彻。子曰：“‘相维辟公，天子穆穆’，奚取于三家之堂？”

《雍》，指《诗经·周颂》中的《雍》篇。“彻”，按照朱熹的解说：“祭毕而收其俎。”即天子祭祖完毕，要奏着《雍》乐来撤祭。“辟公”，指助祭诸侯。“穆穆”，深远之意，天子之容。

这一章的大意为，孟孙、叔孙、季孙三大夫之家，祭祖时用天子之乐，唱着《雍》来撤出祭品。孔子说：“‘天子祭祖，助祭的都应是诸侯，天子以慎终追远、志念深沉的样子主祭。’这种仪式怎么来到了这三家的祭堂上？”讥讽其无知妄作，有违礼僭越之罪。

上一章说的是季氏在庭院中享用天子的八佾舞，这里则说三桓奏着《雍》乐撤祭，从另一面指斥三桓以天子之歌撤祭，是严重的违礼事件。孔子在这里用了一个反问句，实际上是在斥责和讥讽三桓，他们这种践踏礼的行为，确实是无知妄作，肆意妄为。

3·3 子曰：“人而不仁，如礼何？人而不仁，如乐何？”

这一章的大意为，孔子说：“人没有仁德，怎么能真正实行礼呢？人没有仁德，又怎么去实行乐呢？"

礼、乐是等级制度和秩序和谐的象征，不是单纯的礼仪形式和演奏乐章，因而礼乐是和人的德行联系在一起的。礼乐教化的效果因人而异，人如果没有仁德，礼乐又怎么能做好？为什么不只说礼？因为礼乐是联系在一起的！在行礼的时候，都是伴随着音乐的。孔子在这里观点鲜明地指出了人与礼乐的关系：人如果没有仁德，又怎么能去实行礼呢？如果没有仁德，又怎么能去正确地奏乐呢？所以此章重在说明真正能够行礼的人必须是有仁德、有道德的，道德高尚的人才能真正地推行礼。这里实际上就把个人的德行跟礼乐的推行结合起来了。仁和礼的关系，就是仁德和礼乐的关系。

朱熹在《四书章句集注》中提出："然记者序此于八佾、《雍》彻之后，疑其为僭礼乐者发也。"就是说，《论语》的编纂者把本章放在《八佾》的第3章有其深意：是为承上两章，来进一步抨击三桓和季氏僭越周礼的行为的。本章是用反诘语气表达鲜明观点，朱熹之论颇有道理，也进一步说明《八佾》篇各章之间的排列是编纂者体认孔子本意、精心安排的，有其内在的严密逻辑关系。

3·4 林放问礼之本。子曰："大哉问！礼，与其奢也，宁俭；丧，与其易也，宁戚。"

林放，按现有资料看，可能是鲁国人。虽然没有直接证据，但后世研究者认为他可能是孔子的弟子。"易"，治，指完备的形式。一说"易"同"仪"，指仪式。

这一章的大意为，林放问孔子礼的根本是什么。孔子说："问的问题好重大呀！就礼来讲，与其搞得烦琐铺张，宁可节俭些；丧事，与其注重完备的仪式，宁可尽情表达悲伤和痛苦。"

春秋末期，礼崩乐坏，人们所关注的都是礼的细枝末节，而林放则有志于追寻礼的根本问题。事实上，只要懂得礼的根本问题，那礼的全部都在其中了。所以，孔子赞赏林放问了一个意义重大的问题。其意义重大之处在于：在孔子的时代，礼已经不是约束个人行为、维护社会秩序的律条，而是变为追求烦琐铺张的形式了。这就切中了礼崩乐坏的时弊。所以，孔子认为追求礼的本源之意是个重大问题。中国文化的根基是血缘宗法制，礼主要是从祭祖仪式起源的。人类的生活受大自然的影响巨大，因而祭祀天地神明，希望获得庇佑。所以这里回答礼的根本，就从祭祀和丧礼来说。一直到孔子时代，礼主要还是体现在祭祀和丧事上。

《四书章句集注》引范氏的话说："夫祭与其敬不足而礼有余也，不若礼不足而敬有余也。"就是说在祭祀的时候，要注重表达你对祭祀对象的怀念和恭敬，而不是在仪式上大做文章。现在来理解孔子在本章中表达的思想，仍然具有很强的现实意义：讲礼仪，要简单，不要复杂化；要讲真情实感，不要注重烦琐的程序和花样。后者又可以理解为要以真情孝敬父母，不要等到父母去世后靠隆重的丧礼来表达悲痛，那样没有实际意义。

3·5 子曰："夷狄之有君，不如诸夏之亡也。"

"夷狄"，是殷周时期对周边少数民族的贬称。"诸夏"，即华夏之国，指在黄河流域分布的各诸侯国。

这一章的大意是，孔子说："向来不讲礼义的少数民族建立的国家尚且有君长，不像华夏诸侯国这样出现君不君、臣不臣的情况。"

前人对本章有几种解读，意思几乎相反。其一，程树德《论语集释》引邢昺疏："言夷狄虽有君长而无礼义，中国虽偶无君……而礼义不废。"说的是"夷狄"虽然有国君，但是没有礼义；华夏族即便偶尔没有国君，但礼义没有废止。客观反映了华夏礼义之盛。其二，朱熹《论语集注》引程子曰："夷狄且有君长，不如诸夏之僭乱，反无上下之分也。"指的是华夏诸侯国僭越礼义导致的混乱，已经超过了"夷狄"。其三，杨树达《论语疏证》认为，吴国与楚国也实行周礼，而华夏族实行周礼还不如被视为"夷狄"的吴、楚。"有君"，是指有贤君。在春秋时期，"夷狄"和"诸夏"的界限并不清晰，并非一成不变的，要看是否合乎礼义。他说："《春秋》之义，夷狄进于中国，则中国之。中国而为夷狄，则夷狄之。盖孔子于夷夏之界，不以血统种族及地理与其他条件为准，而以行为为准。"行为不合乎礼义的就是野蛮的。他还批判了前面第一种说法是"以褊狭之见，读孔子之书，谬矣"。

我个人认为杨树达先生的解释很有道理。如同人不分贵贱，君子不一定是有文化、有地位的人，普通老百姓也可以是君子。如同"夷狄"和"诸夏"，主要看谁遵守了君臣之道。本章是孔子对当时华夏各诸侯国（包括鲁国）僭越周礼、丧失君臣之道现象痛心疾首的感叹。

3·6 季氏旅于泰山。子谓冉有曰："女弗能救与？"对曰："不能。"子曰："呜呼！曾谓泰山不如林放乎？"

"旅"，祭祀名山大川的专称。冉有，孔子的弟子，当时正担任季氏的家臣。“女”，即“汝”，你。“救”，挽救，意为阻止季氏的僭礼之罪。

这一章的大意为，季氏到泰山去祭祀。孔子对冉有说：“你不能阻止季氏僭礼祭祀泰山的行为吗？”冉有说：“我不能。”孔子说：“哎呀！难道说你支持（季氏）去祭祀泰山，还不如去请教林放（知礼）呢？”

根据《礼记·王制》，天地山川皆有神主，“天子祭天下名山大川，五岳视三公（按太傅、太师、太保的九献之礼及牲牢礼器之数），四渎视诸侯。诸侯祭名山大川之在其地者”。郑注云：“鲁人祭泰山，晋人祭河是也。”就是说，只有鲁国国君才有资格祭祀泰山，季氏竟然自己去祭祀泰山，这是僭越礼的行为。冉有作为季氏家臣，本来可以努力阻止季氏陷于僭窃之罪的，但他说“不能”。“不能”的含义有两种：一是做不了，二是不想做。孔子就斥责弟子冉有说：“曾谓泰山不如林放乎？”你不去劝止季氏祭祀泰山，还不如去请教林放学习礼呢。这是教训弟子的话。除了指斥学生冉有这层意思，这句话还有两种解说：一种是说季氏去求泰山保佑，还不如返回去向林放学习礼呢；另一种是说像季氏这种人，僭越礼去祭泰山，泰山神是不会保佑越礼之人的，所以奉劝季氏，与其祭祀泰山，还不如向林放一样好好学习礼呢。

为什么自古以来只有国君才能祭祀泰山？有几种解说：一是泰山最雄伟，山势雄壮，根基稳固，象征天下稳定，所以要让国家稳如泰山，就要祭祀泰山。二是泰山地处东方，其所在的海岱之地，自古以来被认为是中华民族的发祥地。因而自上古以来帝王就将泰山一带视为故乡，无论在哪里登基得了天下，都要到泰山来封禅，“泰山犹其宗庙也”（参王献唐《炎黄氏族文化考》）。泰山是中国第一个被联合国教科文组织列入世界文化与自然双重遗产的名山，足见其地位之高。

3·7 子曰："君子无所争，必也射乎！揖让而升，下而饮。其争也君子。"

"君子"是儒家理想的培养目标，即所谓君子儒、君子人格。"射"是周礼所列六艺之一，不但可以增强体魄，更是一种修身养性、培养君子风度的方法。君子儒的人格特征是"志于道，据于德，依于仁，游于艺"(《论语·述而》)。本章讲的"君子"风采，主要是从礼的角度展开，可以结合《论语·卫灵公》"君子矜而不争"和《论语·季氏》君子戒斗理解。

这一章的大意是，孔子说："君子与人相处，没有要争抢的东西（指利益)，如果一定要争的话，那就是射箭了！互相作揖谦让后登堂而射，比试结束下堂来，一起饮酒。这种比试也是有礼数的君子之争。"

从这里可以看到君子不争的品格。君子具有较好的道德修养，其外在表现就是君子无争、君子禁争。那种见利就争的人，在道德层面上就不属于君子，而是小人。从这个角度看，这里的君子无争是孔子表达的君子人格在礼上重要的外在表现。即使是必须争，也都是彬彬有礼的，整个行动不失君子的气度。所以本章的核心是讲君子好让无争的高尚道德修养和处事风度。

朱熹在《论语集注》中的解说更有利于加深对本章的理解："言君子恭逊不与人争，惟于射而后有争。然其争也，雍容揖逊乃如此，则其争也君子，而非若小人之争矣。"就是说，君子行事恭敬、谦逊，从不与人争抢，只有射箭是必须要争（好成绩）的。但这种竞争，也是以舒缓从容、恭敬谦逊的姿态去做。所以，这种争也是君子之争，而不是小人之间的争抢。

3·8 子夏问曰："'巧笑倩兮，美目盼兮，素以为绚兮。'何谓也？"子曰："绘事后素。"曰："礼后乎？"子曰："起予者商也！始可与言《诗》已矣。"

本章是弟子子夏向孔子请教关于如何理解《诗经·硕人》中诗句的对话。这段对话很典型地体现了孔子教学相长的特点，声情并茂，是《论语》中少有的描述孔子形象的篇章。其中，"倩""盼"二字都是描写硕人的美貌：一写笑靥之美，一写眼波流转多神之美。关键是如何理解"素以为绚兮"。"素"，指粉地。"绚"，指涂上的彩色。诗中借以说明硕人本来就有美丽的容颜，再加以华丽修饰，就好像绘画中粉地加上彩色。子夏质疑诗句是以素为彩，因而请教。"绘事"，指绘画之事。"后素"，即在粉地之后。朱熹《论语集注》："《考工记》曰：'绘画之事后素功。'谓先以粉地为质，而后施五采，犹人有美质，然后可加文饰。""礼后"，《论语集注》："礼必以忠信为质，犹绘事必以粉素为先。""起"，启发之意。子夏因论《诗》而知学，故可与之讨论《诗经》了。

这一章的大意是，子夏请教夫子说："'轻盈的笑脸真漂亮呀，明亮的眼睛美而多神，就像在白色的底子上染上绚丽的彩色。'《诗经》上的这句话讲的什么意思呀？"孔子说："先以粉地打底，然后再绘画。"子夏说："礼是产生在忠信、仁义之后吗？"孔子说："能启发我的是子夏呀！现在可以与你讨论《诗经》的学问了。"

《诗经·卫风·硕人》是齐国的庄姜出嫁到卫国做庄公夫人时，卫人歌咏她的诗。诗中有几句比较有名："手如柔荑，肤如凝脂，领如蝤蛴，齿如瓠犀，螓首蛾眉。巧笑倩兮，美目盼兮。"形容其手指就像含苞的芦苇剥掉外皮后那白色的穗芯；皮肤润泽嫩滑，就像凝结的脂膏，洁白又润滑；脖子就像白净修长的蝤蛴那样丰润白皙；牙齿就像葫芦籽那样洁白；方正宽润的额头像蝉额，细长弯曲的眉毛像蚕蛾的触须。前五句写静态的天然本质之美；后两句中的“倩”“盼”，则写动态顾盼之美。清人方玉润在《诗经原始》中评价：“千古颂美人者，无出此二语，绝唱也。”这首诗，被认为是中国文学史上写美女最好的篇章。

本章师徒二人谈诗句的深层意思是：人长得美，然后加上华丽的妆容，就更加美丽传神。人只有具备忠信、仁爱的修养，才能显现出庄重的仪态。只有内心具备仁德，加上外在行为合乎礼义，即仁主其内，礼现其外，这才是真美。

孔子和弟子的对话，表面上是在讨论《诗经》，但实际上是在探讨仁和礼的关系问题。所以《论语》总是抓住两个核心：一个是仁，一个是礼。孔子与学生的讲学对话，随时可谈，随处可说，比如在这里因子夏之问而谈《诗经》，但是万变不离其宗，总是围绕他思想的核心来说的。

另外，孔子从子夏的提问中感受到弟子思考问题的深度，因而受到启发，很高兴。这既反映出孔子教学相长的教育方式，也表现出其谦逊好学的高尚师德。

3·9子曰：“夏礼，吾能言之，杞不足征也；殷礼，吾能言之，宋不足征也。文献不足故也。足，则吾能征之矣。”

“征”，即证，验证的意思。杞是夏禹直系后裔的封国，周初封于河南杞县，后徙封于山东新泰一带（距离曲阜百里之遥）。宋是商汤后裔的封国。周公平定三监之乱后，封商纣王庶兄微子启于商之旧都商丘，立宋国，特准其用天子礼乐奉商朝宗祀，于周为客。“文献”，“文”是典籍，“献”指贤人。

这一章的大意是，孔子说：“夏代的礼，我能说得出来，从其后裔杞国却难以得到验证；殷代的礼，我也能说出来，从其后代宋国却难以得到验证。主要是因为那里的历史文献和德才兼备的大学者很少了。如果有充足的文献，我就能引以为证了。”

本章突显了孔子对三代文明传承的巨大贡献。孔子在文献不足的情况下，都能讲出夏、商之礼，可见孔子文化素养之丰厚，对三代文化研究之精深。本章可与《为政》第23章互参。在《为政》这一章里，子张请教孔子，今后十世的礼制情况是否能知道。孔子回答：“殷对夏、周对殷的礼制传承增删我都知道得很清楚。后代如果继续传承周礼，即使一百世也是能知道的（何况十世呢）。”这突出说明，孔子对三代礼制的研究是多么深入精专。

这一章值得注意的有三点：一是既然杞、宋文献不足，孔子如何对夏、商之礼有如此精深的研究和把握？这要从鲁国的文化地位中寻找答案。周公是周朝礼乐文化的创制者。周公封鲁，周王室特别厚赐鲁国，精心培植其为礼乐文化中心。据《左传·定公四年》载，周室将夏代的玉石、殷商的宗室六族，以及太祝、宗人、太卜、太史等各类文化人才，大量的文物器用、典籍简册给予鲁国。《礼记·明堂位》载：“凡四代之服、器、官，鲁兼用之。是故鲁，王礼也。”鲁国受赐礼乐重器，拥有与天子等同的礼制。不难看出，鲁国是保存虞、夏、商、周四代文化最多的地方，故成为春秋列国的文化中心。孔子正是在这样的文化中心成长，才通晓三代礼制的。二是《左传·昭公二年》记载，晋国韩宣子到鲁国观书，感叹说："周礼尽在鲁矣。"这里说的应是周朝所有记载"礼"的典籍，都在鲁国了。这也为三代之礼制，孔子尽知之提供了依据。三是孔子时代，杞、宋两国对自己先祖的礼制，既无文献可查，也无人才可通，正反映当时礼崩乐坏的实况。

3·10 子曰："禘，自既灌而往者，吾不欲观之矣。"

"禘"，指在宗庙中举行的极为隆重、只有天子才能主持的大祭，五年举行一次。"灌"，禘祭中的一个节目，指方祭之始，用一种加香料特制的酒，灌地降神。

这一章的大意是，孔子说："鲁国的禘祭，从一开始的献酒起，我就不想看了。"

禘祭，本是天子在宗庙中主持的大祭，由于周公勋劳大，成王特赐鲁国以天子之礼乐在周公庙中禘祭。到孔子时，鲁国的禘祭违礼之处甚多，从祭祀开始，礼仪便懈怠得不足以观看了。孔子对"非礼"极其厌恶，曾教育弟子要"非礼勿视，非礼勿听，非礼勿言，非礼勿动"（《论语·颜渊》）。本章表现了他对鲁国违礼现象的抵制和激烈反对的态度。

3·11 或问禘之说。子曰："不知也。知其说者之于天下也，其如示诸斯乎！"指其掌。

这一章的大意是，有人让孔子解说一下禘祭之事。孔子说："我不知道。能够解说禘祭的人，治理天下就像把东西摆在这里一样容易了。"说着，就指着他的手掌。

本章孔子用了一个很形象的小动作，来表达一个深刻的道理。孔子认为，礼，是治理天下的纲纪；禘祭，是天子所行之大礼。只有精通和践行礼的人，才能治理天下。所以他说，能解说禘祭之人，治理天下易如反掌。另外，《礼记·礼运》记孔子曰："於呼哀哉！我观周道，幽厉伤之，吾舍鲁何适矣！鲁之郊禘，非礼也，周公其衰矣！"这里，孔子感叹面对自幽王、厉王以来天下礼崩乐坏的颓势，自己无所适从。而从鲁国禘祭的违礼，则叹息周公之道在鲁的衰微。由此可见，禘祭之礼在周礼中具有重要地位，因此孔子借禘祭来阐发礼对于治理国家的重要性。

3·12 祭如在，祭神如神在。子曰："吾不与祭，如不祭。"

这一章的大意是，祭祀祖先时，保持庄敬的态度和神情，就像祖先真在眼前一样。孔子说："我没亲自参加的祭祀，（即使别人祭祀了，）对我来说就是没祭祀。"

《礼记·玉藻》有与本章相似的表述："凡祭，容貌颜色，如见所祭者。"意思是，祭祀之时，自己的样貌神情，就好像看到所祭祀的祖先都在眼前一样。

这是孔子弟子记载的孔子强调祭祀诚意的一篇文字。后面补加一句孔子的话：自己没亲自参加的祭祀，就是没祭祀。从另一个方面突出真诚之重要。全篇文字，重在强调祭祀仪态庄敬，心意之诚。《论语集注》引范氏语曰："皆由己以致之也。有其诚则有其神，无其诚则无其神，可不谨乎？"祭祀都是由祭祀者亲自来表达内心真诚的，内心真诚则神灵在，内心不真诚则神灵不在。故祭祀之事不可不恭敬谨慎。

这一章强调祭祀时心要真诚，外在表现则为庄敬。表面上是谈礼，但实质还是在谈仁，谈内心的修养，只有仁、礼结合，内外和谐一致，才能达到祭祀的目的。

3·13 王孙贾问曰："与其媚于奥，宁媚于灶，何谓也？"子曰："不然，获罪于天，无所祷也。"

本章是孔子在周游列国时，与卫国大臣的对话。既展现孔子的磊落品格，又隐现他在卫国的窘困境况。王孙贾是卫灵公的大臣。"奥"指室内位于西南角的管家之神。"灶"指传统说法中的灶神。

这一章的大意是，王孙贾问孔子："与其讨好管家的奥神，不如讨好灶神，这是什么意思？"孔子说："说得不对，得罪了上天，那怎么祷告都不会起作用。"

在这里，孔子并没有正面回答王孙贾的疑问，而是提出：天，是至尊的。做事若违背天理，再祈祷什么神也没有任何作用。

在中国传统文化中，天是百神之首。《春秋繁露·郊语》："天者，百神之大君也。事天不备，虽百神犹无益也。"有学者解释本章内容：此处王孙贾以自己喻灶神，以卫灵公喻家神，来警告孔子：与其去直接接触国君，还不如先来讨好他这位权臣。孔子在这里用天之神圣教训王孙贾：做事若违背天理正道，祈祷任何神也没用；做事坦荡正派，谁都不必巴结。借助天理来表明自己的态度，展现自己"仰不愧于天，俯不怍于人"的高尚品格。孔子与王孙贾，人之高下立判。从另一个角度看，这里也暗示了孔子周游列国时，被王孙贾之类小人暗算刁难的境况。

上述四章，都是说祭祀的事。前两章抨击不合“礼”的祭祀；后两章是说祭祀要心诚，不能带着功利之心去祭祀，做事要合天理、合礼义。

3·14 子曰：“周监于二代，郁郁乎文哉！吾从周。”

“监”，参照、借鉴的意思。

本章的大意是，孔子说：“周朝文化吸取借鉴了夏、商文化，所以形成了繁茂文化。我主张弘扬周代的文化。”

此章文字不多，仅15个字，但内涵富赡。一是孔子盛赞周礼源于夏、商二代，却远盛于二代。《论语·为政》：“殷因于夏礼，所损益可知也；周因于殷礼，所损益可知也。”周文化的辉煌，建立在对夏、商文明的损益、吸收、创新之上。这就进一步深化了对三代文明关系的理解。二是孔子极赞周礼最繁盛、最完备、最有生机活力。朱熹《论语集注》引尹氏曰：“三代之礼至周大备，夫子美其文而从之。”三代的礼，到了西周的时候最完善、最周详，所以孔夫子极力夸赞西周的文化。三是孔子鲜明地表达了自己的立场和态度：遵从、传承、弘扬周文化。这也就不难理解孔子为何对一切违反周礼的现象进行批判、抨击了。

中华文明奠基于三代，而其突出代表即“郁郁乎文哉”的周之礼乐文明。这是孔子、老子等诸子百家学派产生的文化根基。而源远流长、辉煌灿烂的中华文明就是一个奠基于三代，而不断传承、发展的文明。《汉书·礼乐志》载：“王者必因前王之礼，顺时施宜，有所损益……周监于二代，礼文尤具，事为之制，曲为之防，故称礼经三百，威仪三千。……

孔子美之曰：‘郁郁乎文哉！吾从周。’”

3·15 子入太庙，每事问。或曰：“孰谓鄹人之子知礼乎？入太庙，每事问。”子闻之，曰：“是礼也。”

“太庙”，古代开国始祖称太祖，供奉太祖的宗庙为太庙，此指周公庙。“鄹（zōu）人之子”，指孔子。《史记·孔子世家》载：“孔子生鲁昌平乡陬邑。”孔子的父亲叔梁纥曾经做过鄹大夫，故称叔梁纥为“鄹人”。

这一章的大意为，孔子进周公庙，每件事都要问。有人说：“谁说这位鄹大夫的儿子懂得礼呀？进了太庙，事事都请教。”孔子听了这话，说：“这正是礼呀。”

从本章记载可以看出，孔子知礼懂礼，而且很真诚地按礼的要求去做。我们从三个方面具体分析：其一，反映孔子年少时虚心好学、不耻下问、学而不厌的精神。朱熹《论语集注》曰：“此盖孔子始仕之时，入而助祭也。”此事发生在孔子刚做官的时候，为了助祭而入太庙。虽早已成年，但仍然如此勤学好问。其二，正是由于孔子年少即以知礼闻名，这时才遭人讥讽。其三，孔子“每事问”，正是对礼的敬重与恭谨。越是懂的人，越善于向别人请教，这正是懂礼的表现。正如没文化的人，把书看得很薄，有文化的人，则把书看得很厚。一个人如果善于学习，就会明白知识的丰富。《春秋繁露·郊事对》曰：“孔子入太庙，每事问，慎之至也。”孔子在太庙里面“每事问”，正说明他对礼庄敬、谨慎的态度。

3·16 子曰："射不主皮，为力不同科，古之道也。"

本章主要讲射礼。"主"，专注、重视之意。"皮"，兽皮，指箭靶子。

这一章的大意是，孔子说："比射箭，不必注重射穿皮靶子，因为射箭之人的用力大小和方式是不同的，（重在礼乐，即便不中，也可以再射，）这是自古以来的规矩。"

古代之"射"，有"主皮""不主皮"之分别。"主皮"指古代以兽皮作靶子，目的在于射中、射获。胜者再射，败者下堂。"不主皮"则是礼射，为演习礼乐的比射。《仪礼·乡射礼》载："礼射不主皮。主皮之射者，胜者又射，不胜者降。"朱熹《论语集注》曰："古者射以观德，但主于中，而不主于贯革。"礼射的重点在于射箭过程中能否守礼，以中不中为主，不以是否射穿兽皮为主。孔子说"射不主皮"，还蕴藏了另一层意思：春秋之末，周道衰微，礼崩乐坏，列国兵争，射箭复尚用力射穿皮革，因而，孔子言古之道，是哀叹当时社会尚力不崇礼的情势，以表达自己的不满和忧虑。

孔子极力主张维护周礼。有些篇章虽然没提到礼，实际上也是在谈礼，比如此章的"射不主皮"，以及前面第14章的"周监于二代，郁郁乎文哉"，不着一字，尽在礼中。由此可以看出孔子那种坚持自己的理想、维护社会秩序的责任感。

3·17 子贡欲去告朔之饩羊。子曰："赐也！尔爱其羊，我爱其礼。"

"告朔"，祭礼名。每月初一为朔日。《论语集注》释"告朔之礼"：

“古者天子常以季冬，颁来岁十二月之朔于诸侯，诸侯受而藏之祖庙。月朔，则以特羊告庙，请而行之。” “饩（xì）羊”，未熟的羊。生牲曰“饩”。

这一章的大意是，子贡要把鲁国每月告朔之礼的活羊去掉。孔子说：“赐呀！你可惜那只活羊，我可惜那种礼仪。”

本章讲孔子对礼的重视与维护。西周以来，周天子每年的十二月都颁发历书给诸侯，诸侯将此藏于宗庙，于每月的初一杀羊祭于宗庙。鲁国自文公之后，国君早已不亲临告朔之祭了，但有司每年还是备羊。因而，子贡认为：既然无祭祀之实，那就去掉那只羊。可见，即使在鲁国，不遵周礼的情况也很严重。孔子说“尔爱其羊，我爱其礼”，既是对子贡重羊轻礼的批评，也是对礼珍惜爱护的表现。朱熹《论语集注》引杨氏曰：“羊存则告朔之名未泯。”又说：“礼虽废，羊存，犹得以识之而可复焉。若并去其羊，则此礼遂亡矣。”也就是说，即使只有羊，而无祭祀之实，还是有这个礼仪的程式在，还能让人认识到礼，并有可能恢复；如果连羊也去掉，这个礼就真的没有了。

3·18 子曰：“事君尽礼，人以为谄也。”

这一章的大意是，孔子说：“服侍国君，尽力按照礼节去做，他人却以为你是在谄媚呢。”

孔子对待国君，只是按照君臣之礼尽力去做而已，并没有增加什么，可遭到其他人的诋毁，说他在谄媚。这包含了几层意思：一是在礼崩乐坏的混乱时代，很正常的君臣之礼也被认为不正常了。这实际上是孔子对当时社会风气的批判。二是鲁国到孔子时代，三桓坐大，公室衰微，已少有人按照君臣之礼去对待国君了，但孔子正道直行，仍尽力按礼节对待鲁君，因而遭到人们的讥讽。这从侧面彰显了孔子"乱云飞渡仍从容"的高尚品格。三是孔子教导如何尽君臣之礼。可参考《论语·乡党》篇，如："君在，踧踖如也，与与如也。"国君在，孔子形貌恭敬，行动缓慢、稳重。"君召使摈，色勃如也，足躩如也。揖所与立，左右手，衣前后，襜如也。趋进，翼如也。宾退，必复命曰：'宾不顾矣。'"国君让他陪外宾，他精神抖擞，作揖、鞠躬，彬彬有礼。结束后，他必定向国君汇报。"入公门，鞠躬如也，如不容。……过位，色勃如也，足躩如也，其言似不足者。"进入国君的外门，他弯身恭敬前行。经过国君座前，则精神饱满；说话要有保留，像没全说出来一样。"执圭，鞠躬如也，如不胜。"出使外国，他弯腰恭敬地双手捧着圭，好像很重的样子，因为这是国家的象征。

3·19 定公问："君使臣，臣事君，如之何？"孔子对曰："君使臣以礼，臣事君以忠。"

定公，鲁国国君，公元前509—前495年在位，约当孔子43～57岁时。在这期间，孔子出仕，先后任中都宰、司空、大司寇并摄相事，任职4年，后落魄出走，周游列国。

这一章的大意是，鲁定公问孔子："君主使用臣，臣服侍君主，都应该怎么做？"孔子回答："君主应该以礼来使用臣，臣应该以忠诚来服侍君主。"

本章主要讲君臣之礼。从此处可以看出，当时的礼制破坏已经到了很严重的程度，鲁定公都不知道该如何做了。同时可以看出，当时国君与大臣已不按应有礼仪相处了。在孔子看来，要解决这个问题，就要匡正君臣关系。如何匡正？用“君使臣以礼，臣事君以忠”来实现。《论语集注》引吕氏云：“使臣不患其不忠，患礼之不至；事君不患其无礼，患忠之不足。”意思就是，国君使用大臣，不用担心大臣是不是忠心，要担心的是自己是不是按照礼来对待大臣；臣侍奉君主，不用考虑是不是按礼，要更多地考虑自己是不是忠心。

3·20 子曰：“《关雎》，乐而不淫，哀而不伤。”

这里的《关雎》为《诗经》名篇，也是160篇《国风》的首篇，是一首以雎鸠来比喻男女之情的爱情诗。传统解读《关雎》为颂文王后妃之德，宜配君子。“淫”，指乐之过而失其正。“伤”，指哀之过而害于和。

这一章的大意是，孔子说：“《关雎》这首诗，快乐而不至于放肆，哀怨而不至于伤心。”

为什么孔子对《关雎》有这样的评价？为便于分析，将《关雎》全诗录于下：

关关雎鸠，在河之洲。窈窕淑女，君子好逑。
参差荇菜，左右流之。窈窕淑女，寤寐求之。
求之不得，寤寐思服。悠哉悠哉，辗转反侧。
参差荇菜，左右采之。窈窕淑女，琴瑟友之。
参差荇菜，左右芼之。窈窕淑女，钟鼓乐之。

《关雎》主要讲一个君子来到河边，看到一位长得漂亮又贤淑的女子，从而展开追求直到迎娶的故事。内容可分三段进行分析。一是首四句：君子听见雎鸠“关关”的叫声而引起追求淑女的欲望和联想。由景及情，由物及人，自然平和之气顿生。方玉润《诗经原始》称：“此诗佳处全在首四句，多少和平中正之音，细咏自见。取冠《三百》，真绝唱也。”二是次八句：主要写大胆追求的快乐和求而不得的悲哀。由河中荇菜随流水左右飘荡，来比兴淑女难求。“寤寐求之”，既写大胆追求爱情的憧憬和美好，但“乐而不淫”，只在日夜思念；又写求之不得的悲哀，但仅表现为辗转难眠，“哀而不伤”。三是后八句：写娶到了淑女的快乐，但“乐而不淫”，通过“琴瑟友之”“钟鼓乐之”来表达欢快的心情。《诗经原始》称：“‘友’字‘乐’字，一层深一层。快足满意而又不涉于侈靡，所谓‘乐而不淫’也。”

整体来看，这首诗之所以被孔子赞赏为“乐而不淫，哀而不伤”，实质还是发乎情，止乎礼：既大胆追求爱情，又将行为控制在礼之内。无论乐、哀，都不起失礼之念，不干越礼之事。求之不得，归于理性，“哀而不伤”；求之既得，态度中和，“乐而不淫”。所为皆合礼。

3·21 哀公问社于宰我。宰我对曰：“夏后氏以松，殷人以柏，周人以栗，曰使民战栗。”子闻之曰：“成事不说，遂事不谏，既往不咎。”

“社”，土地之神，此处指木制的神主的牌位。宰我，孔子的弟子。“栗”，前指栗木；后为战栗发抖的样子。

这一章的大意是，鲁哀公问宰我，土地庙中的神主牌用什么木头做。宰我回答：“夏代用松木，殷代用柏木，周代以来用栗木，意思是让老百姓战栗害怕。”孔子知道后说：“已经完成的事不再解释，正在顺利办成的事不再劝阻，已经过去的事不要再追究了。”

本章讲如何以礼论事。根据记载，三代社庙之所以用不同质地的木头来做神主牌，是因为立社时所适宜栽种的树不一样。而宰我对周人用栗木的解释，则是依据古人往往在社前处决人的情况，认为用栗木就是让人战栗发抖。孔子认为这是妄加解说，并不符合周人用栗木的本意。并且，宰我这样说还容易激发鲁君的杀伐之心，因此遭到孔子的严厉批评。这里值得注意的是，“成事不说，遂事不谏，既往不咎”，应都是针对宰我的批评之语，并非做事的通用礼法准则，否则，就很难理解季氏已经用了“八佾”，孔子为什么还要大加批判了。对那些不合礼义的事，正在做的要劝谏，过去的也要追究，这样才既合情，也合礼。

3·22 子曰：“管仲之器小哉！”或曰：“管仲俭乎？”曰：“管氏有三归，官事不摄，焉得俭？”“然则管仲知礼乎？”曰：“邦君树塞门，管氏亦树塞门；邦君为两君之好，有反坫，管氏亦有反坫。管氏而知礼，孰不知礼？”

本章是孔子批判管仲的话。一是批其不节俭，二是批其不知礼。“器小”，器量狭小，指在生活细节上格局不高，即不符合孔子的君子标准。

“三归”，向来有多种解释，影响较大的有四种说法：一是租税说。依据是《管子·山至数》载：“则民之三有归于上矣。”郭嵩焘《释“三归”》认为：“是所谓‘三归’者，市租之常例之归之公者也。桓公既霸，遂以赏管仲。”即三成的收入都要上交，再赏赐管仲。这种解释侧重于“三归”二字连用，内容上解说勉强，无佐证。二是指桓公一娶三女。何晏《论语集解》引包咸曰：“三归，娶三姓女。妇人谓嫁曰归。”《汉书·地理志下》：“（管仲）身在陪臣而取三归。”颜师古注：“三归，三姓之女。”我认为这一解释和“俭”与否，关系不大。三是指三处采邑。依据主要为《晏子春秋·内篇杂下》：“先君桓公，有管仲恤劳齐国，身老，赏之以三归，泽及子孙。”此处并没有明确是三处采邑。四是指有三个住处。我认为这种说法最恰当。《韩非子·难一》载桓公与管仲对话：“管仲曰：‘臣贵矣，然而臣贫。’公曰：‘使子有三归之家。’管仲曰：‘臣富矣，然而臣疏。’”有三处宅院，自然不俭，而是富有的豪华生活。《战国策·东周策》载：“齐桓公宫中七市，女闾七百，国人非之。管仲故为三归之家，以掩桓公。”自建三幢豪宅，以掩盖桓公之奢侈，这也体现“不俭”。

“官事不摄”，“摄”为兼职之意。朱熹《论语集注》曰：“家臣不能具官，一人常兼数事。”管仲任命下属则一人一职，浪费人力，此又为“不俭”。“树塞门”，即树立照墙、屏风之类。朱熹《集注》曰：“设屏于门，以蔽内外也。”“坫（diàn）”，在厅堂上建的放置器具的专用土台。朱熹《集注》曰：“在两楹之间，献酬饮毕，则反爵于其上。此皆诸侯之礼，而管仲僭之，不知礼也。”

这一章的大意是，孔子说：“管仲的器量很狭小！”有人提出疑问：“那是不是说，管仲很节俭呀？”（看似器小，实为节俭？）孔子说：“他一人有三处豪宅，手下一人只管一事，人力浪费严重，怎么能说他节俭呢？”

“那么，这种不节俭，是不是因为他太讲究礼呀？”孔子回答：“国君在宫殿门前建了照墙，管仲也在家里建照墙；国君为了与他国国君交好，特意建了专用的放置器具的坫台，管仲也建坫台。（管仲处处按国君标准做事，）说管仲懂得礼，那还有谁不懂礼？”

《论语》里面孔子共评价管仲四次，三次赞扬，一次批判，即本章。本章对管仲器小、不俭、不知礼的批判，用了批判、质疑、再批判、再质疑、再批判的表述方式。这反映了春秋战国之世，管仲已经是公认的伟大人物，儒家特别是孔、孟对管仲的批判，说明管仲不符合儒家的德行观、功业观。但春秋与战国时代不同，孔、孟的评价又有差别：在孔子眼里，管子是有缺陷的伟大人物，修养不高、器小、不俭，这是合乎管仲的历史面貌的。管仲曾自述：早年贩财货，“分财利多自与”；曾做小官，三仕三被逐；曾上战场，三战三逃跑；由此感激鲍叔牙“知我不羞小节而耻功名不显于天下也”（见《史记·管晏列传》）。孔子认为管仲不知礼，但霸业辉煌，“桓公九合诸侯，不以兵车，管仲之力也”（《论语·宪问》），有大“仁”。因而，孔子对管仲三赞一批。孟子则从王、霸之辩的角度，认为其霸业不足道，鄙视管仲。司马迁解惑孔子为什么批管仲：“管仲世所谓贤臣，然孔子小之。岂以为周道衰微，桓公既贤，而不勉之至王，乃称霸哉？”（《史记·管晏列传》）但这种解释在《论语》中找不到依据，我认为司马迁还是受了孟子的影响。至于朱熹在《论语集注》中解释孔子“器小”之意是“言其不知圣贤大学之道，故局量褊浅、规模卑狭，不能正身修德以致主于王道”，更反映出宋儒崇孟的历史观和价值观。

管仲（约前723—前645），名夷吾，字仲，谥敬，齐国人，祖上颍上（今安徽颍上）人。管仲是春秋时期功业显赫的政治家。《史记》中为宰相列传最早者为《管晏列传》。管仲业绩彪炳史册，主要表现在两个方面：其一，他辅佐齐桓公在春秋早期成就霸业达43年，使齐桓公成为“春秋五霸”中称霸时间最长、霸业最盛的霸主。孟子说：“五霸，桓公为盛。”齐桓公称霸以“尊王攘夷”为号召，把当时中原诸侯国组织起来，抵御了周边少数民族对中原文化的破坏，维护了民族统一。其二，管仲对齐国实行的一系列改革，在中国历史上产生了重大影响。例如：最早将生产专业化的“四民分业”；按土地质量征收租税的“相地而衰征”；兵民结合的“作内政而寄军令”“参其国而伍其鄙”制度；国家盐铁专卖的“官山海”制度；通货积财、调控物价的“轻重之术”；选拔人才的“三选法”；“以人为本”、重视道德文化建设的礼义廉耻“四维”治国纲领，等等。

管仲还是著名的军事家、战略家，是法家的先驱。所以，管仲并不是儒家理想中的完美人物。《论语·宪问》中孔子论管仲，三赞其业绩：一赞其是个超越子产的杰出人物；二在子路认为管仲“未仁”时，赞其辅助桓公“九合诸侯，不以兵车”，“如其仁，如其仁”；三是针对子贡认为管仲“非仁”，大赞其功业惠及整个中华民族，“民到于今受其赐。微管仲，吾其被发左衽矣”。

3·23 子语鲁大师乐，曰：“乐其可知也：始作，翕如也；从之，纯如也，皦如也，绎如也，以成。”

本章是孔子与鲁国的太师谈礼乐时，用十分形象、生动的语言来描述音乐的形态，反映了孔子对乐的精深造诣和践行礼乐的痴情。

“大师”，乐官之长。“翕如”，“翕”是相合，“翕如”言乐之合。

“纯”言协调一致，如五味相济而后和。“皦”言明亮，此处指很清晰。“绎”为接续不断。

这一章的大意是，孔子与鲁国太师研讨音乐时说：“音乐是可以讲明白的：奏乐起始，五音六律相合，音调热烈；接着放开音节演奏，五音清浊高下，协调一致，节奏清晰明快；最后收尾时余音缭绕，不绝如丝，一曲完成。”

孔子所处的春秋末期，礼崩乐坏，乐久已不传，以致作为礼乐文化中心的鲁国乐官之长太师，都不谙熟音乐了，因而孔子对太师讲解音乐的形态，让其听得如痴如醉。

我们应该了解，周代之乐与今日之音乐含义是不尽相同的。一是周代之乐是配合礼的教化的，因而礼乐不可分；其音以温柔敦厚、庄敬严肃为主旋律。二是与现在的音节、音阶不同，周代之乐是五音六律。朱熹《论语集注》引谢氏曰：“五音六律不具，不足以为乐。”三是在乐官之长都不懂音乐的时代，孔子能用语言对音乐形态做如此精彩的描述，使人如闻其声，可见孔子懂乐、知乐，对礼乐造诣、践行之深、之实，表现了孔子极力维护、传承礼乐文明的决心和毅力。

3·24 仪封人请见，曰：“君子之至于斯也，吾未尝不得见也。”从者见之。出曰：“二三子何患于丧乎？天下之无道也久矣，天将以夫子为木铎。”

本章以记述卫国边疆小吏见孔子之事，宣示出孔子身处乱世，坚持礼乐教化理想的超凡情操和贡献。

“仪”是卫国地名。“封人”，管理诸侯国边境的官员。“木铎”，带木舌的铜铃。古代摇铃召集会议，宣布政令。后世往往以木铎比附宣教的人。

这一章的大意是，孔子周游列国，来到卫国边境之地仪，管理边防的官员请求见孔子，说：“凡是有德行学问的人，到了这里，我没有见不到的。”跟从孔子的弟子就引荐封人见了孔子。出来后，封人对孔子弟子说：“诸位，你们还担心什么失掉官位？天下混乱黑暗的日子已经很久了，上天这是派孔夫子来传布礼乐、教化人民的呀！”

这是发生在孔子周游列国来到卫国边境时的事情。虽然孔子对封人说了什么不得而知，但从他称孔子为天之“木铎”看，孔子于所到之处大力传播儒家之道，坚持理想，主张仁爱，维护周礼，意志之坚，可以想见。从封人对诸弟子“何患于丧乎？”的对话中，也透露出孔子弟子在追随孔子周游列国时，看到天下无道，四处碰壁，前途渺茫，内心感到非常苦闷，反映出周游列国的艰辛和其弟子们当时的失落与困顿心情。

3·25 子谓《韶》：“尽美矣，又尽善也。”谓《武》：“尽美矣，未尽善也。”

《韶》是产生于舜时代的乐舞。《武》是武王伐纣后庆祝胜利的音乐。

这一章的大意是，孔子评论《韶》乐：“声音太动听了，音质又那么平和美好。”评论《武》乐：“声音太动听了，但还是不够美好。”

礼乐之乐，既有听觉之“美”，即动听悦耳；又有音乐内涵的“善”，即反映的是美好的思想内容。《韶》为舜时之乐，有禅让、平和之气，所以孔子赞为“尽美”“尽善”。《武》为讨伐纣王后庆祝战争胜利的音乐，虽然动听，但有血腥杀戮之气。在孔子及儒家看来，武王伐纣除暴，是应予以肯定的行动，但有血腥杀戮之气，所以用“未尽善”，而不用“尽善”来评价。

3·26 子曰：“居上不宽，为礼不敬，临丧不哀，吾何以观之哉？”

这一章的大意是，孔子说：“身居高位时不宽厚仁慈，行礼时不庄重敬畏，办丧事时不悲伤，这样的行为我怎么看得上呢？”

“居上不宽”，指在上位的统治者对老百姓不能宽容敦厚。《论语·阳货》篇有“宽则得众”，即只有宽容，才能得到百姓拥护。《汉书·东方朔传》曰：“水至清则无鱼，人至察则无徒……明有所不见，聪有所不闻，举大德，赦小过，无求备于一人之义也。”“为礼不敬”，《左传·僖公十一年》载：“礼，国之干也；敬，礼之舆也。不敬则礼不行，礼不行则上下昏，何以长世？”即践行礼义要怀着一颗恭敬的心。“临丧不哀”，《左传·襄公三十一年》载：“居丧而不哀，在戚而有嘉容，是谓不度。不度之人，鲜不为患。”即亲人去世，居丧而没有哀痛的心情，就是不遵礼度。这句话实际上还是对当时礼崩乐坏、社会失序的批判。在礼崩乐坏的时代，这样三种社会现象，让孔子感到深恶痛绝，表达出一种愤激的心情。

整体来看，《八佾》篇是整部《论语》中比较特殊的一篇，其中突出的是对孔子礼学思想的阐发，展现了孔子维护礼、赞美礼、批判不守礼、主张践行礼的思想。

里仁第四

王志民 解读

孔子思想的核心是礼和仁，上一篇《八佾》主要围绕礼进行了系列阐发，本篇为《里仁》，篇名即取“子曰”之后开首二字。那么，本篇有没有对仁进行重点阐发？内容有没有系统的逻辑联系？细加考究，答案是肯定的，现略加分析。本篇内容共26章，绝大部分章节都可归结为与仁的论说、阐发、践行有直接关系。前7章，言不离仁，明显都是围绕“仁”字展开，说明《论语》编纂者是特意将仁学内容集中放在前面，以突出仁的。第8~17章，主要是直接或间接讲道的。细析，此处所谓“道”，其主旨内涵是指仁义之道，还是讲仁的。其中，第8、9、10章，实讲“志于道”；第11、12、13、14、16、17章，主要讲如何“达道”；第15章，直接阐明道即仁之一体两面——“忠恕”。第18~21章，是讲“孝”的。孔子说“孝弟也者，其为仁之本与”，实际上更是属于仁的范畴了。最后

5章主要讲修行仁德，其中第22、23、24、26章讲言行一致、自律；第25章“德不孤，必有邻”六字，是鼓励、坚定修行的志向的。由此看来，《里仁》全篇，章章不离“仁”德，是孔子对其仁学思想进行重点阐发、论说的主要篇章之一。

4·1 子曰：“里仁为美，择不处仁，焉得知？”

本章讲居处的仁德风气，是礼义教化最重要的事。“里”，居住的单位。周制二十五家为一里，相当于街巷，故有乡里、里巷之称。《论语集注》：“里有仁厚之俗为美。”一说此处“里”为动词，居住的意思。“知”，通“智”，聪明、明智的意思。

这一章的大意是，孔子说：“居处要形成一种仁德的好风气才是最美好的，如果选择了没有仁德风气的居处，那怎么叫明智呢？”

本章包括两个方面的内涵：一是居住的社区有一种仁德风气才是最美好的。因而共同努力建设文明社区，是全体居民的责任。二是要到有仁德的社区居住才是最美的。如果选择没有仁德风气的地方居住，就是不聪明的。生活环境的道德风气，对一个家庭或个人的成长、发展都是很重要的。“昔孟母，择邻处”就是很好的榜样。《荀子·大略》：“仁有里，义有门。仁非其里而处之，非礼也；义非其门而由之，非义也。”杨树达《论语疏证》：“谓仁不在其里，义不在其门也。”

4·2 子曰：“不仁者，不可以久处约，不可以长处乐。仁者安仁，知者利仁。”

本章从穷困、安乐两个方面讲仁。“约”，少、贫困的意思。“处约”指处于穷困境地。

这一章的大意是，孔子说：“不仁的人，不可以长期处于穷困境地，也不可以长期处于安乐境地。有仁德的人才安于仁，聪明的人才能（认识到仁德的长远利益，）利用仁。”

为什么“不仁”者不可以久处穷困和安乐？在《论语》中有多处提及，例如《卫灵公》篇：“君子固穷，小人穷斯滥矣。”这里的“小人”就是“不仁”者。如果小人长期处于穷困境地，可能会做出过分的事情。《礼记·坊记》篇同样记载孔子云：“小人贫斯约，富斯骄；约斯盗，骄斯乱。”小人贫困就无法约束自己，太富裕就会骄纵自己的欲望。《孟子·梁惠王上》记载：“无恒产而有恒心者，惟士为能。若民，则无恒产，因无恒心。苟无恒心，放辟邪侈，无不为已。”也是强调百姓要有稳定的田产，才不会出现动乱。而只有道德修养达到仁的境界者才能无论贫富穷通，都安于仁德（不会乱来）；只有仁者，才能看到行仁德所带来的长远利益和重要价值，才能去行仁、用仁。用我们今天的话说，就是只有大力提升自己的素养，丰富自己的心灵，做一个道德高尚的人，才能经受住艰难困苦的考验，不被欲望驱使，实现人生的价值追求。

4·3 子曰：“唯仁者能好人，能恶人。”

这一章的大意是，孔子说：“只有仁德之人才能爱好人，才能厌恶坏人。”

本章是说只有修养达到仁的境界的人，才能敢爱敢恨。一方面，只有仁德之人才能正气凛然，敢爱敢恨；另一方面，只有修养达到仁的境界的人，才能按照仁的原则去爱好人、厌恶坏人。《礼记·缁衣》载："子曰：'唯君子能好其正……其恶有方。'"只有君子能表达喜爱之情，厌恶也是有标准的。《论语·子路》："子贡问曰：'乡人皆好之，何如？'子曰：'未可也。''乡人皆恶之，何如？'子曰：'未可也。不如乡人之善者好之，其不善者恶之。'"《论语·卫灵公》："众恶之，必察焉；众好之，必察焉。"《后汉书·孝明八王列传》李贤注引《东观汉记》："贵仁者所好恶得其中也。"孔子希望人们立志做一个有仁德的人，并且要有自己的原则。

4·4 子曰："苟志于仁矣，无恶也。"

"苟"，假如的意思。一说为真诚。

这一章的大意是，孔子说："假如立志要做一个有仁德的人，就不会做坏事了。"这句话还有另一种解释，孔子说："自己真诚地立志去践行仁德，是没有坏处的。"

本章文字虽短，但励志意味颇浓，即围绕一个"仁"字，从因果关系来鼓励人们立志成仁。

4·5 子曰："富与贵，是人之所欲也，不以其道得之，不处也。贫与贱，是人之所恶也，不以其道得之，不去也。君子去仁，恶乎成名？君子无终食之间违仁，造次必于是，颠沛必于是。"

本章的核心思想是“仁”与“道”的关系。“道”，指正当方式、渠道。“终食”，吃完一顿饭的时间。“造次”，仓促、匆忙之时。“颠沛”，倾覆流离之际。

这一章的大意是，孔子说：“富有和权位，是人人所盼望（追求）的，不以正当手段获取，是不能做的。贫困和低贱，是人人所厌恶的，不以正当手段获取富贵，宁愿不脱离贫困。君子离开了仁德，还到哪里去成就‘君子’的名分？君子没有一顿饭的时间脱离仁德，仓促匆忙时刻也不离仁德，颠沛流离之时也不离仁德。”

本章讲为仁之道与欲望的关系，分为三层：第一层是仁德之人，不会靠不正当手段获取财富和地位。孔子并不排斥人们好富贵、恶贫贱的正常欲望，但反复强调要取之有道，并现身说法：“不义而富且贵，于我如浮云。”（《论语·述而》）《论语集注》：“不以其道得之，谓不当得而得之。”《论衡·问孔》：“此言人当由道义得，不当苟取也；当守节安贫，不当妄去也。”第二层是仁德之人，不会用不正当手段改变贫贱。《论语·卫灵公》：“君子固穷，小人穷斯滥矣。”君子与小人的区别就在于穷困之中的修为：君子固守仁德，小人则会乱来。《荀子·大略》：“子夏家贫，衣若县鹑。人曰：‘子何不仕？’曰：‘诸侯之骄我者，吾不为臣；大夫之骄我者，吾不复见。’”孔子弟子子夏也做出了榜样：宁愿固守穷困，也不愿意去跟有权势者同流合污。第三层是君子离开仁德就失掉了根本，就不能称为“君子”了，因而任何情况下都不能脱离仁德。《荀子·性恶》：“仁之所在无贫穷，仁之所亡无富贵。”卢文弨曰：“此言仁之所在，虽贫穷甘之；仁之所亡，虽富贵去之。”

本章内容有很强的现实意义，对当今为人、为官之道，意义重大，警示、启迪深刻。对官员和有公权力的人而言，要正确对待金钱和权力的关系。当今时代比孔子时代要先进、丰富、复杂得多，富、贵之道多元化，但首先，要做到“不以其道得之，不处也”，谨守法制、正道、规则；其次，要树立正确的金钱观、权力观和价值观，以“执政为民”为出发点，手中的权力不能用于获取不义之财。这是一条新时代的“道”，“不以其道得之，不处也”，仍是我们应吸取的丰富文化营养。对百姓来讲，也要积极通过正当的途径创造社会财富，获取个人正当利益，不能为“富起来”不择手段，不能损人利己、损公利己等，从而树立高尚的从政道德和社会风尚。

4·6 子曰：“我未见好仁者，恶不仁者。好仁者，无以尚之；恶不仁者，其为仁矣，不使不仁者加乎其身。有能一日用其力于仁矣乎？我未见力不足者。盖有之矣，我未之见也。”

“恶（wù）”，厌恶。“无以尚之”，没有比它更高、更好的了。“尚”，同“上”。“不使不仁者加乎其身”，不使不仁的东西外加到他身上。“有能一日用其力于仁矣乎？”有能用一整天时间尽力去行仁德的吗？

这一章的大意是，孔子说：“我还没见到过喜好仁德，而厌恶不仁德的人。喜好仁德的人，那是好到无以复加了；厌恶不仁德的人，他行仁德，（主要表现在）不使不仁德的东西沾染到他身上。有能拿出一整日的时间尽力去践行仁德的吗？我没见到用力去做而力气不足的人。大概也可能有，我还没见到。”

孔子在这儿说了两种自己从未见过的人：一是非常喜欢仁德，达到无以复加程度的人；二是厌恶不仁德的程度，达到不与任何不仁事情沾边的人。然后，孔子鼓励人们：成为有仁德的人，虽然比较难，但是只要用心去做，就能达到仁德境界。他说：难道就没有肯拿出一个整日去尽力践行仁德的人吗？我还没有看到用力去做却力气不足的人，因而只要尽力就会实现。但是，这样去做的人太少了。最后，他抱有希望说：也可能有，只是我没看到。本章反映了孔子时代礼崩乐坏的现状：行仁德的人看不到，厌恶不仁的人也只能洁身自好。人们很少去践行仁德，新秩序没有建立，孔子发出悲观的慨叹。这也反映了孔子对社会仁德之风日衰的焦虑和建立理想秩序的使命感、责任感；孔子坚持以"仁"的高标准来观察社会，表达出其"仁"的理想境界。

4·7 子曰："人之过也，各于其党。观过，斯知仁矣。"

这一章的大意是，孔子说："人的过错，与他是哪类人有关系。观察一个人的过错，就知道他是否是仁德之人了。"

物以类聚，人以群分。看一个人所犯的错误，就知道他和什么人在一起了。这告诉我们，通过交友及所处的环境，就可以知道一个人可能犯的错误，也就知道他是什么样的人了。另一个层面，看一个人所犯错误的性质，就知道他是否有仁德了。

孔子在这里告诉人们，要从人犯错的角度观察仁、践行仁。此处没有深求仁的含义，而是从浅处说，看一个人所犯的错误就知道内心是不是仁。这句还有另一种解说：人的身份、地位、品质不同，所犯的过错也不同，要看他是哪一类人。程子曰："君子常失于厚，小人常失于薄；君子过于爱，小人过于忍。”(《论语集注》)从一个人所犯的错误，就明白什么是仁德了。

4·8 子曰：“朝闻道，夕死可矣。”

这一章的大意是，孔子说：“早上得知真理，当晚就死去，也没有遗憾了。”

“朝”“夕”之间，比喻时间之短。“朝闻道”，却“夕死”，凸显“闻道”价值之高。程子曰：“死生亦大矣！非诚有所得，岂以夕死为可乎？”如果不是确实获得了最宝贵的东西，怎么能说当晚就死去也没有遗憾呢？

这里的“道”，含义比较丰富，有各种解说。或指“事物当然之理”(朱子)；或指孔子所理想的道——仁义之道；抑或是尧、舜、文、武、周公之道。程子曰：“皆实理也，人知而信者为难。”“道”，也指人们信仰的学说。信仰的力量是无穷的，人有信仰，生死置之度外，何惧朝生夕死？孔子这里提出的实际上是人生观问题。生命的意义何在？孔子提出就是为了追求和实现“道”，为追求真理，为实现理想、信念，即使朝生夕死，也是值得的。

4·9 子曰：“士志于道，而耻恶衣恶食者，未足与议也。”

这一章的大意是，孔子说：“读书人中，有志于追求真理，但又以穿破衣、吃粗饭为耻辱的人，这种人就不值得跟他谈论道了。”

既追求真理和信仰，又想着奢侈享受，这样的人，不是真追求，所以不值得跟他谈论“道”。这说明，不计较衣食的好坏，是“志于道”之要件，由此可知此“道”必以无私为特性。联系上一章内容，上一章正面肯定不惧朝生夕死的求道殉道之君子，本章则从反面批判不能安贫乐道之人。在《论语·子罕》篇中，孔子曾经表扬子路，曰：“衣敝缊（yùn）袍，与衣狐貉者立，而不耻者，其由也与？”赞美子路穿着破衣服和穿豪华皮衣的人站在一起，丝毫不感到惭愧耻辱。这是因为只要志于道，就会内心强大，就不会在乎外在的衣食荣辱了。

在我们今天看来，“志于道”，就是人生应该有信仰、有理想、有目标；在立志实现这些追求的过程中，只有不畏生活的艰辛和道路的曲折，才能实现“道”，人生才能圆满。

4·10 子曰：“君子之于天下也，无适也，无莫也，义之与比。”

这一章的大意是，孔子说：“君子对于天下的人和事，无可，无不可，主要用道义来比照判断。”

由于对“适”的字义有多种解读，所以对本章的解读有好几种，意思差别较大，但都能讲通。其一，“适”，富厚。君子对于天下之人，不分富贵的，还是穷贱的，只和有道义的人亲近。其二，“适”，亲。君子对于天下之人，不分亲疏，只按道义原则处事。其三，“适”，敌。君子对于天下之人，没有固定的敌人和朋友，只和正义站在一起。其四，“适”，专主。君子对于天下之人，没规定必须怎么做，也没规定怎么不做，只要觉得合乎道义就行。我认为，最后一种解说可能更合乎孔子本意。

孟子提出古圣贤各有不同的处事方式："治则进，乱则退，伯夷也。何事非君，何使非民；治亦进，乱亦进，伊尹也。可以仕则仕，可以止则止，可以久则久，可以速则速，孔子也。"（《孟子·公孙丑上》）并说："大人者，言不必信，行不必果，惟义所在。"（《孟子·离娄下》）孔子处在"天下之无道也久矣"的时代，面对纷繁复杂的社会变化，提出可以没有固定的处事模式，要据情而为，但万变不离其宗，必须合乎道义原则。

4·11 子曰："君子怀德，小人怀土；君子怀刑，小人怀惠。"

这一章的大意是，孔子说："君子心里装着的是仁德，小人心里装着的是乡土；君子心里装着的是天下法度，小人心里装着的是个人恩惠。"

这里很明晰地分出了君子和小人的差别，君子：怀德、怀刑；小人：怀土、怀惠，其区别就在于心之所系。君子注重道德修养，心有仁德，追求的是道德修养提升和高尚精神境界，做事放眼天下，关注社会法度，心中自有方寸。小人心里装的是田土家园、个人恩惠，追求的是物质上的私利和满足。在《论语·宪问》中，子曰："士而怀居，不足以为士矣。"说明知识分子如果整天考虑个人私利，就不是真正的"士"了。孔子提出，要做一个道德高尚、胸怀宽广、谨守法度的君子，不做狭隘、自私、贪利的小人。

4·12 子曰："放于利而行，多怨。"

"放"，仿照，依据。

这一章的大意是，孔子说："依据个人利益来做事，会招致很多怨恨。"

人不能紧紧围绕个人利益来行事，那样会引起周围人的怨恨和不满。个人利益如同沙子，抓得越紧，失去越多，最终个人的目标也不能实现。换言之，只有多为他人着想，为大家服务，顾大局，舍小我，个人价值才能得到更好的实现。

4·13 子曰："能以礼让为国乎？何有？不能以礼让为国，如礼何？"

"礼让"，礼的本质是谦让，不争。"辞让之心，礼之端也。"（《孟子·公孙丑上》）

这一章的大意是，孔子说："能够用礼让来治理国家吗？（不用礼让）还有什么（能治国）？如果不能以礼让来治国，那制定礼仪又有什么用呢？"

礼与让的关系，人们很早就有深刻认识："让，礼之主也。"（《左传·襄公十三年》）礼，是让的外在表现；让，是礼的内在本质。孔子"礼让"合称，就是看到了礼、让之间密不可分的关系。只有社会维护礼和每个人都有让之德性的紧密结合，国家才能大治。实现礼治，必须人人有让心；只有人人有让心，才能维护礼。《管子·五辅》中又说："夫人必知礼然后恭敬，恭敬然后尊让，尊让然后少长贵贱不相逾越，少长贵贱不相逾越，故乱不生而患不作，故曰礼不可不谨也。”知道礼仪才能恭敬，恭敬了才能有尊卑礼让，才能避免秩序混乱和隐患的发生。这是礼与让的关系。《论语集释》引江熙的话说：“人怀让心，则治国易也。不能以礼让，则下有争心，锥刀之末，将尽争之，惟利是恤，何遑言礼也？”人们有礼让的心，国家治理就容易。没有礼让，就有争斗的心，刀尖那点利益都会抢夺。利益都用来抢夺，礼就没有作用了。这是让与礼的关系。战国时期，孟子则从人性论上对让与礼的关系做了更深入的挖掘，将让视为礼之渊源：“辞让之心，礼之端也。”（《孟子·公孙丑上》）

从礼让与治国的关系来看，《论语集释》引《四书训义》曰：“国之所与立者，礼也。礼之所自生者，让也。无礼则上下不辨，民志不定，而争乱作，亦终不足以保其国矣。”国家能健康发展就是因为礼，礼来自让。没有礼让，上下就不能区分，百姓的思想就不能安定，争斗内乱就会产生，最终不能保全国家。所以国家要大治，就需要人人都有辞让之心，才能避免争斗。

4·14 子曰：“不患无位，患所以立；不患莫己知，求为可知也。”

这一章的大意是，孔子说：“不发愁没有职位，只发愁在事业上如何有建树；不发愁没有人了解自己，去追求足以让人了解自己的才德就好了。”

人生没有实现自我价值，不能将原因推给外界，认为是因为没有提供给自己相应的职位，而是要反思自己是怎么做的，要主动有所作为。有作为才能有地位，有了地位才能登上更大的舞台，从而更有所作为。另外，不要天天埋怨他人不理解自己，而要通过积极主动做事，让别人了解自己，重视自己。人生在世，要先做一个好的自己，才能有所作为。

4·15 子曰："参乎！吾道一以贯之。"曾子曰："唯。"子出，门人问曰："何谓也？"曾子曰："夫子之道，忠恕而已矣。"

这一章的大意是，孔子说："曾参呀！我的学说是有一个主旨思想贯穿到底的。"曾子说："明白。"孔子出门后，学生们问曾参："说的什么意思？"曾子说："夫子学说的主旨思想，忠恕两个字就概括了。"

本章是《论语》中极重要的一章，因为其阐发的是孔子思想的主旨精神。一是孔子自己说出他的思想学说是有一个核心（主旨）的，因而这是探求孔子思想核心的重要表述。孔子的思想，随时而发，随地而发，因人而发，但是确有一个主旨思想，在这一章，我们得到印证。二是孔子并没有直接说出这一主旨思想，而是曾子回答的，说明曾子在弟子中地位特殊，对孔学理解最得真传。三是曾子在孔子思想传承中具有重要地位。他作《大学》、编纂《论语》（一般认为，《论语》极有可能是曾子及其弟子整理编纂的）、封宗圣，都显示其是孔学的重要传人。

"忠恕"，《论语集注》云："尽己之谓忠，推己之谓恕。"所谓"忠"，指"诚敬不苟"。所谓"恕"，孔子自己有解答。子贡问曰："有一言而可以终身行之者乎？"子曰："其恕乎！己所不欲，勿施于人。"（《论语·卫灵公》）"仁"与"恕"的关系在《论语》其他篇也有提到，如仲弓问仁。子曰："出门如见大宾，使民如承大祭。己所不欲，勿施于人。"(《论语·颜渊》)孔子说："夫仁者，己欲立而立人，己欲达而达人。"(《论语·雍也》)

所谓"忠恕"，实际上就是仁的两个方面：对内，德行修养，竭尽心力；对外，推己及人，"诚敬不苟"。内外一体，修行合一。"忠"，既指内修之真诚，又指外行之诚信；"恕"，既指内修之仁德，又是外行之原则。"忠恕"，是实现仁的内修外行的实践途径。

4·16 子曰："君子喻于义，小人喻于利。"

这一章的大意是，孔子说："君子最懂得义，小人最懂得利。"

义、利之辩是儒家思想的一个重要论题。义者，天理之所宜，即事物天然应有的样子，是一种绝对的道德律；利者，人情之所欲。从孔子到孟子，再到荀子，儒家将义与利作为君子与小人的根本区别。而且，义和利是相互矛盾的。君子修行自身，追求天理正途；小人则追求个人物质私利。《孟子·尽心上》记孟子曰："鸡鸣而起，孳孳为善者，舜之徒也；鸡鸣而起，孳孳为利者，跖之徒也。欲知舜与跖之分，无他，利与善之间也。"舜是古代的先王，跖是强盗，二者的区别就在于为善还是为利。《淮南子·缪称训》："君子思义而不虑利，小人贪利而不顾义。"君子思慕道义而不考虑利益，小人贪图利益而不顾及道义。

此章又有另一种解说，即君子、小人并非是以思想道德高下来区分的，而是以社会地位区分的。特别是汉代，君子指当官之人，小人指普通百姓。《汉书·董仲舒传》载，董仲舒对策曰："夫皇皇求财利常恐乏匮者，庶人之意也；皇皇求仁义常恐不能化民者，大夫之意也。”即做官的人必须深明天理正义，才能教化百姓，加强社会文化建设，巩固政权；而百姓常常为饥寒所困，因而汲汲以求财利。

4·17 子曰：“见贤思齐焉，见不贤而内自省也。”

这一章的大意是，孔子说：“看到贤德之人，就向他看齐；看到不贤的人，就反省自己（是不是也有同样的问题与毛病）。”

“见贤思齐”，这是教导如何做人的名言。时时所见，要向优秀的人看齐；遇到不好的人，则时时触发自己的反思和内省。还要从正反两个方面汲取人生正能量：以他人之长为己长，以优秀者激励自己；以他人之恶警示自己，时时反省，去己之短，这是一个人德业不断积极进取的内在动力。

4·18 子曰：“事父母几谏，见志不从，又敬不违，劳而不怨。”

“几”，少，轻微，引申为委婉。“违”，冒犯。“劳”，忧愁。

这一章的大意是，孔子说：“对待父母，（如果他们有不对的地方）要委婉、耐心地劝说；看到自己的意见不被接受，还是应恭敬地对待，不要冒犯；虽然忧愁，但不怨恨。”

怎样对待父母？本章主要讲了四个要点：一是“谏”，当父母有错误时，不要放任，要劝谏；二是“敬”，劝谏效果不佳，仍不失恭敬；三是

“劳”，自己的意见不被父母接纳，内心忧愁，说明内心仍坚持原则，并未阿意曲从；四是“不怨”，即对父母保持最大的耐心。四点之中，核心是“敬”。本章似意犹未尽，应该是反复劝谏，直到父母改正错误。

本章所讲，其实是儒家伦理中最重要的孝文化。中华传统文化中的礼，占据首位的就是孝。孔子说：“孝弟也者，其为仁之本与！”（《论语·学而》）。宋代以后，人们讲“八德”：孝、悌、忠、信、礼、义、廉、耻，而孝为其首。孔子到齐国去，齐景公问他怎么治理国家。孔子就说：“君君，臣臣，父父，子子。”处理好君臣关系和父子关系，国家就治理好了。可见，父子关系，其实是治国大纲，是最大的政治问题之一。

本章及以下三章都是讲孝，讲如何对待父母。有些具有封建家长专制或“愚孝”的色彩，我们今天应该批判地看待。朱熹认为，本章与《礼记·内则》相表里：“几，微也。微谏，所谓‘父母有过，下气怡色，柔声以谏’也。”父母有过错时，子女要低声下气，和颜悦色，柔声细语地去劝说。“见志不从，又敬不违，所谓‘谏若不入，起敬起孝，悦则复谏’也。”劝而不听，还是要以尊敬和孝顺的态度，不厌其烦地反复劝谏。“劳而不怨，所谓‘与其得罪于乡、党、州、闾，宁熟谏。父母怒不悦，而挞之流血，不敢疾怨，起敬起孝’也。”如果不再劝说，让父母的错误继续发展，就会得罪百姓，因而宁愿反复劝说。即便父母鞭打你，也不能憎恨抱怨，还是抱有恭敬和孝心。

荀子则进一步进行解说，提出“三不从”：“孝子所以不从命有三：从命则亲危，不从命则亲安，孝子不从命乃衷（意为善）；从命则亲辱，不从命则亲荣，孝子不从命乃义；从命则禽兽，不从命则修饰，孝子不从命乃敬。故可以从而不从，是不子也；未可以从而从，是不衷也。”（《荀子·子道》）服从命令，父母就会有危险；不服从命令，父母就安全，那么孝子不服从命令就是忠诚。服从命令，父母就会蒙受羞辱；不服从命令，父母就会得到荣耀，那么孝子不服从命令就是奉行道义。服从命令，就会使父母的行为像禽兽一样野蛮；不服从命令，就会使父母的行为富有修养而端正，那么孝子不服从命令就是恭敬。所以，可以服从而不服从，这是不尽孝子之道；不可以服从而服从，这是不忠于父母。

4·19 子曰：“父母在，不远游，游必有方。”

这一章的大意是，孔子说：“父母在世，不出门远游，如果出门要告诉父母去哪里。”

本章具体谈论了侍奉父母的一个方面。古代是农业社会，交通不便，不远游，是对父母负责的表现。但是，不是绝对不能远游，如果要远游，要有规划，要告知父母。对这句话要从思想和精神层面来看，就是要注重父母精神上的感受：不远游，是让父母得到照顾，无担忧；如必须远游，则时时告诉，不让父母担忧。

另外，本章的“游必有方”，其实暗含国事与家事发生冲突时，应以国事为主。如只考虑父母，则是不孝之一。《孟子·离娄上》载孟子曰“不孝有三”，赵岐注：“阿意曲从，陷亲不义，一不孝也；家穷亲老，不为禄仕，二不孝也；不娶无子，绝先祖祀，三不孝也。”当个人与国家利益发生冲突时，要以国家利益为先。

4·20 子曰：“三年无改于父之道，可谓孝矣。”

此章与《论语·学而》第 11 章部分重复。《论语集注》引胡氏曰：“此盖复出而逸其半也。”《学而》篇此章原文是：“子曰：‘父在，观其志；父没，观其行。三年无改于父之道，可谓孝矣。’”“三年”，指长时间。“父之道”，指父亲留下的优秀传统、家训、遗嘱和好的作风等。父亲在的时候，学习他的志向；父亲去世后，长时间发扬父亲留下的优秀传统，就应该称为孝顺了。

4·21 子曰：“父母之年，不可不知也。一则以喜，一则以惧。”

这一章的大意是，孔子说：“父母的年龄，不可以不记清楚。一方面因其年高长寿而高兴，一方面又因其年高体衰而恐惧。”

《论语集注》：“常知父母之年，则既喜其寿，又惧其衰。”要记得父母的年龄，为他们能长寿而高兴，又为他们年老体衰而担心害怕。该章也是告诫大家：只有牢记父母的年龄，才能将父母的喜乐和忧愁常记于心间，尽其所能，让父母尽享其乐而解其忧。

4·22 子曰：“古者言之不出，耻躬之不逮也。”

“言之不出”，《论语集释》引皇本曰：“古之者言之不妄出也。”“妄”，荒诞不合理。“躬”，身体，引申为亲自行动。

这一章的大意是，孔子说："古时候的人言语不随便说出口，认为行动赶不上是可耻的事。"

本章主要是强调言行一致的问题，有两点值得注意：一是说话要谨慎，不能口出妄言、狂言，这与本篇第24章意思相近。古代的人以自己说了话而做不到为耻辱。《老子》云："轻诺必寡信，多易必多难。"二是要言行一致。《论语·宪问》："君子耻其言而过其行。"就是以言过其实为耻辱。《论语集注》引范氏曰："君子之于言也，不得已而后出之，非言之难，而行之难也。人惟其不行也，是以轻言之。言之如其所行，行之如其所言，则出诸其口必不易矣。"《礼记·杂记下》："有其言，无其行，君子耻之。"可见，君子修养道德，很重要的一点是能够做到言行一致。清代末年，陈宝琛赠其孙一副对联："持其志勿暴其气，敏于事而慎于言。"意在告诫其孙：内心要有志向，不要轻易发脾气，行动做事要干净利落，说话要谨慎。

4·23 子曰："以约失之者鲜矣。"

这一章的大意是，孔子说："因为自律、约束而犯错误的人很少。"

本章讲人如何才能循礼蹈义。途径之一就是要自律，要自我约束。《论语集释》引《四书诠义》："内束其心，外束其身，谨言慎行，审密周详，谦卑自牧，皆所谓约。"对内约束自己的心，对外约束自身行动，说话行动要谨慎，思考问题要全面周详，谦逊恭敬，自控力强，这都是自律的方方面面。而只有这样，才能合礼、践仁、守法。

4·24 子曰："君子欲讷于言而敏于行。"

"欲"，有意识、故意去做。

这一章的大意是，孔子说："君子说话要含蓄、谨慎，而行动要敏捷、勤快。"

有道德修养的人，都会谨言慎行，少说多做、慢说快做、不说只做。人容易说大话，所以要约束自己，说话要谨慎；人做事常难以身体力行，所以行动要敏捷、勤快。君子就是要重在实践，去做实事。

4·25 子曰："德不孤，必有邻。"

"孤"，字义有二解：一说孤立，孤单；一说"言内外皆有所立，故德不孤。不孤者，言非一德也"（《论语正义》）。"邻"，《论语集注》云："犹亲也。德不孤立，必以类应。故有德者，必有其类从之，如居之有邻也。"

此为《论语》名句，短短八个字，内涵丰富。根据对"孤"字的不同阐释，本章可有两种理解：第一，有仁德的人，是不会被孤立、冷落的，会有很多志同道合的人团结在他周围，犹如比邻而居者。第二，有多方面美德的人，有强大的人格凝聚力，会得到更多人的支持和拥护。文本中的"不""必"，强化肯定了有仁德之人不会被孤立，必然会受到拥戴的道德价值评判；突出了道德修养是为人、立世之本，有强烈的震撼力。

4·26 子游曰："事君数，斯辱矣；朋友数，斯疏矣。"

"数（shuò）"，次数多，屡屡。

这一章的大意是，子游说："侍奉君主多而琐细，就会招致屈辱；朋友交往过密，关系就会疏远。"

本章主要谈处世、交往之道。在交往中，一要以仁、礼为本，树立正确的交往观；二要适可而止，不可过分。在对待君主方面，要以忠、以礼，不可过于亲近，交往不可过多、过细。《论语·先进》："所谓大臣者，以道事君，不可则止。"作为大臣，要以合乎君臣礼义的方式来对待君主。如行不通，就不要再进一步做了。交朋友要忠信，不可交往过多、过密。《论语·颜渊》："子贡问友。子曰：'忠告而善道（导）之，不可则止，毋自辱焉。'"交朋友一定要真诚，衷心地劝告，善意地引导，如果不接受就停止，防止自取其辱。

公冶长第五

李存山 解读

《论语》第5篇《公冶长》，以及后面的第6篇《雍也》，都有一个特点，即大部分内容是孔子评价他的学生和一些历史人物的。朱熹在《论语集注》里就说《公冶长》篇："此篇皆论古今人物贤否得失，盖格物穷理之一端也。凡二十七章。胡氏以为疑多子贡之徒所记云。"

这一篇的特点是"论古今人物贤否得失"，即对他们进行评价，朱熹说这也是"格物穷理之一端"。《大学》里有三纲领、八条目，其中我们比较熟悉的是修身、齐家、治国、平天下，修身又包括格物、致知、诚意、正心。古人理解的格物致知有多"端"，像读书明理、"考之事为之著"、"察之念虑之微"、"明人伦，讲圣言，通世故"，以及对一些人物进行评价等，都属于格物穷理的一个方面。

朱熹《论语集注》引胡氏（胡寅）之说，以为这一篇可能多是"子贡之徒所记”。子贡是孔子的学生。我们知道，《论语》是在孔子去世之后，由孔子的学生将其言行事迹编纂在一起的。在《公冶长》篇里，由于孔子对子贡讲的话比较多，所以朱熹引胡氏之说，认为这一篇有可能大多是子贡及其门徒记录的。

关于这一篇的分章，朱熹分为 27 章，这和我们现在比较流行的杨伯峻先生在《论语译注》里的分章不同。杨伯峻将这一篇分为 28 章，并提到何晏的《论语集解》把该篇第 10 章“子曰：始吾于人也”以下又分章，故题为 29 章；朱熹的《论语集注》把第 1、第 2 章并为一章，故题为 27 章。这种分章的不同，实际上意义区别不大。

因为这一篇主要是孔子评价他的学生和其他人物的，所以其重要性就在于我们可以看到孔子是如何处理他和学生之间的关系的，这里面就体现了古代的师生关系。

从师生关系上说，孔子知人论世，深切了解自己学生的个性和长短之处。我们知道，教师这个职业是由孔子开创的。在孔子之前，因为“学在王官”，官员和老师是合为一体的，而孔子开创了民间教育，也就有了老师这个专门职业。古代对老师这个职业是有要求的，其中一项就是老师要了解学生们的心理状态、个性特点，以便因材施教。所以在《礼记·学记》里面就专门有一段讲因材施教的重要性，说：“学者有四失，教者必知之。人之学也，或失则多，或失则寡，或失则易，或失则止。此四者，心之莫同也。知其心，然后能救其失也。教也者，长善而救其失者也。”意思是，学生有四个方面的偏失：有的学得很多，但是学得比较浮泛；有的知道的知识少；有的把学习看得很容易，不放在心上；有的则是浅尝辄止，不谋上进。不同的学生有不同的个性特点，老师要知道学生的个性特点，然后才能纠正学生有哪些偏失。老师从事教育工作，要发挥学生的长处，纠正或弥补学生的短处。

在《公冶长》篇和后面的《雍也》篇中，除了评价孔子的学生，也评价了一些不是孔子学生的历史人物。正如朱熹所说，这也是古人所认为的“格物穷理之一端”。评价和品鉴人物，是古人非常看重的一个方面，特别突出的是魏晋时期。在这一时期，因为政局的动荡而产生了对贤才的需求，于是就引发了对人物的才性、风姿、仪容等的品鉴，所以在曹魏初年，有刘劭的《人物志》问世。这种人物品鉴，上接汉末的“清议”，但已不是直接而具体地“品核公卿，裁量执政”，而是与现实政治拉开一定距离，论述知人、用人的一般原理。所以刘劭在《人物志》自序中说：“夫圣贤之所美，莫美乎聪明。聪明之所贵，莫贵乎知人。知人诚智，则众材得其序，而庶绩之业兴矣。”圣人之所以聪明，就是因为他“知人”，也就是能深入了解人，能够鉴别不同的人才。有了这样的智慧，就可以把贤能之人安排到不同的岗位，于是政绩事业就可以兴旺发达。

古人把“知人”看作一种大智慧。远在《尚书·皋陶谟》里就说：“知人则哲，能官人；安民则惠，黎民怀之。”意思是，执政者能够知人善任，把一些贤良的人提拔到领导岗位上来，授予他官职，这是大智慧；这样做的目的是使社会上的百姓能够平安、富裕地生活，百姓得到了实惠，也就会感怀执政者。所以，从上古尧舜那个时期起，就把能够知人论世、知人善任作为智慧的一个重要方面。

如何品鉴、评价人物，必然也体现了评价者的价值取向和思想境界。如在魏晋时期，刘劭是以“中和之质”的“平淡无味”“道思玄远”来统率各种“偏至之材”的，这体现了当时儒道结合重视“清谈”“玄远”的价值取向。而我们从孔子如何评价其弟子和其他人物，也可见孔子本人的价值取向和思想境界。

下面我们按照朱熹《论语集注》的分章来逐章解读。

5·1 子谓公冶长，“可妻也。虽在缧绁之中，非其罪也”。以其子妻之。

子谓南容，“邦有道，不废；邦无道，免于刑戮”。以其兄之子妻之。

我们把这一章分为两部分，先讲第一部分：

> 子谓公冶长，“可妻也。虽在缧绁之中，非其罪也”。以其子妻之。

公冶长，孔子弟子，姓公冶，名长，字子长。“可妻也”，就是可以把女儿嫁给他。这个“妻”字，作动词，如嫁。“以其子妻之”，古时把儿女都称为“子”，所以这里的意思就是把女儿嫁给他。“缧（léi）绁（xiè）”，古时捆绑犯人的绳索，引申为牢狱。

这一部分的大意是，孔子评论公冶长，“可以把女儿嫁给他。他虽然曾被关在牢狱之中，但这不是他的罪过”。便把自己的女儿嫁给了他。

这里讲到公冶长曾入牢狱，朱熹《论语集注》说：“（公冶）长之为人无所考，而夫子称其可妻，其必有以取之矣。又言其人虽尝陷于缧绁之中，而非其罪，则固无害于可妻也。夫有罪无罪，在我而已，岂以自外至者为荣辱哉？”从这一章看，虽然公冶长曾入牢狱，但他是无辜而受难的，其品质“必有以取之”。孔子看到了他的优秀品质，所以把女儿嫁给了他，这也是孔子的择婿标准之一。

关于公冶长为什么进牢狱，按照朱熹的讲法是“无所考”，但是也有些传说。如南北朝时期皇侃著的《论语义疏》讲到，有些杂书认为公冶长懂鸟语，因为发生误会而受到诬陷，所以被抓进牢狱。到宋代邢昺的《论语注疏》就说，这种说法出自杂书，不属规范的史料来源。所以我们现在还是取朱熹“无所考”的说法。无论如何，从孔子把自己的女儿嫁给公冶长来看，他肯定是无辜而受难的，而且他一定有值得称许的优秀品质。

下面我们讲第一章的第二部分：

> 子谓南容，“邦有道，不废；邦无道，免于刑戮”。以其兄之子妻之。

南容，孔子弟子，居南宫，名绦（tāo），又名适（kuò），字子容，谥敬叔。“邦有道，不废；邦无道，免于刑戮”，朱熹《论语集注》说：“不废，言必见用也。以其谨于言行，故能见用于治朝，免祸于乱世也。”意思是，南容的这种品质，在有道之世，一定能得到重用；在政治不清明的时候，他也能够言行谨慎，免于刑戮灾祸。

把这一部分翻译成现代汉语是，孔子评论南容，“当国家有道（政治清明）时，他不会被弃置不用；当国家无道（政治昏暗）时，他也能谨言慎行以免遭刑罚”。于是孔子把自己的侄女嫁给了他。

南容的处世原则是在不同的政治环境中都能保持自己的德行，奉行应变的中道智慧，这也是孔子的择婿标准之一。

朱熹为什么把以上两部分合为一章呢？因为这两部分都体现了孔子的择婿标准，他把女儿嫁给了公冶长，把侄女嫁给了南容。这一章也反映了孔子如何看人、知人的价值取向，孔子特别重视个人道德的优秀品质、处世德行，而不看重一时一事的顺逆穷达。朱熹把这两部分合为一章，有其合理性。

5·2 子谓子贱，“君子哉若人！鲁无君子者，斯焉取斯？”

子贱，孔子弟子，姓宓（fú），名不齐，字子贱。“若人”，即此人，指子贱。“斯”，此。前“斯”字指子贱，后“斯”字指子贱的品德。

把这一章翻译成现代汉语是，孔子评论宓子贱，“这个人是君子呀！假如鲁国没有君子，他从哪里取得这样的好品德呢？”

朱熹《论语集注》对这一章有这样的注解：“子贱盖能尊贤取友以成其德者。故夫子既叹其贤，而又言若鲁无君子，则此人何所取以成此德乎？因以见鲁之多贤也。”

我们从宓子贱的德行可见鲁国多贤人，因为只有这样，他才能学得好品德。子贱的这些品德是从哪里学的？一定是和他周围的朋友，相互学习，相互影响，才取得这样的好品德的。所以孔子就有这么一个评判，从子贱的品德高尚可以看到鲁国一定也有很多其他的贤人，有如子贱一样的君子。

5·3 子贡问曰："赐也何如?"子曰："女器也。"曰："何器也?"曰："瑚琏也。"

子贡，孔子弟子，姓端木，名赐，字子贡。他是孔门弟子中非常杰出的一个，在孔门的德行、言语、政事、文学四科中，他在言语科卓有成就。《史记·仲尼弟子列传》记载，子贡在外交方面取得很大成功。另外，他还有一个特长，就是善于经商，"货殖焉，亿则屡中"，他可以说是中国最早、最杰出的儒商。子贡在经商获得了很多的财富后，就资助孔子周游列国的事业。《史记》记载，孔子的影响这么大，和子贡的资助有相得益彰的关系。

孔子说子贡"女器也"，"女"读为"汝"；"器"，朱熹《论语集注》说："器者，有用之成材。""器"一般指有形之物，如"形而下者谓之器"（《周易·系辞上》）；也用于指人才，如"不成器""大器晚成"。"瑚琏"，古时宗庙中祭祀用的盛黍稷的器物，上面用玉装饰，是"器之贵重而华美者"（《论语集注》）。孔子说子贡好比"瑚琏"，意思是他有才华、有能力。

这一章的大意是，子贡问孔子："我是怎样的人?"孔子说："你好比一件有用的器物。"子贡问："什么器物?"孔子说："你就像是宗庙里盛黍稷的瑚琏。"

朱熹《论语集注》说："子贡见孔子以君子许子贱，故以己为问，而孔子告之以此。然则子贡虽未至于不器，其亦器之贵者欤?"前一章记载孔子评价子贱，说他是君子，那么子贡听到后就问孔子，您看我怎么样？让老师评价自己。孔子曾说过"君子不器"（《论语·为政》)，《论语集注》解释："器者，各适其用而不能相通。成德之士，体无不具，故用无不周，非特为一才一艺而已。"因为"器"在这里指有一种或几种才能，但是不全面，而孔子培养学生的最大目标是培养一些知识全面、能够掌握大局的"成德之士"，所以孔子说"君子不器"。我们现在讲通识教育，孔子的教育实际上就是一种通识教育。子贡让老师评价自己怎么样，孔子说"女器也"，这一方面是对他的才能、才华的肯定，另一方面是说他与孔子要培养的通识通才还有一定距离。孔子说子贡好比"瑚琏"，是一个比较高的评价，既鼓励了子贡，也给子贡指出了继续努力的方向。

5·4 或曰："雍也仁而不佞。"子曰："焉用佞？御人以口给，屡憎于人。不知其仁，焉用佞？"

古书里经常有"或曰"，就是"有的人说"的意思。雍，孔子的弟子冉雍，字仲弓。"佞"，有口才，能言善辩。"御"，应对，应付。"口给"，言语伶俐。这里的"佞"和"口给"，近于《论语·学而》篇"巧言令色，鲜矣仁"的"巧言"，巧嘴滑舌。在《论语·里仁》篇，子曰："君子欲讷于言而敏于行。"在《论语·颜渊》篇，子曰："仁者，其言也讱。"讷、讱，都指说话舒缓谨慎，不那么伶牙俐齿、花言巧语。

把这一章翻译成现代汉语就是，有人说："冉雍这个人有仁德却没有口才。"孔子说："何必有口才呢？伶牙俐齿地去和人辩驳，常常被人所厌恶。我不知冉雍是否可称为仁人，但何必那么有口才呢？"

孔子在这里没有明确表示冉雍是否可称为仁人，但是肯定了他的"讷于言”。从这里可以看出，孔子评价人的一个标准就是看不起那些巧嘴滑舌的人。孔子说要“讷于言而敏于行”，说话要舒缓谨慎，不要那么伶牙俐齿、巧嘴滑舌。

5·5 子使漆雕开仕。对曰：“吾斯之未能信。”子说。

漆雕开，孔子弟子，姓漆雕，名开，字子若。“仕”，从政、做官。孔子曾说“学而优则仕”，学得好就可以去从政做官。“斯”，指从政做官，在此倒装句中作宾语。“说”，同“悦”，喜悦的意思。

这一章的大意是，孔子叫漆雕开去从政做官。漆雕开回答：“我对此还不能有自信。”孔子听了很高兴。

从政做官的责任重大，漆雕开对此不自信，是因为他怕自己能力不足，不能胜任官员的职责，而不是汲汲于做官求富贵，所以孔子对他的谦退谨慎感到喜悦。孔子是希望自己的学生能够从政做官的，而且漆雕开应也有从政的能力。但是从政做官和个人修身、增加学识还不一样，个人的学习、修身是自己的事，如果不足的话还可以再继续努力，而从政做官就涉及如何为民做事，这责任是非常重大的。从这也可以看出，漆雕开首先想到的不是当官可以谋取私利，不是做官求富贵，而是官员的责任重大。

儒家讲“学而优则仕”，这在当时是有进步意义的。在孔子之前，官员都是世袭的，所谓“世卿世禄”，不仅天子是世袭的，诸侯国君是世袭的，而且各级官员也都是世袭的。到了春秋后期，这种世袭制被打破了，开始从读书人中选拔一些有能力的人做官。孔子开创了民间教育，民间有了读书人。孔子推荐自己的学生去做官，让学得好、有能力的人做官，就可以多为社会做贡献。这种读书人做官的方式，奠定了秦以后朝廷选拔官员的九品中正制和科举制的基础。因此，“学而优则仕”在孔子那个时代是有进步意义的。当然，孔子又说“君子谋道不谋食”“君子忧道不忧贫”，君子追求的是道义，而不是饱腹，更不是功名利禄。所以，儒家强调，为政做官要有一个为民、利民的正确的价值取向。

此外，从这一章还可以看出，漆雕开比较谦虚，能更多地看到自己的不足，这一点也是孔子给予肯定的。

5·6 子曰：“道不行，乘桴浮于海。从我者其由与？”子路闻之喜。子曰：“由也好勇过我，无所取材。”

“桴”，木筏子或竹排。由，孔子的学生仲由，字子路，又字季路。“材”，同“裁”，这里是裁量、斟酌的意思。

这一章的大意是，孔子说：“如果不能使天下有道，我就想乘坐木筏子到海外去。跟随我的可能是仲由吧？”子路听了很高兴。孔子说：“仲由的好勇超过了我，可是在裁量事理方面有所欠缺。”

子路也是孔子弟子中很出色的一个，他在孔门四科中的政事科比较突出。后来子路也当过官，很勇敢，而且特别重视自己的德行。但是孔子说，子路也有缺点，虽然他勇敢过人，但在裁量事理、斟酌处境方面不足，不能细密地思考，行为上不免鲁莽。

对这一章也有一个现在如何理解的问题。孔子说“道不行，乘桴浮于海”，我认为这是一种假设性的慨叹，并不是说孔子真要去做个木筏子漂流到海外去。所以，朱熹的《论语集注》引程子曰："浮海之叹，伤天下之无贤君也。"这是一种慨叹，孔子并不是真要这样做，但是这种慨叹体现了孔子"伤天下之无贤君也"的心境。孔子非常遗憾，当时没有贤良的君主，天下无道，世道昏暗。但是实际上他并不是真想漂流到海外，而是要使天下无道转变为天下有道。但"道"之行与不行，并不是完全由个人的主观努力所决定的，所以说"道之将行也与，命也；道之将废也与，命也"（《论语·宪问》）。《论语·颜渊》里面还说"死生有命，富贵在天"，人的生命有长短，虽然我们去保健、养生，但是到底能活多少岁，这并不是个人所能决定的。在不违反道德的前提下，我们可以去追求财富，但是最终能否得富贵，也不是全由个人所决定的。于是儒家就把不是全由个人所决定的事归于命，这样就不必刻意地去追求，而把关注点放在个人的修身、提升道德的境界上。

关于世道是有道还是无道，有时候也不是完全由个人所决定的，只能"尽人事以听天命"，这也是儒家的一种信念和人生智慧。在这种情况下，孔子一方面坚持原则，说"以道事君，不可则止"（《论语·先进》），另一方面也有一种"知其不可而为之"的精神。孔子没有避世当隐士的思想，所以他说："鸟兽不可与同群，吾非斯人之徒与而谁与？天下有道，丘不与易也。"（《论语·微子》）孔子在周游列国时遇到一些隐士，那些隐士说：当今天下无道，你们一行周游列国又能起什么作用呢？针对这样的问题，孔子回答：人又不能到林子里和鸟兽合群共处，我不和这些人在一起，又能和谁在一起呢？所以，人还得生活在群体社会中。如果天下有道的话，我就用不着去周游列国了，正是因为天下无道，我才要努力，宣讲自己的思想学说，以使世界从无道转化到有道。可是能不能实现转化呢？

在当时的社会历史条件下，这确实也不是完全由个人所决定的。所以孔子在遇到“天下之无贤君”的困难时，也不免有“道不行，乘桴浮于海”的慨叹，这种慨叹一方面是假设性的，另一方面表明了孔子不愿与世俗恶政同流合污的坚贞志向。

5·7 孟武伯问：“子路仁乎？”子曰：“不知也。”又问。子曰：“由也，千乘之国，可使治其赋也，不知其仁也。”

“求也何如？”子曰：“求也，千室之邑，百乘之家，可使为之宰也，不知其仁也。”

“赤也何如？”子曰：“赤也，束带立于朝，可使与宾客言也，不知其仁也。”

这一章是孟武伯发问，孔子分别评论了子路、冉求、公西赤三位弟子。我们把这一章分为三部分，先来看第一部分：

> 孟武伯问：“子路仁乎？”子曰：“不知也。”又问。子曰：“由也，千乘之国，可使治其赋也，不知其仁也。”

关于孟武伯，在《论语·为政》篇有“孟武伯问孝”，《论语集注》注释：“武伯，懿子之子，名彘。”“孟懿子，鲁大夫仲孙氏，名何忌。”“千乘”，就是一千辆兵车。在春秋时期，打仗经常用兵车。真正骑战马去打仗，那就到战国时期了。“赋”，此处指兵赋或兵役。

这一部分的大意是，孟武伯问：“子路可称为仁人吗？”孔子说：“不知道。”他又问。孔子说：“仲由嘛，如果有一千辆兵车的国家，可以让他管理军事。至于他是否可称为仁人，我就不知道了。”

在孔子的思想中，仁是统率诸德目的全德之名，仁人的境界甚高。仁这个范畴，在孔子之前就已多次使用，尤其是在《左传》和《国语》里面记载的春秋时期的历史事迹和人物言行中，多次用到仁。虽然已经用了，但是仁的概念不是很明确，它和其他德目的关系也不是很清楚。

孔子创立了儒学，我们也常把儒学称为仁学。孔子把仁提升到道德的最高范畴，认为它是统率其他德目的，被冠以全德之名。所以仁在儒家思想中的地位，尤其是从道德上讲，是最高的。至于是不是能成为仁人，这个标准也是很高的。孔子本人也曾谦虚地说：“若圣与仁，则吾岂敢？抑为之不厌，诲人不倦，则可谓云尔已矣。”（《论语·述而》）

因为仁人的境界甚高，孔子不轻易称许弟子为仁人。学生是不是仁人呢？孔子说我还不知道，但是他有他的长处。这是孔子对待学生的一种方式，既鼓励学生，又给他指明前进的方向。

我们再来看第二部分，孔子评价冉求：

> “求也何如？”子曰：“求也，千室之邑，百乘之家，可使为之宰也，不知其仁也。”

求，冉求，孔子弟子，字子有，故又称冉有。“千室之邑”，有千户人家的大邑。邑相当于县。“百乘之家”，有百辆兵车的卿大夫的封地。“宰”，卿大夫的家臣、管家。后来冉求就做了鲁国贵族季氏的“宰”。

这一部分的大意是，孟武伯又问："冉求怎么样呢?"孔子说："冉求嘛，如果有千户人家的大邑，或内有百辆兵车的卿大夫的封地，可以让他当总管。至于他是否可称为仁人，我就不知道了。"

这里孔子又一次回避了是否为仁人的问题，只是说冉求也有他的特长。冉求属于孔门四科中政事科比较突出的，孔子曾评论"求也艺"(《论语·雍也》)，说他多政治才能。但是后来冉求到季氏家里当了管家，为之聚敛财富，孔子很不高兴，说冉求"非吾徒也，小子鸣鼓而攻之可也"(《论语·先进》)。

这一章的第三部分是孔子评价公西赤：

> "赤也何如?"子曰："赤也，束带立于朝，可使与宾客言也，不知其仁也。"

赤，孔子弟子，姓公西，字子华。"束带"，装束齐整，指穿着礼服。

这一部分的大意是，孟武伯又问："公西赤怎么样呢?"孔子说："公西赤嘛，穿着礼服，立于朝廷之中，可以让他接待外宾。至于他是否可称为仁人，我就不知道了。"

这里也是指出公西赤有他的长处，说他善于外交，接待宾客还可以。他应该属于孔门四科中言语科的弟子，在这一科突出的有宰我、子贡（见《论语·先进》)。后来公西赤出使了齐国（见《论语·雍也》)。

这一章孔子分别肯定了子路、冉求、公西赤三位弟子各有所长，但因为仁人的境界甚高，孔子不轻易称许他们为仁人。

5·8 子谓子贡曰："女与回也孰愈?"对曰："赐也何敢望回。回也闻一以知十，赐也闻一以知二。"子曰："弗如也！吾与女弗如也。"

"女"，同"汝"，你的意思。回，孔子的弟子颜回，字子渊，故又称颜渊。"愈"，胜过的意思。"孰愈"，就是哪个更好、哪个更强。"闻一以知十""闻一以知二"，朱熹《论语集注》说："一，数之始。十，数之终。二者，一之对也。颜子明睿所照，即始而见终；子贡推测而知，因此而识彼。""吾与女"，一种解释为"我和你"，另一种解释为"我赞许你"。

这一章的大意是，孔子问子贡："你和颜回谁更强一些?"子贡回答："我怎么敢和颜回相比?颜回能'闻一知十'，推知全体，而我只能'闻一知二'，由此及彼。"孔子说："是不如他呀！我和你都不如他。"

在孔门四科中，颜回为德行科第一。本章孔子既高度评价了颜回，也委婉地没有贬低子贡，不让他感到失望，谦虚地说"我和你都不如他"，这也给了子贡很大的面子。

5·9 宰予昼寝。子曰："朽木不可雕也，粪土之墙不可圬也。于予与何诛?"子曰："始吾于人也，听其言而信其行；今吾于人也，听其言而观其行。于予与改是。"

宰予，孔子弟子，字子我，故又称宰我。"昼寝"，白天睡觉。"粪土"，脏土。"圬（wū）"，抹墙用的抹子，粉刷墙壁也叫圬。"于予与何诛”，予，宰予；“与”，语气词；“诛”，厉言责备。“改是”，改变这个。

这一章的大意是，宰予在白天睡觉。孔子说：“腐朽的木头是不可雕刻的，脏土抹的墙是不可粉刷的。对于宰予，我还怎么去责备他呢？”孔子还说：“以前我对于人，是听其言而信其行；现在我对于人，是听其言而观其行。是宰予让我有了这个改变。”

这一章孔子对宰予有一个严厉的批评。孔子为什么批评得如此严厉呢？我们现在一般不把白天睡觉算作大错，可是孔子却对此给予严厉的批评。所以就有人对“昼寝”做了其他的解释。但是被大家普遍所接受的理解，还是白天睡觉。这里可能不是单指白天睡觉，而是表现出的懒惰，还有对老师教的东西非常不满意的态度，所以孔子非常生气。还有就是宰予言行不一，这也让孔子非常气愤。

《论语集注》引胡氏曰：“听言观行，圣人不待是而后能，亦非缘此而尽疑学者。特因此立教，以警群弟子，使谨于言而敏于行耳。”孔子为什么如此严厉地批评宰予？这可能是要给其他学生一个警告，要言行一致，要“谨于言而敏于行”，而不要像宰予那样言行不一。

5·10 子曰：“吾未见刚者。”或对曰：“申枨。”子曰：“枨也欲，焉得刚？”

“刚”，刚强。“或”，有人。申枨（chéng），孔子弟子。

这一章的大意是，孔子说：“我没见过刚强不屈的人。”有人回答：“申枨是这样的人。”孔子说：“申枨的欲望太多，哪里还能够刚强不屈呢？”

这段对话可能也是出于孔子的慨叹，他想表达的意思是，个人应该节制自己的欲望。欲望太多，则屈服于欲望，不可能刚强；如果没有私欲，就可以刚强不屈。我们现在有一个成语叫“无欲则刚”，应该就是出自这段对话。

5·11 子贡曰：“我不欲人之加诸我也，吾亦欲无加诸人。”子曰：“赐也，非尔所及也。”

“加”，何晏《论语集解》引马融曰：“加，陵也。”马融是东汉时期的大经学家，郑玄是他的学生，曾遍注群经，汉代最著名的经学家就是马融和郑玄。因为汉代注释《论语》的著作都没有传下来，我们现在看到的注释《论语》的最早著作就是曹魏时期何晏的《论语集解》。后来南北朝时期皇侃的《论语义疏》和宋初邢昺的《论语注疏》，也都是以何晏的《论语集解》为“注”的，然后他们在何晏注的基础上再继续发挥作“疏”。“陵”有侵犯、欺凌的意思。这里的“加”，可理解为侵加或强加。赐，即子贡，端木赐。前面我们讲过，子贡是孔子门下非常出色的学生。

这一章的大意是，子贡说：“我不愿意别人强加于我，我也不强加于别人。”孔子说：“赐啊，这还不是你能做到的。”

这一章记载的对话，是应该深刻领会的。宋代理学家程颐说：“‘我不欲人之加诸我也，吾亦欲无加诸人。’《中庸》曰‘施诸己而不愿，亦勿施于人’，正解此两句。然此两句甚难行，故孔子曰：‘赐也，非尔所及也。’”（《程氏遗书》卷18）也就是说，这两句是讲忠恕之道的，尤其讲的是恕道，即“己所不欲，勿施于人”。恕道之所以重要，正如孔子和子贡的一段对答："子贡问曰：'有一言而可以终身行之者乎？'子曰：'其恕乎！己所不欲，勿施于人。'"（《论语·卫灵公》）子贡问孔子，是否有一句话，这一辈子就可以终身照此实行。孔子说，应该终身照此实行的就是恕道，也就是"己所不欲，勿施于人"。

如何理解"己所不欲，勿施于人"？简单地说，就是待人如己，自己不愿意做的事，就不要以这种方式施于他人。而"己"首先是一个有独立意志的人，如孔子所说"三军可夺帅也，匹夫不可夺志也"（《论语·子罕》）。待人如己，首先就是要把他人看作和自己一样有独立意志的人。子贡说"我不欲人之加诸我也，吾亦欲无加诸人"，这是"己所不欲，勿施于人"的一个最基本的含义。但是要真正做到这一点并不容易，所以孔子说"赐也，非尔所及也"。

5·12 子贡曰："夫子之文章，可得而闻也；夫子之言性与天道，不可得而闻也。"

"文章"，指孔子所整理、传授的文献，如《诗》《书》《礼》《乐》等。

这一章的大意是，子贡说："老师关于文献方面的学问，我们听得到；老师关于人性与天道（相联系）的学问，我们听不到。"

这里有一个中国传统哲学一直在讨论的问题，即所谓"形而上"的问题，也就是"性与天道"的问题。中国传统哲学所讲的"性"，指人生而即有或与生俱来的本性，如孔子说的"性相近也，习相远也"（《论语·阳货》）。它是与"习"相对而言的，"习"是后天的习行、习染，"性"

则是人一生下来就有的。“天道”是中国传统哲学中具有本原性的范畴，在《论语》中，孔子没有使用“天道”这个词，他所讲的“道”，一般指人道、君道或君子之道等。但在此书中孔子也讲了“五十而知天命”“获罪于天，无所祷也”“天生德于予”“天何言哉？四时行焉，百物生焉”等，这里的“天”有意志之天、时命之天、自然之天等不同含义，这些也都可视为孔子讲的“天道”的内容。因此，这里说的“性与天道”，有不同的解释。有人说是因为孔子当时讲得很少，所以学生一般没有听到孔子讲；还有人认为“性与天道”是很高深的学问，孔子当时还没遇到一个理解力很强的学生，所以他避而不讲。这就是说，孔子本人有“性与天道”的思想，但是因为学生还没达到理解这个问题的程度，所以就不讲或讲得很少。

我的一个看法是，这里说的“性与天道”，讲的是性与天道之间的联系。孔子没有像郭店楚简《性自命出》那样讲“性自命出，命自天降”，也没有像《中庸》那样讲“天命之谓性”，也没有像孟子那样讲“尽其心者，知其性也。知其性，则知天矣”（《孟子·尽心上》）。在孟子思想中，心、性、天是联系在一起的；在《中庸》思想中，性和天也是紧密联系在一起的。而孔子讲“性相近也”，还没有把他所讲的人性与天道紧密联系起来，所以子贡说“夫子之言性与天道，不可得而闻也”。

到了孔子的后学，逐渐有了性善论的思想，把性和天道联系在一起，从而有了“性与天道合一”的观念，于是说“天命之谓性”“尽其心者，知其性也。知其性，则知天矣”，这个性是天所赋予人的。但是，孔子在说“性相近也，习相远也”时，可能还没有把性和天道直接联系起来。孔子开创了民间教育，主要是从教育思想方面来讲“性相近也，习相远也”

的。人一生下来，“性”都差不多，是后天的教育或习行、习染拉开了人与人之间的差距。孔子主张“有教无类”，所有的人都可以接受教育，“性相近”恰恰是为孔子的教育思想提供了一个人性论的根据。

到了后来，由于理论发展的需要，就要论证人为什么应该这样，比如说儒家主张仁爱，那么人为什么应该仁爱？这个理由何在？对这种问题的思考，儒家可能受到道家、墨家的影响。道家主张自然无为，因为天道如此，所以人道也就应该如此，这是把天道作为人应该如此的根据。墨家主张兼爱，主张社会功利，认为天志如此，所以人道也就应该如此。在这样的论辩环境下，儒家就有了讲性善论并且将人之性善与天道联系在一起的理论需要。

儒家为什么要讲仁义礼智？因为人性本身就包含着“四端”，孟子讲“恻隐之心，仁之端也；羞恶之心，义之端也；辞让之心，礼之端也；是非之心，智之端也”（《孟子·公孙丑上》），“仁义礼智根于心”（《孟子·尽心上》），所以仁义礼智是符合人性的，“性与天道合一”，因此仁义礼智也是符合天道或天命的，如果违背了人的本性，那也就“非人也”。在此意义上，性善论的出现就是必然的。

在《论语》中，孔子没有讲性与天道的联系，但是在后来的历史上，《易传》被认为是孔子所作，我们现在一般认为《易传》是受到孔子思想的影响，而不是孔子本人所作。如果把《易传》视为孔子所作，那么就可说孔子到了晚年已较多讲到性与天道的关系问题。

朱熹《论语集注》说：“性者，人所受之天理；天道者，天理自然之本体，其实一理也。……至于性与天道，则夫子罕言之，而学者有不得闻者。盖圣门教不躐等，子贡至是始得闻之，而叹其美也。”这是以宋代理学的思想来解释《论语》的。朱熹的《四书章句集注》，一方面吸收了汉唐时期的训诂成果，另一方面在注释中输入了理学的一些思想。按照朱熹的注释，他认为孔子对“性与天道”讲得很少，这是“教不躐等”，按照学生的理解程度来教育。因为子贡已经达到了相当高的理解水平，所以说子贡“至是始得闻之，而叹其美也”。这也是对本章的一种解释。子贡说“夫子之言性与天道，不可得而闻也”，既然“不可得而闻”，那他怎么又记下了这句话呢？说明他还是听过的。孔子还是有“性与天道”思想的，只是孔子讲得很少。还有一种说法是把“闻”解释为深刻理解，即认为孔子讲的“性与天道”，义理高深，弟子们还不能深刻理解。这几种解释也都有一定的根据、一定的道理，我们可以做多种参考，以做出自己的理解。

5·13 子路有闻，未之能行，唯恐有闻。

后面的“有”字同“又”。

这一章的大意是，子路听到一个道理，如果还没能实行，就唯恐又听到新的道理。

朱熹《论语集注》说：“前所闻者既未及行，故恐复有所闻而行之不给也。”又引范氏（范祖禹）曰：“子路闻善，勇于必行，门人自以为弗及也，故著之。若子路，可谓能用其勇矣。”

这一章的前面没有写“子曰”，所以可能是孔门弟子称赞子路的话，说子路注重实行。这是子路的一个特点，就是“勇于必行”，但是在裁量事务、斟酌事理方面，子路还是有缺陷的。

以上都是孔子评论其弟子的言论，体现了孔子了解他的学生们有不同的素质和特点，了解他们的优长和偏失之所在，从而能对不同的学生因材施教。孔子教育学生，一是注重启发式教育，二是因材施教，针对不同学生的特点来进行教育，所以对学生的评价都能指出他们的所长所短，激励他们继续向前发展。下面的各章是孔子评价其学生以外的其他人物。

5·14 子贡问曰："孔文子何以谓之文也？"子曰："敏而好学，不耻下问，是以谓之文也。"

孔文子，卫国大夫，名圉（yǔ），"文"是他的谥号。也就是说，孔文子已经去世了，给他的谥号是"文"。

这一章的大意是，子贡问："孔文子凭什么谥为'文'？"孔子说："因为他聪敏而爱好学问，对于不如他的人也能谦虚地请教而不以为耻，所以用'文'做他的谥号。"

"敏而好学，不耻下问"，后来也成为我们现在用的成语了。

5·15 子谓子产，"有君子之道四焉：其行己也恭，其事上也敬，其养民也惠，其使民也义"。

子产，郑国的大夫公孙侨，字子产。他是郑国的贤相，曾在郑国执政22年。子产比孔子生活的年代要早，《左传》《国语》里面对子产的记载比较多。《左传·昭公二十年》记载："子产卒，仲尼闻之，出涕曰：'古之遗爱也。'"子产去世之后，孔子听到这个噩耗，流下了眼泪，说他的仁爱有古人的遗风。子产在郑国执政期间有惠民德行和政绩。

这一章的大意是，孔子评价子产，“他在四个方面是符合君子之道的：他自己的行为谦恭谨慎，侍奉君上恭敬，教养百姓有恩惠，使民服役有节度”。

这是比较高的评价，但是因为子产毕竟不是儒家人士，所以孟子对子产有所批评。比如说子产施行小恩小惠，在过桥的时候把自己的车让给别人，孟子说与其这样，还不如建一座桥。但是子产在春秋时期确实是一位有贤德的执政者。在他执政期间，有观星术士说看了天象，有 4 个国家要发生火灾，包括我们郑国，我们要赶紧祭祀。子产就说，天上那些东西离我们这么远，而人道是近的，天象的变化不会影响到我们，所以子产就没有按照他们的要求来做。可见子产在春秋时期是一个比较开明也很有行政能力的执政者。他长期在郑国为相，做出了一些政绩，有惠民的德行，所以孔子给予他相当高的评价。

5·16 子曰：“晏平仲善与人交，久而敬之。”

晏平仲，齐国的大夫、贤相，名婴，字平仲。“敬之”，《论语集注》引程子曰：“人交久则敬衰，久而能敬，所以为善。”“为善”是说他有好的品质。

这一章的大意是，孔子说：“晏平仲善于和别人交往，相交越久，别人越尊敬他。”

善于交朋友，这是值得肯定的。这一章孔子对晏婴的善与人交，使人能长久地尊敬他，给予了肯定性的评价。

5·17 子曰："臧文仲居蔡，山节藻棁，何如其知也？"

臧文仲，鲁国大夫，姓臧孙，名辰，"文"是谥号。朱熹《论语集注》解释："居，犹藏也。蔡，大龟也。"即有一个大龟，叫作"蔡"。过去占卜，把很有灵气的事物也起个名字。"山节藻棁"，"节"，柱上的斗拱；"棁（zhuō）"，房梁上的短柱。"山节"，把斗拱雕刻成山形；"藻棁"，在房梁的短柱上画藻草花纹。"知"，同"智"。

这一章的大意是，孔子说："臧文仲给一个叫蔡的大龟盖了一座房子，有雕刻成山形的斗拱和画着藻草花纹的梁上短柱，难道他的智慧就是如此吗？"

实际上，这是孔子否定臧文仲有智慧。朱熹《论语集注》说："当时（有人）以文仲为知，孔子言其不务民义，而谄渎鬼神如此，安得为知？"可能臧文仲喜好占卜，所以他给大乌龟起了一个名字叫蔡，而且给乌龟盖了一座有山水花鸟图案的房子。孔子说，这怎么能说是有智慧呢？孔子否认臧文仲是一个有智慧的人，体现了孔子对于占卜、鬼神的一种态度。

占卜指古人用龟骨、蓍草来预测吉凶。到了孔子所在的时期，就不怎么讲究占卜了。《周易》本是卜筮之书，孔子研究《周易》，说"不占而已矣"（《论语·子路》），他主要研究《周易》里面的德义、哲理思想。孔子把《周易》这一部卜筮之书，转变成了一部讲德义、哲理的书。

《论语·雍也》记载："樊迟问知（智）。子曰：'务民之义，敬鬼神而远之，可谓知矣。'"樊迟问什么是智慧。孔子说教化百姓，能够敬鬼神而又远鬼神，就可以说是智慧。儒家重视丧祭之礼，所以并不否认有鬼神。孔子也并不是无神论者，但他主张"敬鬼神而远之"，就是说不要陷入信奉鬼神的宗教迷狂，还是要把关注点放在现实的社会人生。儒家重视丧祭之礼，主要也是为了“慎终追远，民德归厚矣”(《论语·学而》)。

5·18 子张问曰：“令尹子文三仕为令尹，无喜色；三已之，无愠色。旧令尹之政，必以告新令尹。何如?”子曰：“忠矣。”曰：“仁矣乎?”曰：“未知。焉得仁?”

“崔子弑齐君，陈文子有马十乘，弃而违之。至于他邦，则曰：‘犹吾大夫崔子也。’违之。之一邦，则又曰：‘犹吾大夫崔子也。’违之。何如?”子曰：“清矣。”曰：“仁矣乎?”曰：“未知。焉得仁?”

这一章孔子评价了两个人，一个是令尹子文，另一个是陈文子。我们把这一章分为两部分，先看第一部分：

> 子张问曰：“令尹子文三仕为令尹，无喜色；三已之，无愠色。旧令尹之政，必以告新令尹。何如?”子曰：“忠矣。”曰：“仁矣乎?”曰：“未知。焉得仁?”

子张，孔子弟子，姓颛孙，名师，字子张。“令尹”，楚国官名，相当于相。子文，姓斗，名縠（gòu）於（wū）菟（tú）。“仕”，做官。“已”，被罢官。“愠”，怨恨。“未知”，不知道。一说是“未智”，钱穆《论语新解》认为此解不当，提出“未知”是婉辞。

这一段问答的大意是，子张问："楚国的令尹子文三次担任令尹，没有高兴的神色；三次被罢免，也没有怨恨的神色。他自己当令尹时的政事，一定都交代给继任的新令尹。这个人怎么样？"孔子答："可算是忠了。"子贡又问："算不算仁呢？"孔子答："不知道。怎么能是仁呢？"

前面我们讲了，孔子认为作为一个仁人的评价标准是很高的。钱穆先生在《论语新解》里讲到对这一段的理解："仁为全德，亦即完人之称，而子文之不得为全德完人，则断然也。"子文虽然有忠的品质，但是肯定还算不上是全德完人。仁是全德之名，如果只是忠于一国或一君，就还算不上是仁。

第二部分是孔子评价齐国大夫陈文子：

> "崔子弑齐君，陈文子有马十乘，弃而违之。至于他邦，则曰：'犹吾大夫崔子也。'违之。之一邦，则又曰：'犹吾大夫崔子也。'违之。何如？"子曰："清矣。"曰："仁矣乎？"曰："未知。焉得仁？"

崔子，齐国大夫，名杼（zhù）。"齐君"，齐庄公，名光。陈文子，齐国大夫，名须无。"十乘"，四马驾一车，十乘是四十匹马，此指其禄位。"违"，离开。"之一邦"，"之"，往也。

这一段问答的大意是，子张又问："崔杼杀掉了齐庄公，陈文子有四十匹马的家业禄位，舍弃不要，离开齐国。到了另一个国家，他说：'这里的执政者同我国的崔杼差不多。'就离开了。又到了一个国家，他又说：

‘这里的执政者同我国的崔杼差不多。’就又离开了。这个人怎么样?”孔子答:“可以说是清。”子张又问:“算不算仁呢?”孔子答:“不知道。怎么能是仁呢?”

朱熹《论语集注》说:“文子洁身去乱,可谓清矣。”这里的“清”指清白,不同流合污。钱穆的《论语新解》说:“忠之与清”只是仁之“一节”,而不是仁之“成德”。仁是统率各个德目的最高范畴,所以忠于一国、忠于一君和在政治上保持自己的清白,都只是仁的一节、一个德目,还说不上是仁。孔子肯定令尹子文的“忠”和陈文子的“清”,但认为他们算不上是仁。

5·19 季文子三思而后行。子闻之,曰:“再,斯可矣。”

季文子,鲁国大夫,名行父,“文”是谥号。“三”,这里表示多。

这一章的大意是,季文子遇事都考虑多次才行动。孔子听到了,说:“思考两次就可以了。”

对这一章也有不同的理解。比如,朱熹《论语集注》引程子曰:“为恶之人,未尝知有思,有思则为善矣。然至于再则已审,三则私意起而反惑矣,故夫子讥之。”这就是说,遇事静心思考两次就可以了,如果翻来覆去思考多次,反而私意掺杂进来又被迷惑住了;孔子在这里可能是讥讽季文子遇事总是患得患失,犹豫不决。依此理解,孔子的“再,斯可矣”是针对特殊人的特殊情况而言的,并不是反对“三思而后行”。

5·20 子曰："甯武子邦有道则知，邦无道则愚。其知可及也，其愚不可及也。"

甯（nìng）武子，卫国大夫，名俞，"武"是谥号。"知"，同"智"。"愚"，在这里不是指愚蠢，而是如何晏《论语集解》引孔安国所说"佯愚似实"，也就是装傻，隐藏自己的智慧。

这一章的大意是，孔子说："甯武子在国家安定清明时就表现出聪明才智，在国家昏乱时就佯愚韬晦。他那种聪明，别人赶得上；他那种佯愚似实，别人就赶不上了。"

在国家出现昏乱恶政时，佯愚似实也是一种不与恶政同流合污的权宜之计。

5·21 子在陈曰："归与！归与！吾党之小子狂简，斐然成章，不知所以裁之。"

"陈"，春秋时期的陈国。"归与"，"归"，朱熹《论语集注》说："此孔子周流四方，道不行而思归之叹也。""与"，叹词。"归与"就是说该回去了吧！孔子周游列国，本来是想得君行道，但是各国的君主都不是贤君，孔子在政治上的抱负没有得到实现，于是最后发出要回去的慨叹。"吾党之小子"，指孔子在鲁国的学生。"狂简"，《论语集注》说是"志大而略于事也"，就是说志向宏大，但是处理一些事情不够精细，比较粗略。"斐然"，有文采的样子。"成章"，"言其文理成就，有可观者"（《论语集注》）。"裁"，裁正，意近于规范。

这一章的大意是，孔子在陈国说："回去吧！回去吧！我在家乡的那些学生志向宏大，但做事不够精细，文采斐然可观，但还不知如何裁正规范。"

朱熹《论语集注》有这样一段评论：孔子"恐其过中失正，而或陷于异端耳，故欲归而裁之也"。"中"就是无过无不及，恰到好处。孔子恐怕留在鲁国的一些学生"过中失正"，走到异端邪路上去，所以要"归而裁之"，回到鲁国去教导规范他的学生。这一章是孔子晚年在归鲁之前发出的感慨，也表明了他要归鲁的一个动机。

5·22 子曰："伯夷、叔齐不念旧恶，怨是用希。"

伯夷、叔齐，是殷周之际的两位历史人物，孤竹国君的两个儿子。朱熹《论语集注·述而》说："其父将死，遗命立叔齐。父卒，叔齐逊伯夷。伯夷曰'父命也'，遂逃去。叔齐亦不立而逃之，国人立其中子。其后武王伐纣，夷、齐扣（叩）马而谏。武王灭商，夷、齐耻食周粟，去隐于首阳山，遂饿而死。"观此可知，伯夷、叔齐的父亲在临终的时候有一个遗命，就是让叔齐来继承孤竹国的君位。其父去世后，叔齐要把君位让给伯夷，但是伯夷说父亲临终之前有遗命，这是不能违背的，于是就逃避，隐居到别的地方去了。叔齐也没有继任国君位而回避了，于是国人只好把孤竹君的另一个儿子立为君主。以后周武王伐纣灭商，伯夷、叔齐曾拦住武王的马，劝谏武王不要去征伐商。在武王灭商之后，伯夷、叔齐耻于吃周粟，就隐居于首阳山，饿馁而死。因此，评价伯夷、叔齐有两个方面，一个是谦让，再一个是有气节。在《孟子》一书中也有对这两个人物的正面评价。在毛泽东的著作中，伯夷、叔齐的“耻食周粟”曾被借用来表彰闻一多的气节；而对于伯夷、叔齐的叩马而谏，则说周武王是代表人民去征伐商纣王的，伯夷、叔齐却忠于商朝，不要学他们。可见对这两个历史人物的评价还是有古今之别的。“旧恶”，以前的嫌隙或坏事。“怨”，怨恨。“是用”，犹如是以，所以。“希”，通“稀”。

这一章的大意是，孔子说：“伯夷、叔齐不记念别人以前的坏事，所以别人对他的怨恨也就很少。”

朱熹《论语集注》对这一章有评论：“然其所恶之人，能改即止，故人亦不甚怨之也。”也就是说，对别人做得不够的地方，或做得不好的事，要进行批评，主要还是希望他改正，他只要能改就好。至于别人以前有哪些缺点，或者做了哪些不应该做的事，不要挂在心上。所以，这是一种对事不对人的态度，因为对事不对人，内心还是与人为善的，所以别人对自己的怨恨就很少。

这对于我们处理人际关系也是很重要的，看到别人有什么缺点，做了什么错事，应该不失原则地进行批评、帮助，但是对事不对人，不要把别人以前的错误记在心上，这也是“不念旧恶”。这样就不至于把相互之间的关系搞得很僵，而能使人际关系基本上保持和谐。

5·23 子曰：“孰谓微生高直？或乞醯焉，乞诸其邻而与之。”

微生高，姓微生，名高，鲁国人。“直”，直爽。“醯（xī）”，醋。

这一章的大意是，孔子说：“谁说微生高直爽呢？有人向他要点儿醋，

(他不说自己没有,)却到邻居那里转要了醋给人。"

这个事情在朱熹《论语集注》里有这样的评论:"人来乞时,其家无有,故乞诸邻家以与之。夫子言此,讥其曲意殉物,掠美市恩,不得为直也。"也就是说,有人到微生高家要醋,他家里本来没有,而从邻居家要了醋,然后转给要醋的人。孔子认为,微生高为什么不直爽地跟那个人说我家没有醋,让那个人直接到他邻居家要呢?孔子不喜欢那种行为做作、曲意讨好的人,所以认为这不是"直",而予以讽刺。

我想,这也要分具体情境,如果说那个人和邻居不熟,不好意思直接去要,那么微生高到邻居家要来醋给那个人,这也是适当的。可是如果都是熟人,微生高不直说家里没有,而到邻居家去要,然后再转给那个人,这就是有意讨好那个人了。孔子所欣赏的是直爽、正直的人,而不喜欢行为做作、曲意讨好别人的人。

5·24 子曰:"巧言、令色、足恭,左丘明耻之,丘亦耻之。匿怨而友其人,左丘明耻之,丘亦耻之。"

"巧言、令色",花言巧语,神色伪善。在《论语·学而》篇孔子曾说过相似的话:"巧言令色,鲜矣仁。""足恭",过于恭顺讨好。左丘明,姓左丘,名明,鲁国人。"匿怨",心藏怨恨,在外表上不显露出来。

这一章的大意是,孔子说:"花言巧语、神色伪善、过于恭顺讨好,左丘明认为可耻、我也认为可耻。内心藏着对某个人的怨恨,表面上却又同那个人友好,左丘明认为可耻,我也认为可耻。"

以什么为耻、以什么为荣能比较集中地表明一个评价者的价值取向。

从这一章可以看出，孔子对于巧言令色、阿谀奉承、过于讨好别人的人，以及口是心非、内外不一、内心藏着对别人的怨恨而又假装和别人友好的人，是给予批评的，认为这样做是可耻的。

5·25 颜渊、季路侍。子曰："盍各言尔志？"

子路曰："愿车马、衣轻裘，与朋友共，敝之而无憾。"

颜渊曰："愿无伐善，无施劳。"

子路曰："愿闻子之志。"

子曰："老者安之，朋友信之，少者怀之。"

"侍"，陪侍长者、尊者。"盍"，何不。"伐"，夸耀自己。"善"，"谓有能"（《论语集注》）。"伐善"就是夸耀自己的能力或长处。"无施劳"，朱熹《论语集注》解释："施，亦张大之意。劳，谓有功，《易》曰'劳而不伐'是也。或曰：'劳，劳事也。劳事非己所欲，故亦不欲施之于人。'亦通。""施"也有夸耀的意思，杨伯峻《论语译注》引《礼记·祭统》注说："'施犹著也。'即表白的意思。""劳"在这里当有功讲。还有一种解释，"劳"指做事，"无施劳"就是说这个事情不是自己愿意做的，所以就不要把这样的事情施加于别人。我认为还是以前一种解释为长。

这一章的大意是，颜渊、季路陪侍在孔子身旁。孔子说："何不各自说说自己的志向呢？"

子路说："愿意把我的车马、衣服同朋友共同使用，用坏了也没有什么遗憾。"

颜渊说："愿意不夸耀自己的长处，不表白自己的功劳。"

子路对孔子说："希望听到老师的志向。"

孔子说："（我的志向是，）老者都能得到安养，朋友间都能互相信任，年少者都能得到抚育关怀。"

子路的志向，侧重讲人与人之间的相互帮助；颜渊的志向，侧重讲"学者为己"，而不是为了向别人炫耀自己的长处，君子重在提升自己内在的道德修养、道德人格；孔子的志向，则体现了仁者"以天下为一家"的普遍的社会关怀，即《礼记·礼运》篇所说"讲信修睦，故人不独亲其亲，不独子其子，使老有所终，壮有所用，幼有所长，矜寡孤独废疾者，皆有所养"。到了宋代，理学家把"以天地万物为一体"作为仁者的普遍道德。我认为这里的"老者安之，朋友信之，少者怀之"，近似于《礼记·礼运》篇所讲的大同社会："讲信修睦"相当于"朋友信之"，人与人之间都能如朋友一样相互信任；"人不独亲其亲，不独子其子，使老有所终，壮有所用，幼有所长，矜寡孤独废疾者，皆有所养"，简单地说就是孔子所讲的"老者安之""少者怀之"。

现在也有一个成语是"老安少怀"，使老年人都能得到安养，使年幼的儿童都能得到抚育关怀。再扩大了说就是"矜寡孤独废疾者，皆有所养"，使社会中的弱势群体也能得到赡养。"矜寡孤独"，孟子说："老而无妻曰鳏（矜），老而无夫曰寡，老而无子曰独，幼而无父曰孤。此四者，天下之穷民而无告者。"（《孟子·梁惠王下》）这些人以及残疾者都是遭遇了人生不幸的社会弱势群体，让他们也能够有所养、有所安，那么整个社会就能达到普遍的道德和谐，这也可以说是儒家的"终极社会关怀"。

儒家讲修身、齐家、治国、平天下，而修齐治平的最终目标是达到社会普遍的道德和谐。这一点在《尚书·尧典》中就讲明了，其中讲帝尧“克明俊德”，就是修身；“以亲九族”，就是齐家；“平章百姓”，就是治国；“协和万邦”，就是平天下；而最终所要达到的目标是“黎民于变时雍”。“时”者善也，“雍”者和也，“黎民于变时雍”就是社会普遍的道德和谐，也可以说是儒家的“终极社会关怀”。儒家相对于其他宗教文化的一个重要区别，是要在现实社会生活即所谓“此岸世界”中实现人生社会的终极理想。而其他宗教文化的终极理想是要离开“此岸世界”，通过信仰至上神，而到“彼岸世界”得到解脱，基督教就是如此。儒家则是要在现实社会生活中实现人生社会的理想，这个理想简单地说就是孔子所“志”，即“老者安之，朋友信之，少者怀之”。

5·26 子曰：“已矣乎！吾未见能见其过而内自讼者也。”

“已”，止。“已矣乎！”感叹句，如现在俗话说的“算了吧！”“其过”，自己的过错。“自讼”，自咎，自责，自我反省。

这一章的大意是，孔子说：“算了吧！我没有看见过能够看到自己的错误就自我责备、自我反省的人。”

人往往会文过饰非，当发生了一些不如意或做错的事，往往把责任推给别人。在这种情况下，孔子发出了感慨，强调“内自讼”。

“自讼”相当于自省，自我反省，这也是儒家非常重视的。如《论语·学而》记载曾子说：“吾日三省吾身：为人谋而不忠乎？与朋友交而不信乎？传不习乎？”曾子每天要从三个方面反省自己。《论语·里仁》记载孔子说：“见贤思齐焉，见不贤而内自省也。”即见到贤人就要向他看齐，学习他的长处，看到不如自己或犯有错误的人，先不要去批评别人怎么样，而要先反省自己是不是也有这样的缺点。

孟子也讲过一句话："仁者如射，射者正己而后发。发而不中，不怨胜己者，反求诸己而已矣。"（《孟子·公孙丑上》）仁者就像射箭一样，射得准不准，首先是由自己决定的。先把自己的姿势摆正了、瞄准了，把箭发出去；射得不准，没有射中靶子，不要抱怨和自己比赛的那个人，也不要抱怨别人超过了自己，而是首先"反求诸己"，反省自己哪些方面做得不够。这里的"反求诸己"，和孔子说的意思是一样的，就是"内自讼"。

5·27 子曰："十室之邑，必有忠信如丘者焉，不如丘之好学也。"

这里的"丘"是孔子的自称。"十室之邑"，即只有十户人家的小地方。

这一章的大意是，孔子说："只有十户人家的小地方，一定有像我这样忠信的人，但是比不上我的好学。"

这一章突出了孔子的谦虚和好学。孔子说："学而不思则罔，思而不学则殆。"（《论语·为政》）孔子主张学思结合，这一章说的"好学"，实际上是好学深思。在历史上孔子曾被认为是"生而知之"的圣人，但是孔子说："我非生而知之者，好古，敏以求之者也。"（《论语·述而》）虽然孔子也曾说过："生而知之者，上也；学而知之者，次也；困而学之，又其次也。"（《论语·季氏》）但是他否认自己是"生而知之者"，他也没有说过某人是"生而知之者"，所以他所讲的"生而知之"只是虚悬一格，实际上强调的是学思结合、好学深思。孔子还曾说："默而识之，学而不厌，诲人不倦，何有于我哉？"（《论语·述而》）按朱熹的解释："三者已非圣人之极至，而犹不敢当，则谦而又谦之辞也。"（《论语集注》）"三者"指"默而识之，学而不厌，诲人不倦"。实际上，孔子对此"三者"是足可以当之的。

好学深思是学者的优秀品质。司马迁在《史记·五帝本纪》中说："非好学深思，心知其意，固难为浅见寡闻道也。"张岱年先生曾把"好学深思，心知其意"作为研究中国哲学史的一个根本方法。他在20世纪30年代给冯友兰先生的《中国哲学史》写的书评中，就曾说冯先生的这本书做到了"好学深思，心知其意"。后来他在写《中国哲学史方法论发凡》时，强调"好学深思，心知其意"是研究中国哲学史的根本方法。当然，这个方法应该不仅是研究中国哲学史的根本方法，而且应是我们研究儒家经典乃至研究其他学问的一个普遍方法。

雍也第六

李存山 解读

《雍也》篇和前面的《公冶长》篇在内容上有所连续。朱熹在《论语集注》中讲到《雍也》篇："凡二十八章。篇内第十四章以前，大意与前篇同。"他说《雍也》篇一共 28 章，而杨伯峻《论语译注》讲《雍也》篇"共三十章"，认为朱熹把《雍也》篇的第 1、第 2 章合为一章，又把第 4、第 5 章合为一章，故作 28 章。朱熹说《雍也》篇的第 14 章以前，大意与前篇《公冶长》相同，都是评价古今人物，而第 14 章以后，则是孔子直接讲述道理。

前面的《公冶长》篇主要是评价古今人物的贤否得失，在孔子评价的这些人物中，有相当一部分是他的学生。上一篇我们讲了，朱熹说如何品鉴、评价人物，也是"格物穷理之一端"。格物致知的内容非常广泛，如何评价人物也是人生阅历、人生智慧的一个方面。我们现在常说某人的社会经验丰富，阅人无数，所谓“阅人”就相当于品鉴、评价人物。

在这两篇里面，孔子评价的大部分都是他的学生，这也体现了古时候对老师的一个要求，就是老师要对各个学生的不同特点有深入了解，这样才可以因材施教。孔子评价他的学生，既指出他们各自的长处，给他们鼓励，也指出他们各自的短处，给他们点明继续努力的方向。这是自孔子创建民间教育以来就形成的对老师的一个要求。所以，这两篇也都体现了孔子的教育方法。

下面我们按照朱熹《论语集注》的分章来逐章解读。

6·1 子曰：“雍也可使南面。”

仲弓问子桑伯子。子曰：“可也简。”仲弓曰：“居敬而行简，以临其民，不亦可乎？居简而行简，无乃大简乎？”子曰：“雍之言然。”

雍，孔子弟子冉雍，字仲弓。在上一篇《公冶长》中就已讲到孔子的学生冉雍：“或曰：‘雍也仁而不佞。’子曰：‘焉用佞？御人以口给，屡憎于人。不知其仁，焉用佞？’”

“南面”，朱熹《论语集注》说：“南面者，人君听治之位。言仲弓宽洪简重，有人君之度也。”古时候常有“可使南面”的说法，就是可以掌大权的意思。这是由中国的地理位置所决定的，比如我们现在都愿意住北房，家长一般都是坐北朝南坐着。古时候君主接见大臣，也都是坐北朝南的，这就叫“南面”，而臣下面对着君主，就是“北面”。所以“雍也可使南面”的意思就是冉雍有政治才能，可以治国理政。“宽洪简重”，意为宽宏大量，行事简要而庄重，这样才有人君的风度。

在“雍也可使南面”的后面是“仲弓问子桑伯子”，朱熹把这两段记载合为一章，意思是这两段记载是有所连贯的。仲弓就是前面说的冉雍。子桑伯子是鲁国人。朱熹《论语集注》说：“仲弓以夫子许己南面，故问伯子如何。”也就是仲弓听到孔子这样评价自己，然后他又问孔子：子桑伯子这个人怎么样？

“可也简”，《论语集注》说：“可者，仅可而有所未尽之辞。”我们现在有时候也这样说，别人问这样行不行，你回答说“可以”，说得不是那么肯定，还留有余地。“简”，《论语集注》说：“简者，不烦之谓。”也就是简要，不烦琐。“大简”的“大”，同“太”。

第二段问答的大意是，仲弓问子桑伯子这个人怎么样。孔子说：“这个人可以，他行事简要而不烦琐。”仲弓说：“如果存心敬业严肃，而行事简要，这样来治理百姓，不就可以了吗？但如果存心简略，而行事也简略，那不就太简略了吗？”孔子说：“你说得对。”

朱熹《论语集注》对此有一个评论：“言自处以敬，则中有主而自治严，如是而行简以临民，则事不烦而民不扰，所以为可。若先自处以简，则中无主而自治疏矣，而所行又简，岂不失之太简，而无法度之可守乎？”

“敬”在古代常用于指修身的一种态度。《论语·宪问》篇记载：子路问何为君子，孔子回答首先要“修己以敬”。“修己”就是强调自身的道德修养。用什么态度修己？就是用“敬”。在儒家的道德修养工夫论中，最主要的就是“敬”。二程和朱熹对“敬”有一个解释是“主一之谓敬”，就是说对自己的道德修养要专心致志，有一种对道德崇敬的态度。朱熹在此处说的“自处以敬”，就有“修己以敬”的意思。“中有主而自治严”，是说在自己的内心要有一个道德的主心骨，严于律己，恪守道德规范。如果有这样的自我修养而在为政临民的措施方面简要，不烦琐，不扰民，那是可以的；但如果对自己的修身不重视，粗疏简略，内心无主，自律不严，进而在为政的措施方面也简略，这是不行的。所以孔子还是强调，执政者首先对自己的修身要严肃认真，居敬循礼；其次在治国理政的措施方面要简明、简要，不要烦琐而扰民。

6·2 哀公问："弟子孰为好学？"孔子对曰："有颜回者好学，不迁怒，不贰过。不幸短命死矣！今也则亡，未闻好学者也。"

哀公，鲁哀公。"不迁怒"，不把对甲人（或甲事）的怒气转移到乙人（或乙事）上。我在这件事上生了气，怒气未消，就把这个气发到其他人或者其他事上，这就叫"迁怒"。"过"，过失。"不贰过"，是不重复以前的错误。"亡"，同"无"。

这一章的大意是，鲁哀公问孔子："你的学生中哪个好学？"孔子答："有个叫颜回的好学，他不迁怒，不重犯以前的错误。可是他不幸短命死了。现在没有这样的人了，我没有听说还有这样好学的人。"

我们在上一篇也讲过，颜回又称颜渊，他在孔门弟子中德行第一，是孔子最得意的学生之一。在这一章孔子特别表扬了颜回。

一个人的修养水平如何，往往表现在对一些他不满意的人或事的态度上。我们知道喜怒哀乐是人之常情，所以遇到一些不满的事情时，免不了发怒。但是修养水平高的人，"不迁怒"，他在这个人或事上的怒气不发泄到其他的人或事上。这一点对于我们处理日常生活中的一些事情是很重要的，在遇到不满意的事情时，要有“不迁怒”的涵养。在家庭生活中也是这样，不要把对孩子的怒气发泄到妻子身上，也不要把对妻子的不满转移到孩子身上。这是人生的一种修养，实际上我们往往做得不够。

在孔门弟子中，颜回是一个好学的典型。颜回去世之后，孔子说，我再也没有看到像他这么好学的人。孔子所说的好学，不是说简单地学一些知识，而是在好学之中体现出个人的道德修养。比如“不迁怒，不贰过”，这是对个人修养提出的要求，能够明了事理，节制自己的情绪，对自己所犯的错误能吸取教训，痛改前非，这也是君子人格的重要修养。由此可见，孔子所主张的好学，重在人格的道德修养。

另外可以再评论一点，颜渊在孔门弟子中德行第一，但他去世比较早，《论语·先进》篇还说他“屡空”，就是经常处在贫困之中；在《雍也》篇孔子说颜回是“一箪食，一瓢饮，在陋巷。人不堪其忧，回也不改其乐”。颜回的一生道德高尚，身处贫困而又早逝，这一点就导致他成为儒家如何认识生死穷达问题的一个典型。儒家认为“死生有命，富贵在天”，这个“命”不是个人所能完全决定的，也不是由道德行为的善恶所能决定的。那么，哪些是自己所能决定的呢？儒家认为，个人的道德修养水平是自己所能决定的。道德修养有其内在的价值，也是人生的最高价值。道德修养不是为了求长寿、求富贵，它本身就是人生的最高价值。所以儒家把生死穷达的问题放在一个次要的位置，不刻意去追求长寿、富贵，而是把主要精力专注于个人的道德修养上。

6·3 子华使于齐，冉子为其母请粟。子曰：“与之釜。”请益。曰：“与之庾。”冉子与之粟五秉。子曰：“赤之适齐也，乘

肥马，衣轻裘。吾闻之也，君子周急不继富。”

原思为之宰，与之粟九百，辞。子曰：“毋！以与尔邻里乡党乎！”

杨伯峻的《论语译注》将后一段记载分到下一章。我们按朱熹《论语集注》的分章，把前后两段记载分为两部分，首先看第一部分：

> 子华使于齐，冉子为其母请粟。子曰：“与之釜。”请益。曰：“与之庾。”冉子与之粟五秉。子曰：“赤之适齐也，乘肥马，衣轻裘。吾闻之也，君子周急不继富。”

子华，孔门弟子公西赤，字子华。《公冶长》篇载：“‘赤也何如？’子曰：‘赤也，束带立于朝，可使与宾客言也，不知其仁也。’”看来公西赤在仪节、仪表方面是很出众的，而且善于从事外交。“使”，出使。《论语集注》说：“为孔子使也。”从后面的“冉子为其母请粟”看，应是子华为孔子或奉孔子之命而出使齐国。

冉子，即冉有，又称冉求。在《公冶长》篇也讲道：“‘求也何如？’子曰：‘求也，千室之邑，百乘之家，可使为之宰也，不知其仁也。’”就是说冉求可以在一个大家族或贵族的家里做管家。

“釜”“庾（yǔ）”“秉”，都是古代的量名。“釜”，六斗四升。“庾”，十六斗。“秉”，一百六十斗。“五秉”，八百斗，合八十石。“乘肥马，衣轻裘”，《论语集注》说：“言其富也。”“周”，周济，救济。“急”，穷迫。“继”，接济，“续有余”（《论语集注》）。

这段记载的大意是，子华出使齐国，冉有为子华的母亲申请补助一些小米。孔子说：“给她六斗四升。”冉有请求再增加一些。孔子说：“给她十六斗。”而冉有却给了她八十石。孔子说：“公西赤到齐国去，乘坐着肥马驾的车，穿着又轻又暖的皮袍。我听说过，君子只是周济急需救助的人，而不是去接济富人。”

这是孔子和他的弟子在子华使齐请粟问题上的一段对话。朱熹《论语集注》引程子曰：“夫子之使子华，子华之为夫子使，义也。而冉子乃为之请，圣人宽容，不欲直拒人。故与之少，所以示不当与也。请益而与之亦少，所以示不当益也。求未达而自与之多，则已过矣，故夫子非之。盖赤苟至乏，则夫子必自周之，不待请矣。”孔子派遣子华出使齐国，子华奉孔子命出使齐国，这是符合义的道德标准的。冉有为子华的母亲申请补助，因为子华家里比较富有，所以本来不应该给，但是学生既然说了，孔子又宽容，不直接拒绝，于是就少给一些，表示不应当给。但是冉有说不够，请再多给一些。于是孔子就再给增加一些，加得也不多，表示不应该再加了。冉有对此没有理解，就又多给了。这引起了孔子的批评。如果说子华家里真穷，那么不用冉有申请，孔子自然会周济子华。这里可见孔子对他学生家的生活状况还是很了解的，在经济补偿方面他主张酌情而适度。此段记载也表现出孔子对待学生的宽容态度，他还是比较照顾学生的面子的，所以有时候不直接拒绝，而是委婉地做出表示。

我们再来看第二部分：

原思为之宰，与之粟九百，辞。子曰：“毋！以与尔邻里乡党乎！”

原思，孔子弟子原宪，字子思。朱熹《论语集注》说："孔子为鲁司寇时，以思为宰。""粟"，在这里指"宰之禄也"。"九百"，朱熹说："九百不言其量，不可考。""毋"，禁止，不要。"邻里乡党"，《论语集注》说："五家为邻，二十五家为里，万二千五百家为乡，五百家为党。"

这段记载的大意是，原思任孔子家的总管，孔子给他俸米九百，他推辞不肯接受。孔子说："不要推辞了！有多的，就给你的邻里乡亲们吧。"

这也是孔子和他学生之间有关经济财用方面的一段交往。朱熹《论语集注》对这段记载有这样一个评论："言常禄不当辞，有余自可推之以周贫乏，盖邻、里、乡、党有相周之义。"又引程子曰："原思为宰，则有常禄。思辞其多，故又教以分诸邻里之贫者，盖亦莫非义也。""常禄"就是常规的应该有的俸禄。原思做孔子家的总管，应该有常规的俸禄。但是原思觉得九百的俸禄多了，所以他推辞。孔子教导原思，你如果真觉得多了，可以把它用来周济你的那些邻里乡亲们。接受常规的俸禄和周济邻里乡亲，都是符合义之规范的。

这一章的前后两段记载，都是孔子和他学生之间在经济财用方面发生的事情，所以朱熹《论语集注》将这两部分合为一章，并引用张子（张载）所说："于斯二者，可见圣人之用财矣。"从这两段记载可以看出孔子对于财用的态度，一个是周济急困而不周济富人，再一个是当给就给，如果多了的话，可以接济邻里乡亲。这里讲的虽然是细节方面的问题，但是可以看出孔子在日常行事之中对于财用持一种什么样的态度。

6·4 子谓仲弓曰：“犁牛之子骍且角，虽欲勿用，山川其舍诸?”

仲弓，即冉雍，字仲弓。“犁牛”，耕牛。“骍（xīng）”，赤色。周人尚赤，祭祀时用骍色的牲畜。古时候各个朝代都有一个崇尚的颜色，这可能和五行相关，比如周朝崇尚赤色，秦朝崇尚黑色。春秋时期仍然延续周人尚赤的传统，所以在祭祀的时候，一般用骍色。“角”，即牛角，意为牛角长得周正。“其”，同“岂”。“诸”，“之乎”二字的合音。

这一章的大意是，孔子谈到冉雍，说：“耕牛的儿子长着赤色的毛，周正的角，虽然不想用它作牺牲来祭祀，但山川之神难道会舍得吗?”

朱熹《论语集注》评论：“言人虽不用，神必不舍也。仲弓父贱而行恶，故夫子以此譬之。言父之恶，不能废其子之善，如仲弓之贤，自当见用于世也。”就是说，犁牛之子，“骍且角”，人们虽然不想用它作牺牲，但是神一定不舍得。这里用“骍且角”的牛来比喻冉雍的贤能。而冉雍的父亲比较贫贱，行为也不好，但是孔子表示，这不妨碍冉雍本人的贤能，所以孔子认为这样的人可以担当大任，在治国理政方面发挥重要作用。可见，孔子评价学生不看重家庭出身，而是以学生本人是否贤能作为标准。

6·5 子曰：“回也，其心三月不违仁，其余则日月至焉而已矣。”

回，颜回，即颜渊。“三月”，朱熹《论语集注》解释：“言其久。”古人用到“三”的时候，往往是表述多。“违”，离开，如现在所说“久违”的“违”。“日月”，如日升月落，言其不久，短时。

这一章的大意是，孔子说：“颜回啊，他的心思长久不离开仁德，而其他人则如日升月落，只是短时间做到仁而已。”

这是对颜回的一个很高的评价，其他人和颜回比起来，道德修养水平的差距比较大。朱熹《论语集注》引程子曰：“不违仁，只是无纤毫私欲。少有私欲，便是不仁。”

6·6 季康子问：“仲由可使从政也与？”子曰：“由也果，于从政乎何有？”曰：“赐也，可使从政也与？”曰：“赐也达，于从政乎何有？”曰：“求也，可使从政也与？”曰：“求也艺，于从政乎何有？”

季康子，鲁大夫季孙氏，名肥，当时鲁国的权臣。仲由，即子路，又称季路。赐，端木赐，即子贡。求，冉求，字子有。这几位都是孔子的学生。“从政”，朱熹《论语集注》说“谓为大夫”，指当官，做大夫。“果，有决断。达，通事理。艺，多才能。”（《论语集注》）“何有”，有什么难的，钱穆《论语新解》释为“何难义”。

这一章的大意是，季康子问孔子：“仲由这个人，可以任用他治理政事吗？”孔子说：“仲由果敢决断，让他治理政事有什么难的？”季康子又问：“端木赐，可以任用他治理政事吗？”孔子说：“端木赐通情达理，让他治理政事有什么难的？”季康子又问：“冉求，可以任用他治理政事吗？”孔子说：“冉求多才多艺，让他治理政事有什么难的？”

朱熹《论语集注》在这一章引程子曰：“季康子问三子之才可以从政

乎？夫子答以各有所长。非惟三子，人各有所长。能取其长，皆可用也。”钱穆《论语新解》说：“此章见孔子因材设教，故能因材致用。”季康子让孔子推荐他的学生哪个可以从政，孔子说他们都有长处，可见孔子对自己的学生是非常了解的，他因材施教，鼓励和推荐他们发挥各自的长处。

孔门有四科，“德行：颜渊，闵子骞，冉伯牛，仲弓。言语：宰我，子贡。政事：冉有，季路。文学：子游，子夏” （《论语 · 先进》）。在《雍也》篇里，孔子评价了德行科的仲弓（冉雍）、言语科的子贡可以从政。冉有（冉求）、季路（仲由）本来就在政事科，故可以从政。而文学科的子游也曾做过武城宰，子夏曾为魏文侯师。可见，孔子主张“学而优则仕”，是鼓励他的学生从政的，因为在当时的历史条件下，只有从政才能为社会做出更大的贡献。但是，孔子对学生从政也有要求。《孟子 · 离娄上》有这样一段记载：“求也为季氏宰，无能改于其德，而赋粟倍他日。孔子曰：‘求非我徒也，小子鸣鼓而攻之可也。’”冉求在季氏家里当管家，对季氏的德行没有什么改进，而收的税却增加了。孔子对此非常愤怒，说他不是我的学生，孔门弟子可以鸣鼓而攻之。孟子接着说：“由此观之，君不行仁政而富之，皆弃于孔子者也。”如果掌权者不行仁政而只是为自己谋财富，是违反孔子思想的。冉求作为季氏的管家，没起到好的作用，所以受到孔子的严厉批评，乃至要把他逐出师门。

孔子鼓励他的学生从政，但从政的原则是“以道事君，不可则止”（《论语 · 先进》），“勿欺也，而犯之”（《论语 · 宪问》）。从政要严守道义，要敢于犯颜直谏，不能与君主的恶政同流合污，不能只为权势和权门的利益着想，应该为民办事，要安民、利民、富民。所以儒家是以民为本，而不是以君为本。

6·7 季氏使闵子骞为费宰。闵子骞曰："善为我辞焉。如有复我者，则吾必在汶上矣。"

这一章没有孔子的话，但是也表明了孔子的态度。闵子骞，孔子弟子，名损，字子骞。"费（bì）"，季氏的封邑。"汶"，即大汶河，在齐之南、鲁之北。"汶上"，指汶河之北，属齐国之地。

这一章的大意是，季氏叫闵子骞做费城的长官。闵子骞对来人说："好好地替我辞掉吧。若是再来召我的话，那我一定躲到汶水之北去了。"

在孔子的教导下，孔门弟子对于从政做官也有自己的操守。闵子骞被季氏任命为费城的长官，因为季氏的名声不好或行为不正，所以闵子骞就推辞了，而且很果断，要躲避到齐国之地去。朱熹《论语集注》引程子曰："仲尼之门，能不仕大夫之家者，闵子、曾子数人而已。"可见，孔门弟子大多有从政做官的能力，但若要做到德才兼备，"以道事君，不可则止"，并不容易。儒家讲究"出处进退之道"，"穷则独善其身，达则兼善天下"，从政做官是有条件的，不能违反道义原则。

6·8 伯牛有疾，子问之，自牖执其手，曰："亡之，命矣夫！斯人也而有斯疾也！斯人也而有斯疾也！"

伯牛，孔子弟子，姓冉，名耕，字伯牛。在孔门四科的德行科中，颜渊、闵子骞、冉伯牛、仲弓并列。"牖"，窗户。

这一章的大意是，冉伯牛生了病，孔子去看望他，隔着窗户握着他的手，说："难得活了，这是命呀！这样的人竟然有这样的病！这样的人竟然有这样的病!”

在这一章里，冉伯牛病了，孔子去看望他，为什么是“自牖执其手”呢？即为什么通过窗户而没有进去呢？古人对此有些看法，如朱熹《论语集注》说：“病者居北牖下。君视之，则迁于南牖下，使君得以南面视己。时伯牛家以此礼尊孔子，孔子不敢当，故不入其室，而自牖执其手，盖与之永诀也。”按照朱熹的意思，病人住在北边的窗户下面，君主来看望的时候，病人正好处于南面，而君主就是朝北了，这样不符合君臣的礼节。所以，在君主来看望病人的时候，病人要迁到南边窗户的下面，这样君主就是“南面”了，符合君臣之礼。伯牛也这么做了，以使孔子来看望他时是“南面”。由此可以看出，伯牛把孔子看成君主一样去尊敬，但孔子不敢当，所以就隔着窗户握伯牛的手。

冉伯牛在孔门中也是德行科的杰出者，以至于孔子感叹地说“这样的人竟然有这样的病”，这里就包含着儒家讲的命运或时命的意思。中国古代所讲的“天”，除了自然之天，还有三种含义，即主宰之天（天神）、义理之天（如说“天命之谓性”“天者理也”）、时命之天（如说“死生有命，富贵在天”）。时命是中性的，既不被人的行为善恶所决定，也不以个人的主观努力而改变。对于时命，儒家主张“尽人事以听天命”。比如《孟子·尽心上》说：“夭寿不贰，修身以俟之，所以立命也。”“莫非命也，顺受其正。是故知命者，不立乎岩墙之下。尽其道而死者，正命也。桎梏死者，非正命也。”

在湖北荆门郭店村出土的竹简中，有一篇专讲时命，即《穷达以时》，就是说一个人在社会上是穷还是达，是被时命所决定的。比如说尧在晚年把天子之位禅让给舜，那么为什么舜能够继任天子呢？有的解释说是因为舜道德高尚，但是《穷达以时》篇说这是因为舜遇到了尧，如果没有遇到尧，舜也就当不了天子，“遇”就是一种时命。

儒家认为，时命不是个人所能掌握的，但是个人的道德修养水平是由自己决定的，所以要反求诸己，更加专心致志地提升自己的道德修养。墨家反对儒家讲“有命”，所以《墨子》书中有一篇是《非命》。墨家追求的是“兼相爱，交相利”，是社会和个人的功利，假如做好事而没有好报，那这个好事就等于白做了。所以墨家讲“天志”“明鬼”，说鬼神对于人的善恶是明察秋毫、报应不爽的，个人的一切祸福都是鬼神针对自己的善恶行为而进行赏罚造成的。

儒家的道德也追求社会功利，但是道德本身有其内在价值，不是社会和个人的功利所能衡量的。像颜渊虽然很穷，而且早逝，在政治上也没有遇到机会有大的作为，但是颜渊的德行有其内在价值，这个价值本身就体现了道德的崇高，所以这不影响他在孔门中为德行第一。

孔子在周游列国时，“知其不可而为之”，这也是要尽到自己的努力，不论“道”之时命如何。孟子讲“夭寿不贰，修身以俟之，所以立命也”，就是说人的生命长短是被时命所决定的，人所能做的就是提升自身的道德修养而安于时命的到来。“知命者，不立乎岩墙之下。尽其道而死者，正命也。桎梏死者，非正命也。”我们知道生命的长短是“有命”的，所以要“顺受其正”，不要立于危墙之下，比如当今社会为了自身的安全不要去闯红灯，不要去违反交通规则。所以说尽到人生的责任，遵循人生的正道而死，就是“正命”；如果是犯罪而不得善终，那就不是“正命”了。

6·9 子曰："贤哉，回也！一箪食，一瓢饮，在陋巷。人不堪其忧，回也不改其乐。贤哉，回也！"

回，颜回，又称颜渊。"箪"，盛饭的竹器。

这一章的大意是，孔子说："颜回真是贤啊！一竹筐饭，一瓢水，住在破旧的小巷子里。别人都不能忍受这种穷困的忧愁，可颜回却不改变他自有的快乐。颜回真是贤啊！"

颜回是真贤。朱熹《论语集注》说："颜子之贫如此，而处之泰然，不以害其乐，故夫子再言'贤哉回也'以深叹美之。"朱熹又引程子曰："颜子之乐，非乐箪瓢陋巷也，不以贫窭（jù）累其心而改其所乐也，故夫子称其贤。"又曰："箪瓢陋巷非可乐，盖自有其乐尔。其字当玩味，自有深意。"又曰："昔受学于周茂叔，每令寻仲尼、颜子乐处，所乐何事？""愚按：程子之言，引而不发，盖欲学者深思而自得之。"

"一箪食，一瓢饮，在陋巷"，这有什么可乐的呢？但是颜回"不改其乐"。这个"乐"当然不是乐贫，而是"自有其乐"。在《论语·述而》篇中孔子也说："饭疏食饮水，曲肱而枕之，乐亦在其中矣。不义而富且贵，于我如浮云。""饭疏食饮水"就相当于本章说的"一箪食，一瓢饮"；后面的"不义而富且贵，于我如浮云"，就是说孔子的"乐亦在其中"不是富贵之乐，而是和富贵之乐相对而言的"道义之乐"。

"孔颜之乐"或"孔颜乐处"是宋明理学家经常讨论的一个话题，即孔子和颜回所乐何在？所乐何事？"乐"是人的精神上的一种愉悦，一个人以什么为"乐"，最能体现这个人的价值取向、精神境界。儒家主要有两种"乐"，一种是"孔颜之乐"，也就是孟子说的"反身而诚，乐莫大焉”“仰不愧于天，俯不怍于人”的“乐”，这种“乐”是以道德为人生最高价值的精神上自足的“乐”；还有一种是“天下之乐”，即孟子说的“乐以天下，忧以天下”，范仲淹说的“先天下之忧而忧，后天下之乐而乐”的“乐”，这是追求社会普遍的“德福一致”的“乐”。

宋代新儒学的兴起，为当时的士人提供了一种超越世俗功利而又不同于佛老的安身立命之地，这就是“孔颜之乐”。“孔颜之乐”的话题在宋代最先发自范仲淹，他在睢阳书院读书时就有诗云：“瓢思颜子心还乐，琴遇钟君恨即销。”(《睢阳学舍书怀》)所谓“瓢思颜子心还乐”就是指孔颜之乐，而范仲淹又有着以天下为己任、为社会做出重大贡献的志向，这只有中了进士、做了官才能实现，就好比伯牙鼓琴遇到钟子期一样，所以后面一句是“琴遇钟君恨即销”。这个“恨”就是遗憾，如果能有机会施展自己为社会做出重大贡献的抱负，那么这个遗憾也就解除了。从“瓢思颜子心还乐，琴遇钟君恨即销”的整体上说，这就是儒家“内圣外王”的价值取向。后来周敦颐在《通书》中说“志伊尹之所志，学颜子之所学”，表达了同样的价值取向。

我们都知道范仲淹在《岳阳楼记》中说“先天下之忧而忧，后天下之乐而乐”，这讲的是“天下之乐”；但是范仲淹实际上还有一种当下的自足的乐，这就是“瓢思颜子心还乐”的“孔颜之乐”。范仲淹晚年徙知杭州，那时候他的身体已经衰老了，子弟看其有退意，就打算在洛阳给他修一座宅子，作为他养老之地。而范仲淹却说：“人苟有道义之乐，形骸可外，况居室乎！”人只要有了“道义之乐”，身体都可以置之度外，又何必为自己修个宅子呢！

“孔颜之乐”指无论在多么艰苦的生活条件下，都不改道德高尚的

“道义之乐”，因为把道德作为人生的最高价值取向，所以个人的功利得失就可以置之度外，不那么计较了，这就是“不以物喜，不以己悲”。这种超脱世俗功利的境界，在佛、道教中也是有的，但是儒家的这种“乐”因为是“道义”的，所以它又内在地包含着一种社会忧患意识，具有社会责任的担当精神，这是不同于佛、道教的。

6·10 冉求曰：“非不说子之道，力不足也。”子曰：“力不足者，中道而废。今女画。”

“说”，同“悦”。“女”，同“汝”。“画”，同“划”，限制的意思。朱熹《论语集注》说：“力不足者，欲进而不能。画者，能进而不欲。谓之画者，如画地以自限也。”

这一章的大意是，冉求说：“我不是不喜欢您的道理，而是我的能力不够。”孔子说：“如果真是能力不够，那走到半道就走不动了。现在你是自己画地为限，不肯往前走。”

本章是对冉求的一个比较严厉的批评。这里包含一个意思，就是在《论语·颜渊》篇孔子讲的：“为仁由己，而由人乎哉?”真正做一个仁人，境界是非常高的，但是仁又是切实可行的，是由个人决定的，是自己的自由意志的一种选择。你是做仁人还是不仁之人，是做好事还是做恶事，都是由你个人所决定的。在《论语·述而》篇孔子也说：“仁远乎哉？我欲仁，斯仁至矣。”仁离我们远吗？我要达到仁，我就按照仁去做，这样仁也就达到了。所以，仁首先是一种自由的、自愿的、自主的道德意识，而不是由他人所决定的，也不是因自己的能力不足而自限的。就是说，在任何条件下，你要想成为仁人，就要在道德修养方面严格要求自己，这是可以做到的。冉求说自己“力不足”，这不是正当理由，而是画地自限，推脱责任。

仁既是一个很高的境界，连孔子都说“若圣与仁，则吾岂敢”（《论语·述而》），同时仁是切实可行的。我想这个切实可行的方法就是忠恕之道：“己欲立而立人，己欲达而达人。”“己所不欲，勿施于人。”按照这个方法或原则来做，就是行仁。这是道德的一个最基本也是最普遍的方法或原则。能不能按照这个方法或原则来做，不是由别人所决定的，这里也没有个人能力的问题，而是由自己做出的道德选择。所以，道德必须是自由、自主、自愿的，被强迫的行为就不是道德。

6·11 子谓子夏曰：“女为君子儒，无为小人儒。”

子夏，孔子弟子，姓卜，名商，字子夏。他也是孔门中水平比较高的学生，属于文学科，后来儒家的传经，子夏做了很多贡献。他曾经到魏国当过魏文侯的老师，也教了很多学生。“女”，同“汝”。“儒”，通常指孔子开创的儒家学派，在这里指儒者，就是儒门中的人，有了儒者的名声或称号的人。孔子创建了儒家学派，但是对“儒”怎么解释，很多学者都写过文章，如胡适、冯友兰、陈来等先生都写过专门考察“儒”的文章。钱穆先生在《论语新解》中说，儒本为“术士之称”，“谓士之具六艺之能以求仕于时者”。“六艺”有两种含义，一是指“礼、乐、射、御、书、数”，一是指儒家的“六经”。

这一章的大意是，孔子对子夏说：“你要做君子式的儒者，不要做小人式的儒者。”

朱熹在《论语集注》中引程子曰："君子儒为己，小人儒为人。"若要理解这句话，我们就要联系到《论语·宪问》中孔子所说："古之学者为己，今之学者为人。"就是说古时候的学者朴实，他们学习的目的是提升自身的道德修养，发展自己的道德人格；而现在的学者浮华，他们学习的目的不是为了提升自己的道德修养，而是为了向别人炫耀自己，是为别人而学，想让别人高看自己。《论语集注》又引谢氏（二程弟子谢良佐）曰："君子小人之分，义与利之间而已。"就是说"君子儒"所追求的是道义，而"小人儒"实际上是伪儒，是打着"儒"的旗号而追求私利。也可以说，"君子儒为己"，首先是"修己以敬"，由此而可以"修己以安人"；"小人儒为人"，是为了向别人炫耀自己而学，最终是为了谋取私利。

6·12 子游为武城宰。子曰："女得人焉尔乎？"曰："有澹台灭明者，行不由径。非公事，未尝至于偃之室也。"

子游，孔子弟子，姓言，名偃，字子游。他和子夏同在文学科，也是孔门中比较出色的一个。《礼记·礼运》篇记载孔子讲"大道之行也，天下为公"，当时陪侍在孔子身边的就是子游。"武城"，鲁国的一座城邑。"女"，同"汝"。澹（tán）台灭明，姓澹台，名灭明，字子羽，后来也是孔子的学生。"径"，指斜路，"路之小而捷者"（《论语集注》）。《老子》云："大道甚夷，而民好径。"河上公注："径，邪不正也。""偃"，子游自称。

这一章的大意是，子游做了武城的长官。孔子问："你在那里得到什么人才了吗？”子游说：“有一个叫澹台灭明的人，他不走小道捷径。如果不是公事，他从不到我屋里来。”

朱熹《论语集注》引杨氏（二程弟子杨时）曰：“为政以人才为先，故孔子以得人为问。如灭明者，观其二事之小，而其正大之情可见矣。”《论语集注》又评论：“愚谓持身以灭明为法，则无苟贱之羞；取人以子游为法，则无邪媚之惑。”就是说做人应该像澹台灭明那样大公无私，不要因私废公，不要攀附权贵，这样可以免去被人看不起的羞耻；发现人才要像子游推荐澹台灭明那样，如此可以不受谄媚之人的迷惑。澹台灭明的为人处世得到子游的肯定，后来他也成为孔子的学生。

6·13 子曰：“孟之反不伐，奔而殿。将入门，策其马，曰：‘非敢后也，马不进也。’”

孟之反，鲁国大夫，名侧。“伐”，自夸。“奔”，败退，即打了败仗而撤退。“殿”，殿后。“策”，鞭打。

这一章的大意是，孔子说：“孟之反不夸耀自己，在军队败退时，他走在最后以掩护全军。将要入城门时，他鞭打着马，说：‘不是我敢于殿后，是马不肯快走的缘故。’”

朱熹《论语集注》引谢氏曰：“人能操无欲上人之心，则人欲日消、天理日明，而凡可以矜己夸人者，皆无足道矣。”这是不居功、不骄傲、谦谦君子的品格。在军队打了败仗撤退时，孟之反殿后作掩护，这应该是有功的，但是他不居功、不显耀自己，等部队到了城门将要进城时，他却策马往前奔，说撤退时我走在后面，不是因为我勇敢，而是当时马走得慢。这种不居功、不显耀自己的态度，被孔子所肯定。

6·14 子曰："不有祝鮀之佞，而有宋朝之美，难乎免于今之世矣！"

祝鮀（tuó），卫国大夫，字子鱼，有口才。"佞"，能说会道。宋朝，即宋国的公子朝，有美色。

这一章的大意是，孔子说："如果没有祝鮀那样的能说会道，而只有宋朝那样的美貌，那在今天的世上也是难免受害的！"

钱穆《论语新解》说：这一章是"孔子盖甚叹时风之好佞耳"。"好佞"就是当时的风气都喜欢能说会道、曲意迎合的人，而孔子是看不起这样的人的。

朱熹《论语集注》说："篇内第十四章以前，大意与前篇同。"就是说在《雍也》篇的第14章以前，和前面的《公冶长》篇一样，都是孔子评议各种人物的。以下的各章，就是孔子直接讲述道理。

6·15 子曰："谁能出不由户？何莫由斯道也？"

这一章没有生僻字。"户"，指房门。

这一章的大意是，孔子说："谁能外出不从房门经过呢？为什么没有人从这个正道走呢？"

这个"道"应该就是孔子所主张的仁道。它就像我们外出必经房门一样，是人世间的正道。朱熹《论语集注》说："言人不能出不由户，何故乃不由此道邪？怪而叹之之辞。”孔子所主张的仁道，是人生、社会的“所以然”和“所当然”。“所以然”就是说它是人生、社会之所以能正常存在和发展的内在根据，“所当然”就是说它是我们应该遵循的正道。如果不遵循这样的正道，就像出屋不走房门一样，走入了人生、社会的邪路。

6·16 子曰：“质胜文则野，文胜质则史。文质彬彬，然后君子。”

“质”，质朴，朴实。“文”，文采，文雅。“野”，古时称郊外为野，这里引申为粗野、粗鲁。“史”，古时掌管文书的官员，这里引申为虚文、虚浮。“彬彬，犹班班，物相杂而适均之貌。”（《论语集注》）“文质彬彬”是现在我们经常用的一个成语。“文”是外在的文采、文雅，“质”是内在的质朴、朴实，把文雅和朴实相互协调地结合起来，就是“文质彬彬”。

这一章的大意是，孔子说：“朴实多于文采，就未免粗野；文采多于朴实，又未免虚浮。把文采和朴实相互协调地结合起来，做到既文雅又朴实，这样才是君子。”

君子是儒家所推崇的道德人格。君子内在的道德修养是真诚、质朴的，外在的形象和行为举止是文雅、有教养的，能够内外协调，文质彬彬，就是儒家所表彰、推崇的君子。

朱熹《论语集注》引杨氏曰：“文质不可以相胜。然质之胜文，犹之甘可以受和，白可以受采也。文胜而至于灭质，则其本亡矣。虽有文，将安施乎？然则与其史也，宁野。”这是说君子内在的质朴是根本，而外在的文雅是内在质朴的表现，相比起来，质朴应该是更重要的。

6·17 子曰："人之生也直，罔之生也幸而免。"

"直"，正直。"罔"，诬枉，不直。"幸"，侥幸。

这一章的大意是，孔子说："人的生存或生活本是正直的，诬枉不正直的人只是侥幸地免于死亡。"

这句话是孔子肯定了人生的正直。我们可以进一步加深理解，就是孔子说的"性相近也，习相远也"。在《论语》里，孔子只有这一句讲"性"，到孟子讲人性之善，有很多论述。那么，孔子只说了一句的"性相近"是指人性的哪个方面相近呢？

我认为，孔子说的"性相近"还是指人性在好的、善的方面相近。中国古代所讲的"性"，是相对于"习"而言的。"习"指后天的习行、习染，而"性"指人一生下来就有的本性。孔子说"性相近也，习相远也"，每个人对这一句话都有不同的理解，但如果联系到孔子说的"人之生也直"（在中国古代文献中，"性"和"生"二字是相通的），那么就可以说，人一生下来是正直的，而人之"性相近"也就是在正直的、好的方面相近。"习相远"就是说因为受到了后天的社会生活的影响，人与人之间就产生了较大的差距。孔子作为一位伟大的教育家，作为中国教师职业的开创者，主张"有教无类"，即不分阶层、职业，不分国度、民族和地域，所有的人都可以接受教育，都具有通过教育而提升自己的潜能。他提出"性相近也，习相远也"，实际上是为他所主张的"有教无类"提供一个人性论的证明，即因为人的本性相近，所以人皆可教，人都有接受教育而向好的方向发展的能力，只是因为后天的习行，受到不同社会生活的影响，才使人与人之间产生了大的差距。就此而言，孔子说的“性相近”，是说人的好的、善或向善的本性相近。

6·18 子曰：“知之者不如好之者，好之者不如乐之者。”

“好”，喜好。钱穆《论语新解》说：“本章之字指学，亦指道。”

这一章的大意是，孔子说：“知道它的不如喜好它的，喜好它的不如以它为乐的。”

朱熹《论语集注》引尹氏（程颐弟子尹焞）曰：“知之者，知有此道也。好之者，好而未得也。乐之者，有所得而乐之也。”“知之”是知道有这样一个道理；“好之”是喜好它，但是自己还未有所得；“乐之”是切实得到了，所以才产生一种内心的愉悦。喜怒哀乐是人之常情，但是一个人以什么为乐，实际上更体现了一个人的价值取向。

儒家的“乐”是一种包含了道德理性的、超越个人功利的“乐”，如“孔颜之乐”。孟子也说：“君子有三乐，而王天下不与存焉。父母俱存，兄弟无故，一乐也。仰不愧于天，俯不怍于人，二乐也。得天下英才而教育之，三乐也。”（《孟子·尽心上》）这三种乐是孟子人生的一种价值取向，他感到有了这三种乐，就是人生的最大满足，它对于人生的意义甚至超过了“王天下”。也如范仲淹所说：“人苟有道义之乐，形骸可外，况居室乎！”这种乐是“道义之乐”，因为是道义的，所以它又内在地包含着对社会的忧患意识和担当精神，追求“天下之乐”，即“先天下之忧而忧，后天下之乐而乐”。

6·19 子曰："中人以上，可以语上也；中人以下，不可以语上也。"

"中人以上""中人以下"，是就人的智力水平和道德修养的高低而言的。"语上"，"语"，"告也"（《论语集注》），讲授；"上"，指高深的道理。"不可"，钱穆《论语新解》说："本章不可二字非禁止意，乃难为意。"

这一章的大意是，孔子说："中等水平以上的人，可以告诉他高深的道理；中等水平以下的人，难以告诉他高深的道理。"

孔门的教法是因材施教、循序渐进，即根据不同学生的特点及其已经知道和理解的程度来进行教育。对于智力水平比较高的人，可以给他讲一些高深的道理；至于中人以下，如果给他讲高深的道理，因为他还没有达到理解的程度，所以会接受不了。钱穆先生说这里的"不可"，不是禁止的意思，而是"难为"，就是说如果给他讲了高深的道理，他也难以接受和理解，所以还是应该循序渐进。朱熹《论语集注》说："言教人者，当随其高下而告语之，则其言易入而无躐等之弊也。"从事教育者，要根据学生的具体情况来教授适合他自己的道理，这样他才容易接受和理解。如果超过了学生能够理解的程度，那就是"躐等"，这样得不到好的效果。

孔子在这里说的是人之智愚的差别，不是如汉儒所说是讲"性三品"。孟子讲性善，荀子讲性恶，到了汉代，董仲舒提出"性三品"说。一直到唐代，儒者大部分时间在讲"性三品"：有圣人之性，有中人之性，还有斗筲之性。圣人之性是纯善的；中人之性有善有恶，通过圣王的教化，恶可以转变为善；斗筲之性则有恶无善，圣王的教化起不了作用，所以必须要用刑法来治理。汉儒把“中人以上”“中人以下”作为划分“性三品”的根据，但实际上孔子并没有“性三品”的思想。

6·20 樊迟问知。子曰：“务民之义，敬鬼神而远之，可谓知矣。”问仁。曰：“仁者先难而后获，可谓仁矣。”

樊迟，孔子弟子，名须，字子迟。樊迟在孔门中是一个比较迟钝的学生，但是他向孔子问的问题是非常重要的。比如说“樊迟问仁”，子曰“爱人”；“问知”，子曰“知人”（《论语·颜渊》）。现在我们说的“仁者爱人”“智者知人”，就是出自此处。“知”，同“智”。“务民”，为政教民。“难”，难做的事。“获”，收获，成效。

这一章的大意是，樊迟问什么是智。孔子说：“为政教民所应该做的，是对鬼神敬而远之，这可以说就是智。”樊迟又问什么是仁。孔子说：“仁者把难事做在前面，然后获得成效，这可以说就是仁。”

孔子认为，为政教民的智慧就是“敬鬼神而远之”。所以，儒家对于鬼神既不是无神论，也不耽溺于鬼神，而是持一种实践理性与社会情感相结合的折中态度。儒家重视丧祭之礼，即所谓“慎终追远，民德归厚矣”（《论语·学而》）。“慎终”即人死之后的丧礼，“追远”即人死之后的祭祀之礼。重视丧祭之礼，是使民德归厚的一个必要条件。也可以说，“慎终追远”的目的在于使民德归厚。人死之后，生者要表达一种对逝者的情感，所以要有丧祭之礼；因为重视丧祭之礼，所以要“敬鬼神”。但儒家更重视现世人生的道德，所以孔子说：“未能事人，焉能事鬼？”“未知生，焉知死？”（《论语·先进》）因为更重视现实的人生，所以是“远鬼神”而不是耽溺于鬼神。

《说苑·辨物》记载了孔子与子贡的一段对话。子贡问孔子：“死人有知无知也？”孔子回答：“吾欲言死者有知也，恐孝子顺孙妨生以送死也；欲言无知，恐不孝子孙弃不葬也。赐欲知死人有知将无知也，死徐自知之，犹未晚也。”孔子对人死后“有知”还是“无知”的问题采取一种悬置的态度，这是一种实践理性的智慧。因为如果说死者“有知”，那么就恐怕“孝子顺孙”隆重祭祀而妨碍了现实的生活；如果说死者“无知”，那么就恐怕“不孝子孙”放弃对死人的丧祭之礼。所以，对人死之后“有知”还是“无知”的问题最好是悬置起来，“死徐自知之，犹未晚也”。

至于“先难而后获”，朱熹《论语集注》引程子曰：“先难，克己也。以所难为先，而不计所获，仁也。”先做好难事，克制自己的私欲，而不计较会有什么收获。这是其中一种解释。《论语集注》又引吕氏（吕大临）曰：“当务为急，不求所难知；力行所知，不惮所难为。”就是说所知并不很难，而把所知付诸实践更难，“先难而后获”是先要实践力行，克己修身，这样达到一定程度，就会有所收获。这是另外一种解释。

6·21 子曰：“知者乐水，仁者乐山；知者动，仁者静；知者乐，仁者寿。”

“知”，同“智”。孔子在《论语》中经常仁智并举，这一章也是如此，讲仁者和智者的境界。

这一章的大意是，孔子说：“智者喜爱水，仁者喜爱山；智者多动，仁者常静；智者快乐，仁者长寿。”

为什么说“知者乐水，仁者乐山”呢？朱熹《论语集注》的解释是：“知者达于事理而周流无滞，有似于水，故乐水；仁者安于义理而厚重不迁，有似于山，故乐山。动静以体言，乐寿以效言也。动而不括故乐，静而有常故寿。”这里“动而不括”的“括”是阻滞、闭塞的意思。动而不闭塞，所以就乐；“静而有常”，所以就长寿。这应该说的是一个大致的情况，而不见得是完全必然的。如孔子的弟子颜渊，虽然孔子没有说他是仁者，但他确实德行很高，可是他并不长寿。就大致情况而言，因为智者通达事理，把什么事情都看得清楚明白，所以智者的心中快乐；因为仁者坚持自己的操守，在生活中有节制，在精神上有很高的修养，所以仁者能长寿。这种情况在现实生活中也是有的，比如北大哲学系有些老师确实是长寿的，如冯友兰先生95岁去世，张岱年先生也95岁去世。后来有人说，北大哲学系研究中国哲学的人多长寿。其实，现在有其他学科的老师长寿已超过了研究中国哲学的，如研究伦理学的周辅成先生98岁去世，研究西方哲学的张世英先生将近100岁去世。所以，人的生死寿夭虽然不是完全由个人所决定的，但是如果自然而然地保持自己生活的节奏，在精神上达到很高的修养境界，应该是有利于人之健康长寿的。

6·22 子曰：“齐一变，至于鲁；鲁一变，至于道。”

这一章没有生僻字。“道”，这里指先王之道。

这一章的大意是，孔子说：“齐国一改变，可以达到鲁国的样子；鲁国一改变，就可以达到先王之道了。”

“先王”在儒家思想中一般指的是夏、商、周三代之王，夏主要指大禹，商主要指商汤，周就是周文王和周武王。朱熹《论语集注》说：“孔子之时，齐俗急功利，喜夸诈，乃霸政之余习。鲁则重礼教，崇信义，犹有先王之遗风焉，但人亡政息，不能无废坠尔。道，则先王之道也。言二国之政俗有美恶，故其变而之道有难易。”在孔子生活的春秋后期，礼崩乐坏，社会失序，战乱频仍，人民生活痛苦。所以孔子主张回到三代，从“天下无道”转变成“天下有道”。当时齐国的风俗是重视功利，喜好夸张巧诈，有齐桓公的“霸政之余习”；而鲁国的风俗是重视礼教，崇尚信义，还保留着“先王之遗风”，但是鲁国的贤君已经人亡政息，其风俗礼教也已大不如前。孔子对当时的齐、鲁两国都不满意，他设想从齐国的风俗转变到鲁国的风俗，然后从鲁国的风俗转变到先王之道。这个先王之道在孔子的思想中就是恢复正常的社会秩序，使“天下有道”。

6·23 子曰：“觚不觚，觚哉！觚哉！”

“觚”，古代盛酒的器具，也作礼器，上圆下方，在腹部和足部有四条棱角。

这一章的大意是，孔子说：“觚不像个觚，这是觚吗！这是觚吗！”

孔子为什么对盛酒的觚发了这么一段感慨？这里面包含了一些意思，孔门弟子认为这段话比较代表孔子的性情，也是一段重要的话，所以就把它收到了《论语》中。朱熹《论语集注》对这段话有这样一个解释：“盖当时失其制而不为棱也。觚哉觚哉，言不得为觚也。”觚作为酒器，也作为礼器，形状应该是有规范的，可能当时孔子看到的觚失其形制，没有棱了，这样的话就不应称为觚了。这反映了当时礼崩乐坏、名实不副的情况。所以，孔子就发出了“觚哉！觚哉！”的感慨。

朱熹《论语集注》又引程子曰：“觚而失其形制，则非觚也。举一器，而天下之物莫不皆然。故君而失其君之道，则为不君；臣而失其臣之职，则为虚位。”程颐的这段话就把这一章和孔子讲“君君，臣臣，父父，子子”的“正名”思想联系起来。君就应该有个君的样子，应该有君之德，行君之道，这样才能称为君；如果没有君之德，不行君之道，那就是名实相悖，就是“不君”了。臣也应该有个臣的样子，应该有臣之德，履行臣的职责，这样才能称为臣；如果没有臣之德，不履行臣的职责，那也是名实相悖，就是“不臣”了。“父父，子子”也是这样。孔子当时强调“正名”，就是主张要在政治和伦理上做到名实相副，权责一致，担当什么名分，就应该具有和那个名分相符合的德行，就应该担负起那个名分的责任，这是孔子在当时社会的一种追求。

6·24 宰我问曰：“仁者，虽告之曰：‘井有仁焉。’其从之也？”子曰：“何为其然也？君子可逝也，不可陷也；可欺也，不可罔也。”

宰我，即“宰予昼寝”的宰予，字子我。“井有仁焉”的“仁”，一说“有仁之仁当作人”（《论语集注》），一说“仁，即‘仁人’的意思”（《论语译注》）。对这一章有不同的注解，我们从朱注之说。“从，谓随之于井而救之也。”“逝，谓使之往救。陷，谓陷之于井。欺，谓诳之以理之所有。罔，谓昧之以理之所无。”（《论语集注》）

这一章的大意是，宰我问："一个仁者，别人告诉他：'井里掉下去一个人。'他是不是会跟着下去呢？"孔子说："为什么会这样呢？君子可以到井上去救人，却不会被陷于井里；他可能会被某些事所欺骗，却不会被不合理的事所愚弄。"

朱熹《论语集注》说："盖身在井上，乃可以救井中之人；若从之于井，则不复能救之矣。此理甚明，人所易晓，仁者虽切于救人而不私其身，然不应如此之愚也。"这段话讲得明白，道理也比较浅显。但是否符合本章的原意，我觉得还可再作探讨。

6·25 子曰："君子博学于文，约之以礼，亦可以弗畔矣夫！"

"文"，文献。"约"，约束，简约。"畔"，通"叛"。

这一章的大意是，孔子说："君子广博地学习文献，又用礼来约束自己，也就不致离经叛道了。"

朱熹《论语集注》说："君子学欲其博，故于文无不考；守欲其要，故其动必以礼。如此，则可以不背于道矣。"孔子主张广博地学习文献，这侧重于知识方面；同时主张"约之以礼"，这主要讲道德的操守、行为的规范。这两方面在宋代理学家的思想中就是讲致知进学与涵养修身的关系，二者相互关联，缺一不可。朱熹又引程子曰："博学于文而不约之以礼，必至于汗漫。博学矣，又能守礼而由于规矩，则亦可以不畔道矣。"我们现在讲"博"与"约"的关系，知识与道德的关系，其源头也出自孔门教法的"博学于文，约之以礼"。

6·26 子见南子，子路不说。夫子矢之曰："予所否者，天厌之！天厌之！"

朱熹《论语集注》对"子见南子"的解释是："南子，卫灵公之夫人，有淫行。孔子至卫，南子请见，孔子辞谢，不得已而见之。"这是发生在孔子周游列国时的一件事，孔子到了卫国，卫灵公的夫人南子要见孔子。南子有淫行，名声不好，可她在卫国很有权势。孔子本想不去见她，但后来还是不得已而见之。这可能是和孔子在周游列国时积极宣传自己的政治主张有关。

"子路不说"，"说"，同"悦"。子路是孔子门下比较直率的一个学生，他对"子见南子"表现出不高兴。由此可见，孔门弟子和老师之间的关系是融洽的，这些学生见到孔子哪一点做得不对，会向孔子提出来，表示自己的不满。"矢"，通"誓"。"予"，我。"否"，"谓不合于礼，不由其道也"（《论语集注》）。"厌"，厌弃，弃绝。

这一章的大意是，孔子去见南子，子路不高兴。孔子发誓说："我如果做了不合礼的事，天厌弃我！天厌弃我！"

孔子在周游列国途中发生的一些事情，有时会引起误解，包括他的学生有时也会误解老师。对于"子见南子，子路不说"这件事，孔子很严肃地对待，发了很重的誓。如何去评价这件事呢？朱熹《论语集注》说孔子是迫于形势，"不得已而见之"。《论语集注》还有一个解释："盖古者仕于其国，有见其小君之礼。而子路以夫子见此淫乱之人为辱，故不悦。"国君的夫人在古代又被称为"小君"。古时候到某个国家去，"有见其小君之礼"。孔子去见南子，是符合这个"礼"的，但子路不知有这个"礼"，所以就产生了误解。

6·27 子曰：“中庸之为德也，其至矣乎！民鲜久矣。”

“中庸”，何晏《论语集解》注：“庸，常也。中和可常行之德。”邢昺《论语注疏》云：“中，谓中和。庸，常也。”但是《礼记正义》引郑玄《目录》云：“名曰《中庸》者，以其记中和之为用也。庸，用也。”对于“中庸”，历来有两种解释：一种解释是把“庸”解释为“常”，相当于常道；还有一种是把“庸”解释为“用”，“中庸”就是用中。朱熹《论语集注》的解释是：“中者，无过无不及之名也。庸，平常也。”又引程子曰：“不偏之谓中，不易之谓庸。中者天下之正道，庸者天下之定理。”这是把“庸”解释为“常”，是常道、常理的意思。对“中”的解释是一致的，就是中和，无过无不及，恰到好处。

“至”，《论语集注》说：“极也。”真正做到中和，能够无过无不及，能够遵守常道，这确实是一种极高的德行。这也是中国文化的一个特点，就是“极高明而道中庸”。中国文化认为“极高明”不是要走到极端，而“道中庸”恰恰是“极高明”的。

“民”，杨伯峻《论语译注》说：“这‘民’字不完全指老百姓，因以‘大家’译之。”“鲜，少也。”(《论语集注》)

这一章的大意是，孔子说：“中庸作为道德，该是最高的吧！人们缺少这种道德已经很久了。”

这是对“中庸”之德表彰最高的一句话。“民鲜久矣”正说明“中庸”之可贵，真正能做到“中庸”是很不容易的。曾有学者根据孔子的这段话，说孔子一开始是重视礼，后来更重视仁，到了五六十岁更重视中庸。这是一种解释，可以参考。

6·28 子贡曰："如有博施于民而能济众，何如？可谓仁乎？"子曰："何事于仁，必也圣乎！尧舜其犹病诸！夫仁者，己欲立而立人，己欲达而达人。能近取譬，可谓仁之方也已。"

这一章是《雍也》篇的最后一章，也是很重要的一章。"博施济众"是我们现在经常用的成语，就是出自这一章。

"病"，朱熹《论语集注》解释："心有所不足也。"何晏《论语集解》引孔安国曰："君能广施恩惠，济民于患难，尧、舜至圣，犹病其难。""譬，喻也。"（《论语集注》）"方"，有各种不同的解释，朱熹说："方，术也。"有一个词叫"道术"，"道"是大的原则，"术"是具体的方法。何晏《论语集解》引孔安国曰："更为子贡说仁者之行。方，道也。"那么，我理解这里的"仁之方"就是行仁之方，即推行、实践仁的方法或原则。

这一章的大意是，子贡说："如果能对百姓广施恩惠，又能周济大众，怎么样？可以说是仁了吗？"孔子说："这哪里仅是仁呢，这一定是圣人了！就连尧、舜恐怕还难以做到呢！对于仁者来说，自己要有所成立，也要使别人有所成立；自己要有所发达，也要使别人有所发达。能近取诸己而推及他人，这可以说是实行仁的方法了。"

这一章有两个重点，其一是"博施于民而能济众"，其二是"己欲立而立人，己欲达而达人"。关于"尧舜其犹病诸"，又见于《论语·宪问》篇。子路问孔子什么是君子，孔子说"修己以敬"。子路说这样就可以了吗？孔子说"修己以安人"。子路又问，这样就可以了吗？孔子说"修己以安百姓"。在"修己以安百姓"的后面，孔子也说了一句"尧舜其犹病诸”。《雍也》篇的“博施于民而能济众”和《宪问》篇的“修己以安百姓”，意思是一致的，都已达到了“尧舜其犹病诸”的“圣”的境界，这也是儒家希望达到的社会普遍“德福一致”的最高境界。

既然是“圣”的境界，一般人就难以做到，因为博施济众、“安百姓”必须得有一定的条件，身处尧舜那样高的职务才能努力做到。那么，作为仁者，切实可行的是什么呢？孔子就说：“己欲立而立人，己欲达而达人。”能够由近及远，推己及人，这就是推行、实践仁的一个切实可行的方法。

孔子曾说：“吾道一以贯之。”孔子的学生曾子就说：“夫子之道，忠恕而已矣。”(《论语·里仁》)我理解“吾道一以贯之”的“吾道”指的是仁道，而推行、实践仁道有一个“一以贯之”的方法或原则，曾子指出，这就是忠恕之道。

“恕”在《论语》里面有一个明确的解说，子贡问：“有一言而可以终身行之者乎？”孔子说：“其恕乎！己所不欲，勿施于人。”(《论语·卫灵公》)一般认为，《雍也》篇说的“己欲立而立人，己欲达而达人”就是“忠”。在儒家的思想中，“忠”与“恕”是互为前提、内在统一的。“忠”作为“仁之方”，实际上也包括“恕”在内，“忠”与“恕”都是推行、实践仁的方法或原则。

朱熹《论语集注》说：“以己及人，仁者之心也。于此观之，可以见天理之周流而无间矣。状仁之体，莫切于此。”“近取诸身，以己所欲譬之他人，知其所欲亦犹是也，然后推其所欲以及于人，则恕之事而仁之术也。于此勉焉，则有以胜其人欲之私，而全其天理之公矣。”

忠恕之道虽然平实，但若要真正做到也并不容易。所以如上一篇《公冶长》中子贡所说："我不欲人之加诸我也，吾亦欲无加诸人。"即我不愿意别人强加于我，我也不强加于别人。这也可以说是恕道的一个基本意涵，但是孔子恰恰认为真正做到这一点并不容易，这意味着"己所不欲，勿施于人"，首先是把别人当作和自己一样有独立意志的人，我不愿意别人强加于我，所以我也不要强加于别人。这是"推己及人"的一个前提，在此前提下才有忠恕之道的"交互主体性"。

忠恕之道是普遍的"仁之方"，也可以说是普世道德的黄金规则，简称金律。20世纪90年代，世界各大宗教的代表人士到美国开了一个世界宗教会议，他们的目的是要建立一个普世的"全球伦理"。经过长时间的讨论，他们最后找到了世界各大宗教差不多都认同的一条规则，这就是你不愿意别人如何对待你，你也不要用这种方式对待别人，表述出来就是"己所不欲，勿施于人"。

在儒家经典《大学》中，忠恕之道又被称为"絜矩之道"，它是用上下、左右、前后的关系来比喻一切人际关系的，在这一切人际关系中都要按照"己所不欲，勿施于人"的原则来行事。朱熹在《大学章句》中说，这是"所操者约，而所及者广，此平天下之要道也"。所谓"约"就是说这是一切人际关系中最基本的一条道德规则，所谓"广"就是说这是一切人际关系中最普遍的一条道德规则。

述而第七

孔德立 解读

《论语》在中国古代经典中的重要地位，陈来先生在《传承与训解——〈论语〉引论》中就做了高屋建瓴的阐释。《述而》是《论语》的第7篇，因首章的“述而不作，信而好古”而得名。本篇主要讲孔子的谦己诲人之辞、容貌行事之实。杨伯峻的《论语译注》与多数版本都将本篇分为38章，朱熹的《论语集注》把第9章“子食于有丧者之侧，未尝饱也”与第10章“子于是日哭，则不歌”合为一章，共37章。今从前一种分章方式。

7·1 子曰：“述而不作，信而好古，窃比于我老彭。”

本章的意思是，孔子说：“传述而不创作，相信并喜爱古代文化，我私自和我那老彭相比。”

这一章有三层意思：第一，我传述古代文化而不加以创作；第二，为什么传述而不加以创作呢？因为我相信古代文化、喜爱古代文化，所以只传述不创作；第三，我有同道中人，不只是我一个人相信并喜爱古代文化，还有“老彭”等人。

先看第一个短句，“述而不作”。“述”是传述。我们读《论语》或者其他古书，传有两个音，有的地方读 zhuàn，如《左传》、经传，有的地方读 chuán，此处传述的传是第二个读音。“作”是创作。

“述而不作”是孔子对古代文化的一种基本态度，对此朱熹的解释是非常重要的。朱熹认为，“孔子删《诗》《书》，定《礼》《乐》，赞《周易》，修《春秋》，皆传先王之旧，而未尝有所作也，故其自言如此”。儒家最重要的经典是“六经”，现在越来越多的学者认识到了“六经”在中国传统文化中的重要地位。孔子之于“六经”不是首创者，而是传述者。当然，孔子的传述是新的意义上的创作。

《汉书·艺文志》记录先秦文献，称“六经”为“六艺”，之后是诸子。诸子和“六艺”之间是什么呢？是《论语》。所以《论语》的地位仅次于“六经”，而高于其他诸子。为什么《汉书·艺文志》把《论语》放在“六经”之后呢？因为孔子的思想是传述“六经”。但是孔子对于“六经”只是“述”吗？当然不是，孔子以他自己的方式进行了悄然的“创作”。孔子在尊重“六经”、传承“六经”的基本精神与价值的前提下对其进行了创造性转化、创新性发展。

朱注对于“述而不作”阐释得非常清楚了。他认为，孔子删定“六经”，“传先王之旧”，其述之功倍于作。柳诒徵曾言：“孔子者，中国文化之中心也。无孔子则无中国文化。自孔子以前数千年之文化，赖孔子而传；自孔子以后数千年之文化，赖孔子而开。”孔子把他之前的中华文化的积累传下来了，经过他的阐释和修订，又开启了他之后的中华文化。

孔子在中国思想文化史上的崇高地位，首先在于他传述“六经”之功。南京夫子庙门口有一个牌坊，上有“天下文枢”四个大字。为什么说天下文化的枢纽在孔子这里？密码就在于孔子传述了“六经”。孔子自谦没有“作”，实际上，孔子在阐释、解读“六经”的过程中悄然进行了“作”。孟子说，“孔子成《春秋》而乱臣贼子惧”，“王者之迹熄而《诗》亡，《诗》亡然后《春秋》作”。孟子坚信孔子“作”《春秋》。

“六经”可以分为三部分：一是《诗》《书》《礼》《乐》，人道；二是《春秋》，治道；三是《周易》，天道。这种完备的人道、治道与天道，基本涵盖了人生的几种向度。只要是人，就要行人道，学习《诗》《书》《礼》《乐》，具备基本的知识与礼乐教养。在此基础上，修己才能安人，要懂得治理之道，懂得社会政治秩序运行的基本规矩，如君君臣臣等，这就是《春秋》赋予的“治道”。但是人生哪能都如意，有时候努力也未必能做到，故人还需要有天命依托。人性与天命的贯通，则是《周易》蕴含的哲学价值。下面举几个例子来说明。

《诗经》中的《郑风》有一首情诗——《子衿》，记述了一位女子追求男子的情感，其中有这样的句子：“青青子衿，悠悠我心。”“青青子佩，悠悠我思。”“一日不见，如三月兮。”这些都是女子思慕男子的缠绵情话。后来，王阳明的弟子问老师：“孔子编的《诗》也有这种淫诗吗？”王阳明不好回答，就说孔子当年没编，是后人替换的。估计到了明朝，就连儒生们也不能理解女子对男子思慕情感的流露了。但是孔子曾说“郑声淫”，没有说“郑风淫”。风是诗，声是乐，不是一回事。朱熹的《诗集传》说，孔子编的是《风》，后来有人配乐配偏了。正得其解。所以我们说，孔子定《礼》《乐》与删《诗》《书》同等重要，《诗》删完了，《乐》定不好，也无法实现诗教的功能。所以，删《诗》《书》就要定《礼》《乐》。

定《礼》《乐》之后是赞《周易》。在治理社会与国家的过程中，总有失意与得意的时候，当实在无法实现自己的理想时，只能顺应天命。《论语·尧曰》："不知命，无以为君子。"知天命，达天道，就要从《周易》中寻找答案。孔子晚年把《周易》纳入他的经典体系，认为人性和天道的贯通、教养和精神的寄托均在《周易》。

赞《周易》之后是修《春秋》。所谓修《春秋》，就是对《春秋》做了改动，“笔则笔，削则削”。什么是“笔则笔，削则削”？竹木简的文字是用毛笔写上去的，要改动就需要用刀削了重新写。孔子对《春秋》进行了改动，所以叫修《春秋》。孟子曰：“王者之迹熄而《诗》亡，《诗》亡然后《春秋》作。”孔子时代，礼崩乐坏，纲常失序，霸政之后，文风骤变，由赋诗风雅转为粗鄙不堪。孔子修《春秋》，是为重建社会秩序制定大法。

如《春秋·僖公二十八年》载“天王狩于河阳”，《左传·僖公二十八年》载“晋侯召王，以诸侯见，且使王狩。仲尼曰：‘以臣召君，不可以训。’故书曰‘天王狩于河阳’，言非其地也，且明德也”。“天王”就是周天子。晋国霸业正胜，召见周天子。下级召见上级，周天子居然去了。史书如果照实记载，那就违背了周礼。于是，孔子改为“天王狩于河阳”，天王在河阳狩猎，顺便召见了一下晋君。这就是“春秋笔法”——

“为尊者讳，为亲者讳，为贤者讳”，其中彰显的就是秩序原则。人如果没有敬畏之心，就会变得肆无忌惮。

《春秋》是一部社会秩序的大法。近代辜鸿铭有一本书叫《春秋大义》，又名《中国人的精神》。为什么“春秋大义”是“中国人的精神”？因为《春秋》带有根本大法的性质，是治理国家与个人行为的最高准则。

为什么孔子说“知我者其惟《春秋》乎！罪我者其惟《春秋》乎”？理解我的人是因为我修了《春秋》，不理解我的人也是因为我修了《春秋》。为什么？原因是制定根本大法是天子的职责，圣人有其德，无其位，但是天子没有去做这件事，圣人把它承担起来了。故孔子既想做，又很忐忑，所以说知我罪我皆为《春秋》。因此只有懂《春秋》，才能知道如何维护社会秩序。汉代春秋决狱，就是以《春秋》作为国家法律的标准的。

我们刚才解读了孔子传述的什么，又作了什么。一言以蔽之，孔子是在传承古代文化的基础上，建立了维护社会秩序与伦理，贯通人道、治道与天道的“六经”体系。明明是“作”了，孔子为什么说“述而不作”？这是因为他“信而好古”。现在来看“信而好古”。

曾经有人错误地认为，孔子“信而好古”，就是倒退，就是想复古。但是如果对“古”一知半解，又觉得今天的“我”厉害，就很难知古鉴今；不知古就不信古，反而会疑古，进而批古，鉴今就变得不可能了。所以，鉴今一定是在知古而信古的基础之上的。古代的人和事已经作古，不可再现，但可以通过文献流传下来，正如《左传》中叔孙豹讲人有“三不朽”——立德、立功、立言，我们之所以能了解过去，就是因为有文献留下来。

我们所说的文献之“文”，按照梁任公（梁启超）先生的说法，“所谓‘文’者，非辞章之谓。‘文’之本训，指木之纹理，故凡事物之条理亦皆谓之文。古书‘文’字皆作此解”。所以孔子讲的这个“文”，是纹理之“文”。他相信古代的文，相信“事物之条理”，相信古代的历史文化传统，并对古代先人创作的文献、理念有信心、有敬畏，所以孔子“信而好古，述而不作”。这是他尊重传统、敬畏传统的表现。用今天的话说，就是文化自信。

我们从这可以看出，孔子是在相信古代文化传统、坚定文化自信的基础上才说出“述而不作” 的话的。同时这一章也显示，传承古代文化、尊重传统，要有同道中人，所以孔子把有志于传承古代文化的同道中人视为挚友。

最后看第三个短句，“窃比于我老彭”。“窃比”是什么意思？我私自相比。朱熹认为是“尊之之辞”。“我老彭”是什么意思？是比较亲近的词汇，相当于咱俩、咱们。从本章中，我们还可以发现圣人特别谦虚。如前面所说，孔子认为“知我者其惟《春秋》乎！罪我者其惟《春秋》乎！”《春秋》，天子之事，本应由天子来作，但圣人把它承担了起来，这正是圣人的伟大。但是即使如此，圣人还是说自己在传述古代的事情，而不是作。

梁任公说，亭林（顾炎武）毕生学问从抄书入手，采山之铜，而非取之旧钱。然后对于古人学问有心得者，写出笔记，即《日知录》。《日知录》每篇文章都很短小，但是谁又能说它不是一部重要的学术著作呢？《日知录》卷19《著书之难》：“若后人之书，愈多而愈舛漏，愈速而愈不传。所以然者，其视成书太易，而急于求名故也。”所以现在有时候我们整理古籍为什么要慎重？因为有时急于求成，整理得越多错误越多，还不如不整理。

解读本篇首章我们用的篇幅多一些，因为首章意义太大了。孔子在中华文明史上的地位，就在于他在“信而好古”的基础上“述而不作”。孔子又有同道中人，我们希望自己也能成为孔圣人的同道之人。

7·2 子曰：“默而识之，学而不厌，诲人不倦，何有于我哉？”

“识”，通“志”，记住的意思。《论衡·超奇》“好学勤力，博闻强识”和《后汉书·祢衡传》“吾虽一览，犹能识之”，其中的“识”都是这一意思。

这句话比较短，但同样是我们耳熟能详的句子，特别是当老师的，印象会更深刻。这句话的意思是，孔子说：“默默地记在心里，努力学习而不厌弃，教导别人而不疲倦，这些事情我能做到哪些呢？”

这一章表达的也是孔子的谦虚之德。“默而识之”，显示了学习态度；“学而不厌”，显示了好学的精神，两者皆为修身之学。“诲人不倦”，彰显了君子的社会责任，为安人之学。孔子修己以安人，修己时，努力进取，对自己严格要求；安人时，无私付出，不知疲倦，这是仁者之精神。汉代董仲舒有一本文集叫《春秋繁露》，写的是他对《春秋》的理解，是传承孔子的春秋学的。里面有一篇文章叫《仁义法》，文中说：“《春秋》之所治，人与我也。”《春秋》讲什么？讲人和我，就是他人和自己。“所以治人与我者，仁与义也”，董仲舒认为对自己是义，对他人是仁。他还说：“以仁安人，以义正我。……仁之法在爱人，不在爱我。”仁者到底爱谁？《孟子》说“仁者爱人”，《论语》说“樊迟问仁。子曰：‘爱人。’”

“人”，是他人的意思，所以“仁者爱人”，实际上就是爱他人。很多人理解为爱自己，先爱自己再爱他人，这是不对的。董仲舒理解得非常到位，“仁之法在爱人，不在爱我；义之法在正我，不在正人”。对自己要严格，对他人要宽厚，也就是严于律己，宽以待人。这是孔子仁义精神的真谛。

此章先讲学而后教，对于今天的教育管理者和教育工作者，甚至政治管理者、为政者来说，我个人认为都有重要的启示意义。你要教书，先要自己会；你要管理他人，先要自己懂，这就是“默而识之，学而不厌”。先要修身，然后“诲人不倦”。

我们还要记住孔子的最后一句话，“何有于我哉？”我做到了哪些呢？孔子已经做得很好了，还反问自己做到了哪些，这种谦虚的态度值得我们好好学习。

7·3 子曰：“德之不修，学之不讲，闻义不能徙，不善不能改，是吾忧也。”

这一章的意思是，孔子说：“品德不培养，学问不讲习，听到义在那里却不能亲身赴之，有缺点不能改正，这些都是我的忧虑啊！”

第3章也是孔子的自谦之辞。何晏《论语集解》引孔安国曰：“夫子常以此四者为忧也。”孔子常忧虑的四者：德、学、义、善。朱熹《论语集注》引尹氏（程颐弟子尹焞）曰：“德必修而后成，学必讲而后明，见善能徙，改过不吝，此四者日新之要也。苟未能之，圣人犹忧，况学者乎？”圣人都担心做不到，何况其他人？

除了以上理解，我们还可以再延伸一点。南朝梁皇侃的《论语义疏》

云："言孔子恒忧世人不为上四事也。"意思是孔子经常担心当时的人没有做到这四点。我认为此解可通。春秋后期，礼崩乐坏，贵族普遍不修德、不习礼、不知义、不为善。

"德之不修""学之不讲"与"闻义不能徙""不善不能改"之间有因果关系。如果德修了，学讲了，义就能行，不善就改了。所以，这四个短句可以分为两个层次，有先后顺序。修身的不足，导致义与善等社会伦理和正义面临崩解。

为什么叫"学之不讲"，不叫"学之不习"呢？现在一般把学术机构、组织称为学院、研究院、研究中心，以前很多叫讲习所、传习所。《论语·学而》篇言"传不习乎"，有"传"才有"习"，有"教"才有"学"。"讲习"呢？《说文解字》把"讲"训为"和解"，引申为研习。"习"是什么？"学而时习之"，"习"是不断地实践。"讲"有研习的意思，有和解的意思，有理清琢磨的意思。老师教了以后不是死记硬背，而要琢磨为什么这样做，所以"讲"的意思更丰富。

7·4 子之燕居，申申如也，夭夭如也。

这一章讲的是孔子燕居之时的体貌。通行的解释是，夫子在家闲居时，"体貌和舒"，或者"心和而貌舒"。我觉得这个理解不透彻，说"体貌和舒"，是什么体貌却没有讲出来。"燕"解释为"闲"，就是闲暇之时在家里。"居"怎么解？"居"是坐。"燕居"就是在家闲坐。什么叫"申申如也，夭夭如也"？"申申"是体貌安适，姿势不僵硬，非常舒缓。"夭夭"讲心情很舒畅。

孔子时代，没有凳子，怎么坐呢？就是坐在小腿上。朱熹的《论语集注》说："燕居"是"闲暇无事之时"。又引杨时的话，"申申"是"其容舒也"，"夭夭"是"其色愉也"。又引程颐说："此弟子善形容圣人处也，为申申字说不尽，故更著夭夭字。今人燕居之时，不怠惰放肆，必太严厉。严厉时著此四字不得，怠惰放肆时亦著此四字不得，惟圣人便自有中和之气。"就是说，今人在家里闲坐的时候，不是放肆，就是太过于严厉，很难达到中和的状态。

程颐是以中庸来解"燕居"的，所以他说圣人有"中和之气"。但是我们读黄式三的《论语后案》："夭夭，屈也"，"合伸屈观之而见其得中也"。后人鲜有关注黄式三解读者，我觉得他讲的是对的。"夭夭"正好和"申申"相对，"申申"就是伸展，"夭夭"是把腿屈起来。"合伸屈观之"是什么？伸屈观之而后得其中。上身坐直，下身屈腿，但是不至于太僵硬。黄怀信先生顺此思路，解释说，孔子闲坐之时上身挺得很直，腿屈得很紧。因为当时席地而坐，故有此坐姿。

孔子闲坐之时如此，在众人面前应更为谨言慎行，此所谓圣人慎独之修身工夫。

7·5 子曰："甚矣吾衰也！久矣吾不复梦见周公。"

这一章的意思是，孔子说："我衰老得很厉害啊！好久没有再梦到周公了。"

有的学者在"甚矣"与"久矣"后分别加逗号，以强调孔子的感情。皇侃的《论语义疏》说："夫圣人行教，既须得德位兼并，若不为人主，则必为佐相。圣而君相者，周公是也。”周公不是天子，“虽不九五而得制礼作乐，道化流行。孔子乃不敢期于天位，亦犹愿放乎周公”。孔子以周公为楷模，以成就周公伟业为梦想，“故年少之日，恒存慕发梦；及至年齿衰朽，非唯道教不行，抑亦不复梦见，所以知己德衰”。年少之时，经常梦到周公，意气风发，想恢复周礼，但是衰老之后，道化不行，梦想实现不了，也不再梦见周公。“圣人无想，何梦之有”，“伤周德之日衰，哀道教之不行”。孔子壮年时，为中都宰，路不拾遗，夜不闭户；为大司寇，取得夹谷之会的胜利，堕三都，弱三桓。但他终究无法阻止礼崩乐坏的颓势，只好栖栖遑遑于各国之间；回到鲁国以后，又将重心放在整理文献上。

孔子不梦周公，一则说明自己老了，没有年轻时候气盛了，感叹理想无法实现；二则感叹周德已衰，不可挽回。台湾有个歌手叫郑智化，一曲《水手》令很多“70后”动情。歌词中写道：“他说风雨中，这点痛算什么，擦干泪，不要怕，至少我们还有梦。”遇见艰难困苦，擦干泪，不要怕，至少我们还有梦。但是你擦干泪，梦还是实现不了，一次次打击，梦也就没了。所以一旦没有梦，动力就没了，随之心灰意冷。今天我们读夫子自道“甚矣吾衰也！久矣吾不复梦见周公”，可以回想，夫子当年艰难的行进终究没有挽救鲁国衰败的局势，只能等待新的时机。

7·6 子曰：“志于道，据于德，依于仁，游于艺。”

这一章的意思是，孔子说：“目标在道，根据在德，依靠在仁，而涵泳于礼、乐、射、御、书、数之间。”

这一章讲孔子为学的秩序。“志于道，据于德，依于仁，游于艺”这12个字，孔子故里的杏坛中学把它挂在最高的教学楼上。如果大家从孔子研究院的东门进入，首先可见“志道据德”的牌坊，西边还有“依仁游艺”的题字。这12个字或者8个字，可以称为孔子教育的方针。2014年9月9日，习近平总书记到北京师范大学看望师生时，发表《做党和人民满意的好老师》的重要讲话。党和人民满意的好老师的标准正出自这一章，总书记的原话是“要有理想信念”“要有道德情操”“要有扎实学识”“要有仁爱之心”。

何晏《论语集解》注：“志，慕也。道不可体，故志之而已。”“据，杖也。德有成形，故可据。”“依，倚也。仁者功施于人，故可倚。”“艺，六艺也。不足据依，故曰游。”志道就是羡慕道，心向往之。“道不可体”，道看不见摸不着，所以从心里向往之。“据”是杖，“德有成行，故可据”。“依于仁”是说仁是靠山，要倚着、靠着。“仁者功施于人，故可倚”，仁者帮助他人，有宽厚的基础，所以可以倚。“艺”，即“六艺”，内容多，所以要涵泳其中。

“志于道”的“道”是什么？朱熹说：“道，则人伦日用之间所当行者是也。”道就是目标，是儒家为之奋斗的目标。同时，道也是人道，即人应该走的路。朱熹的学生陈淳写了一本理学词典，叫《北溪字义》，书中解释了道、性、命等理学名词。书中解释“道”说：“道，犹路也。……人所通行方谓之路，一人独行不得谓之路。”就是说大家都走的才是道，如果你非得走另外的路，那不叫道，只能叫“径”。道还可以引申为被社会普遍认可的规则。如我们读书上学，参加工作，为社会做贡献，孝敬父母，爱护幼小，这都是为人之道。《论语》里有一句话叫“朝闻道，夕死可矣”，早晨听到大道，晚上死了也值得。道优先于儒家的其他思想范畴，是最高原则。

“据于德”的“德”是什么？周代金文中，“德”与“得”相通。“为政以德”就是要让老百姓有所得的意思。怎么证明统治得好？不能自己说自己行仁政，要通过百姓的感受来评判。做得好不好，不是个人说的，有一个检验标准。德者，得也，老百姓的获得感就是检验的标准。《周易》里讲“厚德载物”。什么是“厚德”？因为德可以累积，一天累积一点，就会越积越多，就像盖房子一样，地基打好了，房子也结实。德累积得越多，人就越宽厚，承载力就越强，遇事就能扛过去。所以，这个“德”不是讲品德，而是指要不断累积，要能抗击挫折和困难。

“依于仁”是什么？去掉自己的私欲而求心德之全，“功夫至此而无终食之违”。人要存养，要真心实意对别人好，这样才能得众。《论语》里面叫“宽则得众”。什么是宽？宽就是对别人宽厚。怎么才能对别人宽厚？有仁者之心。你对别人宽厚，你就能得到别人的拥护和爱戴。

“游于艺”的“艺”是什么？礼、乐、射、御、书、数，多种技能。孔子说“君子不器”，君子不能像器皿一样，只有一种用途，意思就是君子要多才多艺。比如，当前国家越来越重视高校里的哲学社会科学建设，没有一流的文科，很难有一流的理科与工科。学生涵泳于哲学与人文之间，才能有更多的想象力与创造力。

朱熹认为这一章有个先后顺序，先有目标，然后有德、有仁，最后有艺，这是进德修业的过程。王夫之认为，志道是德仁之基，其他三者没有先后。“游艺是格物，是博文，岂待依仁之后！”“四段只平平说个大成之学，勿立次序。”

阳明先生答诸生之意：一曰立志，二曰勤学，三曰改过，四曰责善。“志不立，天下无可成之事，虽百工技艺，未有不本于志者。”总之，无论后边的事情怎么样，立志是第一位的。所以，“志于道”是方向，“据于德”是根基，“依于仁”是凭借，“游于艺”是知识与能力。

我认为还是应该有一个先后次序。《论语·学而》说：“弟子入则孝，出则弟，谨而信，泛爱众，而亲仁。行有余力，则以学文。”这里就有个先后次序。怎么才能学文？做到入则孝，出则弟，谨而信，泛爱众，行有余力了才能学文。前面没做好，就不要学文，别着急走下一步。《中庸》说：“君子尊德性而道问学。”这里还是有个次序，“德”在“学”前，没有尊德性，不要道问学，道德根基优先于知识教育。

《孟子·公孙丑上》记载，孟子曰：“夫志，气之帅也；气，体之充也。夫志至焉，气次焉。故曰：‘持其志，无暴其气。’”我们都知道孟子的浩然之气，怎么才能有“浩然之气”？孟子讲以志帅气，先立志，气才能起来，所以他说“持其志，无暴其气”。无论是孟子还是后来的王阳明，都强调立志，这一源头就在于《论语》的这一章。

7·7 子曰：“自行束脩以上，吾未尝无诲焉。”

“自行”，就是自愿，不是老师让送的，而是自愿送来的。送什么？送“束脩”。“脩”，朱熹认为是干肉，十脡（tǐng，条状的干肉）为束。古代初次拜见尊长要送礼物，叫“贽”。贽者，至也，礼到，心到。它是表达心意的媒介。

这一章的意思是，孔子说：“主动送给我见面礼，我没有不教的。”

这章看起来好理解，但是在当代引发了不小的争论，很多人以此为根据，说孔子当年办学收学费。理解这个问题的关键在于如何正确解读“束脩”。

“束”是捆，“脩”是干肉，“束脩”就是把几条长条的干肉捆起来。古代没有冰箱，保存肉食应该多以风干的方式。孔孟之乡当前春节的风俗是，走亲戚要拿肉。但是，那个时候拿的肉不叫肉，叫礼。春节期间，你去肉摊，老板就会问你打礼还是吃肉，你说打礼，他就给你砍下带有肋条的部位，砍得很漂亮。如果不漂亮，走亲戚时就显得没有面子。长长的肉条，就叫礼。这从民俗学上印证了一束干肉，即束脩，是古代学生拜见孔子的见面礼。

“吾未尝无诲焉”，你只要拿一捆肉过来，我没有不教的。如果连这个都没有，那就不教。为什么？因为没诚意。所以，我们说孔子收的不是学费，是见面礼。

朱熹的解释是对的：“但不知来学，则无往教之礼。”学生不愿意来学，老师还能强制吗？学生主动学和老师强制教，效果怎能一样？所以孔子强调“自行束脩”。

7·8 子曰：“不愤不启，不悱不发，举一隅不以三隅反，则不复也。”

这一章的意思是，孔子说：“教导学生，不到他想求明白而不得的时候，不去开导他；不到他想说出来却说不出来的时候，不去启发他。教给他东，他却不能推知西、南、北三方，便不再教他了。”

孔子有教无类，但有几个前提：第一个是必须“自行束脩”，第二个是能“举一隅以三隅反”。

“不愤不启，不悱不发”，朱熹《论语集注》：“愤者，心求通而未得之意。悱者，口欲言而未能之貌。启，谓开其意。发，谓达其辞。”“愤”和“悱”相近，“启”和“发”相似。古人用字比较讲究，在这里我们把它们合起来说。学生有疑问，一定不要一开始就告诉他答案，要让他先想，实在是想获得答案的时候，就稍微指点他一下，他就明白了。这样的话他会记得牢，而且经过前期的摸索，他已经在尝试各种答案了。这是孔子教学的方法，是启发式教学，而非知识性灌输。

程颐曰：“愤悱，诚意之见于色辞者也。待其诚至而后告之。既告之，又必待其自得，乃复告尔。”又曰：“不待愤悱而发，则知之不能坚固；待其愤悱而后发，则沛然矣。”愤悱之后，你再启发他，他会豁然开朗。经过努力之后获得的才会珍惜，轻易得到的不会珍惜，这是人之常情。今天教导学生，不到他想求明白而不得的时候，不去开导他；不到他想说出来却说不出来的时候，不去启发他，仍然是教育的重要原则与方法。

“举一隅不以三隅反”，“隅”就是墙角、角落。古代的屋子绝大多数是方形的，“隅”就是墙角、直角。告诉学生，一个墙角是直角，问他其他墙角是什么？可以说，没有回答不出来的。如果答不上来，就是“举一隅不以三隅反”。

我以前看过一个小品，讲电视台举办歌唱比赛，有个选手迟到了，保安不放他进去。因为放选手进去，保安就违反了规定，要被罚款。但是经过这位选手的再三央求，保安动了恻隐之心，就想用个办法放他进去。他隐讳地说了几个方法，如自己肚子不舒服，要去洗手间；墙很矮，很多人一翻就过去。但是选手就是不明白。最后保安想到了一个办法，让选手通过对讲机唱歌，大家发现他的才华后，就会让他进去。这个选手就是孔子说的“举一隅不以三隅反”。

这章是孔子的教人之法。孔子虽然提倡有教无类，但对于实在不能举一反三的人也很无奈。“中人以上，可以语上也；中人以下，不可以语上也”，也是这个意思。根据学习的积极性，孔子把人分为“生而知之”“学而知之”“困而学之”“困而不学”四类，其中“困而不学”的人怎么教？所以有些人孔子是不教的。孟子后来将孔子的这一思想发展成一句名言，“得天下英才而教育之，三乐也”。

7·9 子食于有丧者之侧，未尝饱也。

这一章与下一章“子于是日哭，则不歌”，在朱熹《论语集注》里是一章，杨伯峻的《论语译注》把它分成了两章，今从后者。

这一章的意思是，孔子在死了亲属的人旁边吃饭，不曾吃饱。

朱熹《论语集注》说：“临丧哀，不能甘也。”我们对比一下《八佾》篇的最后一章，子曰：“居上不宽，为礼不敬，临丧不哀，吾何以观之哉？”“临丧哀”，意思是参加丧礼，要有哀戚之情。既然有哀戚之情，在死了亲属的人旁边吃饭，就不能放任纵情地去大吃大喝，所以说孔子“未尝饱也”。

7·10 子于是日哭，则不歌。

本章意思是，孔子在这一天哭过，就不再唱歌。

这一章是接着上一章来说的。心情的转变有个过程，我们所说的心境就是这样，不可能变得太快。何晏《论语集解》说：“一日之中，或哭或歌，是亵于礼容。”如果哭了之后再唱歌，是亵渎礼容，是对礼的不尊重。唱歌咏志，是欢乐之意，从悲伤到欢乐哪能一下子转过来？

朱熹解释“哭”，“谓吊哭”，即吊丧的时候哭，所以他把两章合为一章。我个人认为，可以把本章放在上一章前面，“子于是日哭，则不歌。子食于有丧者之侧，未尝饱也”。参加丧礼时要哭，哭完以后，丧主招待亲属吃饭，有宴席，但是参加丧礼的人吃不饱。这样的话，意思更通畅。

程门四大弟子之一谢良佐说：“学者于此二者，可见圣人情性之正也。能识圣人之情性，然后可以学道。”如果把这两章结合在一起，正显示了孔子的同情心与敬畏心。到了孟子这里，就把这个心境表述为恻隐之心。恻隐之心的心理机制是什么？就是孔子讲的同情心。凡是有同情心的人，参加丧礼时，如果看到有人大吃大喝，更有甚者在丧礼上大笑，就会感到非常别扭。

礼的功能是“节文”，意思是礼要约束人的行为，使之符合礼的规范。人在日常活动中要融入礼，遵礼而行。丧礼时，“食于有丧者之侧，未尝饱”“于是日哭，则不歌”，这是对丧者的尊重，也是维护丧主的尊严。尊重他人，遵守礼仪，是有教养的表现。这一章与上一章都彰显了孔子在丧礼中的修养。

7·11 子谓颜渊曰：“用之则行，舍之则藏，唯我与尔有是夫！”子路曰：“子行三军，则谁与？”子曰：“暴虎冯河，死而无悔者，吾不与也。必也临事而惧，好谋而成者也。”

这一章是孔子对颜渊和子路的评价。孔子对颜回的评价很高：“用之则行，舍之则藏，唯我与尔有是夫！”用我们的时候就做，不用我们的时候就走，隐藏起来，只有我和颜回才能如此进退自如。结果这个话让子路听到了，子路应该不太高兴，他认为自己是孔子弟子中的勇士、猛将，老师为什么单单表扬颜回？于是对孔子说："子行三军，则谁与？"古代一军有12500人，有三军的都是大国。朱熹注："子路见孔子独美颜渊，自负其勇，意夫子若行三军，必与己同。"言外之意是，老师如果带领三军，一定要靠我。子路的话令孔子不满，他说："暴虎冯河，死而无悔者，吾不与也。"这话带有明显否定子路的意思。"吾不与"，我不和你在一起，因为你是"暴虎冯河"的人。什么是"暴虎冯河"？就是徒手和老虎搏斗，不用船只去渡河。不是谁都能这样的，像武松去打虎，也是因为喝多了，而且他还带了根哨棒，棒没了才用手。"暴虎冯河"在当时是一个俗语，《诗经》里面就曾出现，形容人有勇无谋。孔子批评子路"暴虎冯河"，而且还不后悔，所以"吾不与也"。正确的做法是什么？应该是"临事而惧"。"临事而惧"不是不勇敢，而是掌握好分寸不胡来，应该先谋划而后行，这样才可能成事。

我们从"用之则行，舍之则藏"这句话中还可探讨一下"用"与"舍"的问题。用、舍之间怎么拿捏尺度，是"用"还是"舍"，这是一个社会机遇问题。郭店楚简有一篇文章叫《穷达以时》，里面有这样一句话，"遇不遇，天也"，正是论"用"与"舍"的时机问题。

7·12 子曰："富而可求也，虽执鞭之士，吾亦为之。如不可求，从吾所好。"

朱熹《论语集注》说："好，去声。执鞭，贱者之事。设言富若可求，则虽身为贱役以求之，亦所不辞。然有命焉，非求之可得也，则安于义理而已矣，何必徒取辱哉?”引苏氏曰：“圣人未尝有意于求富也，岂问其可不可哉?为此语者，特以明其决不可求尔。”又引杨氏曰：“君子非恶富贵而不求，以其在天，无可求之道也。”

这一章接上章“用之则行，舍之则藏”，也是讲要不要出来做事。《论语》中多处出现富与贵，如《里仁》篇：“富与贵，是人之所欲也，不以其道得之，不处也。贫与贱，是人之所恶也，不以其道得之，不去也。”而富和贵不一样，富指财产、财富，贵指地位、官职。富不一定贵，贵一般都富，如古代商人富，但是地位低，不贵。君子爱财，取之有道，所以富可求，但是需以正当的手段去求。“执鞭之士”指赶车的人，是贱者之事。但是，只要是正当的职业，无论贵贱，我都可以去做，获得自己的收益。孔子年轻的时候做过委吏、乘田，管理过仓库、牧场，所以他说：“吾少也贱，故多能鄙事。”这正与本章对应起来。用正当的手段去获取财富，没有什么好丢人的。

“如不可求，从吾所好”，如果这种事情做不到，或者说没有机会做，这个时代不允许我做，就不要去做，做好自己能做的事就行了。

如果说上一章是求贵，去做官，这一章就是求富。但是无论求贵还是求富，孔子皆是无可无不可，进退自如。正如杨时说：“君子非恶富贵而不求，以其在天，无可求之道也。”

7·13 子之所慎：齐，战，疾。

“子之所慎”有三点，第一点是“齐”，“齐”就是斋戒。什么时候斋戒？祭祀之前斋戒。《论语·乡党》云：“齐必变食。”之前大鱼大肉，祭祀的前三天要吃素食，这就叫“变食”。什么叫戒？有些事情不能做了叫戒。古代天子在祭天之前，不茹荤，不饮酒，以求内心宁静。斋戒之后就是迁座。什么叫迁座？居住的环境也要变。如大家去曲阜孔庙，还没有进大成门的时候，就可以看到东边有一个地方叫东斋宿。古代帝王将相到孔庙祭孔时，要先到东斋宿居住、休息，目的还是平静心情，体现祭祀的庄严肃穆。再如皇帝到天坛祭天的时候，也要先住进斋宫。住的地方变了，换个环境，能更加沉静自己的心性。

第二点是“战”，“战”就是打仗。朱熹注：“战则众之死生、国之存亡系焉。”能不慎重吗？《孝经·开宗明义》记载：“身体发肤，受之父母，不敢毁伤，孝之始也。”保护好身体不受损伤，就是尽孝。打仗时，随时随地都可能殒命，所以开战要慎重，不能不把生命当回事。当然，为了正义而战时也不能退缩，只是要慎重。

第三点是“疾”。“疾”是什么？古代疾与病不同，病是生病，疾是不舒服，还没有到病的程度。出现疾时要节制饮食，避免身体出问题。病从口入，很多人的健康问题是饮食和作息习惯不良造成的，比方说熬夜、暴饮暴食，都可能对身体造成伤害。所以孔子说要慎重对待。

孔子特别关注祭祀、民生与个人身体。祭祀涉及敬天法祖，战争关系民生福祉，最后才是个人身体之事。

7·14 子在齐闻《韶》，三月不知肉味。曰：“不图为乐之至于斯也！”

这一章反映了孔子对乐的精通和学乐的态度，同时体现了孔子的乐教思想。孔子对乐非常有研究，是一位伟大的音乐家。《史记·孔子世家》记载："孔子学鼓琴师襄子，十日不进。师襄子曰：'可以益矣。'孔子曰：'丘已习其曲矣，未得其数也。'"孔子学琴于师襄子，十日不增加进度。老师说可以往前了。孔子说不行，"丘已习其曲矣，未得其数也"。又过了十天，老师说可以往前了。孔子说不行，"丘未得其志也"。又过了十天，老师说可以往前了。孔子说不行，"丘未得其为人也"。学到最后，他说，这首曲子是《文王操》，是为周文王而作，文王眼望四海，志在天下。我们回到本章，为什么孔子对《韶》这么痴迷？《韶》是赞美舜的乐章，是古代的圣王之乐。所以孔子在齐国闻得《韶》乐，三月不知肉味，痴迷如此，最后发出感叹，以前不知道音乐能达到这么高的境界！

范氏曰："《韶》尽美又尽善。"我们现在形容事物美好，叫尽善尽美，《韶》乐就是尽善尽美。《八佾》篇载，孔子评价《韶》乐："子谓《韶》：'尽美矣，又尽善也。'谓《武》：'尽美矣，未尽善也。'"所以他对《韶》乐的评价是非常高的，甚至可以说是最高的。范氏曰："故学之三月，不知肉味，而叹美之如此。诚之至，感之深也。"我们今天经常用一个词，叫不负韶华，韶华就是美好时光。《尚书·益稷》："《箫韶》九成，凤皇来仪。"《箫韶》有九章，九章演奏完后，凤凰都来了。

7·15 冉有曰："夫子为卫君乎？"子贡曰："诺。吾将问之。"入，曰："伯夷、叔齐何人也？"曰："古之贤人也。"曰："怨乎？"曰："求仁而得仁，又何怨？"出，曰："夫子不为也。"

本章是孔子对古代圣贤的评价，是让子贡当传话筒，在冉有与老师之间通过问与答的形式展开的。冉有对子贡说："夫子为卫君乎？""为"，意思是赞成、帮助。老师是不是要帮助卫国的国君？子贡说："好吧。我去问问老师。"冉有不直接问，而是让子贡去问，这是不是显示子贡和老师之间的关系更为密切？"入"，就是进到屋里去。进去之后，子贡向老师提出一个问题：伯夷、叔齐是什么人？子贡这个人非常聪明，他没有直接问卫君怎么样，而是用古代的贤人伯夷、叔齐来试探老师的态度。孔子说，伯夷、叔齐是古代的贤人。子贡说，他们怨悔吗？孔子说，求仁而得仁，又有何怨呢？子贡从老师屋里出来，给冉有说，老师不帮助卫君。

这段话涉及6位人物：孔子、卫君、两位弟子、两位贤人。我们先看孔子的弟子。冉有是鲁国人，字子有，比子贡大两岁。子贡姓端木，名赐，卫国人。在众多弟子中，子贡应该比别人更了解卫国的形势。孔子周游列国时到卫国的次数最多，说"鲁卫之政，兄弟也"，鲁国和卫国的始封之君是兄弟，都是文王的儿子，两国是同姓之国、兄弟之国。孔子对卫国有深厚的情感，他非常希望能在卫国实现政治抱负。

卫国的国君卫灵公有个儿子，叫蒯聩，他因为派人刺杀卫灵公的夫人南子失败而逃到宋国，不久又投奔晋国。卫灵公去世后，晋国想帮他打回卫国，夺取政权。但是卫国人拥护卫灵公的孙子、蒯聩的儿子继承君位，这就是本章提到的卫君卫出公，名辄。冉有问的就是孔子会不会帮卫出公。这时候，卫国政局不稳，一方面卫国拥护的卫出公即位，另一方面晋国人要帮蒯聩打回来。孔子当时在卫国，是否参与卫国政治，冉有拿不定主意，所以才有此问。

我们看孔子是怎么回答的。孔子将卫君与伯夷、叔齐进行对比。

伯夷、叔齐是孤竹国君的两个儿子，伯夷是哥哥，叔齐是弟弟。孤竹国是一个小国，老国君想让弟弟叔齐来继承君位。老国君死后，叔齐要把君位让给哥哥伯夷，伯夷却认为应该遵循父亲的遗愿。弟弟认为应该立长，哥哥认为应遵父命，结果他俩推来推去，都没有当国君。后来，周武王伐纣的时候，伯夷、叔齐两个人叩马而谏，就是拦在周武王的马前，不让他攻打朝歌。等周武王灭了商之后，周朝建立，伯夷、叔齐不食周粟，隐居首阳山，就是今天的偃师邙岭一带，最后两个人饿死了。两个人不争权，不求利，最后成就了贤人之名。这种做法在很多人看来是很难理解的，所以子贡就问老师，有国君不当，周天子统一天下之后也不出来做官，隐居起来最后饿死了，他们会后悔吗？孔子说："求仁而得仁，又何怨？"

这里体现了孔子的一个非常重要的思想，那就是礼让。伯夷、叔齐为什么都不当国君？伯夷认为要尊重父亲的命令，让弟弟来当；叔齐认为要以天伦为重，让哥哥来当。他们两个互相谦让，"皆求所以合乎天理之正，而即乎人心之安"，故孔子说"求仁而得仁"。

我们再看史书。《史记》将《伯夷列传》放在诸传之首，这是为什么呢？唐代张守节的《史记正义》说，伯夷、叔齐虽有贤行，但在后世怎么流传下来的呢？这要感谢孔子，"伯夷、叔齐虽有贤行，得夫子称扬而名益彰著"。如果没有孔子的颂扬，伯夷、叔齐的事迹可能传不下来。不争名利，求仁得仁，又有何怨？"怨"就是心里面不顺畅。为什么不顺畅？觉得自己吃亏了才不顺畅。在社会生活中，我们有时候会吃亏，但是，还有比把一个国让出去更大的"亏"吗？"求仁而得仁"，又有什么可怨的呢？

7·16 子曰：“饭疏食饮水，曲肱而枕之，乐亦在其中矣。不义而富且贵，于我如浮云。”

这一章讲孔子对人生富贵的态度。“饭疏食饮水”的“饭”是动词，吃的意思。“疏食”是粗粮。“饮水”，古代的水与汤相对，汤是热水，水是凉水。“饭疏食饮水”就是吃粗粮、喝凉水。这是一种什么样的境况？就是生活贫困。“曲肱”就是胳膊一弯，“曲肱而枕之”就是弯胳膊当枕头。这是一种很不舒服的姿势，睡醒以后，胳膊一准是酸疼的。“饭疏食饮水”“曲肱而枕之”形容的是吃得不好、睡得不香。这是很多人都想摆脱的境遇，孔子却说“乐亦在其中”。这是一种安贫乐道的境界。追求富贵是人之常情，但是孔子在追求富贵的时候坚持一个原则，就是要以“义”取之。所以，接下来孔子说“不义而富且贵，于我如浮云”。如果不以“义”的方式，就是不以正道来得到富贵，我宁愿不要。“浮云”是飘浮的云，形容富贵飘忽不定。朱熹《论语集注》说：“圣人之心，浑然天理，虽处困极，而乐亦无不在焉。其视不义之富贵，如浮云之无有，漠然无所动于其中也。”这可不是一般人能达到的境界。

“饭疏食饮水”“曲肱而枕之”，都这么困难了，孔子还乐在其中，说明在孔子看来，肯定有比饮食起居更高的追求。宋儒有个命题叫“孔颜乐处”，是周敦颐给二程出的题，周敦颐让弟子们找找孔颜乐在何处。孔子讲“不义而富且贵，于我如浮云”，颜回“一箪食，一瓢饮，在陋巷。人不堪其忧，回也不改其乐”。颜回的陋巷之乐和孔子的“饭疏食饮水”是一样的，师徒二人在精神方面的追求毫无疑问是高于物质追求的。

7·17 子曰："加我数年，五十以学《易》，可以无大过矣。"

这一章讲孔子与《周易》的关系及其对《周易》的态度。"加"，通"假"，给予。"加我数年"，就是再给我几年，给我一些时间。《史记·孔子世家》："假我数年，若是，我于《易》则彬彬矣。""五十以学《易》"，朱熹说，这时候孔子讲这个话是一种假设，意思是假设从50岁的时候开始学《周易》，不至于有很多的过错。这是孔子在回忆他的人生经历的时候说的话。也有人据此怀疑孔子和《周易》的关系，认为孔子没有学过《周易》，所以才说假如给我时间，我就有机会学习《周易》，表达的是孔子的后悔之情。

孔子和《周易》有没有关系？一种说法是孔子作《易传》，这是传统说法；另外一种说法是孔子没有作《易传》。其实，孔子与《周易》的关系，无论传世文献还是出土文献都有大量的证据。《史记·孔子世家》记载："孔子晚而喜《易》，序《彖》《系》《象》《说卦》《文言》。读《易》，韦编三绝。曰：'假我数年，若是，我于《易》则彬彬矣。'""韦编三绝"的意思是孔子读《周易》次数太多，把连接竹简的牛皮绳都翻断了很多次。马王堆帛书《易传·要》篇载："夫子老而好《易》，居则在席，行则在囊。"孔子居家的时候，把《周易》放在席子上，外出的时候，随身携带，时刻不离。这说明，在孔子晚年，《周易》是他离不开的经典。孔子在熟读《周易》的基础上，有感于《周易》的哲理，作了《易传》。

孔子认为，如果从50岁开始学《周易》，学上数年，就会少走很多弯路。那么，孔子50多岁的时候在干什么呢？这一段时间是他最风光的时候，在鲁国任大司寇兼代理国相。当时，因为定公的父亲让三桓害死了，定公一是想复仇，二是想削弱三桓，加强君权，所以任用孔子来和三桓对抗，这正是孔子想做的事情。但是，最终因三桓势力太大，孔子与定公的计划没有成功。定公不敢得罪三桓，担心最后落得和父亲一样的下场，于是委曲求全，不再任用孔子。孔子失去了政治改革的机会，只好周游列国。周游途中，处处受阻，艰难行进，甚至绝粮于陈蔡。孔子晚年回忆他的经历，感叹说，如果50岁能够悟得《周易》，是不是可以改变策略，甚至有可能获得成功？

这一章，既有孔子对他从事政治的利弊得失的总结，又证实了孔子与《周易》的关系。

7·18 子所雅言《诗》《书》，执礼，皆雅言也。

本章讲的是孔子讲话、教学、主持礼仪都用标准语。这句话有两种句读方式，第一种是把逗号放在“子所雅言”的后面，即“子所雅言，《诗》、《书》、执礼，皆雅言也”。整句意思是，孔子说话用雅言，教学生《诗》、《书》和主持礼仪，都用雅言。这是通行的句读方式。但我认为第二种方式更合适，即把逗号放在“《书》”后边，“子所雅言《诗》《书》，执礼，皆雅言也”。“雅言”是什么？雅和俗是相对的，朱熹解释雅言为“常言”。我们也可以把雅言解释成正言，即标准语。比方说，我要是讲课用普通话，大家都能听懂；如果用家乡话，有的人就可能听不懂。道理是一样的，所以孔子当年教学所用的应该是标准语。“执礼”是什么？应该是孔子对学生进行礼仪训练或者给别人主持礼仪时，也用标准语。所以《诗》《书》是知识体系，礼是动作，从中断开是合情合理的。

孔子的弟子来自四面八方，如鲁国、卫国，远的还有来自吴国的子游，如果孔子用方言讲课，很多外地的学生就听不懂了。所以，孔子讲话、教学应该用的是标准语，今天叫普通话。当时的普通话是什么话？春秋时期，周朝的首都迁到了洛阳，是不是官方语言为河南话？我们不清楚。总之，孔子应该用的是官方所认可的、社会所通行的标准语。

怎么能说明当时的语言出现家乡话与标准语呢？《孟子》书中可以找到证明。当时有个楚国大夫问孟子，如何让孩子学齐语。这就相当于今天湖北的人学山东话，准确一点是学淄博话。孟子说，如果给他请一位山东淄博的老师来教，但是周围全是郢地的小孩，都说楚国话，他上课学了一点，下课就忘了；如果把他送到淄博过上半年，回来后，恐怕连楚国话也不会说了。所以学习语言，环境很重要。从这段记载中我们可以发现，战国中期的时候，诸侯国之间的语言已经不通了。由此往前推一下，孔子所处的春秋晚期，各地应该也存在语言不通的情况。

7·19 叶公问孔子于子路，子路不对。子曰："女奚不曰，其为人也，发愤忘食，乐以忘忧，不知老之将至云尔。"

"叶公问孔子于子路"，意思是叶公向子路问孔子的为人如何，即问子路，你老师是一个什么样的人。"叶公"，朱熹注："楚叶县尹沈诸梁，字子高，僭称公也。"他为什么称公？因为楚国国君这时候要称王了，然后地方官的级别也跟着升了。子路拿不准叶公的意思，所以他不回答。子路这时候没有莽撞地回答，而是拘谨了一下。这一拘谨就受到了孔子的批评。孔子说："你为什么不说呢？我是'发愤忘食，乐以忘忧，不知老之将至'的人啊！"子路哪能知道老师想让他这样回答。这也说明子路对老师还是不够了解。

孔子有很多优点，我们一般会评价孔子道德高尚、遵礼而行。但是孔子自己说，我不是道德最好的人，"十室之邑，必有忠信如丘者焉，不如丘之好学也"。讲到现在，其实孔子已经留给了我们一种很深的印象——好学。孔子说，好学是我最大的优点。好学到什么程度？到了"发愤忘食，乐以忘忧"的地步。读起书来把吃饭都忘了，高兴得忘了忧愁，这是何等境界！"好之者不如乐之者"，"乐之者"进入了无我境界，哪有忧愁！就是在这样持之以恒的好学、乐学过程中，不知不觉年老了。

夫子这样评价自己，一种好学的精神与坦然的胸怀豁然纸上。我们读书人读到这儿，也得结合自己来想一想我们读书的态度和问学的态度，能不能像夫子那样达到"发愤忘食"的境界。

我有一次接孩子放学，突然想到"发愤忘食，乐以忘忧，不知老之将至云尔"这句话。我刚去北京的时候，她上幼儿园中班，不知不觉现在已经读高二。有时候我们希望孩子快快长大，但是孩子的成长是与家长年龄的增长同时进行的。虽然现在我还不能说是"老之将至"，但还是感叹时光流逝。我们的年龄在增长，父母的年寿也在增长。每年给老人庆寿，看到老人身体好，我们就非常开心。但是孔子说"一则以喜，一则以惧"，意思是老人年寿越增长，离开我们的这一天就越近，心里越发不是滋味。我上周接受了《中国老年》杂志的采访，结合儒家来谈孝道，谈养老的问题。老年人的幸福其实有时候就是有点事情做。如果老人有爱好的话，他就会很开心。另外，我们要特别注意多给予老年人精神方面的关爱。子女陪老人聊聊天，让他们开心，就是尽孝。

“发愤忘食，乐以忘忧”，很少有人能达到孔子这么高的境界。我们要像孔子学习，学习他的好学精神与乐学的品质，做到“发愤忘食，乐以忘忧”。

7·20 子曰：“我非生而知之者，好古，敏以求之者也。”

在《论语·季氏》篇有一句话，“生而知之者，上也；学而知之者，次也；困而学之，又其次也；困而不学，民斯为下矣”。孔子按照学习的主动性把学生分成四个层次：第一个层次是“生而知之”，第二个是“学而知之”，第三个是“困而学之”，第四个是“困而不学”。本章中，孔子说自己不是“生而知之者”，他不认为自己是圣人。在本篇的另外一处，记载孔子评价自己：“若圣与仁，则吾岂敢？”说自己连仁者都算不上。

孔子很谦虚，他认为自己之所以有所成就，就是因为“信而好古”，喜欢古代文化，而且不知疲倦地、勤敏地学习。所以，这一章有三层意思：第一，我不是聪明的人；第二，我喜欢古代文化；第三，我勤敏地追求学问。尹氏曰：“孔子以生知之圣，每云好学者，非惟勉人也，盖生而可知者义理尔，若夫礼乐名物，古今事变，亦必待学而后有以验其实也。”我们还可以结合《公冶长》篇来解读。子贡问曰：“孔文子何以谓之文也？”孔文子为什么能谥为“文”呢？子曰：“敏而好学，不耻下问，是以谓之文也。”“敏而好学，不耻下问”就是勤敏好学。所以这一章还是讲孔子的好学精神。

7·21 子不语怪，力，乱，神。

古代科举考试，曾以“子不语”为题。“语”是讲、说的意思。孔子不说四种事：一是怪，怪异的事情；二是力，勇力、蛮干；三是乱，悖乱之事、忤逆之事。这三点不符合中和之道。“神”是鬼神。对于我们来说，鬼神看不见，摸不着，但是孔子并不否定鬼神的存在。他的高明之处就在于，“敬鬼神而远之”。“敬而远之”，既敬畏，又保持距离，不去探讨鬼神到底存不存在。

墨家的弟子曾经问儒家的弟子：你们不相信鬼，但是还祭祀，这不就相当于你们认为水里没有鱼，但是还在编渔网吗？其实，墨家没有理解儒家的深意，鬼神是帮助教化的手段，即神道设教。神道设教可以辅助人道教化。荀子有句话说：“君子以为文，而百姓以为神。”君子用它来统治，老百姓就信以为真了。

谢良佐说：“圣人语常而不语怪，语德而不语力，语治而不语乱，语人而不语神。”经常的、普遍的、被大众认可的，就可以谈论；不经常的、不普遍的、怪异的，就不说。孔子不主张暴力，主张仁政，他提倡的价值体系可作治世用，是正道。

7·22 子曰：“三人行，必有我师焉。择其善者而从之，其不善者而改之。”

这一章大家都比较熟悉。一般的理解是，路上有三个人，其中一定有我的老师。选择好的学习，不好的改正过来。朱熹《论语集注》说：“三人同行，其一我也。彼二人者，一善一恶，则我从其善而改其恶焉，是二人者皆我师也。”又引尹氏曰：“见贤思齐，见不贤而内自省，则善恶皆我之师，进善其有穷乎？”按照朱子与尹氏的解释，“三人”包含自己和其他两个人，这两个人一个是好人，一个是坏人，跟着好人学善，对坏人要引以为戒。无论好人还是坏人，对自己来说都有帮助，一个是正面的，一个是反面的。从这方面来看，这一章还是体现了孔子谦虚好学的精神。

其实，在我看来，这里的“三人”并不一定是确数，也可以说是多人。“行”是行事，做事。每个人总有考虑不周的地方，千万不要觉得自己很完美。要尊重他人的意见，善于吸收合理化建议，见贤思齐。好人是我们的老师，坏人对我们是反面教材。

7·23 子曰：“天生德于予，桓魋其如予何？”

桓魋（tuí），宋国的司马。《史记·孔子世家》记载：“孔子去曹适宋，与弟子习礼大树下。宋司马桓魋欲杀孔子，拔其树。孔子去。弟子曰：‘可以速矣。’孔子曰：‘天生德于予，桓魋其如予何？’”桓魋组织一帮人围攻孔子，当时孔子和弟子在一棵大树下学习礼。桓魋就砍树，想要迫使孔子赶快离开宋国。孔子这时候说，我的福报是桓魋能管得了的吗？“天生德于予”，“德”，杨伯峻解释为“品德”。《礼记·哀公问》里讲“百姓之德”，郑玄解释“德”为福，即福德、福报。郑玄的注解很符合此处“德”的意义。孔子的意思是我的福报是你桓魋能奈何得了的吗？是你小人能干涉得了的吗？

子夏说：“死生有命，富贵在天。”你的福报，你在一生之中到达一个什么样的层次，不是由自己决定的，这是儒家的天命观。天命不可违，正如朱子《论语集注》所言：“魋欲害孔子，孔子言天既赋我以如是之德，则桓魋其奈我何？言必不能违天害己。”

7·24 子曰：“二三子以我为隐乎？吾无隐乎尔。吾无行而不与二三子者，是丘也。”

这句话是孔子讲给学生听的。孔子说，你们以为我有隐瞒吗？我对你们没有什么可隐瞒的。我所知道的没有不告诉你们的，这就是我的为人啊！

我当老师这么多年，对教师这种职业有个很深的体会，作为一名老师，想把他知道的最好的东西都告诉学生，让学生都学好，都能超过老师。这是我的真实感受。我在北京师范大学做博士后期间，受到晁福林先生的亲切指导，我非常感激。我居住的博士后公寓距离著名历史学家刘家和先生的居室仅有十几米，因此我就有了向先生请教的便利条件。我每一次去先生家里，先生对我的指导，如果用心整理，就是一篇重要的学术论文。先生对我没有隐瞒，他把他的学术研究心得、研究方法不加保留地告诉我。从名分上说，先生并不是我的指导老师，但是先生为人师的风范，深刻诠释了孔子“吾无隐乎”的人师境界。

孔子之所以有此答，肯定是因为有弟子以为孔子有隐瞒，有弟子有此问。陈亢就问过孔鲤：你父亲教给你的和教给我们的是一样的吗？透过陈亢之问，我们知道确有弟子以为老师给自己的儿子或者别的弟子开小灶。

有一俗语说：“赠人玫瑰，手有余香。”但是在现实生活中，赠人玫瑰，手里不一定有余香，有时候还可能会被刺扎伤。你无私地帮了别人，别人却对你有误解，这是很可悲的。

你们这些孩子是不是以为我有隐瞒？我没有任何隐瞒，我没有什么不能告诉你们的，这就是我孔丘。圣人的气象、圣人的胸怀，在这里又一次体现出来了。但即使是这样，未必有人能够深察孔子的内心，未必有人理解孔子的所为。圣人功德这么大，都有人误解他，更不要说我们这些平凡人了。有人误解了你，或者有人和你发生了冲突，那就学圣人，尽可能淡然处之就是了。“人不知而不愠”，说的就是这个意思。

7·25 子以四教：文，行，忠，信。

这一章的意思是，孔子教学生的内容是：文，行，忠，信。

“文”包括诗书礼乐，也包括博学、审问、慎思、明辨、笃行的进学方法与道理。教给学生知识是基础，还要告诉学生道理，道理有时候比知识更重要。韩愈讲师者，传道、授业、解惑也，把传道放在首位。

“行”是行事、做事，指社会实践。有了知识，懂了道理，但是如果没有社会实践，不知道如何在社会上做事，学就没有转化为行。

“忠”是忠以待人、诚以待人。朱熹解释忠恕之道的“忠”，称“尽己之谓忠”。“忠”就是“尽己”，有多大本事，使多大力量，不隐瞒，也不夸大。

“信”与“忠”相对应。“忠”是待人，“信”是律己。对别人要实实在在，对自己要严格要求。

“文，行，忠，信”四教，“文”与“行”侧重知识、道理和行为方式的教育，“忠”与“信”侧重道德、德行教育。四教合起来，知行统一，尊德性与道问学统一，可见孔子的教育是非常全面的。程颐解这一章，说“教人以学文修行而存忠信也”。

7·26 子曰：“圣人，吾不得而见之矣；得见君子者，斯可矣。”子曰：“善人，吾不得而见之矣；得见有恒者，斯可矣。亡而为有，虚而为盈，约而为泰，难乎有恒矣。”

本章是孔子对几种层次的人做出的评价。孔子评说圣人与君子，有两层含义。第一层含义是地位上的。在孔子之前，特别是春秋霸政之前，圣人和君子还不是道德意义上的，圣人对应天子，君子对应诸侯与大夫。在孔子视域中，圣人还包括更远的尧、舜、禹等古代圣王。圣人无论是在时间上还是地位上，都与常人距离遥远。但是作为君子的诸侯与大夫，常人是可以见到的。这是第一层意思。第二层含义指人的德行。孔子虽然承认有“生而知之者”，但是他没有见过，他也不认为自己是“生而知之者”，而认为自己是“学而知之者”。“生而知之”和“学而知之”，可以分别对应圣人和君子。孔子说，我没有见过“生而知之者”，我见过“学而知之者”，意思是我没有见过圣人，我只见过君子。

“善人，吾不得而见之矣；得见有恒者，斯可矣。”“善人”是品行好的人，“有恒者”是持之以恒、坚守品质的人。孔子说，现在见不到善人了，能见到致力于向善的人就不错了。既然圣人与善人都很难见到，只能见到君子与有恒者，那么就应该做有恒者，致力于君子之道。孔子认为，有三种情况会威胁到君子和有恒者，即“亡而为有，虚而为盈，约而为泰”，没有装作有，空虚装作充实，贫困装作奢华。在学习和修身的道路上，我们也会遇到这三种人，但伪装的面子迟早是要露馅的，所以孔子说“难乎有恒”，不能持久。孔子告诉我们要诚实，实实在在做人。对于“有恒”，我们补充一点，《孟子·梁惠王上》记载：“无恒产而有恒心者，惟士为能。若民，则无恒产，因无恒心。”如果百姓没有恒久的产业，就会出问题。只有受过教育的人，遇到穷困的时候才不改其志。“恒”必须是有一定修养、成为士君子的人才能做到。

我们从这一章可以看到孔子对圣人与善人的人格向往，以及在成就君子之路上需要注意的三种不良倾向。

7·27 子钓而不纲，弋不射宿。

本章理解起来不难。一条条地钓，是钓鱼；在河中间拉一张大网，大鱼小鱼全部收入网中，叫纲。钓与纲的区别在于，一个是适量获取，一个是大小全收。“子钓而不纲”，孔子钓鱼，不用网捕鱼。“弋（yì）”，用生丝系的箭。“弋不射宿”，孔子不射晚上归巢之鸟。

朱熹《论语集注》引洪氏曰：“孔子少贫贱，为养与祭，或不得已而钓弋，如猎较是也。然尽物取之，出其不意，亦不为也。此可见仁人之本心矣。待物如此，待人可知；小者如此，大者可知。”本章体现了孔子的仁爱精神，用今天的话说，就是生态保护、可持续发展的理念。大家知道，国家海洋局在渔业生产方面，每年都设置一个禁渔期。古代也有禁渔期，《孟子·梁惠王上》记载，“数罟不入洿池，鱼鳖不可胜食也；斧斤以时入山林，材木不可胜用也”。古人已经有了可持续发展的理念。

我们应该向孔子学习，善待生物，善待一切生命，不得已索取的时候，也是按需索取、适量索取，保证生态环境的可持续发展。善待环境，善待生物，也就是善待自己。但是某些人可能认为，只要我得了利益，哪管其他人怎么样；至于为后人造福，更是遥远的事情。因此，社会上必须弘扬孔子的生态环境保护思想，只有更多人具有这种理念，社会才会发展得更好。

7·28 子曰："盖有不知而作之者，我无是也。多闻，择其善者而从之，多见而识之，知之次也。"

"不知而作"，是不知其理而妄作。孔子说，我不是这样的人，言外之意，孔子是"知而作"。本篇第一章，孔子说自己是"信而好古，述而不作"，由此可知，孔子的作是建立在对古代的文化熟悉与继承的基础上的。"多闻，择其善者而从之，多见而识之"，多听，选择好的传下来；多看，看完记下来，这就是"学而知之"。"知之次也"是倒装用法，意思是我的这种"知"是次于"生而知之者"的。我们从这段话可见，孔子坚持自己是"学而知之"的人，择善而从，多见而识。

7·29 互乡难与言，童子见，门人惑。子曰："与其进也，不与其退也，唯何甚！人洁己以进，与其洁也，不保其往也。"

这一章讲"互乡"这个地方的人，不好打交道，说话不好听。"童子见，门人惑"，童子是小孩，他想见孔子，孔子就见了他。弟子们感觉到困惑，认为孔子不该见小孩。这个地方的大人都不好交往，小孩也就更不懂事了。孔子说："与其进也，不与其退也，唯何甚！人洁己以进，与其洁也，不保其往也。"

朱熹说此处的竹简可能有错简或者有阙文。我认为其实这样也能顺读下来。你有学问，别人想跟你交往，这不是寻求进步的表现吗？"与"是赞成的意思。赞成他的进步，不赞成他的退步，何必做得太过！人家都到家门口了，你还不见吗？这种理解是可以讲通的。

"人洁己以进，与其洁也，不保其往也"，人家来见你，而且是梳洗打扮后很庄重、很正式地来拜见你，看其诚意也要见一见。不要对他以前的事情太在意，也不要揪住以前不放，不能一棍子打死，不给别人翻身的机会，要适可而止。这段话讲孔子对待他人包容宽厚，人只要想进步，就给他机会。所以我们经常讲，与人方便，与己方便，有容乃大。

7·30 子曰："仁远乎哉？我欲仁，斯仁至矣。"

这一章和上一章看起来没有什么关系，可是如果连起来读，是可以贯通的。仁者宽以待人，帮助他人进步就是仁的表现。仁离我们很远吗？其实不远，如果想去做仁者之事，仁就到了。无论别人以前怎么样，只要虚心学习，大家给他提供帮助，他可能就成为好人；但是如果拒绝了他，他就有可能去做坏事。

朱子曰："仁者，心之德，非在外也。放而不求，故有以为远者；反而求之，则即此而在矣，夫岂远哉？"程子曰："为仁由己，欲之则至，何远之有？"孟子讲："由仁义行，非行仁义。"从仁义出发，而不是做仁义的事情。从仁义出发，是发自内心的；做仁义的事情，可能有伪善的成分。无论孔孟，还是程朱，皆以为人是行仁的主体，只要想去做，并且付诸行动，就可以做成仁者之事。上一章互乡童子请见孔子，孔子还是见了，体现了孔子的助人向善、行仁之举。所以，把这两章结合起来读，就更容易理解孔子的做法了。

7·31 陈司败问昭公知礼乎？孔子曰："知礼。"孔子退，揖巫马期而进之，曰："吾闻君子不党，君子亦党乎？君取于吴为同姓，谓之吴孟子。君而知礼，孰不知礼？"巫马期以告。子曰："丘也幸，苟有过，人必知之。"

"陈司败"，陈国官员。朱子认为"司败"指司寇。"揖（yī）"，拱手礼。陈司败问孔子，鲁昭公知礼吗？孔子答，"知礼"。孔子走后，陈司败给孔子的弟子巫马期作了个揖，问巫马期："我听说君子不偏袒，难道孔子也偏袒吗？鲁昭公娶同为姬姓的吴国公主，不敢称其吴姬，而称为吴孟子。鲁君如果知礼，还有人不知礼吗？"巫马期把陈司败的话告诉了孔子。孔子说："我是幸运的人，有了过错，人家给指了出来。"

我们推测，这段对话可能是在孔子周游列国时发生的。孔子到了陈国，陈司败仰慕孔子的名气，前来拜访，或者来探一下孔子的底，于是给孔子出了一个考题，结果孔子答错了。在提问之前，陈司败知道鲁昭公娶吴国公主是违背周礼的，结果孔子却给出了肯定的答案，认为鲁昭公知礼。在陈司败看来，孔子不可能不知道这事，于是，他又跟巫马期询问。古代同姓不婚，吴与鲁都是姬姓国，不能通婚。鲁昭公却坏了规矩，娶了吴国公主，为了掩人耳目，不敢叫吴姬，叫吴孟子。巫马期一听，别人把鲁君隐晦的事给揭露了出来，只好如实告诉孔子。

孔子以诗书礼乐教弟子，怎么可能不知道鲁昭公娶吴国公主是违背周礼的？这里，孔子是有难言之隐的。朱子解释得对，他说："孔子不可自谓讳君之恶，又不可以娶同姓为知礼，故受以为过而不辞。"孔子知道国君做错了，娶同姓违礼，但是他为国君隐瞒了这件事情，最起码不能从他口中说出来。按照他的价值取向，为国君隐瞒，是臣子之道。但是，这件事又被外人揭穿了。既然揭穿了，孔子立即承认自己做得不对。这体现了孔子的大智慧，有了过错，不要掩饰，当别人指出来后，还要感谢别人。所以，孔子说"丘也幸，苟有过，人必知之"。

这句话可以对比《论语·子张》，子贡说："君子之过也，如日月之食焉：过也，人皆见之；更也，人皆仰之。"君子有没有过错？当然有。君子的过错就像日食、月食一样，别人都能看到。如果君子有过错，改了过来，大家会更加仰慕他。孔子对过错的态度，值得我们学习。是我的过错，要敢于承认，这是君子坦荡荡的表现。

7·32 子与人歌而善，必使反之，而后和之。

这一章的大意是，孔子与人一起唱歌，如果唱得好，一定会请他再唱一遍，然后自己会和一首。

为什么孔子觉得好，就会请他再唱一遍，而且要和一首？如朱子《论语集注》说："必使复歌者，欲得其详而取其善也。而后和之者，喜得其详而与其善也。""复歌"是"欲得其详而取其善"，"和之"是"喜得其详而与其善”。孔子气象从容，诚意恳至，而后谦逊缜密，不掩人之善，值得我们反思与学习。

孔子精通乐理，“子在齐闻《韶》，三月不知肉味”。这种对音乐的痴迷程度，正是好之者、乐之者的表现。这一章显示了圣人的学习态度和方法。

7·33 子曰：“文，莫吾犹人也。躬行君子，则吾未之有得。”

前面有几处讲过“文”。“文”不能只理解为书本的知识，还应该理解为诗书礼乐等当时贵族必备的知识与教养。“躬行君子”，指践行君子的风范。谢良佐曰：“能躬行君子，斯可以入圣。”能做到君子的标准，就是圣人了。孔子的意思是说，“文”的方面，我已经和别人差不多了，但是在践行君子的实践上，我还有很大的距离。

朱子注“犹人”为“言不能过人，而尚可以及人”，不超过别人，和别人差不多。“未之有得”，“则全未有得，皆自谦之辞”。“文”与“行”实际上对应“知”与“行”。“知”，未必能“行”；“知”如人，“行”未必如人。知易行难，孔子劝人“勉其实”，要谦虚谨慎，虚心好学。

7·34 子曰：“若圣与仁，则吾岂敢？抑为之不厌，诲人不倦，则可谓云尔已矣。”公西华曰：“正唯弟子不能学也。”

圣与仁是很多人向往的，但孔子从不以圣与仁自居。当时应该有人评价孔子是圣或者仁，所以才有“则吾岂敢”的自谦之辞。对圣与仁，我怎么敢当呢！我只是不知疲倦地学习做事，不知疲倦地教书育人而已。孔子的学生公西华，比孔子小 42 岁，鲁国人，他说，这一点正是弟子学不到的。

孔子“学而不厌，诲人不倦”，主张学而知之，下学上达，认为这是通过自己的不懈努力实现人生价值的正途。孔子越谦虚，越努力，他的声望越高，影响越大，但无论别人怎么说，他都保持清醒，从不以圣与仁自居。从孔子的言语中我们可以推测，孔子把古代圣人作为教化的榜样，正如晁氏所言：“将使圣与仁为虚器，而人终莫能至矣。故夫子虽不居仁圣，而必以为之不厌、诲人不倦自处也。”

这一章还是讲孔子的谦虚态度，孔子自谦自己不是德行高于别人，不是悟性高于别人，不是爱心高于别人，而是对于学习痴迷的态度、好学的精神高于别人。

7·35 子疾病，子路请祷。子曰：“有诸?”子路对曰：“有之。《诔》曰：‘祷尔于上下神祇。’”子曰：“丘之祷久矣。”

孔子生病了，子路想替他祈祷，结果这个事让孔子知道了。孔子问子路，有没有这回事？子路说，有这回事。不光有，还有诔（lěi）文。什么是诔文？祭祀或祷告的时候，把想求的事或者神写出来。《诔》曰：“祷尔于上下神祇（qí）。”“祇”，地神。北京地坛有座皇地祇神殿，是明清皇帝祭祀地神的地方。子路说，我向天地神祇祷告了。孔子说，我也祷告很久了。

子路向天地神祇祷告，闹出很大动静，很可能是因为孔子生了大病，他想让老师尽快好起来。孔子觉得不妥，但是又不能批评子路，只能说，我也祷告很久了。言外之意，祷告没有什么用。本章显示了孔子对鬼神敬而远之的态度，又体现了孔子对于子路出于好心为他祷告而做出的委婉拒绝。

7·36 子曰："奢则不孙，俭则固。与其不孙也，宁固。"

本章意思是，孔子说："奢侈显得傲慢，俭朴显得寒碜。与其傲慢，宁可寒碜。"

"孙"，顺也，谦逊。朱子注："奢俭俱失中，而奢之害大。"追求奢侈、奢华的人，一般比较傲慢；太过于节俭的人，一般比较浅陋，上不得台面。如果在奢与俭中做选择的话，孔子宁愿选择节俭，也不要奢华。

孔子是很低调的人。大家注意，为什么孔子褒扬疏食饮水的颜回？就是因为俭能养德，奢会败性。春秋贵族的衰落，就是因为他们失去了礼的约束，下级用上级的礼乐，这就是"奢则不孙"。所以，孔子说这句话，有针砭时弊的意味。

7·37 子曰："君子坦荡荡，小人长戚戚。"

"坦"就是平，"荡荡"就是宽广。君子心胸开阔，心地平坦宽广，泰而不骄。《大学》篇中的"心广体胖"，就是讲体态安适，与"坦荡荡"是一样的。"戚戚"是有许多小心思，心里狭促。敞亮还是狭促，是君子和小人的区别，敞亮是因为无私，狭促是因为有私。《论语》里面有很多君子和小人的对比，其根本就在于无私还是有私。

7·38 子温而厉，威而不猛，恭而安。

“厉”，严肃。“温而厉”，待人既温和又严厉。“威而不猛”，有威严但不莽撞。“恭而安”，对别人恭敬而又安适。如果温做不到厉，威做不到不猛，恭做不到安，就属于偏执了。朱子《论语集注》：“人之德性本无不备，而气质所赋，鲜有不偏，惟圣人全体浑然，阴阳合德，故其中和之气见于容貌之间者如此。门人熟察而详记之，亦可见其用心之密矣。抑非知足以知圣人而善言德行者不能也，故程子以为曾子之言。”

《述而》篇共38章，从学开始，孔子热爱古代文化，相信这种文化传统，故将其继承下来，并谦虚地说“述而不作”，自己还有同道中人。下面有多章讲“学而不厌，诲人不倦”，“三人行，必有我师焉。择其善者而从之，其不善者而改之”，都是一种谦虚的话。孔子教学生没有任何隐瞒，孔子的好学、孔子的为人处世，都蕴含了不偏不倚的中和之道。对于犯过错误的人、不好交往的人，孔子都可以泰然处之。本篇最后，以“温而厉，威而不猛，恭而安”收尾，圣人的中和气象，跃然纸上。

泰伯第八

孔德立 解读

《泰伯》是《论语》的第 8 篇，共 21 章。这一篇的主要内容是赞颂古代贤达，讲述为君治民及修身为政之道。对古代圣贤的赞颂，是为了启示孔子时代的当权者修身与为政，也是为后世治理天下者立言。

8·1 子曰：“泰伯，其可谓至德也已矣！三以天下让，民无得而称焉。”

本章的意思是，孔子说：“泰伯，那可以说是品德最崇高的了，三次把天下让给季历，老百姓简直找不出恰当的词语来称赞他。”

“至德”，最高的品德与人格。开篇孔子给了泰伯最崇高的评价。“三以天下让”，“三”，杨伯峻先生解释为“屡次”，如果看历代的著述，此处确实就是三次。当然，我们不用拘泥于到底是几次，总之他把天下让给了季历。“让天下”，孔子认为是最高的德行。老百姓之所以找不到用什么词语来称赞他，是因为无论多么华丽的语言都无法形容泰伯高大伟岸的德行。

为什么孔子对泰伯评价这么高？泰伯是谁？孟庙里有一道门叫“泰山气象门”，形容孟子泰山岩岩之气象。泰山的“泰”在古代通太平的“太”。我们在有些地方可以看到“泰伯”就写成“太伯”。“太”在古代又与“大”相通，故“泰”“太”“大”这三个字可以互用。泰伯就是大伯，长子。那么，他是谁的长子？他是古公亶父的长子。古公亶父生活在先周时代（周朝没有建立的时候，历史上称为先周时代），他把周族从豳地迁到了岐山。豳地即今陕西旬邑一带。他为什么要迁？因为他把原来的地方让给了北方的少数民族。北方的少数民族过来了，他们没地方居住，然后古公亶父就把周族的地方让给了他们，自己带着百姓往南迁移。

以前我们研究古代中原民族与北方游牧民族的战争时，经常好奇北方游牧民族为什么总是南下。气象学家竺可桢先生通过对中国北方地区古代气象的研究，解析了北方游牧民族和中原农耕民族之间战争的规律。当年平均气温降低到一定温度时，北方该长牧草的地方就不长了，游牧民族的牛羊就会冻死、饿死。为了生存，他们就要逐水草而居，往温度较高的南部迁移。过了燕山山脉，就进入了周族的统辖之地。进来之后，双方必然会发生冲突，爆发战争。历史上农耕民族和游牧民族的战争与气象变化有很大的关系。古公亶父面对游牧民族的南迁，没有阻拦，而是率百姓迁到了岐山，这也为下一步周族在渭河平原建立政权奠定了基础。

古公亶父有三个儿子：老大泰伯，老二仲雍，老三季历。季历的儿子昌，就是后来的周文王。文献记载，古公亶父想传位给姬昌。这样他就需要先传位给季历，季历再传位给姬昌。但是有老大、老二在，怎么办呢？所以，老大、老二就要离开。关于泰伯的离开，有两种说法。

第一种说法，泰伯和他父亲的关系是相当好的，他为了让父亲实现心愿，主动离开，而且他不光自己走，还把他的弟弟仲雍也带走了。因为如果他走了，古公亶父还需要在老二仲雍与老三季历之间选择；如果两个人都走了，就只能传位给季历了。泰伯和仲雍跑去哪了呢？跑到了荆蛮地区，就是今天的湖北，后来又到了勾吴。泰伯就是吴国的始祖，这叫“泰伯奔吴”。泰伯没有后人，死了之后，吴的政权就传给了仲雍。

第二种说法来自《左传》。《左传·僖公五年》记载：“大伯、虞仲，大王之昭也；大伯不从，是以不嗣。”大伯就是泰伯，虞仲就是仲雍，大王就是太王，即古公亶父。这句话的意思是，泰伯、仲雍是古公亶父的长子和次子，泰伯不听从父命，因此古公亶父不把位置传给他，于是他离开了。

一种说法是主动走的，一种说法是被动走的。主动走的说法中，还有一个感人的故事。泰伯为了顺从父亲古公亶父的意愿，就在古公亶父生病的时候，以采药为名，带着二弟去了南方，隐居不归。古公亶父、季历就派人来找他们。找到之后，他们也不回去，这叫一让。古公亶父去世后，季历来给他们报丧，问泰伯，父亲死了你还不回去吗？泰伯还是不回去，这叫二让。后来季历直接挑明说，我不要王位，只想要你回去。泰伯还是不回去，这叫三让。

武王灭商之后，派人去找泰伯和仲雍的后人。后来找到了仲雍的后人周章，然后周天子正式册封周章为吴国国君。前面《述而》篇我们讲了伯夷、叔齐“求仁而得仁，又何怨”。伯夷在《史记》的《列传》里是首篇，泰伯在《世家》里也是首篇，即《吴太伯世家》。我们发现孔子对泰伯、伯夷都非常尊重，这对后来司马迁写《史记》是有影响的。

8·2 子曰：“恭而无礼则劳，慎而无礼则葸，勇而无礼则乱，直而无礼则绞。君子笃于亲，则民兴于仁；故旧不遗，则民不偷。”

前四句的行文格式是一样的，后面有点变化，所以有的学者认为应该分成两章。朱熹就认为应该分成两章，杨伯峻认为应该作为一章。我们还是作为一章来解读。

“恭而无礼则劳”，“恭”是恭敬、谦敬；“礼”是秩序，依礼而行；“劳”是徒劳。如果端庄、恭敬，但是不依礼而行也是徒劳。“慎而无礼则葸（xǐ）”，“慎”是谨慎小心；“葸”是畏惧。如果谨慎小心，但是不依礼而行就会变得唯唯诺诺。“勇而无礼则乱”，“勇”是勇悍、果敢。如果勇悍无畏，但是不依礼而行就会闯祸。“直而无礼则绞”，“直”是刚直，心直口快，不加掩饰；“绞”本意是绳子两股相交，引申为不合就会发生矛盾，容易得罪人。如果心直口快，但是不依礼而行就容易得罪人，引发矛盾。不依礼而行，即使有恭、慎、勇、直的美德，也不能够恰当地展现出来。

我们将前四句话连起来看，注重容貌态度的恭敬，不依礼而行，就未免劳倦。只知道谨小慎微，不依礼而行，就流于畏惧懦弱。专凭敢作敢为的胆量，不依礼而行，就会盲目闯祸。心直口快，不依礼而行，说话就会尖刻伤人。在孔子的弟子中，子路大概就属于“直而无礼”的人，故孔子说“野哉，由也”。

“君子笃于亲，则民兴于仁”，“笃”，意思是坚持做、不动摇。《中庸》讲“博学之，审问之，慎思之，明辨之”，最后是“笃行之”。前面博学、审问、慎思、明辨，但是如果不能持之以恒地坚持下去，也不会成功。“君子笃于亲，则民兴于仁”是说，为政者用深厚的情感持之以恒地善待亲族，做到孝悌，百姓就会走向仁德之路，民风淳朴，互敬互爱。

“故旧不遗，则民不偷”，“旧不遗”，就是不遗旧。“旧”是什么？即旧臣，用今天的话说，就是退休的人。“旧不遗”，就是不忘记以往的人创立的功业，尊重与善待曾经做过事的人。“旧不遗”是“民不偷”的前提。“偷”解释为“薄”，“不偷”就是不薄，引申为不苟且、不偷懒。对旧臣都念其旧功，那在职的人就“不偷”，会努力工作，不苟且。

在上位的人能用深厚的感情来对待亲族，老百姓就会走向仁德。在上位的人不遗弃他的老同事、老朋友，老百姓就不至于偷懒、苟且，不至于待人冷淡无情。这就是为政之道。

北宋有位学者吴棫说：“君子以下，当自为一章，乃曾子之言也。”他认为“君子笃于亲，则民兴于仁；故旧不遗，则民不偷”这句话和曾子的话非常相近。在《论语·学而》篇中，曾子曰：“慎终追远，民德归厚矣。”“慎终追远”不就是“旧不遗”吗？“民德归厚”不就是“民不偷”吗？所以，吴棫的解释是有道理的。朱熹也认为应该这样，他说：“此一节与上文不相蒙，而与首篇慎终追远之意相类，吴说近是。”关于分章问题的讨论，置于此处供大家参考。

8·3 曾子有疾，召门弟子曰："启予足！启予手！《诗》云：'战战兢兢，如临深渊，如履薄冰。'而今而后，吾知免夫！小子！"

这段话很像是曾子的临终之言。下一章讲"曾子有疾，孟敬子问之。曾子言曰：'鸟之将死，其鸣也哀；人之将死，其言也善。'"可能也是曾子的临终之言。我们先看本章。

"曾子有疾"，就是曾子病了。"召门弟子曰"，召集他的弟子到身边来。"启"是"开"的意思。"启予足！启予手!"是怎么一个姿势？是他给弟子看他的手，看他的脚。怎么理解？大家想，我们去医院看望病人时，一般情况下病人是躺在床上的，身上盖着被子。"启"就是把被子打开。朱熹的解释是"故于此使弟子开其衾而视之"。"衾"有两个意思，一个是被子，一个是尸体入殓时盖尸的单被。活人用"衾"，指被子。打开被子，你们看看吧，我的手、脚都没有问题。

"战战兢兢，如临深渊，如履薄冰"，诗句出自《诗经·小雅·小旻》。这首诗的最后几句是："不敢暴虎，不敢冯河。人知其一，莫知其他。战战兢兢，如临深渊，如履薄冰。"不敢跟老虎徒手搏斗，不敢不用船渡河，一路小心，战战兢兢，胆怯害怕，就像站在深渊的边上担心滑进去，踩在薄薄的冰上担心掉下去。这首诗是说人做事要小心翼翼。"如临深渊"的"渊"，杨伯峻先生解释为"水坑"，我认为水坑不如水潭贴切，幽深的水潭才会让人有恐惧感。曾子引这句话是告诫弟子要小心，不要蛮干。你们看看我，快到生命的终点了，但我的手、脚还好好的。我这一辈子，战战兢兢，如临深渊；如履薄冰，害怕犯错误，害怕身体有所损伤。曾子以保全他的身体为自豪，将死的时候，以此反复叮嘱学生。

程颐说："君子曰终，小人曰死。君子保其身以没，为终其事也，故曾子以全归为免矣。""全归"指毛发、手足是全的。尹氏说："父母全而生之，子全而归之。曾子临终而启手足，为是故也。非有得于道，能如是乎？"我们生下来的时候身体是全的，我们走的时候身体也是全的。曾子特别讲究孝道，他认为保全身体是孝敬父母的重要内容。

本章我们可以结合《为政》篇"孟武伯问孝"一起理解。"孟武伯问孝。子曰：'父母唯其疾之忧。'""父母唯其疾之忧"，意思是父母什么都不担心，只担心我们的身体。如果我们连身体都不让父母担心，不就是孝吗？所以保全身体不出问题，不惹事，是一种孝道。我们再对比《述而》篇"子之所慎：齐，战，疾"，祭祀、战争、疾病都需要慎重。战争和疾病都会损伤身体甚至是生命，所以对战和疾慎重也是为了保全身体。我们的身体不光属于自己，也属于父母，因为如果我们的身体出了问题，父母就会担心，让他们担心就是不孝。这段话和曾子的孝道是一以贯之的。

8·4 曾子有疾，孟敬子问之。曾子言曰："鸟之将死，其鸣也哀；人之将死，其言也善。君子所贵乎道者三：动容貌，斯远暴慢矣；正颜色，斯近信矣；出辞气，斯远鄙倍矣。笾豆之事，则有司存。"

本章是曾子快去世的时候，跟他的贵族弟子孟敬子讲如何修身为政。

曾子生病了，孟敬子来看望他。上一章我们谈到了孟武伯，孟敬子是孟武伯的儿子。曾子说："鸟之将死，其鸣也哀；人之将死，其言也善。"

鸟快死的时候，鸣叫声很哀戚；人要死的时候，说的话是善言。曾子说这句话是为下面的话做铺垫。

曾子接着说："君子所贵乎道者三。""贵"就是重。君子应该注重三项内容。第一个就是容貌，"动容貌，斯远暴慢矣"。朱熹《论语集注》："容貌，举一身而言。"容貌不仅指面貌、穿着，还包括人的行为。"暴"指粗暴。"慢"指放肆、过分。这句话是说君子的礼仪行为应该"远暴慢"，要文质彬彬。第二个是颜色，"正颜色，斯近信矣"。端正自己的神色，就容易让人相信；神色不端正、太随便，那说的话可能就没人信。第三个是语言，"出辞气，斯远鄙倍矣"。"辞"，言语。"气"，发声。说话的时候，多考虑语言与声调，就可以避免粗野与错误。

"笾豆之事，则有司存"，"笾"，古时祭祀和宴会用以盛果实、干肉的竹器。"豆"，食器，形似高足盘，或有盖；新石器时代晚期开始出现，盛行于商周，多陶质，后世也作礼器。笾、豆都指祭祀时盛东西的礼器，"笾豆之事"，指祭祀的事务。作为一个贵族、一个上位者，像祭祀这类事情，自会有专门的人员去做，你不要去管。

作为执政者，先做好自己应该做的事情，注重容貌、颜色、辞气，使其恰到好处，这是修身之要、为政之本。至于具体事务，不要亲自去做，也不要干涉。

8·5 曾子曰："以能问于不能，以多问于寡；有若无，实若虚，犯而不校，昔者吾友尝从事于斯矣。"

这一章的意思是，曾子说："有能力却向没有能力的人请教，知识丰富却向知识欠缺的人请教；有学问像没学问一样，满腹知识像空无所有一样，纵被欺负也不计较，从前我的一位朋友就是这样做的。”

曾子的这段话也是讲修身，强调修身要谦虚。《论语·述而》篇“三人行，必有我师焉。择其善者而从之，其不善者而改之”，与本章的意思近似。不要认为自己什么都懂、都会，要“能问于不能”“多问于寡”。自己有能力，还向没有能力的人请教；自己掌握的知识很丰富了，还向知识欠缺的人请教，这是一种什么样的境界呢？实际上，这就是不耻下问的求学精神与谦虚的治学态度。自己有学问像没学问一样，自己一肚子知识像没有一样，自己纵使被欺负了也一笑了之，这可不是一般人可以达到的境界。

中国人讲“以德报德”“以直报怨”，为什么不是“以怨报怨”，而是“以直报怨”？“直”是事物的是非曲直，背后的理念是天理人心。“以直报怨”比“以怨报怨”境界高：“以怨报怨”是直接回击，只要对自己不好，就要回击；“以直报怨”是要区分事物的是非曲直，看起来没有直接回击，但是天理人心在己，不计较一时之得失。

“昔者吾友尝从事于斯矣”，“昔”指以前，是说以前有，现在没了。“吾友”指颜回。曾子说这句话的时候颜回已经去世了。曾子说，我以前的一个老朋友就是这样做的，“以能问于不能，以多问于寡；有若无，实若虚，犯而不校”。在孔子弟子中，也就是颜回有这种品质了。这段话是曾子价值观的表达，也是对颜回的追忆。

8·6曾子曰：“可以托六尺之孤，可以寄百里之命，临大节

而不可夺也。君子人与？君子人也。”

本章是名言，大家应该都很熟悉。可以把幼小的孤儿和国家都托付给他，面临安危存亡的紧要关头也不动摇屈服，这种人是君子吗？是君子啊！设问，自答，进一步强调这种人是君子。

“六尺之孤”是不满1.38米的孤儿。《晏子春秋》记载，晏子“长不满六尺”，个子不高。他有一个车夫，长得很高大，因为给国相驾车，车夫就很得意，经常趾高气扬地招摇过市。后来，车夫的老婆批评他，说晏子虽然个子矮，但是身为国相，为人谦虚，你虽然个子高，却是人家的车夫。所以，应该摆正位置，不要借助国相的职位炫耀自己。

“托六尺之孤”的“孤”，不是指简单的、一般的孤儿，有可能是国家的继承人。古代的托孤，寄托了一种很重要的职责在里面，像刘备托孤。“寄百里之命”，“百里”代指国，古代的国不大。“寄百里之命”就是把这个国托付出去。托孤寄命，这都是大事，把幼小的孤儿和国家都托付给他，这是把国家的希望与未来交给了他。

“临大节而不可夺”，面临危急关头不动摇。什么叫危急关头？涉及自己的身家性命和国家命运的时候，就叫危急关头。“托六尺之孤”“寄百里之命”都是面临紧急关头，绝不是一般情况的托付。

“君子人与？君子人也。”这里的君子指为政者，不是道德意义上的君子。朱熹《论语集注》说：“其才可以辅幼君、摄国政，其节至于死生之际而不可夺，可谓君子矣。”“托六尺之孤”意为“辅幼君”，“寄百里之命”意为“摄国政”，辅佐幼孤幼主。即使到了危急关头，也要“临大节而不可夺”，不能动摇，要辅佐好幼主，管理好国家。不能认为幼君弱小，国家不大，就去投靠别人。诸葛亮之所以得到尊崇，就是因为他被托孤寄命，在刘备去世以后，他治理蜀汉兢兢业业、殚精竭虑。刘禅能力有限，诸葛亮完全可以取而代之，但是他对自己的定位非常清楚，就是相，就是来完成托孤寄命任务的，无论怎么样都不会动摇。

8·7 曾子曰："士不可以不弘毅，任重而道远。仁以为己任，不亦重乎？死而后已，不亦远乎？"

本章的意思是，曾子说："士不可以不刚强有毅力，因为他负担沉重，路途遥远。以实现仁德于天下为己任，不也沉重吗？到去世的时候才算完成任务，不也是很遥远吗？"

这句话可以分为两层，第一层是"士不可以不弘毅，任重而道远"，后面一层是来解释为什么"任重而道远"的。杨伯峻先生将"士"解释为读书人，我认为不妥。在宗法分封时代，"士"是比大夫低一级的贵族，是基本的武装力量。也就是说，贵族阶层的具体事务都是由士人来完成的。古代的"士"要掌握"六艺"：礼、乐、射、御、书、数。射是射箭，御是驾车，是军事技能。所以，如果仅仅把"士"理解为读书人，就忽略了"士"的武力内涵。

"士不可以不弘毅"，"弘"是宏大宽广，"毅"是强忍，"弘毅"就是刚强有毅力。说一个人刚强有毅力，是指他能坚持。很多事都需要坚持，爬山如此，工作如此，做学问也如此。有时候领导给我们任务，我们没做过，但要学会挑战自我，如果止步不前，就无法进步。特别是年轻人，一定要善于挑战。因为身上的担子不轻，所以是"任重而道远"。

“任重”讲的是担子重，“道远”指这件事一时结束不了，是长期的事。这句话的意思是，只有弘毅才能完成任重道远的使命。

“仁以为己任，不亦重乎？”为什么说“重”？因为我们是以“仁”为任务的。仁者爱人，要持之以恒地对别人好是很难做到的，所以说“重”。朱熹《论语集注》说：“仁者，人心之全德，而必欲以身体而力行之，可谓重矣。”这是“重”。“一息尚存，此志不容少懈，可谓远矣”，只要有一口气，就要坚持下来，直到去世的时候才算完成任务，这是“远”。

程颐曰：“弘而不毅，则无规矩而难立；毅而不弘，则隘陋而无以居之。”如果只宽广，但不能坚持，就会无规矩难成事；但如果只有毅，不宽广，就会狭隘。所以弘与毅要结合起来，“弘大刚毅，然后能胜重任而远到”。

8·8 子曰：“兴于《诗》，立于礼，成于乐。”

这句话很短，只有三个短句，但三者之间有逻辑关系，“成于乐”的前提是“兴于《诗》，立于礼”。“兴”是启，“立”是站立，挺立。孔子的教育讲究先后次序，学习从《诗》开始，再以礼立身，最后以乐相合。

为什么孔子注重从《诗》开始？我们读《论语》不要孤立地看待章句，而是要前后照应，结合其他篇章对读。《季氏》篇中孔子讲，“不学《诗》，无以言”“不学礼，无以立”。这是孔子给他儿子孔鲤讲的，不学《诗》，你不知道该怎么讲话；不学礼，你不知道怎样在社会上立足。

为什么学了《诗》就知道怎么讲话呢？《阳货》篇载，子曰：“小子何莫学夫《诗》？《诗》，可以兴，可以观，可以群，可以怨。迩之事父，远之事君；多识于鸟兽草木之名。”学生们，你们为什么不学《诗》呢？学《诗》可以提升各种能力，可以获得多方面的知识。《阳货》篇又载，子谓伯鱼曰：“女为《周南》《召南》矣乎？人而不为《周南》《召南》，其犹正墙面而立也与？”孔子给儿子讲学《诗》的意义，问他学《周南》《召南》了没有？如果不读《周南》《召南》，相当于正面对着白墙站立，什么也不懂！

很多优美的句子来自《诗经》，读了《诗经》以后，我们的语言会更加丰富，谈吐会更加优雅。有了优美的语言，再有立身的规矩，最后用乐来把《诗》和礼合起来，搭配得当，完美的礼乐人生就成立。

朱熹《论语集注》引程子曰：“天下之英才不为少矣，特以道学不明，故不得有所成就。夫古人之诗，如今之歌曲，虽闾里童稚，皆习闻之而知其说，故能兴起。今虽老师宿儒，尚不能晓其义，况学者乎？是不得兴于《诗》也。”天下聪明人很多，但是如果道学不明，悟性再高，成就可能也不大。春秋时期的诗和今天我们唱的流行歌曲一样，就算是小孩也“习闻之而知其说”，故能兴起，耳熟能详。但是到了北宋，有名的儒生尚不能晓其义，更何况一般学者，所以《诗》兴不起来。

程子曰：“古人自洒埽应对，以至冠、昏、丧、祭，莫不有礼。今皆废坏，是以人伦不明，治家无法，是不得立于礼也。”“洒埽应对”，即洒水扫地，这是基本的家务劳动。冠礼、婚礼、丧礼、祭礼是人生的四大礼仪。程子说，现在没人懂这些礼了。“古人之乐，声音所以养其耳，采色所以养其目，歌咏所以养其性情，舞蹈所以养其血脉。今皆无之，是不得成于乐也。是以古之成材也易，今之成材也难。”古代乐教发挥了重要的教化作用，到了程子的时代，乐也消失了。

到了南宋，朱熹发现连士大夫家里都不懂礼仪了，所以他开始重新梳理礼，编订了《朱子家礼》。以家庭为单位推动冠、婚、丧、祭之礼，朱熹有大功。从南宋开始，祠堂、家庙开始建立，直到现在，南方的祠堂和家庙都要比北方保存得好。所以说朱熹不只是做出了重要的理论贡献，而且在推动礼仪建设方面发挥了重要作用。

8·9 子曰："民可使由之，不可使知之。"

这一章在儒学史上争论比较大，其中一个争论点在于孔子有没有愚民思想。本章一般有两种解释，第一种解释，句读为"民可使由之，不可使知之"，意思是对于百姓，可以让他们照着走，不可以告诉他们为什么。这是在愚弄百姓，所以体现的是愚民思想。杨伯峻先生的《论语译注》持这种观点，直到今天，还有不少学者持这种看法。但是，如果这样理解，就与孔子在其他地方讲的开发民智、鼓励礼乐教化的思想是矛盾的。

我们把《论语》前后文融会起来读，就会发现孔子的思想是一以贯之的。所以，孔子不会一方面鼓励民智，另一方面又讲愚昧百姓。为政者和百姓之间，有时候限于认识与理解的不同，为政者很难给百姓解释清楚某件事这样做的原因，这时候，只能让他们照着做，然后再慢慢解释。

古代的读书人少，识字的人也不多，按照人口比例，古代通过读书考中功名的人少之又少。唐朝时期，"三十老明经，五十少进士"。30岁考取明经科就算是年龄比较大的了，而50岁考取进士却很年轻。这说明明经易考，进士难得。科举考试是古代选拔人才的一种重要手段，但很少有人能考上进士。到了宋朝，重用文官，压制武官，读书人多了，但在全国占的比重还是极低的。所以只能“民可使由之，不可使知之”。当然，这样做有一个非常重要的前提，就是君子为政，所以孔子强调“君子之德风，小人之德草”，可见儒家强调培养中间阶层、精英阶层。这是第一种解释。

第二种解释，句读为“民可，使由之；不可，使知之”。1993 年，湖北荆门郭店发现一座战国楚墓，里面出土了大量的儒家文献。经过整理，有一篇被考古学家命名为《尊德义》的文章里面记载了一句话：“民可，使道之；而不可，使知之。民可道也，而不可强也。”这句话和本章意思是一致的。“道”，引导。孔子注重的是引导民，百姓可以做，就引导他们；如果不可以做，就让他们知道为什么。百姓可以引导，不可以强制。《尊德义》是符合儒家精神的。

《孔子家语》里有一篇《执辔》，也是讲要引导百姓。“执辔”就是拿鞭子，孔子把治国形象地比喻为驾车，而把德法看作统御人民的工具，他说：“夫德法者，御民之具，犹御马之有衔勒也。君者，人也；吏者，辔也；刑者，策也。夫人君之政，执其辔策而已。”驾车驱赶马，马不听话，就用缰绳引导他。从《孔子家语》的这篇文章中，我们可以看出孔子强调治国要用引导的方法。

《论语·尧曰》篇记载：“不教而杀谓之虐；不戒视成谓之暴；慢令致期谓之贼；犹之与人也，出纳之吝谓之有司。”如果对老百姓不加教育而进行杀戮，这是虐政。这段话也是讲要注重引导教化。综合来看，孔子是没有愚民思想的。

这句话无论用哪种句读方式，都没有愚民的意思。程子曰：“圣人设教，非不欲人家喻而户晓也，然不能使之知，但能使之由之尔。若曰圣人不使民知，则是后世朝四暮三之术也，岂圣人之心乎？”古代的儒家治理社会强调的是引导，带着老百姓走，其中最重要的前提是自己先做好，如《论语·为政》篇的首章“为政以德，譬如北辰，居其所而众星共之”，为政以德，才能像北极星那样，安然处在自己的位置上，别的星辰都环绕着它。

《尚书·尧典》篇记载：“克明俊德，以亲九族。九族既睦，平章百姓。百姓昭明，协和万邦。”它是像同心圆一样一点点扩大的。从中我们看出，治理社会，不要想着一下子能拯救天下人，要先管好自己，管好身边的人。儒家讲修己以敬、修己以安人、修己以安百姓，也是一步步递进的。“民可使由之”蕴含着很深的治理智慧，当民众可以做的时候，就由着他们去做。当然前提是为政者要做好，给民众做出榜样。这是古人的治理之路。

8·10 子曰：“好勇疾贫，乱也。人而不仁，疾之已甚，乱也。”

“好勇疾贫，乱也”，“勇”，果敢、勇义。“疾”，嫉妒。“疾贫”，嫉妒富有的人，嫌弃自己贫困。以勇敢自喜却厌恶贫困，是一种祸害。“好勇疾贫”容易出问题，因为不满自己的贫贱，可能作乱，又因为个人勇义、有胆量，作乱更容易发生。

“人而不仁，疾之已甚，乱也”，对于不仁的人，痛恨太甚，也是一种祸害。身边有一个不好的人或者坏人，大家都痛恨他，孔子说，这也是一种祸害。不仁之人，应该以风俗化之，慢慢转化，如果一棍子打死，就会把他推到对立面，可能会适得其反，引发更大的问题。

这两种乱的根源都在于小人不能约束自己。朱熹《论语集注》说：“好勇而不安分，则必作乱。恶不仁之人而使之无所容，则必致乱。二者之心，善恶虽殊，然其生乱则一也。”“好勇”与“恶不仁”的人，看起来都是好人，但是如果“不安分”或“使之无所容”，就会生乱。

本章对我们的人际交往有很大的启示意义，一是面对好勇的人或者我们自己好勇怎么办；二是对于身边不好的人，我们应该如何对待。

8·11 子曰：“如有周公之才之美，使骄且吝，其余不足观也已。”

周公，即周公旦。“才美”，谓智能技艺之美。“骄”，矜夸。“吝”，鄙啬。

本章的意思是，孔子说：“假如有周公这样的才与美，但矜夸而吝啬，其他的就不用看了。”

程颐曰：“此甚言骄吝之不可也。盖有周公之德，则自无骄吝；若但有周公之才而骄吝焉，亦不足观矣。”从这里看，不骄不吝是人的美德，它甚至在才和美之上。朱熹用这个标准“尝验之天下之人”，发现“未有骄而不吝，吝而不骄者也”。我们也可以用这句话来检验身边的人。

本章孔子讲一个人如果能做到才德相匹配，而且不骄不吝，才是完人。《逸周书·寤儆解》：“不骄不吝，时乃无敌。”“寤”，睡醒，醒悟。这是周公告诉武王的话。孔子引用周公的例子，说假如你有周公这样的才和美，但骄且吝，其他的就不用看了，有再大的本事也不行。如果一个领导“骄”，则不能“致士”，不能招引贤人；为政者“吝”，则不能养贤。墨子主张尚贤，说不光要给贤人位置，还要给他恰当的位置、相关的待遇，还有一定的荣誉，这样老百姓才能信服他。

8·12 子曰：“三年学，不至于縠，不易得也。”

“縠”，孔安国解释为“善”，不太妥当，很多的注本没有采纳。“縠”应为“禄”，指做官。

本章意思是，孔子说：“为学已经三年了，不去追求做官，是很难得的。”

朱熹怀疑“至”字是笔误，疑为“志”。他说：“为学之久，而不求禄，如此之人，不易得也。”杨时说：“虽子张之贤，犹以干禄为问，况其下者乎？然则三年学而不至于縠，宜不易得也。”像子张这样的贤人，还想去做官，何况那些不如子张的人。《史记·礼书》记载，子夏说：“出见纷华盛丽而说（悦），入闻夫子之道而乐，二者心战，未能自决。”子夏也在求学与出仕之间面临抉择。

孔子不希望学生着急去做官，如果学生这样做，他会不高兴。《论语·先进》篇记载：子路使子羔为费宰。子曰：“贼夫人之子。”子路推荐子羔为费宰，孔子认为子路让没有完成学业的子羔去做官，这是误人子弟的行为。我们从中可以看出，孔子不希望学生着急去做官。当时天下无道，做官实际上是帮助坏人，还不如不去。所以孔子的弟子基本上可分为两派，一派是修身，一派是安人。不愿做官的修身派继承了孔子的这种思想，时机不到不去做官，因为即使去了，统治者也不会采纳自己的谏言，如果自己屈服于无道的统治者，那就违背了自己的志向，所以宁愿不去。《孔丛子·抗志》云："屈己以富贵，不若抗志以贫贱。"宁愿贫贱，坚守自己的志向，也不要去从事自己不愿做的事情。在孔子时代，特别是孔子晚年，天下大乱，鲁哀公等人问孔子，弟子之中谁好学，孔子说已经没有好学的人了，其实就是不想推荐。总体来说，孔子主张修身为本，时候不到不要着急做官。

8·13 子曰："笃信好学，守死善道。危邦不入，乱邦不居。天下有道则见，无道则隐。邦有道，贫且贱焉，耻也；邦无道，富且贵焉，耻也。"

这一章的意思是，孔子说："坚定地相信我们的道，努力学习它，誓死保全它。不进入危险的国家，不居住在有祸乱的国家。天下太平，就出来做官；不太平，就隐居起来。政治清明，自己贫贱，是耻辱；政治黑暗，自己富贵，也是耻辱。"

"笃信好学，守死善道"，"笃"，坚持，不动摇。"笃信"，实实在在、持之以恒地信。"好"，去声。朱熹《论语集注》曰："不笃信，则不能好学；然笃信而不好学，则所信或非其正。不守死，则不能以善其道；然守死而不足以善其道，则亦徒死而已。盖守死者笃信之效，善道者好学之功。"无论是"笃信"还是"守死"都是以道为依托的，"守死"的前提是"笃信"。孔子的弟子子路可以说是"守死善道"的一个典型。

"危邦不入"是危险的国家不能去。只是危险，还没乱，但已经出现乱的苗头，开始走下坡路了。“乱邦不居”是已经乱了的国家也不要居住停留了。

“天下有道则见，无道则隐”，“见”，同“现”。天下有道的时候出来做官，出来做事，安居乐业；无道的时候不去做官，隐居起来。

“邦有道，贫且贱焉，耻也；邦无道，富且贵焉，耻也”，“贫”指贫困，“贱”指地位低。天下太平，秩序井然，人们应该积极做事，如果不好好干，过得不好，这是耻辱。邦无道，就应该退隐，这时候如果富贵，也是耻辱。朱子《论语集注》说：“世治而无可行之道，世乱而无能守之节，碌碌庸人，不足以为士矣，可耻之甚也。”北宋巨野人晁说之说：“有学有守，而去就之义洁，出处之分明，然后为君子之全德也。”君子如何保持全德？有道的时候积极干，无道的时候退隐起来，保全自己。人要不要出来做事，要分清时代。

这一段话可以对照《宪问》篇。原宪是天下大乱的时候隐居起来的典型，《论语·宪问》记载：“宪问耻。子曰：‘邦有道，穀；邦无道，穀，耻也。’”国家政治清明，做官领俸禄；国家政治黑暗，也做官领俸禄，这就是耻辱。另见“子路问成人”章：“子曰：‘若臧武仲之知，公绰之不欲，卞庄子之勇，冉求之艺，文之以礼乐，亦可以为成人矣。’曰：‘今之成人者何必然？见利思义，见危授命，久要不忘平生之言，亦可以为成人矣。’”无论什么时候都要坚持做到“见利思义，见危授命”。

孔子作为圣人，无论在时间上还是空间上，都讲究中道的选择。“危邦不入，乱邦不居”是以空间而言的，“邦有道”“邦无道”是以时间而言的。

本章判断“入”还是“不入”，“见”还是“隐”，“贫贱”还是“富贵”的标准是“道”，是这一章的第一句话“笃信好学，守死善道”。没有前面这句，后面的都做不到。它给我们的启示是要坚定“四个自信”：道路自信、理论自信、制度自信和文化自信。《论语·述而》篇的第一句话“述而不作，信而好古”就是孔子的文化自信；孔子坚持恢复周礼的礼乐秩序，是一种制度自信；他相信修己安人的理论设计，是理论自信。我们从这一章可以看出孔子对道的自信，对道德的坚守。

8·14 子曰：“不在其位，不谋其政。”

此章表达的是要各司其职，同时要在其位，谋其政。孔子说：“不在这个位置上，不做这个事情。”如果把“不”去掉，就是“在其位，谋其政”。“谋”，考虑。“政”，事也。《宪问》篇有一章与此句重复：“子曰：‘不在其位，不谋其政。’曾子曰：‘君子思不出其位。’”

孔安国解释这章为“各专一于其职”。“不在其位，不谋其政”，指人在这个位置上要专一做好这件事。清代戴望说：“位大言大，位小言小。”职位高就谋大事，职位低就做小事，不要僭越。当老师要教好书，管理人员要把单位行政事务做好，这就是在其位，谋其政。如果不在其位而谋其政，心里会很忐忑。孔子说：“知我者其惟《春秋》乎！罪我者其惟《春秋》乎！”他之所以有这种忐忑，就是因为不在其位。作《春秋》应该是天子的事情，但是当时天子有位无德，圣人有德无位，孔子想把这个事承担起来，所以才发出了这种感叹。北宋程颐说：“不在其位，则不任其事也，若君大夫问而告者则有矣。”不在其位就不管其事。孔子讲君君、臣臣、父父、子子，就有各司其职、各安其位的意思。《子路》篇讲“名不正，则言不顺；言不顺，则事不成”，“名不正”，即位不正。

8·15 子曰：“师挚之始，《关雎》之乱，洋洋乎！盈耳哉。”

本章讲音乐。“师”，太师，乐官。“师挚”，鲁乐师，名挚。《关雎》，《诗经》的第1篇。“雎”，鱼鹰，在水边生活的捕鱼的一种鸟。“乱”，乐之卒章，古代乐曲的最后一章或辞赋末尾总括全篇要旨的部分。“洋洋乎！盈耳哉”，“洋洋”，美盛意。“盈”，满、充盈。满耳充盈着美妙的乐曲。

本章是孔子对音乐的称赞。孔子觉得鲁国的乐师挚的音乐非常好，对他的评价非常高。《史记·孔子世家》记载孔子对师挚的评价：“乐其可知也。始作翕如，纵之纯如，皦如，绎如也，以成。”郑玄注：“是时道衰乐废，孔子来还，乃正之，故《雅》《颂》各得其所。”孔子因为乐乱，所以要正乐，使《雅》《颂》各得其所。《孔子世家》还记载：“古者《诗》三千余篇，及至孔子，去其重，取可施于礼义，上采契后稷，中述殷周之盛，至幽厉之缺，始于衽席，故曰‘《关雎》之乱以为《风》始，《鹿鸣》为《小雅》始，《文王》为《大雅》始，《清庙》为《颂》始’。三百五篇孔子皆弦歌之，以求合《韶》《武》《雅》《颂》之音。礼乐自此可得而述，以备王道，成六艺。”记录了孔子对于乐的贡献。

8·16 子曰：“狂而不直，侗而不愿，悾悾而不信，吾不知之矣。”

“狂”，狂妄。“直”，直率。“侗（tóng）”，无知，幼稚，未成器。

“愿”，质朴、恭谨。“悾（kōng）”，蒙昧无知。“悾悾”，无能的样子。

这章的意思是，孔子说：“狂妄而不直率，幼稚而不老实，无能而不讲信用，对这种人我是不知其所以然的。”

这一章是孔子对小人的批判。孔子不和这种人交往，对这种人不屑一顾。如果学生是这样的人，孔子也不会教他。

从这段话可以看出，孔子并不是对所有人都好的。有人认为儒家提倡的“仁者爱人”是对所有人都好，其实不是。《论语·里仁》篇说：“唯仁者能好人，能恶人。”就是说要正确地喜爱某人、厌恶某人，对好人好，对坏人就不能好。

苏轼评价这句话：“天之生物，气质不齐。其中材以下，有是德则有是病。有是病必有是德，故马之蹄啮者必善走，其不善者必驯。有是病而无是德，则天下之弃才也。”他从人的才智上区分，认为中材以下的人，有的是有问题的，不一定所有的人都能把他培养好，都能引导成好人。对于可引导的我们要加以引导，不可引导的就放弃。这正是孔子平凡而伟大的思想。我们越读《论语》越觉得孔子伟大，但是孔子也有着平常人的心态。赫伯特·芬格莱特的《孔子：即凡而圣》，论述了孔子是平凡中的神圣。我们不要把孔子说成神，如果是神，那就不能评价，不能质疑，就容易教条僵化。我们读《论语》要读出孔子的为人、孔子的率直、孔子的平凡，他是人间的圣人！

8·17 子曰：“学如不及，犹恐失之。”

孔子说：“学习恐怕跟不上，跟上了，又担心失去。”言外之意，就是要不断地去实践、去复习，达到烂熟于心的程度就不会失去了。

“学如不及，犹恐失之”有两解：第一个意思是自我学习。何晏《集解》解释：“学自外入，至熟乃可长久。如不及，犹恐失之。”知识是先人传下来的，是外在的东西，不会才去学习，熟悉了才不会忘，如果到不了熟的程度，就会失去。《孟子·尽心下》讲：“贤者以其昭昭，使人昭昭；今以其昏昏，使人昭昭。”自己都没有搞清楚，却想让别人明白是不可能的。我们立志做贤者，就需要自己先明白，先熟悉，需要不断地去学习，要保持“学如不及”的态度。第二个意思是学习先进，赶超先进，不懈怠。不然的话，就和先进的距离与层次越来越远了。

这一章讲孔子劝学。朱熹说：“言人之为学，既如有所不及矣，而其心犹竦然，惟恐其或失之，警学者当如是也。”朱子指出，这句话警示学者应该有忧患意识。亦如程子所说，只要有不及的，就不要放过，不要总是等到明天再说。

8·18 子曰：“巍巍乎！舜禹之有天下也，而不与焉。”

本章与接下来的三章讲的都是儒家的圣人——尧、舜、禹。

“巍巍”，高大貌，指舜、禹很高大。高大不是指身材，这里是引申义，一个人有公心，无私心，就显得伟岸高大。舜、禹的天下不是自己的天下，是天下人的天下。“而不与”，指不私有，不为自己。置天下于身外，富含“让”的精神。“不与”，也有不相关的意思，是说不以位为乐，即禅让。孔子对于禅让、公天下的时代，是非常赞颂的。

《孟子·滕文公上》中记载的一段话与此章内容相关：“尧以不得舜

为己忧，舜以不得禹、皋陶为己忧。夫以百亩之不易为己忧者，农夫也。分人以财谓之惠，教人以善谓之忠，为天下得人者谓之仁。是故以天下与人易，为天下得人难。”尧把得不到舜作为自己的忧虑，舜把得不到禹、皋陶作为自己的忧虑。他们都为天下寻找贤人。孟子又引了孔子的一段话：“孔子曰：‘大哉尧之为君！惟天为大，惟尧则之，荡荡乎民无能名焉！君哉舜也！巍巍乎有天下而不与焉！’”舜，以孝道著称，能对虐待、迫害他的父母坚守孝道，禅让天下给禹，这对于孔子来说是一个典范。

8·19 子曰：“大哉尧之为君也！巍巍乎！唯天为大，唯尧则之。荡荡乎！民无能名焉。巍巍乎！其有成功也；焕乎，其有文章！”

此章讲尧。孔子用了两个“巍巍”来形容尧的高大。尧的高大体现为“唯天为大，唯尧则之”，天是最高大的，只有尧能效仿。“则”，法则、标准。“荡荡乎！民无能名焉”，“荡荡”，广远之称，形容物的高大与广阔，只有尧的德能与它相比。恩惠宽广啊！百姓找不到词语称赞他。尧的德之广远，亦如天之不可以言语形容也。“巍巍乎！其有成功也；焕乎，其有文章”，“成功”，事业。“焕”，光明貌。“文章”，礼乐法度。他的功绩实在太崇高了，他的礼仪制度也真够美好啊！尹焞曰：“天道之大，无为而成。唯尧则之以治天下，故民无得而名焉。所可名者，其功业文章巍然焕然而已。”没人能支配天道的运行，天道是最高的，只有尧可以效仿天道，无为而治，不惊扰百姓，百姓又能感受到其治理的效果。

尧禅让给舜，舜禅让给禹。关于禅让，儒家相信其有，法家相信其无。《韩非子》说，尧、舜之所以让，是因为当时管理天下很辛苦，没有一点儿好处，全是付出。到战国时期，一个县令的职位都有人抢，是因为当了县令有好处。但儒家认为，尧、舜、禹不是因为怕受苦才把天子之位让出去，是因为他们年龄到了，也发现了更适合的人，才觉得应该让出去。儒家不断强化这种伟大的德性与道统的传递。

8·20 舜有臣五人而天下治。武王曰："予有乱臣十人。"孔子曰："才难，不其然乎？唐虞之际，于斯为盛。有妇人焉，九人而已。三分天下有其二，以服事殷。周之德，其可谓至德也已矣。"

当时帮助舜治理天下的有5人：禹、稷、契、皋陶、伯益。到武王时为10人：周公旦、召公奭、太公望、毕公、荣公、太颠、闳夭、散宜生、南宫适，还有一人为女性，谓文母。

孔子曰："才难，不其然乎？唐虞之际，于斯为盛。有妇人焉，九人而已。三分天下有其二，以服事殷。周之德，其可谓至德也已矣。"朱熹《论语集注》："唐虞，尧舜有天下之号。际，交会之间。言周室人才之多，惟唐虞之际，乃盛于此。降自夏商，皆不能及，然犹但有此数人尔，是才之难得也。"在周还没有灭商之时，周文王已经做到了"三分天下有其二"，但他仍然很谦虚，做一名本分的臣子，安心做西伯侯。孔子认为，这是一种赢得民心的最高德行。

此章一是表明尧、舜和周得天下是因为得到了人才的支持，二是讲得天下之正。天下不是靠武力夺来的，是靠人心得来的。孔子不宣扬用暴力手段推翻政权，到了孟子那里，才讲汤武革命的合法性。得民心者得天下，是孟子坚定的信念。

8·21 子曰："禹，吾无间然矣。菲饮食，而致孝乎鬼神；恶衣服，而致美乎黻冕；卑宫室，而尽力乎沟洫。禹，吾无间然矣。"

本章是《泰伯》篇的最后一章。儒家讲禹的不多，讲尧的有一些，讲舜的可能是最多的，孔子和孟子多讲舜。《墨子》里面讲禹的比较多。

"间（jiàn）"，找出毛病。"间然"，挑毛病，找错。"无间然"，即找不到错，没毛病。"禹，吾无间然矣"，禹这位圣人我找不到一点儿毛病。他作为天子，自己的饮食很差，却用丰盛的祭品孝敬鬼神；平时穿得很差，却把祭祀的服饰和冠冕做得华美；居住的房屋很差，却把人力完全用于沟渠水利上。他没有为自己，一心为大家，我挑不出他的毛病。用今天的话说，禹为人民服务，是人民的好公仆。

朱熹《论语集注》引杨氏曰："薄于自奉，而所勤者民之事，所致饰者宗庙朝廷之礼，所谓有天下而不与也，夫何间然之有。"这正与本篇第18章"巍巍乎！舜禹之有天下也，而不与焉"对应起来。

《泰伯》篇的最后四章评价了尧、舜、禹，其一以贯之的精神是公天下、大公无私；同时，孔子梳理出了在他之前的一个道统：尧、舜、禹、文王、周公。孔子之所以能理清道统，就是因为他"信而好古"，持之以恒地传承古代文化。

《泰伯》篇是对古代圣贤的评论与赞颂，对古代贤达尧、舜、禹、周公等人的赞扬。本篇不仅梳理了一个道统，同时讲了为君治民及修身为政之道，为国君及为政者立言。

子罕第九

杨朝明 解读

读《论语》后大家一定会同意这样一个看法：《论语》的思想属于孔子，或者说《论语》的思想属于孔子对于《论语》的理解。孔子去世后，儒分为八。韩非子提出：既然每个派别都觉得自己真正继承了孔子的思想，那么由谁来界定？所以我们要思考这样的问题：《论语》到底是谁编的？他为什么要编《论语》？在这样的背景下，我们就很容易得出结论，《论语》不是将材料随意堆砌而成的，而是在篇与篇之间、章与章之间都存在内在的逻辑关联。

从第 1 篇到第 9 篇可知，《论语》内部的篇章是相对独立的，但篇与篇之间又有内在的关联性。《子罕》篇哲学意味非常浓厚，关注天命与仁德，最后一章回归到《诗经》来表达："唐棣之华，偏其反而。岂不尔思？室是远而。"我难道不思念你吗？只是我们相隔太远了。

实际上是没有真的思念，真的思念又怎么会远呢？我们在做事时常常会觉得太迟，其实只要真正行动起来就不晚。子曰：“我欲仁，斯仁至矣。”只要我想做就能做到。儒家在谈行的问题时，通常会注意行和知的关系。众所周知，王阳明谈致良知，致良知即知行合一，有了这种认知便应付诸行动。

《论语》编排的用心由此可见一斑：第 1 篇《学而》相当于全书的绪论，总论修身做人。第 2 篇是《为政》。那么，为什么将《为政》放在前头？儒家认为社会要顺利前行、和谐发展，就必须有人来管理。社会管理者的素质、素养非常关键，管理者正，天下才能正。“政者，正也”，为政者正，才能以正导政，才能引领天下正。

那么，为政者如何才能正？这就到第 3 篇《八佾》。《八佾》篇谈礼。子曰：“人而不仁，如礼何？人而不仁，如乐何？”为政最关键的是礼，就是要有制度、规则、仪式。周代的礼乐有三个层面：第一个层面是礼制，其实就是制度；第二个层面是礼仪，就是礼的仪式；第三个层面也是最深层的，即礼义，礼之根本意义。不论制度还是仪式，表达的都是一种内在的精神。

第 4 篇《里仁》。孔子说：“人而不仁，如礼何？人而不仁，如乐何？”仁和礼之间即存在这种关系，所以孔子讲里仁，孟子讲仁宅、讲礼门义路。一个人只有将心安放在有仁德的地方，有了内在的、自觉的素养，才能做应该做的，才能走礼门、行义路。《论语》的前四篇就是这样层层递进的。

第 5 篇《公冶长》以仁德为标准评论古今人物，从各个侧面探讨仁德。第 6 篇《雍也》谈临民之道、为仁之法、中庸之德。将这两篇联系起来看，第5篇为体，第6篇为用，“仁心”之后为“义行”，“修德之体”之后为“进业之用”。

第7篇《述而》论孔子之行，描摹孔子的精神世界，反映他的理想信念、志向行事。第8篇《泰伯》载贤圣之德，论礼让仁孝之德、贤人君子之风。而到了《论语》第9篇《子罕》，对人心的思考达到最深层。这一篇讲孔子的使命、事业，讲孔子的价值观和人生观。如果说《泰伯》篇是在呼唤具有历史与社会担当的人才，那么《子罕》篇则是在《泰伯》篇的基础上，趁势呈现孔子广大深邃的思想、精微淳厚的修养与治国平天下、普行大道的情怀。

《子罕》篇共30章，第1章相当于对全篇的概括。《论语》各篇的第1章均非常关键。可以这样讲，读《论语》各篇，如果读懂了第1章，那么对于整篇的理解便不难了。

9·1 子罕言利，与命，与仁。

“罕”，稀少。“言”，《说文》：“直言曰言，论难曰语。”言，想到哪里说到哪里；论，就是语。“与”，认同、赞许。

这一章的意思是，孔子很少（主动）谈论功利，却认同天命，赞许仁德。

所谓《论语》，“语”即论，“论”有挑选之意，“论语”即挑选出来的孔子论述。“言”即直言，挂在嘴边上常谈。那么孔子为什么“罕言利”？子曰：“富与贵，是人之所欲也。”追求利益是每个人的自然属性。《孟子》开篇记孟子见梁惠王，梁惠王问孟子：“叟不远千里而来，亦将有以利吾国乎?”梁惠王问:“您大老远跑来了,能给我带来什么利益呢?”利益是一种自然的驱动与追求,孔子对于人的这种自然属性谈得相对少一些。“与命,与仁”,“与”表示认同、赞许,不常谈论利益,却常常谈论“命”和“仁”。

那么,该如何理解“命”与“仁”?将“命”与“仁”放在开篇的位置,体现了《论语》的大开大合气势,让我们对孔子感到既亲切又敬畏。“罕言利”与“不言利”不同,《论语·尧曰》记载:“因民之所利而利之。”《论语·述而》有云:“富而可求也,虽执鞭之士,吾亦为之。”人们对“执鞭之士”有不同的理解:或是拿着鞭子管理市场的人,或是马夫。这句话是说如果能够取得富贵,只要是正当的职业,无论贵贱,我都可以去做。可以看出孔子并不排斥利,只是“罕言利”。关键在于“与命,与仁”,孔子重视命与仁和利益之间的关系。

为何要将“与命,与仁”和“罕言利”相比较?孟子曰:“何必曰利?”如果“上下交征利”,大家都去谈利益,后果将不堪设想。追求利益是合情合理的,但不应过分强调。将义与利放在一个合适的维度需要境界与格局,而儒家之学正是以培养这样的君子为己任的,所以君子对于“命”与“仁”是有深刻理解的。“利”和“命”“仁”之间,从深层次来说就是人的自然属性和社会属性的问题。

孔子和孟子是什么关系呢?司马迁在《史记》中说孟子“述仲尼之意”。“仲尼之意”是什么?孔孟之道的深层意义在哪里?其实,孔孟追求的是圣王之道,即《论语·尧曰》谈到的“允执其中”。《尚书》十六字心传:“人心惟危,道心惟微,惟精惟一,允执厥中。”在人心和道心之间把握的“中”,也是“允执其中”的“中”。所以人心与道心之间、人情和仁义之间、天理和人欲之间，就相当于义和利之间。

关于人心，《礼记·礼运》记孔子曰："美恶皆在其心，不见其色也。欲一以穷之，舍礼何以哉?"要解决人心问题，要让一个人不至于人欲横流，最终还是要落脚在"中"上。什么是"中"?"夫礼所以制中也。"合理的才是中。怎样才能把握住礼?如何按照礼的要求去做?"礼也者，理也。"礼仪的礼，就是道理的理。一个人明理，一个人正心，他才有可能把自己的欲望控制在合理的限度内，才不至于为了逐利而做出不应该做的事情。在这样的意义上理解"与命，与仁"，就知道"命"和"仁"的内在含义与意义了。

"与命，与仁"，什么是"命"?《论语·尧曰》记曰："不知命，无以为君子。"《论语》之学是在培养君子。而君子、大人是社会的引领者，一个人不知命，就没有办法成为这样的人，没有办法处理好人心与道心、人情和仁义、天理和人欲、义和利之间的关系。所以从某种意义上讲，《论语》之学就是君子之学，培养君子需要知命。《论语·学而》篇讲："人不知而不愠，不亦君子乎?"《尧曰》篇讲："不知命，无以为君子。"辜鸿铭先生在《中国人的精神》一书中说道："孔子全部的哲学体系和道德教诲可以归纳为一句，即'君子之道'。"孔子在培养君子时谈论"命"，可见其意义非常重大。

那么，"命"到底应该怎么理解?看似区区一个字，实际上涉及的问题很多。我认为谈"命"要有一个前提，就是要认识到中国文化的长度。如果认识不到中国文化的长度，便会纠缠不清。在孔子那个时代，如何看待人们的天命观?这个问题真的很重要。在《礼记·表记》中谈到了夏商周，夏道尊命，殷人尊神，周人尊礼，所以范文澜先生把夏、商、周三代的文化分别称为尊命文化、尊神文化和尊礼文化。夏代多谈天命，商朝相信鬼神，周代的文化却是尊礼文化。什么是尊礼文化？尊礼文化是纯粹的人文文化，特别注重人本身。

《尚书·泰誓》篇在讲天命时特别提到商纣王。商纣王自以为天命在身，胡作非为，可是，经牧野一战，统治了几百年的商朝被推翻了。什么叫天命？《泰誓》中说，“天视自我民视，天听自我民听”“民之所欲，天必从之”。不难看出，天命就是天意，天意就是民意。

孔子谈“与命”，“命”有两层意思，第一层意思是天命，第二层意思是使命。作为一个为政者，要了解敬德保民的道理。周代传统的政治思想就是敬德保民，即管理一个省，管理一个县，管理一个乡，这就是你的命或者天命，你必须知道，不论区域大小，民意都是应当尊重的，只有敬其德才能保其民。天命是外在赋予我的，我若是医生，我的天命就是救死扶伤；我若是老师，我的天命就是教育好学生。作为老师，如果对自己的使命都没认识清楚，能成为一位好老师吗？儒家讲的天命，即我们该承担什么样的责任，作为一个社会人到底应该怎么做，这就是外在赋予我们的对天命的一种认识。如果我是一名老师，种地可能不如农民，做工可能不如工人，治病也一般不如医生。所以我得认识到我的天命，首先就需要明白我是谁，从而做好自己。儒家的正名主张其实就是自己对天命、对社会身份的认知。这是“命”的第一个层次，即外在赋予的天命。

与之相应的第二个层次是使命。既然外在赋予我天命，我必须内在地认识到这是我的使命。只有认识到自己的使命是什么，才有可能做好。所以，“不知命，无以为君子”。有人质疑孔子，认为他讲迷信。我们认为，凡是具有这样认识的人，可能根本不知道中国文化发展历程的长度，只有了解中国文化的长度才能理解中国文化的深度。站在对三代文明实际认知的高度，才能理解孔子思想，才能理解孔子为什么谈命。

“与命，与仁”，什么是“仁”？“仁者，人也”，所谓仁，就是人。“人之所以为人者，礼义也。”第24届世界哲学大会的主题是“学以成人”，这样的主题，是对中国哲学的高度概括，它要求我们知道自己内在的道德使命与外在的天命，踏踏实实做人。

《子罕》篇首章讲的是客观的命和主观的仁。作为社会人，每个人都有自己的社会身份与担当，这是君子在深刻体认了天命以后所形成的一种自觉的责任与担当，所以“不知命，无以为君子”，社会就需要这样的引领者。认识到我是谁，认识到我在社会上应该有什么样的担当，那么我才有可能主动去担当，主动去做一个优秀的人。儒家之学正是这样的修身之学。

9·2 达巷党人曰：“大哉孔子！博学而无所成名。”子闻之，谓门弟子曰：“吾何执？执御乎？执射乎？吾执御矣。”

“达巷”，地名。“党”，500家为一党。“党人”，乡里人。

这一章的意思是，达巷党人说：“孔先生真是伟大呀！他学问广博而无一专以成名。”孔子听了，对门弟子说：“我擅长什么呢？是擅长驾车，还是擅长射箭呢？我想我还是比较擅长驾车吧。”

孔子研究院有一专题展览就叫“大哉孔子”展。现在提到孔子，有人说他是伟大的思想家、教育家、政治家等，很多门类都把他尊为了不起的人。那么孔子到底是什么家？孔子是圣人，圣人就是境界高的人，干什么都能干得漂亮。就像当下我们的教育，首先要解决心性问题，心性问题解决了，技术的问题就好办了。

我们现在谈工匠精神，工匠就是技术，精神就是心性，没有一流的心性，哪有一流的技术？教育其实就是培养人的心性，当一个人的心性成长起来后，做什么事都能做好。前段时间全国政协提出中华优秀传统文化“三进”，即中华优秀传统文化进课本、进课堂、进校园。这里讨论的核心问题是进什么、怎么进，其实就是培养孩子们的心性，当一个孩子具备了一流的心性，做任何事情都不用担心。这里达巷人称孔子为“大”，给我们的启发就是让一个人的格局大起来。

“博学而无所成名”，孔子很博学，不是哪一个方面的专家。常有人请教李学勤先生的研究方向，他到底是研究古文字还是研究古文献，抑或是研究古代思想？其实李先生研究的是古文明，包括文明的方方面面，用李先生的话说就是“一些的一切，一切的一些”。“一些的一切”指抓住一个点，将那一点的方方面面都弄明白；“一切的一些”指在某个方面研究得很深，对其他方面都了解一些。实际上孔子也是这样，“博学而无所成名”，并不是某个方面的专家，实则是在强调博大。

“吾何执？执御乎？执射乎？吾执御矣。”古代8岁入小学，“教之以洒扫应对进退之节，礼乐射御书数之文”，这就是小学六艺。大学六艺则是《诗》《书》《礼》《乐》《易》《春秋》，为明礼正心的教育。小学六艺相当于现在的小学课程，礼就是礼仪，乐就是弹唱，射就是射箭，御就是驾车，书就是认字写字，数就是算数，其中射和御是军事体育教育，书和数相当于今天的语文、数学。所以小学六艺是读书人都要学的基本功。但是到了大学就要学习《诗》《书》《礼》《乐》《易》《春秋》，就要明礼正心，只有这样才能修己安人，只有自己的境界格局高了，才能从事管理。

孔子这里说的“射”和“御”，明面上指小学六艺里的射和御，但是隐喻的是什么呢？“御”表面上指驾车，实际上指管理、方向。如果大家看《孔子家语·执辔》篇，就会发现孔子把治国比喻成驾车，一个会驾车的人，能拿着缰绳指挥马往前走；不会驾车的人，可能弃辔而用策，拿着鞭子到处抽，若是这样的话，“则迷惑失道”。所以孔子在这一章里面谈到“御”，“御”实际上就是治理天下。就像周天子用六官——指天官、地官、春夏秋冬四官，相当于唐代以后吏、户、礼、兵、刑、工六部，一个会治国的人能掌控自己的官吏。众所周知，如果一个国家社会风气有问题，一定是官风有问题，所以治国者一定治官，治官便要以为政者的正来引导天下的正。驾车者首先要把握好方向，这便是领导者如何领导，为政者如何执政的问题，所以孔子说“吾执御”。

那么，为什么说“吾执射”呢？“射”，即射箭，如果理解不到位的话，就会觉得“射”就是单纯地追求力量。《论语·八佾》记载，子曰：“君子无所争，必也射乎！”君子有什么好争的，做好自己便是。一个优秀的人，总是走在前面，就像俗语说的“一直被模仿，从未被超越”。一个真正优秀的君子只需要做好自己，所以“君子无所争”。而如果要争的话，“必也射乎”，比试射箭吧。射箭的特点在于自己跟自己较量，比的是平和中正，如果内心不平静，就很难战胜自己。大家看奥运会，射击赛场常常会出现一些奇迹，比如在2004年雅典奥运会男子50米步枪3x40决赛中，美国名将埃蒙斯一直遥遥领先，结果却出现最后一枪脱靶的“神奇”事件，最终与金牌失之交臂。如果大家对《论语》足够熟悉，看完镜头马上便会想到孔子这句话，“执御”还是“执射”？射有时把握不好，就达不到平和中正，还是驾车吧。

上一章孔子说到“与命，与仁”，我的使命是什么，我就应该干什么，这是一种使命感。这一章说的驾车恰恰是指方向感，要驾驭天下首先要驾驭自己，能够驾驭自己，明白自己是谁，才能更好地成人。将第 1 章与第 2 章联系起来，这样就不难理解了。

大家如果有机会去孔庙，会发现在圣迹殿最西侧有一个“夫子小影”，在孔子像的右上方有一行字，是由宋代著名书法家米芾亲自题写的小篆：“孔子孔子，大哉孔子。孔子以前既无孔子，孔子以后亦无孔子。孔子孔子，大哉孔子。”“大哉孔子赞”便是由此而来。孔子选择“执御”，其实强调的就是人的方向问题，社会需要方向，人生更需要方向，一个真正的君子有了方向，才有可能成为对社会有用的君子。

《论语》这一章在《孔子家语》里也能找到类似的讲法，比如《王言解》篇说道：“夫道者，所以明德也；德者，所以尊道也。是以非德道不尊，非道德不明。虽有国之良马，不以其道服乘之，不可以取道里。虽有博地众民，不以其道治之，不可以致霸王。”孔子把治理国家比作驾车，驾车首先要明白道，这个道其实就是驾车的方向，那么治国其实也是方向问题。“不以其道治之，不可以致霸王”，这句话正是习总书记所说的“人民有信仰，国家有力量，民族有希望”，信仰就是方向。所以关于“执御”就很容易理解，其实就是国家控制与管理的问题。

9·3 子曰：“麻冕，礼也；今也纯，俭，吾从众。拜下，礼也；今拜乎上，泰也。虽违众，吾从下。”

“麻冕”，用麻绳做成的黑色冠帽。“冕”，古代帝王、诸侯、卿大夫的礼帽，《说文》：“大夫以上冠也。”“纯”，黑色的丝。“拜下”，臣对君行的跪拜之礼。“下”，指朝堂之下。“上”，堂上。“泰”，骄泰。

这一章的意思是，孔子说：“麻冕是古礼，现在改用丝冕，这样节俭，我从众。臣拜君于堂下，这也是古礼，现在都在堂上拜，这是骄泰。虽违众，我还是主张在堂下拜。”

这章讲的是我们不要人云亦云、随波逐流，要用心，不管是驾车也好，做人也好，用心很关键。“麻冕”就是用麻绳做成的黑色冠帽。在古代，士大夫以上的人都是要戴帽子的。子路当年被人砍成肉泥，临死之前还要把自己的帽子整理好。实际上在中国传统文化里，士大夫都要戴着帽子。那么帽子是用什么材料做成的？以前的时候用麻，现在变得简单了，这样比较节俭，孔子也表示赞同。这里表达的意思是礼很重要，但礼的形式不拘泥，礼的内涵更重要，只要理解了礼的内涵，遵守礼仪即可，不一定非得用多么豪华的材料去做帽子。俭本身便是儒家追求的一种礼的价值观念。

“拜下，礼也；今拜乎上，泰也。虽违众，吾从下。”一个下级见到自己尊重的上级，应该在殿堂下面跪拜，而现在都在堂上拜，这就是骄泰。所以即使别人到堂上拜，孔子也要坚持旧礼在堂下跪拜，因为这样才能表达尊重。

所以这一章其实还是一个方向的问题。对于礼来说，形式固然重要，但是当形式和内容二者之间不一致的时候，还是要更注重礼的内在精神，这一点非常关键。如果将本章与上一章结合起来看，要“执御”，那这个社会要用什么来“御”呢？当然只能是“礼”了。这就是二者之间的联系。

9·4 子绝四：毋意，毋必，毋固，毋我。

“绝”，杜绝，一点也没有。“毋”，同“无”，没有。“意”，凭空臆测。“必”，必须、一定。“固”，故步自封。“我”，自以为是。

这一章的意思是，孔子具备的四种优秀品格：不凭空臆测，不绝对肯定，不故步自封，不自以为是。

本篇第2章孔子谈“执御”问题，“执御”就是驾车，驾车就要“御心”，那么如何来驾驭人心呢？就要做到“四毋”。孔子的“四毋”，充分体现了他的仁者情怀，我们也可以看作在礼的继承与发展方面必须坚持的“四项基本原则”。

礼有时候也在变化。子张向孔子请教：“十世可知也？”子曰：“殷因于夏礼，所损益可知也；周因于殷礼，所损益可知也。其或继周者，虽百世可知也。”（《论语·为政》）时代发生了变化，礼的形式也要变，但是形式变了，不意味着礼的内涵就变了。比如说之前我们见面都是鞠躬，后来演变成握手，由于疫情的关系，最近又变成拱手，不论是哪种形式，表达的都是人与人之间的友好与尊重，这就是人与人之间礼的内涵。

无论何时，只要我们人类共同生活在一起，就必须思考我们彼此之间相处的规则，这就是礼。礼包括形式和内容，形式一定是为内容服务的。孔子提出“四毋”的根据便是礼。以“固”为例，子曰：“君子不重则不威，学则不固。”（《论语·学而》）“毋固”说起来容易做起来难，我们要不断学习，不要故步自封。佛教倡导“无我相，无人相，无众生相，无寿者相”，意思便是杜绝“我执”。这与儒家主张的“四毋”精神是相通的，就是放下自我去思考社会和人生内在的礼，这一点非常关键。

9·5 子畏于匡。曰："文王既没，文不在兹乎？天之将丧斯文也，后死者不得与于斯文也；天之未丧斯文也，匡人其如予何？"

"畏"，通"围"，拘囚。《广雅》："畏，恐也。"这里指被围困的情势十分紧急，孔子师徒处在一种非常危险的境地。"匡"，古代地名。"后死者"，孔子自谓。"与（yù）"，参与，掌握。"如予何"，把我怎么样。

这一章的意思是，孔子在匡地被拘。他说："周文王死了以后，周代的文化不都在我这里吗？倘若老天想灭绝这种文化，那作为后死者的我也不会掌握这些文化了；倘若老天不想灭绝这种文化，匡人能把我怎么样呢？"

这一章表达了孔子的天命观。《论衡》有云："文王之文在孔子，孔子之文在仲舒。"大家认为这句话很好地说明了董仲舒的地位。文王的文在于孔子，孔子的使命在于社会，而董仲舒把它落实了，辅佐汉武帝罢黜百家，独尊儒术。从董仲舒开始，从汉武帝开始，儒学和中国社会结下了不解之缘，所以董仲舒的地位非常重要。

那么孔子和周文王呢？如果大家去曲阜孔庙，在大成殿里会看到一块匾，上书"斯文在兹"。"文王既没，文不在兹乎？"周文王去世后，周代的文化就在我身上了，如果老天不想灭绝这种文化，匡人又能把我怎么样呢？实际上这是一种内在的使命担当精神，蕴含着一股浩然正气。孔子周游列国，心系天下苍生，他的身上承载了一种道德使命。这是孔子的"与命"，是对首章"与命"精神的发挥。孔子所处的时代，天下无道，礼崩乐坏，为挽救颓势，他肩负起了这一使命，这也正是后世张载所言的"为天地立心，为生民立命，为往圣继绝学，为万世开太平”。

本章讲述的是孔子一行人在匡地被围困之际，孔子不畏惧，自信地对弟子们说自己肩负着上天的使命，是向世人传播历史文化的。孔子在很多篇章里都有类似的论述，比如《孔子家语·困誓》：“孔子之宋，匡人简子以甲士围之。子路怒，奋戟将与战。孔子止之，曰：‘恶有修仁义而不免世俗之恶者乎？夫《诗》《书》之不讲，礼乐之不习，是丘之过也。若以述先王好古法而为咎者，则非丘之罪也。命夫！歌，予和汝。’子路弹琴而歌，孔子和之。曲三终，匡人解甲而罢。”又如《论语·述而》记子曰：“天生德于予，桓魋其如予何？”《宪问》记子曰：“道之将行也与，命也；道之将废也与，命也。公伯寮其如命何！”

在孔子这里，天命并非像后世人们所想象与渲染的那样神秘与复杂。“后死者与于斯文”也是因为社会的接受与需要，而这就是天命。老百姓的意志，就是政治领域的天命。

9·6 大宰问于子贡曰：“夫子圣者与？何其多能也？”子贡曰：“固天纵之将圣，又多能也。”

子闻之，曰：“大宰知我乎！吾少也贱，故多能鄙事。君子多乎哉？不多也。”

牢曰：“子云：‘吾不试，故艺。’”

“大宰”，即太宰，官名，辅佐君主治理国家的人。“纵”，使，让。“试”，用。

这一章的意思是，太宰问子贡道：“你的老师是位圣人吗？为何这样多能呀？”子贡说：“本来就是天意让他成为圣人，又让他这样多能呀。”

孔子听到后，说：“太宰真是了解我呀！我年少时贫贱，所以学会了许多鄙贱的技艺。真正的君子会是多能的吗？不会多能。”

牢说：“老师曾说：‘因我没有去做官，所以学得许多技艺。’”

本章的核心是“天纵”，也就是“天命”。“天纵之将圣”的“天”也许指的是时代，也许指的是国家，也许是他自己特殊的人生，各种因素交汇在一起共同成就了孔子这样一个人，这是子贡的理解。孔子听说了以后，说自己出身比较卑微，正因为如此，孔子才接触到了更多的社会现实，了解人心，了解社会，所以才成就了他。社会上每一个有所成就的人，若去研究他的人生轨迹，一定会得到类似的启发。

在孔子心目中，舜是非常了不起的圣王，“无为而治者，其舜也与？”“巍巍乎！舜禹之有天下也，而不与焉”。清华大学藏战国竹简《保训》中说道：“舜旧作小人，亲耕于历丘。”有人认为这批竹简有问题，其实仅凭这一句话我就认为这肯定不是后人伪造的。“亲耕于历丘”，“历丘”即历山。在古代，山和丘是有区别的，山是大山，丘是小山。在战国时期，孔子地位并不高，汉代之后为避孔子讳，才将丘改为山，所以历山最早称“历丘”。“旧作小人”，小人即小民，舜长期与民间的百姓接触，了解民生疾苦。

“吾少也贱，故多能鄙事”，周代的孩子 8 岁入小学，学“洒扫应对进退之节”，即打扫卫生、整理内务，自己的事情自己做。“洒扫应对进退之节”实际上是孩子成长中必须具备的能力。《大学》中讲格物致知，所谓“格物”就是在事上磨，所以孔子从小一直在磨，能做很多事。

牢是孔子的弟子琴牢，他说：“老师曾经说过：‘因我没有去做官，所以学得许多技艺。’”因为长期生活在民间，通过不停地读书、实践，孔子学到了很多。那么是太宰不了解孔子，还是子贡不了解孔子？从根本上说，这种疑惑与“无明”，可能是人们心中的不良障蔽了本来的自性清明。所以只有在具体的实践中打磨自己，让自己去明理，才能正心，即《大学》的格物致知、正心诚意，这是修身的工夫。一个人有了修身的工夫，有了一定的信心，才有可能达到更高的境界。

孔子自述自己的成长经历，“吾少也贱，故多能鄙事”，这就让我们想到了孔颜之乐，“饭疏食饮水，曲肱而枕之，乐亦在其中矣。不义而富且贵，于我如浮云”，“君子谋道不谋食。耕也，馁在其中矣；学也，禄在其中矣。君子忧道不忧贫”。孔子在实践中成长，如果不经历一些患难，成长的境界可能就不会这么高。子曰：“士志于道，而耻恶衣恶食者，未足与议也。”一个年轻人如果有很远大的志向，说不定将来会是一个很了不起的人；反之，如果他斤斤计较于生活的琐事，嫌弃吃得不好，穿得不好，开的车不如别人，用的化妆品不如别人，那就没什么好和他说的了。有句俗话叫“莫欺少年穷”，如果他是一个有志向的人，将来成为什么样的人还很难说。所以“吾少也贱”并不一定是坏事，关键是我们能不能去“志于道”。有了格局，有了境界，将来就有可能成为一个了不起的人。

9·7子曰：“吾有知乎哉？无知也。有鄙夫问于我，空空如也，我叩其两端而竭焉。”

“叩”，问。“两端”，事情本末。

这一章的意思是，孔子说：“我有知识吗？我没有知识呀！有一个乡野之人向我求教，我对他的问题一无所知。我不过就他所问，从他问题的头尾两端、正反两面来了解琢磨，便穷竭明了他的问题。”

虽然说是“空空如也”，但这里实际上讲述了一种方法，即择其两端用其中。关键是这里的“两端”，其中包括理解对方，了解对方，懂得对方。子曰：“吾道一以贯之。”在孔子心目中，“一”很重要，“一”就是整体。《老子》云：“昔之得一者，天得一以清，地得一以宁……侯王得一以为天下贞。”郭店楚简有一篇叫《太一生水》，其中说：“太一生水，水反辅太一，是以成天。天反辅太一，是以成地。天地（复相辅）也，是以成神明。神明复相辅也，是以成阴阳。”由此可以推演，阴阳复相辅也，是以成男女。男女复相辅也，是以成夫妻……最大的一叫太一，之后有许多小一，君臣是一，父子是一，夫妻是一，长幼是一，各种关系都是一。

我们在观察、处理问题的时候一定要有“一”的思维，而互有关系的双方，就是“一”中包含着的“两端”。如果有“两端”的话，就不要只考虑一个方面，否则就可能走偏。比如说君臣关系，若是片面强调君，就有可能是君主专制；父子关系，若是片面强调父，就有可能是父家长制。所以择其两端用其中才能不偏不倚、不过不及。这样一个整体的思维，就是孔子的道。前文所提到的“拜乎上”和“拜乎下”，实际上处理的就是君和臣的关系。社会有了秩序，才能和谐稳定，若是君不君、臣不臣、父不父、子不子，则天下无道。所以“叩其两端”是一种具体的分析问题的方法。

9·8子曰：“凤鸟不至，河不出图。吾已矣夫！”

“河”，黄河。“凤鸟至”“河出图”，预示着圣王出现，天下太平。

这一章的意思是，孔子说："凤鸟不再飞来，河中龙马也不再负图而出。难道说我的道行不通了吗？"

孔子的政治理想，即他毕生追求的"凤至图出"，如尧舜、周文时代一样的清明盛世。"河不出图"意味着圣人不出。据古史记载，伏羲王天下，龙马背负河图而出；舜帝在位时，凤凰来仪；文王治政，凤鸣岐山。

孔子借用这些典故，言下之意是当时缺少舜、文王这样的圣君明主。世上无明主，像孔子这样的贤能之士也就无人赏识，没有用武之地。因为遇不到明君，其思想和学说终不被采用，孔子不由发出了"吾已矣夫"的无奈感慨。

《孔子家语》《史记》等均记有孔子临终前七日那天早晨的情景。《孔子家语·终记解》篇记曰："孔子蚤晨作，负手曳杖，逍遥于门，而歌曰：'泰山其颓乎！梁木其坏乎！哲人其萎乎！'既歌而入，当户而坐。"一天早晨，孔子一大早起来，感到自己将不久于人世，遂感慨道之不行："泰山啊，将要崩塌了！梁柱啊，将要折断了！哲人啊，将要如同草木一样枯萎糜烂！"子贡去看望老师，孔子看到他，满心酸楚，对他说："夫明王不兴，则天下其孰能宗余？"孔子希望遇到明君圣主，希望推行自己的主张，但最终也没能实现夙愿。子曰："道不行，乘桴浮于海。"子曰："朝闻道，夕死可矣。"孔子周游列国其实就是为了推行自己的主张，实现心中的道。这一章谈的就是孔子的一种追求和心境。

9·9 子见齐衰者、冕衣裳者与瞽者，见之，虽少必作，过之必趋。

"齐衰者"，穿丧服之人。"冕衣裳者"，戴礼帽穿礼服之人。"瞽"，失明。“少”，年轻，年龄小。“作”，站起来，表敬意。“趋”，小步快走，表尊重。

这一章的意思是，孔子见到穿丧服的人、戴礼帽穿礼服的人以及盲人，相见时，他们虽年轻，孔子也一定站起身；若从他们身旁走过，则必快步行进。

不难发现，这一章在《论语·乡党》篇中也出现过。《论语》中有很多重文，在各篇中反复出现，编者自有其考虑，也说明这一章比较重要。面对那个礼崩乐坏的时代，孔子明知他的道无法实行，但仍然“知其不可而为之”，毅然“克己复礼”，践行自己的道：哀有丧（齐衰者）、尊在位（冕衣裳者）、悯残障（瞽者）。

儒家强调修己，所谓“我欲仁，斯仁至矣”，意思是只有我自己想做一个有仁德的人，才能真有仁德。大家都看过《西游记》，唐僧师徒四人取经路途艰难，唐僧行走不便，难道孙悟空、猪八戒不能背师傅走吗？八戒说的话很有意思：“师父的骨肉凡胎，重似泰山，我这驾云的，怎称得起？”没想到孙悟空也说：“我的筋斗，好道也是驾云，只是去的有远近些儿。你是驮不动，我却如何驮得动？”大家仔细想一想，他们的话是否可以从人生哲学的角度去理解，一个人若不经过磨炼，谁也帮不了他。所以儒家特别强调修身克己，只有我自己想做才有可能做好。

本章讲的是孔子遇到穿丧服的人、贵族和盲人的态度。孔子推崇周礼，倡导礼乐文明。他时时处处把握礼的内涵，知道遇到什么人该行什么礼。作为一个社会人，在生活中也应懂礼，比如在公交车上、在电梯里，有些人旁若无人，或许动作很小，但也证明其缺少对周围环境、对周围人的理解和尊重。本章虽然从一个很小的细节出发，但是表达了孔子作为一个社会人所展现的社会性意识，体现出一种内在的情怀，这一点很重要。

9·10 颜渊喟然叹曰："仰之弥高，钻之弥坚。瞻之在前，忽焉在后。夫子循循然善诱人，博我以文，约我以礼，欲罢不能，既竭吾才。如有所立卓尔，虽欲从之，末由也已。"

"喟然"，叹息的样子。"弥"，更加，越发。"仰之弥高，钻之弥坚"，高不可及，深不可入。"循循然"，有步骤，有秩序。"博我以文，约我以礼"，用文献典籍丰富我的知识，用礼法约束我的行为。"卓尔"，高高直立的样子。

这一章的意思是，颜渊喟然深叹道："越仰望，越感到高；越钻研，越觉得深。才刚看着在眼前，忽而又在身后。老师教人循序渐进，善于诱导，他用文献典籍丰富我的知识，又以礼法约束我的行为，让我即使想放弃也不能，直到我竭尽全部才智。（老师的道德与文章）让人感觉像座山，卓尔矗立，虽想追从，却找不到路径。"

这是颜回心目中的孔子形象。当今社会上有一些人不尊重孔子，认为他是两千多年前的人，有什么了不起？这就很浅薄了。实际上，这是因为他没有走近孔子，真正走近了，也许就会有不同的感受。为什么有人说《论语》常读常新？我就遇到一位老同志，他告诉我《论语》和《老子》已经读过很多遍，可是每读一遍感觉都是新的。也许这就是颜回所说"仰之弥高，钻之弥坚"，这是颜回对老师学问修养的赞叹，今天的我们难道不能从颜回身上得到些启发吗？

孔庙之前立着万仞宫墙，语出子贡："夫子之墙数仞，不得其门而入，不见宗庙之美，百官之富。”(《论语·子张》)就像这里提到的“如有所立卓尔，虽欲从之，末由也已”，孔子的道德与文章就像一座高山，不知道怎么入门。实际上孔庙大门有两层含义：第一是指万仞宫墙高大，儒家之学博大；第二是我们要得其门而入，把握住儒学的精髓。什么是儒学的精髓？学习孔子思想从哪里着手呢？其实孔子已经给了我们答案。《论语·学而》：“孝弟也者，其为仁之本与！”我们每一个人来到这个世界上，都拥有一个家庭，父母爱我们，我们也应该敬爱父母、友爱兄弟姐妹。明白孝悌之意，把孝悌之道推而广之，就能培养爱和敬。所以儒家谈“立爱自亲始”，培养爱心从孝敬父母开始；“立敬自长始”，培养恭敬从尊敬师长开始。把这种爱和敬推而广之，人就能慢慢地成长起来，就能培养出健全的人格。

颜回赞叹孔子的话让我们心生敬意。在曲阜，除了有孔庙、周公庙，还有颜子庙。在孔子众多弟子当中，颜回可谓境界最高。在颜回的心目中孔子都如此这般，那么我们又该如何看待孔子呢？《论语·述而》篇有“抑为之不厌，诲人不倦，则可谓云尔已矣”，孔子不以圣人自居，他认为自己只是做到了“为之不厌，诲人不倦”。一个人要想成为一个有格局的人，就要使自己懂得天命，了解自己的使命与担当。所以如果把这一章与前面的“与命，与仁”联系起来，便能清楚地认识到孔子为什么能够清晰地认知到自己的道德使命。

之前我在一所大学做讲座，最后进行交流互动时，有学生提出：如果想成为有格局的人到底应该学什么？怎么学？我说“学天下之人，不如学孔子一人；读天下之书，宜先读儒家四书”，得到了学生们的认可。后来在许多场合也听到不少这样相同或类似的观点，可见这是大家的共识。了解了孔子儒家学说的特点，有了基本的比较后，大家都会有这样的分辨能力。孔子思想是中华文化的高地，颜回对孔子有这般态度，我们也应该从中得到启迪。

9·11 子疾病，子路使门人为臣。病间，曰："久矣哉，由之行诈也！无臣而为有臣。吾谁欺？欺天乎？且予与其死于臣之手也，无宁死于二三子之手乎！且予纵不得大葬，予死于道路乎？"

这一章的意思是，孔子病重，子路组织门人作为孔子治丧的家臣。孔子病势减退后，说："仲由搞这种欺诈的行为已经很久了！不需要家臣却安排家臣。我骗谁呀？骗天吗？而且我与其死在家臣的手里，还不如死在你们几个学生的手里呢！又且，我纵使不能用卿大夫之礼厚葬，难道至于被抛尸道旁吗？"

与颜回相比，子路对孔子同样尊重，但他是以另外一种形式来表达的。不过，子路的好意经常会招来孔子的批评，这一次也不例外。子路泥古不化，太过注重"礼"的外在形式而不明"礼"的精神实质。

这里孔子还是在谈天命。《论语·阳货》载："子曰：'予欲无言。'子贡曰：'子如不言，则小子何述焉？'子曰：'天何言哉？四时行焉，百物生焉。天何言哉？'"孔子说不想说话了，子贡就问老师，您怎么不说话？您不说话我们该如何传承您的思想呢？孔子说上天也没有说话，但是不影响寒来暑往、四季更替。《孔子家语》记载有这样一个故事，孔子晚年回到鲁国以后，鲁哀公向孔子请教君子为什么重视天道。孔子答到"贵其不已"，也就是看重它的永不止息。孔子进一步解释：就和日月的东升西落一样永不停止，这是天道。它的保持永久，是天道。它的无所作为而万物皆成，是天道。它的万物皆成而又明明白白，也是天道。《中庸》说："诚者，天之道也；诚之者，人之道也。"天道至诚，人要效法天道，所以"君子贵诚之"。仲由的做法孔子不赞成，"吾谁欺？欺天乎？"这句话是非常有力量的。

9·12 子贡曰："有美玉于斯，韫椟而藏诸？求善贾而沽诸？"子曰："沽之哉！沽之哉！我待贾者也。"

"韫（yùn）椟"，藏在柜子里。"韫"，藏。"椟"，木柜子。"贾"，商人。"沽"，卖。

这一章的意思是，子贡说："假若有一块美玉在这里，是将它装在柜子中藏起来好呢，还是找一个识货的买家卖了它呢？"孔子说："卖呀！卖呀！我正在等待识货者呢。"

子贡以美玉是藏是卖为喻，试探老师对于出仕的态度。面对学生的试探，孔子旗帜鲜明地表达了自己的态度，那就是积极入世，并期待遇到明君。这说明孔子周游列国的目的就是寻找能够用他的人，能让他的道行于天下。

到这里我们可以理解，从第10章开始，"仰之弥高，钻之弥坚""虽欲从之，末由也已"，是通过颜渊之眼看孔子；上章"由之行诈"，实际上是通过子路之眼看孔子；而本章的"有美玉于斯"，则是通过子贡之眼看孔子。当然之前还有通过太宰之眼看孔子，通过牢之眼看孔子，以及孔子对自己的评价与介绍。由此也可以看出《论语》并不是"杂乱无章"

的语录体，它有内在的逻辑关联，通过前后联系展现出一个丰富的、立体的、多维的、客观与真实的“圣人”孔子形象，以此充分展示圣人的追求、事业与人生。

在孔门弟子中，颜渊是“仁”的化身，子路是“勇”的化身，而子贡则是“智”的化身。儒家讲“智、仁、勇”三达德，本章则是通过子贡的智慧向孔子提出了一个具有重大意义的问题，也就是圣人的使命问题。一个人有了德，“天生德于予”，就会有一种使命感，有了使命感，对于现实社会的人生便有了一种关切。

9·13 子欲居九夷。或曰：“陋，如之何？”子曰：“君子居之，何陋之有？”

“九夷”，泛指边远地区的少数民族。

这一章的意思是，孔子想迁居到九夷去。有人说：“那里太僻陋，怎么能住？”孔子说：“君子住在那里，那里还会僻陋吗？”

刘禹锡《陋室铭》有云：“斯是陋室，惟吾德馨。”君子住在哪里，哪里就会有仁德。在《孔子家语·五仪解》中，孔子把人分为五类，在谈到圣人时，说其特点是“化行若神”。一个境界高的人走到哪里，哪里就会受到好的影响。君子也是这样，走到哪里都不存在陋的问题，这实际上也意味着担当，或者说也是一种心境问题。

上章孔子说要等那识货的买家，但终归没等到，孔子遂动了“欲居九夷”的念头。前不久，我参加了一个会议，议题之一是墨家与儒家的比较。我看到一篇文章竟说孔子实在没什么了不起，他整天想着当官，有叛乱分子来找他，他也想去。大意是与墨子相比，孔子实在太糟糕。可见那个人对孔子和儒家蒙昧到什么程度。

实际上，孔子出仕的思想的确非常迫切。孔子说："苟有用我者，期月而已可也，三年有成。"孔子做中都宰，其地相当于现在的山东汶上，仅一年时间，"四方皆则之"。现在我们要打造"优秀传统文化传承发展示范区"，其实在孔子那时就已见规模。或者说，孔子所治理的中都，在当时就可以称为"文化示范区"。为什么这么说？鲁定公问孔子："学子此法，以治鲁国，何如？"孔子回答，治理天下都可以，何况鲁国呢？这就是孔子的自信。这些政策实行一年，孔子由中都宰升为司空，后又升为大司寇。又六年，齐国就害怕了，说孔子为政必霸。因为孔子在鲁国为政，鲁国一定会强大起来，所以齐国人在这个时候采取了离间计，离间了孔子和鲁国君臣的关系，孔子才被迫离开了鲁国。

一个人有良好的仁德修养，就不怕外部环境的艰苦。古代把居住在东方边远地区的人称为夷人，那里文化相对闭塞落后。孔子强调只要有君子去这些地方居住，传播文化知识，开化民智，教授礼仪，这些地方的陋风旧俗就会发生改变。

这不禁让我想起阳明先生的《瘗旅文》。话说当年王阳明被贬到贵州龙场，某日听说北方来了一位吏目，带着他的儿子和仆人。王阳明很想向他们打听一下北方的近况，但因天气原因未能成行。第二天得知有一位老人死在蜈蚣坡下，旁边两人哭得很悲痛，他料想一定是那位吏目过世了。这天傍晚时又有传言说死了一人，他想可能是那位吏目的儿子也死了。第三天听说坡下有三具尸体，料想仆人也死了。因为担心尸体曝露荒野无人收殓，王阳明便带着两位仆人去埋葬了他们，即三人坟。在《瘗旅文》

中，他写道："吾昨望见尔容蹙然，盖不胜其忧者？夫冲冒霜露，扳援崖壁，行万峰之顶，饥渴劳顿，筋骨疲惫，而又瘴疠侵其外，忧郁攻其中，其能以无死乎？吾固知尔之必死，然不谓若是其速，又不谓尔子尔仆亦遽然奄忽也！皆尔自取，谓之何哉！"王阳明感慨道："这都是你自己招来的祸患啊！"外在的客观环境恶劣，吏目内心的环境更恶劣，饥寒交迫、忧愁苦闷，在这样的情况下怎能安然无恙呢？读到这里，我想起《论语》中的一句话——"君子坦荡荡，小人长戚戚"，王阳明龙场悟道便是给我们做了一个完美的注解吧。

在今年疫情最为严重的时候，我写了一篇文章，叫作《以圣贤智慧化解疫情之忧》，文章开篇写道："一场突如其来的疫情，使人们停下脚步，困守家中。沉静下来的人们在思考什么？王阳明当年龙场悟道，是因环境恶劣，跌落到物质与精神的双重困境，他于是追问'圣人处此会如何应对？'今天也进行这样的设问时，我们想到了孔子'灾妖不胜善政'的话。"其实孔子的心境也是这样，"君子居之，何陋之有？"尽管外部环境恶劣，作为君子也应主动去适应环境而非被环境所左右。

9·14 子曰："吾自卫反鲁，然后乐正，《雅》《颂》各得其所。"

这一章的意思是，孔子说："我从卫国回到鲁国，然后乐始得订正，《雅》与《颂》也各自找到了它们应有的处所。"

之前孔子提到"道不行，乘桴浮于海"，他周游列国的目的就是希望自己的道能够实现，但最终未能如愿。孔子为什么最终没有"浮海居夷"？

根本的原因在于时不我待。孔子“自卫反鲁”时已是年近七十高龄的老人了，而中国文化当时面临的是“文王既没，文不在兹”的局面，如果孔子不对其进行系统的整理，那这一优秀的文化遗产，真的是要万劫不复了。对于一个民族来说，文化相较于政治是更根本、更重要的基础建设！

孔子回到鲁国后，看到自己不能为政，便“删《诗》《书》，定《礼》《乐》”，开始整理典籍。曾有人打了一个比方，说一座大殿失火，而孔子就是那个把设计图抢回来的人。孔子把这座中国文化大厦里的设计图抢出来后进行整理，才留下了这笔宝贵的遗产。董仲舒则根据设计图开始重新建构中国文化大厦。所以孔子面对“文王既没，文不在兹”的窘境，周游列国回来后毅然开始整理典籍，这是一种文化的传承，一种使命的担当。今天我们要传承中华优秀传统文化，就要走进孔子所整理的典籍，走进早期思想家的精神世界，只有了解中华文化在孔子以前数千年的传承，才能更好地做好今天的事情。

孔子“自卫反鲁，然后乐正，《雅》《颂》各得其所”，《雅》《颂》是《诗经》里的两个部分。《诗经》中的“六义”指《风》、《雅》、《颂》、赋、比、兴，赋、比、兴是三种表现手法，《风》《雅》《颂》是《诗经》里的三种诗歌形式。《风》，即十五国风，指各地的民歌。其来源有多种说法，有的说是采诗，有的说是献诗。采诗是周天子派人到各个诸侯国去采风，把诗歌收集起来以观民风；献诗是地方把民间的歌谣献上去。《雅》，是宫廷雅乐，主要分为《小雅》和《大雅》。所谓宫廷雅乐，指为政者在宫廷欣赏的篇章。如果我们欣赏一些靡靡之音，那么我们的志气就可能堕落；欣赏一些雅正的东西，那么心就会清正。《颂》，包括《商颂》《周颂》《鲁颂》，指宗庙祭祀时的乐歌，通常颂先王之德。

《雅》《颂》在《诗经》中起正人心的作用，《论语·为政》：“《诗》三百，一言以蔽之，曰：‘思无邪。’”“无邪”就是正，是培养人的一种雅正。孔子晚年从卫国返回鲁国，结束了长期周游列国的生活，开始通过正乐复兴文化。如果说孔子的一生有三个伟大的贡献，那么第一是培养了一大批杰出的人才，第二是整理了“六经”，第三是创立了儒家学说，这是孔子的文化贡献。

圣人的脚步从来没有停止过。回到鲁国以后，孔子“删《诗》《书》，定《礼》《乐》”，用诗礼教化人心。到了晚年，孔子作《春秋》，“知我者其惟《春秋》乎！罪我者其惟《春秋》乎！”孔子晚年虽未为政，但在整理典籍时微言大义，春秋240多年的历史，却只用了短短1万余字。大家如果读《春秋》，就会发现其遣词用句是非常讲究的，同样是杀人，可以用“杀”，可以用“弑”，可以用“攻”，可以用“罚”，不同的字表达的正义、非正义的情感色彩是不一样的，以至于春秋笔法一直影响着中国传统的史学。所以说如果没有孔子，就没有中华文化，天不生仲尼，万古如长夜。

9·15 子曰：“出则事公卿，入则事父兄，丧事不敢不勉，不为酒困，何有于我哉？”

“出”，在朝廷。“不勉”，不敢不尽礼。

这一章的意思是，孔子说：“出仕朝廷就侍奉王公大臣，入居私门就侍奉父母兄长，有丧事不敢不勉力操持，不为酒所困，这些事对我有什么困难的呢？”

“出则事公卿，入则事父兄”，《论语·学而》讲：“弟子入则孝，出则弟，谨而信，泛爱众。”“出”就是离开家，“入”就是在家里。一个人在外正确对待自己的工作，回家好好对待自己的父母兄长，这就是“出”和“入”。

“丧事不敢不勉”，“丧事”在这里代指礼仪，如果丧事都能处理好，那么对于礼仪的理解便没有问题了。一个人有了恭敬之心，才有可能把礼仪的事情做好。《礼记·曲礼》云：“毋不敬。”礼仪最重要的就是表达敬，如果失去了内在的敬，礼仪便失去了意义。还有一点值得注意的是，中国古代讲的各种礼，主要针对精英阶层、领导阶层。如《仪礼》共17篇，士冠礼、士昏礼、士相见礼等都以士为名，这就强调了礼仪并不是做给别人看的，而是用来教化人心知其敬的，它培养的是一种内在的敬畏，士大夫一级的人做好示范，社会便能蔚然成风。

我曾经参加过一次婚礼，两位年轻人采用的是传统的中式婚礼。新人对婚礼的理解非常到位，一举一动严肃认真，表达出了未来家庭生活在男女双方心目中的神圣感与崇高感，让人赏心悦目。参加婚礼的人就是这种神圣结合的见证者，这就是礼仪。反观有些新人举办婚礼时的不雅举动，反映出的则是对礼仪缺乏认知。

“不为酒困”，不因为喝酒耽误应该做的事。我曾在《孔子的叮咛》一书中探讨过这个小问题。《论语·乡党》：“惟酒无量，不及乱。”凡事都有标准、尺度，不规定酒量大小，只要不达到“乱”（醉酒）的程度就可以了。《小雅》中的《宾之初筵》谈的就是喝酒的状态，通过描写宴饮的场面，讽刺了酒后失仪、失言、失德的种种醉态，提出反对滥饮的主张。“惟酒无量，不及乱”描述了合乎“礼”的饮酒场面，提倡和主张的是“饮酒孔嘉，维其令仪”，认为饮酒是很美好的事，因为有好的礼节与之相合。

本章“出则事公卿，入则事父兄，丧事不敢不勉，不为酒困”，表达的正是我们在生活中该如何对待一些交往和交流的问题，如果把这些都处理好了，那么“何有于我哉？”我还有什么好担心的呢？上一章孔子以诗礼教化人心，本章强调在现实生活中该如何去做，前后联系寓意深刻。

9·16 子在川上，曰：“逝者如斯夫！不舍昼夜。”

这一章的意思是，孔子在川水之上，说：“逝去的就像这川水呀！就这样不舍昼夜向东流。”

面对奔涌不息的河水，孔子感慨时光易逝，感叹生命短暂，不知不觉“老之将至”；叹息所有的经历过往都如流水一去不复返，昼夜不停。既如此，我们应珍惜当下，认真对待每一件事，善待每一个生命，自强不息，止于至善。如此，生命将不虚此行。

如果我们走进早期思想家的世界，就会发现他们常常思考水的问题，老子谈“上善若水”“水善利万物而不争”，孔子观水悟道，感叹“逝者如斯夫！不舍昼夜”。世间的一切问题都可以借水来比拟，所谓“君子见大水必观”，孔子正是在东流的水中悟出时光易逝的道理，告诫我们要珍惜时光，珍惜当下，做好每一件事情。

9·17 子曰：“吾未见好德如好色者也。”

这一章的意思是，孔子说：“我还没见过好德像好色一样的人呢。”

孔子思考问题的出发点在于研究人性和仁的价值。之前我曾在越南参加过一次会议，到湄公河附近去考察时和一位德国学者坐在一起，他的汉语说得不好却一直滔滔不绝。就在我昏昏入睡之时，他的一句话让我振奋精神，他说："未来世界的精神一定在中国。"我请他解释。他继续说道："现在科技进步了，社会发展了，谁还相信那种超自然的东西？可是中国文化不是这样，中国文化是在研究人本身，研究人性和仁的价值，讲究修己的工夫。"实际上，儒学就是仁学，主要在探讨人性。孟子常常谈到人性的话题，每个人都有双重属性，一种是自然性，一种是社会性。作为一个自然人，我有七情六欲、喜怒哀乐。与此同时，我属于一个家庭，该不该讲家庭美德？我身处一个工作岗位，该不该讲职业道德？我处于一个社会，该不该讲社会公德？儒家讲天下为公，韩非云"背私谓之公"，不自私就是公，公代表公共意识、公德意识，这就是人的社会性。

当人的自然性和社会性发生冲突的时候怎么办？孔子便从人性的角度展开论述，"好德"是社会性，"好色"是自然性，"吾未见好德如好色者也"，将自然性与社会性换位思考。在孔府二堂曾题有明代学者姜克礼的一副对联："以利己之心交朋必善，以好色之念求学必真。"孔子说，君子的道有四个方面："所求乎子以事父""所求乎臣以事君""所求乎弟以事兄""所求乎朋友先施之"。二者有异曲同工之妙，旨在强调换位思考的重要性。所以，当我们希望别人如何对待我们时，我们也要想一想是否也这样对待别人，这是修身的一种方法。

"好色"是本能，"好德"是自觉，孔子讲"好德"如"好色"，实是因为"好色"的本能超过了"好德"的自觉。因是之故，挽救社会风气当从君子提高自身道德自觉上着力。下一章便是孔子为弟子开示“好德”如“好色”的方法。

9·18 子曰：“譬如为山，未成一篑，止，吾止也。譬如平地，虽覆一篑，进，吾往也。”

这一章的意思是，孔子说：“譬如说堆一座山，只差一筐土没堆成，如果停下来了，我也就到头了。譬如说平一方土地，虽然只是倒了一筐土，但我决定继续前进，我也就过去了重要一关。”

正如老子所言，越是快要成功的时候越容易失败。比如说我们拉了一辆很重的车爬坡，快到坡顶的时候，如果继续努力就上去了，如果放弃就滑下来了，这就叫功亏一篑。

《中庸》有云：“人一能之，己百之；人十能之，己千之。果能此道矣，虽愚必明，虽柔必强。”别人一遍能做到的，我做一百遍；别人十遍能做到的，我做一千遍。果真能这样做，即使是愚笨的人也一定变得聪明，即使是柔弱的人也一定变得坚强。要变聪明并没有捷径，只有踏踏实实努力。其实这就是一个量变与质变的问题，更是一个重要的哲学命题。

9·19 子曰：“语之而不惰者，其回也与！”

这一章的意思是，孔子说：“我给弟子们讲话，能够细心领会实践而不懈怠的，恐怕只有一个颜回吧！”

颜回是孔子的得意门生，在他去世时孔子发出“天丧予！天丧予”的慨叹，是因为孔子看到自己文化生命的传人离开了这个世界。众所周知，颜回的优点在于“不迁怒，不贰过”，这一点又有多少人能做到？明朝士人袁了凡曾作《改过之法》，认为人非圣贤，孰能无过，如果有了过失，就不要害怕改过。

我曾经和一些孩子交流，问他们犯过错误吗？当然犯过。又问谁能做到“不贰过”？结果没有人说话。我建议家长们在教育孩子的时候，如果孩子犯了错误，不如问他能不能做到不再犯错误并写下来，告诉他颜回的故事。当孩子再次犯同样的错误时，将“不贰过”改为“不三过”，以此为戒。

颜回还有一个特点，即“择善而固执之”，认定目标不放弃，坚持不懈。《中庸》记载：“子曰：‘回之为人也，择乎中庸，得一善，则拳拳服膺而弗失之矣。’”这就是颜回的格局，所以孔子说：“细心领会实践而不懈怠的，恐怕只有一个颜回吧！”

本章孔子之所以夸颜回，恰是因为颜回的“好德”如“好色”，甚至“好德”超过“好色”。

9·20 子谓颜渊，曰：“惜乎！吾见其进也，未见其止也。”

这一章的意思是，孔子评价颜渊，说：“可贵呀！我只看见他不断向前，没看见过他停下脚步。”

这里看似孔子是在叹息颜回，实际上也是在叹息自己。孔子曾说颜回“非助我者也”，颜回从不提出反对意见和疑问，“不违如愚”吗？当然不是。《论语·公冶长》记子贡曰：“赐也何敢望回。回也闻一以知十，赐也闻一以知二。”我们通常说举一反三，颜回能举一反十，由此可见颜回的格局和境界，这便为他人树立了一个榜样。

这一章和上一章都是孔子对学生颜回的赞叹。在所有学生当中，能够持之以恒而不倦怠，自觉坚持道德修养的，只有颜回一人。孔子在赞叹颜回的同时，也是在鼓励提醒其他弟子当以颜回为榜样，追求学问和仁德能持之以恒。

9·21 子曰：“苗而不秀者有矣夫！秀而不实者有矣夫！”

这一章的意思是，孔子说：“苗不错，但不开花、不结穗的，有啊！开了花、结了穗，而不灌浆成实的，也有啊！”

这就好比治国一样，国家培养了很多人，但是不是都能达到培养目标呢？在科举时代里取得功名的人，彼此之间都互称“大人”。什么叫“大人”？就是格局大的人。而现代社会随着高等教育的普及，如果每个人都是“大人”，有各自的工作，这样国家发展就好了。

王阳明少时跟他的老师有段对话，王阳明问老师：“何为第一等事？”老师说考状元是第一等事。王阳明说：“登第恐不是第一等事，第一等事是读书学做圣贤。”所谓登第，用现在的话说就是考一个好的大学，这固然无可厚非，但并不是最终目的，我们应该找一个好的平台成就自己。所谓圣贤，就是格局大、境界高，是人生应该追求的最终目标。

《孔子家语·五仪解》中孔子将人分为五类，即“人有五仪：有庸人，有士人，有君子，有贤人，有圣人。审此五者，则治道毕矣”。分清这五类人，治理天下之道便尽在其中了。而此处的“贤人”“圣人”也是指格局大的人。

1927年，梁漱溟先生曾经写过一副对联，“不为圣贤便为禽兽，莫问收获但问耕耘”。“为”字作动词，即修为。如果有提高人生格局的这种意识，就不甘于沉沦，这样便脱离了禽兽，才是一个合格的人，进而成为“大人”。孟子说：“人皆可以为尧舜。”荀子也说：“涂之人可以为禹。”尧、舜、禹都是圣人，圣人不是高不可攀的，圣人也是人，只是圣人是普通人中尤其不普通的人。

所以儒家追求的格局和境界，其实就是提高认识世界的能力，提高把握世界的能力，提高引领世界的能力。2019年3月，习近平同志在看望参加全国政协十三届二次会议的文艺界、社科界委员时，强调要坚持用明德引领风尚。由谁来引领？便是由有格局的人来引领。所谓大学就是大人之学，从这句话中我们也应该得到启示。

9·22 子曰：“后生可畏，焉知来者之不如今也？四十、五十而无闻焉，斯亦不足畏也已。”

这一章的意思是，孔子说：“年轻人是值得敬畏的，谁能断定其将来的成就赶不上现在的人呢？若是到了40、50岁还乏善可陈，也就不值得敬畏了。”

《论语·为政》记：“吾十有五而志于学，三十而立，四十而不惑，五十而知天命，六十而耳顺，七十而从心所欲，不逾矩。”孔子享年73岁，这句话显然是孔子晚年说的。这段话与本章均是孔子对什么年龄段该做什么事的解读。古代8岁入小学，15岁入大学，孔子之教其实就是大人之教。所谓大人之教就是要培养大人、君子，培养社会的引领者和管理者，所以孔子强调“十有五而志于学”。子曰：“自行束脩以上，吾未尝无诲焉。”有人说“束脩”是指孔子收学费，我认为“束脩”应是“束修”，指束发修饰，把头发盘起来。“束修”是个年龄概念，若是15岁以下，还不会思考人生，所以15岁是很重要的年龄。“志于学”即“志于道”，确定了新的方向才能沿着正确的路踏踏实实往前走。到了30岁以后才能立，立加上人就是“位”字，在社会上能否立足并找到最合适的位置，关键在于不能走错方向，所以立志很重要。“四十而不惑，五十而知天命”，但有些人若到了四五十岁还默默无闻、一事无成，基本上也就这样了，没什么可让人敬畏的了。

本章给我们的启发是督促我们赶快努力，如果在年轻时不能及时进德修业，荒废青春，到了四五十岁时还一事无成，就会被下一代超越，所以我们要把握当下。这与前章的道理是一样的。孔子还有一句话：“年四十而见恶焉，其终也已。”人到40岁还被人厌恶，这一辈子也就这样了。孔子反复强调年龄，其实就是让我们在起步的时候把握好方向，把握住人生的节拍，把握每一个当下，勉励人成长。

9·23 子曰：“法语之言，能无从乎？改之为贵。巽与之言，能无说乎？绎之为贵。说而不绎，从而不改，吾末如之何也已矣。”

“法语之言”，正言告诫的话。“法”，取法。“语”，教诫。“巽与之言”，恭顺赞许的话。“与”，许与、赞许的意思，即开篇“与命，与仁”之“与”。“绎”，演绎、分析的意思。

这一章的意思是，孔子说："正言告诫的话，能不接受吗？接受了进而改正才是可贵的。恭顺赞许的话，听了能不高兴吗？知道分析鉴别才是可贵的。只顾高兴而不分析，接受了却不加以改正，我对这种人没有什么办法了。"

"法语之言"，即奉为法度的话。谁的话能被奉为法度呢？孔孟的话哪句不能被奉为法度呢？前不久我接受了一个采访，记者问：在习近平总书记视察孔子研究院时你全程陪同，总书记的哪一句话你记得最深？我答：哪一句话都印象深刻。他又问：你最喜欢孔子哪一句话？我答：我想不起来不喜欢哪句话。几年前我们一行人到北京师范大学拜访周桂钿先生，其间一位年轻人向周先生请教孔子思想的糟粕有哪些。周先生很睿智地答道："最近这些年我一直致力于研究孔子思想的精华，没有研究孔子思想的糟粕。""取其精华去其糟粕"这句话本身没问题，问题在于如何区分精华和糟粕。所以在儒家的思想体系中，我们一定要把握住最重要的东西。

孟子说："先立乎其大者，则其小者弗能夺也。"《汉书·艺文志》记载："儒家者流，盖出于司徒之官，助人君顺阴阳明教化者也。游文于六经之中，留意于仁义之际，祖述尧舜，宪章文武，宗师仲尼，以重其言，于道最为高。"所谓道，即仁、义、礼、智、信。子曰："择其善者而从之。"我们面对那些让人困惑、存疑的问题时，不妨先放一放，"先立乎其大者"，"于道最为高"。汉代著名学者扬雄编纂《法言》，在他看来，书中的话都是法语之言、善言佳语。"法语之言，能无从乎？改之为贵"。接受了，进而改正自己的缺点，这才是可贵的。

"巽与之言，能无说乎？"恭顺赞许的话听了自然高兴，但是"绎之为贵”。当别人夸我的时候，是恭维还是真心的鼓励需要分析和鉴别。如果只顾着开心而不分析，接受了之后却不改正，孔子说，我对这种人就没什么办法了。

实际上，《论语》的编者是从不同的角度让我们去提升自己的，比如如何对待圣贤的教诲，在别人鼓励、赞美我们时如何从中体会出别人的用意，然后使自己变成一个优秀的人。很多人年轻时放荡不羁，“四十、五十而无闻”，到头来落得个“苗而不秀”“秀而不实”的结局，这也正是孔子评说的许多人的通病。

9·24 子曰：“主忠信，毋友不如己者，过则勿惮改。”

这一章的意思是，孔子说：“做人以忠信为主，不与德行不如自己的人交朋友，犯有过错就不要害怕改正。”

孔子常谈忠信，《孔子家语》中有这样一个故事：孔子师徒从卫国返回鲁国，路过大河时在桥上停车观赏风景。只见河上瀑布高达30仞，旋转回流的水长达90里，鱼鳖不能游动，鳄鱼不能停留，可谓凶险。这时，他们却意外看见一位壮年男子要从那里泅渡过河。孔子担心，赶忙派人去河岸边加以阻止。谁知这名男子不以为然，坚持泅渡，竟然成功地游了出来。孔子觉得奇怪，心想：他一定有什么特别的技巧，或者有什么高明的道术，不然，他怎么能在如此湍急的水流中安全出没呢？这名男子自信地说：“始吾之入也，先以忠信；及吾之出也，又从以忠信。忠信措吾躯于波流，而吾不敢以用私，所以能入而复出也。”他只是完全遵循水性，顺从水流，没有丝毫的差池，这就像用“忠信”托着身躯，在急水湍流中平稳前进。

《孔子家语》中记载的这个故事对于理解忠信是非常有意义的。古代提倡的八德分别是孝、悌、忠、信、礼、义、廉、耻，1993年在郭店楚简中发现了一篇文章叫《忠信之道》，这些都充分说明忠信的重要性。有人质疑“忠”，认为“忠”指忠君，如果要走出封建帝制，就不能再谈忠。于是到了民国时期，八德中的“忠”便被“诚”或其他德行所取代。从造字方面来讲，“忠”字上中下心，心中有中则不偏不倚。儒家讲中庸，按照郑玄的说法：“名曰《中庸》者，以其记中和之为用也。庸，用也。”中庸就是用中，用中就是把握中道，把握中道就是不偏不倚。如果没有做到不偏不倚，那么就做不好事情。

在宋代，孔庙的大门被称为“大中门”，又叫“中和门”，“中”在孔子思想中的地位可见一斑。在河南的方言中，“中”也代表着不偏不倚，适度、可以的意思。所以，在上述的这个故事中，孔子最终告诉弟子：水尚且可以用忠信来亲近，更何况与人打交道呢？那人练就了一身凫水的本领，不论水流如何湍急、旋腾，他了解其中的规律，掌握顺势而为的技巧，便能在水中出入自如。为人处世也理当如此，遵从规律，顺势而为，循理而动，遵道而行，这就是忠信。

“毋友不如己者”，有人理解为不和不如自己的人交朋友，如若此还怎么交朋友？实际上，这句话指的是不和在品德上有问题（即不忠信）的人交朋友。

传统礼仪中男子的成人礼叫冠礼，女子的成人礼叫笄礼。所谓成人礼，即成年时（关键的年龄）举行的特殊的成人仪式，“弃尔幼志，顺尔成德”，丢弃孩子气，将成人的德行固定下来。这就需要思维选择，明善恶，与善交。要成为一个有德行的人，就要和有德行的人相处，真正有了问题时，又要勇于改过，“毋友不如己者，过则勿惮改”，说的就是这个道理。

关于这方面孔子谈过很多，《论语·学而》记子曰：“谨而信，泛爱众，而亲仁”“就有道而正焉，可谓好学也已”。“谨而信”就是忠信；“就有道而正焉”指接近有道德、有学问的人并向他学习，纠正自己的缺点，就可以称得上是好学了。曲阜师范大学图书馆正门立有一座牌坊，正面写着“就道”，“就有道而正焉”；反面写着“弘道”，“人能弘道，非道弘人”。子曰：“人而无信，不知其可也。大车无輗，小车无軏，其何以行之哉？”（《论语·为政》）人要是失去了信用或不讲信用，他还能做什么？就像大车没有车辕与轭相连接的木销，小车没有车辕与横木相衔接的销钉，它靠什么行走呢？再如“子张问行。子曰：‘言忠信，行笃敬，虽蛮貊之邦行矣。言不忠信，行不笃敬，虽州里行乎哉？’”（《论语·卫灵公》）“行”就是行走的小路。子张问孔子怎样才能行路通达。孔子说：“言忠信，行笃敬。”所谓忠信便是对自己的话负责，符合忠信之道；做事不仅要心存敬畏，更要行为笃定，只要这样做，走到哪里都行得通。听完这句话后，“子张书诸绅”，他解开腰间的带子，连忙把这句话记在带子上。所以做人最重要的就是懂得“言忠信，行笃敬”，明白择贤托身。在“主忠信”的同时要树立一个榜样，确定努力的方向，即使赶不上，也要知道谁是优秀的人，孔孟便如是。

9·25 子曰：“三军可夺帅也，匹夫不可夺志也。”

“三军”，周代的军制。大的诸侯国可以拥有上、中、下三军，或称中、左、右三军，每军12500人。“匹夫”，庶民，普通人。

这一章的意思是，孔子说：“一国的军队可以丧失主帅，一个人不能丧失志向。”

本章的重点在“匹夫不可夺志也”，说明立志的重要性，强调志气的力量。而“三军可夺帅也”，则是反衬“匹夫”立“志”后的巨大精神力量。

“孙子曰：兵者，国之大事，死生之地，存亡之道，不可不察也。”何为兵道？“兵者，诡道也。”孙子认为决定战争胜负的五个基本因素是：“一曰道，二曰天，三曰地，四曰将，五曰法。”（《孙子兵法·计篇》）第一就是“道”。什么叫“道”？“道”就是上下同一，老百姓和君王可以与之生，可以与之死。这样的军队是无往而不胜的，这样的国家是不可能灭亡的，这就是“志”的重要性。

《孔子家语》记载：“夫道者，所以明德也；德者，所以尊道也。是以非德道不尊，非道德不明。虽有国之良马，不以其道服乘之，不可以取道里。虽有博地众民，不以其道治之，不可以致霸王。”所谓“道”，要求人民必须有一个正确的价值观念，如果天下无道，内部先乱了，那么这个国家又能有多大的力量？所以，没有德行，道义就得不到尊崇；没有道义，德行就得不到彰明。即使有全国最好的马匹，如果不以正确的方法驾驭，一定也是寸步难行。即使国土广阔，人口众多，如果不以正确的统治方法治理，也难以实现王霸之业。“三军可夺帅也，匹夫不可夺志也”强调的是形成共同的价值观念，拥有坚定的志向，这样的国家是不可战胜的。

“三军可夺帅也，匹夫不可夺志也”作为名言传诵千古，孔子也是因“吾十有五而志于学”才成就了他的博学，成就了“天纵之将圣”。儒家所追求的志，就是志于学、志于道。“君子无终食之间违仁，造次必于是，颠沛必于是”，所以人如果立定志向，什么都不能将其改变。如果立志为道、为学，就不会“苗而不秀”“秀而不实”，也不会“四十、五十而无闻”，更不会“说而不绎，从而不改”。

王阳明说，人最重要的就是立志，志不立则天下无可成之事。而孔子之所以成为千古圣人，大概也正是因为他“十有五而志于学”，有“匹夫不可夺志也”的精神气概吧。

9·26 子曰：“衣敝缊袍，与衣狐貉者立，而不耻者，其由也与？‘不忮不求，何用不臧？’”子路终身诵之。子曰：“是道也，何足以臧？”

“衣（yì）”，动词，穿。“敝”，破旧。“缊袍”，用乱麻旧絮衬在里面的袍子，形容衣着寒酸。“狐貉”，用狐和貉的皮做的裘皮衣服，泛指衣着华贵之人。“忮（zhì）”，嫉妒。“臧”，善，好。

这一章的意思是，孔子说：“穿一件破旧的丝绵袍，而与穿狐皮裘的人并立，能不感到内心羞惭耻辱的，恐怕只有仲由了吧！（《诗经·邶风·雄雉》说：）‘不嫉妒，不贪求，如何会有不好？’”子路于是终生吟诵这两句诗。孔子说：“这是正道，但还不能算是最好吧？”

在求道的路上，什么才是至高的人生境界呢？在子路看来，不贪慕、不嫉妒即可，虽然孔子认为这不一定是最高的境界，但已经是正道了。如果想追求更高的境界，就要按照更大的目标前行，就像王阳明所说，立志做圣贤，即使做不了圣贤，也要做一个君子。《礼记》有云：“何谓人义？

父慈，子孝，兄良，弟弟，夫义，妇听，长惠，幼顺，君仁，臣忠。”曾子曰：“孝有三：大孝尊亲，其次弗辱，其下能养。”作为一个社会人，要明晰自己的社会使命才能提高自己的人生境界。所谓“大孝尊亲”，即最大的孝顺就是扬名声、显父母；“其次弗辱”，其次使父母不受辱没；“其下能养”，最下等才是赡养他们。

前文提到过梁漱溟所写的对联“不为圣贤便为禽兽，莫问收获但问耕耘”，其实这则对联最早是曾国藩的老师赠予曾国藩的，一度受到很多人的推崇，其中的“为”指的便是修为。有句俗语叫“人不为己，天诛地灭”，很多人以为是指人如果不自私一点就会天诛地灭，实际上它的本意是指人如果不修为自己就会天诛地灭，“为”作动词，也是指修为。作为一个社会人，即使要求不高，也不能以此为理由沉沦自己，甘愿流俗。人不一定要追求多高的境界，但一定要选择正道。

本章记述了孔子对子路既表扬又提醒的教诲，与上一章相联系，子路便是“匹夫不可夺志”的代表。在孔门弟子中，很多人认为子路的境界不是很高，当弟子们和孔子在一起谈话时，只要孔子一提问，第一个回答的永远是子路，纯净而透明。但是子路有自己的志向，有自己做人的原则，即使在死亡面前依然坚定，这需要多么强大的心理与精神的力量啊！

9·27 子曰：“岁寒，然后知松柏之后凋也。”

这一章的意思是，孔子说：“要到天气寒冷之时，才知松柏最后凋零的品格呢！”

“松柏之后凋”，颂扬的是遗世而独立的精神品格，就像志士之于危难，良臣之于乱世。钱穆先生曾经说过一段话："然松柏亦非不凋，但其凋在后，旧叶未谢，新叶已萌，虽凋若不凋。道之将废，虽圣贤不能回天而易命，然能守道，不与时俗同流，则其绪有传，其风有继。"松柏有生生不息的品质，我们也应培养松柏之性，越是在危难之时越见品性。

这句话是孔子的自况，也是孔子对弟子门人的期许。《庄子》里有这样一个故事，庄子对鲁国的国君说"鲁少儒"，国君说很多人都穿着儒生的衣服，怎么会少呢？庄子便让国君下命令，没有儒学真本事的人不准穿儒服，否则便杀了他。结果5天以后大家都不敢穿了，只剩下一个人还穿着儒服。说到底，越是在这样的时候，越能体现出一个人的坚守、品格与格局，这样的人正是"松柏之后凋"。

其实在《论语》开篇便提到要树立坚定的志向并践行之。"学而时习之，不亦说乎？"假如我的"学"被这个社会所认可的话，那不是太令人喜悦了吗？"学"就是道，"而"是假设连词，"时"指时代。退一步讲，"有朋自远方来，不亦乐乎？"如果没有被社会普遍接受，只要有人认可，我也很开心。"有朋"就是志同道合的人，"远方"不一定是空间上的距离，也可以指心灵上的距离。再退一步讲，"人不知而不愠，不亦君子乎？"即使所有人都不理解我，我也要坚守自己。"岁寒，然后知松柏之后凋也"正是在强调坚守品格的重要性。

9·28 子曰："知者不惑，仁者不忧，勇者不惧。"

这一章的意思是，孔子说："智者不会迷惑，仁者不会烦忧，勇者不会畏惧。"

在《中庸》《大学》等核心典籍中均可见儒家的五达道和三达德。五达道即五种基本的社会关系，曰“君臣也，父子也，夫妇也，昆弟也，朋友之交也”。三达德即“知、仁、勇”。在做到智、仁、勇这三达德之后，就有可能做到“松柏之后凋”。一个人掌握了智慧、仁德和勇气，就能够做好自己。所以说智慧的人不疑惑，仁德的人不忧愁，勇敢的人不畏惧，这就是三达德。

9·29 子曰：“可与共学，未可与适道；可与适道，未可与立；可与立，未可与权。”

“适道”，往赴。“立”，立于道而不变，即坚守道。“权”，秤锤，引申为权衡轻重，因事制宜。

这一章的意思是，孔子说：“可以和他一同学习的人，未必可以和他走共同的道路；可以和他走共同的道路，未必可以和他事事依礼而行；可以和他事事依礼而行，未必可以和他一起通权达变。”

简言之，学习是为了找寻方向，真正优秀的人一定有正确的方向感；有了方向以后，坚定地沿着正确的方向前进，遵道而行，这就是礼；依礼而行时，通权达变很重要。如果你认为儒学是迂腐的、拘泥的、固守的，便是不懂“时中”。“君子而时中”，就是君子所行的中庸之道，随时不离中道。

我还在曲阜师范大学工作时，曾为一群中学生小记者讲读《论语》。孔子尚且说“自行束脩以上，吾未尝无诲焉”，更何况这些孩子还不到15岁，所以课堂效果并不好。这时就需要通权达变，于是我转换角度，以问代教，让孩子们主动提出问题，转变课堂气氛，这才挽救了这堂课。

所以君子讲“时中”，要学会通权达变，就是指随着时空环境等条件不同，处事的方式也要有所变化。《庄子》里有个故事，说鲁国有位年轻人叫尾生，与一女子约定在桥下相会。等了很久女子都没有来，他就一直在那里等，直到发大水也不走，最终抱着桥柱而死。这就是迂腐，不懂得通权达变。

本章谈的是格局与境界，孔子曾经再三强调“君子喻于义，小人喻于利”，君子懂得道义，才能够通权达变，才能“惟义所在”。“中人以上，可以语上也；中人以下，不可以语上也”，孔子将人进行分类，有的是中人以上，有的是中人以下。这并不是说人与人之间不平等，在孔子看来，人与人当然是平等的，他指的是人格平等，但人格平等不等于责任平等。以“三纲”为例，现在提到三纲五常会比较敏感，牟钟鉴先生说：“三纲一个不能留，五常一个不能丢。”如果将“三纲”片面地理解成君权、父权和夫权的话，确实很可怕，但是在最初时，“三纲”只是指天地法则。如“君为臣纲”只是一种工作关系，“纲”就是担当、引领，强调的是为政以德；“父为子纲”指的是子不教，父之过，强调的是父亲的担当和引领；“夫为妻纲”，所谓“夫者，扶也；妻者，齐也”，指的是在夫妇的同心合力、提携互助之下共建美好家庭，强调的是丈夫的担当和引领。

所以，当你拘泥地看待问题时，所有的问题都是问题，如果学会了通权达变，比如将其放置在整个儒学体系中去理解，很多问题便迎刃而解了。我在珠海开会时曾被问到一个困扰众多男性的经典问题：“如果老婆和妈妈都掉水里了，你先救谁？”其实，这个问题本身便有问题，因为提问的人心中已经有了答案。换位思考一下，这个问题便很容易化解，再过20年，你当了婆婆，儿子娶了媳妇，这时儿媳提问你儿子应该先救谁，你希望你儿子如何回答？如果你认为你儿子应该先救你，那么你也要允许自己的丈夫先去救他妈妈，这样才是合理的。

儒家讲求的是格局与担当，既为官员，就应该肩负更多的责任；既为父亲，就应该教育好子女；既为丈夫，就应该以身作则照顾家庭。本章其实是为“智”“仁”“勇”所做的阐释：将什么都看明白了，将什么都想明白了，这不是“智”是什么？将什么都看明白了，将什么都想明白了，而把一切责任归于己，这不是“仁”是什么？将什么都看明白了，将什么都想明白了，而毅然将所有的责任一肩挑起，这不是“勇”又是什么？

9·30 **“唐棣之华，偏其反而。岂不尔思？室是远而。”子曰：“未之思也，夫何远之有？”**

“唐棣”，一种植物，落叶灌木。“偏其反而”，形容花摇动的样子。“室是远而”，就是住的地方太远了。

这一章的意思是，(《诗经》说：)“那唐棣树的花朵啊，翩啊翻啊摇动着。我的心难道不把你思念吗？只是我们相隔太遥远了。”孔子说：“只是没有真思念吧！若真的思念，有什么远的呢？”

子曰：“仁远乎哉？我欲仁，斯仁至矣。”只要自己愿意实践仁，仁就可以达到，关键在于是“欲”还是“不欲”。儒家强调修己，在已发现的战国时期的楚简中，“仁”字的构造是上面一个“身”字，下面一个“心”字。有人认为这种造字结构表明仁是心里只想着自身，实则不然，它代表吾日三省吾身，我的心管着我的身。“我欲仁，斯仁至矣”，只有我自己想做才有可能做好。

许多人觉得孔子的道太过高远，不可企及。在《论语·雍也》中冉求说："非不说子之道，力不足也。"《史记·孔子世家》记子贡说："夫子之道至大也，故天下莫能容夫子。夫子盖少贬焉？"针对冉求，孔子批评他无心向道、画地自限，"力不足者，中道而废。今女画"；针对子贡，孔子指出"今尔不修尔道而求为容"，是"而志不远矣"，没有远大志向。一个志士，一个君子，如果志向远大，又不画地自限，夫子之道也就存在于心中，既不高，也不远。就像窗外那朵唐棣花，在你的面前、在你的心里"偏其反而"。

本篇哲学性很强，属于一种哲思，而下一篇《乡党》则更贴近生活。儒家讲"道不远人。人之为道而远人，不可以为道"，在具体的现实生活中，我们每个人都承载着道，你的一举一动、一言一行都体现出你的格局和境界。如果你是一个有心人，你的工作岗位就是一个舞台，每个人在自己的岗位上都是一个表演者。所以到了下一篇，你就会看到现实生活中的君子形象。

乡党第十

杨朝明 解读

从逻辑联系上，《乡党》可以说紧接《子罕》篇。对此，我们首先需要试加分析。

我们从第1篇往下读，在第10篇《乡党》篇中，大家看到的是活生生的生活现实，人与人之间该如何交往，见什么人的时候用什么态度，平时吃饭的时候怎么做，这一篇的记述都显得特别朴实。曾有一位学者写了一本关于《论语》解读的著作，希望得到我的推荐。但作者认为，《论语》第10篇毫无价值，所以不给它注解、讲读。于是我否定了这本书，他这样理解，是不可能读懂《论语》的。

《论语》经过了非常用心的编排，它的篇与篇之间、章与章之间存在内在的联系，这一点非常重要。我们将第9篇《子罕》和第10篇《乡党》进行比较，会发现第9篇理论性很强，相对而言，第10篇则非常朴实。在《乡党》篇中，描写的是现实生活中的一位君子，他从责任心很强的环境中走到了现实的日常生活中。一个真正有思想的人生活在这个世界上，他会领悟到生命面对生活的意义，会品味出生活的品位。品味，指我们品尝味道；品位，指格局、格调、境界。从这样的意义上理解第 9 篇和第 10 篇的联系，也就把握住了《论语》的精髓。

《乡党》篇谈行，谈如何去做。每个人都有自己的思维方式、荣辱观和理想人格，对世界、对人生、对是非都有不同的理解。一个人的言谈举止、知行坐卧都体现着人生境界，每个人都有自己的工作岗位，如果把自己看成一个修炼者，把工作岗位看成道场，那么在这个道场中，你所展现的境界和格局既符合心中的理想，又能让别人一目了然，这就是《乡党》篇的意义。

读《乡党》篇时，在我眼前呈现出的是一位东方的君子，他在现实生活中有着动与静、张与弛相间的飘逸，看任何事情都那么自然而然，一切都刚刚好。在这里，他代表的是一种深切的对于世界的认知，对于人生、人际、社会的理解，并将这种认知融入自身。

历代的思想家都说读经典并不是目的，读经典只是手段，目的在于将经典里的价值和意义灌注自身，变成自己实实在在的一种人格。所以读经典是为了学经典里的精神，用以指导我们的人生。朱熹曾说，如果在读孔孟之后没有发生任何变化，还不如不读。不论是儒家典籍也好，其他经典也罢，都是希望我们能成为有境界、有格局的人。反之，一个人如果读了很多经典，但只是把它当作一种研究对象、一种外在知识，没有把自己融入进去，那么就很难走进圣贤的世界。

现在有很多人对圣贤评评点点，有时候还浅薄地去比较圣人之间的高低，这说明他们根本没有融入圣人的思想世界中，否则就不会去谈论这些问题。《乡党》篇集中描写了孔子的容色言动、衣食住行，展现了他言谈举止的正直与仁德，体现了他高深的素养。看起来很细碎，比如面见国君时如何表现，看到大夫时如何表现，与朋友交往时如何表现，哪些吃哪些不吃，吃饭时要注意哪些问题，等等，但这一切在孔子身上看起来都那么自然、得体。这就像我们身边有一个很有修养的人，见到自己尊重的人就变得很恭敬，见到自己的朋友就大大方方、举止有度，见到晚辈很爱惜，这一切都自然而然。把这种做法记录下来，也许有人会觉得矫揉造作，但当自己真正融入时便不会有这样的感受。

儒家文化谈的是成人的问题。2018 年 8 月 13 日，第 24 届世界哲学大会首次在中国举行，大会以“学以成人”为主题。儒家思考问题的逻辑起点是人心之变，即学以成人。如果走进早期儒家的精神世界，大家会发现孔子和他的弟子常常谈到一个概念叫成人。所谓成人，就是人的内涵的饱满。《礼记 · 冠义》云：“人之所以为人者，礼义也。礼义之始，在于正容体、齐颜色、顺辞令。”人之所以为人，体现在礼义上。礼义的开端在“正容体”，即举止得体，坐有坐的样子，走路有走路的样子。齐国有一个叫庆封的人，来到鲁国后表现得很无礼，鲁国人就在宴会的时候赋诗挖苦他，《诗经 · 相鼠》云：“相鼠有体，人而无礼。人而无礼，胡不遄死？”老鼠都有皮，人却连最起码的礼仪都没有，那还活着干什么？“齐颜色”，即态度端正。有一次，我爱人和同事抱着一摞书乘电梯，按楼层非常不方便，这时进来一个很有礼貌的小伙子，在他到达楼层后还帮他们按了电梯按钮，这么一个小小的动作，让人倍感欣慰。电梯是一个小社会，通过仔细观察我们是可以知道一个人的格局和境界的。“容体正，颜色齐，辞令顺，而后礼义备”，这是礼义的开端，体现的是一种文化意识。作为一个社会人，该如何与别人相处？“正君臣、亲父子、和长幼”，君臣各安其位，父子相亲，长幼和睦，正因为有这种礼义，社会才会特别和谐。“君臣正，父子亲，长幼和，而后礼义立”，礼义确定下来社会就和谐了。《礼记》中的“齐颜色”在《乡党》篇中展现得淋漓尽致，“色勃如也”“恂恂如也”都是一种状态，体现了一个人在成长的过程中礼义在身的重要性。

孔子强调一个士人的成长首先要“志于道”。子曰：“吾十有五而志于学。”“学而时习之，不亦说乎？”“志于学”就是有志于对道的追求，有志于对世界、对社会的理解，投入其中做一个对社会有意义的人。子曰：“士志于道，而耻恶衣恶食者，未足与议也。”如果一个人有格局，就不会“耻恶衣恶食”，不会因为穿得不好、吃得不佳而耿耿于怀。反之，君子就要追求“恶衣恶食”吗？当然不是。孔子虽然提倡安贫乐道，但并不是提倡每个人都要贫，如果这样理解就误解了儒学和早期思想家的经典。孔子的论述处处体现着一种中庸的境界：用中。用中就是中之用，不偏不倚。所以在理解问题时不能拘泥，否则就违背了儒学精神。

由此我们可以想见，儒家的“志于道”是说身上承载着道。我们常评价一个人是有道之人，言下之意是他有道性，境界很高。那么什么是道？齐景公问政，孔子说“君君，臣臣，父父，子子”，这 8 个字极其简单又内涵丰富。每个人都有自己的社会身份，君臣关系就代表上下级关系，各安其位，各尽其力，工作就做得好；在家庭里，“为人子，止于孝；为人父，止于慈”，父慈子孝，父子关系就好。“君君，臣臣，父父，子子”其实就是儒家的一种正名主张。孔子曰：“君子有三畏：畏天命，畏大人，畏圣人之言。”“畏天命”，敬畏自己的道德使命，敬畏自己的岗位职责。“畏大人”，敬畏格局比自己大的人，向他学习才能更好地成长。从这种意义上看，我们会更容易理解孔子在《乡党》篇里所呈现出来的每一个动作、每一种做法、每一种样态。把《乡党》篇放在孔子的思想体系中，我们就不会觉得琐碎，每一个小小的动作都呈现出一种精神。

子张向孔子请教：“十世可知也？”再过十世，人与人之间相处的原则可以知道吗？子曰：“殷因于夏礼，所损益可知也；周因于殷礼，所损益可知也。其或继周者，虽百世可知也。”夏、商、周三代都是损益的关系，礼的形式可以变，但是内涵不会变，就算是300年以后也是可以知道的。那么，人与人之间相处的原则是什么？就是为人之义。子张问行。子曰：“言忠信，行笃敬。”即言即行，这是对这句话最好的注解。在《乡党》篇中，孔子的思维与追求得到了具体的落实，落脚到具体的行为中，我们从中也可以得到一些启示。

《孔子家语》记载：“孔子初仕，为中都宰。制为养生送死之节：长幼异食，强弱异任，男女别涂，路无拾遗，器不雕伪。为四寸之棺，五寸之椁，因丘陵为坟，不封不树。行之一年，而西方之诸侯则焉。定公谓孔子曰：‘学子此法，以治鲁国，何如？’孔子对曰：‘虽天下可乎，何但鲁国而已哉！’”孔子入仕中都宰时已50余岁，一年时间便做到了“四方皆则之”，其实就是做到了“养生送死”。一辈子最重要的事有两件：一是活得好，二是安详地离开这个世界。“老者安之，朋友信之，少者怀之”，一个人到了晚年没有后顾之忧，这一辈子基本上是满足的，这就是“老者安之”。前面提到的“长幼异食”，指年长的和年幼的吃的东西都不一样。在《乡党》篇里举行乡饮酒礼时，“乡人饮酒，杖者出，斯出矣”。

举行完礼仪之后，等老年人都出去了自己才出去，这就是尊老。“长幼异食，强弱异任，男女别涂，路无拾遗，器不雕伪”等做法，鲁定公非常认同，甚至要推广到整个鲁国。所以，如果社会上的人都像《乡党》篇中所呈现出的孔子一样，这将会是一个多么安详的世界！作为儒学的创始人，孔子希望社会是安宁的、安详的，这基于每个人的素养。孔子在现实生活中的种种行为，在《乡党》篇中得到了集中呈现。正如朱子《论语集注》引杨氏曰：“圣人之所谓道者，不离乎日用之间也。故夫子之平日，一动一静，门人皆审视而详记之。”孔子在晚年讲学时，“每孺子之执笔记事于夫子”，因为孔子的言行举止都值得效法，他的日行坐卧都体现出道，不离于日常的生活。所以《乡党》篇看起来记载的是平常的生活，所呈现的却是道。

我在前面提到有人认为《乡党》篇没有价值，实际上是他不知道儒学的价值，他以为儒学只是理论、逻辑，只讲一些空洞的东西，实则如果儒学离开了社会，离开了个人实践，儒学就不是儒学。儒学可以改变一个人，熏染一个人，它能洗净一个人的心灵，甲骨文的“儒”字看起来就像一个人在洗澡。最早的儒是一种职业，但是孔子创立儒学时并不仅仅将其视为职业，他的目的在于提升社会境界、提升人的素养。孔子告诫弟子要做君子儒，不要做小人儒。君子儒就是洗净铅华，不断提升格局和境界，使自己成为一个立于天地之间的正人君子。

《乡党》篇看起来记录的都是些很具体的事，但是它呈现了道。钱穆先生曾经说过：“本篇记孔子居乡党，日常容色言动，以见道之无不在，而圣人之盛德，亦宛然在目矣。”孔子并不是有意为他人做榜样，而是到了这种境界后行为都出自本能，自然而然，并不是别人要我做我才做。

在“与命，与仁”中，“与命”就是认识到自己的道德使命，将外在赋予的职责变成内在的自觉。“我欲仁，斯仁至矣”，所以《乡党》篇里的种种做法并不是孔子刻意而为之，而是他生活中本来就是这个样子，这就是生活的真相。当生命遇见生活，我们才能品味出生命的品位，品味出生活的真谛，这一点非常关键。

《礼记》中有《儒行》篇，《孔子家语》中也有相关记述。所谓“儒行”，指儒者的行为。汪士淳先生有本书叫《儒者行》，一个真正的儒者应该具备什么样的品质在书中谈得非常到位。如果说《儒行》篇是在谈应该怎么样，那么《乡党》篇就是在谈应该这样做。

2005年3月18日，《北京娱乐信报》有一篇报道称，北京门头沟区民俗协会发现了清光绪三十二年（1906）出版的小学修身教科书。该书是由学部（相当于现在的教育部）在1906年编译，由图书局印刷发行的《初等小学修身教科书》第1册，定价为银圆4分。书中有20课，分别是学堂、敬师、容体、整洁、恪守时刻、勤学、讲堂与体操场、游戏、父母、孝顺、兄弟、家庭之乐、交友、戒争论、戒讳过、戒恶言、礼仪、戒搅扰人、体育、儿童。这些课程其实是一个人在成长过程中必须具备的一些素养。其中前8课为儿童入塾开始了解学堂的环境，9~12课是如何对待家庭，13~15课是如何对待社会，16~19课为行为规范，第20课为总结，即如何做个好儿童。众所周知，1901年清政府下诏改革新政，进行教育革新。1905年科举制废除，标志着新学教育制度在中国确立。这本书是修身教科书，相当于现在的素质教育，它是中国重视品德素质教育的很好的证明。

在学习《乡党》篇之前，了解这些对于理解文本非常有意义，因为

《乡党》篇实在太特殊，很多人都认为本篇太过琐碎而忽略它。当我们具备了这样一个认知前提后，就可以走进《乡党》篇。

10·1 孔子于乡党，恂恂如也，似不能言者。其在宗庙朝廷，便便言，唯谨尔。

“乡党”，指家乡。“恂（xún）恂”，温和恭顺之貌。“便（pián）便”，辩也，善于辞令。

这一章的意思是，孔子在自己的家乡非常恭顺，好像不能说话的样子。在宗庙、朝廷上，该说的时候他便明白晓畅地表达出来，只是言语较为谨慎。

本章从日常言语的角度说明孔子的言谈举止均符合古代之“礼”。它点明了孔子在乡党、宗庙、朝廷不同的言貌，正如清代孙奇逢《四书近指》说：“乡党是做人第一步，他日立朝廷、交邻国、事上接下，俱在此植基，故记者以乡党先之。”

在孔子看来，乡党中的“恂恂如也”和宗庙、朝廷上的“便便言，唯谨尔”均符合礼仪。与《论语·先进》篇中说的“过犹不及”一样，他十分重视权量事物之轻重。

宗族乡里是放松之处，面对自己的父老乡亲、左邻右舍、兄弟姐妹，孔子谦恭有礼，轻声细语地聊天，这实在是对孔子谦和而又有涵养的表达。他并不侃侃而谈，见了谁都一副“好为人师”的样子。

在宗庙、朝堂上，“便便言，唯谨尔”，讲得清楚且善于辞令。善于辞令是自信的表现，在宗庙、朝堂之上自然要有自信，有自信才可以担当，才可以让人放心。虽然自信与自负只有半步之遥，但孔子的表现恰到好处，善于言辞而又务实谨慎。

子张曾经向孔子请教如何求取禄位，子曰："多闻阙疑，慎言其余，则寡尤；多见阙殆，慎行其余，则寡悔。言寡尤，行寡悔，禄在其中矣。"孔子教育子张应该多闻多见，谨言慎行。事实上，多闻多见的目的在于博学，阙疑阙殆就是求真切问，慎言慎行是敦厚崇礼，"言寡尤，行寡悔"就是极高明而道中庸。因为用中，自然中用，则"禄在其中矣"。孔子自身是很好的践行者，自信而又温和恭顺，有担当又不嘲笑别人，光而不耀，温润而泽。

10·2 朝，与下大夫言，侃侃如也；与上大夫言，訚訚如也。君在，踧踖如也，与与如也。

"侃侃如也"，温和而快乐的样子。"訚（yín）訚如也"，正直而恭敬的样子。"踧（cù）踖（jí）如也"，恭敬而不安的样子。"与与如也"，行步安详的样子。

这一章的意思是，在朝堂上，（君主不在时，）同下大夫说话，温和而快乐；同上大夫说话，正直而恭敬。君主在时，则恭敬而不安，行步安详。

上章言孔子在"公"与"私"之场合的不同表达，本章说明孔子在朝堂事上接下时的言行举止。这正体现了孔子在待人接物时尽力符合礼的要求。在朝堂上，同下大夫说话，温和而快乐，没有居高临下之感；同上大夫交谈，正直而恭敬，没有谄媚之色。君主临朝，心中恭敬而不安，同时行步安详，威仪中适，中正平和。

10·3 君召使摈，色勃如也，足躩如也。揖所与立，左右手，衣前后，襜如也。趋进，翼如也。宾退，必复命曰："宾不顾矣。"

"摈"，同"傧"，接待客人。"勃"，变色貌。"躩（jué）"，动作变快，这里指脚步加快。"揖"，拱手行礼，是一种礼节。揖礼，行礼人是站立的，双手合握，从上而下拱手。古人礼仪繁多，即使是行揖礼，行礼人也会根据不同的对象，采用不同的拱手方式。"襜（chān）如"，衣服整齐的样子。

这一章的意思是，国君召孔子去接待宾客，孔子脸色立即庄重起来，脚步也加快。他向与他站在一起的宾客作揖，左手、右手都得体自然，衣服随之前后摆动，却整齐不乱。快步向前走时，像鸟儿展开双翅一般。宾客走后，必定向君主回复："客人已经送走了。"

本章记孔子为君傧相之时的容态。代表君主接待客人，展示的是一国之威仪，彰显的是邦国之形象。我们看到的孔子形象是：他表情庄重，脚步加快，神采奕奕（色勃如也，足躩如也）；他迎宾并伴宾行走，左右兼顾，彬彬有礼（揖所与立，左右手）；他的衣服随之前后摆动，却整齐不乱（衣前后，襜如也）；他快步向前走时，像鸟儿展翅一般，风度翩翩（趋进，翼如也）；他有迎有送，当客人已经走远，不再回头时，向君主回复，有始有终，慎终如始（宾退，必复命）。

在这一组镜头中，孔子在不同的角色、不同的场合保持着平衡，他给人以充分的信任与尊重。这些特质，使得他不仅风度翩翩，让人感到安定、踏实，更使其在宗庙朝堂与宗族乡里之间完美驾驭。于公于私，事上待下，行处住卧，于一切时中都是刚刚好。

10·4 入公门，鞠躬如也，如不容。立不中门，行不履阈。过位，色勃如也，足躩如也，其言似不足者。摄齐升堂，鞠躬如也，屏气似不息者。出，降一等，逞颜色，怡怡如也。没阶，趋进，翼如也。复其位，踧踖如也。

“公门”，古者天子五门，诸侯三门。“鞠躬”，有两种解释：一是屈身，二是恭敬谨慎的样子，此处取后者。“阈（yù）”，门槛。“过位”，指经过鲁公的座位。“摄”，提起。“齐（zī）”，衣服的下摆。“出”，出堂，与前面的“升堂”相照应。“等”，台阶，与后面的“没阶，趋进”相照应。

这一章的意思是，孔子进公门时，像鞠躬般小心谨慎，好像没有容身之地。站立时，不站在门之中间；过门时，不踩门槛。走过鲁公的位子时，脸色一下子变得庄重起来，脚步加快，说话也好像底气不足。登堂时提起衣服的下摆，像鞠躬般小心谨慎，屏住气好像不能呼吸的样子。从里面出来，走下了一个台阶，神情放松，怡然舒畅。下完台阶，快步向前，神态端正的样子。回到自己原来的位置，一副恭敬不安的样子。

本章讲述的是孔子在朝堂上的容貌。读完此章，如亲临一场完整的情景剧。时过千载，却似就在眼前，萦绕于心间者，是满满的敬意。

程树德《论语集释》曰：“此节朱子以为记孔子在朝之容，由外朝而治朝而燕朝，通记之也。外朝在库门内，由是入雉门而治朝，入路门而燕朝。故先记入公门之容，入治朝则雉门外有君位，入燕朝则路门外有君位，故次记过位之容。外朝以询万民，惟治朝、燕朝君与大夫发令谋政，故次记言容。燕朝在路寝，有阶有堂……君听政于此，则臣有告君之政可知，故次记升堂之容。告毕还位治事，故次记复位之容。”

孔子非常注重礼，他曾在鲁国做过几年的大司寇。颜渊死后，他的父亲颜路请求孔子把车卖了给颜渊做一副棺椁。子曰：“以吾从大夫之后，不可徒行也。”孔子的身份是卿大夫，他明确地知道自己的级别，而大夫不可徒步出行，所以他拒绝了颜路的请求。

10·5 执圭，鞠躬如也，如不胜。上如揖，下如授。勃如战色，足蹜蹜如有循。享礼，有容色。私觌，愉愉如也。

“圭”，瑑（zhuàn）圭，玉器名，长条形，下稍阔，上稍窄，是一种受命出使的信物。江永《群经补义》曰：“人臣所执之圭谓之瑑圭，其度用偶数，大国之臣八寸，次国六寸。若桓圭九寸，信圭、躬圭七寸，谓之命圭，臣不得而执也。”“蹜（sù）蹜”，形容小步快走。“享礼”，使臣向邻国的君主献礼的仪式。“有容色”，指举行享礼时，面部表情很得体。“私觌（dí）”，以个人身份私下见面。

这一章的意思是，出使邻国时手捧着玉圭，恭敬谨慎，好像力不胜举的样子。向上举如同作揖，向下举如同授出。脸色一下子庄重起来，战战兢兢，脚步细碎，像沿着线走一样。献礼的时候，面部表情得体。私下相见，轻松愉快。

本章讲述的是孔子出使时的容貌神情，与第 3 章中的“使摈”相呼应。《仪礼·聘礼》中也详细记载了使者出使时的礼节。

到本章为止，本篇三次讲到“鞠躬如也”：一曰“入公门，鞠躬如也，如不容”；二曰“摄齐升堂，鞠躬如也，屏气似不息者”；三曰“执圭，鞠躬如也，如不胜”。“鞠躬如也”，好像没有容身之地，屏住气好像不能呼吸的样子，好像力不胜举的样子，均是自卑而尊人，诚敬到极致。能做到这一点，实在是深厚学养的表现，更是源于内心深处的自信与自觉，也可以称为仁者情怀。

鞠躬代表谦恭，说到谦恭，关于孔子的先祖也有类似的记载。在《孔子家语·观周》篇南宫敬叔与鲁昭公的对话中，谈及了关于孔子先祖的一些事：孔子的七世祖正考父有几分不同于常人，他辅佐了宋国的三代国君，可谓三朝元老，且一再地被加封。正考父每被加封一次，他的腰就弯得更深，还循墙而走。就是这深深地低头，深深地弯腰屈身，循墙而走，谦卑、恭敬自在其中。孔子的先祖就曾这样做，孔子的骨子里自然流淌着这样的血脉。

10·6 君子不以绀緅饰，红紫不以为亵服。当暑，袗絺绤，必表而出之。缁衣，羔裘；素衣，麑裘；黄衣，狐裘。亵裘长，短右袂。必有寝衣，长一身有半。狐貉之厚以居。去丧，无所不佩。非帷裳，必杀之。羔裘玄冠不以吊。吉月，必朝服而朝。

“君子”，此处有两种理解：一指与孔子类似的人，二指孔子本人。“绀（gàn）”，《说文》曰：“帛深青扬赤色。”“緅（zōu）”，《说文》曰：“帛青赤色也。”“绀緅”，青红色。“饰”，领与袖之边。“亵服”，私居或闲居时的衣服。“袗（zhěn）”，单衣。“絺（chī）”，细葛布。“绤（xì）”，粗葛布。“表”，里面有衬衣，单衣穿在外面。“缁（zī）”，黑色。“素”，白色。“麑（ní）”，小鹿。“亵裘”，在家私居时所穿的皮衣。

“短右袂（mèi）”，历来学者对其理解分歧较大，总体来说有三种观点：一是右袖可以略短，以便做事；二是“右”即“又”，手也，应不仅指右手，否则左右长短不一；三是指卷其右袖使之短。而根据《礼记·玉藻》所记“朝玄端，夕深衣。深衣三袪，缝齐倍要，衽当旁，袂可以回肘。长、中继掩尺，袷二寸，袪尺二寸，缘广寸半。以帛里布，非礼也”，可知深衣为闲居时所穿之衣，故袖短，手掌可露于外，以方便行动。长衣、中衣之制大体与深衣同，唯衣袖的长短不同。

“必有寝衣，长一身有半”，历来学术界对此理解也多有分歧。方骥龄《论语新诠》总结有四说：一、“寝衣”，小卧被也，以别于大被之曰衾。小卧被一身有半，物中分曰半，又分为二曰又半；长过于身，再加二分之一之二分之一，长过于身甚多，使手脚不外露也。二、谓此当在“齐，必有明衣，布”之下，为错简。盖齐主于敬，不可解衣而寝，故别有寝衣，其半所以覆足。三、寝衣殆为今之睡衣，或是孔子特制。古人衣不连裳，仅在股以上。此言长一身又半者，顶以下踵以上谓之身，颈以下股以上亦谓之身。一身又半，亦只及膝。四、“必有寝衣”当疑承上文“当暑”而言。钱穆先生认为：“此言寝衣，下言坐褥，明与上文言衣裘有别，非错简。”根据上下文义，我们赞同第一种说法。

“狐貉之厚以居”的“居”，这里有两种解释：一方面，“居”是居家以待宾客，如何晏《论语集解》引郑玄曰“在家以接宾客”；程树德也认为：“凡引《论语》文者，狐貉主裘，不主褥；居主燕居，不主居坐。”

另一方面，“居”是坐的意思。朱熹《论语集注》曰：“狐貉，毛深温厚，私居取其适体。”而刘宝楠《论语正义》亦曰：“古人加席于地，而坐其上，大夫再重。至冬时气寒，故夫子于所居处，用狐貉之厚者为之藉也。”钱穆《论语新解》则曰：“以狐貉之皮为坐褥，取其毛之深，既温且厚，适体也。”联系《论语》上下文“居必迁坐”“寝不尸，居不容”等，“居”均有坐之意。

“去”，除去。“佩”，佩戴，系于大带之上。“帷裳”，朝祭之服，用整幅布为之。“杀”，杀缝，以免脱线。“吊”，吊唁。“吉月”，正月初一。

这一章的意思是，孔子不用青红色的布做衣服的镶边，不用紫红色的布做便服。暑天穿葛布，尽管很热，但里面也一定要穿上衬衣才能出门。(冬天，) 黑衣服配紫羊羔皮袄，白衣服配鹿皮袄，黄衣服配狐裘的皮袄。在家闲居时所穿的皮袍做得很长，而右袖较短是为了方便。睡觉时一定要有睡衣，长约上身一又二分之一。粗厚的狐皮比较暖和，用来做坐垫。去丧以后，衣服上可以佩戴各种各样的装饰品。除了祭祀时的衣服用整幅帷裳，其他的衣服必须杀缝。紫羔衣和黑色的帽子都不能在吊丧时穿戴。正月初一，必定要穿上朝时的礼服去拜见君主。

礼的内容是最关键的。比如说升国旗时要行军礼，一位战士在前线失去了双臂，没办法敬礼，难道他对国旗就没有敬畏吗？礼并不拘泥于形式，有它的时代性。在那样的时代，也许只有那样做才能表达出一种尊敬，这透露出来的是一个人的教养和修养，显示出来的是对别人的尊重，所以我们读这一章时一定要从这样的角度出发。孔子说：“殷因于夏礼，所损益可知也；周殷于殷礼，所损益可知也。”时代发生了变化，礼的形式也一定有所损益，但是礼的内涵不能变。

曾有人向孔子请教："死人有知无知也？"人去世了之后有没有意识？孔子没有给出确定的答案，他说："吾欲言死者有知也，恐孝子顺孙妨生以送死也；欲言无知，恐不孝子孙弃不葬也。"所以我们在理解问题时不要拘泥。"祭如在，祭神如神在。子曰：'吾不与祭，如不祭。'"祭祀祖先，内心当如祖先就在这里一样，显现出无比的诚敬；若无敬意，还不如不祭祀。《中庸》有云："鬼神之为德，其盛矣乎！""洋洋乎！如在其上，如在其左右。"当我们在孔庙祭祀孔子时，孔子像代表的就是孔子，它营造了一个感性的空间，在这个空间里面，我们和鬼神交接，我们和孔孟等圣贤对话，进入他们的思想世界。

有人说祭祀是迷信，其实祭孔是一种人文，这个时候我们早已经走出对于天命和鬼神的盲目迷信。所以不论是礼仪还是服饰，表达的都是要与时偕行、与时俱进，在不同的时期要有不同的文明表达，素养才能随之提升。

在孔子心目中，衣食住行都是礼的载体，都是关于礼的表达。理解到这种程度，服装就不仅仅是一件衣服，更反映了一个人的生活方式及对生活真谛的一种理解。

10·7 齐，必有明衣，布。齐必变食，居必迁坐。

"齐"，同"斋"。古人于祭祀之前必先斋，斋必有所戒。"明衣"，沐浴后穿的浴衣。"布"，祭祀时所穿的衣服是用布做成的。"变食"，改变平常的饮食。这里主要指不饮酒，不吃葱、蒜等有刺激性气味的东西。"迁坐"，指从内室迁到外室居住，不和妻妾同房。

这一章的意思是，斋戒前，沐浴一定要有用布做成的浴衣。斋戒时，一定要改变平常的饮食，居住也一定要搬移地方，不与妻妾同房。

本章是在说明斋戒前后的衣食与礼节。《论语·述而》有云：“子之所慎：齐，战，疾。”孔子所谨慎小心的三件事：斋戒、战争、疾病。斋与战，关乎国家大事。《左传·成公十三年》云：“国之大事，在祀与戎。”《孙子兵法》也说：“兵者，国之大事，死生之地，存亡之道，不可不察也。”在众多的礼仪中祭祀最重要，“礼有五经，莫重于祭”，因为祭祀表达的是敬，敬即心之所至。斋戒乃古人举行祭祀前所行之整洁身心等活动，所以斋代表祭祀。

疾病很可怕，打仗很重要，但是为何将祭祀也放在最重要的位置？《孙子兵法》云：“经之以五事，校之以计，而索其情。”打仗想要取胜，要从五个方面来衡量，首先就是道。道就是上下同一，老百姓可以与之生、与之死，当我们上下一心、众志成城的时候是战无不胜的。所以祭祀很重要，它蕴含着民心、价值观念与道德，它不仅仅是一个礼仪形式，也是在通过这种形式表达礼义。

10·8 食不厌精，脍不厌细。食饐而餲，鱼馁而肉败，不食。色恶，不食。臭恶，不食。失饪，不食。不时，不食。割不正，不食。不得其酱，不食。肉虽多，不使胜食气。惟酒无量，不及乱。沽酒市脯不食。不撤姜食，不多食。

“饐（yì）”，食物腐败变味儿。“餲（ài）”，食物有了馊味儿。“馁（něi）”与“败”互文见义，指食物的腐坏。“失饪”，食物煮不熟或者熟过，采用不合适的烹饪方法将食物煮坏，都是失饪。“气（xì）”，通“饩”，谷物，食物。“沽酒”，买来的酒。“市脯”，街上买来的腊肉。

这一章的意思是，吃饭不要过于追求精，食肉不要过于追求细。食物放的时间长了会有馊味儿，鱼和肉放坏了，都不吃。颜色不新鲜，不吃。气味难闻，不吃。烹饪不当的食物，不吃。不合时令的食物，不吃。刀切割得不正的肉，不吃。没有合适的调料的食物，不吃。肉食虽多，吃的量不超过主食。只有酒不限量，但不喝过量，不能失态。买来的酒和腊肉，不吃。常备姜食，但吃得不多。

本章是在说明孔子对日常饮食方面的要求。首句“食不厌精，脍不厌细”，学界一般理解为粮食不嫌舂得精，鱼和肉不嫌切得细。但从文献记载看，孔子向来不重视口腹之欲，如子曰：“君子食无求饱，居无求安，敏于事而慎于言，就有道而正焉，可谓好学也已。”（《论语·学而》）子曰：“士志于道，而耻恶衣恶食者，未足与议也。”（《论语·里仁》）子曰：“饭疏食饮水，曲肱而枕之，乐亦在其中矣。”（《论语·述而》）子曰：“君子谋道不谋食。”（《论语·卫灵公》）孔子认为，人应该致力于道义的追求，而非衣食的享乐。如果按照通常的认识来理解，则势必会产生矛盾。

其实，人们的误解主要是由于对“厌”字的理解出现了偏差。“厌”字在先秦时代有两层含义，一是表示憎恶、抛弃、厌倦的意思，二是饱、满足的意思。《论语》中的这句话应该是第二层含义。这样，这句话的意思便十分明了，即吃饭不要过于追求精，食肉不要过于追求细，孔子的意思是不要仅仅着眼于生活，贪求食物的精细。

正确理解“食不厌精，脍不厌细”，对于理解其他相关词句很有帮助。因为不贪求食物的精细，不意味着对于食物没有最基本的要求，所以孔子接下来讲了一系列不食。比如“割不正，不食”，古代肉的切割有一定的规定，割不正，不合割之常度，是失礼的表现。因为失礼，孔子不食。又如“不得其酱，不食”，有些食物要配有一定的佐料，没有佐料，食物之味美无法彰表，所以不食。再如“惟酒无量，不及乱”，酒不限量，但不喝过量，不能失态。《诗经·小雅·宾之初筵》有曰：“饮酒孔嘉，维其令仪。”“令仪”，正常的、好的状态。此处“乱”与“令仪”相对。

济南有一家菜馆叫“八不食”，便出自此章。《乡党》篇每章都有一个主题，这一章讲的是吃东西时哪些吃哪些不吃，我们从中也应该得到些启示。

10·9 祭于公，不宿肉。祭肉不出三日。出三日，不食之矣。

这一章的意思是，士大夫助祭于鲁公，分得的祭肉不留到第二天。自己家里的祭肉存放不超过三天。超过三天，就不吃了。

本章是对祭肉用法的要求。刘宝楠《论语正义》云：“《杂记》：‘大夫冕而祭于公，士弁而祭于公。’注：‘助君祭也。’是大夫士有助祭之礼。《礼运》：‘仲尼与于蜡（zhà）宾。’《史记·世家》：‘鲁今且郊，如致膰于大夫，则吾犹可以止。’本篇云入太庙，皆夫子助祭之征。”可以参照理解。

祭肉在古代的祭祀中非常重要，祭祀完成后祭肉的分配也是一种礼仪。《史记》中记载：“孔子为政必霸”，齐国人惧怕，便离间鲁国国君与孔子的关系，尽管如此，孔子还抱有一丝希望不离开鲁国。《孟子·告子下》有这么一段记载：“孔子为鲁司寇，不用，从而祭，燔肉不至，不税冕而行。不知者以为为肉也，其知者以为为无礼也。乃孔子则欲以微罪行，不欲为苟去。君子之所为，众人固不识也。”不了解孔子的人，认为他是因为没有分到祭肉才离开的，而了解孔子的人都知道他并不是为了祭肉，而是因为自己被无礼对待才离开的，所以祭肉同样能够表达礼。

10·10 食不语，寝不言。

“语”，为人论说。“言”，自言其事。

这一章的意思是，吃饭时不应与他人争论，睡觉时不应自言自语。

本章是在说明孔子良好的生活习惯。结合上下文，这里不仅仅是记载平常的言行，也涉及斋戒时的礼节问题。古代典籍中也有相关记载，《诗经·大雅·公刘》记：“于时言言，于时语语。”《礼记·杂记下》曰：“三年之丧，言而不语。”清代任启运《四书约旨》曰：“当食时，心在于食，自不他及，日常如此，故记之。若礼食相会，岂无应对辞让之文？祭与养老，更有合语、乞言之礼。但行礼时则语，食时亦自不语。”

10·11 虽疏食菜羹，瓜祭，必齐如也。

“疏食”，粗粮，是相对于细粮而言的，古人以稗食为粗食。“菜羹”，以菜和米屑为羹，即有菜有汁的食物。“瓜祭”，古人食瓜，吃之前，必先祭祖，称食瓜荐新，表示不忘本。《礼记·玉藻》：“瓜祭上环。”“上环”，切瓜作环形，有上环、下环之分，上环为蒂部，下环为脱花处，祭祖时用上环。

这一章的意思是，即使是粗饭菜羹和瓜祭之类的薄祭，也一定要与斋戒一样严肃恭敬。

本章表明了古代对劳动成果的重视、对自然的敬畏。古代有各种崇拜，比如天地崇拜、山川崇拜、祖先崇拜等。春秋时期，臧文仲叫国人去祭祀海鸟“爰居”，柳下惠批评这种“淫祀”现象，见于《展禽论祀爰居》一文。《春秋》常常记有一些祭祀，“常事不书”是其鲜明特点。“《诗》既亡，《春秋》作。寓褒贬，别善恶”，在《春秋》描写的祭祀中，实际上包含着一种对人心、对社会的理解。《论语》云：“冠者五六人，童子六七人，浴乎沂，风乎舞雩，咏而归。”如今在曲阜仍有舞雩坛，古时用来祈雨，也是祭祀当中正常而普遍的一种形式。

本章记祭祀时的礼节。《礼记·杂记下》记：“孔子曰：吾食于少施氏而饱，少施氏食我以礼。吾祭，作而辞曰：‘疏食不足祭也。’吾飧，作而辞曰：‘疏食也，不敢以伤吾子。’”可见，这种祭祀是孔子所注重的。

10·12 席不正，不坐。

这一章的意思是，席的布置不合礼制，不坐。

本章是关于“坐”的礼仪。据《史记·孔子世家》《墨子·非儒》《韩诗外传》《新序》《说文》等记载，该句应在“割不正，不食”之前后，所以有学者推测这里应为错简。而错简之说并不一定确切，相反，这样编排更体现了编纂者本人的意旨。因为“割不正，不食”一章均是讲孔子在饮食方面的“不食”，若穿插进“不坐”反而显得不伦不类。将它独立出来不但可以使行文美观，也更能体现孔子在“坐礼”上的要求。

大家都知道晏婴使楚的故事，春秋末期，齐国大夫晏子出使楚国，楚王三番两次侮辱晏子，比如让他走侧门。晏子说：“使狗国者，从狗门入。

今臣使楚，不当从此门入。”同理，入席时座次的安排也是有讲究的，如果安排不当便是对客人的不尊重。《武王践阼》是西汉戴德《大戴礼记》中的一篇文章，讲的是周武王刚登基时，向姜太公询问治国之道的故事。他把听到的道理都写在席子的四周，“退而为戒书”，以此告诫自己。所以“席不正，不坐”也说明了孔子在生活中的严谨。

10·13 乡人饮酒，杖者出，斯出矣。

“乡人饮酒”，党正蜡（zhà）祭（年终大祭）时，在乡中饮酒。“杖者出”，年龄较大者先出。

这一章的意思是，举行乡饮酒的礼仪时，等拄杖的老人走出去以后，自己才能出去。

这章是在乡饮酒之时所遵循的礼节。乡饮酒礼是一种尊老礼，到了年底的时候，把老人请到一起，以示对老人的尊重。在古代，尊重老人被赋予了很多意义，年龄大的人身上承载着知识，承载着道德，承载着方向，所以尊老是社会本身很自然的一种需要。乡饮酒礼是礼仪中很重要的一环，有时候和射礼放在一起，称为“乡射”。

乡饮酒礼，在《礼记·礼运》和《孔子家语》中都有记载。《礼记·礼运》：“昔者仲尼与于蜡宾，事毕，出游于观之上，喟然而叹。”孔子在举行完祭祀之后和他的弟子子游有一段很长的对话，在谈礼的产生时提到礼是为了追求一种更高的境界，能够“选贤与能”“不独亲其亲，不独子其子”，“是故谋闭而不兴，盗窃乱贼而不作，故外户而不闭，是谓大同”。“大同”就是大顺。古时谈礼就是希望社会和谐，希望社会大顺大同。孔子之所以在这样的背景下论述，正是由于这种祭祀激发了孔子深深的思考。

“杖者出，斯出矣”，“杖者出”就是年龄较大的人先出去，自己后出去。“斯”字可谓点睛之笔，遵循顺序，孔子自然不造作的修养跃然纸上。《礼记·杂记》记：“子贡观于蜡。孔子曰：‘赐也乐乎？’对曰：‘一国之人皆若狂，赐未知其乐也。’子曰：‘百日之蜡，一日之泽，非尔所知也。’”当“一国之人皆若狂”时，众人不再有先后顺序，令人慨叹。

《礼记·乡饮酒义》记：“乡饮酒之礼：六十者坐，五十者立侍，以听政役，所以明尊长也。六十者三豆，七十者四豆，八十者五豆，九十者六豆，所以明养老也。民知尊长养老，而后乃能入孝弟。民入孝弟，出尊长养老，而后成教，成教而后国可安也。君子之所谓孝者，非家至而日见之也。合诸乡射，教之乡饮酒之礼，而孝弟之行立矣。”乡饮酒的礼仪，60岁的人坐下，50岁的人站立陪侍，听候差使，这是用以表明对年长者的尊重。给60岁的人设菜肴3道，70岁的4道，80岁的5道，90岁的6道，这是用以表明对老人的尊重。老百姓知道尊长养老，然后才能知孝悌，“孝弟也者，其为仁之本与”“立爱自亲始，立敬自长始”。

我们关爱父母，这就是孝的问题；关心自己的兄弟姐妹，这就是悌的问题。基于父母兄弟之爱，把爱和敬推广开来，社会上才能有爱有敬，所以爱和敬被称为至德要道。基督教有两点非常重要，一是博爱精神，二是神圣观念。博爱精神就是爱，神圣观念就是敬。与之相对应的是，儒家也有两点很重要，一是仁爱精神，二是敬畏观念，所以不论是东方哲学还是西方哲学都离不开爱和敬。

“合诸乡射”的“射”是礼的一部分。子曰：“君子无所争，必也射乎！”君子没有什么可与别人争的事情，如果有，一定是比射箭了。把乡饮酒礼和射礼结合在一起，就是在强调社会的平顺与祥和。所以这简单的一句话背后所彰显的意义值得我们深思。

10·14 乡人傩，朝服而立于阼阶。

“傩（nuó）”，旧时在腊月举行的一次驱疫逐鬼的民俗活动。“阼阶”，东面的台阶。古人以东为主人的位置，西为客人的位置。

这一章的意思是，乡人过傩舞节时，穿上朝服立于庙前东边的台阶上。

本章是在说明乡人过傩舞节时的礼节。“傩”，除了有驱疫逐鬼的实用功能，在当时的百姓生活中，还是可以欣赏的“文艺节目”，是艺术的表达。所以傩舞节时，要盛装，站在东面的台阶上观看。

如同西方的贵族绅士换上礼服去歌剧院欣赏歌剧，或是聆听音乐会，衣服的样式不同，欢看的节目不同，但是对于美的向往与追求，对于艺术的欣赏，古今中外亦是人同此心，心同此理。当然，孔子观此，还有他对于“礼”的遵循。

10·15 问人于他邦，再拜而送之。

这一章的意思是，托人给他邦的朋友慰问送礼，要两次行礼为使者送行。

本章记述托人慰问他邦之人时对使者的礼节。孔子派使者向身在他邦的友人问候，必再拜而送别使者。这是为了表达有礼与恭敬。《礼记·曲礼上》记："凡以弓剑、苞苴、箪笥问人者，操以受命，如使之容。"这也许是当时的礼节。

10·16 康子馈药，拜而受之。曰："丘未达，不敢尝。"

康子，即季康子。"馈"，赠送。"未达"，未通达药之属性。

这一章的意思是，季康子送药给孔子治病，孔子拜谢并接受。接着说："我对这种药的药性还未了解，所以不敢吃。"

季康子送来药物，孔子拜谢后接受，这是循礼；"丘未达，不敢尝"，则是循理。此处与后章"君赐食，必正席先尝之"形成了鲜明的对比：对于"赐食"，可以"先尝之"，但是对于"馈药"，不了解药性不敢随便吃，所以告之"丘未达，不敢尝"。孔子自称"丘"，是下属或晚辈对上级或长者的礼敬。接受别人赠送的食物，要亲自品尝食物味道，是人间情浓不负厚爱的一种表达；而接受别人赠送的药物，"未达，不敢尝"，则体现了孔子实事求是的态度。

"情理交融"四字已经足以概括本章的关键意义了！人与人之间的真心关怀，虽久隔两千余年，仍然让人感动。这一章与其说在言"礼"，不如说在言"情"，字里行间透露着爱与敬。生活中的孔子知礼明理而"执事敬"，这一章短短的15个字，却把孔子刻画得传神而生动。

10·17 厩焚。子退朝，曰："伤人乎？"不问马。

"厩"，马棚。据《孔子家语》记载为公厩，而《礼记·杂记下》为私厩。结合上下文的字义，这里应该为孔子的家厩。"退朝"，从朝堂退而回家。

这一章的意思是，马棚失了火。孔子从朝堂回到家里，问："伤人了没有？"而不首先问马。

这一章体现了孔子的人文关怀。马厩失火，孔子首先关心的不是马，而是养马之人，体现了孔子的仁爱思想。

在《乡党》篇中，满目都是孔子的彬彬有礼，一个人外在的得体与有礼，源于内心的仁爱之情。仁是守礼的自觉，仁爱之心是礼的发端与源泉。此章也与"人而不仁，如礼何？人而不仁，如乐何？"遥相呼应。

10·18 君赐食，必正席先尝之。君赐腥，必熟而荐之。君赐生，必畜之。侍食于君，君祭，先饭。

"食"，熟食。"正席"，指把席摆正。"腥"，生的鱼或肉。"荐之"，祭献先人。"生"，活的动物。"侍食"，陪同君主一起吃饭。

这一章的意思是，国君赐给熟食，必定摆正席位先尝一尝。国君赐给生鱼生肉，一定要煮熟了，先祭给先人。国君赐给活物，一定先畜养起来。陪国君一起吃饭，在国君举行饭前的祭祀时，先为君主尝食。

本章记述了处理与国君有关的食物时的礼节。皇侃《论语义疏》曰："祭，谓祭食之先也。……祭者，报昔初造此食者也。君子得惠不忘报，故将食而先出报也。当君正祭食之时，而臣先取饭食之，故云‘先饭’。饭，食也。所以然者，示为君先尝食，先知调和之是非者也。”朱熹《论语集注》曰：“《周礼》：‘王日一举，膳夫授祭，品尝食，王乃食。’故侍食者，君祭，则己不祭而先饭。若为君尝食然，不敢当客礼也。”钱穆亦说：“古者临食之前必祭。君赐食则不祭。于君祭时先自食饭，若为君尝食然，亦表敬意。”可见这里“先饭”的主语是孔子，表现其对君主的敬意。

黄式三《论语后案》引孔安国曰：“正席先尝，敬君惠也。既尝之，乃以颁赐也。荐，荐其先祖也。”朱熹《论语集注》亦曰：“食恐或馂余，故不以荐。正席先尝，如对君也。言先尝，则余当以颁赐矣。腥，生肉。熟而荐之祖考，荣君赐也。畜之者，仁君之惠，无故不敢杀也。”可以看出孔子对待君主的礼节以君主所赐食物的不同而不同，其依据在于当时的礼制。

10·19 疾，君视之，东首，加朝服，拖绅。

这一章的意思是，得了疾病，国君来探望，头朝东，身体盖上朝服，并把大带放在腰间。

本章讲国君探望病情时所用的礼节。方骥龄《论语新诠》说：“朝服上拖大带，因卧病不克着衣束带，用此以示朝服，尽礼也。”“尽礼”一词传神地表达了孔子于小节之处见大礼的品格。

10·20 君命召，不俟驾行矣。

这一章的意思是，国君召见，不等驾好车就急着先行。

“不俟驾行矣”是符合当时“君命召”之礼的。《礼记·玉藻》曰：“凡君召以三节，二节以走，一节以趋。在官不俟屦，在外不俟车。”明代王肯堂《论语义府》记：“《荀子》曰：‘诸侯召其臣，臣不俟驾，颠倒衣裳而走，礼也。’《诗》曰：‘颠之倒之，自公召之。’天子召诸侯，诸侯辇舆就焉，礼也。以此看礼最活。寻常大夫不可以徒行，及至趋召，则徒行乃更为礼，而至于颠倒衣裳不为过。仪文逐敬而移，由心而变，岂有常乎？”以此阐释孔子心目中的“礼”字更为贴切。

10·21 入太庙，每事问。

这一章的意思是，进入太庙，对有疑问的事情都应请教学习。

这一章与《八佾》篇重出，二者所强调的侧重点有所不同，并不能仅仅以朱熹所说“重出”了结。《八佾》篇体现了孔子答时人的问对，而这里则是从一般礼节的角度，表明孔子慎重、谦虚地对待礼仪。正如皇侃《论语义疏》所说：“前是记孔子对或人之时，此是录平生常行之事，故两出也。”

随着时代的推移，很多相关的礼节背后所蕴含的礼义已不为人所知，祭祀也只是成为一种形式。尽管孔子本人也强调礼仪，但他最关心的还是礼的本质。正如他在《论语》中说：“礼云礼云，玉帛云乎哉？乐云乐云，钟鼓云乎哉？”又说：“人而不仁，如礼何？人而不仁，如乐何？”在《孔子家语·礼运》中也说：“为礼而不本于义，犹耕而弗种。”因此，本章与前面《论语·八佾》所记不但在繁简上不同，并且编纂者的出发点也不同。这也体现了与当时士人只注重礼之形式不同，孔子看重的是礼的本质。

一个人的生活方式源于内心的价值认知，这种价值认知亦有源泉，生活方式是其外在表现。古时的太庙每逢祭祀开放，任人观礼。作为一种仪式，它能够追怀先德、洗涤心灵，能够正人心、施教化，达到“慎终追远，民德归厚”的目的。实际上，孔子的言行是在一种很深的礼乐文明的浸泽与润染之中形成的。也正是因为始终在“礼”的浸泽与润染之中，再看夫子之动容周旋，无不中礼。

读此章，细细品思“入太庙，每事问”，越是那些懂礼的、有作为的、有学识的人说“我不知道这件事该怎么做”，越是令人深受震动。

10·22 朋友死，无所归，曰：“于我殡。”

“所”，处所。“归”，归置。“殡”，停放尸体、灵柩，这里指为其举行殡葬之礼。

这一章的意思是，客死他乡的朋友，没有地方安置。孔子说：“我来为他举行殡葬之礼。”

本章记述孔子对待死而无所归的朋友的态度。古代的典籍中也有相关的记述，如《礼记·檀弓》曰：“宾客至，无所馆。夫子曰：‘生于我乎馆，死于我乎殡。’”《孔子家语·曲礼子夏问》载，子夏问于孔子曰：“客至无所舍，而夫子曰：‘生于我乎馆。’客死无所殡，夫子曰：‘于我乎殡。’敢问礼与？仁者之心与？”从中可以看出孔子对朋友的仁义态度。

君子之交淡如水，君子之交又情似海。客死他乡的朋友，没有地方安置，孔子说：“我来为他举行殡葬之礼。”这是怎样的深情厚谊！

10·23 朋友之馈，虽车马，非祭肉，不拜。

这一章的意思是，朋友馈赠的物品，即使是车马这样贵重的礼物，只要不是祭肉，孔子接受的时候也不拜谢。

上一章讲的是孔子如何对待朋友，本章记的是孔子对待朋友馈赠的不同礼物的态度。将这两章联系起来看，我们对朋友、对社会交往的实质就有了深层的理解。当朋友需要时给予力所能及的帮助，当朋友不在了又为其归葬，朋友之间有着深情厚谊，但又不矫情、不虚伪。同样是朋友馈赠，拜还是不拜，孔子有自己的标准。朋友送的礼物，纵然是贵重的车马，只要记在心中就可以了。也正是因为是好朋友，所以并不一定要用外在的礼仪来表达和还礼，而是在朋友需要时全力以赴，比如朋友若是客死他乡，无所归依，可以为他送殡。

《礼记·坊记》曰："父母在，馈献不及车马。"可见赠送车马之礼的分量。但孔子不拜，是因为他有自己的标准。孔子之所以把祭肉看得比车马还重要，是因为祭肉虽小，但它关系到"孝"的问题，肉在祭祀过祖先之后，就不仅仅是可以食用的肉了，而是对祖先尽孝、对天地诚敬的表现。

此外，孔子之所以如此重视祭肉，还有更深层次的原因。分送祭肉的制度与古代的礼制有一定的关系，西周春秋时祭宗庙的肉称膰（又称胙），祭社的肉称脤，正所谓"国之大事，在祀与戎。祀有执膰，戎有受脤"。祭祀祖宗神祇与分受祭肉是一件十分重要的事情，一般只有在位的贵族才能参与祭祀，分享祭肉。当时不仅同姓贵族共祭共食，不同姓的贵族也互相馈赠祭肉，分享祭肉就成了维系贵族统治的一条纽带，也成为古代的一种礼制。

据《史记·孔子世家》记载，鲁定公十四年（前 496），正值孔子由大司寇摄相事之时，齐国送美女车马给鲁国，季桓子经常去偷看，多日不理朝政。子路认为可以离开鲁国了，孔子说："鲁今且郊，如致膰乎大夫，则吾犹可以止。"但是，季桓子接受了女乐，在祭祀后也没有按惯例送祭肉给大夫们。这一方面说明了孔子在鲁国不再受到重视，同时反映了就连礼乐制度保存最完好的鲁国也已经礼崩乐坏到一定程度了。于是，孔子不得已离开了鲁国。孟子是十分理解孔子当时的心情的，他说："不知者以为为肉也，其知者以为为无礼也。"既然如此，孔子在这里的做法我们就不难理解了，孔子重视的是"祭肉"所蕴含的礼的内涵和孝道。

10·24 寝不尸，居不容。

"尸"，扮作父祖形象并代父祖受祭之人，引申为矜庄的样子。"寝不尸"，自古对该句的理解颇有争议，总结起来主要有三种说法：一、为死尸之尸，目前《论语》白话译本多从这一说法，以杨伯峻《论语译注》为代表。二、为祭祀之，以程树德《论语集释》为代表。三、为卧为伏，《说文解字》解"尸"："象卧之形。"清人段玉裁注曰："卧下曰伏。"依其注语，可以释"寝不尸"为"寝毋伏"。这里的"寝不尸"应与后面的"居不容"相对应，"尸"与"容"都应引申为一种形貌或姿态。

"居"，平时在家。"居不容"，学术界主要有两种不同的说法：一、平时闲居家中，故不必如上朝或参加祭奠时那样威仪肃穆，而应顺乎自然，"申申如也，夭夭如也"，故"不容"；二、"容"，通"客"，谓居家不必庄敬如做客一样。通过二者之间的比较，应以第一种说法更合著者原意。

这一章的意思是，睡觉的时候，没必要像祭祀时扮作受祭之人那样矜庄。平时居家时，没必要像上朝或参加祭奠时那样恭敬庄重。

这一章记述孔子闲居时生活起居之形貌。读“寝不尸，居不容”，可见一名君子当很好地把握自己的阴阳，该进则进，该息则息，动静有常，张弛有度。他在朝堂之上自信谦和，接见宾客从容有度，在家则是安然闲适，全然放松。

10·25 见齐衰者，虽狎，必变。见冕者与瞽者，虽亵，必以貌。凶服者式之。式负版者。有盛馔，必变色而作。迅雷风烈，必变。

“狎”，亲近而不庄重。“变”，变脸色，与后面的“貌”有互文之意，特指改变容貌。“亵”，轻慢、不庄重。“凶服者”，穿送丧、出殡衣服之人。“式”，同“轼”，古代车辆上的横木，这里作动词，意思是俯身伏在轼上，是表示敬意的礼节。

“负版者”，传统上对此有三种解释：一是背负国家图籍之人；二是“负版”应为“负贩”，指做买卖之人；三是穿丧服之人。清代周柄中《四书典故辨正》引叶少蕴曰：“丧服有负版。翟公巽谓式负版者，非版籍之版，乃丧服之版。”黄怀信《论语新校释》也说：“孝服肩背上重出之布，方平如版，故曰版，简称负。今民间女儿为父母所服孝服多有之。”由此也印证了《仪礼·丧服》中的说法：“凡衰，外削幅；裳，内削幅，幅三袧。若齐，裳内衰外。负，广出于适寸。适，博四寸。”郑玄注曰：“广袤当心也。前有衰，后有负板，左右有辟领，孝子哀戚，无所不在。”

故此处取第三种解释。

“盛馔”，丰厚的祭品。“有盛馔，必变色而作”，传统上有多种解释：一是主人设丰盛的肴馔，必起坐其身以敬主人；二是主人亲馈佳肴，必变色而起以示敬意；三是面对丰厚的祭品，必变色起身。传统上仍以前两种为主，比如何晏《论语集解》引孔安国曰：“作，起也。敬主人之亲馈也”。朱熹《论语集注》曰：“敬主人之礼，非以其馔也。”联系上下文，这里孔子面对的应该不是平常的食物，而是祭祀之物，故取第三种解释。

“迅雷风烈”，天上打疾雷，地上刮大风。《礼记·玉藻》曰：“若有疾风、迅雷、甚雨，则必变，虽夜必兴，衣服冠而坐。”

这一章的意思是，看见穿丧服的人，即使平日来往密切，也一定要把态度变得严肃起来。看见戴礼帽和失去视力的人，即使很熟悉，也一定要表现得有礼貌。看见穿着丧葬衣服的人，乘车时要俯身伏在车前的横木上。遇见丰盛的祭品陈列，一定要改变神色站立起来。遇到迅雷、大风，也一定要改变原来的容貌，变得严肃起来。

本章集中记述变色貌的几种情况，也体现了日常生活中待人接物的礼节。《论语·子罕》记：“子见齐衰者、冕衣裳者与瞽者，见之，虽少必作，过之必趋。”虽然与此章的记述稍有不同，但都显示了孔子对人情事变寄予的同情，敬人之盛情，敬天之威仪，诚敬无处不在。

俗话说，生而在世，有三不笑：不笑天灾、不笑人祸、不笑疾病。立地为人，有三不黑：育人之师、救人之医、护国之军。多一些宽厚和敬意，生命才会更美好。

10·26 升车，必正立，执绥。车中，不内顾，不疾言，不亲指。

“升车”，上车、登车。“执绥（suí）”，抓住上车时的绳索。历代学者多从“安”或“敬”的角度解说，如皇侃《论语义疏》曰：“谓孔子升车礼也。绥，牵以上车之绳也。若升车时，则正立而执绥以上，所以为安也。”何晏《论语集解》引周生烈亦曰：“必正立执绥，所以为安也。”而朱熹《论语集注》曰：“绥，挽以上车之索也。范氏曰：‘正立执绥，则心体无不正，而诚意肃恭矣。盖君子庄敬无所不在，升车则见于此也。’”这种上车的方式一定得符合礼的要求。“内顾”，回头看。“疾言”，快速说话。“亲指”，用手指指点点。

这一章的意思是，上车的时候，一定先端端正正地站好，然后拉着扶手带上车。在车里面，不回头看，不快言快语地说话，不用手指指点点。

本章记述与御车有关的礼节。上车的镜头本来是动感的，但在这里仿佛被定格：一定先端端正正地站好，然后拉着扶手带上车。在车里面，不回头看，不快言快语地说话，不用手指指点点。车轮滚滚向前，车中的孔子如如不动，有一种被凝固的优雅。反之，若是一个人在车内摇头晃脑，东张西望，左顾右盼，指指点点，闲言碎语，人们所能感知到的，只能是无知与浅薄。

10·27 色斯举矣，翔而后集。曰：“山梁雌雉，时哉！时哉！”子路共之，三嗅而作。

这一章的意思是，（孔子与弟子子路一起走在山间，一群野鸡）被惊吓飞了起来，在空中盘旋了一阵又停落在树上。孔子说："山梁上的这些雌雉，得其时呀！得其时呀！"子贡朝它们拱拱手，那群野鸡振振翅膀飞走了。

本章文字向来众说纷纭，分歧很大，正如杨伯峻《论语译注》所说："这段文字很费解，自古以来就没有满意的解释。"朱熹《论语集注》甚至认为"必有阙文"。

争议较大的是"子路共之，三嗅而作"，主要有两种观点：一种观点认为是言子路向野鸡拱拱手，野鸡张开翅膀飞去了；另一种观点认为意思是子路杀野鸡为肴以奉献孔子，孔子闻了三闻，站起来走了。如何晏《论语集解》说："子路以其时物，故共具之。非本意，不苟食，故三嗅而作。"朱熹《论语集注》引邢昺之言："子路不达，以为时物而共具之。孔子不食，三嗅其气而起。"在本章中，"共""嗅"二字是问题的关键。朱熹在《论语集注》中说："晁氏曰：'《石经》"嗅"作戛，谓雉鸣也。'刘聘君曰：'嗅，当作狊，古阒反。张两翅也。见《尔雅》。'愚案：如后两说，则共字当为拱执之义。"从语法上讲，子路杀野鸡为肴以奉献孔子的说法难以讲通。前言"子路共之"，主语为子路；后言"三嗅而作"，此语不应及于孔子。如果"三嗅而作"说的是野鸡，那么，应依《尔雅》，"嗅"当作"狊"更为合理。《石经》"嗅"作"戛"，谓雉鸣，虽然也能说通，但《石经》后出，而且野鸡三戛也不如振翅意长。如此，"共"应与"拱"相通，"嗅"当作"狊"，为张两翅之貌。

本章蕴含着十分丰富的思想内涵。孔子时代，天下无道，他曾多次谈到自己所处非"时"。如《孔丛子·记问》两次说到"时"，当"楚王使使奉金帛聘夫子"时，他的弟子向他表示祝贺，认为老师的主张终于有实践的机会了，但孔子感叹而歌道：“大道隐兮礼为基，贤人窜兮将待时，天下如一欲何之。”有人“樵于野而获兽”，孔子看到是麒麟，又叹自己时运不济，歌曰：“唐虞世兮麟凤游，今非其时来何求？麟兮麟兮我心忧。”有人说，孔子晚年所作《易传》最能够体现孔子“时”的思想，体现孔子“时”的哲学。郭店楚墓竹简中发现的《穷达以时》篇，更是印证了这一观点。《论语》首章中“学而时习之”的“时”也是此意。很明显，在孔子那里，“时”是一个重要的概念，孔子谈到“时”的思想，并以之教导子路，非常合乎情理。

其实，本章描绘了一幅很美的画面：孔子与弟子子路走在山间，不远处有几只野鸡停留在那里。那几只野鸡看到来人，便很机警地飞起来。它们盘旋飞翔一阵，便在远处飞落到一起。孔子看到这一情景，感叹地说道，山梁上的这些雌雉，得其时啊！得其时啊！孔子认为，这些野鸡能够远害避险，能够看到自己所处的形势。这时，子路悟出孔子所要表达的意思，也非常感慨，遂不无俏皮地向它们拱拱手。这群野鸡见状，便振振翅膀飞走了。

大家可以思考这样一个问题，为什么将本章作为《乡党》篇的最后一章？回首《乡党》全篇，看到的是彬彬有礼，处处在表达“中”。由此而知，至高哲学就在生活中，生活本就是至高哲学的表达。宗庙朝堂、宗族乡里、衣食住行均不离此。在现实生活中，每个人都有不同的社会地位、不同的工作岗位、不同的社会关系，只有找准自己的定位，明白自己是谁，做到“执时”“时中”，才能走好健康的人生路。

《周易》有云：“富有之谓大业，日新之谓盛德。”广泛创造物质财富和精神财富叫作宏大功业，持续永久的日日更新叫作盛美德行。真正的富有体现在格局和境界上，在天道不停变化的形势下主动顺应变化、调整策略、革新自我，正所谓“圣人以能变通体化，合变其德，日日增新，是德之盛极，故谓之‘盛德’也”。所以要识得变化，懂得“时中”。“山梁雌雉，时哉！时哉！”“于止，知其所止，可以人而不如鸟乎？”明白自己是谁，正在做什么，将要走向哪里，才能更好地找准自己的位置。这就是《乡党》篇最后一章给我们的启示。

先进第十一

杨海文 解读

《论语》第 11 篇叫作《先进》，第 12 篇叫作《颜渊》。这两篇的字数都不多，包括标点符号在内，《先进》篇约有 1600 字，《颜渊》篇约有 1500 字。这两篇的章数，《先进》篇有 26 章，《颜渊》篇有 24 章。“先进”“颜渊”是两个很好的名称，将两者联系在一块，可以产生这样的联想：我们要立志做先进，我们的境界要像颜渊那样。志向为儒门之先进，境界为圣贤之颜渊，是这两篇的基本思想。学做颜渊、争当先进，是我们学习《先进》《颜渊》篇应有的理想与抱负。

《论语·先进》对司马迁写《史记·仲尼弟子列传》有很大的影响。《仲尼弟子列传》的开篇写道：

孔子曰“受业身通者七十有七人”，皆异能之士也。德行：颜渊，闵子骞，冉伯牛，仲弓。政事：冉有，季路。言语：宰我，子贡。文学：子游，子夏。师也辟，参也鲁，柴也愚，由也喭，回也屡空。赐不受命而货殖焉，亿则屡中。

这段话大体取材于《先进》篇中的3章，即分为德行、言语、政事、文学四科的“十哲”（第3章），孔门4个弟子的不同性格（第18章），颜渊与子贡的比较（第19章）。司马迁写《仲尼弟子列传》的时候，心里是有《先进》篇的。我们可以说，《先进》篇是《仲尼弟子列传》的前世，《仲尼弟子列传》是《先进》篇的今生。《史记·仲尼弟子列传》的这种写作手法，将加深我们对《论语·先进》的印象。

朱熹为《先进》篇做过解题。他说：“此篇多评弟子贤否。”又引用胡寅的话说：“此篇记闵子骞言行者四，而其一直称闵子，疑闵氏门人所记也。”朱熹认为《先进》篇记载孔门弟子的性格、品行，主旨是道德评判。胡寅认为《先进》篇有4章讲闵子骞，猜想它是闵子骞的学生记录下来的。这是两宋思想家对《先进》篇的看法。

学者们对《先进》篇的分章不尽一致。例如，朱熹的《论语集注》分为25章，刘宝楠的《论语正义》分为24章，杨伯峻的《论语译注》分为26章。下面依据杨伯峻的分章，对《先进》篇的26章进行逐一解读。

11·1子曰：“先进于礼乐，野人也；后进于礼乐，君子也。如用之，则吾从先进。”

对于这一章的每个字，我们都认识；关于这一章的解释，却有很大的不同。

先看“君子”“野人”。《孟子·滕文公上》说：“无君子，莫治野人；无野人，莫养君子。”没有官吏，不能治理老百姓；没有老百姓，不能供养官吏。两者是相对而言的，“君子”就是官吏，“野人”就是老百姓。这一解释也大体适用于本章：“野人”就是老百姓、平民子弟，“君子”就是官吏、贵族子弟。

什么是“先进”“后进”？在日常生活当中，它们的意义很明确。所谓“先进”，就是先我而进步的人；所谓“后进”，就是后我而进步的人。日常生活中与本章讲的“先进”“后进”，意思是相同还是相反呢？我觉得，相同的成分高于相反的成分。

这里我想特别推出一种对古代经典进行白话文翻译的方法——如字组词法，就是拿原文的某个字进行组词、直译。比如，如何用白话文翻译“先”“进”与“后”“进”？“先”是优先、率先，“进”是进步、进学，而“先进”指率先进步，早一些在学习上下功夫；“后”是滞后、延后，“进”是进步、进学，而“后进”指延后进步，晚一些在学习上下功夫。如此，就慢慢切近了这一章的第一种解释：“先进于礼乐，野人也”，先学习礼乐文明再做官的是野人，他们是老百姓、平民子弟；“后进于礼乐，君子也”，先做官再学习礼乐文明的是君子，他们是官吏、贵族子弟。

以上是对“先进”“后进”的第一种解释，这种解释比较符合《论语》本身。子夏曾说：“仕而优则学，学而优则仕。”（《论语·子张》）意思是说，做官而有余力就学习，学习而有余力就做官。平民子弟最初不在贵族的位置上，所以先学习礼乐文明，再去做官。贵族子弟在起跑线上高于平民子弟，所以先做官，再去学习礼乐文明。有了这种区分之后，孔子说："如用之，则吾从先进。"如果选用人们来做事，那么，在平民子弟与贵族子弟之间，我选择野人，也就是那些先学习礼乐文明再做官的平民子弟。

对"先进""后进"的第二种解释，以程颢、程颐、朱熹为代表。朱熹《论语集注》说：

> 先进后进，犹言前辈后辈。野人，谓郊外之民。君子，谓贤士大夫也。程子曰："先进于礼乐，文质得宜，今反谓之质朴，而以为野人。后进之于礼乐，文过其质，今反谓之彬彬，而以为君子。盖周末文胜，故时人之言如此，不自知其过于文也。"

按照程朱理学的解释，"先进"指前辈，"后进"指晚辈，而且礼乐文明从西周到东周发生了重大的变化。西周时期，礼乐文明在质朴的方面比较鲜明；东周时期，礼乐文明在文采的方面比较鲜明。西周礼乐文明看重质朴，可在人们看来，它显得粗野，就像野人一样；东周礼乐文明看重文采，而被人们视作文质彬彬，就像君子一样。将这一章翻译为白话文，孔子说："前辈在礼乐方面就像粗野之人，后辈在礼乐方面就像彬彬君子。如果施行礼乐，我跟从前辈。"

前面讲了"先进""后进"的两种解释。平民子弟先学习礼乐文明再做官，贵族子弟先做官再学习礼乐文明，孔子选择平民子弟。这是第一种解释，比较好理解。第二种解释关联了很多历史知识，有点迂回，不一定接地气。我倾向于第一种解释。

11·2 子曰：“从我于陈、蔡者，皆不及门也。”

“陈、蔡”是两个国家。“从我于陈、蔡者”的字面意义很简单，就是当年跟随孔子在陈国、蔡国周游的学生。“皆不及门也”，有两种不同的解释。第一种解释是孔子说：当年跟随我在陈国、蔡国的那些学生，如今都已不在门下。第二种解释是孔子说：当年跟随我在陈国、蔡国的那些学生，如今都已不再做官。比较而言，第一种解释比第二种解释好。

孔子 50 余岁开始周游列国，历经磨难，饱经风霜，而“厄于陈蔡”是一个标志性事件。《史记·孟子荀卿列传》说：“其游诸侯见尊礼如此，岂与仲尼菜色陈蔡，孟轲困于齐梁同乎哉?”司马迁将孔子在陈国、蔡国的经历与孟子在齐国、梁国的经历相提并论。明代的张岱既是文学家，又是思想家。他曾在《四书遇》一书中引用别人的话说：“唐虞之际有君臣，成周之间有父子，夫子陈蔡之厄有师友，皆千古奇会。”唐虞之际，尧与舜是君臣关系；成周之间，周文王与周武王是父子关系；陈蔡之厄，孔子与弟子是师友关系。这三件事可谓千古奇会，都是足以彪炳千秋的历史性事件。

很多学者对孔子“厄于陈蔡”这件事进行过考证，具体的考证成果难以罗列，这里也就不再赘述。但是，我们要记住：“厄于陈蔡”是孔子一生当中的大事件，是孔子历经磨难、饱经风霜的典型体现。

11·3 德行：颜渊，闵子骞，冉伯牛，仲弓。言语：宰我，子贡。政事：冉有，季路。文学：子游，子夏。

这一章涉及10个人，分为4类。第一类是“德行”。“德”指道德，“行”指品行，“德行”指道德品行。德行类有4个代表人物：颜渊（颜回）、闵子骞（闵损）、冉伯牛（冉耕）、仲弓（冉雍）。第二类是“言语”。“言”指言说，“语”指语辞，“言语”指言说语辞。言语类有2个代表人物：宰我（宰予）、子贡（端木赐）。第三类是“政事”。“政”指政府，“事”指事务，“政事”指政府事务。政事类有2个代表人物：冉有（冉求）、季路（仲由，字子路）。第四类是“文学”。这里的“文学”不是指与史学、哲学相对的文学，不是指诗情画意、抒情吟唱的文学，而是指文献学问，尤其是指《诗经》《尚书》这些文献是如何一代代传承下来的。“文”指文献，“学”指学问，“文学”指文献学问。文学类有2个代表人物：子游（言偃）、子夏（卜商）。

以上10个人的经历在《论语》中有很多体现，《先进》篇涉及较多的是颜渊、闵子骞、子路、冉有、子贡。

这里我想特别讲讲古人的名、字以及如何称呼的问题。比如颜渊的“渊”，到底是其名还是其字？孔子称呼学生，到底是称呼其名还是称呼其字？《史记·仲尼弟子列传》这样介绍颜渊：“颜回者，鲁人也，字子渊。”可见“回”是其名，“子渊”是其字。称呼“颜渊”的时候，是称呼其字；称呼“颜回”的时候，是称呼其名。孔子如何称呼颜渊呢？回到日常生活当中，长辈对晚辈可以直呼其名，晚辈对长辈就不能直呼其名。所以，孔子称呼颜渊，必定称呼其名。孔子绝对不会说：“颜渊，你过来一下！”孔子只会这样说：“回，你到我这里来一下。”依据以上原则，我们就能准确判断《论语》的某一章究竟是孔子说的，还是编者记载的。如果称呼其名，这一章大体就是孔子的言语。如果称呼其字，比如称“颜渊”“子路”，这一章大体就是同辈或者晚辈的记载。对古人的称呼问题有所了解，也是我们读《论语》的一个方法。

这一章涉及的四类十人，后来被称为“四科十哲”。德行、言语、政事、文学，被称为“四科”。就像称某人为科长、副科长，说某人是副科级、正科级，科的意思是类别。四科是4个不同的类别。四者虽然是并列的，但也有等级之分，一般认为德行科排在第一，等级最高。颜渊等10个优秀的学生，被称为“十哲”。西方认为哲学就是爱智慧，所以“哲”有智慧的意思。朱熹《论语集注》说：“弟子因孔子之言，记此十人，而并目其所长，分为四科。孔子教人各因其材，于此可见。”归结起来，“四科十哲”是说孔门这10个弟子各有特长。

如何从四科的角度理解各自的特长呢？各科不仅有小境界，更有大境界。德行科的小境界是亲爱自己的父母，尊敬自己的长辈，即亲亲敬长；大境界是成就自身的品德，抵达至高的良善，即止于至善。言语科的小境界是不仅表达准确，而且能说会道，即能言善辩；大境界是出使国外，借助辞令，打赢外交仗，即使于四方。政事科的小境界是案件能够判好，财富能够理好，即断狱理财；大境界是让国家强大，使人民幸福，即富国强兵。文学科的小境界是识字断句，进而传承经典，即诵诗读书；大境界是守正创新，进而代圣贤立言，即文以载道。正所谓各各积小而成大，步步提升，优入圣域。

对于“四科十哲”，人们还能提出疑惑吗？程颢曾说：“四科，乃从夫子于陈、蔡者尔。门人之贤者，固不止此。曾子传道而不与焉，故知十哲，世俗之论也。”（《河南程氏外书》卷6《罗氏本拾遗》）这段话有三层含义：第一，“四科十哲”都跟随孔子在陈国、蔡国经历过厄难，理由是上一章说的“从我于陈、蔡者”；第二，孔子有弟子三千、贤者七十二人，优秀的弟子肯定不止这十人；第三，曾参这么有名，居然没有进入名单，可见“十哲”的说法是不完全归纳得出的结论，只是《论语》的编者一时兴起的片面之论。曾参不在“十哲”之列，不仅是程颢质疑的重心之所在，更使得这一章在后人那里充满无穷无尽的解释学魅力，这是我们要知道的。

11·4 子曰：“回也非助我者也，于吾言无所不说。”

这一章开始具体讲四科人物，比如颜渊。后面的章节还会慢慢讲到闵子骞等人。

这一章的“回也”，是孔子直呼颜渊之名。我们读《论语》，凡是看到称颜渊为“回”的，说话人肯定是颜渊的长辈，而其他人不可能直接称呼“回”。“说”同“悦”，意即心悦诚服。孔子说：“颜渊不是能够帮助我的人，因为他对我讲的一切没有不高兴的。”光凭字面意思，颜渊在孔子面前就是唯唯诺诺的形象。其实背后的含义很深刻。因为孔子的思想在当时代表了正确的一方，孔子的观点在一般情形下具有正确性，所以，颜渊对孔子的任何言论只会言听计从，没有任何理由不心悦诚服。

“回也非助我者也，于吾言无所不说”，究竟是在批评颜渊，还是在表扬颜渊呢？朱熹《论语集注》说：“颜子于圣人之言，默识心通，无所疑问，故夫子云然。其辞若有憾焉，其实乃深喜之。”孔子的内心恰恰是喜悦的。他觉得招到颜渊这么一个学生，能够准确地理解自己的言论，能够完整地接受自己的思想，此生足矣！理解了这层意思，就会明白孔子讲这句话，不但不是批评颜渊，反而是窃喜于颜渊对自己说的话无不悦服。

11·5 子曰：“孝哉闵子骞！人不间于其父母昆弟之言。”

这一章讲闵子骞。德行科排名第一的是颜渊，排名第二的是闵子骞。后人有“颜闵之徒”的说法，极言颜渊、闵子骞的道德高尚。

孔子说“孝哉闵子骞”，意思是闵子骞很孝顺。“人不间于其父母昆弟之言”，这句话有点不太好理解。“间”的意思是怀疑、猜测。孔子先讲闵子骞很孝顺，再讲人们不怀疑闵子骞的父母兄弟称赞他的话，“父母昆弟之言”有何深意呢？闵子骞很孝顺，而最有资格认定这事的人，自然是他的父母与亲兄弟。所以，对于闵子骞的父母兄弟称赞闵子骞孝顺的话，没有任何人质疑。

闵子骞的孝顺究竟如何体现？我们读《论语》《孟子》，知道有两个人，一个是舜，另一个是闵子骞，都是生母很早过世，父亲又娶了后母。闵子骞面对后母，如何体现孝道呢？

有这样一个记载：闵子骞的母亲过世后，父亲娶了后妻，又生了 3 个儿子（一说为“生二子”）。后母对闵子骞很不好。冬天很冷，后母用棉絮给自己的亲生小孩做衣服，用芦花给闵子骞做衣服。棉絮做的衣服很暖和，而芦花做的衣服根本不保暖。闵子骞的父亲知道后，觉得这个后母做得太过分，准备将她休了。闵子骞对父亲说：“您千万不要赶走后母！因为您赶走了后母，我的另外 3 个兄弟以后就会忍饥挨饿；而后母留下来，就只有我一人受苦受难。”闵子骞宁愿自己受苦受难，也不愿让后母生的 3 个小孩受冻挨饿。后母听了闵子骞的话深受感动，终于变成慈母。

这就是“孝哉闵子骞！人不间于其父母昆弟之言”背后的故事，后来演变为古代“二十四孝”中的一孝——单衣顺母。就像舜一样，闵子骞也是生母早逝的孩子，后母对他不好。尽管如此，闵子骞恪守孝道，感化了后母，后母最终变成了慈母。孝道的力量伟大，由此可见一斑。

《先进》篇有 4 章讲闵子骞。前面提到宋代的胡寅推测《先进》篇是闵子骞的学生记录下来的，不过这也从一个侧面表明闵子骞的德行相当不错。

11 · 6 南容三复白圭，孔子以其兄之子妻之。

南容是孔子的学生。“三复”指反复多次。“白圭”指《诗 · 大雅 · 荡之什 · 抑》讲的“白圭之玷，尚可磨也。斯言之玷，不可为也”。意思是白圭的上面有污点，尚且可以将它磨掉。言辞的上面有污点，却是很难补救的。南容“三复白圭”，每天反复多次地吟诵《诗经》里面那首讲白圭的诗，提醒自己慎于言行。“孔子以其兄之子妻之”，孔子将自己大哥的女儿嫁给了他。《孔子家语》说孔子的大哥叫作孟皮，而且脚有点不好。这时孟皮可能已死，所以孔子替侄女主婚。

孔子将大哥的女儿许配给了南容，那么，将自己的女儿许配给了谁呢？读到此章，我们要联想到前面《论语 · 公冶长》的第 1 章和第 2 章。第 1 章讲的是公冶长，公冶长成了孔子的女婿；第 2 章讲的是南容，南容成了孔子的侄女婿。公冶长的人品没有南容好，所以后来人们有这样的困惑：孔子这样做，是不是有点不太恰当？南容这么好的一个人，孔子居然没有将自己的女儿嫁给他，而是将哥哥的女儿嫁给他。公冶长这人不太好，孔子却将自己的女儿嫁给他，是不是有点大义灭亲或者偏爱哥哥的女儿？

有人持这种看法，也有人反驳。他们认为：孔子大哥的女儿跟他的女儿可能不是同一个年龄阶段的，公冶长与南容也可能不是同一个年龄阶段的。男大当婚，女大当嫁。公冶长要结婚了，恰好孔子的女儿长大了，于是孔子就将女儿嫁给了公冶长。当大哥的女儿长大要嫁人的时候，南容也到了结婚的年龄，于是孔子就将大哥的女儿嫁给了南容。

我觉得反驳者的解释更为合理。孔子不管是对待自己的女儿，还是对待哥哥的女儿，肯定都会一碗水端平。之所以将自己的女儿嫁给品行不是特别好的学生，将哥哥的女儿嫁给品行特别好的学生，其实是时间、地点不同罢了。在时间、地点发生变化的情况下，孔子才这么做的。所以，围绕孔子如何选女婿、侄女婿，本章与《论语·公冶长》第1、第2章是可以做对比的，也为人们提供了某些参考。

11·7 季康子问："弟子孰为好学？"孔子对曰："有颜回者好学，不幸短命死矣！今也则亡。"

季康子当时把持鲁国的朝政。他问孔子："弟子孰为好学？"意思是，你的学生里面，哪个是最好学的？孔子回答："有颜回者好学，不幸短命死矣！今也则亡。"意思是，我的学生里面，最好学的是颜回。可惜颜回短命早死了，现在再也找不到像颜回这样的人了。

这一章可与《论语·雍也》相比较：

哀公问："弟子孰为好学？"孔子对曰："有颜回者好学，不迁怒，不贰过。不幸短命死矣！今也则亡，未闻好学者也。"

这两章的提问都是"弟子孰为好学"，区别在于《雍也》篇是鲁哀公问，本章是季康子问；孔子的回答也差不多，区别在于回答鲁哀公详细一些，回答季康子简单一些。同样的问题，不同的人来问，孔子的回答为什么不太一样呢？鲁哀公是一国之君，他提问，孔子必须正儿八经地回答他。季康子虽然把持鲁国的朝政，但毕竟没有名分，不是光明正大的。所以，对于季康子的提问，孔子只做了简单的回答。由此可见，孔子的回答具有鲜明的政治站位意识。

这里要特别说明一下：整部《论语》有 21 章提到颜渊，而《先进》篇占了 9 章。如果这一篇叫作《颜渊》篇，不是更合理吗？如果由我来命名，肯定将它命名为《颜渊》篇，因为这一篇总共 26 章，却有 9 章提到颜渊。为什么叫作《先进》篇，而不是《颜渊》篇呢？这是因为《论语》各篇都是以其第 1 章的开头几个字命名的。这一篇第 1 章的开头是"子曰：'先进于礼乐，野人也'"，所以命名为《先进》篇。通过《先进》篇，我们可以比较集中地了解颜渊，尤其是其中有 5 章提到颜渊之死。《先进》篇是我们情深颜渊其人、悯悼颜渊之死最重要的篇章。接下来，我们看《先进》篇是如何一再地描述颜渊之死的。

11·8 颜渊死，颜路请子之车以为之椁。子曰："才不才，亦各言其子也。鲤也死，有棺而无椁。吾不徒行以为之椁。以吾从大夫之后，不可徒行也。"

颜路是颜渊的父亲、孔子的学生。颜渊究竟多大年纪过世，历史上有很多不同的说法。一般认为颜渊 32 岁而卒，我们暂且沿袭这一说法。

颜渊死了，家里很穷，连棺材的外椁都买不起。于是，颜路“请子之车以为之椁”。颜路对孔子说：“您是我的老师，也是我儿子的老师。现在我儿子死了，家里买不起外椁。请求您卖掉您那辆马车，给我儿子买外椁。”孔子如何回应呢？他讲了 3 个理由。

首先，孔子说：“才不才，亦各言其子也。”颜渊确实有才华，而我儿子孔鲤的才华逊色得多。不管有没有才华，各自而言，总归是自己的儿子。这是从人情角度给出的第一个理由。然后，孔子说：“鲤也死，有棺而无椁。”棺椁的里面是棺，外面是椁。内棺是必须有的，但外椁的有无以及厚度，要根据自身的地位、财力来决定。孔子对颜路说：“你看孔鲤死了，只有里面的棺，没有外面的椁。我没有超出自身财力，给他厚葬。”这是从财力角度给出的第二个理由。最后，孔子说：“吾不徒行以为之椁。以吾从大夫之后，不可徒行也。”我是不能徒步出行的，所以不会卖掉马车而为颜渊购买外棺。孔子为什么这样说？因为孔子从属大夫的行列，而按照礼制的规定，大夫必须坐车出行，不能徒步出行。这是从礼制角度给出的第三个理由。

颜路、颜渊父子确实太穷了，正所谓“一箪食，一瓢饮，在陋巷”（《论语 · 雍也》）。最得意的学生颜渊英年早逝，作为老师，孔子为什么就不肯将自己的马车卖掉，让颜渊死后也风光一场呢？说到底，这是孔子坚定的政治站位意识使然。孔子始终相信礼乐文明是一种政治生活，它的每个细节都有具体的规定。那些貌似促进感情而违反规定的事，孔子绝对不会做。所以，基于人情、财力、礼制的理由，孔子没有卖掉自己的马车而给颜渊购买外椁。

11·9 颜渊死。子曰："噫！天丧予！天丧予！"

颜渊死了，孔子连连说道："噫！天丧予！天丧予！"意思是，这是老天要我的命啊！这是老天要我的命啊！面对颜渊之死，孔子倍感一种彻底的悲凉，甚至有一种彻底的悲绝。后来，孔子的另一个学生子路也死了。子路死的时候，孔子说："噫！天祝予！"（《春秋公羊传·哀公十四年》）意思是，这是老天不让我活啊！后来，晚辈过世，前辈写悼文，经常使用"祝予"一词。

孔子晚年，痛失两大最得意的弟子。颜渊死了，孔子说："天丧予！天丧予！"子路死了，孔子说："天祝予！"这是老天要我的命啊！这是老天不让我活啊！孔子"吾道穷矣"的悲凉与悲绝油然而生。此后，孔子身体每况愈下，几年后溘然长逝，终于可以与颜渊、子路在另一个世界中重续旷绝千古的师生之情。

11·10 颜渊死，子哭之恸。从者曰："子恸矣！"曰："有恸乎？非夫人之为恸而谁为？"

颜渊死了，"子哭之恸"。孔子痛不欲生，哭得极其伤心，以致过分了。随从的人对孔子说："子恸矣！"您过分悲伤了！孔子回答："有恸乎？非夫人之为恸而谁为？"我有过分悲伤吗？如果我不为颜回这个人过分悲伤，我还能为谁过分悲伤呢？《论语》有1万多字，"恸"字出现4次，而且都在本章。孔子为颜渊之死而恸哭，既是情不自禁，又是性情之正。刘宗周在《经术》中说："颜子之死，惜哉！夫人一恸，万古余情。"

以上三章都是讲颜渊之死。一方面，颜路想让孔子卖掉马车而为颜渊购买外椁，但孔子坚决不同意；另一方面，孔子说“这是老天要我的命”，恸哭得伤心欲绝。这一前一后，是不是有些矛盾呢？个中缘由，留待下一章再说。

11·11 颜渊死，门人欲厚葬之。子曰：“不可。”

门人厚葬之。子曰：“回也视予犹父也，予不得视犹子也。非我也，夫二三子也。”

颜渊死了，“门人欲厚葬之”，他的那帮同学想要厚葬颜渊。孔子说“不可”，这是不可以的。“门人厚葬之”，同学们还是厚葬了颜渊。面对弟子们的所作所为，孔子说：“回也视予犹父也，予不得视犹子也。”意思是，颜渊将我当作父亲一样看待，我却不能将颜渊当作儿子一样看待。前面，同学们想要厚葬颜渊，孔子不同意；现在，同学们已经厚葬颜渊，孔子深深地感叹。孔子这一前一后的两种表现，有什么含义呢？接着，孔子说：“非我也，夫二三子也。”意思是，厚葬颜渊，这并不是我的主意，而是你们学生们做的。

将这一章与前面三章结合起来看，总有一些让我们感觉与平时不太一样的地方，或者说是理不顺、不太通情达理的地方，而这正是值得我们思考的。对于《先进》篇讲颜渊之死的这四章，需要做一点简单的分析。

《先进》篇讲颜渊之死的四章，属于人文顺序；但颜渊之死还有一个自然而然发生的顺序，属于自然顺序。既有人文顺序，又有自然顺序，两者的差别在哪里呢？

《先进》篇讲颜渊之死的人文顺序是：“请车”（第 8 章）→“天丧”

（第 9 章）→“哭之恸”（第 10 章）→“厚葬”（第 11 章）。如果按照自然的顺序，应当如何排列？颜渊过世的消息一传来，孔子肯定会说：“天丧予！天丧予！”所以，“天丧”这一章应当排在第一。孔子讲完“天丧予！天丧予”，才会“哭之恸”，过分地哀伤。所以，“哭之恸”这一章应当排在第二。接下来，排在第三的应当是“请车”这一章，排在第四的应当是“厚葬”这一章。归结起来，颜渊之死的自然顺序是：“天丧”→“哭之恸”→“请车”→“厚葬”。

关于颜渊之死，《先进》篇的人文顺序与客观事实的自然顺序是有区别的。其中，最大的区别是“请车”一章在自然顺序当中排在第三，而在人文顺序当中排在第一。颜路为颜渊“请车”，孔子没有答应；“厚葬”颜渊，孔子也没有答应，但颜渊的同学们还是将他厚葬了。显而易见，孔子在师生情感层面对颜渊彻底认同，在礼乐制度层面却不留情面。如何理解二者之间的矛盾？换一种提问方式，《先进》篇的编者为什么将“请车”放在最前，将“天丧”“哭之恸”放在中间，而将“厚葬”放在最后呢？

钱穆在《论语新解》中解释说：“或曰：颜渊死凡四章，以次第言，当是天丧第一，哭之恸第二，请车第三，厚葬第四，而特记请车在前，因若连记请车厚葬，使人疑孔子不予车，即为禁厚葬，故进请车章在前，使人分别求之。”按照这一解释，《先进》篇的编者这样排列章次的用意在于：尽量让一代一代的读者，更少乃至不在孔子不卖马车与反对厚葬二者之间建立联系、产生联想。钱穆又说：“墨家后起，以提倡厚葬非儒。观此诸章，见其不然。”其实，孔子并不反对厚葬，只是认为像颜渊这样家里穷的人，要视自身财力而定罢了。《先进》篇涉及的儒家厚葬问题，再怎么说，也不会变成墨家所谓的薄葬。尽管如此，凡事有其风生水起、瓜熟蒂落的自然顺序，而经典叙事有其安身立命、澡雪精神的人文顺序，这也是我们解读颜渊之死不可不知的。

孔子看重师生情感的真诚与坚守礼乐文明的真诚，这两者既是统一的，但有时也可以适当分离。换句话说，面对得意门生颜渊之死，孔子哭得无比伤心，这是其真诚看重师生情感的体现；孔子不卖掉马车，反对超出自身能力的厚葬，而面对弟子们厚葬颜渊，只是一笑了之，说“非我也，夫二三子也”，就这么过去了，这是其真诚坚守礼乐文明的体现。孔子坚守原则，同时看重情感，所以既有坚持的一面，又有迂回的一面。孔子对待颜渊之死的整个过程，就是一部活生生的教材。从中，我们将深切体会到如何在理性与情感的张力之间做人做事。

颜渊之死不仅是孔门的标志性事件，而且是整个儒家经典史上的标志性事件。所以《先进》篇第8~11章，有着重大的思想史意义。或许是因为这里连续讲到颜渊之死，下面一章就讲子路问事鬼神。

11·12 季路问事鬼神。子曰：“未能事人，焉能事鬼？”曰：“敢问死。”曰：“未知生，焉知死？”

季路就是子路。子路说：“怎么侍奉鬼神？”孔子对他说：“未能事人，焉能事鬼？”你连人都没有侍奉好，哪有能力侍奉鬼呢？这是人鬼之辨。子路又说：“我可以问一下死是怎么回事吗？”孔子对他说：“未知生，焉知死？”你连生都不知道，怎么可能知道死呢？这是生死之辨。

这一章提出两个问题：一个是人鬼之辨，一个是生死之辨。这两者在中国传统文化里面是联系在一块的。人鬼一理、生死一体，古人大凡是这么看的。孔子的回答告诉我们：内在地敬畏人与生，这是第一步；超越地敬畏死与鬼，这是第二步。只有内在地敬畏人与生，才能超越地敬畏死与鬼，此可谓中国传统生死哲学的基本轮廓。

子路这两个问题，也是石破天惊之问。人人都会死，但并不是每个人都真正有意义地活过。死对我们来说，是绝对不可知的东西。没有任何人经历过真正的死，没有任何人经历过生理意义上的死亡之后还能活下来。生死问题至大无比，世界上没有多少事情能够大得过生死。面对生死问题，每个人的思考都是必要的。说到底，所有人都是向死而生的。

11·13 闵子侍侧，訚訚如也；子路，行行如也；冉有、子贡，侃侃如也。子乐。“若由也，不得其死然。”

这一章的重点是描写孔子门下 4 位弟子的 3 种神态。这 4 位弟子分别是闵子、子路、冉有、子贡，都在四科之列。闵子就是闵子骞。这 4 位弟子的 3 种神态，在本章中的表达，都是两个字之后加上“如也”。“如也”的意思是“……的样子”。我们先搞清楚表达神态的这 3 个关键词的含义：第一个是“訚訚”，两个字皆读 yín，意思是谦逊而含蓄；第二个是“行行”，两个字皆读 hàng，意思是好胜而刚强；第三个是“侃侃”，意思是自信而通畅。闵子骞侍立在孔子的身旁“訚訚如也”，是谦逊而含蓄的样子；子路“行行如也”，是好胜而刚强的样子；冉有、子贡“侃侃如也”，是自信而通畅的样子。

以上 3 种神态，谦逊而含蓄的“訚訚如也”、自信而通畅的“侃侃如也”都是好的神态，但好胜而刚强的“行行如也”有点负面的意味。所以孔子说：“若由也，不得其死然。”仲由是子路的姓名，仲是其姓，由是其名。孔子是子路的老师，可以直呼其名——由。“不得其死然”的意思是不得善终，通俗一点的意思是不得好死。孔子说：“像仲由这样，肯定是不得好死的。”

但是，这一章讲 3 种神态与子路不得善终的中间，还有“子乐”二字。它有 3 种解释。第一种解释是：孔子看到 4 位弟子的不同神态，觉得很快乐。这也是通解。第二种解释是：“子乐”后面掉了一个“曰”字，应当写作“子乐曰”，就是孔子很快乐，然后说“若由也，不得其死然”。第三种解释是：“子乐”的“乐”字写错了，应当写作“曰”字。

孔子为什么说子路不得好死呢？因为子路“行行如也”，争强好胜，可见他在这 4 人里面最有自己鲜明的特点。而且，孔子说子路会不得好死，居然一语成谶。前面重点讲了颜渊之死，顺带讲过子路之死。面对颜渊、子路之死，孔子曾说：“天丧予！”“天祝予！”下面，再简单讲讲子路之死。

鲁哀公十五年（前 480）冬天，子路死于卫国孔悝（kuī）之乱，享年 63 岁。颜渊是自然死亡，而子路是非正常死亡。关于子路之死，我们看看《左传》《礼记》《史记》的记载。

据《左传 · 哀公十五年》记载，卫国发生孔悝之乱，子路前往参加平乱，不幸被打败，对方要杀死他。生死关头，子路没有仓皇逃命，而是临危不惧地说：“君子死，冠不免。”子路说：“君子即使要死，也必须衣着端庄。你让我将帽子戴好，再杀死我吧！”所以子路是“结缨而死”，戴好帽子，系好帽缨，从容就义。对方极其凶残，杀死子路后，又将他的尸体剁成肉酱。

《礼记·檀弓上》有孔子参加子路丧礼的记载："孔子哭子路于中庭。有人吊者，而夫子拜之。既哭，进使者而问故。使者曰：'醢之矣。'遂命覆醢。""醢（hǎi）"就是肉酱。孔子参加子路的丧礼，号啕大哭。因为子路死后被剁成肉酱，所以孔子让人们将肉酱这种食物全部倒掉。

颜渊死了，子路也死了。两个最得意的学生都死了，而孔子离自己的生命大限也越来越近。《史记·孔子世家》的结尾说："明岁，子路死于卫。孔子病……"子路死于卫国以后不久，孔子病倒了。又说："孔子年七十三，以鲁哀公十六年四月己丑卒。"孔子的生命大限最终来了，享年73岁。司马迁写子路之死与孔子之死，字里行间最靠近。在我看来，这种写法无比意味深长。

11·14 鲁人为长府。闵子骞曰："仍旧贯，如之何？何必改作？"子曰："夫人不言，言必有中。"

"长府"相当于今天的银行、粮仓、货仓。"鲁人为长府"，是说鲁国人准备重新修建储藏钱物的仓库。闵子骞对这件事的评价是："仍旧贯，如之何？何必改作？"意思是，以前的仓库不是好好的吗？为什么还要重新修建呢？这难道不是劳民伤财吗？孔子听了之后，对闵子骞这番话做了一个评价："夫人不言，言必有中（zhòng）。"孔子说："闵子骞这个人要么不说话，要么一说话就说到点子上，能够切中要害。"前面讲到"孝哉闵子骞"，这里又讲他"言必有中"。闵子骞既孝顺，看问题又能抓住关键，所以能够成为德行科的代表人物。

鲁国人为什么不惜劳民伤财，硬要重新修建长府呢？说到底，就是想增加赋税。增加赋税后，征收的东西放在哪里？就准备放在重新修建的长府里面。我们看看下面这篇获得“××年度最佳纪实文学征文”一等奖的文章，可以心领神会“鲁人为长府”的个中秘密。这篇获奖的文章写道：

儿子问老爸：“爸爸，街上的路怎么老是挖了又铺，铺好了又挖？路边的花木好好的，为什么挖了又栽，栽了又挖？”

老爸想了一会儿说：“你去将冰箱里的那块肥肉拿出来。”

儿子听话，将肉从冰箱里拿出来。

老爸又说：“你将肉再放回冰箱去。”

儿子听话，就放了回去。连续几次……

儿子不解。

老爸问儿子：“看看你手上有什么？”

儿子看了一下自己的手，说道：“有油水！”

鲁人重新修建长府，实质是中饱私囊的惯用伎俩，假借基础设施建设的由头而捞油水。闵子骞说以前的仓库好好的，改来改去完全没有必要。孔子对他说的这话充分肯定，说是“言必有中”。这一章对于时下的廉政建设极具启发性。

11·15 子曰：“由之瑟，奚为于丘之门？”门人不敬子路。子曰：“由也升堂矣，未入于室也。”

这一章讲子路（仲由）弹瑟。瑟是古代的乐器，与琴同类。子路虽然是一介莽夫，但也喜欢弹瑟。孔子说："由之瑟，奚为于丘之门？"孔子感叹："像子路这样弹瑟，怎么会出自我的门下呢？"孔子对子路弹瑟的评价并不高，甚至持批评态度。其他弟子听了这一评价，就觉得子路这人弹瑟是不行的，于是不尊敬子路。这时，孔子又说："由也升堂矣，未入于室也。"这是反过来给子路一个新的评价。意思是，子路弹瑟已经登上正堂，只是没有入室。从"升堂入室"这一成语看，"堂"指家里的正堂，"室"指家里的内室；"升堂"指水平、境界不错，"入室"指水平、境界极高。孔子其实认为子路弹瑟的水平是不错的，但境界如何呢？它是这一章较难理解的地方。

子路弹瑟的水平并不低，孔子为什么还要批评他？这与子路的境界有关，更具体地说，与子路的个性及其弹瑟的音调有关。琴为心声，琴声是内在的传情。弹瑟也是这样。弹瑟者有什么样的个性，都会在瑟声里面有所体现。子路这人"行行如也"，刚强而好胜。他的这种个性，必定在弹出的瑟声里面有所体现。所以，子路弹瑟呈现出来的音调，就不符合孔子门下那种端庄、大方、和谐、温柔的乐教气象，这才引起孔子的批评。孔子不是不高兴子路弹瑟，而是不满意子路弹瑟呈现出来的音调。这也表明境界与水平是两回事：即使水平再高，境界也未必高；唯有境界高，才会让水平得到真正的提高。

下面再讲一讲境界与水平如何相得益彰的问题。在《先进》篇第 2 章孔子说过："从我于陈、蔡者，皆不及门也。""及门"除了前面所说的在门下之义，还可以和本章说的"升堂""入室"一起表示做人、做学问的三种水平与境界。"及门"是最初的水平与境界，"升堂"是中间的水平与境界，"入室"是最高的水平与境界。古代老师带学生，有及门弟子，有升堂弟子，有入室弟子；其中，入室弟子是水平和境界最高的弟子。按照“及门”“升堂”“入室”这个标准，孔子有弟子三千，就是及门弟子；贤者七十二人，则是升堂弟子；“四科十哲”那十大弟子，可以说是入室弟子。及门弟子属于可资深造之才，升堂弟子可达正大高明之域，入室弟子足以深入精微之奥。“及门”“升堂”“入室”是我们领悟经典、领悟做人做学问、领悟境界如何夯实的三部曲。

11·16 子贡问：“师与商也孰贤？”子曰：“师也过，商也不及。”

曰：“然则师愈与？”子曰：“过犹不及。”

师指颛（zhuān）孙师，字子张；商指卜商，字子夏。二人都是孔门弟子。子贡也是孔子的弟子，年龄比子张、子夏大很多，所以直呼其名。孔子作为师长，自然也是对子张、子夏直呼其名。

子贡问孔子：“师与商也孰贤？”子张与子夏这两个人，谁更好一些？孔子的回答是：“师也过，商也不及。”子张做人做事过分、过头了，而子夏做人做事不足够、达不到标准。子贡又问：“然则师愈与？”既然您这样说，意思是子张比子夏好一点吗？孔子的回答是：“过犹不及。”做人做事过头与做人做事不足够，同样都是不好的。

“过犹不及”是一个成语。“过”指过分，“不及”指不足够，两者都是不好的。什么是好的呢？就是“归于中道”。张岱在《四书遇》中点评这一章说：“语下暗暗有一‘中’字，然‘中’字却未说破。”这一章始终没有出现“中”字，但每句话里面都暗含这个字，只是没有说破。“过”与“不及”这两种方式都不好，我们做人做事应该秉持、恪守“中道”。

11 · 17 季氏富于周公，而求也为之聚敛而附益之。子曰：“非吾徒也，小子鸣鼓而攻之可也。”

这里的“周公”，有人认为实指周文王、周武王一系的周公，也有人认为泛指周朝的公卿大夫。其确切所指，在此不深究。“季氏富于周公”，是说季氏作为窃夺名分的鲁国专权者，比周公或者周朝的公卿大夫还富有。“求”指冉求（字子有），是政事科里面的孔门弟子，正在季氏那里做大管家。“而求也为之聚敛而附益之”，是说季氏已经很富有，而冉有这个大管家还不断地横征暴敛，使季氏的财富变得更多。面对此情此景，孔子愤慨地说：“非吾徒也，小子鸣鼓而攻之可也。”冉有已经不再是我的学生了！同学们可以敲响锣鼓，准备一套说法，好好去声讨他！

下面从历史的角度，介绍一下本章的来龙去脉。“非吾徒也，小子鸣鼓而攻之可也”，这是孔子在事情发生后做的评价。那么，事前是怎么回事？事中是怎么回事？事后除了孔子做过评价，孟子是如何看待的？

事前之事，《左传》《国语》有记载。大意是，公元前 484 年（鲁哀公十一年），季氏想增加田赋，于是派冉有去问孔子，但孔子反对。事中之事，《左传》有记载。大意是，虽然孔子反对增加田赋，但无法阻止季氏。公元前 483 年（鲁哀公十二年），季氏果然增加了田赋。事后之事，《孟子 · 离娄上》有记载。原文为：“求也为季氏宰，无能改于其德，而赋粟倍他日。孔子曰：‘求非我徒也，小子鸣鼓而攻之可也。’由此观之，君不行仁政而富之，皆弃于孔子者也，况于为之强战？”

这一章关联的历史事实是冉有蓄意帮季氏增加田赋，孔子让学生们对冉有鸣鼓而攻之。可孔子对冉有究竟是什么态度呢？是真的严厉批评冉有，还是借此指桑骂槐？一种观点认为孔子是真的严厉批评冉有。在程朱理学看来，冉有助纣为虐，帮季氏横征暴敛，这件事做得不对，所以被孔子直截了当地批评。还有一种观点认为冉有的做法固然应该批评，但背后支持冉有这么做的那只手更应该被斩断；孔子嘲笑、讥讽自己的学生冉有，这只是表面的，而实质上是借冉有这个靶子，迂回、指桑骂槐地批判季氏。我们带着以上两种观点来读这一章，体会可能会更深一些。

11·18 柴也愚，参也鲁，师也辟，由也喭。

这一章刻画了孔门4位弟子的4种不同的性格：第一位是高柴，字子羔，“柴也愚”是说高柴的性格愚直；第二位是曾参（shēn），通称曾子，字子舆，“参也鲁”是说曾参的性格迟钝；第三位是颛孙师，字子张，“师也辟（pì）”是说子张的性格偏激；第四位是仲由，字子路，“由也喭（yàn）”是说子路的性格粗俗。

孔子这4位弟子的性格各有不同，要么愚直，要么迟钝，要么偏激，要么粗俗。面对这4种不同的性格，我们如何深入理解呢？愚直是一个人的性格，但显然不是人性的全部。他有优点吗？如果他有缺点，又如何改进呢？对于迟钝、偏激、粗俗，提问也是一样的。

清代学者汪烜认为：虽然愚、鲁、辟、喭是4种病，但它们也有好的一面。比如愚直，好的一面是厚重；迟钝，好的一面是质朴；偏激，好的一面是有才；粗俗，好的一面是耿直。这 4 种病都有好的一面，也就可以通过自我努力而变好。比如对于愚直这种病，要多拿学问来补充；对于迟钝这种病，要学着灵敏一些；对于偏激这种病，要变得诚实一点；对于粗俗这种病，要多用礼乐来修饰。（参程树德《论语集释》）综合上面的分析，这一章只有12个字，看似简单，其实包含了很深的含义。

前面讲的“四科”是指德行、言语、政事、文学，“十哲”是说孔子的 10 位学生各有特长，属于正面评价。这一章讲 4 种毛病，孔子这 4 位学生有 4 种毛病，似乎属于贬义多过褒义的负面评价。但是，为什么同一个人，比如子路，既在四科之列，又在四病之列？从哲学的角度看，一个人既有特长又有毛病，这是怎么一回事？

按照理学家的看法，之所以每个人都有特长，是跟他的才性密切相关的；之所以每个人都有毛病，是跟他的气质密切相关的。才性与特长这样联系起来：上天给了你才性，你的才性虽然有所偏向，但又没有被世俗社会污染，于是就形成了一些特长。气质与毛病这样联系起来：上天给了你气质，你的气质虽然有所偏向，但又没有被世俗社会污染，于是就形成了一些毛病。所谓“毛病”只是通俗的说法，也可以称为性格或者个性，比如说某人性格粗犷、个性偏激。才性有所偏向，形成了人的特长；气质有所偏向，形成了人的性格。而且，它们在世俗社会中都没有受到污染。所以，特长需要不断发挥，性格需要悉心呵护。

这一章有 4 个“也”字。张岱《四书遇》说：“四‘也’字，圣人呼名，多少珍重，多少爱惜！”对于任何人来说，特长与性格都是不可或缺的，都是同等重要的。所以，“多少珍重，多少爱惜”表明：愚直、迟钝、偏激、粗俗只是性格方面的问题，既有不好的一面，也有好的一面。没有这些活生生的性格，孔子门下就不会涌现让人珍重、让人爱惜的高柴、曾参、子张、子路。

在这 4 种性格当中，哪一种更好一点？你是认同偏激、粗俗，还是认同愚直、迟钝？孔子最认同哪一种呢？理学家认为孔子最认同曾参的迟钝。孔子之所以最认同曾参的迟钝，是因为做任何事情，如果能够“吾日三省吾身”“三思而后行”，肯定会减少错误。“三省”“三思”的题中之义，显然少不了迟钝。在宋明理学家那里，“参也鲁”三字得到了重要的发挥。大程说：“参也，竟以鲁得之。”（《河南程氏遗书》卷 3《二先生语三》）小程说：“《语》曰：‘参也鲁。’如圣人之门，子游、子夏之言语，子贡、子张之才辨聪明者甚多，卒传圣人之道者，乃质鲁之人。”（《河南程氏遗书》卷 18《伊川先生语四》）二程说：“‘参也鲁。’然颜子没后，终得圣人之道者，曾子也。”（《河南程氏遗书》卷 9《二先生语九》）曾参能够传承圣人之道，竟是因为性格的迟钝，这个结论何其发人深省！

通过这一章短短 12 个字的刻画，孔门 4 位弟子的不同性格栩栩如生、跃然纸上。我们还了解到，正如“大智若愚”“大巧若拙”一样，“鲁”（迟钝）也不是贬义词；如果做到极致，它甚至是人生境界的某种体现。争当先进，是我们学习《先进》篇的想法与抱负。如果能像曾参那样以迟钝工夫来做人做事，我们在这条路上就会走得更远。

11 · 19 子曰：“回也其庶乎，屡空。赐不受命，而货殖焉，亿则屡中。”

颜渊是德行科的，子贡是言语科的。这一章是孔子对颜渊、子贡进行比较。孔子说："回也其庶乎，屡空。"颜渊接近大道了，但是每每贫困。孔子又说："赐不受命，而货殖焉，亿则屡中。"子贡不接受命运的安排，而去做买卖，使得财富不断生殖。"货"即财货，"殖"即生殖。"货殖"的意思是财货生殖，也就是通常说的经商。"亿"的意思是猜测。"亿则屡中"，子贡只要猜测，每每都能猜中。这里，颜渊与子贡形成了鲜明的对比：一个是德行无比高尚，却每每贫困；一个是料事如神，能够获得丰厚的物质财富。

"其庶乎"三字比较难解。朱熹《论语集注》说："庶，近也，言近道也。屡空，数至空匮也。不以贫窭动心而求富，故屡至于空匮也。言其近道又能安贫也。"按照这一解释，"庶"是接近，"其庶乎"指接近大道。接近大道的颜渊每每贫困，这是讲颜渊安贫乐道。与子贡相关的"货殖"这个概念很重要。《史记》有一个列传叫作《货殖列传》，"货殖"两个字就来源于本章。我们还需要注意：司马迁将"子贡"写成"子赣"。

《史记·货殖列传》专门谈到子贡与孔子的关系。司马迁说："子赣既学于仲尼，退而仕于卫，废著鬻财于曹、鲁之间，七十子之徒，赐最为饶益。"子贡先跟从孔子学习，然后学而优则仕，再下海经商，赚了很多钱，是孔门弟子里面最有钱的。司马迁又评价说："夫使孔子名布扬于天下者，子贡先后之也。此所谓得埶而益彰者乎？"孔子之所以名扬天下，是跟子贡拥有丰厚的财力密不可分的。有人认为子贡之所以有名，是因为他是孔子的学生。司马迁的观点恰恰相反，他认为正是因为子贡的财力，孔子当时的名气才会越来越大。

司马迁的这个说法有一言外之意，就是子贡一生都在经商。到了理学家那里，则有不同的说法。大程认为：子贡经过商，确实不假，但这是他少时的事情；自从接受孔子的教导，尤其是得知并领悟了“性与天道”之后，子贡便不再经商。(参《河南程氏遗书》卷11《明道先生语一》、朱熹《论语集注》卷6《先进》引程子语）理学家为什么反对《史记》的说法而提出另外的说法？这是颇为值得思考的。哪个说法更符合事实？我认为子贡的一生应该都在经商,《史记》的说法更为可信。

经商其实是很难的一件事，比如大科学家牛顿。据说牛顿晚年出售有英国政府背景的南海公司股票，盈利颇丰；又购买回来，损失巨大。他感叹地说：“我能够准确地计算天体运行的轨迹，却难以预料人们的疯狂。”经商有风险，这也是命运的安排。

我们再思考一个问题：孔子为什么要对颜渊与子贡做这样的比较？张岱《四书遇》说：“回，自‘庶乎’说到‘屡空’，自内说出。赐，自‘货殖’说到‘屡中’，自外说入。此是回、赐优劣。”孔子对于颜渊是从“庶乎”说到“屡空”，这是从里面说出来的；对于子贡是从“货殖”说到“屡中”，这是从外面说进去的。“内”“外”分别对应着“优”“劣”，所以颜渊、子贡有优劣之分，颜渊优于子贡。“此是回、赐优劣”，这样的结论在过去是成立的，但在今天就有点含糊其辞。

在今天的时代背景下，我们对于安贫乐道与生财有道两者的关系应持辩证分析的态度。一方面，既需要鼓励像德行科的颜渊那样安贫乐道、重义轻利；另一方面，更应当提倡像言语科的子贡那样生财有道、以财发身。“以财发身”出自《大学》，它同时提到“以身发财”。“以财发身”是将财产当作自我发展的手段而不是目的，这是君子的做法；“以身发财”是将财产当作人生的唯一目的，这是小人的做法。我们应该大力提倡君子的做法——“以财发身”，将财产当作自我发展的必要条件。对于小人的做法——“以身发财”，像政事科的冉有那样蓄意帮助季氏敛财致富，我们应当鸣鼓而攻之，坚决反对为富不仁的种种行径。

11·20 子张问善人之道。子曰：“不践迹，亦不入于室。”

前面讲到“师也辟”，子张是一个偏激的人。“善人之道”指本质善良的人如何进学、如何完善人生的方法。“子张问善人之道”，即子张向孔子请教人生怎样才能得以完善。孔子的回答是：“不践迹，亦不入于室。”这句话比较难解。“践迹”就是照葫芦画瓢、亦步亦趋。前面讲过“及门”“登堂”“入室”，“入室”就是胸有成竹、直入奥室。孔子的意思是，如果你不能践履圣贤的足迹，不按照圣贤已经做过的那样去做，你就不能胸有成竹地登堂而入室。换句话说，我们完善自己的人生，必须以圣贤为榜样；通过不懈努力，才能达到一定的境界，最后甚至可以达到登堂而入室的境界。

这一章包含三方面的含义：一是人性基础，关键词是“善”。孟子曾说“人皆有不忍人之心”，每个人都有不想伤害别人的心，但这颗不忍人之心还要“扩而充之”（《孟子·公孙丑上》）。这是讲人性要以善良作为基础。二是学习能力，关键词是“学”。人的一生其实都在模仿，学习最大的窍门就是模仿。我们从小到大接受的学校教育、社会教育，就是一个个模仿的过程。模仿是最大的崇拜。我们通过经典、圣贤学习如何做人做事，就是通过不断地模仿，逐步地及门、登堂、入室。三是道德目标，关键词是“圣”。如果道德目标不以圣贤为榜样，道德行为就会缺少坚实的根基。圣人是最值得模仿的，只有模仿圣人，人们才能真切地成就自我、成就自身。“人皆可以为尧舜。”（《孟子·告子下》）其前提就是模仿，模仿就是本章说的“践迹”，“为尧舜”就是“入室”。

11·21 子曰：“论笃是与，君子者乎？色庄者乎？”

这一章是孔子的独白，不太容易理解。明代的张居正在《四书直解》中解释说：“论，如论官论才之论。笃，是笃实。与，是许可的意思。君子，是有德的人。色庄，是内无实德、矜饰外貌的小人。”再系统一点，这一章究竟是什么意思呢？

孔子说：“论笃是与。”笃实的言论自然是值得赞许的。孔子又说：“君子者乎？色庄者乎？”反过来也要问一问：这笃实的言论究竟是君子讲的，还是那些道貌岸然的小人讲的呢？我们读原文，应该特别注意孔子这一质疑。孔子认为，我们现在看到的很多言论方方正正、毫无破绽，但仔细想一想，这些言论究竟是君子还是小人讲的？这就要做具体分析。依据孔子告诉我们的这一道理，下面引申一个问题：如何看待言语与内心的关系？

《论语·公冶长》说：“始吾于人也，听其言而信其行；今吾于人也，听其言而观其行。”孔子说：我开始看人，听到他说什么，就相信他会做什么；我现在看人，不仅仅是听他说什么，更要仔细观察他到底怎么做。这是孔子的识人之法从“听其言而信其行”到“听其言而观其行”的转变。两者的根本区别在于：前者只是一味地相信言语与行为是统一的，后者能够睿智地看到言语与行为很多时候恰恰是分离的。内心真诚，就会言行一致；内心不真诚，就会言行不一致。

《史记·仲尼弟子列传》说："吾以言取人，失之宰予；以貌取人，失之子羽。"这段话也与孔子的识人之法有关，实质是既不能以貌取人，也不能以言取人。

"以貌取人"是指看到长得好看的，就觉得他的内心也高尚；看到长得不好看的，就觉得他的内心也龌龊。孔子也犯过这样的错误。澹台灭明是孔子的弟子，长得很丑。孔子当年看到澹台灭明，因为他长得丑，便看不起他。后来的事实证明：相貌长得丑的澹台灭明，做人做事却是中规中矩。孔子感叹地说："我以貌取人，最大的失误就在澹台灭明身上。"

"以言取人"是指听到某人说话顺耳，便认为这人很好；听到某人说话不顺耳，便认为这人不好。孔子同样有过类似的失误。开始的时候，孔子认为宰予讲得很好，便认为他做得也会很好；结果一看，宰予的实际行为与曾经所讲的根本就是两回事。孔子感叹地说："我以言取人，最大的失误就在宰予身上。"

表面的言语是内心真实的折射，言语与内心的关系比较复杂。唐文治认为这一章讲的是观人之法。他说："此言观人之法，当审其心术，亦以勉学者修辞立其诚也。"(《唐文治四书大义·论语大义》)观人在于观心，旨在勉励人们"修辞立其诚"，只有这样，言语与内心才能统一起来。换句话说，只有你的内心是善良的，你在言语上面才会真诚不伪。"有德者必有言，有言者不必有德。"(《论语·宪问》)观人最根本的是观心，必要手段是观言，"修辞立其诚"是将言语与内心统一起来的必由之路。

11·22 子路问："闻斯行诸？"子曰："有父兄在，如之何其闻斯行之？"

冉有问："闻斯行诸？"子曰："闻斯行之。"

公西华曰："由也问闻斯行诸，子曰'有父兄在'；求也问闻斯行诸，子曰'闻斯行之'。赤也惑，敢问。"子曰："求也退，故进之；由也兼人，故退之。"

这一章提到的子路、冉有，都是政事科的孔门弟子。"闻斯行诸"这个问题涉及言语、行为与性格的关系，而上一章讲了言语与内心的关系，这两章是有相关性的。

子路问孔子："闻斯行诸？"我听到一个好道理之后，可以马上去实行吗？孔子回答："有父兄在，如之何其闻斯行之？"你的父亲、兄长还在那里，怎么能够听到一个好道理就马上实行呢？可见孔子不赞成子路的做法。冉有向孔子提了同样的问题："闻斯行诸？"孔子回答："闻斯行之。"你听到一个好道理之后，可以马上去实行。可见孔子赞成冉有的做法。

同样的问题，提问者不同，孔子给出了完全相反的答案。以上情形被另一个学生公西华（亦即公西赤，字子华）知道后，就问孔子："由也问闻斯行诸，子曰'有父兄在'；求也问闻斯行诸，子曰'闻斯行之'。"意思是，子路询问是否听到就实行，您说"有父亲、兄长健在"；冉有询问是否听到就实行，您说"听到就实行"。公西华接着说："赤也惑，敢问。"我对您这两种相反的回答感到困惑，能够冒昧问一下为什么吗？

面对公西华的困惑，孔子回答："求也退，故进之；由也兼人，故退之。"意思是，冉有的性格怠慢，经常退让不前，所以我要往前推他一把，于是让他听到了就马上去做，否则他还会畏畏缩缩；子路的勇气超过一般人，经常冒冒失失，所以我要朝后拉他一把，于是让他听到了但不能马上去做，还要听取父母、兄长的意见，三思而后行。子路是急性子，敢作敢为，雷厉风行；冉有是慢性子，畏首畏尾，瞻前顾后。孔子对“闻斯行诸”的回答不同，理由就在这里。

《论语·公冶长》说：“子路有闻，未之能行，唯恐有闻。”子路听到一个道理，尚未能够实行，唯恐又听到一个道理。《论语·颜渊》说：“子路无宿诺。”子路没有隔夜的承诺，只要答应了别人，就会当日事当日毕。这是子路急性子的体现。据《论语·雍也》记载，冉有对孔子说：“非不说子之道，力不足也。”我不是不喜欢您的思想，我只是感到我的力量不够。孔子说：“力不足者，中道而废。今女画。”力量不够，情有可原。你还得走，直到完全没有力量了再停下来。可你根本没有这样做，你现在只是原地踏步、止步不前！这是冉有慢性子的体现。所以，急性子子路与慢性子冉有提同样的问题，孔子才会给出完全相反的两种回答。这也是孔子教育弟子的策略：对于急性子，要警醒他后退一下；对于慢性子，要鼓励他向前一步。

这一章没有华丽的辞藻，但包含了深邃的人生哲理，写作手法也很高妙。张岱《四书遇》说：“骏马收缰，驽马加策，总见圣人驾驭之法。一叙一述，语意宛然，见记者手笔之妙。”圣人驾驭的方法是：对于骏马，就收缰；对于驽马，就加鞭。子路是骏马，要将他的缰绳收紧一点；冉有是驽马，要对他多抽几鞭子。如果说前面子路、冉有的提问以及孔子的回答是“叙”，后面公西华的提问以及孔子的回答就是“述”。“一叙一述”而“语意宛然”，足以想见这一章的写作手法之高妙。

11·23 子畏于匡，颜渊后。子曰："吾以女为死矣。"曰："子在，回何敢死？"

这一章讲"子畏于匡"，孔子被拘禁在匡。"颜渊后"，颜渊最后才赶过来。见此情景，孔子说："吾以女为死矣。"颜渊啊，你怎么现在才赶过来，我还以为你死了呢！听孔子这样说，颜渊回答："子在，回何敢死？"您老人家还健在，我怎么敢死呢？

为了实现政治抱负，孔子一生吃过很多苦头，最有名的是这一篇讲的"厄于陈蔡"。"子畏于匡"同样有名，《论语·子罕》也记载过这件事：

> 子畏于匡。曰："文王既没，文不在兹乎？天之将丧斯文也，后死者不得与于斯文也；天之未丧斯文也，匡人其如予何？"

这是讲孔子在匡被抓起来之后以"斯文"自居，认为再有千难万险，自己也应该将宗周礼乐文明承担下来、传承下去。"天之将丧斯文也"一章排在《论语·子罕》篇第5章，"颜渊后"一章排在《论语·先进》篇第23章。对这两章的先后顺序，司马迁会如何排列呢？《史记·孔子世家》说：

> 将适陈，过匡，颜刻为仆，以其策指之曰："昔吾入此，由彼缺也。"匡人闻之，以为鲁之阳虎。阳虎尝暴匡人，匡人于是遂止孔子。孔子状类阳虎，拘焉五日。颜渊后，子曰："吾以汝为死矣。"颜渊曰："子在，回何敢死！"匡人拘孔子益急，弟子惧。孔子曰："文王

既没，文不在兹乎？天之将丧斯文也，后死者不得与于斯文也。天之未丧斯文也，匡人其如予何！”孔子使从者为甯武子臣于卫，然后得去。

司马迁首先介绍了孔子在匡为什么会被抓起来。因为孔子长得和阳虎很像，而阳虎曾对匡人施暴，所以孔子带着学生经过匡的时候，当地人以为阳虎来了，于是将孔子抓了起来。孔子被拘禁了5日后，颜渊才慢慢追赶上来。颜渊追赶上来后，司马迁采用了《论语·先进》篇记载的孔颜对话。然后，司马迁采用了《论语·子罕》篇记载的“天之将丧斯文也”这段话。可见，司马迁认为《论语·先进》篇记载之事发生在前，《论语·子罕》篇记载之事发生在后。

《论语》“子畏于匡”这两章还能以其他方式联系起来。明代的姚舜牧曾说：“‘匡人其如予何？’夫子知天意，不必死于匡人之手。‘子在，回何敢死？’颜子知夫子必不死于匡人，可见圣贤自信相信处。”（张岱《四书遇》引）姚舜牧认为：孔子之所以说“匡人其如予何”，是因为孔子知道天意在我，自己根本就不会死在匡人手上；颜渊之所以说“子在，回何敢死”，是因为颜渊知道孔子肯定不会死在匡人手上。姚舜牧总结：这就是圣贤相信、自信的地方。

“圣贤自信相信处”其实就是文化自信与道路自信，它们在颜渊与孔子那里早已成为坚如磐石的精神理念。即便只是读“子畏于匡”这两章，人们也完全可以体味到气势磅礴的精神理念是如何牢固地维系着孔门师生的。

11·24 季子然问："仲由、冉求可谓大臣与？"子曰："吾以子为异之问，曾由与求之问。所谓大臣者，以道事君，不可则止。今由与求也，可谓具臣矣。"

曰："然则从之者与？"子曰："弑父与君，亦不从也。"

季子然是季氏子弟。他问孔子："仲由、冉求可谓大臣与？"意思是，你有两个学生，一个叫仲由（子路），一个叫冉求（冉有），都在我们季氏做过管家。他们能够称为大臣吗？孔子回答："吾以子为异之问，曾由与求之问。"这段话有一些拗口。"异"就是不同。孔子对季子然说："我还以为你有什么特别不同的问题，原来你问的只是仲由与冉求的事情。"言外之意是，孔子原本以为季子然的提问会让他意想不到，结果不过是提了这么一个简单的问题。

在季子然的提问中，用了"大臣"这个概念；但在孔子的回答中，对"大臣"这个概念重新做了解释。孔子说："所谓大臣者，以道事君，不可则止。"孔子对季子然说：我所理解的"大臣"就是"以道事君"，用道义原则来侍奉君主；如果道义原则在实施过程当中行不通，就应该中止、停下来，离开这个君主。

孔子在重新定义"大臣"的含义之后，又马上对子路、冉有进行了重新定位。孔子说："今由与求也，可谓具臣矣。"在孔子看来，子路与冉有只能称为"具臣"。何谓"具臣"？后面再详细解释。孔子认为：虽然子路与冉有在季氏那里做过管家，但尚未达到"大臣"的高度。

季子然听了孔子的话后，接着又问："然则从之者与？"意思是，既然仲由与冉求不属于您讲的大臣，而只是具臣，那么，他们对我们季氏会言听计从吗？孔子说："弑父与君，亦不从也。"意思是，他们自然会顺从季氏。但是，如果让他们杀害自己的父亲与君主，他们也是不会顺从的。

季子然为什么要孔子评价子路、冉有呢？因为子路、冉有是孔子的弟子，而且是政事科的代表。他们先后做过季氏的管家，而季子然作为季氏子弟，自然为季氏得此两位干才沾沾自喜。孔子回答季子然，特别用了"异"这个字。这不仅是在明面上贬低子路、冉有，更是在暗地里贬低季子然、季氏。孔子对"大臣""具臣"的理解，可以说就是沿着这个基调展开的。

"大臣"是这一章当之无愧的关键词。"大臣"有什么特质？《礼记·内则》说："四十始仕，方物出谋发虑，道合则服从，不可则去。"古代社会，人到四十，开始出外做官。做官有一个原则，就是"道合则服从，不可则去"。如果我的理念与君主的理念相吻合，我就信服他、跟从他；如果不可行，我就离去。《周易·蛊卦》说："不事王侯，高尚其事。"这都是说，大臣必须唯义是从，将道德理想摆在首位，绝对不能去做苟且之事。

南宋的王应麟在《困学纪闻》一书中解释"以道事君，不可则止"说："'四十始仕，道合则服从，不可则去。'古之人，自其始仕，去就已轻。'色斯举矣'，去之速也；'翔而后集'，就之迟也。故曰：'以道事君，不可则止。'"王应麟认为古人40岁开始做官，而且从此将做官还是不做官、离去还是不离去看得很轻。他又引用《论语·乡党》的话说："色斯举矣"，一旦君主的脸色有变化，我就赶快离去；"翔而后集"，虽然君主有意让我做官，但我三思后行，慢慢而不是匆匆忙忙去就职。

人们通常认为大臣就是臣僚，但大臣同样可以指臣僚当中最优秀的那一部分。所以我认为：这一章的“大臣”，无论是在季子然的提问还是在孔子的回答当中，都指的是出类拔萃的臣僚，只是两者有才干、品行之分。

“具臣”的含义是什么呢？西汉的孔安国认为“具臣”就是“言备臣数而已”（《论语集解》）。朱熹《论语集注》也说：“具臣，谓备臣数而已。”“备臣数”究竟是什么意思？用现在的话解释，就是体制内的、有编制的。“具臣”只是说某人已在体制、编制之内，但他能不能有所作为，那就很难说了。在这里我将“具臣”解释为初步具备做官的资格。

将“大臣”解释为出类拔萃的臣僚，将“具臣”解释为初步具备官僚的资格，未必十分恰当，但由此可见两者的鲜明对照。“大臣”之所以大，正是因为他有道义；“具臣”之所以不大，正是因为他仅仅有个编制、有个岗位。“所谓大臣者，以道事君，不可则止”，这句话对于古代知识分子的影响特别大。

季子然听了孔子辨析“大臣”“具臣”之后，又问子路、冉有会不会顺从季氏。孔子回答：如果要他们杀害自己的父亲，杀害自己的君主，他们是坚决不干的。孔子前面说子路、冉有只是具臣，这是在贬子路、冉有；这里说他们坚决不干弑父弑君之事，已有大臣之意，这是在捧子路、冉有。孔子对子路、冉有先贬后扬，看似矛盾，其实大有深意。前面明贬子路、冉有，是为了暗贬季子然、季氏；这里明扬子路、冉有，更是为了暗贬季子然、季氏。如果臣僚坚决不干弑父弑君之事，他就不再是具臣，而是大臣。子路、冉有何尝不是如此？

11·25 子路使子羔为费宰。子曰：“贼夫人之子。”

子路曰："有民人焉，有社稷焉。何必读书，然后为学？"

子曰："是故恶夫佞者。"

子羔就是前面提到的高柴。"子路使子羔为费宰"，子路让子羔去做费（bì）这个地方的行政长官。孔子听到这个消息后，对子路说："贼夫人之子。"你这不是坑害别人家的子女吗？言外之意是说，子羔尚不具备管理一个地方的能力，而你让他去管理，这不仅会害了子羔，更会害了当地人。

面对孔子的批评，子路回答："有民人焉，有社稷焉。"费这个地方有民众，有土地神、五谷神。他接着又说："何必读书，然后为学？"为什么非得饱读诗书，才能称为有学问呢？这句话很有名，但它究竟是正面含义还是负面含义呢？孔子听了子路的回答后说："是故恶夫佞者。""佞"就是狡辩、强词夺理。孔子对子路说：听了你刚才那番回答，我终于明白人们为什么讨厌那些强词夺理、善于狡辩的人。

以上只是这一章的字面含义，它的背后还有很多值得我们琢磨的东西。譬如，子羔后来的发展如何？"何必读书，然后为学"究竟是什么意思？后一个问题尤其重要。

子路让子羔去做费的行政长官。孔子认为子羔还没有通过刻苦学习掌握到一定的技能，所以不能胜任，但并没有否认子羔的本性及其潜在的发展可能性。在孔子看来，子羔的本性是善良的，假以学问，假以时日，他就会成长起来，胜任地方长官的职位。据西汉刘向《说苑》记载，子羔本性善良，后又发奋学习，终于学有所成；在卫国做官时，秉公执法。这是子羔后来发展得较好的体现。

孔子不同意子路让子羔去做费的地方长官。子路是这样辩护的："费有老百姓，有神明，需要有人去治理。既然需要有人去治理，这个前去治理的人为什么非要饱读诗书呢？他只要有治理能力就可以了。"抽象地看，子路这个回答是成立的。书面知识并不代表实际才能。如果他有实际才能，让他去管理一个地方，有什么不可以呢？

对于"何必读书，然后为学"，孔子其实未必反对。因为有真实本领的人不一定满脑子都是条条框框的知识，实际能力与书面知识有时是可以分离的。那么，孔子为什么说子路的回答是强词夺理呢？子羔虽然本性不错，但确实还没有成长起来。如果他能进一步学习，就会更加完善。子路显然没有想到这一层，反而为自己对子羔的拔苗助长进行狡辩。孔子这才说"是故恶夫佞者"，我讨厌你强词夺理。

人们一般将"何必读书，然后为学"解释为为什么非得饱读诗书，才能称为有学问呢？这里的"学"与"学而优则仕"（《论语·子张》）的"仕"是一样的。东汉许慎的《说文解字》说："仕，学也。"可见"学"与"仕"是同一个意思。所以这句话也可以解释为为什么非得饱读诗书，然后才去做官呢？这种解释对后人的影响较大。

王阳明《答路宾阳（癸未）》说："郡务虽繁，然民人社稷，莫非实学。"意思是，民人社稷都是实学，所以不是非要饱读诗书，才能称为有学问。黄宗羲的老师刘宗周《读书说（示儿）》说："子路曰：'何必读书，然后为学？'信斯言也。孔门明以读书为学，而子路顾反言之云，特其所谓读书者，盖将因此以得吾之心，为求道计耳。"这表明王阳明、刘宗周在一定程度上承认"何必读书，然后为学"的说法。

当然也有不同的观点，比如我们经常听到的"读书无用论"。金克木

《古“读书无用论”》认为，“何必读书，然后为学”是古代最早的“读书无用论”。这一观点有望文生义的嫌疑。现在有很多人与金克木一样，认为“何必读书，然后为学”是“读书无用论”的体现。

我们仔细揣摩“何必读书，然后为学”这8个字，再结合王阳明、刘宗周的理解，其实不难发现：有真才实学还是仅有表面文章，这是要做严格区分的；有真才实学的人胜过那些只是饱读诗书的人，这也正是孔子并不反对子路那样说的理由之所在。

11·26 子路、曾皙、冉有、公西华侍坐。

子曰：“以吾一日长乎尔，毋吾以也。居则曰：‘不吾知也！’如或知尔，则何以哉？”

子路率尔而对曰：“千乘之国，摄乎大国之间，加之以师旅，因之以饥馑。由也为之，比及三年，可使有勇，且知方也。”

夫子哂之。

“求！尔何如？”

对曰：“方六七十，如五六十，求也为之，比及三年，可使足民。如其礼乐，以俟君子。”

“赤！尔何如？”

对曰：“非曰能之，愿学焉。宗庙之事，如会同，端章甫，愿为小相焉。”

“点！尔何如？”

鼓瑟希，铿尔，舍瑟而作，对曰：“异乎三子者之撰。”

子曰："何伤乎？亦各言其志也。"

曰："莫春者，春服既成，冠者五六人，童子六七人，浴乎沂，风乎舞雩，咏而归。"

夫子喟然叹曰："吾与点也！"

三子者出，曾皙后。曾皙曰："夫三子者之言何如？"

子曰："亦各言其志也已矣。"

曰："夫子何哂由也？"

曰："为国以礼，其言不让，是故哂之。"

"唯求则非邦也与？"

"安见方六七十如五六十而非邦也者？"

"唯赤则非邦也与？"

"宗庙会同，非诸侯而何？赤也为之小，孰能为之大？"

这一章是《论语》中篇幅最长的一章：不包括标点符号，有315个字；包括标点符号，有434个字。无论是从《先进》篇看，还是从《论语》全书看，这一章的思想内涵都是举足轻重的。下面重点串讲原文大意，同时讨论一些相关问题。

（一）子路的轻率与冉有、公西华的谦逊

"子路、曾皙、冉有、公西华侍坐。"这四人都是孔子的弟子，排名也是有讲究的，是按年龄大小而排序的。子路的年龄最大，排在第一；曾皙的年龄第二，排在第二；冉有的年龄第三，排在第三；公西华的年龄最小，排在第四。

说他们四人按年龄大小而排序，是有理据的。清代的刘宝楠在《论语正义》中说："子路少夫子九岁，冉有少夫子二十九岁，公西华少夫子四十二岁。惟曾皙年无考，其坐次在子路下，是视子路年稍后。"子路比孔子小 9 岁，冉有比孔子小 29 岁，公西华比孔子小 42 岁，《史记·仲尼弟子列传》也有明确记载。曾皙比孔子小多少岁，没有确切的历史记载。就像刘宝楠一样，人们猜测这里的"子路、曾皙、冉有、公西华"是按年龄大小而排序的。我觉得这一猜测有道理。后面四人畅谈各自的志向，顺序有所打乱。

这一章主要讲孔子与四位学生一起聊天的内容。他们如何聊起来的呢？孔子说："以吾一日长乎尔，毋吾以也。居则曰：'不吾知也！'如或知尔，则何以哉？"四位学生围着孔子坐在一起。孔子说道："我虽然比你们的年龄大一点，但你们不要拘谨，不要在乎我是你们的老师。你们平时总说没有人知道你们，这样的感叹我听得多了。今天我要问你们：如果有人想知道你们，你们该怎么办？"

"以吾一日长乎尔，毋吾以也"，这是孔子以谦逊的态度引导学生说出自己真实的想法。孔子自身很谦虚，对学生也很谦逊。面对老师这样谦逊的提问，四位学生会以什么样的态度来回答呢？

子路的年龄最大，"率尔而对曰"。"率"的意思是轻率。子路急忙做出回答，这与孔子谦逊的态度形成了鲜明对比。子路急忙回答："千乘之国，摄乎大国之间，加之以师旅，因之以饥馑。由也为之，比及三年，可使有勇，且知方也。"意思是，拥有千辆兵车的国家，不管它处于什么情况，只要让我来治理，用三年时间，就可以让老百姓充满胆量，而且知道规矩。

子路瞄准的是千乘之国，就是拥有千辆兵车的国家。这个千乘之国还处于三种困境之中：第一种困境是“摄乎大国之间”，被很多大国所包围，这是“地利”不行；第二种困境是“加之以师旅”，外面还有敌人不断侵犯，这是“人和”不行；第三种困境是“因之以饥馑”，天灾人祸接连发生，这是“天时”不行。面对这个天时、地利、人和都不具备的千乘之国，子路竟然说只要让他去治理，三年时间就能治理好，老百姓都会充满阳刚之气，个个循规蹈矩。子路的胆量之大、态度之轻率，可见一斑。

子路的轻率与孔子的谦逊形成鲜明对比，所以听了子路的回答后，“夫子哂（shěn）之”。“哂”的意思是微笑，其中有嘲笑的意味，只是在程度上没有嘲笑厉害。

接着到了冉有（名求）。孔子说：“求！尔何如？”意思是，冉求，你怎么样？我们在前文已经知道子路是急性子，冉有是慢性子。这一章的大语境是孔子提问的态度很谦逊，但子路急性子不改，“率尔而对”遭到孔子的哂笑。原本就是慢性子的冉有，自然更加谦逊了。

冉有回答：“方六七十，如五六十，求也为之，比及三年，可使足民。如其礼乐，以俟君子。”“如”的意思是或者。子路的治理目标是千乘之国的大国家，而冉有的治理目标是方圆六七十里或者五六十里的小地方。冉有说：这样的小地方让我来治理，三年之后，我可以保证老百姓都很富足，经济问题可以解决；但要让他们变得文质彬彬、知书达理，我做不到，必须等待以后让其他人来帮忙。冉有的目标不大，但态度很谦逊。

孔子听完冉有的回答，未做任何表示，而是接着问公西华（名赤）：“赤！尔何如？”意思是，公西赤，你怎么样？这一章开头说的顺序是“子路、曾皙、冉有、公西华”，曾皙排在第二位，他还没有回答，怎么就轮到最小的公西华呢？大家可以思考一下这个问题。

公西华听到老师点名，回答说："非曰能之，愿学焉。宗庙之事，如会同，端章甫，愿为小相焉。"这里"如"的意思也是或者。公西华说："我不敢说我能够做到什么，但我愿意好好学习。如果是宗庙祭祀的事情，或者是与外国的会盟，我愿意穿上礼服，戴上礼帽，做一个小司仪。"冉有的治理目标是方圆五六十里或者六七十里的小地方，公西华的治理目标就更小了。冉有已经很谦逊，公西华就更谦逊了。

（二）对于曾皙言志的两种不同意见

孔子听了公西华的回答，同样没有表态，而是转向年龄排在第二的曾皙（名点）说："点！尔何如？"意思是，曾点，你怎么样？然后，曾皙与孔子有一番对话。这番对话不仅是这一章最精彩的部分，而且是《论语》全书最精彩的部分。

曾皙听到孔子要他回答后，"鼓瑟希，铿尔，舍瑟而作"。"希"指慢慢停下来。曾皙弹瑟的声音慢慢停了下来，然后用手在瑟上划了一下，"铿"的一声戛然而止。"舍瑟而作"，"舍"是放下。曾皙放下瑟，站了起来说："异乎三子者之撰。""三子者"指前面已经回答问题的子路、冉有、公西华。"撰"指才能。至于"异"，我觉得有两种解释：一种解释是不同、不一样，直译是我不同于三位同学的才能，意思是曾皙说我与以上三位的志向不一样；另一种解释是诧异、批评，直译是我诧异于三位同学的才能，意思是曾皙说我对以上三位的志向持批评态度。这两种解释都有道理，暂且并行不悖。

顺着曾皙的"异乎三子者之撰"，孔子说："何伤乎？亦各言其志也。"意思是，有什么伤面子呢？只是各人说说自已的志向。联系这一语境看，第一种解释并不伤及面子，第二种解释显然有伤面子。所以解释“异”的含义，我认为“诧异”比起“不同”更合理一些。

曾皙的志向也确实会让子路、冉有、公西华诧异。他是这样说的：“莫春者，春服既成，冠者五六人，童子六七人，浴乎沂，风乎舞雩，咏而归。”“莫”同“暮”。“浴乎沂”指哪个季节？“舞雩（yú）”到底在哪里？先贤们进行过很多考证，这里不再赘述。曾皙说：“暮春时节，穿着春天的单衣，五六个朋友，六七个小孩，在沂河里面洗洗澡，在舞雩台上吹吹风，然后唱着歌儿回家。”这种做法卸掉了任何负担，十分地恬然，人与天地融为一体。这种态度不像子路那样狂妄，也不像冉有、公西华那样故作谦逊，而是自然而然、浑然天成。

孔子听了曾皙陈述的志向后，不觉“喟然叹曰”，情不自禁地长叹一声。“喟然叹曰”在《论语》（出现两次）、《孟子》（出现一次）中很少出现。这一章用了这四个字，表明孔子被曾皙说的志向深深打动了。孔子说：“吾与点也！”我赞成曾点的志向啊！这里的问题在于：曾皙能够说出这样的志向，但他是不是这样做的呢？孔子究竟只是赞成曾皙的志向，还是同时肯定曾皙本人呢？

曾皙言志这一段是本章以及整部《论语》中最精彩的一段，极富独特的文字魅力。朱自清当年在清华大学上“中国歌谣”这门课时，曾将改编自曾皙言志的一段歌谣念给学生们听：

> “点儿点儿你干啥？”“我在这里弹琵琶。”
> “硼”的一声来站起，我可不与你三比。
> ——比不比，各人说的各人理。

三月里三月三，各人穿件蓝布衫，

也有大，也有小，跳在河里洗个澡。

洗洗澡，乘乘凉，回头唱个《山坡羊》。

先生听了哈哈喜，“满屋子，学生不如你”。

对于曾皙的志向，肯定意见可以宋明儒学为代表。大程说：“孔子‘与点’，盖与圣人之志同，便是尧舜气象也，诚‘异三子者之撰’，特行有不掩焉者，真所谓狂矣。”（《河南程氏遗书》卷12《明道先生语二》）朱熹《论语集注》说：“曾点之学，盖有以见夫人欲尽处，天理流行，随处充满，无少欠阙。”理学家认为曾皙的志向既代表了“尧舜气象”，又代表了“天理流行”境界，将“尧舜气象”“天理流行”表现得淋漓尽致。围绕这一章，朱熹还写过一首诗，名为《曾点》：“春服初成丽景迟，步随流水玩晴漪。微吟缓节归来晚，一任轻风拂面吹。”客观地说，朱熹这首诗写得并不好。王阳明的诗才比朱熹高，也写过类似的诗，其中的名句是：“铿然舍瑟春风里，点也虽狂得我情。”

对于曾皙的志向，否定意见可以明清学者为代表。张岱《四书遇》说：“曾点因种瓜而伤曾子之额，扑之仆地，如此暴戾，岂是春风沂水襟怀？所以毕竟自信不过。”曾皙是曾参的父亲。曾参因为种菜的事情，被曾皙狠狠打了一顿，打得趴在地上，爬不起来。张岱通过人物个性的分析，得出结论：这么一个充满暴力、脾气暴躁的人，岂能体会到“春风沂水襟怀”？曾皙用文字表达出来的境界，只是“伪”境界，而不是“真”境界。

到了清代，臧庸说：“孔训‘撰’为为政之具，是已未言而先轻视三子之长以自取异，较之率尔之形益甚矣。”（程树德《论语集释》引）子路的“率尔而对”固然不好，但曾皙“鼓瑟希，铿尔，舍瑟而作”甚至比不上子路的“率尔而对”。说到底，曾皙的志向比不上子路的志向！程树德《论语集释》说：“曾点在孔门无所表见，其学其才均在三子之下。《朱子语类》中关于此章论述不少，惜皆沿其师‘尧舜气象’谬说，并‘天理流行’一派套语，多隔靴搔痒之谈，兹故不录。”曾皙在孔子门下并没有特别的表现，才华、品行都在子路、冉有、公西华之下；虽然《朱子语类》对这一章有很多讨论，并且给曾皙戴上“尧舜气象”“天理流行”的大帽子，但大多不可信，只是隔靴搔痒之谈。程树德认为程朱理学对曾皙的表彰太过分，不符合事实。

综上所述，对于曾皙的志向，前人既有肯定之词，又有否定之词。如何看这个问题？这是值得我们思考的。

（三）“须是自家做曾点，便见得曾点之心”

如果从肯定曾皙的角度看，这一章写到孔子喟然而叹说“吾与点也”就应该结束，不必再有下文，这样才能让所谓的“曾点气象”固定下来。可是，我们现在看到后面还有很长的一段，包括了若干小节。我每次读后面这一部分，总觉得有狗尾续貂、画蛇添足之嫌，尤其是显得曾皙极不自信。曾皙是不是不自信呢？或者说，“莫春者，春服既成，冠者五六人，童子六七人，浴乎沂，风乎舞雩，咏而归”这种志向，到底只是流于表面的文字，还是深入到了曾皙的骨子里面呢？

紧接“吾与点也”的记述是：“三子者出，曾皙后。”三位同学离开这里，而曾皙跟在孔子后面走。“后”意味着马上有一番文章要做。果然，曾皙问道：“夫三子者之言何如？”曾皙问孔子：“老师，您认为以上三位同学的发言究竟怎么样？”这难道不是曾皙不自信的表现吗？要是心里真有那种“尧舜气象”“天理流行”，曾皙何必在乎别人的言论，何必多此一问呢？这一章始于“三子者出”的那些文字，给人们批评曾皙留下了足够想象的空间。

设想一下当时有可能发生的情形：其他三位学生看到孔子只表扬了曾皙，就气冲冲地离场了。曾皙于是说：“那三位同学的发言，老师能不能评价一下？”针对曾皙的问题，孔子回答：“亦各言其志也已矣。”意思是，你们四位同学，只不过是各人谈了自己的志向罢了。孔子不说“三子”而说“各”，言外之意是不想再多做评论。

退一步说，孔门师生这场对话到此为止，《先进》篇这一章就此打住，本来也还可以，偏偏曾皙接着又问：“夫子何哂由也？”您为什么哂笑子路呢？孔子只好说道：“为国以礼，其言不让，是故哂之。”治理国家必须依靠礼节。子路的志向是“千乘之国，摄乎大国之间，加之以师旅，因之以饥馑。由也为之，比及三年，可使有勇，且知方也”，但他是“率尔而对”，不讲礼节。孔子说：因为子路不懂谦让，所以我哂笑他。

“为国以礼”是说治理国家要依靠礼节，冉有、公西华的回答也多多少少提到礼节。所以曾皙又问：“唯求则非邦也与？”难道冉有讲的就不是国家吗？孔子回答：“安见方六七十如五六十而非邦也者？”你怎么知道方圆六七十里或者五六十里的地方就不是国家呢？曾皙又问：“唯赤则非邦也与？”难道公西华讲的就不是国家吗？孔子回答：“宗庙会同，非诸侯而何？赤也为之小，孰能为之大？”宗庙祭祀与外国的会盟，不是国家的事情，又是什么？在这种情况下，如果公西华只想去做小司仪，谁又能做大司仪呢？孔子的意思是，公西华的志向太小，他应该有志去做大司仪。

以上是曾皙与孔子讨论子路、冉有、公西华的志向。在这些讨论中，孔子延续了对于子路的批评态度，同时提出一个基本观点，就是“为国以礼”，治理国家要依靠礼节。孔子认为：子路的志向还是不错的，缺陷在于说话轻率；冉有想治理的国家有点小，只有六七十里或者五六十里；公西华只想做一个小司仪，志向太小了。说到底，孔子希望他的学生们都能成就一番大事业。

曾皙围绕三位同学的志向而与孔子展开的对话，究竟是其好学的体现，还是其不自信的体现？如果只是写到“吾与点也”，或者只是写到“亦各言其志也已矣”，这一章是不是更纯粹一点呢？经典的文字是不能随意改变的，但是我们阅读经典，也不妨提出自己的一些看法。我每次读这一章，都觉得曾皙说的志向极好；至于是不是其骨子里的志向，则是心存疑惑。我读“吾与点也”以后的文字，甚至感觉到有点破坏曾皙的形象。这只是我的个人感受，绝对不涉及“疑经”那回事！

古往今来，“吾与点也”一段备受关注。曾皙以文字的方式表达自己的志向，这件事本身是值得肯定的。曾皙能够说出这样的志向，至少表明他跟这种志向结下了深深的缘分。剩下的问题是：我们如何理解曾皙这个人？如何认识曾皙的志向与我们的人生之间的关系？

《朱子语类》说：

> 或问：“曾点之言如何？”曰：“公莫把曾点作面前人看，纵说得是，也无益。须是自家做曾点，便见得曾点之心。”
>
> 问：“曾点浴沂气象，与颜子乐底意思相近否？”曰：“颜子底较恬静，无许多事。曾点是自恁说，却也好；若不已，便成释、老去，

所以孟子谓之狂。颜子是孔子称他乐，他不曾自说道我乐。大凡人自说乐时，便已不是乐了。”

有人问朱熹：曾皙说的那段话如何？朱熹说：你千万不要将曾皙当作面前人看。如果他是你面前的人，无论他说得多好，益处都不大。你唯有将曾皙当作自己看，才能真正体会到曾皙的内心世界。意思是，对于曾皙，你将他当一个外人看，不行；你只有将他变成你自己，才能真有所得。

人们在一阵忙碌之后，需要一丝安静；人们在一片繁华之后，需要一点寂寞。人总是既有社会性的群体要求，又有非社会性的孤独要求。对于每个人的内心而言，对于一种丰富的人生而言，这两者都是必不可少的。曾皙能够说出“莫春者，春服既成，冠者五六人，童子六七人，浴乎沂，风乎舞雩，咏而归”这种志向，表明他已经走在求道的路上；但是说曾皙已经达到“尧舜气象”“天理流行”，那倒未必。

前人对于曾皙的志向有肯定、有批评，我认为朱熹的“须是自家做曾点，便见得曾点之心”说得极好：绝不要将曾皙当作外人看，而是要将他当作你自己！若是这样，那种自然的、不带功利的、春天一般的人生境界，我们就能离它更近一些，就能对它有更切身的体会。

朱熹这里还比较了曾皙与颜渊的境界，认为颜渊的境界远远高于曾皙。颜渊的境界是孔子给他说出来的，而曾皙的境界是他自己说出来的。境界绝不能“王婆卖瓜，自卖自夸”！朱熹说：一旦你将自己的快乐说了出来，那种快乐就不再是纯粹的快乐。

语言本身有它的边界，一言不发、沉默不语往往是人生的最高境界，但有时候，甚至是很多时候，我们又不得不说话，不得不像曾皙那样表达自己的志向。人总是要有一点超越精神的，这就是曾皙其人其志对于芸芸众生具有的普遍价值！

最后，小结一下《先进》篇。《先进》篇与《颜渊》篇的主题是：学做颜渊，争当先进。争当先进，在《先进》篇中，无非就是要在德行、言语、政事、文学这四个方面有自己的特长。问题在于我们如何能够拥有自己的特长？如何能够像德行科的颜渊、闵子骞、冉伯牛、仲弓，言语科的宰我、子贡，政事科的冉有、季路，文学科的子游、子夏那样，做到在某一领域拥有自己的特长？通过学习《先进》篇，我们应该知道：与其羡慕他人，毋宁自我奋斗；与其自我欣赏，毋宁深得人心。自我奋斗，就是依靠自己，一步一个脚印，天道自会酬勤；深得人心，就是不自卖自夸，群众的眼睛是雪亮的，历史的天平是无私的，公道自在人心。《先进》篇教给我们如何做先进的道理，所以我用“争当先进”四个字结束这一篇的解读。

颜渊第十二

杨海文 解读

《颜渊》篇共有 24 章。南朝皇侃的《论语义疏》对这一篇有一个解题："颜渊，孔子弟子也，又为门徒之冠者也。所以次前者，进业之冠莫过颜渊，故《颜渊》次《先进》也。"皇侃说：颜渊是孔门第一弟子，是"门徒之冠者"；《颜渊》篇接着上面的《先进》篇，是因为在孔子所有的学生中，"进业之冠莫过颜渊"。这个解题揭示了《论语》如何从第十一篇《先进》过渡到第十二篇《颜渊》，同时让我们有理由将"境界为圣贤之颜渊"作为《颜渊》篇的主旨。

12·1 颜渊问仁。子曰："克己复礼为仁。一日克己复礼，天下归仁焉。为仁由己，而由人乎哉？"

颜渊曰："请问其目。"子曰："非礼勿视，非礼勿听，非礼

勿言，非礼勿动。”

颜渊曰：“回虽不敏，请事斯语矣。”

“颜渊问仁”，仁爱问题一直蛰伏在颜渊的心里，所以他向孔子请教。孔子做了一个极其经典的回答：“克己复礼为仁。”其字面意思是克制自己、复归礼数而化为仁爱。“克己”就是克制自己，“复礼”就是复归礼数。这个“礼”字很难解释，我将它解释为礼数。“为仁”的解释很多，我的解释是化为仁爱。孔子又说：“一日克己复礼，天下归仁焉。”“一日”的通解是“一旦”。一旦克制自己、复归礼数，天下就会归附仁爱。孔子又说：“为仁由己，而由人乎哉？”化为仁爱本来靠自己，难道要靠别人吗？

颜渊说：“请问其目。”颜渊不太明白孔子这一抽象性很强的纲领，所以请教具体实施的条目。孔子回答了四个“非”：“非礼勿视，非礼勿听，非礼勿言，非礼勿动。”凡是不合礼数的，就不要看、不要听、不要说、不要做，亦即“勿视”“勿听”“勿言”“勿动”。颜渊说：“回虽不敏，请事斯语矣。”颜渊终于明白了，他说：“我虽然不够聪明、敏捷，但一定按照您讲的这些格言警语认认真真去做。”

这一章在《颜渊》篇以及整部《论语》中都特别重要。解读这一章，至少有三个问题值得重视：如何多维地理解“仁”这个概念？如何辩证地分析“克己复礼为仁”这个命题？如何内在地敞开这一章的思想价值？《论语》仅有1万多字，但有109个“仁”字；如果加上篇名《里仁》，则有110个“仁”字。以上三个问题，就是为了解决“仁”的问题。

《说文解字》说：“仁，亲也。从人从二。”“仁”的意思是相亲相爱。

1993年，湖北荆门郭店出土了一批战国中晚期的竹简。在这批竹简中，“仁”字的写法是上下结构，上面一个“身”，下面一个“心”。上“身”下“心”这一古老的写法，表明“仁”的意思是身心一如。仁既是相亲相爱，涉及人与人之间的关系；又是身心一如，涉及身体与心灵之间的关系。这是从文字学角度对“仁”做出的直观解读。

我们再看下面这个表：

“仁”之逻辑内涵层次表

众德之目	1+N	单一
诸德之首	1……N，1>N	首一
全德之名	1=N	全一

在中国古代思想文化史上，“仁”这个概念显示了层次分明的逻辑内涵。首先，仁是众德之目，只是所有品德当中的一种，可谓单一。“一”之外还有其他德目，所以用“1+N”表示。其次，仁是诸德之首，在所有品德当中居于首位，可谓首一。“一”之后还有其他德目，所以用“1……N”表示。既然它居于首位，也就大于后面的德目，所以又可称为“1>N”。最后，仁是全德之名，所有的品德都可归结为仁，可谓全一。“一”之外、之后的其他德目再无存在的必要，“一”就是所有，所以称为“1=N”。其中，仁为全德之名最为重要。这是从分类学角度对“仁”做出的逻辑分析。

落实到孔子，落实到《论语》，“仁”是孔子思想中的最高范畴，孔子思想一言以蔽之就是仁学。本篇第22章有“仁者爱人”的说法，这一章又出现“克己复礼为仁”。“仁者爱人”之“仁”与“克己复礼为仁”

之“仁”，是孔子认为的“仁”最基本的两层含义。这是从《论语》学角度对“仁”做出的基本解析。

孔子回答“颜渊问仁”的第一句话是“克己复礼为仁”，它是本章最核心的命题。这个命题是孔子最先提出的吗？我们可以考察一下，当时其他的文献当中是不是也讲过这个命题呢？如果讲过，它会带给我们哪些启发？

《左传·昭公十二年》说：“仲尼曰：‘古也有志：克己复礼，仁也。’”孔子说：我从古代文献上面看到过“克己复礼，仁也”这句话。《孔子家语·正论解》说：“孔子读其志，曰：‘古者有志：克己复礼为仁。’”孔子说：我从古代文献上面看到过“克己复礼为仁”这句话。

《左传》《孔子家语》的记载大致相同，但又略有区别。《左传》说“克己复礼，仁也”，《孔子家语》说“克己复礼为仁”，如何解释这一不同？南宋王应麟的《困学纪闻》指出：针对“古也有志：克己复礼，仁也”，有人认为“克己复礼，古人所传，非出于仲尼”，胡寅甚至认为“夫子以克己复礼为仁，非指克己复礼即仁也”。

孔子毫无疑问守正创新了“克己复礼”与“仁”的关系，胡寅提出的问题尤其值得我们深思。虽然《左传》的“克己复礼，仁也”已经将“克己复礼”与“仁”画上等号，但是《论语》《孔子家语》的“克己复礼为仁”没有将“克己复礼”与“仁”画上等号。我们应该如何区分“克己复礼为仁”与“克己复礼即仁”的不同呢？这需要对“克己复礼”与“仁”的义理结构有一个了解。我认为：“克己复礼为仁”是做工夫，“克己复礼即仁”是求境界。两者虽然有分别，但在本质上是统一的。“克己复礼为仁”追求的目标就是“克己复礼即仁”，但在达到目标之前，我们必须好好努力，克制自己、复归礼数而化为仁爱。

孔子回答“颜渊问仁”的第二句话是：“一日克己复礼，天下归仁焉。”“一日”是副词，意即“一旦”，表示“如果有一天”。有人觉得“一日”这两个字很有意义。譬如张岱《四书遇》说：“‘一日’字最可味。舍此‘一日’不下手，永无下手之期矣。百事都始于‘一日’，况为仁乎？”张岱认为：“一日”二字最可玩味。如果舍弃这两个字，昨天不下手，今天不下手，明天不下手，天天不下手，那就一辈子不再有下手的机会。万事万物都始于“一日”，何况“克己复礼为仁”呢？

孔子回答“颜渊问仁”的第三句话是：“为仁由己，而由人乎哉？”“为仁由己”的“己”与“克己复礼”的“己”，有什么不同呢？“为仁由己”的“己”，已经进入自由的状态；“克己复礼”的“己”，是对命运进行突破之后才能达到自由的状态。换句话说，我“为仁由己”了，是一种自由的状态；我要“克己复礼”，是正在克服自己的限制，进而实现自由的状态。“克己复礼”“为仁由己”的两个“己”在自由的状态、程度上有所不同，但正如“一日”那样，又和谐地统一在“克己复礼为仁”这个核心命题之中。

对于这一章的思想价值，陆九渊做过精彩的分析。一方面，陆九渊将孔子回答“颜渊问仁”的三句话比作“三鞭”：“克己复礼为仁”是一条鞭，“一日克己复礼，天下归仁焉”是一条鞭，“为仁由己，而由人乎哉”是一条鞭。另一方面，陆九渊又将这三句话称作借以明确“为仁”纲领的“三转语”。正因明确了“为仁”的纲领，颜渊才会“请问其目”。而孔子回答的条目是“非礼勿视，非礼勿听，非礼勿言，非礼勿动”。这些条目固然重要，但颜渊说的“请事斯语”，我一定好好落实您讲的这些话，

“事”更重要。(参《陆九渊集》卷34《语录上》)再一方面，陆九渊认为：“某窃尝谓若颜子者，可谓天下之大勇矣。”(《陆九渊集》卷6《与傅全美二》)如果每个人都能做到颜渊那样，那就是所谓的“天下之大勇”。

朱熹《论语集注》认为：“此章问答，乃传授心法切要之言，非至明不能察其几，非至健不能致其决，故惟颜子得闻之，而凡学者亦不可以不勉也。”这一章是孔门传授心法的切要之言，传授了孔门以心传心的不二法门。唯有颜渊能够提出这样的问题，也唯有颜渊能够得到孔子这样的回答，将颜渊提得极高。刘宗周认为：“此孔门授受第一义也，学者体之。”(《刘宗周全集·经术二·论语学案三》)这一章是孔门传授道统的第一要义，儒家学者务必深心体察。这些说法都是为了内在地敞开本章的思想价值。

12·2 仲弓问仁。子曰：“出门如见大宾，使民如承大祭。己所不欲，勿施于人。在邦无怨，在家无怨。”

仲弓曰：“雍虽不敏，请事斯语矣。”

“仲弓问仁”，仲弓就是冉雍，在德行科排名第四(《论语·先进》)。仲弓向孔子请教什么叫作仁，孔子回答了三句话，认为它们都是“仁”在不同情景之中的具体表现。

孔子说：“出门如见大宾，使民如承大祭。”意思是，走出家门的时候，要像去会见重要的宾客那样庄重；差使人民的时候，要像去承办重要的祭祀那样恭敬。无论与人交往，还是管理人民，态度都要庄重，内心都要恭敬。这是孔子回答仲弓什么是“仁”的第一层含义。孔子又说：“己所不欲，勿施于人。”这句话在《论语》中出现过两次。意思是，自己所不想要的，就不要强加给别人。这是孔子回答仲弓什么是“仁”的第二层含义。孔子又说：“在邦无怨，在家无怨。”“邦”指的是诸侯，“家”指的是大夫。意思是，在诸侯那里做官没有怨恨，在大夫那里做官没有怨恨。这是孔子回答仲弓什么是“仁”的第三层含义。

“雍虽不敏，请事斯语矣。”仲弓听了孔子的回答后说：“我虽然不够聪明、敏捷，但我一定好好实践这些格言、警语。”

这一章有很多值得思考的问题。例如“出门如见大宾，使民如承大祭”，《左传·僖公三十三年》曾说：“出门如宾，承事如祭，仁之则也。”又如“己所不欲，勿施于人”，《管子·小问》曾说：“非其所欲，勿施于人，仁也。”孔子对管仲的评价比较高，但孟子对管仲的评价比较低。《论语·卫灵公》说：“子贡问曰：‘有一言而可以终身行之者乎？’子曰：‘其恕乎！己所不欲，勿施于人。’”子贡问孔子：“有没有一句话可以一生都拿来奉行的？”孔子回答：“如果有，那就是恕道。”然后，孔子将“恕”解释为“己所不欲，勿施于人”。

通过本章及《论语·卫灵公》这两章，可知“己所不欲，勿施于人”是从消极的角度看做人方法。从积极的角度看，做人方法是什么呢？《论语·雍也》说：“夫仁者，己欲立而立人，己欲达而达人。”同样是针对子贡的提问，孔子说：自己想要站得住，也要让别人站得住；自己想要行得通，也要让别人行得通。“己欲立而立人，己欲达而达人”，就是从积极的角度看做人方法。

我们现在将这两种做人方法略做比较：积极做法是“己欲立而立人，

己欲达而达人”，消极做法是“己所不欲，勿施于人”；积极做法对应的是“忠”，消极做法对应的是“恕”。朱熹对“忠”“恕”做过很好的解释：“尽己之谓忠”，竭尽自我的本心就是忠，这是向内用力；“推己之谓恕”，推扩自己的本心就是恕，这是向外用力。以上两种做法加在一块，合而言之，就是忠恕之道。

我们这里讲的“消极”并不是贬义的意思，“积极”也不完全是褒义的意思，而是从哲学层面对“己所不欲，勿施于人”“己欲立而立人，己欲达而达人”这两种做人方法进行的界定与定位。有时候，特别是在文明共享的现代社会，“己所不欲，勿施于人”这种消极做法产生的威慑力极大。例如，1993年通过的《世界宗教议会走向全球伦理宣言》，就鲜明地强调“己所不欲，勿施于人”的普适意义：

> 人类的许多宗教和伦理传统都具有并一直维系着这样一条原则：己所不欲，勿施于人！或者换用肯定的措辞，即你希望人怎样待你，你也要怎样待人！这应当在所有的生活领域中成为不可取消的和无条件的规则，不论是对家庭、社团、种族、国家和宗教，都是如此。

道德规则有三类，亦即道德金律、道德银律、道德铜律。道德金律是“己之所欲，施之于人”，自己所想要的，就施加给别人。道德银律是“己所不欲，勿施于人”，自己所不想要的，就不要强加给别人。道德铜律是“人所（不）欲，（勿）施于人”，人们所想要的，就施加给他；人们所不想要的，就不要强加给他。(这里借鉴了黄勇教授的观点。参见黄勇、刘梁剑、李广骁：《道德铜律、美德伦理学与全球地域化时代的中国思

想——黄勇教授访谈》,《哲学分析》2014 年第 1 期)

道德金律、银律是从自我、自律出发，要求自我这样做或者不这样做；道德铜律是从他人、他律出发，希望他人这样做或者不这样做。这三个道德规则都是讲如何在复杂的人我关系当中做人的问题，是从《论语》里面衍生出来的。道德金律属于积极做法，道德银律属于消极做法，道德铜律兼具积极做法与消极做法，这里略做说明。

朱熹《论语集注》联系上一章而总结这一章说：“克己复礼，乾道也；主敬行恕，坤道也。”因为前一章讲“克己复礼”，这一章讲“己所不欲，勿施于人”，所以朱熹认为“克己复礼”是乾道，“主敬行恕”是坤道。从“克己复礼”到“主敬行恕”，《颜渊》篇这两章可谓一乾一坤、乾坤并建。

12·3 司马牛问仁。子曰：“仁者，其言也讱。”曰：“其言也讱，斯谓之仁已乎？”子曰：“为之难，言之得无讱乎？”

与前两章一样，这一章也是孔子的学生问仁。司马牛是孔子的学生，虽然在孔门中并不特别有名，但性格特征鲜明。人们也常将这一章与前两章进行对比。

“司马牛问仁”，司马牛同样将“仁”这个抽象的问题推给孔子。孔子回答：“仁者，其言也讱。”“讱（rèn）”指迟钝。仁者说话是迟钝的。司马牛听了孔子的解释，反问道：“其言也讱，斯谓之仁已乎？”难道说话迟钝就叫作仁吗？孔子的回答与司马牛的反问，两者的意思是不一样的。

孔子没有纠缠于司马牛的反问，而是接着说道："为之难，言之得无讱乎？"孔子将说话与做事联系在一块，认为做任何事情都是很难的，所以说话难道不应该迟钝一点，放慢一点速度吗？言外之意是说，既然做成一件事情很难，说话就更有必要三思而后行了。

《论语》有"二牛"：一位是冉伯牛，一位是司马牛。冉伯牛在德行科排名第三（《论语·先进》），很有名。司马牛则性格急躁，又喜欢说话。司马牛有个哥哥叫作桓魋，又叫向魋，跟孔子过不去。《论语·述而》说："天生德于予，桓魋其如予何？"说的就是司马牛的哥哥。《颜渊》篇接连有三章讲司马牛，而且也会涉及他的哥哥桓魋。

人们如何比较《颜渊》篇的"问仁"三章呢？《朱子语类》记载：

> 或问："颜子、仲弓、司马牛问仁，虽若各不同，然克己工夫也是主敬，'其言也讱'也是主敬。"曰："司马牛如何做得颜子、仲弓底工夫？须是逐人自理会。仁譬之屋，克己是大门，打透便入来；主敬行恕是第二门；言讱是个小门。虽皆可通，然小门便迂回得些，是它病在这里。如'先难后获'，亦是随它病处说。"

有人问朱熹：颜渊、仲弓、司马牛这三位学生都向孔子请教"仁"的问题，您是怎么看的？朱熹回答：仁就像一座大房子有三道门，一道是大门，一道是中门，一道是小门。孔子对颜渊讲的"克己复礼"，是一道大门；对仲弓讲的"己所不欲，勿施于人"，是一道中门；对司马牛讲的"仁者，其言也讱"，是一道小门。《颜渊》篇的"问仁"三章，先是给我们打开一道大门，然后给我们打开一道中门，最后给我们打开一道小门。

为什么打开这道小门？因为像颜渊这样优秀的学生毕竟很少，大部分学生的资质都像司马牛一样。正如我们身边，最优秀的人肯定很少，大部分人都是平常人。所以，“仁者，其言也讱”不仅是讲给司马牛听的，更是讲给大部分学生听的，也就是讲给我们这些平常人听的。

张岱《四书遇》说：“圣人是说仁者之言，司马牛是说言者之讱，何啻天壤！”圣人是自然而然地说出仁者之言，司马牛是迫不得已地说出言者之讱，两者有着天差地别。性子急的人说话如果不迟钝一些，这个“天壤”哪能消除呢？

12·4 司马牛问君子。子曰：“君子不忧不惧。”

曰：“不忧不惧，斯谓之君子已乎？”子曰：“内省不疚，夫何忧何惧？”

这一章是“司马牛问君子”。孔子回答：“君子不忧不惧。”君子既不忧愁，也不恐惧。司马牛反问说：“不忧不惧，斯谓之君子已乎？”不忧愁、不畏惧，这就叫作君子吗？孔子说：“内省不疚，夫何忧何惧？”如果你向内反省而不愧疚，又有何忧愁、有何恐惧呢？

司马牛为什么要问君子？孔子为什么说“君子不忧不惧”？这与司马牛的哥哥桓魋密切相关。桓魋是个好战分子，作为弟弟的司马牛经常替哥哥担忧。孔子看在眼里，急在心上，所以趁司马牛提问的机会，说君子应当“不忧不惧”。

《论语》多次出现过“不忧不惧”这种表达。如《论语·子罕》说：“知者不惑，仁者不忧，勇者不惧。”《论语·宪问》说：“君子道者三，我无能焉：仁者不忧，知者不惑，勇者不惧。”在孔子看来，“忧”“惧”“惑”是小人的人格特点，“不忧”“不惧”“不惑”是君子的人格特点。“内省不疚”一语，又见《礼记·中庸》：“故君子内省不疚，无恶于志。”

“不忧不惧”与“内省不疚”是什么关系呢？“不忧不惧”是对外面说的，“内省不疚”是对里面说的。如果我们对于外面的事物既不忧愁也不畏惧，我们的内心就不会有任何愧疚。孔子回答司马牛问君子，前面讲“不忧不惧”，后面讲“内省不疚”，正是将外面与里面有机地结合在一起。

12·5 司马牛忧曰：“人皆有兄弟，我独亡。”子夏曰：“商闻之矣：死生有命，富贵在天。君子敬而无失，与人恭而有礼。四海之内，皆兄弟也。君子何患乎无兄弟也？”

司马牛的性格比较急躁。上一章孔子要他“不忧不惧”，但这一章他又“忧”了。

司马牛忧愁地说：“人皆有兄弟，我独亡（wú）。”人家都有兄弟，唯独我没有。子夏听到他这么感叹，就说：“商闻之矣：死生有命，富贵在天。君子敬而无失，与人恭而有礼。四海之内，皆兄弟也。君子何患乎无兄弟也？”

“商”是子夏之名。“商闻之矣”指子夏从孔子那里听说。子夏对司马牛说：老师曾经讲过“死生有命，富贵在天”，死亡、生存有命运，富裕、高贵在天意，人们都要受到外在的限制。君子的做法应该是：内心恭敬而没有过失，对待人们谦恭而有礼貌。如果你从外在的一面深知“死生有命，富贵在天”，从内在的一面做到“敬而无失，与人恭而有礼”，那么，四海之内都是你的兄弟，又何必担心没有兄弟呢？

司马牛有个哥哥叫桓魋，但他为什么说自己没有兄弟呢？这是因为桓魋作恶多端，司马牛经常担心哥哥的性命不保，所以，他才忧愁地说“人皆有兄弟，我独亡”，觉得人家的兄弟这么好，我怎么就没有这么好的兄弟呢？他要表达的，大概就是这层意思。子夏则拿“死生有命，富贵在天”这一外在的限制，试图劝慰司马牛。

死生、富贵是每个人都会切身感受到的东西，对于人生十分重要。但是，它们受制于一个很抽象的东西——天命。中国古代哲学家经常沉思这个问题。孟子说：“莫之为而为者，天也；莫之致而至者，命也。”（《孟子·万章上》）没有人叫他做，而他竟然做了，这是天意；没有人叫他来，而他竟然来了，这是命运。孔子讲的“死生有命，富贵在天”，富含哲理，更是一种生活的智慧；孟子讲的“莫之为而为者，天也；莫之致而至者，命也”，饱含沧桑，更是一种哲学的思辨。这两者是有一定区别的。

唐文治曾用《周易·乾卦》的“先天而天弗违，后天而奉天时”，进一步审视孔子、孟子的天命观。他认为孔孟的“居易俟命”是君子之学，也就是《周易》的“后天而奉天时”；孔孟的“乐天知命”是圣人之道，也就是《周易》的“先天而天弗违”。（《唐文治四书大义·论语大义》）唐文治将《周易》与《论语》《孟子》的天命观联系在一块，认为“后天而奉天时”就是君子之学，“先天而天弗违”就是圣人之道。君子之学是以一颗平常心静候天命的安排，顺其自然，让“死生有命，富贵在天”成为每个人必然的人生；圣人之道是以一颗欢喜心乐观天命的布局，乐享其成，让“死生有命，富贵在天”成为每个人自由的人生。

将孔子“死生有命，富贵在天”的生活智慧与孟子“莫之为而为者，天也；莫之致而至者，命也”的哲学思辨结合起来，大体构成了儒家的天命观。它对中国传统文化产生过很大的影响。我们刚才补充《周易》的“先天而天弗违，后天而奉天时”，是为了让这种天命观从君子之学、圣人之道两方面展开，让人们既能居易俟命，又能乐天知命。

如何评价“四海之内皆兄弟”？司马牛忧愁地说“人皆有兄弟，我独亡”，子夏用“四海之内，皆兄弟也”劝慰他。这句话在社会上很流行，它是不是符合孔子的思想，是不是符合儒家的思想呢？如果四海之内皆兄弟，父母与你也是兄弟吗？朱熹《论语集注》引用胡寅的话说：

> 子夏四海皆兄弟之言，特以广司马牛之意，意圆而语滞者也，惟圣人则无此病矣。且子夏知此而以哭子丧明，则以蔽于爱而昧于理，是以不能践其言尔。

在胡寅看来，子夏这句话“意圆而语滞”，意思很圆满，但语境有滞碍。虽然胡寅没有说明这种滞碍究竟在哪里，但明眼人一眼就能看出，“子夏四海皆兄弟之言”最终有可能变成墨子的兼爱。胡寅认为：如果让孔子劝慰“人皆有兄弟，我独亡”的司马牛，孔子的回答绝不会出现子夏这样的语病。可见，“四海之内皆兄弟”的意思诚然不错，但语境滞碍、不足的地方同样很明显。

胡寅还认为：子夏虽然说了“四海之内，皆兄弟也”，但并不能将它落到实处。因为子夏的儿子死了，他很伤心，眼睛都哭失明了。如果子夏真的相信四海之内皆兄弟，自己失去一个儿子，又有什么呢？胡寅这样说，是为了进一步质疑：如果子夏信服四海之内皆兄弟，他就会像墨子那样兼爱，对于儿子的死，不会有太多的悲伤；但子夏是儒家文学科的，自然不可能真正做到四海之内皆兄弟，儿子死了，他肯定十分悲伤。至此，人们熟悉的儒墨之辨扑面而来。

12·6 子张问明。子曰："浸润之谮，肤受之诉，不行焉，可谓明也已矣。浸润之谮，肤受之诉，不行焉，可谓远也已矣。"

"子张问明"，"明"指明察。子张向孔子请教如何做到明察，孔子回答："浸润之谮，肤受之诉，不行焉，可谓明也已矣。浸润之谮，肤受之诉，不行焉，可谓远也已矣。""浸润之谮（zèn）"，指像流水那样浸灌滋润而让人深信不疑的谗言；"肤受之诉"，指像针扎那样皮肤受刺而让人暴跳如雷的控告。"远"指远见。孔子说：如果谗言、控告在你这里行不通，你就做到了明察；如果谗言、控告在你这里行不通，你就拥有了远见。

子张只是问"明"，但孔子的回答既有"明"又有"远"。孔子用两句话进行回答，但除了"明""远"二字不同，其他词汇都是一样的。那么，"明"与"远"的区别到底在哪里？简单地说，这些谗言、控告在你这里一次、两次行不通，可以称你为"明"；这些谗言、控告在你这里多次、无数次行不通，可以称你为"远"。

谎言重复一千遍就变成真理，小人的谗言让人们慢慢深信不疑；针扎在皮肤上，疼得要命，不实的控告让人们瞬间暴跳如雷。这种情况在生活中比比皆是。老话说："谁人背后无人说，谁人背后不说人。"我们应该保持这样的态度：别人说你的好话，不要将表扬当真；别人说你的坏话，不要将批评当假。别人对你的表扬，可能是客套话；但别人对你的批评，有可能是真的。这也是某种生活智慧。

这一章最重要的问题是“明”与“远”，即明智与远见的关系。张岱《四书遇》说：“重覆‘浸润’三句，最有意味。盖一时不行，止可谓‘明’；到底不行，方可谓‘远’。”对于孔子的明远之思来说，由“一时不行”而“到底不行”，可谓一语破的。

12·7 子贡问政。子曰：“足食，足兵，民信之矣。”

子贡曰：“必不得已而去，于斯三者何先？”曰：“去兵。”

子贡曰：“必不得已而去，于斯二者何先？”曰：“去食。自古皆有死，民无信不立。”

这一章讲“子贡问政”，在《论语》中很有名。“问政”就是讨论治国理政的事情。治国理政既有正常的状态，又有非正常的状态。孔子回答子贡说：“足食，足兵，民信之矣。”一个国家有足够的粮食，有足够的军队，加上人民相信国家，就能得到治理。“足食，足兵，民信”显然是就治国理政的正常状态而言的。但是，子贡作为言语科的代表，不仅要问正常状态下如何治国理政，更要问非正常状态下如何治国理政。

于是，子贡问道：“必不得已而去，于斯三者何先？”如果在这三项当中，迫不得已要去掉一项，您认为是哪一项？孔子说：“去兵。”当然是去掉军队。这下子贡知道了，原来三项当中最不重要的是军队。那么，剩下的两项呢？

于是，子贡又问："必不得已而去，于斯二者何先？"如果在剩下的两项当中，迫不得已还要去掉一项，您认为是哪一项？孔子说："去食。"自然是去掉粮食。为什么呢？孔子说："自古皆有死，民无信不立。"自古以来人都会死亡，与之相比，信任是绝对不能丧失的！唯有人民信任国家，国家才能建立起来；如果人民不信任国家，国家就不可能建立起来。人民的信任是立国之本！这下子贡知道了，原来三项当中最重要的是人民对于国家的信任。

这一章的问答之妙，令人击节称叹。程颐说："孔子弟子善问，直穷到底。""不是孔子弟子不能如此问，不是圣人不能如此答。"(《河南程氏遗书》卷19《伊川先生语五》)问答之妙是由提问者与答问者共同烘托出来的。一方面，从提问者看，孔子的弟子善于提问题，而且能够打破砂锅问到底；如果不是孔子的弟子，就不可能这样提问。这里的"孔子弟子"指子贡。子贡列名于言语科，可谓当之无愧、实至名归。另一方面，从答问者看，如果不是孔子，也不可能这样回答。

这一章问答之妙处在于做减法。在孔子的回答中，可以说"足食""足兵""民信"三者是并列的。但是，通过子贡让孔子做减法，减掉军队之后，"足食""民信"的重要性就高于"足兵"；再减掉"足食"之后，"民信"的重要性就高于"足兵""足食"。通过做减法，三者的地位高下一目了然，最重要的是"民信"。

"民信"的意义到底在哪里？即使粮食很充足、军队很强大，如果没有人民的信任，就缺少了立国之本。张岱《四书遇》说："急急然足兵、足食，而民疑之者，荆公是也。赫赫然食足、兵足，而民疑之者，商君是也。"王安石急急忙忙地扩充军备、增加粮食，可人民还是怀疑他；商鞅声势浩大地将粮食储备得很充足、将军队建设得很强大，可人民还是怀疑他。这两个例子再次表明：在治国理政的过程当中，粮食固然重要，军队固然重要，如果迫不得已，只能做一项选择，人民的信任才是最重要的。

与班固大致同时代的古罗马历史学家塔西佗，曾经这样评价一位罗马皇帝："一旦皇帝成了人们憎恨的对象，他做的好事和坏事就同样会引起人们对他的厌恶。"（《塔西佗历史》）这个著名的"塔西佗陷阱"告诉我们：举凡治国理政，一旦离开了人民的信任、丧失了人民的信任，无论你做了多少事情、做了何种事情，都将很难得到人民的认可。所以，"民无信不立"，人民相信国家，既是治国理政取得卓越成效的根本保障，又是治国理政实行良政善治的前提。

12·8 棘子成曰："君子质而已矣，何以文为？"子贡曰："惜乎，夫子之说君子也！驷不及舌。文犹质也，质犹文也。虎豹之鞟犹犬羊之鞟。"

棘子成是卫国大夫。"文"指文采，"质"指质地。文质关系是当时的热门话题，棘子成想与子贡深入谈论一下。子贡能言善辩，自然当仁不让。

棘子成对子贡说："君子质而已矣，何以文为？"我们这些做君子的，追求一个好的本质就足够了，为什么一定要花里胡哨呢？棘子成之所以这样提问，是因为卫国"文胜"，风气不正，国君夫人南子极尽奢靡。棘子成对此不以为然，故而发出这样的疑问。

子贡对棘子成说："惜乎，夫子之说君子也！"你这样谈论君子，有点可惜啊！君子怎么只能保持纯粹的质地呢？怎么不需要文采、文饰呢？你这样看待文质关系，我觉得不妥。但是一旦说出来，就是“驷不及舌”——一言既出，驷马难追。我要告诉你：“文犹质也，质犹文也。”文采犹如质地，质地犹如文采，文采与质地是同等重要的。

文采与质地为什么同等重要？子贡举例说：“虎豹之鞟（kuò）犹犬羊之鞟。”“鞟”的意思是将皮上之毛拔下来。我们看到两类不同的动物，第一类是毛发斑斓的老虎、豹子，第二类是毛发一般的狗、羊。如果没有文采，将老虎、豹子的毛发从皮上拔下来，将狗、羊的毛发从皮上拔下来，然后将它们放在一块儿，你还能区分哪些是老虎、豹子的皮，哪些是狗、羊的皮吗？只有依靠毛发的文采，老虎、豹子的皮才不同于狗、羊的皮。所以，文采很重要。

这样看起来，棘子成想要保持“质”，子贡想要保持“文”。他们是否顾此失彼呢？朱熹《论语集注》评价：“夫棘子成矫当时之弊，固失之过；而子贡矫子成之弊，又无本末轻重之差，胥失之矣。”棘子成觉得“文”太多了，就想用“质”来矫正；子贡认为“文”很重要，想将棘子成过分重“质”的失误扭转过来，但最终并没有将文质关系完全理顺。在朱熹看来，棘子成的提问有问题，子贡的回答同样有问题，两者都不周延。

“文”与“质”的关系究竟是怎样的呢？《论语·雍也》记载孔子的一句话说：“质胜文则野，文胜质则史。文质彬彬，然后君子。”“彬”指一半，“彬彬”就是各自一半、平分秋色。孔子认为：质地胜过文采就会粗野，文采胜过质地就会浮华；文采与质地恰如其分、相得益彰，才能成为君子。在棘子成与子贡的文质之辩当中，这种辩证关系没有很好地体现出来，所以朱熹才会批评他们。

12·9 哀公问于有若曰："年饥，用不足，如之何？"

有若对曰："盍彻乎？"

曰："二，吾犹不足，如之何其彻也？"

对曰："百姓足，君孰与不足？百姓不足，君孰与足？"

哀公是鲁国国君。有若即有子，是孔子的学生，与孔子长得相像。当时还有一个人和孔子长得很像，就是阳货（阳虎）。这一章讲鲁哀公向有若询问征税的问题。

鲁哀公向有若询问道："年饥，用不足，如之何？"今年年成不好，国库的财政收入不够，我该怎么办呢？有若回答："盍（hé）彻乎？"你为什么不用"彻"呢？"彻"是古代的一种税率，就是十分抽一。有若将"一"当作关键，而鲁哀公将"二"当作关键。鲁哀公说："二，吾犹不足，如之何其彻也？""二"指十分抽二。我十分抽二尚且感到不够，又哪能十分抽一呢？

以上涉及向老百姓征税的一二之辩：究竟是抽取十分之一，还是抽取十分之二或者更多呢？有若深知"一"还是"二"的争论十分重要，但不会有结果，于是从民本的高度劝告鲁哀公说："百姓足，君孰与不足？百姓不足，君孰与足？"老百姓如果富足了，君主怎么可能不富足呢？老百姓如果不富足，君主怎么可能富足呢？

对于十分抽一的什一税，《孟子》有过很多讨论。自从文、武、周公以来，各国就实施什一税。后来，鲁国改变了这项制度。公元前594年，鲁国实行初税亩，公田之外再抽十分之一，税率变成十分之二。这件事发生在孔子诞生的几十年前，到鲁哀公时代已经实施很久。鲁哀公觉得十分抽二太少了，想要十分抽三甚至更多，但遭到有若的坚决反对。

铺垫一二之辩的历史背景，是为了更好地敞开有若的君民一体观。朱熹《论语集注》说："民富，则君不至独贫；民贫，则君不能独富。有若深言君民一体之意，以止公之厚敛，为人上者所宜深念也。"在朱熹看来，有若具有君民一体的思想。张岱《四书遇》说："问百姓足，曰：治国，犹种树也。欲荣其上，必溉其下；下枯而上则焦矣！君上而民下，只一树也。"治国理政犹如植树：想要枝繁叶茂，就得根深蒂固；只有根深蒂固，才能枝繁叶茂。老百姓与君主的关系就是根深蒂固与枝繁叶茂的关系，两者密不可分。张岱用"治国，犹种树"这个比喻，同样是为了说明有若具有君民一体的思想。

通过这一章的"彻"字，可知有若与孟子同声相应、薪火相传，因为二人都主张十分抽一的税率。《孟子·滕文公上》说："夏后氏五十而贡，殷人七十而助，周人百亩而彻，其实皆什一也。彻者，彻也；助者，藉也。"《论语》《孟子》相通，这也是一个例证。

12·10 子张问崇德、辨惑。子曰："主忠信，徙义，崇德也。爱之欲其生，恶之欲其死。既欲其生，又欲其死，是惑也。'诚不以富，亦祇以异。'"

"崇德"指推崇道德，"辨惑"指辨别迷惑。子张性格外向，是急性子。他向孔子询问如何推崇道德、辨别迷惑，孔子的回答包括两个部分。

第一部分讲"崇德"："主忠信，徙义，崇德也。""主"是力主，"忠信"是忠诚、信实，"徙义"是时刻追随道义。孔子说：要推崇道德，就必须力主忠诚、信实，将忠诚、信实当成根本来对待。一经确立“忠信”这个根本，而又时刻追随道义，你就能够“崇德”。孔子认为推崇道德，第一要做到“主忠信”，第二要做到“徙义”。

第二部分讲“辨惑”：“爱之欲其生，恶之欲其死。既欲其生，又欲其死，是惑也。‘诚不以富，亦祇以异。’”与“崇德”相比，孔子对“辨惑”讲得更生动一些，或者说更复杂一点。

如何“辨惑”？孔子没有用“辨”这个词，而是说：“爱一个人就想让他长生，恨一个人就想让他早死。”你爱一个人，就想让他长生；恨一个人，想让他早死，这难道不是迷惑吗？此时，你面对的是两个人，或者是同一人的不同阶段。这是第一层含义，也是“一惑”。第二层含义是：现在，你将两个人变成一个人，或者是将同一人的不同阶段变成同一阶段。然后，你“既欲其生，又欲其死”，既想让他长生，又想让他早死，这难道不是迷惑吗？将对两个人的爱恶移植为对一个人的爱恶，或者是将对同一人不同阶段的爱恶移植为对这个人同一阶段的爱恶，这是“再惑”。比起“一惑而再惑”这两层含义，第三层含义可就不好理解了。

关于第三层含义，先看《诗经·小雅·我行其野》说：“成不以富，亦祇以异。”这句诗的原本含义是：一个妇女被丈夫抛弃了，因为丈夫找到了新欢。丈夫之所以找新欢，并不是因为对方家财万贯，而是仅仅因为他见异思迁、喜新厌旧。

孔子将“成不以富，亦祇以异”引作“诚不以富，亦祇以异”，将“成”写成了“诚”。孔子引用这句诗，用意应当在于进一步解释“爱之欲其生，恶之欲其死。既欲其生，又欲其死，是惑也”。将这句诗直接翻译，意思是，即使不是因为嫌贫爱富，也是因为见异思迁。可是，它究竟如何与前面讲的迷惑联系起来呢？我一直在想这个问题，但始终没有想明白。另外，我读了朱熹等人的解释，同样觉得不是特别好理解。

这一章的提问者是子张。根据《论语》的记载，子张与子路、樊迟、司马牛的性格差不多，属于性子比较急、向外张扬的那种类型。子张向孔子问“崇德、辨惑”，孔子用“即使不是因为嫌贫爱富，也是因为见异思迁”来解释，可能是想让子张向外张扬的性格有所收敛，不要产生喜新厌旧、见异思迁的心态。这是我目前的一些肤浅体会，但远远没有理清将“诚不以富，亦祇以异”放在这里的深刻含义，期待以后进一步思考。

12·11 齐景公问政于孔子。孔子对曰：“君君，臣臣，父父，子子。”公曰：“善哉！信如君不君，臣不臣，父不父，子不子，虽有粟，吾得而食诸？”

这一章的字面意思很清晰，我重点讲一讲孔子所理解的君臣父子之道。

我们先翻译后面的“君不君，臣不臣，父不父，子不子”，意思是君主不是君主，臣下不是臣下，父亲不是父亲，儿子不是儿子。与这种翻译相对应，前面的“君君，臣臣，父父，子子”是说君主是君主，臣下是臣下，父亲是父亲，儿子是儿子。“是”这个词具有哲学义，表示存在，表示一种角色存在于某个地方。譬如“父亲是父亲”，表明父亲存在于父亲那个角色的位置之上。

这一章的大致意思是，齐景公向孔子询问怎么治国理政。孔子回答：“君主是君主，臣下是臣下，父亲是父亲，儿子是儿子。（如果一个国家做到了这样，那就能够长治久安。）”齐景公听了孔子的回答后说：“你说得好啊！要是在这个国家里面，君主不是君主，臣下不是臣下，父亲不是父亲，儿子不是儿子，即使有大批的粮食，我能有那个命吃吗？”

无论是从儒家思想看，还是从中国传统文化看，君臣父子之道都特别重要。《礼记·大学》说：“为人君，止于仁；为人臣，止于敬；为人子，止于孝；为人父，止于慈；与国人交，止于信。”做君主要止于仁，做臣下要止于敬，做儿子要止于孝，做父亲要止于慈，与国人交往要止于信。仁爱是君道的本质，恭敬是臣道的本质，慈祥是父道的本质，孝顺是子道的本质，诚信是社会交往的本质。《礼记·中庸》说：“曰：君臣也，父子也，夫妇也，昆弟也，朋友之交也，五者天下之达道也。”理顺了君臣、父子、夫妇、兄弟、朋友这五种关系，就好比走上了康庄大道。《孟子·离娄上》说：“欲为君，尽君道；欲为臣，尽臣道。”要想做好君主，就要竭尽君主之道；要想做好臣下，就要竭尽臣下之道。《史记》多次引用《颜渊》篇的这段话，认为“君不君，臣不臣，父不父，子不子”这四种行为是天下之大过。

孔子说“君君，臣臣，父父，子子”，《孟子·离娄下》说“君之视臣如手足，则臣视君如腹心；君之视臣如犬马，则臣视君如国人；君之视臣如土芥，则臣视君如寇仇”，两者有何异同呢？南宋的邵博认为：孔子讲的是常理，而孟子将孔子不忍说出的话全部说了出来。（《邵氏闻见后录》卷3）换句话说，孔子讲的“君不君，臣不臣，父不父，子不子”，同样包含了孟子讲的“寇仇”之义。

这一章的提问者是齐景公。齐景公的在位时间很长，跟孔子的关系时好时不好。孔子劝齐景公要“君君，臣臣，父父，子子”，齐景公嘴上说好，就是不做。所以，孔子有生之年看到了齐景公这一脉的齐国被灭掉。历史上的“田氏代齐”，星星之火就是从齐景公时代燎原的。齐景公不能做到“君君，臣臣，父父，子子”，最终导致齐国被田姓大夫取而代之，“姜齐”变成了“田齐”。

12·12 子曰：“片言可以折狱者，其由也与？”子路无宿诺。

这一章由两个小节构成，涉及子路的评价问题。前一小节是孔子说的一句话：“片言可以折狱者，其由也与？”依据一半的言辞就可以判决案件，大概只有子路能够做到吧！后一小节是这样一句话：“子路无宿诺。”子路没有隔夜兑现的承诺。这都是子路急性子的体现，但得到的不是批评，而是赞扬。

“片言”又称“单辞”，亦即单方面的言辞、一半的言辞。我们前面讲“文质彬彬”的“彬”是“一半”的意思，这里的“片言”也是“一半”的意思。每个案件都有被告方、原告方，但子路只根据单方面的言辞就可以将案件判得很好，可见“片言可以折狱”是孔子对子路的赞扬。

“子路无宿诺”，同样是对子路的赞扬。《朱子语类》说：“问‘子路无宿诺’。曰：‘子路许了人，便与人去做这事。不似今人许了人，却掉放一壁不管。’”子路一旦答应了别人，就会帮别人去做这件事，而不是像今天的很多人，答应别人之后就一概不管了。唐代的陆德明对于“子路无宿诺”放在这一章有怀疑，提出这句话可以单列为一章。（《经典释文》卷24《论语音义》）

“片言可以折狱”与“子路无宿诺”是有关联的。朱熹《论语集注》引用尹焞的话说：“一言而折狱者，信在言前，人自信之故也。不留诺，所以全其信也。”子路之所以依据一半的言辞就能审好案件，是因为他早已取得人们的信任；子路之所以没有隔夜兑现的诺言，是因为子路想将别人对他的信任贯彻到底。换句话说，正是因为人们相信子路，子路才能根据被告一方或者原告一方的言辞审好案件；但子路还不满足于此，他没有隔夜兑现的诺言，就是为了不辜负别人对他的信任，尽量做得更好。

急性子的子路为何得到赞扬？理由就在这里。这一章要与下一章连起来看。

12·13 子曰：“听讼，吾犹人也。必也使无讼乎！”

这一章同样与审理案件有关，而且是孔子自道。孔子说：“听讼，吾犹人也。必也使无讼乎！”意思是，说到审理案件，我与别人没有两样。我与别人不同的是，我一定要使得整个社会不再出现诉讼！孔子曾做过鲁国的大司寇，司寇是掌管司法、刑狱事务的官，所以孔子说自己审理案件的做法与别人是一样的。“必也使无讼乎”既与审理案件有关，但又不仅仅是，甚至根本不是一个简单的审理案件的问题。

《史记·孔子世家》说：

> 孔子在位听讼，文辞有可与人共者，弗独有也。至于为《春秋》，笔则笔，削则削，子夏之徒不能赞一辞。弟子受《春秋》，孔子曰：“后世知丘者以《春秋》，而罪丘者亦以《春秋》。”

司马迁认为：孔子审理案件，其实与别人差不多；但孔子之所以能让整个社会不再出现诉讼，靠的并不是审理案件，靠的是《春秋》。这是将“无讼”提升到了社会理想的历史高度。

“听讼”与“无讼”有什么不同呢？朱熹《论语集注》引用范祖禹的话说：“听讼者，治其末，塞其流也。正其本，清其源，则无讼矣。”在范祖禹看来，对于治国理政而言，审理案件只是“治其末，塞其流”，但整个社会不再出现诉讼则是“正其本，清其源”。这是孔子讲的“听讼”与“无讼”的区别，实质上是末与本的区别。

这一章与上一章有什么不同呢？张岱《四书遇》认为：一方面，“片言可以折狱”，子路审理案件，是为了更好地维护社会秩序。既然是审理案件，就表明事情已经发生了。也就是说，“折狱”属于事后工夫。另一方面，孔子从不得已的“听讼”追求自觉自由的“无讼”，强调不仅要建立健全各项法律法规，用硬的手段惩前以毖后；更要强化伦理道德教化，用软的手段防患于未然。也就是说，“无讼”不是事后工夫，而是事前工夫。两者的区别在于：“‘折狱’，是服其心于事后；‘无讼’，是化其意于辞先。”

针对子路与孔子的不同，张岱《四书遇》还说：“贤人‘折狱’，圣人‘无讼’，此是圣贤阶级。总之为民上者无他谬巧，只是大事化为小事，小事化为无事，便吃着不尽。”子路是贤人，孔子是圣人。贤人只能做到“折狱”，圣人则能做到“无讼”。贤人将大事变小，圣人将小事变无。对于治国理政来说，从贤人“折狱”到圣人“无讼”，这些做法会让人们受用不尽。

子路会审理案件，孔子更会审理案件，这是子路的“折狱”与孔子的

“无讼”两者的异同。我们要将这两章紧密联系在一块儿，更深地体会子路为什么具备“片言可以折狱”的高超技巧，孔子为什么追求“必也使无讼乎”的社会理想。后来升入“四书”的《大学》也说过：“子曰：‘听讼，吾犹人也。必也使无讼乎！’”孔子的“听讼”“无讼”之路在整个“四书”中的思想价值，同样值得我们高度重视。

12·14 子张问政。子曰：“居之无倦，行之以忠。”

子张询问如何做好政事。孔子回答：“居之无倦，行之以忠。”你身居职位毫无倦怠，履行职责竭尽忠诚，就能做好政事。“居”指在其位，“行”指履其责。“居”讲的是内心，“行”讲的是行为。“居之无倦”是指始终如一，从开头到最后都要一个样子；“行之以忠”是指内外如一，从里面到外面都要一个样子。你在自己的位置上就要承担自身的职责，在其位谋其政，始终如一，表里如一，否则就不可能为治国理政发挥出应有的能力。

子张志向远大，性格外向，善于学习，在孔子门下可谓“小子路”。“居之无倦”是孔子想让子张远大的志向能够脚踏实地，做到始终如一；“行之以忠”是孔子想让子张外向的性格能够收敛沉淀，做到内外如一。子张善于学习，孔子相信他在自己的位置上能够做好。这一章是孔子对子张进行政德教育，可见孔子擅长育人之道。

12·15 子曰：“博学于文，约之以礼，亦可以弗畔矣夫！”

这一章是孔子的独白：“博学于文，约之以礼，亦可以弗畔矣夫！”

《论语·雍也》说："子曰：'君子博学于文，约之以礼，亦可以弗畔矣夫！'"除了"君子"二字，这两章一模一样，专业术语叫作"重出"。我们看看这段话的含义："博学于文"指广博地学习文献，"约之以礼"指用礼数约束自己；如果做到了这样，也就不会离经叛道了。这个"畔"字与"离经叛道"的"叛"是相同的。

"博学于文，约之以礼"，简称"博文约礼"。这一说法在《论语》中多次出现，除了刚才讲的两章，又见《论语·子罕》篇的"颜渊喟然叹曰"，它是以另一种方式对这句话进行说明的。颜渊感叹地说：夫子很会教育学生，"循循然善诱人，博我以文，约我以礼"，用文献让我变得博学，用礼数让我受到约束。以上三章可见"博文约礼"是孔子教育学生的重要方式。

这种方式得到了孟子的继承。《孟子·离娄下》有段话与《论语》的"博文约礼"很像："博学而详说之，将以反说约也。"这段话可以简称为"博观约取"。意思是，我们要广博地学习，而且详细地解说，目的是什么呢？目的是回到解说的简约。

孔子讲的"博文约礼"，涉及知识与教养的关系；孟子讲的"博观约取"，涉及学习与思考的关系。孔子希望我们"博文约礼"，做到知识与教养相结合；孟子希望我们"博观约取"，做到学习与思考相统一。在现实生活当中，我们经常看到有知识未必有教养，会学习未必会思考的现象。其实，教养很重要，因为教养使得知识成为生命的财富；思考很重要，因为思考使得学习成为人生的功课。这些问题促使我们不断回到《论语》《孟子》，让博约之辩既成为我们的理论智慧，又成为我们的实践智慧。

12·16 子曰："君子成人之美，不成人之恶。小人反是。"

这一章同样是孔子的独白："君子成人之美，不成人之恶。小人反是。"我们经常使用"成人之美"这个成语。从直译的角度看，"成"指助成，"美"指美好，"丑"指丑恶。孔子教导我们：君子与小人有不同的待人方式。君子总是助成人们的美好，不助成人们的丑恶。但是，小人与此相反。从更直白的翻译角度看，"美"指好事，"恶"指坏事。君子总是助成人们的好事，不助成人们的坏事，而小人与此相反。

"成人之美"一语在其他文献中也出现过。《春秋穀梁传·隐公元年》开篇说："《春秋》成人之美，不成人之恶。"《大戴礼记·曾子立事》说："君子不先人以恶，不疑人以不信，不说人之过，成人之美。"有人认为"成人之美，不成人之恶"是一句古语，这种说法是有道理的。但是，这句话之所以广泛而长久地影响人们的精神生活与思维世界，根源在于《论语》。与其说"成人之美，不成人之恶"是一句古老的格言，毋宁说正是因为孔子讲过这句话，它才对人们产生了深刻的影响。

还要分析的问题是：为什么君子能够成人之美，而小人只能成人之恶？它牵涉本体论的问题，而本体论是最抽象的哲学问题。朱熹《论语集注》说："君子小人，所存既有厚薄之殊，而其所好又有善恶之异，故其用心不同如此。"君子之为君子，小人之为小人，往往跟才性、气质密切相关。才性就是"天命之谓性"。在"天命之谓性"的过程当中，有人得到多一点，有人得到少一些。得之多者，得之厚者，就是君子；得之少者，得知薄者，就是小人。与"才性"相对应的概念是"气质"。"天命之谓性"是讲先天的本性，而气质是后天的。在后天形成气质的过程当中，有人偏向于善良，有人偏向于邪恶，所以有了君子与小人之分。为什么君子、小人并存于我们这个世界？以上的本体论解读，可以算作简单的回应。

“成人之美”的“成”字，更直白的解释是什么呢？朱熹说：“‘成’字只是‘欲’字。”（《朱子语类》卷42）这个“欲”字不是指欲望，而是跟《论语·述而》说的“我欲仁，斯仁至矣”的“欲”字异曲同工。“成人之美”就是“欲人之美”。我想要仁，仁就来了。所以，君子想要人们变得美好起来，不想人们变得丑恶起来，而小人与此相反。

12·17 季康子问政于孔子。孔子对曰：“政者，正也。子帅以正，孰敢不正？”

跟前面两章都是孔子的独白不同，这一章是季康子与孔子的一问一答。季康子就是鲁国季氏的家主季孙肥，同时掌握了鲁国的实际权力。他的掌权不是名正言顺得来的，而是通过一些不合法的手段，巧取豪夺了鲁国的政权。“季康子问政于孔子”，季康子向孔子请教如何为政。孔子说：“政者，正也。子帅以正，孰敢不正？”意思是，政事就是端正。你率先端正，谁胆敢不端正？这实际上是在批评季康子。从这一章开始，接连有三章讲季康子。

孔子的回答包括两层含义：第一层含义是“政者，正也”，为政就是讲正义，正义至上属于政治学原理中的原则问题；第二层含义是“帅以正”，为政就是做表率，表率当先属于政治实践中的行为问题。可见这一章最关键的字眼就是“正”。

除了这一章，《论语》还有很多地方讨论“正”的问题。《论语·子路》说：“其身正，不令而行；其身不正，虽令不从。”孔子认为：如果自身端正，即使没有命令，也会自觉遵守；如果自身不端正，即使有命令，也不会真的听从。同一篇又说：“苟正其身矣，于从政乎何有？不能正其身，如正人何？”孔子认为：如果端正自己的身份，摆正自己的角色，为政又有什么难的呢？如果不能端正自己的身份，摆正自己的角色，又怎么能让别人端正身份、摆正角色呢？“何有”的意思是“有什么难的呢”。这种表述七见于《论语》，其中，三见于《雍也》篇，而且多与从政有关。显而易见，孔子重视政治与正义的关系问题。

政治为什么要讲正义？孔子为什么看重政治与正义两者的关系？后世儒家在政治与正义的关系问题上为什么深受孔子的影响？这些问题都是值得深究的。

《孔子家语》说：“凡上者，民之表也。表正，则何物不正？”君主是老百姓的表率。表率一旦端正了，有什么样的事物不能端正呢？《礼记·礼运》说：“故政不正，则君位危；君位危，则大臣倍，小臣窃。”如果政治不能恪守正义，君主的位置就会危险；君主的位置一旦危险，大臣就会产生离经叛道之心，小臣就会暗地里做出大逆不道的事情。《孟子·离娄上》说：“君仁，莫不仁；君义，莫不义；君正，莫不正。一正君而国定矣。”君主仁爱，没有人不仁爱；君主道义，没有人不道义；君主端正，没有人不端正。治国理政就是要让君主自己端正起来，这样整个国家才会端正起来。

先秦有三大儒，就是孔子、孟子、荀子。荀子同样看重政治与正义的关系问题。《荀子·君道》说：

请问为国。曰：闻修身，未尝闻为国也。君者，仪也，仪正而景正；君者，槃也，槃圆而水圆；君者，盂也，盂方而水方。君射则臣决。楚庄王好细腰，故朝有饿人。故曰：闻修身，未尝闻为国也。

荀子认为："君者，仪也"，君主是测量的仪器；"仪正而景（影）正"，只有仪器端正，测量才会准确。荀子还说："君者，槃也，槃圆而水圆"，君主就像一个盘，只有这个盘是圆的，装进去的水才显得圆全；"君者，盂也，盂方而水方"，君主就像一个盂，只有这个盂是方的，装进去的水才显得方正。一句话，君主一旦端正，一切事物就会端正。以上是从正面强调为政与恪守道义的关系。

荀子还从反面指出不恪守正义的后果，就是政治变得不伦不类。荀子讲了一个典故，就是众所周知的"楚王好细腰，宫中多饿死"。楚灵王喜欢那种纤纤细腰，不是喜欢女性的纤纤细腰，而是喜欢男人的纤纤细腰。所以朝中的臣下一个个勒紧裤腰，试图让自己的腰身变成小蛮腰。"楚王好细腰"是一种不端正的审美观。因为君主有这种不端正的审美观，所以导致满朝文武朝着不端正的方向发展。

为政要恪守道义，董仲舒有一番话讲得很好。据《汉书·董仲舒传》记载，董仲舒说：为人君者"正心以正朝廷"，只有君主端正了内心，才能让朝廷端正起来；"正朝廷以正百官"，只有让朝廷端正了，才能让文武百官端正起来；"正百官以正万民"，只有让文武百官端正了，才能让天下万民端正起来；"正万民以正四方"，只有让天下万民端正了，才能让四面八方端正起来；"四方正，远近莫敢不壹于正，而亡有邪气奸其间者"，只要四面八方端正了，朗朗乾坤之下哪会有邪气为非作歹呢？

综上所述，我们借助这一章的孔子答季康子问，对于为政与恪守道义的关系问题，进行了简略的思想史回顾。通过回顾，我们进一步了解到：儒家认为政治就是正义以及正义的实践与实现过程，政治的本质就是使得天下的万事万物都能归于自身恰当的位置，政治的实践就是使得天下的万事万物实现各归其位的正义之旅。“正义”这个词汇看起来不好解释，其实就是使得天下的万事万物各归其位。

12·18 季康子患盗，问于孔子。孔子对曰：“苟子之不欲，虽赏之不窃。”

这一章也是季康子与孔子的一问一答。“季康子患盗，问于孔子。”季康子担心盗窃问题，向孔子请教。孔子回答：“苟子之不欲，虽赏之不窃。”如果你不贪求，即使奖赏老百姓，他们也不会去偷窃。老百姓与盗窃是什么关系呢？在季康子看来，盗窃作为负面的社会现象，其罪魁祸首就是老百姓。孔子告诉他：如果你自己不贪得无厌，怎么会有老百姓偷窃呢？其中的辩证关系需要理清。

《老子》第3章说：“不尚贤，使民不争；不贵难得之货，使民不为盗；不见可欲，使民心不乱。”社会为什么会产生盗窃问题呢？大致有两方面的原因。一方面，如果人们连最基本的生存需要都不能得到满足，就会将手伸向资源有剩余的人。这一将手伸过去的行为可谓逼上梁山，但实质就是盗窃。另一方面，某人手上有稀缺物品，我想占为己有，所以将手伸了过去。这一行为可谓欲壑难填，但同样是盗窃。在老子看来，如果君主不将那些稀缺的物品当成宝贝看待，人民也就不可能偷窃。

《老子》第12章说：“难得之货令人行妨。”物品当中比较稀缺的，就是难得之货。再稍微想象一下，如果君主贪得无厌，必然提前将社会物质资源消耗一空。到了这个时候，即使是一般的物质生活资料也会变得稀缺起来。比如每天该吃的饭、该喝的水，一旦变得稀缺起来，也就成了难得之货。所以老子的意思是，如果君主不贪得无厌，这个世界也就不存在难得之货。《老子》第19章提倡“绝巧弃利，盗贼无有”与“见素抱朴，少私寡欲”，只有这样，整个社会才能朴实起来。

老子的想法与孔子的想法固然是不一样的：老子希望减少整个社会层面的物质欲望，实现小国寡民的理想社会；孔子希望在所有社会成员的物质欲望得以满足的前提下，实现文质彬彬的理想社会。但是，老子的思想让我们深切地看到：盗窃作为社会问题，根源不在老百姓，而在统治者本身，贪欲是盗窃问题的根源。在这一点上，孔子与老子的想法是相同的。所以，孔子认为：如果统治者不贪得无厌，即使让老百姓去偷窃，并且给予奖励，他们也不会去偷窃。

这一章的提问者是季康子。孔子为什么特意对他说“苟子之不欲，虽赏之不窃”呢？这是因为孔子点到了季康子上台的内情。公元前492年，季康子的父亲季桓子死了，季康子继位。本来轮不到季康子继位，但他通过“夺嫡”的阴谋手段，继承了季桓子的位置。所以，朱熹《论语集注》解读这一章时引用胡寅的话说：“季氏窃柄，康子夺嫡，民之为盗，固其所也。盍亦反其本耶？孔子以不欲启之，其旨深矣。”

鲁国的政治权力本来是鲁哀公的，现在全部落到了季氏手上，这就是所谓的“季氏窃柄”。季康子本来不具备接替季氏家主的资格，但他用阴谋夺了过来，这就是所谓的“康子夺嫡”。在这两种情况下，老百姓为了解决自身的生存问题，不得不偷窃，也就情有可原了。孔子回答季康子，之所以说“苟子之不欲”，就是希望能够斩断盗窃问题的根源。这个“欲”字直接指向季康子以及整个季氏的贪得无厌，而“不欲”正是孔子所要表达的深意。

12·19 季康子问政于孔子曰：“如杀无道，以就有道，何如？”孔子对曰：“子为政，焉用杀？子欲善而民善矣。君子之德风，小人之德草。草上之风，必偃。”

季康子向孔子询问如何为政，并提出了自己的实施方案：“如杀无道，以就有道，何如？”季康子说：“如果我杀掉一批人，亲近一批人，这种做法怎么样？”杀掉的一批人就是“无道”，亲近的一批人就是“有道”。我们也可以将“无道”解释为坏人，将“有道”解释为好人。季康子觉得杀掉一批坏蛋而亲近那些良民，这种治国理政的做法是可行的。

因为前面一章讲到季康子担心盗窃问题，而这一章季康子提出“杀无道，以就有道”，所以孔子回答：“子为政，焉用杀？”你为政，哪里需要打打杀杀呢？可见孔子明确反对季康子的做法。孔子不认同打打杀杀，觉得还有一条路可走。与这种强制性的打打杀杀相比，孔子更看重的是怀柔性的“子欲善而民善矣”，你想做好事，人们就会跟着做好事。“子欲善而民善矣”，既与前面孔子回答季康子的“子帅以正，孰敢不正”若合符节，又能顺理成章地推出这一章的下文：“君子之德风，小人之德草。草上之风，必偃。”

君子的品德就像一阵风一样，小人的品德就像一片草一样，这是“君子之德风，小人之德草”的字面意思。一片草与一阵风是什么关系呢？现在这里有一片草，本来直挺挺的，但一阵风吹过来，这片草必然变得弯曲。这片草向哪边弯曲呢？就看风从哪边吹过来。如果一阵风是从左边往右边吹过来，那么，这片草也必然从左边往右边弯过去。这是“草上之风，必偃”的字面意思。

风吹草动，风向草偃。孔子这里讲的“君子之德风，小人之德草。草上之风，必偃”，就是著名的风草之喻。《孟子·滕文公上》说：“君子之德，风也；小人之德，草也。草尚之风，必偃。”“上”“尚”相通。孟子将孔子的风草之喻拿了过来。孔子、孟子的风草之喻是从哪里来的？《尚书·君陈》曾说：“尔惟风，下民惟草。”君主就像风一样，下民就像草一样。风草之喻的源头有可能出自《尚书》。

这里我想借用张岱的说法，将季康子与孔子做一个对比。张岱《四书遇》说：

> 康子才说杀，孔子便说善；康子欲杀恶人以成善人，孔子便欲化恶人而成善人。此正是以德易刑之旨。康子如金刚努目，欲以摄伏群魔；孔子如菩萨低眉，欲以慈悲六道。
>
> 康子动一杀念，如火之欲焚。夫子宛宛提出“善”字，如冰之解热，盖欲其化不善而为善也。曰“风”曰“草”，挽见民之易化，不消杀得。

季康子一上来就要“杀无道，以就有道”，但孔子说：“子为政，焉用杀？子欲善而民善矣。”张岱是这么评论的：“康子才说杀，孔子便说善；康子欲杀恶人以成善人，孔子便欲化恶人而成善人。”二人的显著区别在于：季康子只想用刑法解决问题，但孔子要用道德来代替刑法；季康子只想用打打杀杀那种简单粗暴的方式，但孔子要用道德教化来提升整个社会的治安程度。

张岱还说：季康子就像“金刚努目，欲以摄伏群魔”，孔子就像“菩萨低眉，欲以慈悲六道”。季康子动的是杀念，这个杀念就像火即将烧起来；孔子婉约地拿出一个“善”字，对于“杀”字而言，就像一盆冰水可以解除身上的酷热一样，旨在镇定人们暴躁的内心，熄灭人们邪恶的念头。归结起来，“君子之德风，小人之德草”，表明老百姓是真的“子欲善而民善矣”，老百姓的心都是好的，老百姓是能够被感化的，怎么可以用简单粗暴的打打杀杀来解决问题呢？在张岱看来，风草之喻可谓这一章的画龙点睛之笔。

以上三章都是季康子与孔子之间的问答，由此可见季康子这个人不怎么样。鲁国之所以乌烟瘴气，正是因为有季康子这样的心态。鲁国被季氏把持，长期处于分裂状态，其中的原因是不言自明的。

12·20 子张问：“士何如斯可谓之达矣？”子曰：“何哉，尔所谓达者？”子张对曰：“在邦必闻，在家必闻。”子曰：“是闻也，非达也。夫达也者，质直而好义，察言而观色，虑以下人。在邦必达，在家必达。夫闻也者，色取仁而行违，居之不疑。在邦必闻，在家必闻。”

这一章涉及闻达之辨。“闻”与“达”经常连在一起，构成“闻达”

一词。诸葛亮的《前出师表》说："臣本布衣，躬耕于南阳，苟全性命于乱世，不求闻达于诸侯。"这里就将"闻"与"达"连在一起。而在本章，孔子明确将"闻"与"达"分开。"闻"与"达"究竟是什么关系呢？我们先做一个简单的了解。

简单地说，"闻"与"达"的区别就是流量为王与品质为王的区别。流量为王是"闻"，品质为王是"达"。子张认为通达就是闻名，闻名成就通达，而且闻名不必区分善恶。这是一种功利主义的闻达观，因为它外在地看闻达、求虚名，将闻达关系理解为流量为王。孔子将闻达关系理解为品质为王，认为闻名不是通达，唯有品质才能成就通达，闻名必须纯善无恶。这是一种道义论的闻达观，因为它内在地看闻达、求务实。所以，本章讲的闻达关系是流量为王与品质为王的关系。

联系今天的现实生活，很多人眼里只有流量，不管是好的流量，还是不好的流量，反正只要有了流量就够了。这种做法就是子张所理解的"闻"，是功利主义的闻达观。但是，很多有责任感的人并不追求那些不必要的流量，而是安心做好自己，将品质看得至高无上。这种做法就是孔子所理解的"达"，是道义论的闻达观。

我们再仔细看这一章。子张问孔子："士何如斯可谓之达矣？""士"指知识分子，"达"指通达。知识分子怎样做才可以说是通达呢？"达"这个概念是子张先讲的。子张是有远大志向的孔门弟子，但远大的志向有时未必可靠。孔子深知子张的性格，就反问子张："何哉，尔所谓达者？"你刚才提到的"达"，是从哪一个方面来说的？

这时，子张就必须回应孔子的提问。他对孔子说："在邦必闻，在家必闻。""在邦"指在诸侯那里做官，"在家"指在大夫那里做官，"闻"

指闻名。子张说：“老师，我的意思是在诸侯那里做官必定闻名，在大夫那里做官必定闻名。”请特别注意：子张开始提问的时候，用的是“达”；现在回应孔子，用的却是“闻”。

子张认为“达”就是“在邦必闻，在家必闻”。孔子听了子张的这一番解释，告诉他：“是闻也，非达也。”在诸侯那里做官必定闻名，在大夫那里做官必定闻名，这讲的是“闻”，根本不是“达”！子张觉得“达”就是“闻”，两者笼统不分；孔子认为“闻”不是“达”，两者严格区分。什么是“达”？什么是“闻”？孔子如何展开自己的闻达之辨呢？

首先，孔子要解决的问题是什么是“达”。孔子说：“夫达也者，质直而好义，察言而观色，虑以下人。在邦必达，在家必达。”这里关键的是三句话。第一句话是“质直而好义”。品德正直，就是“质直”；喜好道义，就是“好义”；既品德正直，又喜好道义，就是“质直而好义”。第二句话是“察言而观色”，既能明察人们的言语，又能洞观人们的容色。“察言观色”也是成语。这两句话都比较好解释。第三句话“虑以下人”不太好解释，我将它理解为时刻考虑如何谦恭待人。

究竟什么是“达”呢？孔子认为：一方面，从内在的通达看，这个人品德正直、喜欢道义，能够察言观色，时时刻刻谦恭地对待别人；另一方面，从外在的通达看，这个人“在邦必达，在家必达”，在诸侯那里做官必定通达，在大夫那里做官必定通达。

其次，孔子要解决的问题是什么是“闻”。孔子说：“夫闻也者，色取仁而行违，居之不疑。在邦必闻，在家必闻。”这里关键的两句话都不太好解释。第一句话“色取仁而行违”，意思是脸色好像是仁义道德的，可行为恰恰违背了仁义道德。第二句话“居之不疑”就更难解释了。我看了很多《论语》译本，发现没有人能将这四个字直译出来。我采取朱熹《论语集注》的解释，将它理解为自以为是而无所忌惮。

究竟什么是“闻”呢？孔子认为：一方面，从内在的闻名看，这个人的脸色好像是仁义道德的，可行为恰恰违背了仁义道德，自以为是而又无所忌惮；另一方面，从外在的闻名看，这个人“在邦必闻，在家必闻”，在诸侯那里做官必定闻名，在大夫那里做官必定闻名。

以上从流量为王、品质为王的角度，对闻达关系做了一个通俗的解释。落实到孔子的闻达之辨，我们需要抓住两点：一是“质直而好义，察言而观色，虑以下人”，这是“达”；二是“色取仁而行违，居之不疑”，这是“闻”。如果要进一步理解孔子推崇通达、贬斥闻名的闻达之辨，不妨再拿所谓的“闻”做点文章。

先看张岱《四书遇》的解释。张岱说道：“达”与“闻”在孔子与子张那里的含义并不一样。上面说了一个“质”字，就是“质直而好义”的“质”；而下面说了一个“色”字，就是“色取仁而行违”的“色”。然后，张岱马上接了一句：“胞胎之中，便判男女。”这是什么意思呢？难道君子天生就是君子，小人天生就是小人？难道达人天生就是达人，闻人天生就是闻人？尽管张岱的点评有些天马行空，但“色取仁而行违，居之不疑”其实就是《论语》《孟子》讲过的乡愿、好好先生。

再看南怀瑾的解释。他对于所谓的“闻”讲了一段人生经历：

孔子又告诉子张，他所说的只是闻人——出名的人，往往只做些表面工作。以前某名都有一位先生，非常非常有名，凡是各项募捐，一定请他去。而他拿起笔在捐簿上第一个写，每次一写，就是一笔很大很大的数字，至少等于现在的几十万元，每次都如此大手笔。可是真去向他收捐款，他说："我写这样多，是为你作个倡导，别人看我写了这样多，自然都会多写一点。"此人也确是某名都当年的闻人之一，他这个做法就是"色取仁而行违"。表面上做的都是善事，态度取的是仁，而真正的行为不是那么回事。而且"居之不疑"，他这样搞久了，自己也觉得这样没有什么不对。犹如许多说谎话的人，说成了习惯，就不觉得自己在说谎，对自己这样说，一点也不怀疑对或不对，甚至，认为是应该如此的。像这一类人，虽然也会出大名，但到底不算是达人。成为达人要有达人的条件，达人的道德。（《论语别裁》）

孔子所反对的"闻"具有丰富的含义，南怀瑾的解释让我们看到了它在实际生活中淋漓尽致的体现。

12·21 樊迟从游于舞雩之下，曰："敢问崇德、修慝、辨惑。"子曰："善哉问！先事后得，非崇德与？攻其恶，无攻人之恶，非修慝与？一朝之忿，忘其身，以及其亲，非惑与？"

在孔门弟子中，樊迟的性格跟子张有点像，都是外向型的急性子。《颜渊》篇前面有一章讲子张"问崇德、辨惑"，而这一章讲樊迟"问崇德、修慝、辨惑"，还多问了"修慝"一项。

"樊迟从游于舞雩之下"，樊迟跟随孔子在舞雩台下游观。樊迟说："敢问崇德、修慝、辨惑。""崇德"指推崇道德，"辨惑"指辨别迷惑。

“修慝”是什么意思呢？“慝（tè）”字里面有一个“心”，象征内心藏有邪恶；“修”指修理、治理、消除；“修慝”指如何消除心里的邪念。樊迟说：“老师，我要向您请教三个问题：如何推崇道德？如何消除邪念？如何辨别迷惑？”孔子说：“善哉问！”你问得好！你的提问很有水平啊！然后，孔子开始接引樊迟。

孔子回答第一个问题说：“先事后得，非崇德与？”“事”指工作、劳动，“得”指得到、收获。孔子说：“先劳作后收获，这难道不是推崇道德吗？”

孔子回答第二个问题说：“攻其恶，无攻人之恶，非修慝与？”“攻”指批判，“恶”指错误。孔子说：“批判自己的错误，不批判别人的错误，这难道不是消除邪念吗？”

孔子回答第三个问题说：“一朝之忿，忘其身，以及其亲，非惑与？”“一朝”指一时之间，“忿（fèn）”指发脾气，“一朝之忿”指一时之间发脾气。“忘其身”指忘记自己的身份，让自己的身份变得不恰当。“以及其亲”指祸害延及父母。孔子说：“你突然之下大发雷霆，将自己的身份搞得颠三倒四，连带父母都受到祸害，这难道不是迷惑吗？”

同样是问“崇德”，孔子回答子张说“主忠信，徙义，崇德也”，而回答樊迟说“先事后得，非崇德与”，两者显然有相关性。同样是问“辨惑”，孔子回答子张说“爱之欲其生，恶之欲其死。既欲其生，又欲其死，是惑也”，而回答樊迟说“一朝之忿，忘其身，以及其亲，非惑与？”两者显然也有相关性。《论语·颜渊》的这两章可以对照起来阅读，这是我们要知道的。

樊迟经常向孔子提问，孔子有两次用先后之辨接引他。一次是《论语·雍也》记载樊迟问仁，孔子回答："仁者先难而后获，可谓仁矣。"另一次就是本章记载樊迟请教如何推崇道德，孔子回答："先事后得，非崇德与？""先难后获""先事后得"都讲到先后关系，而且都是孔子对于樊迟的接引。从分别的角度看，"先难后获"指首先受难，然后收获，通俗地说，就是吃苦在前，享乐在后；"先事后得"指首先工作，然后获得，通俗地说，就是先有耕耘，后有收获。从统合的角度看，"先难后获""先事后得"的意思都是只问耕耘，不问收获；一分耕耘，一分收获。

孔子为什么要用这两个先后关系接引樊迟呢？原因是樊迟的性格跟子张一样，有点外向，有点急躁。芸芸众生如樊迟者多矣，恨不得一口吃成一个胖子。孔子这种接引分明是说：必须"先难后获"，先经受苦难，然后有所收获；必须"先事后得"，先努力工作，然后得到回报。孔子给樊迟讲的这种人生道理，何其发人深省！

同样是针对樊迟的性格，孔子说："一朝之忿，忘其身，以及其亲，非惑与？"人总是要有一点脾气的，这是人之常情；一个人如果连一点脾气都没有，似乎不可想象。有脾气，这是一回事；但如何发脾气，又是一回事。你必须在正确的时间、正确的地点、正确的人前发脾气。如果不是正确的时间，不是正确的地点，不是正确的人前，你乱发脾气，后果不堪设想，这就叫作"忘其身，以及其亲"。

朱熹《大学章句》也讲过"忿"的问题："所谓修身在正其心者，身有所忿懥，则不得其正。""身有所忿懥"的"身"字，其意指"心"。"忿懥（zhì）"指愤恨、愤怒。"身有所忿懥"指心里有愤恨，心里想发脾气。我们正心修身，必须将心里的"有所忿懥"变成"无所忿懥"；如果心里老是有怨气，老是想发脾气，就会"不得其正"。

大部分人都有过发脾气的切身经历，而且总有那么一次两次发脾气，会给自己、家人以及朋友、同事造成伤害。如何辨别迷惑？孔子用“一朝之忿，忘其身，以及其亲，非惑与”接引樊迟，正是抓住了少发脾气这一人生大要。如果你是对的，你没有必要发脾气；如果你是错的，你没有资格发脾气。无论对错，人都应当理智、理智、再理智，尽量克制自己的脾气。我们要将《论语》的智慧真正接引到实际的人生当中！

对于这一章的大意，朱熹《论语集注》引用范祖禹的话说：

> 先事后得，上义而下利也。人惟有利欲之心，故德不崇。惟不自省己过而知人之过，故慝不修。感物而易动者莫如忿，忘其身以及其亲，惑之甚者也。惑之甚者必起于细微，能辨之于早，则不至于大惑矣，故惩忿所以辨惑也。

从“崇德”看，“先事后得”讲了正确的义利关系，人们一旦心里只有利益，肯定不可能推崇道德。从“修慝”看，唯有经常反省自身的过错，而不一味地挑别人的过错，才能真正消除心里的邪念；如果老是认为自己对，老是觉得别人错，心里的邪念就永远不可能消除。从“辨惑”看，人的脾气其来有自，完全无缘无故的脾气极少。如果你此时此刻以及在整个人生中，不能理智地对待你的脾气，不能对发脾气这件事进行理智的思考，并且用具体的措施与手段去掌控脾气，那么，你也就不具备辨别迷惑的能力，就会一直处在迷惑当中。崇尚道德、消除邪念、辨别迷惑，这不是抽象的道理，而是时时刻刻都与我们的生活密切相关。

12·22 樊迟问仁。子曰："爱人。"问知。子曰："知人。"

樊迟未达。子曰："举直错诸枉，能使枉者直。"

樊迟退，见子夏曰："乡也吾见于夫子而问知。子曰：'举直错诸枉，能使枉者直。'何谓也？"

子夏曰："富哉言乎！舜有天下，选于众，举皋陶，不仁者远矣。汤有天下，选于众，举伊尹，不仁者远矣。"

这一章包括两个部分：首先是樊迟与孔子之间有了一番问答，然后是樊迟与子夏之间又有了一番问答。

"樊迟问仁"，樊迟向孔子请教什么叫作仁。孔子说："爱人。"仁就是亲爱人们。《论语》仅有这一次将"爱人"当作"仁"的特性或定义，通常说的"仁者爱人"就出自这里。樊迟接着"问知"，这个"知"就是"智慧"的"智"。孔子说："知人。"智就是了解人们。

仁者爱人，智者知人；仁者就是亲爱人们，智者就是了解人们。这么抽象的道理，"樊迟未达"，樊迟哪里能够理解？于是，孔子将它们简化为这样一个问题："举直错诸枉，能使枉者直。"前一个"直"指正直的人，后一个"直"指正直。"枉"与"直"是相对而言的，但如果说"枉"指弯曲或弯曲的人，显然不恰当，这里前一个"枉"其实指邪恶的人，后一个"枉"指邪恶。"错"与"措"相通，可以译作管理。"举"指提举、提拔。孔子告诉樊迟：将正直的人提拔起来，去管理那些邪恶的人，就能使得邪恶的人最后变得正直起来。

讲完这些，孔子说："我已经回答了你的问题，你赶快离开吧！""樊迟退，见子夏"，樊迟从孔子那里退出来，碰见了子夏。樊迟就对子夏说：

“乡也吾见于夫子而问知。子曰：‘举直错诸枉，能使枉者直。’何谓也?”樊迟说：“我刚才见到老师，请教什么叫作智。老师给我的回答是‘举直错诸枉，能使枉者直’，这究竟是什么意思呢?”

子夏听完樊迟转达的他与孔子的这次对话后，马上说道：“富哉言乎!”意思是“举直错诸枉，能使枉者直”这句话的内涵太丰富了！子夏位列四科的文学科，文献学问很渊博。面对孔子作为一般原则而言的“举直错诸枉，能使枉者直”，子夏调动丰富博学的知识，试图进行落地化的解释。为了告诉樊迟“正直者使邪恶者正直”的意思究竟是什么，子夏举了两个与历史有关的例子。

第一个例子是：“舜有天下，选于众，举皋陶，不仁者远矣。”舜拥有天下之后，开始从众人里面进行选拔，将皋陶提拔了起来。因为舜将皋陶提拔了起来，天下那些不仁不义者最终得以感化，消失不见了。第二个例子是：“汤有天下，选于众，举伊尹，不仁者远矣。”汤拥有天下之后，同样开始从众人里面进行选拔，将伊尹提拔了起来。因为汤将伊尹提拔了起来，天下那些不仁不义者最终得以感化，消失不见了。在子夏看来，舜与皋陶以及汤与伊尹这两个例子，最能说明孔子讲的“举直错诸枉，能使枉者直”。

通过这一章，我们对樊迟、子夏又多了一些认识。尽管樊迟的理解能力不高，但还是比较好学的。樊迟对于自己不懂的东西，就会向老师和同学请教。譬如这一次，樊迟没有理解孔子说的道理，但一看到子夏就去请教。作为文学科的代表人物，子夏不仅具有丰富的历史文化知识，而且能将它们与孔子讲的一般原则具体结合起来，他这一次为樊迟解惑就是体现。所谓“教学相长”，何尝不包括同学与同学之间的互相帮助、共同进步呢？聪明者使愚笨者聪明，子夏帮助樊迟进步，何尝不是“正直者使邪恶者正直”的另一层含义呢？

12·23 子贡问友。子曰：“忠告而善道之，不可则止，毋自辱焉。”

“子贡问友”，子贡请教朋友之道。孔子的回答包括三个层次：

第一，子贡的提问预设了某些前提，或者是朋友的心理有问题、想不开，或者是朋友的为人趾高气扬、怨声载道。孔子说：凡是遇到这类情形，朋友之道就是“忠告而善道之”，忠言劝告他，善意引导他，态度要端正，方法要恰当。“善道”的“道”就是“引导”的“导”。

第二，如果朋友不听从，怎么办呢？孔子说：凡是遇到这类情形，朋友之道就是“不可则止”。既然忠言与善意在朋友那里行不通，你已尽心了，那就停下来吧！

第三，如果停不下来，结果会如何呢？孔子说：凡是遇到这类情形，朋友之道就是“毋自辱焉”。如果你不停下来，就有可能自取其辱，招致朋友的怨言。

《论语·里仁》的最后一章是子游讲的：“事君数，斯辱矣；朋友数，斯疏矣。”这两个“数”字意为烦琐。你侍奉君主，如果无微不至、面面俱到，反而会自取其辱；你对待朋友，如果啰里啰唆、巨细无遗，反而会渐行渐远。子游同时讲了如何与君主、朋友交往，这一章只讲了如何与朋友交往，但道理是相同的，《论语》的这两章是相关的。

在孔子看来，朋友面临困境之际，你应当“忠告而善道之”，竭尽朋友之道；如果朋友听不进去，你应当停下来，否则就会自取其辱。孔子还说过："所谓大臣者，以道事君，不可则止。"(《论语·先进》)可见"不可则止"不仅是孔子处理朋友关系的重要原则，而且是孔子处理政治关系以及其他社会关系的重要原则。

对于人生的很多事情而言，我们不要老是说"不到长城非好汉"，不要老是想"一条道走到底"，这样做其实完全没有必要。"不可则止"是人生的大智慧，该放下的就得放下！至于人与人之间的关系，再亲密，该有的分寸还是不能少的。因为说话做事的分寸，往往就是幸福的高度。朋友之间的友谊，有了分寸感，才能够长久，才值得珍惜。把握分寸感是每个人的必修课。守住相互交往的分寸，才能换回别人的信任，才能赢得长久的感情。分寸感其实就是尊重别人，而尊重别人同时就是尊重自己。

12·24 曾子曰："君子以文会友，以友辅仁。"

《颜渊》篇的最后一章是曾子的独白："君子以文会友，以友辅仁。"君子用文章会集朋友，用朋友辅助仁德。字面意思就这么简单，但"以文会友，以友辅仁"这 8 个字在历史上的影响特别大，文章、品德与朋友之道的关联特别深刻。

朱熹《论语集注》解释这段话说："讲学以会友，则道益明；取善以辅仁，则德日进。""以文会友"是每个人都拿自己的文章献给朋友们研习，"讲学以会友"就会"道益明"，大道更加显明；"以友辅仁"是每个人都拿自己的优点辅助朋友们成长，"取善以辅仁"就会"德日进"，品德天天进步。"以文会友"跟道相关，"以友辅仁"跟德相关，我觉得朱熹的这个解释很有道理。

我也认可张岱《四书遇》中的说法：

> 凡日用可见处都是“文”。与朋友应接，言动周旋，刻刻处处，有个粲然者在；而就其粲然中有真切不容自已处，如血脉在四肢，如春光在红紫，生生不断，这个是“仁”，故曰“矧伊人兮，不求友生”。须知生我者友也。

第一，曾子说“以文会友”，这个“文”是否只是文章呢？张岱认为：“文”可以做广义的理解，因为人类生活的所有方面都会用到“文”，这个“文”就是文明程度。第二，张岱认为：我与朋友交往，取决于我的内心里面有一个粲然的东西存在。这个粲然的东西在我心里赶都赶不走，就像血液流淌在四肢之中，就像春光表现在红红紫紫的颜色之中。正因内心的光明、自身的强大，促使君子“以文会友，以友辅仁”。

说到交朋友，张岱认为：每个人都不是圣贤，都会有缺陷；缺陷有时也是财富，恰恰是缺陷让朋友们喜欢你。他有一句名言：“人无癖不可与交，以其无深情也；人无疵不可与交，以其无真气也。”（《陶庵梦忆集》卷4《祁止祥癖》）每个人都有自己的癖好，它足以寄托自己的深情；每个人都有自身的瑕疵，它足以体现自己的真气。君子“以文会友，以友辅仁”，不能苛求朋友是十全十美的，要允许朋友有个人的癖好，要允许朋友有自身的瑕疵。

在交友的过程当中，道德很重要，生活、心情就不重要吗？我想起《诗经·大雅·既醉》说过：“既醉以酒，既饱以德。”酒喝得很好了，咱们之间的友谊也加强了。喝酒关乎心情，道德是喝酒之外更高层面的事。但是，喝酒这个形而下的行为与道德这个形而上的行为，可以同时存在于我们身上。每个人在成就道德的同时，应当保持个性。一个没有个性的人，一个太抽象的人，不是值得我们肯定的人，不是值得我们向往的人。我引“既醉以酒，既饱以德”这句诗，就是希望我们既陶醉于美德，又陶醉于美酒；既陶醉于人们一致认可的美好道德，又陶醉于嬉笑怒骂皆成文章的个性。

君子“以文会友，以友辅仁”“既醉以酒，既饱以德”，都是在道德的前提下，谈文章与学问，谈喝酒与个性。生活在现实当中的人们，靠什么将朋友之道巩固、维系下来呢？《礼记·大学》说：“生财有大道”，发财要坚持道义；“仁者以财发身”，财富对于仁者只是手段，仁者用财富来培养、成就自身；“不仁者以身发财”，财富对于不仁者是目的，而且是唯一的目的，是他们的一切。置身于现代社会，衣食住行必不可少，在追求财富的过程中，“生财有道，以财发身”是我们应当坚持、倡导的原则。

最后，小结一下《颜渊》篇。刚才解读这一篇的最后一章，我们提到三点：一是“以文会友，以友辅仁”，二是“既醉以酒，既饱以德”，三是“生财有道，以财发身”。第一点是讲人文，我们要以人文开启道德境界；第二点是讲性情，我们要以性情丰富伦理生活；第三点是讲财富，我们要以财富成就社会自由。既要“以文会友，以友辅仁”，又要“既醉以酒，既饱以德”，还要“生财有道，以财发身”。这段话同样可以作为我们这次解读《颜渊》篇的结语，目的同样是为了实践并实现学做颜渊、争当先进的理想与抱负。

子路第十三

梁涛 解读

我之前对《孟子》进行过解读，此次主要解读《论语》的第13篇《子路》和第14篇《宪问》。我们学习儒学，《论语》是必读书。可以这样说，当你读了《孟子》以后，对《论语》的理解就会更加深入。同样，当你阅读了《论语》以后，也会加深对《孟子》的理解，知道孟子的思想是从哪里来的，与孔子是什么关系。《论语》与《孟子》是相互补充、相得益彰的。不过我们阅读经典时，不论是《论语》还是《孟子》，往往面临一个问题，就是应该从哪里入手？是先读古人的注疏，还是先看今人的著作？我们知道，每一本经典，历史上都会有很多注疏，这些注疏非常重要，是今人理解经典的基础。我们今天对经典的理解，就是建立在古人注疏的基础之上的。以《孟子》为例，历史上有很多著名的注释性著作，最早是东汉赵岐的《孟子章句》，此后有南宋朱熹的《孟子集注》，再后来是清代焦循的《孟子正义》。这些注疏是我们学习《孟子》的重要参考。《论语》也是一样，历史上著名的注疏有三国时期何晏的《论语集解》、南宋朱熹的《论语集注》、清代刘宝楠的《论语正义》，影响都非常大，是学习《论语》的参考书。不过学习经典，我一般不主张从古人的注疏入手。因为古人的注疏内容比较烦琐，初学者不好掌握；而且古人的注疏有对有错，不可全盘接受。所以最好还是从当代学者的著作着手，一是当代学者的解读通俗易懂，容易理解；二是当代学者吸收了古人的成果，将经典解读得更加准确。当然，这样讲并不是说古人的著作不重要，其也很重要！但我们还是应先从当代学者的著作入手，对经典有大致的了解后，再进一步参考古人的注疏，加深对经典的理解，逐步深入，这样学习起来可能会更容易些。

儒学的发展经历了几个阶段，首先是先秦阶段，代表人物是孔子、孟子、荀子。其次是汉唐阶段，代表人物是汉代的董仲舒、唐代的韩愈等人；总体说来，这个阶段的儒学处于一个低潮，创造性成果不多，尤其是唐代。再次是宋明阶段，这一时期是儒学的一次复兴，海外学者称为Neo-Confucianism，翻译过来就是新儒学，我们一般称为宋明理学，代表人物是朱熹、王阳明等。我们今天会认为，当时的儒者创立了一套新儒学，提出了自己的学说。其实不是，至少他们主观上并没有这样的想法，他们仍然以阐发孔孟之道为主。在他们看来，孔孟的思想本来人们是理解的，但后来出现了思想混乱，所以他们要重新阐发孔孟之道，解读经典。我们也可以看到，当时学者的著作主要是对早期儒家经典进行注释，如朱熹的代表作《四书章句集注》，就是对“四书”的注释。这些经典先秦时就已经有了，但是朱熹认为汉唐儒者的解读是有问题的，所以他要重新解读一遍。那么朱熹的解读准不准确呢？是不是符合孔孟的原意呢？这个问题比较复杂，因为诠释总是带有诠释者的主观理解，肯定有发挥的成分，但理学家总体来说对孔孟的思想理解得还是非常深刻的，较之汉唐儒者，他们的理解更接近孔孟的思想。所以等大家学习了宋明理学以后再来看先秦儒学，理解就会深入一步。这种情况此后又有出现，近代有一次儒学的复兴，这就是所谓的港台新儒家，他们也是对孔孟的思想重新诠释，出现了牟宗三、徐复观、唐君毅等一批学者。他们是在现代学术的背景下，借用西方哲学重新阐释孔孟思想的，我认为他们对孔孟的理解非常深入，读了新儒家的著作后，再来看《论语》《孟子》，认识又会深入一步。

我研究儒学，就是通过阅读港台新儒家的著作入门的，然后再去看宋明理学家的著作。看了这些人的著作后，再回过头来读经典，就觉得对儒学有所了解了。这些年，我又进入一个新的阶段，开始从前人的解读中走出来。毕竟之前是通过别人的解读来理解儒学的，现在我则直接面对文本，在反复阅读中对儒学有了自己的理解。我觉得港台新儒家、宋明理学家对孔孟的理解，不能说完全不对，但也有不准确、不全面的地方，有些理解甚至是有问题的。所以我要重新诠释，重新解读，我提出"新道统""新四书"就是出于这种考虑。我说的"四书"不同于传统的"四书"，不是指《大学》《中庸》《论语》《孟子》这四部书，而是指《论语》《礼记》《孟子》《荀子》。我也不同意韩愈、朱熹的道统说，不认为只有孔子、曾子、子思、孟子才可以列入道统，而主张以根源的文化生命为道统，代表这个道统的包括孔子、七十二子及其后学，以及孟子、荀子，"新四书"反映的就是他们的思想。有人会问，我是不是在建构自己的儒学思想体系？可以这样说。但是这个儒学体系不是凭空来的，而是建立在对孔孟荀子思想的理解之上的，是有根据、有来源的。儒学本来就是这样发展的，“我注六经”“六经注我”，每一代人对于经典都有自己的理解，都有自己的解读。在这一过程中，传统就一代代传承下来了。只不过我们经历了古今之变，较古人有了发展的观点，故我们对于经典不再是一味地顶礼膜拜，不认为其所说都是真理，而是去发现经典中包含着的常道，并在此基础上进行发展。发展的观念是我们与古人最大的不同。

接下来我们来解读《论语》第13篇《子路》，本篇一共包含30章。首先对篇名进行解读，这一篇为什么叫《子路》呢？其实也没有什么特殊原因，只是因为该篇第一章首先出现的两个字是子路罢了，《论语》各篇的名称都是这样来的。《子路》篇的主旨是什么呢？如果用一个字概括，就是“政”；用两个字概括，就是“为政”。但是也不绝对，该篇虽然有相当一部分内容讨论的是为政问题，但也有部分内容与为政没有关系。另外，我们读《论语》其他篇，也可以发现很多与为政相关的内容，但是并没有放在这一篇。这就涉及古代经典的一个特点，就是它往往没有形式的体系，只有实质的体系。我们今天写文章，要有一个中心思想，然后围绕着中心思想展开论述。编书也是一样，要把主题相同或相近的内容编在一起，而不能把毫不相干的内容放在一起，这是我们现在的思维方式。古人没有这么严格，他们编的书籍往往没有形式的体系。我们读《论语》时就会遇到这个问题，《论语》20篇，每篇之间是什么关系？每篇之中章与章之间又是什么关系？有人说还是有大致的逻辑结构的，但是要想为每一篇、每一章都找出中心思想，发现其逻辑关系，实际上是做不到的。但没有形式的体系，不等于没有实质的体系，孔子说“吾道一以贯之”，我的思想有一个中心贯穿其中。我开始读《论语》的时候，体会不深，感觉内容比较凌乱，但等到读了二三十遍时，把《论语》的内容融会贯通了，就感觉到孔子的思想的确是“一以贯之”的。尽管没有形式的体系，但有实质的体系。所以我们研读《论语》，包括其他经典时，要注意这一点。我们的思维与古人是不一样了，古人的著作往往比较零散，这就需要我们反复阅读，融会贯通，把握其实质的体系，并梳理出其形式的体系。近来我想写一本关于《孟子》分章的书，因为我感觉《孟子》目前的分章不是很恰当，如果做些调整，主题会更明确，体系也会更清晰。阅读《论语》时也会遇到类似的问题，许多相同或相近的内容是编在不同章节中的，这就要求我们把不同的章节联系起来，阅读这一章要想到另一章，做到融会贯通。

13·1 子路问政。子曰：“先之，劳之。”请益。曰：“无倦。”

本章意思是，子路问如何处理政事。孔子说：“要给下属、百姓做榜样，要勉励他们。”子路请求多说一点。孔子说：“不可倦怠。”

子路，即孔子的弟子仲由，字子路，又字季路，鲁国人。子路一开始并不佩服孔子，甚至还欺凌过孔子，后来被孔子的学识折服，做了他的弟子。子路这类人有一个特点，就是当他不认可你时，往往无礼、粗鲁，但一旦被你折服，又非常忠诚。子路对待孔子就是这样，他虽然性情刚直，好勇尚武，却对孔子忠心耿耿，孔子周游列国时，他一直陪同在身旁。他擅长政事，曾做过鲁国贵族季氏的宰。后来孔子客居卫国时，他又做了卫国大夫孔悝封邑蒲的宰，取得不少政绩，深得孔子称赞。孔子设教授徒，分德行、政事、言语、文学四科，子路属政事科。本章记录的就是子路向孔子问政的内容。

子路问如何为政。孔子的回答很简洁，只有四个字："先之，劳之。""先之"的"先"是动词，即身先士卒；"之"是代词，指为政的对象，包括两种人：一是下属，一是百姓。"先之"即身先于下属、百姓，指给下属、百姓带头，为下属、百姓做榜样。"劳之"，很多学者释"劳"为勤劳的意思。按这种理解，"劳之"即使百姓勤劳。《国语·鲁语下》记载公父文伯的母亲敬姜的话："民劳则思，思则善心生；逸则淫，淫则忘善，忘善则恶心生。"这里的"劳"即勤劳之意。按照敬姜的说法，民众勤劳才会产生善心，淫逸则会产生恶心，所以为政、治民就要使民众勤劳工作。很多学者就是根据《国语》的这段材料，将"劳之"解释为使民众勤劳工作，钱穆、杨伯峻都是这样理解的。但是我认为这个解释是有问题的，"先之"是动宾结构，"先"是动词，"之"是代词，作宾语，主语被省去了；如果"劳之"是使民众勤劳，就成使动结构了，变成"使之劳"。"先之""劳之"在同一句中，应该是同一种句式结构，怎么能把前者解释为动宾，后者解释为使动呢？这显然不合适。所以尽管有很多大家都这样理解，但我认为不能成立，毕竟语法才是第一位的。我认为"劳之"的"劳"是慰劳、劝勉的意思。《吕氏春秋·孟夏纪》："劳农劝民，无或失时。"高诱注："劳，勉也。"这个"劳"就是勉励的意思。这句话是说勉励、劝告农民，不要失去农时。所以我认为将"劳之"解释为使民众勤劳是有问题的：首先是不符合语法；其次是忽略了"劳"有慰劳、劝勉的意思；最后是把"劳之"解释为勉励民众，更符合语境和语法。

"请益"，谁请益？子路请益。子路问政，孔子回答要"先之，劳之”。子路觉得还不够，想请老师多讲一点，于是孔子回答“无倦”，不要倦怠。“无倦”的主语是谁呢？是执政者。“先之”“无倦”的主语都是执政者，“劳之”的主语自然也应该是执政者，执政者要以身作则，为百姓做榜样，要勉励百姓，所以不能倦怠。逻辑关系非常清楚。如果突然加入一个“使之劳”，不仅语法结构变了，逻辑也不通顺。当然钱穆、杨伯峻的解释也可以说通，认为只有让民众勤劳才便于管理，但这是不符合孔子思想的。

13·2 仲弓为季氏宰，问政。子曰：“先有司，赦小过，举贤才。”曰：“焉知贤才而举之？”曰：“举尔所知，尔所不知，人其舍诸？”

本章大意是，仲弓要做季氏的宰，问孔子如何处理政事。孔子说：“要给下属做榜样，宽恕别人小的过错，举荐贤才。”仲弓说：“怎么知道所有的贤才而举荐他们呢？”孔子说：“举荐你所了解的，你所不了解的，难道别人会舍弃吗？”

仲弓，即孔子的弟子冉雍，以德行著称，深受孔子器重。孔子曾经说“雍也可使南面”（《论语·雍也》），就是夸奖他有治国之才。他是孔子弟子中很有政治才能的人，仕途也不错，做过季氏的宰。我们知道，鲁国当时名义上是国君执政，但实际上国君权力已经旁落，被三个大夫所把持，也就是季氏、叔孙氏和孟孙氏，其中季氏的权力最大，是实际的执政者。按照周代分封制的规定，天下名义上归天子所有，所谓“溥天之下，莫非王土；率土之滨，莫非王臣”。天子无法管理天下所有事务，于是把土地分封给诸侯，这就是国。诸侯也无法管理一国的事务，于是继续分封，把土地分给大夫，大夫的封地就是家。我们读《大学》“修身、齐家”，这里的家指的就是大夫的封地。大夫没有精力管理自己的封地，他们要找一些专门的管理者，当时叫作宰。季氏虽然只是个大夫，但他是鲁国的实际执政者，仲弓做到了季氏的宰，说明他是很有才干的。

孔子在历史上的一大贡献是开创私学，为学术发展做出重大贡献。在孔子之前，学在官府，只有贵族子弟可以接受教育。孔子在民间讲学，打破了贵族对教育的垄断，吸引了众多弟子前来学习，所谓弟子三千，贤者七十二。那么这些弟子拜孔子为师，向孔子学习的动机是什么？首先当然是敬仰孔子的学识和人格，这是很重要的原因。孔子培养弟子不是为了传教，解决死亡、来世这些终极性的问题，而是提倡学以致用，服务于社会，满足社会的需要。对于孔门弟子来说，他们固然是被孔子的学识和人格所吸引，投身在夫子门下，但学成之后还有个去向的问题，即面临求职、就业的问题。在孔子时代，社会关系出现松动，学在官府被打破。孔子说“自行束脩以上，吾未尝无诲焉”（《论语·述而》），只要愿意学习，象征性送上一点见面礼，我都愿意教诲。这样就给了庶民子弟接受教育的机会，只要努力为学，他们一样有出仕的可能。而社会上也有人才的需要，当时诸侯权力旁落，大夫执一国之政，甚至“陪臣执国命”，“陪臣”就是大夫的家臣。这些大夫有自己的封地，需要人来管理，这就为孔门弟子提供了机会。从某种意义上说，孔子的私人教育之所以成功，与当时社会的需要是密切相关的。

孔门弟子中很多人都做过大夫的宰，如子游曾为武城宰。有一次孔子去武城，“闻弦歌之声”，原来子游利用做武城宰的机会推行夫子的礼乐之教。孔子不由“莞尔而笑”，虽然嘴上揶揄说“割鸡焉用牛刀”，但内心实际上是十分高兴的。(见《论语·阳货》)孔子的另一名弟子子夏曾为莒父宰，也曾向孔子问政，后面我们会谈到。此外，冉求为季氏宰，宓子贱为单父宰，闵子骞为费宰，子羔为费郈宰，原思也曾为不知名地方的宰，可见做邑宰是孔门弟子学成后的一个重要选择。

孔子平时教导弟子，也是鼓励他们要积极出仕，如“子使漆雕开仕”(《论语·公冶长》)，鼓励弟子漆雕开出仕。在当时，出仕往往就是从大夫的宰做起。孔门弟子也往往将出仕作为求学的一个主要目的。子路说“不仕无义”，认为“君子之仕也，行其义也”(《论语·微子》)，出仕对于儒者而言就是尽其责任与义务。子夏说“仕而优则学，学而优则仕”(《论语·子张》)，出仕有余力就去学习，学习有余力就去出仕。学与仕是统一的，弟子向孔子请教的，往往是关于出仕、为政的问题；孔子向弟子传授的，也是关于出仕、为政的学问。从这一点看，儒学某种意义上也可以说是一门行政管理学，孔子从事的是行政干部培养的工作。孔子弟子很多都是抱着“学而优则仕”的目的投到孔子门下的，他们学成后也往往选择出仕，如做大夫的邑宰。这方面仲弓的成就非常突出，做了季氏的家臣，孔子称其“可使南面”。古代天子、诸侯临朝面南而坐，南面往往代指天子、诸侯，故孔子实际上是称赞仲弓可以做天子、诸侯。这当然是夸张的说法，是一种修辞。但在孔子看来，仲弓拥有很高的政治才能则是肯定的。

但是我们需要注意的是，孔子之所以为孔子，绝不仅仅是因为他适应了当时社会的需要，为新兴的大夫阶层培养了一批管理人才。孔子之所以伟大，之所以被后人敬仰，是因为他超脱了狭隘的阶级立场，不只是为执政者培养管家、代理人，而是从天下的角度，着眼于未来文明秩序的建构，培养具有高尚道德情操的君子。所以孔子教授弟子不限于知识的传授，而更看重对道的追求，对人生价值理想的弘扬；孔子创立的儒学就是在春秋末年的乱世重新确立人生价值理想的学说，道才是儒学的核心，所以说“朝闻道，夕死可矣”（《论语·里仁》）。因此孔子不是要求弟子以求职者的身份去满足、迎合执政者的需要，而是以君子、主人的身份去改造、完善社会。当民众与执政者的利益发生冲突时，孔子要求弟子站在民众一方，不能助长统治者的巧取豪夺。如冉求做了季氏的宰，“季氏富于周公，而求也为之聚敛而附益之”，季氏比当年的周公都富有，冉求却帮助他聚敛财富。子曰：“非吾徒也，小子鸣鼓而攻之可也。”（《论语·先进》）孔子说这个人已经不是我的学生了——我不承认这个学生了，弟子们可以敲着鼓去讨伐他了。所以孔子固然鼓励弟子积极出仕，但弘道才是更高的人生理想和目标，出仕不过是弘道的手段之一。出仕之外，孔门弟子不乏其他的选择，像子贡选择经商，根据市场行情的变化做生意，“亿则屡中”，成为巨富。他的车队来往各国，“所至，国君无不分庭与之抗礼”。而且使孔子的名声“布扬于天下者”，正是弟子子贡。（见《史记·货殖列传》）还有一些弟子选择在民间传播学术，如澹台灭明活动于南方，有弟子300人，在诸侯间很有影响，他却“非公事不见卿大夫”，坚持民间立场，保持学术独立。而孔子最欣赏的弟子恰恰是没有出仕经历的颜回。孔子为什么喜欢颜回？显然是因为“其心三月不违仁”，颜回最为好学，对道的追求最为坚定。所以在孔子看来，如果不是树立了坚定的仁道理想，如果不明白出仕的目的是什么，一心只求出仕只可能造就利禄之徒，甚至做出助纣为虐的事情。明白了这一点，再来看孔子对弟子的教诲，就容易理解了。

本章还是谈为政。仲弓做了季氏的家臣，向孔子请教如何处理政事。孔子回答了三点：一是“先有司”，“先”是身先士卒；“有司”指官吏，古代设官分职，各有所司，故官吏也称“有司”。“先有司”，给下属官吏做榜样。二是“赦小过”，赦免小的过错。三是“举贤才”，举荐贤才，把有才能的人推举出来。在孔子生活的时代，血缘是最基本的社会关系，故“亲亲”是普遍认可的伦理法则。一个人不能不顾及自己的父母兄弟亲人，要对他们承担相应的责任与义务。但治国只讲“亲亲”不行，不能任人唯亲，而要任人唯贤，要超越血缘关系，故“贤贤”逐渐成为重要的伦理法则。三代时主要讲“亲亲”“尊尊”，虽然也有尚贤的举措，但只是个别行为，尚不普遍。春秋时期尤其是到了孔子时，“亲亲”“尊尊”之外，又出现“贤贤”的主张，要求举荐贤才，这是时代观念进步的反映。孔子告诫仲弓要“举贤才”，是顺应时代的发展与要求的。

仲弓又问：“焉知贤才而举之？”我要怎么知道全部的贤才而把他们都举荐出来呢？孔子说：“举尔所知，尔所不知，人其舍诸？”“诸”是代词，相当于“之”。举荐你所知道的，你所不知道的，别人会舍弃他们吗？举贤才说起来容易，做起来难，因为我们对他人的了解是有限的，有些人会了解多一些，有些人就不太了解，这就需要形成举贤才的社会风气或者制度，人人都举贤才，就不用担心贤才会被埋没了。

这里做一点补充，上海博物馆藏竹简中有一篇《仲弓》，内容与本章有关，可以利用二重证据法加深对“仲弓问政”的理解。《仲弓》第一简说：“季桓子使仲弓为宰，仲弓以告孔子。”由此可知，任用仲弓的是季桓子，也就是季孙斯，他是鲁国季氏家族的重要人物。季桓子的父亲季平子，曾经用武力把鲁昭公赶出鲁国，使其客死他国，自己摄行君位，俨然鲁国的君主。鲁定公五年（前505），季平子卒，他的家臣阳虎趁机囚禁了年幼的季桓子，代替其执政达三年之久，这就是所谓的“陪臣执国命”。后季桓子联合孟孙氏、叔孙氏赶跑了阳虎，重新夺回政权。季桓子执政后，孔子一度受到重用，先后为中都宰、鲁司寇，并推行一生中最重要的政治计划——“堕三都”。当时鲁国三桓的势力发展很快，他们利用掌握的私邑与公室对抗，逐渐控制了鲁国政权。而三桓手下的家臣又掌握了私邑，发动叛乱与三桓对抗，形成了上下复杂的矛盾关系。孔子“堕三都”的真实目的是削弱三桓的势力，扩大公室的力量，但他的这一主张又和三桓的利益一致，所以得到三桓的拥护。孟孙氏的家臣公敛处父看破了孔子的计谋，认为没有了孟孙氏的封邑成，也就没有孟氏，所以拒绝堕封邑成，孔子的计划遂告失败。“堕三都”失败后，齐人送来女乐，季桓子三日不朝，在这种情况下，孔子不得已辞官而去，开始周游列国的历程。鲁哀公三年（前492），季桓子卒，临死前想起因自己出走的孔子，不由心生感慨，叮嘱儿子季康子召回孔子。上博简《仲弓》所记，应该是季桓子去世前的事情。

《论语》记录仲弓问政，孔子的回答共有“先有司”“赦小过”“举贤才”三点，《仲弓》的内容则有所不同，一共回答了四点：“老老慈幼”“先有司”“举贤才”“赦过与罪”。孔子曾讲“老者安之”“少者怀之”（《论语·公冶长》），孟子也讲“老吾老以及人之老，幼吾幼以及人之幼”（《孟子·梁惠王上》），故“老老慈幼”——尊敬老者，爱护幼者应是儒家的重要主张，加上这一句，从义理上看是合理的。整理者李朝远先生就认为，传世本《论语》缺记了“老老慈幼”条。当然，《论语》中是否有这一句还需要有文献的支撑，我们知道1973年曾在河北定县（今河北定州）八角廊汉墓中出土过一本《论语》，不过由于该墓早年曾被盗窃并焚烧过，竹简残碎严重，字迹难以辨认。加之当时是“文革”时期，文物考古不受重视，竹简发现后就放在一个仓库里，后来又遇到唐山大地震，库房倒塌，竹简被埋在废墟中，又经历一次损害，保留下来的仅有今本《论语》一半的文字。《子路》“仲弓问政”章有残损，无法做出判断。不过据报道，前不久发掘的西汉海昏侯刘贺墓中也发现了一部《论语》，保存比较完整，字数与今本相当。等这批文献公布后，我们可以看看，是否有“老老慈幼”一句。另外，《论语》讲“赦小过”，《仲弓》则说“赦过与罪”，相比较而言，后者态度更为激进，也更具有仁道精神。

13·3 子路曰：“卫君待子而为政，子将奚先？”子曰：“必也正名乎！”子路曰：“有是哉，子之迂也！奚其正？”子曰：“野哉，由也！君子于其所不知，盖阙如也。名不正，则言不顺；言不顺，则事不成；事不成，则礼乐不兴；礼乐不兴，则刑罚不中；刑罚不中，则民无所措手足。故君子名之必可言也，言之必可行也。君子于其言，无所苟而已矣。”

本章翻译过来是，子路对孔子说：“卫君等着您参与政事，您打算从哪里做起呢？”孔子说：“首先必须正名吧！”子路说：“您真是迂腐啊！这名怎么正呢？”孔子说：“仲由，你真是粗野啊！君子对于他所不知道的，应该采取存疑的态度。如果名分不正当，政令就不顺畅；政令不顺畅，事情就办不成；事情办不成，礼乐就不能兴起；礼乐不能兴起，刑罚就不会得当；刑罚不得当，老百姓就会手足无措。所以君子对于名一定要进行规定，规定后一定要可以实行。君子要把名讲通，一点都不能马虎。”

本章论正名，影响很大，也很重要。子路问，卫国的国君等着您处理政事，您打算从哪里做起呢？孔子说，首先必须正名吧。正名是什么意思？我们等会解释，先看子路的反应。子路说：“有是哉，子之迂也！奚其正？”有这样做的吗？您真是迂腐啊！这名怎么正啊？从《论语》的记载来看，孔子的作风是比较民主的，经常与弟子自由讨论。但是听到子路的话，孔子还是忍不住了。“野哉，由也！”仲由，你真是粗野啊！“君子于其所不知，盖阙如也”，君子对于他不知道的事情，应该采取存疑的态度。“阙”，通“缺”。“阙如”，存疑不论的意思。老师这样讲，肯定有自己的道理，你不理解，可以虚心请教，怎么能轻易下结论，甚至指责老师呢？我们知道，子路的性格比较鲁莽，他“性伉直”，背长剑，戴有鸡冠的帽子，一度瞧不起孔子，甚至欺凌孔子，后来被孔子的学识所折服，心悦诚服拜孔子为师，性格有了很大的改变。但是江山易改，本性难移，关键时候子路鲁莽的性格又暴露出来了，可见一个人要改变自己的性格，是非常难的。不过，子路有这样激烈的反应，也是有原因的，如果不理解当时的对话背景，是很难读懂这一章的。《论语》有一个特点，它只是记录了当时人们之间的对话，但对话的语境是什么，则往往略去了。阅读经典要知人论世，要回到当时的具体语境中去，这是我们阅读《论语》的一个重要原则。如果不了解当时的语境，不了解子路是针对什么问题发问的，就很难理解他的态度和反应。庆幸的是，关于孔子生平的记载是比较多的，《史记》中有《孔子世家》，《左传》中也有大量关于孔子生平活动的记载。经过考证，我们可以把孔子的生平活动梳理出来。结合这些材料，理清本章的历史背景，才可以真正理解本章的内容。

本章所记的是孔子在卫国的事情，子路所说的“卫君”，指卫出公辄，他是卫灵公的孙子，蒯聩的儿子。孔子一生多次来到卫国，在卫国生活过很长时间。孔子初到卫国的时候，是卫灵公执政。卫灵公的夫人叫南子，是个非常风流的女人，还带给孔子不少麻烦，《论语·雍也》篇“子见南子”章讲的就是这件事。古代女子恪守妇道，平时只能待在家里，男主外女主内。但南子不甘寂寞，派人对孔子说，每个到我们国家的人，拜访国君的时候都要来拜访我。南子的要求是不符合礼仪的，孔子也不愿意去，但最后不得已还是去了。据《史记·孔子世家》记载，二人是隔着帷幕见面的，孔子向南子行礼，南子向孔子回礼，身上的玉佩叮咚作响。这件事给孔子造成不好的影响，很多人借此抨击儒家，认为孔子喜欢巴结钻营。孔子见南子时，子路很不高兴，孔子不得不诅咒发誓：“予所否者，天厌之！天厌之！”(《论语·雍也》)我如果做得不对，老天厌弃我！老天厌弃我！民国时期山东的大学生排演了一出戏剧，名字就叫《子见南子》，也是拿此事说事，结果惹得孔氏后人大怒，一气之下将学生告上法庭，说明这件事影响深远。那么，孔子为什么要拜访南子呢？首先当然是因为南子的一再要求。孔子见南子时也说了，“吾乡为弗见，见之礼答焉”(《史记·孔子世家》)，我之前没有来拜见，现在根据礼仪来答谢。别人提出邀请，你一再拒绝，是不礼貌的。其次还有一个原因，孔子到卫国是寻找出仕机会的，而他知道，南子是能够影响到卫灵公的人物，如果得罪了南子，也就失去了在卫国施展才干的机会，所以犹豫之后还是去拜访了南子。

我们先来介绍一下南子。南子是宋国的公主，后嫁给卫灵公。她生性淫乱，出嫁前就曾与宋国公子朝私通。宋朝是个美男子，《论语》曾说到

“宋朝之美”。古代没有自由恋爱之说，南子的行为在当时是非常不检点的。更过分的是，她成婚后仍与宋朝勾勾搭搭，还经常把宋朝接到卫国，在一个叫洮的地方相会。奇怪的是，对于南子的行为，卫灵公不仅不阻止，反而纵容。可是，卫灵公的太子蒯聩知道此事后，非常愤怒。有一次他出使路过宋国，听到野外的人唱道：“既定尔娄猪，盍归吾艾豭。”“娄猪”是求子的母猪，这里指南子；“艾豭（jiā）”是漂亮的公猪，这里指宋朝。这两句翻译过来就是：已经满足你们的母猪，为何还不归还我们漂亮的公猪？蒯聩羞愧至极，于是决定派人刺杀南子，但事情泄露，没有成功，只好逃到国外去了。后卫灵公去世，太子蒯聩由于身在国外，失去继承王位的机会，于是卫灵公夫人立蒯聩的儿子辄为卫君，这就是卫出公。但是蒯聩不甘心，在他看来，自己是太子，王位应该是自己的。于是在晋国的帮助下，蒯聩带兵杀回卫国，想重新夺取王位，卫出公也出兵抵抗，形成了父子相争的局面，这就是著名的“卫辄拒父”。而这一切的导火索，就是南子。

了解了这一背景，再来读这一章就容易理解了。卫辄为了对抗父亲蒯聩，于是拉拢孔子，希望他能帮助自己。而对于孔子来说，也面临一个选择：到底是支持父亲，还是支持儿子？如何处理蒯聩与卫辄之间棘手的矛盾？子路想问的，实际上是这个问题。可是孔子却回答，首先一定要正名。孔子说的名不是名称的名，而是名分的名，是“君君，臣臣，父父，子子”的名。君是一个名，但君又不只是一个名称，还包括了君的责任、义务，以及相应的礼义规范，也就是名分。作为君要像个君的样子，要尽君的名分。臣、父、子也是如此。所以孔子说的正名主要不是逻辑学的，而是政治学的，是对君臣、父子人伦关系的调整。从父子关系来看，蒯聩是父，卫辄是子，儿子当然要服从父亲；但是从君臣关系来看，卫辄是君，蒯聩是臣，蒯聩自然要服从卫辄，不能再与卫辄争夺王位。卫国之所以出现当时的混乱局面，就是名分不正引起的，所以孔子说，首先必须要正名。子路一听，直脾气上来了，我想知道您是支持蒯聩还是卫辄，是支持父亲还是国君，您却提出要正名，这名怎么正？这不是迂腐吗？子路学识不够，目光短浅，不理解老师的用心，他关心的是一个具体的问题，想了解孔子如何面对卫国的政治困局。而孔子思考的则是一个更为根本的问题，即造成礼崩乐坏、政治混乱的原因，以及如何消除混乱的问题。至于选边站队，到底支持谁，反而是次要的问题，在这一章中并没有涉及。

在孔子看来，当时社会之所以礼崩乐坏、政治混乱，就是因为“名不正”。以鲁国为例，本来国君是最高执政者，是一国之统率，但是权力反被大夫剥夺了，三桓成为实际的执政者。从名的角度说，“君者，善群也”（《荀子·王制》）。君是能够统领、组织人群者，但是实际上又并非如此。大夫名义上是国君的下属，但三桓实际上又在发号施令，做起了国君应做的事情。这就是名实不副，是造成礼崩乐坏、政治混乱的原因。而要解决这一社会问题，就要正名，使名实重新相副。为什么名实不副会造成政治混乱呢？孔子接着解释：“名不正，则言不顺。”名分不正当，名实不副，政令就不顺畅。这里的“言”不是一般性的言论，主要是指政令。一国之内，谁应该发布政令呢？当然应该是国君。但是鲁国是三桓在发布政令，这合法不合法？严格说来是不合法的，但是事实上又是这么做的。这样发出的政令自然不能顺畅，使人心生疑虑。“言不顺，则事不成”，政令不顺畅，事情就办不成。“事不成，则礼乐不兴”，事情办不成，则礼乐就不能兴起。“礼乐不兴，则刑罚不中”，礼乐不能兴起，刑罚就不会得当。“刑罚不中，则民无所措手足”，刑罚不得当，民众就会手足无措，无所适从。所以名是非常重要的，要解决民众手足无措的问题，首先就要正名。“故君子名之必可言也，言之必可行也”，所以君子对于名一定要进行规定，规定后一定要可以实行。这里的“言”是言说之意。君是发号施令的，臣是服从、辅佐君的，这样才讲得通，也可以实行。反过来，如果君要服从臣，臣要指挥君，这样就讲不通，也不可实行了。但是孔子所处的时代恰恰出现了这种情况，所以他要正名。“君子于其言，无所苟而已矣。”这里的“言”疑是“名”之误，君子对于名，不可以马虎，也就是要正名之意。但是没有根据，不好随意改字解经。如果是“言”，那就应该是关于“名”的“言”，也就是要把名讲通，这件事不能马虎。

我们可以看到，本章是子路与孔子关于政事的对话，子路问的是一个具体的问题，即如何面对蒯聩与卫辄之间权力斗争的问题。孔子则深入一步，思考的是造成政治困局的原因以及如何解决这一困局的问题。孔子的答案是要正名，正名不仅是对卫国讲的，也是针对当时整个社会讲的，是一个普遍性原则。当时礼崩乐坏就是因为“名不正”造成的，而要解决这一问题就要正名。至于孔子如何面对蒯聩与卫辄的矛盾，在二者之间做出何种选择，本章则没有说明。不过《论语·述而》篇中有一章涉及这个问题，可以从中了解孔子的基本态度。冉有曰：“夫子为卫君乎？”冉有问，老师会支持卫君吗？卫君就是卫出公辄。子贡曰：“诺。吾将问之。”子贡说，好吧，那我去问问老师。“入，曰：‘伯夷、叔齐何人也？’”古人说话比较含蓄，不会开门见山，子贡是来问孔子对于卫辄的态度的，却故意问起伯夷、叔齐。伯夷、叔齐是商末孤竹国的两位王子，伯夷年长，本应该继承王位，但孤竹君有意传位给叔齐，叔齐不愿抢了哥哥的王位，要让给伯夷。伯夷以不尊父命为由，逃出孤竹国；叔齐亦不肯立，亦逃之。伯夷、叔齐也曾面临王位继承的问题，但他们不是抢，而是让，与蒯聩、卫辄形成鲜明对比，故子贡用伯夷、叔齐试探孔子对于蒯聩父子相争的态度。孔子说："古之贤人也。"伯夷、叔齐是古代的贤人，是值得我们学习、崇拜的人。子贡又问："怨乎？"伯夷、叔齐互相谦让，都没有做成国君，会抱怨吗？孔子说："求仁而得仁，又何怨。"这是他们的选择，没有什么可抱怨的。听到这里，子贡明白了，"出，曰：'夫子不为也。'"出来对冉有说，老师是不支持卫辄的。为什么呢？因为这涉及家庭与国家，或者说门内与门外的关系问题。郭店竹简《六德》说："门内之治恩掩义，门外之治义斩恩。"《礼记·丧服四制》云："门内之治恩掩义，门外之治义断恩。"如果站在家庭的角度，亲情要重于道义；但如果站在国家的角度，责任、道义则大于亲情。伯夷、叔齐兄弟相让，是出于血缘亲情，维护的是家庭伦理。但他们不做国君，一走了之，对于国家则是一种不负责任的态度。所以后人对于伯夷、叔齐的评价是有分歧的，肯定他们，往往是认为家庭关系重于国家道义；批评他们，则是认为国家道义重于家庭关系。孔子肯定伯夷、叔齐，认为他们是"求仁而得仁"，所以子贡认为孔子是重家庭关系和血缘亲情的，希望卫辄能像伯夷、叔齐那样，通过礼让化解矛盾，而不是父子相争、兵戈相见。当然礼让也不限于卫辄，同样适用于蒯聩，只要父子二人中有一人能够做到礼让，卫国的政治困局就自然解决了，这实际上是用道德解决政治问题。但是对于这个问题，《春秋公羊传》有不同的说法，文中对此事的评论是：

然则曷为不立蒯聩而立辄？蒯聩为无道，灵公逐蒯聩而立辄。然则辄之义可以立乎？曰可。其可奈何？不以父命辞王父命，以王父命辞父命，是父之行乎子也。不以家事辞王事，以王事辞家事，是上之行乎下也。(《春秋公羊传·哀公三年》)

“王父”指卫灵公，“父”指蒯聩。卫灵公令卫辄为君，那么卫辄要听从灵公的命令，还是父亲蒯聩的命令呢？当然是卫灵公的。“不以父命辞王父命”，不能因为蒯聩而违背卫灵公的命令，“辞”是违背、不从的意思。“以王父命辞父命，是父之行乎子也”，因为卫灵公的命令而不听从蒯聩的命令，这符合子要遵从父的原则。因为灵公是父，蒯聩是子，蒯聩本来就是要遵从灵公命令的。既然灵公已立卫辄为君，作为儿子的蒯聩就应承认这一事实，而不该违背灵公的命令与卫辄争位。更重要的是，灵公立卫辄为君，属于“王事”，是国家事务，而蒯聩与卫辄的纠纷只能算是“家事”，是家庭事务。如果卫辄想学习伯夷、叔齐，欲让国于蒯聩，就是将家事置于国事之上，是不恰当的。卫辄此时已是国君，应该站在国家的立场，而不是家庭的立场考虑问题。所以《公羊传》的主张是：“不以家事辞王事”，而应“以王事辞家事”。其所维护的是君臣之义，认为父子之情应该服从君臣之义。可见，在“卫辄拒父”的问题上，《论语》与《公羊传》的看法是不同的。《论语》强调礼让，维护的是血缘亲情；《公羊传》重视君臣之义，维护的是“上之行乎下”的尊卑等级。那么，二者哪个更接近孔子的思想呢？我认为是《论语》，早期儒家一般是家庭本位，更重视家庭关系，这就是《六德》所说的“为父绝君，不为君绝父”。秦汉以后的儒家则比较推崇君权，重视君臣关系，《公羊传》反映的是大一统的儒学思想。

《子路》第3章非常有名，人们谈到孔子的正名思想时，就会想到本章。像“名不正，则言不顺”，相信大家一定是耳熟能详的，但是本章的具体语境，就不一定了解了。子路的问题是针对“卫辄拒父”提出的，孔子提出正名，则是对那个时代政治困局的回应。不过卫国的情况比较特殊，其“名不正”不是像鲁国那样，发生在诸侯与大夫之间，而是在父子之间，是父子关系与君臣关系何者为重的问题。本章虽然没有提及孔子对于蒯聩、卫辄矛盾的态度，但从《论语》其他章的内容看，他是希望通过礼让化解父子争权的矛盾的。

13·4 樊迟请学稼。子曰：“吾不如老农。”请学为圃。曰：“吾不如老圃。”樊迟出。子曰：“小人哉，樊须也！上好礼，则民莫敢不敬；上好义，则民莫敢不服；上好信，则民莫敢不用情。夫如是，则四方之民襁负其子而至矣，焉用稼？”

本章意思是，樊迟请求学种庄稼。孔子说：“我不如老农。”又请求学种菜。孔子说：“我不如老菜农。”樊迟退了出来。孔子说：“樊迟真是个没有抱负的人！在上位的人重视礼，百姓就不敢不敬；在上位的人重视义，百姓就不敢不服；在上位的人重视信，百姓就不敢不用真心对待。做到这样，四方的百姓都会背着自己的孩子来投奔，哪里用得着自己去种庄稼呢？”

樊迟是孔子的弟子，他向孔子请教如何种田。孔子怎么回答的？“吾不如老农”，我不如老农，你去跟老农学吧。樊迟又请教如何种菜。孔子说：“吾不如老圃”，我不如菜农，你去跟菜农学吧。“圃”的本意是菜地，这里为动词，指种菜的人。樊迟出去后，孔子说：“小人哉，樊须也!”樊须就是樊迟。孔子说，樊迟真是个小人啊！孔子的这句话容易引起争议，先秦时期的“小人”有两种用法，一是从道德上讲的，指道德低下；一是从身份上讲的，指地位不高的人，即普通人。这句的小人应从后者去理解，是说樊迟是个普通人，意思是樊迟没有追求。“上好礼，则民莫敢不敬；上好义，则民莫敢不服；上好信，则民莫敢不用情”，在上位的人重视礼，百姓就不敢不恭敬；在上位的人重视义，百姓就不敢不服从；在上位的人重视信，百姓就不敢不用真心对待。在上位的人，也就是执政者如果能做到好礼、好义、好信，“夫如是，则四方之民襁负其子而至矣，焉用稼?”这样的话，四方的百姓就会背着他们的孩子来投奔，哪里还用得着种庄稼呢?“襁”是背负婴儿的背带或布兜，这里用作动词，指背负。

本章与“亲亲相隐”“唯女子与小人为难养也”一样，是《论语》中最有争议的章节之一，直接涉及对于孔子的理解和评价。在“批林批孔”运动中，本章就是批判孔子四体不勤、五谷不分、轻视劳动人民的一条重要罪状。我觉得今天不必做如此诛心之论，而应从孔子所处的时代以及人们的人生选择角度来理解。孔子生活于贵族等级制度被打破、社会出现流动的时代，特别是出现了“士”这一特殊阶层。士本来属于贵族阶级，是贵族中最低的一个阶层，由于社会流动，阶层固化被打破，凡具有一定知识、文化、技能，且在社会上产生一定影响的人，都可以成为士，士成为一个新的社会阶层。对于贵族而言，士属于精英阶层，负有管理、教化庶民的责任；对于庶民而言，升入新的阶层是他们的期望，而现实也具有了这种机会与可能，尽管只是针对少数人而言。孔子收徒设教，就是要培养一批士人、君子，让他们参与社会的治理，齐家治国平天下，重建礼乐秩序。所以儒家往往是从社会管理者的角度考虑问题的，具有很强的精英性质，这点与墨家、农家不太一样。墨家、农家是下层民众的代言人，其信徒往往是工匠、农夫，是劳动生产者，所以他们具有民粹的倾向，主张“贤者与民并耕而食，饔飧而治”，认为执政者也要参与劳动，甚至是家务劳动。“饔飧”本意指早饭和晚饭，这里用作动词，指做饭。执政者要一边做饭、干家务，一边治理国家，这是农家的理想。儒家当然是不同意的，所以孟子对农家有激烈的批评，他的理由是：“或劳心，或劳力；劳心者治人，劳力者治于人；治于人者食人，治人者食于人：天下之通义也。”（《孟子·滕文公上》）社会本来就是存在分工的，有脑力劳动者，有体力劳动者；脑力劳动者应该从事管理，体力劳动者自然应该从事生产；从事管理的应该被从事生产的养活，从事生产的应该养活从事管理的，这是“天下之通义”。从这里可以看到，儒家是要培养劳心者，培养社会的精英阶层，培养士人、君子，他们更看重的是才能、品格，是治天下的能力。樊迟的选择，显然与孔子的想法是不一致的，有违孔子的教育理念。所以孔子说樊迟这个人甘心做一个普通人，是批评他不求上进。不能说孔子就一定瞧不起耕田种地的人，瞧不起劳动者，只是他对弟子有更高的期许，希望弟子能成为有政治才能的人。如果说孔子有等级观念的话，那就是孔子思想中存在君子与小人、管理者与被管理者的差别，他更看重的是君子、管理者，他要培养的也是管理人才。樊迟甘心做一个耕田种地者，他当然不满意。我们今天讲职业无尊卑贵贱之分，但做人生选择时，还是希望做科学家、工程师、企业家等。当然每个人的能力、天资、机遇不同，任何选择都是值得尊重的。作为一名大学教师，我当然希望学生能在学术上有所成就，成为著名的学者、教授。如果有一个学生对我说，老师，我毕业后想去送外卖，我就会批评他，“小人哉，某某同学”，太不求上进了。这样理解，就可以讲通了。

13·5子曰：“诵《诗》三百，授之以政，不达；使于四方，不能专对；虽多，亦奚以为？”

本章意思是，孔子说：“诵读《诗》三百，授予他政事，不能通达；派他出使四方，却不能独立应对；即使读得再多，又有什么用呢？”

这里的《诗》指《诗经》，《诗经》共305首，所以人们经常说“《诗》三百”。我们今天阅读《诗经》，会把它看作古代诗歌的总集，认为是一部文学作品。但是在春秋时期，《诗》首先是贵族间交流表达的重要媒介。翻阅《左传》，我们会发现贵族交流时经常引用《诗》，两个人见面，我引《诗》一首，对方听到后，马上理解了，因为他们对《诗》都非常熟悉，于是也回《诗》一首，这被看作贵族的修养。孔子继承了这个传统，要求自己的弟子也要学《诗》。孔子教授弟子，主要科目就是《诗》《书》《礼》《乐》，《诗》占有重要地位。《论语·季氏》记载了一件事，有一天，孔子独自站在院子里，儿子孔鲤从庭前路过，看见父亲转身想走。孔子说：学《诗》了吗？孔鲤回答：还没有。孔子说：“不学《诗》，无以言!”你不学习《诗》，连话都不会说。于是“鲤退而学《诗》”，孔鲤转身去学《诗》了。孔子为什么说“不学《诗》，无以言”呢？因为古代贵族重视修养，遇到事情不能直白地去说，而要懂得引用《诗》来表达，这样才能显出水平。这就好比今天朋友外出游玩，看到夕阳余晖，孤雁翱翔，有文化的会说：“落霞与孤鹜齐飞，秋水共长天一色。”而没文化的则会说：“哇，好大的鸟，真好看！”又比如被公司炒鱿鱼了，读过诗的会说：“仰天大笑出门去，我辈岂是蓬蒿人。”没读过诗的最多说一句“此处不留爷，自有留爷处”。或许我们今天不太看重这些了，但在古代则不同，《诗》不仅关涉个人的修养，还是社会身份的体现。当然，《诗》的作用不仅限于表达，孔子说：“《诗》，可以兴，可以观，可以群，可以怨。迩之事父，远之事君；多识于鸟兽草木之名。”（《论语·阳货》）“兴”是起兴，是“先言他物，以引起所咏之词也”。“兴”可以激发人的情志，引发对生活的感悟。“观”是“观风俗之盛衰”，古代有采诗之官，王者通过所采之诗可以“观风俗，知得失，自考正”。还有一种说法，认为“观”是观志，古人盛行“赋诗言志”，通过别人所赋之诗，就可以观得其志。“群”是与人交往，学习了《诗》就可以与志同道合者切磋交往。“怨”是怨刺、批评，可以通过《诗》对不合理的事情做出批评。所以《诗》可以激发人的情志，可以观察风俗盛衰，可以与人交流，可以怨刺、批评。另外，读《诗》还可以认识很多鸟兽草木的名称。但这些都不是最重要的，最重要的是“事父”“事君”，这在古代属于政治活动，《诗》的价值更多地体现在这个方面。所以在古代，《诗》首先不是文学，而是经学。什么是经学？就是治国的大纲大法，是政治性的。

孔子说，诵读了《诗经》三百首，交给他政事，却做不到通达。“达”是通达，指通晓为政之理。出使其他国家，不能独立应对。“专对”，指遇到事情无法回去请示，需要自己做出决断。即使《诗》读了很多，又有什么用呢？所以孔子在本章主要是从政治角度来看待《诗》的，突出的是《诗》的政治功能，这对以后人们对《诗》的理解产生很大影响。

13·6子曰："其身正，不令而行；其身不正，虽令不从。"

本章意思是，孔子说："自己行为端正，不用命令百姓就会遵行；自己行为不正，即使发布命令百姓也不会听从。"

本章论身教。"其"是反身代词，指自己。"身"可以理解为行为。"正"是端正。自己行为端正，不用发号施令百姓也会遵行；自己行为不端正，即使发布命令百姓也不会听从，所以身教胜于言教。这是一个很朴素的道理，也是《论语》中反复强调的思想，如："政者，正也。子帅以正，孰敢不正？"（《论语·颜渊》）本篇第13章也说："苟正其身矣，于从政乎何有？不能正其身，如正人何？"前些年发现的郭店竹简中，也有很多强调身教的内容。如："下之事上也，不从其所命，而从其所行。上好是物也，下必有甚焉者。"（《尊德义》）下级对于上级，不看你说什么，而看你做什么。上面喜好什么，下面会加倍喜欢。"亡乎其身而存乎其词，虽厚其命，民弗从之矣……上苟身服之，则民必有甚焉者。"（《成之闻之》）自己没有做到而只是嘴上讲讲，讲得再好，百姓也不会听从。上面如果行动上做到了，百姓就会做得更好。可见，身教是儒家的一个重要思想，不仅孔子，孔子之后的儒家学者都非常重视和强调这一思想。

13·7子曰："鲁卫之政，兄弟也。"

本章翻译为，孔子说："鲁国和卫国的政局，真像是一对难兄难弟。"

孔子周游列国，在卫国住过很长时间，他的弟子也有在卫国出仕者，所以孔子对卫国的政治是比较了解的。从渊源上看，鲁国是周公的封地，卫国是康叔的封地，周公和康叔都是文王的儿子，是兄弟，所以说，鲁国和卫国本来就是兄弟之国。在孔子时代，鲁国和卫国的政治都出现了问题，鲁国是三桓掌权，架空了国君；卫国因卫灵公宠幸南子，引起内乱，导致蒯聩、卫辄父子争位。孔子说："鲁卫之政，兄弟也。""兄弟"有两层意思，一是说鲁国和卫国本来就是兄弟之国；二是说现在鲁国、卫国的政局都陷入混乱，像是一对难兄难弟。朱熹说："鲁，周公之后。卫，康叔之后。本兄弟之国，而是时衰乱，政亦相似，故孔子叹之。"后人多是根据朱熹的说法理解本章的。

13·8 子谓卫公子荆，"善居室。始有，曰：'苟合矣。'少有，曰：'苟完矣。'富有，曰：'苟美矣。'"

本章意思为，孔子谈到卫国的公子荆，说："他善于居家过日子。刚刚有一点家产，就说：'差不多足够了。'稍微多一点时，就说：'差不多完备了。'更多一点时，就说：'差不多完美了。'"

本章可能是孔子在卫国时对公子荆的评论。公子荆，卫国大夫，名荆，字南楚，是卫献公的儿子。春秋时期，诸侯的儿子中继承君位的称为世子，其余皆称为公子。据《左传·襄公二十九年》记载，吴国的公子札到各国去访问，在卫国见到了蘧瑗、史狗、史鳅、公子荆、公叔发、公子朝等人，言谈甚欢，赞叹道："卫多君子，未有患也。"卫国有很多贤能的君子，不会有什么祸患。公子札称赞的君子中，就包括公子荆。本章孔子称赞卫国的公子荆善于居家过日子。"善"是擅长、善于之意。"居室"指居家过日子。"始有，曰：'苟合矣。'"刚有一点家产，就说："差不多足够了。”“苟”是差不多、勉强的意思。“合”，足够。“少有，曰：‘苟完矣。’”稍微多一点，就说：“差不多完备了。”“富有，曰：‘苟美矣。’”再多一点，就说：“差不多完美了。”公子荆有君子之称，他的人格风范、处事态度受到时人的肯定。孔子距离公子荆时代不远，对他应该是有所了解的。从本章来看，公子荆之所以“善居室”，就在于知足常乐，而不是贪得无厌。公子荆不像一些统治者，总觉得自己的财产不够，总想多搜刮一点。虽然公子荆知足、节制，他的财富却在不断增长，这也是孔子欣赏他的地方。

13·9 子适卫，冉有仆。子曰：“庶矣哉！”冉有曰：“既庶矣，又何加焉？”曰：“富之。”曰：“既富矣，又何加焉？”曰：“教之。”

本章翻译过来是，孔子去卫国，冉有为老师赶车。孔子说：“人口真多呀！”冉有问：“人口已经够多了，还要做些什么呢？”孔子说：“使他们富裕。”冉有又问：“富裕之后，还要做些什么呢？”孔子说：“使他们得到教育。”

孔子到卫国去，弟子冉有为老师赶马车。孔子一生到过卫国多次，本章记录的是哪一次，已不可详考。“仆”是驾车的人，这里用作动词。可能是进入了卫国国境，看到了卫国的民众，孔子感叹道：“庶矣哉！”人口真多啊！“庶”是众多的意思，这里指人口多。冉有就问：“既庶矣，又何加焉？”人口已经很多了，还要做什么呢？孔子说：“富之。”使他们富裕。冉有又问：“既富矣，又何加焉？”已经富裕了，还要做什么呢？孔子回答："教之。"使他们得到教育。这里的"富之""教之"都是使动用法。

本章反映了孔子的治国理想，可以概括为6个字：庶之、富之、教之。首先要增加人口，古代地广人稀，不存在计划生育的问题，相反要鼓励生育。其次要改善生活，使民众富裕起来。再次是推行教育，使民众懂得礼义廉耻，"仓廪实而知礼节"。从本章可知，孔子主张"先富后教"，"教"要建立在"富"的基础上。后来有些儒者看到孔子重视教化，加之维护专制统治的需要，便大谈"存天理，灭人欲"，甚至主张"饿死事小，失节事大"，这实际上是"先教后富"，甚至是"教而不富"，与孔子的思想是完全背离的。儒学经过两千多年的发展，内部是非常复杂的，有些人不加区分，抓住一点就全盘否定，是不正确的。我们要分清楚哪些是儒家的真精神，哪些是后儒的扭曲、改造，这样才能把握儒学的精华、实质，也才能为儒学做出辩护。

13·10 子曰："苟有用我者，期月而已可也，三年有成。"

本章意思是，孔子说："如果有人用我，一年就可以有起色，三年就会有成果。"

"期（jī）月"有两种含义，一指一整月，一指一整年。《中庸》云："择乎中庸，而不能期月守也。"这里的"期月"指一整月。而本章指一整年。孔子说，如果有人用我，给我从政的机会，一年就可以有起色，三年就可以有成果。可见孔子对自己的政治才能是颇为自负的，对自己的政治理念也是充满自信的。但是孔子又认为，自己才能的施展、理念的实现必须是有条件的，就是有人用我，给我从政的机会。这可以说是孔子及儒家无法克服的内在矛盾，是他们希望得君行道必然面临的困境。本章可能是孔子早年从政前的言论，反映了他对政治实际运作缺乏了解的浪漫心态。

13·11 子曰："'善人为邦百年，亦可以胜残去杀矣。'诚哉是言也！"

本章意思是，孔子说："'善人治国百年，就可以遏制残暴之人，废除刑罚杀戮了。'这话真有道理呀！"

"善人"，指具有仁德的执政者，犹如下一章的"王者"。"胜残"，遏制残暴之人，使之不能作恶。"去杀"，废除刑罚杀戮。好人治国百年，就可以遏制残暴之人、废除刑罚杀戮了。这是孔子引用别人的话，可能是当时流行的观点，孔子认为这句话很有道理。

13·12 子曰："如有王者，必世而后仁。"

翻译过来就是，孔子说："如果有王者出现，也一定要三十年才能使天下归仁。"

"世"，古人称三十年为一世。孔子说，如果有王者兴起，一定要有三十年才可以做到天下归仁。孔子的社会理想是天下归仁，使天下人都具有仁德。从消极方面讲，就是"胜残去杀"，社会上没有残暴之人，人们自觉遵纪守法，不需要刑罚惩罚。从积极方面讲，则是"老者安之，朋友信之，少者怀之”（《论语·公冶长》），长者得到尊重，朋友得到信任，孩童得到关爱。孔子一生都在努力实现仁，此后孟子提出仁政，就是从孔子的仁发展而来的。

孔子认为只有善人、王者长期执政，才可以做到天下归仁，他把实现仁的社会理想寄托在圣王身上，是一种人治思想，在现实中是行不通的。孟子说：“徒善不足以为政，徒法不能以自行。”（《孟子·离娄上》）实现仁政不仅要有善人，更要有善法，二者具备，才能做到天下归仁。

13·13 子曰：“苟正其身矣，于从政乎何有？不能正其身，如正人何？”

翻译过来就是，孔子说：“如果能端正自己的行为，对于从政还有什么困难呢？如果不能端正自己的行为，又怎么能去端正别人呢？”

这一章也是谈身教，与前面第6章内容相近，可以放在一起理解。

13·14 冉子退朝。子曰：“何晏也？”对曰：“有政。”子曰：“其事也。如有政，虽不吾以，吾其与闻之。”

本章意思是，冉求退朝回来。孔子说：“怎么回来这么晚啊？”冉求回答：“有国政。”孔子说：“大概是（季氏的）家事吧。如果有国政，即使不用我，我也会知道的。”

“冉子退朝”，“冉子”是孔子的弟子冉求，字子有，也称冉有。“子”在古代是尊称，类似于先生，所以孔门弟子一般不称子，只有少数地位较高的称子，如曾子、有子。冉求也称子，说明他在孔门中地位也是较高的。冉求曾做过季氏的家臣，本章所记就是他为家臣时的事情。“朝”，春秋时期诸侯有内朝、外朝之分，《国语·鲁语下》记载：“自卿以下，合官职于外朝，合家事于内朝。”“合”是共同商议的意思。“官职”是官吏的职责。“外朝”指国之公朝。“家事”指大夫的家内之事。“内朝”指大夫之家朝。我们知道，春秋时期权力下移，各诸侯国往往被大夫把持，像鲁国就是三桓执政。他们在外朝讨论国家的事情，又在内朝听家臣汇报封邑的事务。所以冉求所退的朝指内朝，也就是季氏召集家臣议事的地方。冉求退朝后，这里省略了一句话，“见孔子”，来拜见孔子。冉求虽然出仕做了季氏的家臣，但在学业上所拜的是孔子，所以退朝后经常来看望老师。孔子问：“何晏也？”怎么回来这么晚？冉求回答：“有政。”有政务，今天讨论国家大事了。孔子听后说道：“其事也。”你说的恐怕是家事吧。“其”是大概的意思。“事”指大夫的家事。孔子心说，冉求真是家事、国事不分啊，误以家事当国事。“如有政，虽不吾以，吾其与闻之。”“不吾以”即“不以吾”，“以”是用的意思。孔子曾做过鲁国的中都宰、大司寇，并一度摄相事，后因“堕三都”失败，加之季桓子的冷遇，不得已辞官而去，开始周游列国，晚年虽回到鲁国，但已经不担任官职了。孔子虽不在其位，但依然关心鲁国之政，所以说如果真有国家的政事，也就是鲁国的政事，即使不任用我，我不在朝中任职，我也是会听说的。“吾其与闻之”的“其”是表祈使的副词，应该的意思。“与闻”，有所听闻。“与”，有的意思。“与闻”表示不是被动听说，而是主动听闻。

本章是鲁国政治生态的缩影：国君大权旁落，大夫把持国政，三桓尤其是季氏成为鲁国实际的统治者。季氏类似西方僭主，由于没有经过合法的任命程序，不具有合法性，往往只关注家族利益而不顾及国家利益，结果造成家国不分、以家为国的局面。鲁国的国事本来应该由国君主持讨论，但季氏越俎代庖，已经是僭越。国事之外，又召集臣宰商讨家事，更不恰当。孔子对冉求的质疑，表明他对季氏的不满。孔子的态度是，对于季氏的家事我没有兴趣，但对鲁国的国政，即使已经不在其位，也会主动关心。可能囿于当时的环境，孔子对季氏的批评、不满比较隐微，只有了解了当时鲁国的政治生态，才能对本章做出较好解读。

13·15 定公问："一言而可以兴邦，有诸？"孔子对曰："言不可以若是，其几也。人之言曰：'为君难，为臣不易。'如知为君之难也，不几乎一言而兴邦乎？"曰："一言而丧邦，有诸？"孔子对曰："言不可以若是，其几也。人之言曰：'予无乐乎为君，唯其言而莫予违也。'如其善而莫之违也，不亦善乎？如不善而莫之违也，不几乎一言而丧邦乎？"

本章翻译为，鲁定公问："一句话可以兴邦，有这回事吗？"孔子回答："话不可以这样绝对，不过接近罢了。有人说：'做君主难，做臣子不易。'如果懂得了做君主的难处，不就接近一言兴邦了吗？"定公说："一句话可以丧邦，有这回事吗？"孔子回答："话不可以这样绝对，不过接近罢了。有人说：'我做君主没有别的乐趣，只是我说话时没人敢违抗。'如果君主说得对，没有人违抗，不很好吗？如果说得不对，也没人违抗，不就接近一言丧邦了吗？"

定公指鲁定公，《春秋》中一共记载了鲁国 12 位国君，分别是隐公、桓公、庄公、闵公、僖公、文公、宣公、成公、襄公、昭公、定公、哀公。孔子出生于襄公二十二年（前551），卒于哀公十六年（前479），经历了四代国君，但襄公、昭公在位时，孔子尚年幼或影响不够，真正有交往的主要是定公、哀公。定公本来是昭公的弟弟，因昭公被季平子赶出鲁国，客死他乡，于是他成为鲁国第二十五任君主。定公即位后，先后任命孔子为中都宰、司空、大司寇，并由大司寇摄相事，一度对孔子较为信任，本章应该是这个时期二人的对话。

定公问："一言而可以兴邦，有诸？"一句话可以兴邦，有这回事吗？言外之意，如果有，您赶快告诉我吧，这样我就能把国家治理好了。孔子回答："言不可以若是，其几也。""几"有两种解释：一是通"冀"，指期望，意思是不能如此期望言语的效果。按这种理解，本句不必断开，而应该连读，作"言不可以若是其几也"。二是训"近"，接近的意思。本句应断作"言不可以若是，其几也"，意思是言语不可能有这样的效果，只是近似吧。我们采取第二种解释。"人之言曰：'为君难，为臣不易。'如知为君之难也，不几乎一言而兴邦乎？"我听人说，做君主难，做臣子也不容易。如果懂得了做君主的难处，不就接近一句话可以兴邦了吗？读到这里，可能会有疑问，为什么孔子会认为懂得了为君的难处，就接近一言兴邦呢？这是因为在儒家看来，治理国家的关键首先在于国君，而对于国君而言，则在于他对治国的态度。从人性来看，人们总是容易看到权力所能带来的好处，而忽视了与权力相伴的责任甚至是风险。朱熹《论语集注》说："知为君之难，则必战战兢兢，临深履薄，而无一事之敢忽。"知道了作为君主的难处，就会战战兢兢，如临深渊，对待政事不敢疏忽、倦息。虽不敢说由此必然会兴邦，却是兴邦的必要条件和必须经历的一步。

鲁定公又问："一言而丧邦，有诸？"一句话可以失国，有这回事吗？孔子说："言不可以若是，其几也。"话不可以这样绝对，但是近似的还是有的。"人之言曰：'予无乐乎为君，唯其言而莫予违也。'"有人说，我做君主没有别的乐趣，只是我讲的话没有人敢于违抗。可以看到，这里与前面"为君难"是联系在一起的。人们为什么愿意当官呢？当官的最大好处是可以享受权力带来的快感，别人见到你恭恭敬敬，你讲的话不管对不对，别人只能洗耳恭听，还要奉承。孔子又说："如其善而莫之违也，不亦善乎？如不善而莫之违也，不几乎一言而丧邦乎？"如果君主说得对，没有人敢于违抗，这当然好。但问题是，当君主说得不对的时候，也没有人敢于提出不同的意见，这不就接近一言而失国了吗？

本章"一言而兴邦""一言而丧邦"都是针对国君而言的，是对鲁定公问题的回答。孔子认为国家治理的关键在于国君的态度，这是由当时君主制度决定的。但孔子并不主张一味迎合君主，相反认为当君主做出错误决定时，依然没有人敢于提出不同意见，那就离亡国不远了，这与孔子主张对于君主应"勿欺也，而犯之"（《论语·宪问》）的观点是一致的。

13·16 叶公问政。子曰："近者说，远者来。"

本章意思是，叶公问为政。孔子说："使近处的人感到高兴，远方的人前来归附。"

叶公是楚国大夫，姓沈，名诸梁，字子高。因为他被楚昭王封到古叶邑（今河南叶县）为尹，故称叶公，成语"叶公好龙"就与他有关。据说叶公到叶邑上任不久，看到当地水患严重，百姓深受其害，于是便着手兴修水利。当时没有纸张，写东西一般用竹简，但竹简不适合画水利施工图，所以他只好画在自家墙壁上。因为传说龙主管刮风下雨，所以他又在墙壁上画了很多龙，以求风调雨顺。可能是因为这个原因，引申出了“叶公好龙”的传说。叶公在《论语》中出现过三次，一次是问子路孔子是什么样的人，见《述而》第19章，子路回答不上来，孔子知道后说了那句著名的话：“女奚不曰，其为人也，发愤忘食，乐以忘忧，不知老之将至云尔。”还有一次是与孔子讨论“亲亲相隐”的事，见于本篇第18章。

本章叶公问如何处理政事，孔子回答：“近者说，远者来。”使近处的人高兴，使远处的人归附。“说”，同“悦”，高兴的意思。那么如何做到这一点呢？这就是孔子在其他章所讲的，“为政以德，譬如北辰，居其所而众星共之”(《论语·为政》)，要靠德来实现了。本章孔子只说为政的目标是做到“近者说，远者来”，而没有说实现这一目标的方法，可能他在别处已有论述，故没有展开说明。这样自然会引起人们的质疑，比如墨子曾评论此事：“叶公子高未得其问也，仲尼亦未得其所以对也。叶公子高岂不知善为政者之远者近也，而旧者新是哉？问所以为之若之何也。不以人之所不智告人，以所智告之，故叶公子高未得其问也，仲尼亦未得其所以对也。”(《墨子·耕柱》)在墨子看来，叶公当然知道为政应该使疏远的人亲近，对旧人如新人，他是想知道如何做到这一点。而孔子没有把人所不知道的告诉人，却把人所知道的告诉人。可见叶公没有问到点子上，孔子也没有答到点子上。墨家擅长逻辑分析，故认为孔子的回答不够完满，实际上是避重就轻了。而孔子认为，为政首先要确立德治的理想，至于具体措施本是题中应有之义，反倒不是那么重要了。

13·17 子夏为莒父宰，问政。子曰："无欲速，无见小利。欲速则不达，见小利则大事不成。"

本章翻译过来是，子夏做莒父的邑宰，问如何处理政事。孔子说："不贪求速成，不贪图小利。贪求速成反而达不到目的，贪图小利就做不成大事。"

子夏，姓卜名商，是孔子的高足之一。孔子去世后，他的弟子中有两位在学术上影响非常大，一位是曾子，另一位就是子夏。曾子在鲁国也就是今天曲阜一带教学授徒，曲阜有两条河，一条叫洙河，一条叫泗河，所以人们把曾子这一派称为"洙泗之学"。宋代以后，这一派被看作儒家正统，宋儒所构建的道统说中，曾子上接孔子，下传子思，是其中重要一环。子夏在孔子去世后，来到了中原的魏国，做了魏文侯的老师。他教学于西河，从学者有 300 多人，人才辈出，"如田子方、段干木、吴起、禽滑釐之属，皆受业于子夏之伦"（《史记·儒林列传》），他这一派被称为"西河之学"。"洙泗之学"与"西河之学"是早期儒家的两个重要学派，二者各有特色：曾子重视内省，重视道德人格的塑造，对儒家传统继承较多，故后世认为它代表了儒家正统；子夏到了魏国后，为了配合魏文侯的变法改革，比较重视功利，同时融合各家之长，所以后世往往认为子夏的思想驳杂，不那么纯粹，对他的评价也不那么高。这实际上是一种偏见。从当时的影响力来看，子夏的西河学派影响力远远超过了其他学派，魏国也是战国初期最强大的国家。

莒父是鲁国的一个城邑，在今山东莒县境内。子夏做莒父的邑宰，向孔子请教政事。孔子回答："无欲速，无见小利。欲速则不达，见小利则大事不成。”“欲”是想要的意思。“见”是贪求、寻求的意思。不要贪图速成，不要贪求小利。因为贪图速成反而达不到目的（成语“欲速不达”就是从这儿来的），贪求小利就做不成大事。《子路》篇记录了多位弟子向孔子请教为政，面对同样的问题，孔子的回答却是不同的，这是孔子因材施教的表现。至于为何告诫子夏不要贪求速成，不要贪图小利，可能是孔子看到子夏志向、抱负远大，虽为其高兴，但又担心其欲速而不达吧。

13·18 叶公语孔子曰：“吾党有直躬者，其父攘羊，而子证之。”孔子曰：“吾党之直者异于是：父为子隐，子为父隐，直在其中矣。”

本章翻译为，叶公对孔子说：“我们乡里有一位很正直的人，他的父亲偷了羊，他便作证揭发。”孔子说：“我们乡里对正直的理解与你们有所不同：父亲为儿子隐瞒，儿子为父亲隐瞒，这是率真、率直的表现啊！”

本章只有短短 44 个字，却影响非常大，甚至可以说是《论语》中影响最大的一章。20 多年前学术界围绕这一章有过一场争论，即亲亲相隐之争，直到今天这一争论还在延续。楚国大夫叶公对孔子说：“吾党有直躬者，其父攘羊，而子证之。”“直躬”，正直的人。“证”有两种解释，一是作证。别人丢了羊，告到官府，儿子作证，承认父亲偷了羊。二是告发。儿子看到父亲偷了别人家的羊，主动到官府告发。我倾向于第一种解释。叶公说，我们乡里有一位很正直的人，他的父亲偷了别人家的羊，儿子作证说父亲确实偷了羊。孔子对此有不同的看法，“吾党之直者异于是：父为子隐，子为父隐，直在其中矣”。我们乡里对直的理解与你们有所不同：父亲为儿子隐瞒，儿子为父亲隐瞒，直就体现在其中了，或者说这就是直的表现。本章之所以引起激烈争论，就在于其中的“直”字。批评一方的刘清平教授写文章称，孔子认为“父为子隐，子为父隐”是公正、正直的，这实际上是将特殊的血缘情感置于普遍的道德法则之上，为维护血缘亲情不惜牺牲道德原则，儒家伦理存在深度的悖论。刘教授写这篇文章时，正赶上学界出现儒学复兴的形势，所以一石激起千层浪，引起强烈的反弹。以郭齐勇教授为代表的维护一方则认为，血缘亲情是一切正面价值的源头，抽掉了特殊亲情，就没有了所谓的儒家伦理准则，亲亲相隐恰恰有着深度的伦理学根据。之后双方你来我往，唇枪舌剑，争辩不断，论文发表了几百篇，论文集也编了两大本，还出现了几部专著，其中就有我的一部。本来我对这一问题是不太关心的，也不明白为什么会引起这么大的争议。后来我看了双方的立论，发现有个问题，就是争论双方的观点虽有不同，但都是将“直在其中矣”的“直”理解为公正、正直，也就是说在他们看来，孔子认为“父为子隐，子为父隐”是公正、正直的。所不同的是，一方认为这非常不好，是司法腐败的源头；而另一方则认为这种做法是无可厚非的，甚至是应该提倡的。这样就陷入立场之争，双方争论的是亲亲相隐对还是不对，而不再关注孔子到底想要表达什么。我认为这正是问题的症结所在，争论的双方其实没有真正读懂《论语》，“直在其中矣”的“直”并非如他们所认为的指公正、正直，而是率真、率直。孔子的意思是，父亲为儿子隐瞒，儿子为父亲隐瞒，这是率真、率直的表现，是人情所不能避免的。他不是做道德评价，而是对人们心理情感的描述。孔子不是说亲亲相隐是公正、正直的，是正确的行为，是应该提倡的，而是说当人们知道自己亲人犯法时，其第一反应往往不是去作证揭发，而是想着去隐瞒，这是符合人之常情的。至于偷羊的问题如何处理，本章并没有做出说明。

可能有人会提出疑问：把“直”解释为率真、率直有没有根据呢？这就需要对《论语》中的“直”做分析了。《论语》中“直”字共出现22次，它的内涵是比较复杂的，在不同的语境下有不同的含义，既可以指率真、率直，也可以指公正、正直，前者是出于情，后者是入于理。孔子理想的直，是率真、率直与公正、正直的统一，是情感与理性的融合，他称为直道。先来看率真、率直，如孔子说：“孰谓微生高直？或乞醯焉，乞诸其邻而与之。”(《论语·公冶长》)微生高是鲁国人，以直闻名，孔子却不以为然。因为曾经有人向微生高借醋，可是正好他家里也没有醋，他不如实相告（可能是怕别人说他小气吧），反而跑到邻居家借醋，然后又借给来借醋的人。微生高的做法虽然无可指摘，却有惺惺作态之嫌，所以孔子认为他并没有做到直。这里的“直”不是公正、正直，不是个人品质的问题，而是一种性情的流露，是坦率、实在的意思。又比如孔子说：“狂而不直……吾不知之矣。”(《论语·泰伯》)这里的“直”是爽直的意思。狂者往往比较爽直，狂固然是缺点，但爽直则有可取之处。如果一个人比较狂，但又做不到爽直，这个人就不可取了。又如孔子说：“古之愚也直，今之愚也诈而已矣。”(《论语·阳货》)这里的“直”是质朴、耿直之意。古代的人愚笨但是耿直，今天的人愚蠢而又狡诈。还有“好直不好学，其蔽也绞”(《论语·阳货》)，这里的“直”是爽直、率直的意思。一个人率性而为，不注重学习，不注意性情的陶冶，就会有偏激、急切的弊端。“绞”是急切、偏激之意。孔子还说过：“恶讦以为直者。”(《论语·阳货》)这里的“直”是率直之意。有些人随意揭露别人的隐私，却认为是直的表现。“讦”是揭露别人的短处、隐私。这些例子都说明，《论语》中的“直”有率真、率直之意。我是陕西人，陕西话中也保留了直的这种用法，比如我们说一个人很直，不是说他公正、正直，而是说他直率，不绕弯子。

当然，《论语》中的“直”也有公正、正直的含义。如孔子说：“直哉史鱼！邦有道，如矢；邦无道，如矢。”（《论语·卫灵公》）史鱼是卫国的大夫。由于卫灵公是个昏君，疏远贤人蘧伯玉，却宠爱小人弥子瑕，于是史鱼就以“尸谏”的形式劝卫灵公近贤人、远小人，所以孔子称赞“直哉史鱼”。这里的“直”是公正、正直之意。国家有道，史鱼像箭一样正直；国家无道，史鱼仍像箭一样正直。孔子说：“举直错诸枉，则民服。”（《论语·为政》）这里的“直”指公正、正直之人。把公正、正直的人选拔上来，放在邪曲之人上面，百姓就信服。以上例子中，“直”都是公正、正直之意，或者是其引申意。

根据上面的分析，《论语》中的“直”在不同的语境下，具体内涵是有所不同的，有时候指率真、率直，有时候指公正、正直。孔子理想的直兼及情与理两个方面，代表了由情及理的实践过程，他称为“直道”。孔子说：“直道而事人，焉往而不三黜？”（《论语·微子》）理清了“直”的含义，我们再来看本章的内容就容易理解了。本章三次提到“直”：“直躬”“吾党之直者”“直在其中矣”，三个“直”的内涵其实是不同的。“直躬”的“直”，是公正、正直之意，但“直躬”只讲理，不讲情；只讲公正、正直，不顾及亲情，不是孔子理想的直。儒家是情理哲学，既讲情，也重理，故孔子认为“直躬”的做法并不可取。“吾党之直者”的“直”，是代表了孔子理想的“直”，兼及情和理，是直道。而“直在其中矣”的“直”，是率真、率直之意，主要是就情而言的。所以孔子并不是说父亲为儿子隐瞒、儿子为父亲隐瞒是公正、正直的，是符合理的，而是说这是人们情感的自然流露，是符合情的。孔子这样讲主要是对“直躬证父”的回应，而不是对“其父攘羊”整个事件的态度，不等于默认了“其父攘羊”的合理性，或者对此有意回避，视而不见。以往学者由于没有注意到这一点，批评也好，辩护也好，都没有触及问题的实质，反而陷入立场之争。批评者斥责儒家只顾及血缘亲情，不考虑社会正义，实际上是误解；辩护者称亲亲相隐是公正、正义的，本身并没有错，问题更为严重。试想，如果人们只知亲亲相隐，那么丢羊人的利益由谁来维护呢？社会还有没有普遍的公正、正义呢？对于这些问题，显然是难以做出回应的。实际上，孔子在本章只是强调，人们不能因为一点小错就去举证自己的父母、亲人，这不符合人之常情，但是对如何维护丢羊人的利益，并没有做出回答，而是点到为止——或许是因为当时没有讨论，或许是弟子的记录不完整。由此我们可以引申出这样一个问题：父亲犯了法，儿子怎么办？我们不能想当然地认为儒家主张无条件地维护血缘亲情，这不符合儒家的思想，因为“父为子隐，子为父隐”只是情感的自然流露，虽符合情，但不一定符合理，不符合社会的公正、正义，不是直道，不是理想的状态。从情出发，孔子承认亲亲相隐具有一定的合理性；从理出发，就要对“其父攘羊”做出回应，因为自私有财产确立以来，几乎所有的民族都将禁止盗窃列入其道德律令之中，勿偷盗几乎是一种共识，孔子自然也不会例外。只是由于《论语》没有对后者做出明确说明，故还需要结合儒家其他文献进行考证。

前些年公布的上博简中有《内礼》一篇，据学者研究，是属于曾子一派的作品，可以帮助我们了解孔子、儒家对于“其父攘羊”之类问题的态度。《内礼》说：

> 君子事父母，亡私乐，亡私忧。父母所乐乐之，父母所忧忧之。善则从之，不善则止之；止之而不可，隐而任之，如从己起。(第6、8简)

君子侍奉父母，没有自己的快乐，没有自己的忧愁。以父母的快乐为快乐，以父母的忧愁为忧愁。父母快乐，我也快乐；父母忧愁，我也忧愁。“善则从之，不善则止之。”他做得对，我就听从他；他做得不对，我就制止他。所以早期儒家并不认为“天下无不是的父母”，并不主张无条件地维护血缘亲情，相反主张“从道不从君，从义不从父”（《荀子·子道》）。所以对待父母的过错，《内礼》主张“止之”，具体来讲，就是要谏诤。由此类推，对于“其父攘羊”，孔子一定也是主张谏诤的。如果说“隐”是情感的自然流露，是对亲情的适当维护的话，那么“谏”则是审慎的理性的思考，是对社会正义的维护。所以，不能简单地说儒家错误地夸大了血缘亲情的地位，为了血缘亲情就无原则地放弃普遍准则。在重视血缘亲情的同时，儒家对于是非、原则依然予以关注，依然主张通过谏诤来维护社会正义。但问题是，“止之而不可”怎么办？你想制止父亲，父亲不听怎么办？这时你还是不能去举证，而应该“隐而任之，如从己起”，把父亲偷羊的事隐瞒下来，自己承担起责任，好像是自己做的一样。这样既维护了父子之情，又维护了社会正义；既符合情，又符合理，是情与理的统一，是直道。所以孔子、儒家对于“父亲犯了法，儿子怎么办”的态度是：第一，不应该举证自己的父亲；第二，应该向父亲进谏，制止父亲的行为；第三，在制止不成功的情况下，要自己承担责任，对父亲造成的损失做出赔偿。

不过，这又涉及另一个问题，儒家是不是主张对于父母、亲人的违法行为都要隐瞒呢？这个问题比较复杂，因为儒家内部本身就是复杂的，不同派别的观点、主张并不完全相同。以子思为例，他并不主张对父母的过错都要隐瞒，而是要区分过错的大小。马王堆帛书及郭店竹简中都发现有《五行》篇，据学者研究，应该是子思一派的作品。文中谈到，对于“大而显者也”，也就是大而明显的案件，要如实判罚；但对于“小而隐者也”，小而不明显的案件，则可以为亲人做出隐匿。《五行》主张如实判罚与适当隐匿相结合，对于小罪，可以赦免；对于大罪，则必须惩处，是典型的情理主义。在它看来，论罪定罚的界限不仅在于人之亲疏，还在于罪之大小。“其父攘羊”乃顺手牵羊，应当属于“小罪”，故是可以赦免的，孝子的“隐而任之”也值得鼓励。但对于“其父杀人”之类的“大罪”，则应依法惩办，不能为了个人的亲情而牺牲社会的正义。所以《五行》认为：“不以小爱害大爱，不以小义害大义也。”“小爱”，可理解为亲亲之爱；“大爱”，指仁民爱物之爱。小义、大义意与此相近，前者指对父母亲人的义，后者指对民众国家的义。在子思一派看来，当小爱与大爱发生冲突，小义与大义不能统一时，他们明确反对将小爱、小义凌驾于大爱、大义之上，反对为小爱、小义而牺牲大爱、大义。所以我们对于儒家的思想理解要全面，不能抓住一句话就断章取义，更不能认为儒家只维护血缘亲情，而不顾及社会的公正、正义。

我前些年写了一篇讨论亲亲相隐的文章，主要谈了以上的看法。文章发表后，有一位年轻学者来与我辩论。他说，对于父母、亲人的违法行为只能有两种选择，要么允许隐匿，要么不允许隐匿。一个连自己亲人的违法行为都不许隐匿的社会，一定是个无道的社会，所以文明的社会一定会选择允许亲亲相隐的。我说，假如参与美国“9·11事件”的恐怖分子中，有一位是你的亲人，你是选择知情不告还是主动揭发呢？如果你选择隐瞒不告，那么你把几千个无辜的生命放到哪里去了？难道他们的生命不值得重视吗？你这样做于情于理讲得通吗？关键是，儒家也根本不是这样主张的，他们对于亲亲相隐主要限于“小而隐者”，对于“大而显者”的罪行，至少子思一派明确主张“有大罪而大诛之”。所以我觉得有些为儒家辩护的学者，其实是好心办了坏事，他们非要把儒家解释为亲情至上者，然后又去论证亲亲相隐是公正、合理的，是完全正确的，这非但不会使理越辩越明，反而会引起更多的困惑。相反，我的文章发表后，很多学者对我说，如果按你的解释，儒家的主张我们是可以接受的。我说，这不是我的解释，而是儒家本来就是这样主张的，只是以前我们没有真正读懂《论语》，没有理解孔子而已。

所以阅读经典、读懂《论语》是非常不容易的。首先，要有文字训诂的训练。一个“直”字，看似简单，其实内涵是非常复杂的，需要认真辨析，不能望文生义。假如你连基本的文字都没有弄清楚，写再多的文章，又有什么价值呢？其次，文献学的基础也是很重要的。我们不能就《论语》读《论语》，而应将相关的文献结合起来，对儒学有一个整体、全面的理解。最后，义理也是非常重要的。儒学有自己的一套理论话语和思想体系，孔子之后，儒学内部出现分化，不同学派之间的主张和观点也不完全一致，这都需要我们做出详细的辨析。

亲亲相隐的讨论持续了 20 多年，由于以前学者对文本存在误读，不仅没有解决问题，反而不断引起质疑。我的文章发表后，本想这下讨论总该告一段落了，可是情况并非如此，争论不仅没有结束，反而又引起新一轮的讨论。不过这次讨论与以往有所不同，之前学者争论的是亲亲相隐对还是不对，现在大家讨论的是孔子的主张到底是什么，亲亲相隐的本意是什么。如廖名春教授认为，“隐”通“檃（yǐn）”，并非隐瞒的意思，而应训为纠正。他的根据是，古代有一种工具叫檃栝，以前人们做家具，木头不直，就用檃栝把木头扳直，故檃有纠正的意思。“父为子隐，子为父隐，直在其中矣”，意思是父亲纠正儿子，儿子纠正父亲，这就是公正、正直。这与传统的理解完全不同。还有一位台湾学者，把“隐”解释为痛，指隐痛、心痛。父亲为儿子感到心痛，儿子为父亲感到心痛，“直在其中矣”。此外还有其他的说法。可以看到，这次讨论与以往最大的不同是转到了文字的训释上，我认为以往对“直”的理解有误，这几位学者则在“隐”字上下功夫，或解释为纠正，或解释为心痛，还有其他说法。说明大家的认识转变了，认为以往的理解可能有误，目前不是要争论亲亲相隐对还是不对，而是首先应该把孔子的本意搞清楚。虽然他们的具体观点与我不同，但思路则是与我一样的。所以有朋友跟我开玩笑说，你的一篇文章使亲亲相隐之争峰回路转，又引起新一轮的讨论。

13·19 **樊迟问仁。子曰：“居处恭，执事敬，与人忠。虽之夷狄，不可弃也。”**

本章翻译过来是，樊迟问仁。孔子回答：“平时举止谦恭，做事恭敬认真，待人忠厚诚实。即使到了边远蛮荒之地，这些原则也不可以丢弃。”

樊迟是孔子的弟子，他曾向孔子请教如何种田、种菜，惹得孔子不高兴，本章他向孔子请教什么是仁。仁是孔子的核心概念，某种意义上说，孔子创立儒学就是因为提出了仁。仁非常重要，理解起来也没有那么容易。有学者统计，仁在《论语》中出现过106次，在不同的语境下，面对不同的人，孔子对仁的解说是不完全相同的，他对仁也没有下一个完整的定义，这就增加了我们理解的难度。甚至有学者说，要把孔子的仁解释清楚是非常困难的，它是儒学研究中的一个高难问题。因为要说明什么是仁，就需要把《论语》中关于仁的各种论述都包容进来，这的确是很难做到的。多年以前，我写过一篇讨论孔子仁的文章，结果写得非常艰难，几易其稿。我在那篇文章中提出，仁是成己、爱人的全体和过程。首先，从内容上看，仁包括成己与爱人，是成己与爱人的统一。其次，从性质上看，仁是全体、过程。凡属于成己、爱人活动过程的，都可以看作仁。所以仁是具体的，而不是抽象的；是动态的，而不是静止的。孔子论仁往往是就具体情境而言的，其所论往往是仁的具体呈现，而不等于仁的全部。我们要从孔子关于仁的具体论述中，去体会那个完整、统一的仁。我们阅读《论语》，学习孔子的思想，一个很重要的工作便是理解孔子的仁。如果理解了，《论语》就读进去了；如果没有，说明你还停留在外面，需要继续努力。

樊迟向孔子请教仁。孔子回答了三点：“居处恭，执事敬，与人忠。”“居处”指平日的仪容举止。平时的举止要谦恭，做事情要恭敬，待人要忠厚。以上三点中，“居处恭”是平时的自我修养；“执事敬”是对待工作的态度，类似职业道德；“与人忠”是对待他人的态度，属于社会伦理。

“虽之夷狄，不可弃也。”“之”是前往的意思。“不可弃”有两种理解，一是指“居处恭，执事敬，与人忠”的原则不可被抛弃，二是指一个人做到了以上三点就不会被抛弃。此处选择第一种理解，即使到了偏远的蛮荒之地，这些原则也是不会被抛弃的。为什么呢？孔子论仁有一个重要原则，就是忠恕之道。“己欲立而立人，己欲达而达人”是忠，“己所不欲，勿施于人”是恕，凡符合忠恕的就是仁。“居处恭”，行为举止谦恭，是会被普遍接受和尊重的，是能立于人、达于人的，因而是符合仁的。相反，举止傲慢无礼，是不会被接受和尊重的，是无法立于人、达于人的，也是不符合仁的。同样，“执事敬”可以被社会普遍接受，而玩忽职守则不能被接受。“与人忠”也是如此，谁都愿意与忠厚、诚实的人交往，而不愿与虚伪、狡诈的人来往，前者能立于人、达于人，后者则不能。所以本章实际上提出的是自我修养、工作态度、与人交往的三原则，即“居处恭，执事敬，与人忠”。这些原则可以推己及人，可以普遍化，是一种“普世价值”，不仅施行于国内，也可以推行于国外。

本章向孔子提问的是樊迟。关于樊迟，人们往往只注意他曾学种田，学种菜，认为他才情不高。其实樊迟对仁也非常关注，《论语》中记录他曾三次向孔子问仁，除了本章，还有《颜渊》篇：“樊迟问仁。子曰：‘爱人。’”《雍也》篇：“（樊迟）问仁。曰：‘仁者先难而后获，可谓仁矣。’”“爱人”是仁的一个重要内容，“先难而后获”则说明仁是一个过程。孔子关于仁的几个重要论述都与樊迟有关，从这一点看，樊迟对儒学的贡献也是非常大的。

13·20 子贡问曰：“何如斯可谓之士矣？”子曰：“行己有

耻，使于四方，不辱君命，可谓士矣。”曰：“敢问其次？”曰：“宗族称孝焉，乡党称弟焉。”曰：“敢问其次？”曰：“言必信，行必果，硁硁然小人哉！抑亦可以为次矣。”曰：“今之从政者何如？”子曰：“噫！斗筲之人，何足算也！”

本章意思是，子贡问：“怎样才可以称得上是士呢？”孔子说：“立身行事知道羞耻，出使四方能不辱君命，这种人就可以称为士了。”子贡说：“请问次一等的呢？”孔子说：“宗族中的人称赞他孝，乡里的人称赞他悌。”子贡说：“请问再次一等的呢？”夫子说：“说到一定做到，干事一定干到底，这是浅陋、固执的小人啊！但也可以说是再次一等的士了。”子贡说：“当今的从政者如何呢？”孔子说：“噫！都是些才识短浅、气量狭窄的人，哪里值得一提啊！”

学习儒学，首先要了解什么是士，这在本篇第4章已经提到。士本来是贵族中最低的一个阶层，到了孔子时代，由于社会的流动，有些上层贵族的地位衰落，下降为士，而有些庶民经过努力，具有一定的学识和影响，上升为士，士成为当时非常活跃的阶层。不过在孔子那里，士不仅仅是一个社会阶层，同时是一种精神信仰。孔子提出“士志于道”（《论语·里仁》），便已说明士是基本价值的维护者，是社会的良心。曾参发扬师教，讲得更明白：“士不可以不弘毅，任重而道远。仁以为己任，不亦重乎？死而后已，不亦远乎？”（《论语·泰伯》）士以仁为最高理想，他们超越了个人的物质利益，关注于人世间的政治秩序和普遍利益。所以从某种意义上也可以说，儒学就是士的哲学。

子贡问：“何如斯可谓之士矣？”怎样才可以称为士？孔子说：“行己

有耻，使于四方，不辱君命，可谓士矣。”“行己”指立身行事。立身行事要知耻，国君交付的使命能很好地完成，这种人就可以称为士了。我们可以看到，孔子是从内在的品格、修养（“行己有耻”），和外在的政治事功、才干（“不辱使命”），来理解士的，既具有内在的品格，又具有外在才干的就是士。

“敢问其次？”可能子贡感到孔子的标准太高，一时难以企及，就问次一等的士。孔子说：“宗族称孝焉，乡党称弟焉。”宗族中的人称赞他孝，乡里的人称赞他悌，这样的人也可以称为士。次一等与第一等的士差别在什么地方呢？第一等的士既重视个人道德品质的培养，又具有政治才干；次一等的士虽然也重视个人品质的培养，不过更多的是遵从外在的习俗、规范，因而能得到长辈、邻里的肯定，在事功方面没有特殊的表现。

子贡又问：“敢问其次？”再次一等的士呢？孔子说：“言必信，行必果，硁硁然小人哉！抑亦可以为次矣。”“言必信”，说到了就一定做到；“行必果”，干事一定要干出结果。这不是很好吗？为什么是再次一等的士呢？关键是下一句“硁硁然小人哉”，“硁（kēng）硁”是浅陋、固执的意思。一个人不辨是非，浅薄固执，这实际上是小人，但是他又有优点，待人讲究信用，做事有始有终，这种人就是再次一等的士了。

从上面的论述可以看出，孔子实际上是根据人的主体精神来区分士的等次的，这种精神就是“三军可夺帅也，匹夫不可夺志也”的精神，也就是仁的精神。第一等的士“行己有耻”，根据内在的羞耻感决定自己的行为处事，具有高度的道德自觉。次一等的士谨守孝悌之义，在乡里也能赢得好的名声，但主体性有所不足。再次一等的士固执、浅陋，不能明辨是非，只是刻板地追求“言必信，行必果”，主体性自然更为欠缺了。此后孟子讲“言不必信，行不必果，惟义所在”（《孟子·离娄下》），认为比道德实践更为重要的是义。孟子又说：“羞恶之心，义也。”（《孟子·告子上》）义是内在羞恶之心的外在表现，是内心决断的结果。所以孟子注重的是内在意志的决断，将其看作士的根本精神。他提出士应该“尚志”，主张“自反而不缩，虽褐宽博，吾不惴焉；自反而缩，虽千万人，吾往矣”（《孟子·公孙丑上》）。反躬自问，自己理亏，即使面对一个卑贱的人，我也不威吓他；反躬自问，自己是正确的，即使面对千军万马，我也勇往直前。孟子的这些看法，无疑是受到孔子的影响，是对孔子思想的继承和发展。

子贡又问：“今之从政者何如?”如今的执政者怎么样？怎么评价他们？孔子回答：“噫！斗筲之人，何足算也!”“斗筲（shāo）”指斗和筲，斗为木制容器，容量为十升；筲为竹制容器，容量为一斗二升，都是小容器，形容人才识短浅、气量狭窄。孔子称当时的执政者为“斗筲之人”，对他们不屑一顾，认为他们是没见识、没胸怀的人，不值一提。言外之意，他们连士都算不上。

13·21 子曰：“不得中行而与之，必也狂狷乎！狂者进取，狷者有所不为也。”

本章意思是，孔子说：“遇不到中庸的人与之交往，那就一定要结交那些狂放、狷介的人！狂放的人勇于进取，狷介的人不入流俗。”

孔子说：“不得中行而与之，必也狂狷乎!”“中行”就是中道，《孟子·尽心下》引用本章就是作“中道”，中道也就是中庸。孔子曾经说：

“中庸之为德也，其至矣乎！民鲜久矣。”（《论语·雍也》）中庸的境界太高了，一般人很难达到，所以找不到中庸之人与其相处，只能找狂者和狷者了。“狂者进取，狷者有所不为也。”狂者与狷者是两个极端，狂者积极进取，狷者有所不为，一个激进，一个保守。狂者志大才疏，自以为是，这是他的缺点；但他勇于进取，无所畏惧，这是他的优点。狷者与之相反，谨慎保守，唯唯诺诺，这是他的不足；但他不随从流俗，不干违背原则的事，这是他的优点。《孟子》曾引用本章，并有所发挥，可以帮助我们理解狂者和狷者。孟子解释，狂者志向大，口气也大，开口就说古时候的人如何，可是一考察他们的行为，却不能与言语吻合。如果连狂者也结交不到，那就找不屑于同流合污的人为友，这就是狷者，是再次一等的人了。在孟子看来，狂者、狷者都有可取之处，最不能容忍的是乡愿，“乡原，德之贼也”。乡愿之所以可恨，就在于他们“同乎流俗，合乎污世”，没有是非原则，一味地取媚于流俗，看似忠诚老实，廉洁清正，却是对道德最大的败坏。

需要注意的是，由于语境与文化心理的变化，今天中庸似乎成为一个负面的概念，人们把中庸理解为没有原则、和稀泥。但在古代，中庸绝对是一个正面的概念，而且是很高的德行，称一个人中庸是对他很高的评价。中庸的含义为什么会发生这么大的转变呢？或许与近代的革命传统有关，在斗争的年代，人们自然不讲中庸。另外，对中庸的理解也与个人阅历有关。我读大学时，比较喜欢孟子，不太喜欢孔子和荀子，认为孔子“温、良、恭、俭、让”，比较中庸；孟子气魄大，“当今之世，舍我其谁”，更像一位狂者；荀子则像一位狷者，他主张“师云而云”，老师说什么就接受什么，反对“不是师法，而好自用”，有推崇权威的倾向。年轻时自然喜欢有狂者胸怀的孟子，但有了一定的阅历后，还是觉得中庸的境界更高。

13·22 子曰："南人有言曰：'人而无恒，不可以作巫医。'善夫！""不恒其德，或承之羞。"子曰："不占而已矣。"

本章翻译为，孔子说："南方人有句话说：'人如果没有恒心，就不可以当巫医。'这话说得好啊！"（《周易》说：）"不能恒久地保持德行，就有可能承受羞辱。"孔子说："这个道理不用占卜就能知道。"

孔子说："南人有言曰：'人而无恒，不可以作巫医。'""南人"，南方之人。南方人说，一个人如果没有恒心，就连巫医都当不好。古代的巫既会占卜，也会看病，一身二职，故称巫医。孔子说"善夫"，这句话讲得好啊。"不恒其德，或承之羞。"这句话出自《周易》，是《恒卦》九三爻辞，意思是如果不能长久地保持自己的德行，就不免要承受由此带来的羞辱。这里孔子分别引用南方人和《周易》的话，说明做事情要有恒心，要持之以恒；如果不持之以恒，连巫医都做不成。

后面的"子曰：'不占而已矣。'"与前文是什么关系？一种解释是，这是孔子对所引《周易》文字的评论，意为不必占卜，亦知其结果。按照这种理解，本章孔子引用南人与《周易》之语，又分别做了"善夫"和"不占而已矣"的评论。还有一种解释，是把"子曰：'不占而已矣。'"单独分章，看作与前文不同的另一章，表达的是孔子的易学观。孔子"老而好《易》"，但不是用《易》占卜算卦，预测吉凶，而是将其看作人生的教科书。马王堆帛书《要》篇记载："夫子老而好《易》，居则在席，行则在橐。”古代的书是写在竹简上的，孔子晚年对《周易》痴迷，在家时就将其铺在席子上，出门就背在行囊里。弟子子贡感到疑惑，孔子解释，“我观其德义耳也”“吾与史巫同涂而殊归者也”。从表面上看，孔子与巫都喜好《易》，但二者“同涂而殊归”，对《易》的理解是不同的。巫用《易》占卜，孔子则“观其德义”，学习其中做人的道理，所以是“不占而已矣”，并不用来占卜算卦。此处我们赞同第一种解释。

13·23 子曰：“君子和而不同，小人同而不和。”

本章翻译过来是，孔子说：“君子主张和而不要求同，小人要求同而不主张和。”

本章有两个重要概念：“和”与“同”。什么是“和”？什么是“同”？春秋时期郑国大夫史伯解释：“以他平他谓之和。”（《国语·郑语》）不同的事物相互配合，叫作“和”。相同的事物加在一起，就是“同”。“和”可以容纳不同的意见，甚至是反对的意见；“同”只允许有一个声音、一种意见，是一言堂，一个人说了算。

关于“和”与“同”，古人有不少论述，如史伯说：“和实生物，同则不继。”“和”才能创造万物，“同”则无法长久。举例来说，不同的音符组合在一起，才能奏出和谐的乐曲；不同的食材放到一起，才能煮出美味佳肴；古代有五行说，认为大千世界由金、木、水、火、土五种基本元素组合而成，这都是“和”的表现。如果只有一个音符，只有一种食材，只有一种元素，就无法奏出美妙的音乐，做出美味佳肴，也不能形成大千世界，这都是“同”的局限。

13·24 子贡问曰："乡人皆好之，何如？"子曰："未可也。""乡人皆恶之，何如？"子曰："未可也。不如乡人之善者好之，其不善者恶之。"

本章意思是，子贡问道："一乡的人都喜欢他，这个人怎么样？"孔子说："还不能肯定。"子贡又问："一乡的人都厌恶他，这个人怎么样？"孔子说："还不能肯定。不如乡里的好人都喜欢他，乡里的坏人都厌恶他。"

对于本章有几点需要辨析，首先，孔子为什么反对用众人的舆论评判人之好坏，而更看重少数好人、坏人的意见呢？我想应该是他看到了大众舆论的局限性。孔子讲："唯仁者能好人，能恶人。"（《论语·里仁》）能做出正确判断的毕竟是少数，故孔子对大众舆论持审慎的态度。子曰："众恶之，必察焉；众好之，必察焉。"（《论语·卫灵公》）众人都厌恶一个人，要认真考察；众人都喜欢一个人，也要认真考察。本来不同的人有不同的意见和看法是正常的，但如果大家都说一个人好，就可能有问题了。都说他好，可能是因为他根本没有原则，"同乎流俗，合乎污世"，喜欢讨好、迎合他人，这种人实际上是乡愿，是"德之贼也"。对于这种人，当然不能仅仅因为众人说他好，便肯定他。那么，为什么大家都厌恶的人也不能说他不好呢？一般说来，少数人说一个人不好，情有可原，但所有人都说他不好，应该就是他自身存在问题了。但是我们不能忽略一种情况，任何时代，敢于打破常规，勇于开拓进取的人，往往都是最有争议的人。对于这些人，不在于多少人反对他，而在于有没有人支持他以及支持他的是谁。如果支持他的是好人，是有见识、有智慧的人，这种人反而是应该肯定的。大家都说一个人好，或说一个人不好，舆论一致，孔子认为需要谨慎，不能轻易下结论。好人说其好，坏人说其不好；好人力挺，坏人反对，那基本上可以肯定他是好人了。

其次，如何判断哪些人是好人，哪些人是坏人呢？判定的标准是什么？这在我们今天的确是个问题，但是孔子生活在一个熟人的社会，他所说的又是一个乡里，大家彼此熟悉、了解，会形成一种相对稳定的道德评价。乡里有一些德高望重的人，大家比较认可；也有一些道德品质差的人，为乡人所鄙视，所以不难做出判断。

13·25 子曰：“君子易事而难说也。说之不以道，不说也；及其使人也，器之。小人难事而易说也。说之虽不以道，说也；及其使人也，求备焉。”

本章意思是，孔子说：“君子易于侍奉却难以取悦。如果不按正当的方式取悦，他不会高兴；等他用人的时候，能够量才使用。小人难于侍奉却容易取悦。即使用不正当的方式取悦，他也会高兴；等他用人的时候，却求全责备。”

孔子说：“君子易事而难说也。”“说”，通“悦”，取悦之意。“事”，侍奉，指下级侍奉上级。君子易于侍奉却难以取悦。君子做了领导，不摆架子，下级容易与其相处，但是难以取悦，你想奉承他，讨好他，那是不可能的。“说之不以道，不说也”，不按正当的方式取悦他，他不会高兴。君子也有人之常情，不是不可以取悦，但要讲原则，要符合规定。“及其使人也，器之。”“器”是才能、能力的意思，这里用作动词，指量才使用。君子做了领导，任用别人的时候，能够量才使用。你有才能，就重用你，多给你分配工作；才能不够，就继续培养，按你的才能分配适当的工作，不求全责备。小人就不同了，“小人难事而易说也”，小人难以侍奉却容易取悦。小人做了领导，爬上高位，架子马上端起来，做他的下级是很倒霉的事。但是小人容易被取悦，喜欢听好听的话，喜欢被人奉承。“说之虽不以道，说也”，即使用不正当的方式取悦他，他也一样高兴，忘乎所以。“及其使人也，求备焉。”他任用别人的时候，只看缺点、不足，求全责备，一味指责别人。

那么，君子、小人为什么会有这样的差别呢？当然与个人的修养有关。《大学》讲：“所恶于上，毋以使下；所恶于下，毋以事上。”不喜欢上级这样对待你，就不要这样对待你的下级；不喜欢下级这样对待你，就不要这样对待你的上级。《大学》认为这是“絜矩之道”，是处理人与人关系的基本法则。君子显然就是掌握了絜矩之道，而小人则没有。

13·26 子曰：“君子泰而不骄，小人骄而不泰。”

本章意思是，孔子说：“君子舒泰而不骄傲，小人骄傲而不舒泰。”

《论语》经常将君子与小人对举，分别视为正面、负面人格的代表，告诫人们当近君子而远小人，做君子而不做小人。君子具有仁德，光明磊落，坦坦荡荡，表里如一；小人不具有仁德，阴险自私，处心积虑，患得患失。“君子泰而不骄”，“泰”，舒泰。君子内心光明，从容自在，而又不骄傲自大，自以为是。“小人骄而不泰”，小人自以为是，骄傲自大，但实际上内心扭曲，做不到从容自在。

13·27 子曰："刚、毅、木、讷，近仁。"

翻译过来是，孔子说："刚强、坚毅、质朴、言语谨慎，这四种品德近于仁。"

本章提出四种品德：刚、毅、木、讷。刚是刚强，毅是坚毅，木是质朴，讷是言语谨慎，孔子认为这四种品德接近于仁。我们今天经常说木讷，指人不善于说话，木讷是一个概念。但在孔子时代，木是木，讷是讷，木是一个单独的概念，指质朴，讷才是我们今天所说的木讷。另外，孔子说刚强、坚毅、质朴近于仁，这个容易理解，但为何说讷也近于仁呢？其实如果生活在同时代的希腊城邦的话，人们一定不会认为不善言辞是优点，相反会认为言辞流利才是美德。当时希腊有一批人叫智者，专门教人修辞学，就是教导如何使你的语言更具有煽动性，更能打动人。因为希腊的很多城邦实行的是民主制，能言善辩、语言流畅是公民的基本素质。但是这样又出现了一个问题，就是人们一味地追求修辞，而不管所表达的内容是否合理、真实。所以苏格拉底批评说，表达并不在于言辞的华丽，而在于是否符合真理。如果你表达的是错误的意见，言辞华丽，具有煽动性，只能对政治造成破坏。孔子面对的处境与苏格拉底有所不同，他生活于君主制下，但当时权力出现松动，下层士人开始登上政治舞台，参与基层管理。对于士人而言，谨言慎行才是他们应有的品德。当然孔子与苏格拉底一样，也有对美德本身的考虑。他说："巧言令色，鲜矣仁。"(《论语·学而》)仁是内在的品质，是内心的坚守，一个人花言巧语，夸夸其谈（"巧言"），显然不符合仁。仁也是外在的德行，是恰当的行为，一个人说得多往往就干得少，所以孔子强调要"讷于言而敏于行"（《论语·里仁》)。一个人少言寡语，但做事雷厉风行，这在孔子看来是符合仁的。所以我们不要认为讷本身符合仁，把讷单独拿出来未必符合仁，而是刚、毅、木、讷符合仁。刚、毅是勇猛果断，往往“敏于行”，木、讷是质朴守拙，常常“讷于言”。勇猛果断，又质朴守拙；既“敏于行”，又“讷于言”，如此便近于仁了。

孔子为什么说“近于仁”，而不说已经是仁了？这是因为孔子说的仁是最高的德，是我们不断企及而未必能达到的终极目标。仁包含了人类一切美好的品德，如“刚、毅、木、讷”，“温、良、恭、俭、让”（《论语·学而》)，“恭、宽、信、敏、惠”（《论语·阳货》)，等等。这些品德都包含于仁，属于仁，但本身不等于仁。具有了这些品德就近于仁了，但不能说就完全达到仁了。令尹子文三次被任命为令尹，三次被免职，喜怒不形于色。有人问孔子令尹子文是否做到了仁，孔子回答做到了忠，却未必可以说做到了仁。陈文子每到一个城邦，见有坏人当政，必弃而违之。有人问孔子陈文子是否做到了仁，孔子回答做到了清——清廉，却未必可以说做到了仁。(见《论语·公冶长》)所以我给仁的定义是：仁是全体，仁是过程，仁是人毕其一生去追求实现的德。所以刚、毅、木、讷只是近于仁，是仁的阶段、部分，但并不等于仁。

13·28 子路问曰：“何如斯可谓之士矣?”子曰：“切切、偲偲、怡怡如也，可谓士矣。朋友切切、偲偲，兄弟怡怡。”

本章翻译过来是，子路问道：“怎样才可以叫作士?”孔子说：“能够诚恳相待，互相勉励，又能和顺相处，就可以叫作士了。朋友之间诚恳相待，互相勉励，兄弟之间和顺相处。”

上文说过，学习儒学首先要了解士。关于士，孔子最经典的论述是“士志于道”，士是追求道的。道是最高的理想，故“朝闻道，夕死可矣”(《论语·里仁》)。还有曾子的论述：“士不可以不弘毅，任重而道远。仁以为己任，不亦重乎？死而后已，不亦远乎？”(《论语·泰伯》)士应当有宏大的志向和坚毅的品格，因为他们的责任重、道路远。以实现仁为己任，责任当然很重；只有等生命终止，才能停止追求，道路当然很远。这些是《论语》对士最核心的论述，也是我们理解士的关键。除了以上内容，孔子还从不同角度对士展开论述，如前面第20章以及本章。本章提问者是子路，问题一样，也是问怎样才可以算是士。但孔子的回答不一样，“切切、偲偲、怡怡如也，可谓士矣”。“切切”是恳切、诚挚。“偲(sī)偲”是相互勉励。“怡怡”是安适自得。与第20章不同，本章主要是从士人的修养来立论的。士以追求道、实现仁为己任，首先要态度诚恳，遇到困难能互相勉励，又能与人和谐相处，做到这三点就是士了。在孔子时代，与朋友、兄弟相处是不同的，所以孔子又补充一句，“朋友切切、偲偲，兄弟怡怡”，对待朋友要诚恳，能够互相勉励，对待兄弟要能和谐相处。

孔子在《论语》中的言论往往是情景化的，针对具体的对象、语境而言，故同一主题往往有不同的论述。孔子认为士的根本是“志于道”，本章则说明士的行为表现，突出士的修养。孔子这样回答，可能与提问者是子路有关。据记载，“子路性鄙，好勇力，志伉直”(《史记·仲尼弟子列传》)。子路性情粗鄙，好勇逞强，志气刚直。故孔子告诫他作为一个士首先要态度诚恳，对待朋友要勉励而不是抱怨，更重要的是要学会与他人相处。切切、偲偲、怡怡主要是针对子路说的。当然，切切、偲偲、怡怡也可以看作士的一般规定。

13·29 子曰："善人教民七年，亦可以即戎矣。"

本章的意思是，孔子说："善人训练民众七年，就可以让他们去作战了。"

"善人"指好人，也就是仁人，有道之人。"教民"，有人说指教化民众，不够准确。从上文来看，"教"是训练的意思，"教民"就是训练民众。训练民众什么呢？就是作战、打仗了。"即戎"，"即"是就、接近的意思。"戎"是兵。"即戎"就是作战。所以孔子并不是完全反对战争的，符合道义的战争是必要的。但是作战之前，首先要训练民众，如果不训练民众就让他们去作战的话，实际上是在伤害民众。将本章与下一章内容结合起来，更容易理解。

13·30 子曰："以不教民战，是谓弃之。"

"弃"是抛弃的意思。本章可以翻译为，孔子说："让没有经过训练的百姓去作战，等于抛弃了他们。"

从以上两章可以看出，儒家不反对战争，"汤武革命，顺乎天而应乎人"（《周易·革卦》）。但是作战之前，要训练民众七年。否则，"以不教民战，是谓弃之"。让民众白白送死，是仁者所不为的。

我们把《子路》篇的内容总结一下。《子路》篇共30章，涉及内容较多，但核心思想是讨论为政。孔子强调了身教的重要性，认为执政者给百姓做出榜样，给下属做出表率，是政治良性运作的关键。孔子还提到举贤才，认为是国家治理的重要内容。治理一个国家，要遵循“庶之”“富之”“教之”的次序，首先使人口增多，其次使生活富裕，然后再进行教育。先富后教，是孔子的治国思想。孔子的政治理想则是“近者说，远者来”，靠德治赢得天下的归附。面对礼崩乐坏的现实，孔子提出的政治方案是正名，这是孔子政治思想中非常重要的内容，对后世产生深远影响。但如何实现正名，孔子尚没有给出明确说明。此外，《子路》篇还论及“一言以兴邦”、“一言以丧邦”以及士、仁等，针对子贡与子路相同的问题，孔子给出了不同的回答。这是孔子因材施教，根据弟子的不同性格特点、不同知识水平，给出不同指导的体现。

《子路》篇比较特殊的是“亲亲相隐”章，本章只有短短44个字，却成为当代学术的一大公案，争论长达20余年之久，很多知名学者都卷入其中。我在这一章里表达了自己不同于以往学者的观点。首先，我认为“直在其中矣”的“直”，意思是率真、率直，而不是公正、正直。以往学者不论是肯定派还是否定派，都将“直”理解为公正、正直，认为孔子主张亲亲相隐是合理的，是公正、正直的，这不符合孔子的原意，是对孔子思想的曲解。而且按照这种理解，双方必然会陷入立场之争，或认为亲亲相隐很好，是合理的，或认为很坏，是腐败、社会不公的根源，结果谁也说服不了谁，造成无谓的争论。其实孔子只是说亲亲相隐是人的天性，是人自然情感的流露，具有相对的合理性，但不能绝对化。孔子只是反对儿子举证父亲，但对父亲偷羊的问题则没有做出讨论。根据出土文献，我认为早期儒家对于这一问题的基本态度是，不主张子女举证父母，但可以代父母之过，把父母的过错承担下来。同时，儒家认为要区分大罪还是小罪，大罪按国法处理，小罪可以为亲人适当隐瞒。这些内容在《论语》中并没有出现，是我们根据其他文献做的补充。

宪问第十四

梁涛 解读

《宪问》篇是《论语》的第 14 篇，这一篇分章比较多，包含 45 章。和前面的《子路》篇一样，《宪问》篇也是取第 1 章的前两个字作为篇名。第 1 章的开头是“宪问耻”，故用《宪问》作为篇名。“宪”是孔子的弟子原宪，“问”是提问。

14·1 宪问耻。子曰：“邦有道，穀；邦无道，穀，耻也。”“克、伐、怨、欲不行焉，可以为仁矣？”子曰：“可以为难矣，仁则吾不知也。”

本章翻译过来是，原宪问什么是可耻。孔子说：“国家有道，可以出仕获取俸禄；国家无道，还出仕获取俸禄，就是可耻。”（原宪又问：）

“好胜、自夸、怨恨、贪欲，这些缺点都没有了，可以称得上仁了吗？”孔子说：“可以称得上难能可贵了，至于能否称得上仁，我就不知道了。”

宪即原宪，字子思。先秦儒家有两位子思，一位是孔子的弟子原宪，另一位是孔子的孙子孔伋。原宪的影响不及孔伋。原宪问什么是耻。孔子回答：“邦有道，穀；邦无道，穀，耻也。”“穀”是俸禄，这里用作动词，指获取俸禄。国家有道，出仕获取俸禄是可以的；国家无道，还出仕获取俸禄，这样就是可耻的。

古人思考问题比较具体，司马迁曾引孔子的话：“我欲载之空言，不如见之于行事之深切著明也。”（《史记·太史公自序》）如果抽象地谈论一个概念，不如用一个具体的事例来说明。什么是耻？似乎很难说清楚，也很难下一个准确的定义，但这并不妨碍我们理解耻，困难的是如何在具体情境下判断我们的行为是否可耻。原宪问耻，可能有所针对，可能是他有意出仕，面临人生的抉择。孔子也理解他的困惑，所以就回答出仕获取俸禄本身没有问题，并不可耻，但如果邦无道，你还为了获取俸禄助纣为虐，这就可耻了。孔子的话对原宪的影响应该是很大的，据记载，孔子去世后，原宪感慨“邦无道”，选择隐居于草泽之中，不再出仕。而子贡做了卫国的相，有一次他带着车队，前呼后拥，来到杂草丛生的破屋前看望原宪。看到原宪衣衫褴褛，面有菜色，子贡心生感慨，说：“老同学，没有想到你这么落魄。”原宪说：“我听说，没有财产叫作贫穷，学道不行叫作落魄。我只是贫穷，不是落魄。”子贡听后，无地自容，十分羞愧，一辈子都为自己的傲慢感到后悔。（见《史记·仲尼弟子列传》）

原宪接着问：“克、伐、怨、欲不行焉，可以为仁矣？”“克、伐、怨、欲”是四种不好的品质。“克”是好胜，争强好胜。“伐”是自夸，自我炫耀。“怨”是怨恨，妒贤嫉能。“欲”是贪欲，贪得无厌。原宪问，如果好胜、自夸、怨恨、贪欲，这些缺点都克服了，可以称得上仁了吗？原宪刚问了“耻”，现在又问“仁”，在儒家那里，“耻”与“仁”是联系在一起的。孔子平时教导弟子要追求仁，原宪可能有了出仕的想法，就问如果克服了“克、伐、怨、欲”四种缺点，是不是就算做到仁了？可能原宪认为自己已经克服了这些缺点，故想知道自己是否已经做到了仁。孔子回答：“可以为难矣，仁则吾不知也。”做到这点是难能可贵的，至于是不是仁，我就不好说了。我们在上一篇说过，在孔子那里，仁是最高的德，是不断企及而未必能达到的终极目标。做到了“克、伐、怨、欲不行焉”，在追求仁的道路上就迈进了一步，可以说接近了仁，虽然难能可贵，但不能说已经做到了仁。因为克服了自身的某些缺点，肯定还有其他不足，谁都不敢说自己十全十美，就算做到了完美，还需要不断地自我完善。仁是超越性的概念，是最高的德，我们一生都在追求仁，但未必能达到仁。所以孔子一般只说“近仁”“为难矣”，而不轻易承认仁。

以往学者往往把孔子的仁理解为爱人，爱人确实是仁的一个重要内容，孔子也用爱人来定义过仁。但仁显然不限于爱人，还包括修己、成己。“克、伐、怨、欲不行焉”就是修己，是自我完善，但不能简单地将其归于爱人。当然，修己、成己与爱人是联系在一起的，只有修己，具有好的修养才能更好地爱人；只有成己，达到崇高的精神境界才会主动地关爱他人。

14·2 子曰：“士而怀居，不足以为士矣。”

本章的意思是，孔子说："一个士如果留恋安居家中，那就不配做士了。"

"士而怀居，不足以为士矣。""怀居"就是留恋安居。"居"指家居，安居。一个士如果留恋安居家中，那就不配做士了。为什么？士要以天下为己任，以四海为家，岂能留恋家庭的安逸？"二十亩地一头牛，老婆孩子热炕头"，这样的生活，普通百姓可以，士则不行。士应当有更大的抱负、更宽阔的胸怀，不能只贪图个人生活的安逸。

读到这一章，人们可能会想到《论语·里仁》篇的"父母在，不远游"，二者是不是矛盾呢？不矛盾。"父母在，不远游"后面还有一句"游必有方"，"方"是方位、方向。古代交通不便，通信不发达，一个人外出求职、旅行，父母年龄大了，身体不好，突然有了疾病，一时联系不上，而自己不能赶回来服侍父母，这属于不孝。儒家的经典《礼记·玉藻》说："亲老，出不易方，复不过时。"父母年龄大了，出游时不要改变方向——本来是去齐国，但是又去了宋国，父母不知道，有事联系不上，这样就不行；回来的时候不要逾期——本来说好出去半年，可是过了一年还迟迟不归，这样会让父母焦虑、担心。所以儒家并不反对子女远游，只是囿于当时的交通条件，强调远游的时候一定要告知去向，以便有急事时可以联系得上。现在交通、通信发达，这些都不是问题了，即便身处海外，每天发个微信，报个平安，也非常容易。如果父母生病，买张飞机票很快就能赶回来，远游不再是什么问题。所以学习经典，要掌握其精神实质，而不能停留在文字表面。不能因为孔子讲了"父母在，不远游"，就认为年轻人一定要守在家里。相反，儒家主张士人以四海为家，只想着在家安逸是不配做士人的。

14·3 子曰："邦有道，危言危行；邦无道，危行言孙。"

本章翻译过来是，孔子说："国家有道，说话正直，行为也正直；国家无道，行为正直，说话要谨慎。"

"邦有道，危言危行"，"危"是正，指正直。国家有道，能容纳不同的意见，这个时候自然要直言直行，要敢于讲真话，坚持真理，做符合原则的事。"邦无道，危行言孙。""孙"通"逊"，指恭顺。国家无道，即坏人掌权，昏君当道，这个时候自然要说话恭顺谨慎，但行为仍要正直，不能做蝇营狗苟、违背原则的事。

在孔子生活的时代，没有言论自由，也没有民主制度，所以孔子某种程度上承认明哲保身的合理性。国家无道时，要"危行言孙"，行为要正直，但说话要谨慎，否则会给自己惹来杀身之祸；国家有道时，则要"危言危行"，敢于坚持真理，言论、行为都要公正、正直。

本章是对多数人而言的，讨论的是一般的情况。不过对于"邦无道"，依然敢于"危言危行"的人，孔子当然持肯定、赞赏的态度。孔子主张"无求生以害仁，有杀身以成仁"（《论语·卫灵公》），就是对志士仁人更高的期许。史鱼向卫灵公尸谏，就是"邦无道"而"危言危行"的例子，孔子称赞："直哉史鱼！邦有道，如矢；邦无道，如矢。"（《论语·卫灵公》）无论国家有道、无道，史鱼都能像箭一样正直，是值得赞叹和敬佩的人。

14·4 子曰："有德者必有言，有言者不必有德。仁者必有勇，勇者不必有仁。"

本章翻译过来是，孔子说："有德者一定有（修身立德的）言论，有（修身立德的）言论者不一定有相应的德。仁者一定勇敢，勇敢者不一定有仁。"

"有德者必有言，有言者不必有德。""言"指言论，但关键是什么言论。孔子曾说君子要"讷于言而敏于行"（《论语·里仁》），又说"刚、毅、木、讷，近仁"（《论语·子路》），显然认为有德者不在言多。故本章的"言"非一般的言论，而应该是好的言论，尤其是修身立德之言。有德者对道德生命有深切的感受，故有相应的言论。而能说出类似言论的，不一定有德，因为也可能是耳食之言。同样，"仁者必有勇，勇者不必有仁"。有仁德者一定勇敢，而勇敢者不一定有仁德。儒家论勇，有大勇、小勇之分，大勇是道义之勇，是发自仁义之勇；小勇是血气之勇，是匹夫之勇。仁者必有大勇，小勇未必有仁，如那些一语不合便逞强好勇之人。

14·5 南宫适问于孔子曰："羿善射，奡荡舟，俱不得其死然。禹、稷躬稼而有天下。"夫子不答。南宫适出，子曰："君子哉若人！尚德哉若人！"

本章翻译过来是，南宫适问孔子："（为什么）羿善于射箭，奡擅长水战，都不得好死。而禹和稷亲自耕种却得到天下？"夫子没有回答。南宫适出去后，孔子说："这个人是君子啊！这个人崇尚德行啊！"

本章是南宫适请教孔子的言论。南宫适是鲁国人，姓南宫，名适，字子容，所以也称南容。《论语·公冶长》篇第1章"子谓南容"，指的就是他。"羿善射，奡荡舟，俱不得其死然。禹、稷躬稼而有天下。"羿是夏代有穷国的首领，善于射箭，不重视耕稼，后被他的家臣寒浞所杀，《左传》中有关于他的记载。另外，民间有后羿射日的神话，人们经常将二人混淆，但后羿是传说人物，他与羿不是一个人。奡（ào）是夏代有穷国寒浞的儿子，相传他是一个大力士，曾奉父命灭掉夏的同姓国斟灌与斟鄩，又杀夏帝相。少康复国后，将其杀死。“荡舟”有两种解释，一种说法是奡力量很大，可以在陆地上行舟；另一种说法是划舟，引申为水战。私以为后一种说法比较可靠。南宫适问孔子：“为什么羿善射，奡擅长水战，最后都不得好死。而禹和后稷躬耕土地却得到了天下？”“夫子不答。”对于南宫适的问题，孔子没有回答。等到南宫适出去后，孔子才说：“君子哉若人！尚德哉若人！”这个人真是个君子啊！这个人崇尚德啊！孔子为什么不回答南宫适的问题呢？显然他认为南宫适提出了一个很好的问题，他的内心是十分满意的，而且他知道南宫适已经有了答案，不需要自己回答了。所以好的对话就是这样，学生提出好的问题，老师心中暗自窃喜，虽没有做出回应，但彼此已莫逆于心。

那么，孔子与南宫适到底打的什么哑谜呢？南宫适提到了四个人：羿、奡、大禹和后稷，羿可能是北方游牧民族，以狩猎为生，所以善射；奡擅长水战，应生活在水滨，靠渔猎为生；大禹、后稷都是以农耕为生，尤其是后稷，曾为尧舜农官。羿、奡不事耕稼而身亡，大禹、后稷耕田种地而拥有天下。南宫适列举四人的经历想说明什么呢？用孔子的话说就是“尚德”——德方可以立身，德方可以立国。中华民族自古就崇尚德，德与农耕文明密切相关，是建立在后者基础之上的。农耕文明自给自足，不需要对外侵略、扩张，喜好和平，安土重迁。农耕文明一旦建立起来的话，就能维持一种和谐的人际关系，这就是德。相反，游牧或海洋民族，往往以掠夺为生，具有很强的侵略性。强大时攻城略地，四处扩张，可是一旦形势倒转，便土崩瓦解，迅速灭亡，可谓其兴也勃，其亡也忽。羿、奡属于游牧、渔猎民族，善于射箭，擅长水战，尚力不尚德，最后都不得好死。大禹、后稷属于农耕民族，他们以德治天下，因而得以终老其身。所以听到南宫适的问题后，孔子非常欣赏，称赞他是君子，懂得德的重要性。

中国是一个多民族的国家，北方少数民族也是中华民族的一个组成部分，但从历史上看，一直存在着中原农耕民族和北方游牧民族之间的冲突。一旦进入小冰河期，气温下降，北方牧草不生，牛羊大量死亡，北方游牧民族就会南下，与中原农耕民族发生激烈冲突。有学者做过统计，中国历史上的战争、动乱往往发生在小冰河期，这个时候气温剧降，造成北方干旱，粮食大量减产，游牧民族开始南下掠夺，这是由他们的生活、生产方式决定的。

14·6 子曰："君子而不仁者有矣夫，未有小人而仁者也。"

本章意思是，孔子说："君子偶尔没有做到仁是有的，但没有小人能做到仁。"

"君子而不仁者有矣夫"，初读此句可能会产生疑惑：君子与仁不应该是统一的吗？怎么能把君子与仁分开呢？其实，所谓"君子而不仁者"，不是说君子不具有仁德，这样理解就出现了偏差，也不符合孔子的思想，而是说君子也会有不符合仁的时候，行为出现偏差，不符合仁的标准。人非圣贤，孰能无过？君子的个别行为不符合仁，这是有可能的。"未有小人而仁者也”，没有小人能够做到仁。“小人”就是不具有仁德的人，他们的所作所为也不符合仁。所以，我们不能因为君子有时候没有做到仁，便认为君子与小人没有差别。虽然君子的行为偶尔会不符合仁，但是小人永远不可能做到仁。

14·7 子曰：“爱之，能勿劳乎？忠焉，能勿诲乎？”

本章翻译过来是，孔子说：“爱一个人，能不勉励他吗？喜欢一个人，能不教诲他吗？”

孔子说：“爱之，能勿劳乎？”这里又出现了“劳”。之前解读《子路》第1章“先之，劳之”时，我认为“劳之”的“劳”不是使……勤劳，而是劝勉、勉励的意思，本章的“劳”与其含义相同。爱一个人，能不勉励他吗？“忠焉，能勿诲乎？”“忠”也是爱的意思。《吕氏春秋·权勋》：“其心以忠也。”高诱的注释是：“忠，爱也。”后世说的“忠”，更多是对国君而言的，但早期忠的对象要更为广泛。爱一个人、喜欢一个人，不是嘴上说说，而是要勉励他、教诲他。

14·8 子曰：“为命，裨谌草创之，世叔讨论之，行人子羽修饰之，东里子产润色之。”

本章意思是，孔子说：“郑国拟定一项外交辞令，裨谌起草文稿，世叔召集讨论，行人子羽进行修改，东里子产加以润色。”

本章是孔子对郑国政务的评论，称赞郑国人才济济，同心协力，分工明确又相互合作。“为命”，撰写外交辞令。“命”指外交辞令。裨谌、世叔、行人子羽、东里子产，都是郑国的大夫。行人是子羽的官职，也就是外交官，所以称行人子羽。东里是子产居住的地方，所以称东里子产。郑国撰写一项外交辞令，裨谌负责起草，拿出样稿，然后世叔召集大家讨论，看有没有不合适的地方，如果有，由子羽进行修改，最后再由子产进行润色。

14·9 或问子产。子曰："惠人也。"问子西。曰："彼哉！彼哉！"问管仲。曰："人也。夺伯氏骈邑三百，饭疏食，没齿无怨言。"

本章意思是，有人向孔子问子产是什么样的人。孔子说："是个能给人恩惠的人。"又问子西。孔子说："他呀！他呀！"又问管仲。孔子说："他是个人才。剥夺了伯氏骈邑三百户，使伯氏吃着粗茶淡饭，却到死都没有怨言。"

有人向孔子问子产如何。子产是春秋时期的政治家，曾为郑国执政，是孔子非常推崇的人物，《论语》中有多处对子产的评论。子产的事迹主要见于《左传》，后人评论："后半部《左传》，全赖此人生色。"还有学者说："《春秋》上半部得一管仲，《春秋》下半部得一子产。"甚至有人认为子产的功绩超过管仲，是"春秋第一人"。孔子回答："惠人也。"子产是善于施恩惠的人。

又问子西。春秋时期有几位子西，一般认为，这里的子西指楚国令尹公子申。据司马迁记载，楚昭王欲用孔子，孔子也准备前往楚国，但因为子西从中作梗而未果。对于这样一个人，孔子感到无话可说，对其未做评论。

又问管仲。管仲也是孔子非常推崇的人物，孔子很少称许一个人做到了仁，却称赞管仲“如其仁，如其仁”（《论语·宪问》）。有人问到管仲，孔子回答：“人也。”有学者认为这里可能缺了一个“仁”字，当作“仁人也”。也有学者认为没有缺字，就是作“人”。是“仁人”还是“人”，牵一发而动全身，对本章的理解就会完全不同。认为当作“仁人”者，根据是孔子前面称赞子产是“惠人也”，这里肯定管仲是“仁人也”，二者正好对应。另外，“人”也可以通“仁”，古籍中经常把“人”写作“仁”，或者把“仁”写作“人”。但这种理解与下面一句有矛盾，逻辑似乎也不通。“夺伯氏骈邑三百，饭疏食，没齿无怨言。”伯氏是齐国大夫，他的食邑在骈。伯氏有罪，管仲为相，削夺其采邑三百户。但是伯氏吃着粗茶淡饭，到死对管仲也没有任何怨言。这与管仲是“仁人”有什么关系呢？有人认为管仲作为齐国的相，虽秉公执法，但有仁厚之心，故被惩罚的人对其并无怨恨之心。这实际上是称赞管仲执政的能力，他很会处理矛盾，既坚持了原则，又做事圆滑，使被惩罚的人心悦诚服。但这种解释有点牵强，看不出来管仲与仁人有什么关系。所以我倾向于原文作“人也”，是说管仲真是个人才啊，他剥夺了伯氏三百户的封地，可是伯氏却无怨无悔，至死也没有抱怨过一句。“人也”是客观陈述，没有价值判断，只是说明管仲很有政治手腕，既打击了政敌，又能让对方不怨恨自己，是个人才。如果是“仁人也”，就有价值判断了，但是管仲的上述行为并没有看出与仁有什么关系。孔子虽然称赞过管仲“如其仁，如其仁”，但那是针对管仲制止战争、保全中华文明而言的；在个人私德方面，孔子对管仲反倒多有批评。

14·10 子曰："贫而无怨难，富而无骄易。"

本章翻译过来是，孔子说："身陷贫穷而不怨恨很难，富有而不骄傲却相对容易。"

贫穷而不怨恨，很难做到；富贵而不骄傲，相对容易。孔子说的"贫"与"富"可能与个人经历有关，是说由个人原因导致的"贫"与"富"。一个人好吃懒做，无所事事，身陷穷困却怨天尤人，甚至作奸犯科，以身试法，这种事情在生活中多有所见。相反，一个人辛苦打拼，历经磨难，富有后轻易不会飘飘然，因为生活教会了他许多。至于生活的常态，身处底层、生活贫困的人往往安于现状，很少抱怨，生活富足或一夜暴富的人反而容易骄傲自大。

14·11 子曰："孟公绰为赵、魏老则优，不可以为滕、薛大夫。"

本章意思是，孔子说："孟公绰做晋国赵氏或魏氏的家臣是绰绰有余的，但不适合做滕、薛这样小国的大夫。"

本章是孔子对孟公绰的评论。孟公绰是鲁国大夫，据《史记·仲尼弟子列传》记载，孔子曾向他请教、学习过。"赵、魏"指晋国大夫赵氏、魏氏，不是赵国和魏国。我们都知道三家分晋，这是战国的事情了，春秋时只有晋国，韩、赵、魏是三家大夫，后来他们坐大，把晋国瓜分了，成为三个国家，三家也由大夫升为诸侯。"老"是家臣，春秋时大夫有自己的封地，为其管理封地的称为家臣或者宰，"老"是家臣之长，类似于总管。“优”是有余力的意思。“滕、薛”是春秋时的两个小诸侯国，这两个国家到战国时还存在。《孟子》中有滕文公，就是滕国的国君。滕国在今天山东滕州一带。薛国距离滕国不远，在滕州东南方向，《孟子 · 梁惠王下》中提到“齐人将筑薛”，就是这个地方。不过这时薛国已经被齐国吞并，成为齐国大夫田婴的封地了。孔子评论，孟公绰做赵、魏管家绰绰有余，但不适合做滕国、薛国的大夫。

读到本章我们会产生一个疑问，孟公绰并非什么知名人物，他适合做家臣还是大夫似乎意义不大，孔门弟子为什么会把这段话记入《论语》中呢？这就涉及语境的变化了。孟公绰是孔子非常尊敬的人物，对孔子产生过影响，下一章孔子论成人，说到“公绰之不欲”，就是用孟公绰的淡泊寡欲教导弟子。故孟公绰对于今天的读者来说虽然十分陌生，但对孔门弟子来说则是耳熟能详的，是老师经常提及并要求以之为榜样的人物。朱熹对本章有一个分析，他说：“公绰盖廉静寡欲，而短于才者也。”（《论语集注》）淡泊寡欲是孟公绰的长处，但不擅长处理实际政务则是他的不足。赵、魏在晋国虽然是大家，但没有诸侯之事，做他们的家臣地位又很高，不需要事必躬亲。相反，滕、薛虽然是小国，但政务繁忙，大夫位高责重，故孟公绰适合做赵、魏的家臣，而不适合做滕、薛的大夫。孔子曾说“不患人之不己知，患不知人也”（《论语 · 学而》），又说“知”就是“知人”（《论语 · 颜渊》），故儒家的“知”主要表现在知人论世上。孔子曾向孟公绰请教、学习，又能了解其长处与不足，是真正做到了知人。

14 · 12 子路问成人。子曰：“若臧武仲之知，公绰之不欲，卞庄子之勇，冉求之艺，文之以礼乐，亦可以为成人矣。”曰：

“今之成人者何必然？见利思义，见危授命，久要不忘平生之言，亦可以为成人矣。”

本章翻译为，子路问怎样才算成人。孔子说：“像臧武仲那样智慧，孟公绰那样没有贪欲，卞庄子那样勇敢，冉求那样多艺，再加上礼乐的文饰修养，就可以算是成人了。”又说：“现在的成人何必一定要这样呢？见到利能想到义，遇到危险能献出生命，久处穷困仍不忘平日的诺言，也可以说是成人了。”

“子路问成人。”什么是“成人”呢？简单地说，就是人格完善的人。我们知道古代有成人礼，男子的叫作“冠礼”，女子的叫作“笄礼”。到了一定年龄，举行成人礼，表示告别童年，进入成年，这是身体上的成人。但还有精神上的成人，即通过自我修养达到人格的完善。成人是儒家贡献给世界的智慧，第 24 届世界哲学大会的主题就是“学以成人”。子路问孔子，怎样才算是人格完善的人？孔子说到了 4 个人：臧武仲、孟公绰、卞庄子与冉求。臧武仲是鲁国大夫，因为受到排挤，逃到齐国。当时齐庄公执政，很欣赏他，要授予他一块封地。但是他预见到齐庄公地位不稳，不可能长久，就想办法拒绝了。后来齐庄公被杀，臧武仲因为与齐庄公没有多少来往，因而没有受到牵连，避免了一场灾祸。这说明臧武仲是一个很有智慧的人，能够见微知著，预见事情的发展。儒家经典《周易》讲的就是如何预见事物的发展，逢凶化吉，趋利避害，这在古代是很高的智慧。孟公绰在上一章已经提到过，也是鲁国人，孔子曾向他学习，他淡泊寡欲，廉洁自守。卞庄子是鲁国的一个勇士，非常孝顺，母亲在世时，他随军作战，三战三败，朋友看不起他，国君羞辱他。等到母亲去世后，鲁国出兵伐齐，他请求从战，三战三获敌人甲首，以雪昔日败北之耻，后又冲入敌阵，杀70人而死。冉求是孔子的弟子，曾为季氏宰。一次季康子问孔子，冉求可以从事政治吗？孔子回答："求也艺，于从政乎何有？"(《论语·雍也》)说明冉求多才多艺。本章孔子说："若臧武仲之知，公绰之不欲，卞庄子之勇，冉求之艺，文之以礼乐，亦可以为成人矣。"像臧武仲一样有智慧，像孟公绰一样没有贪欲，像卞庄子一样勇敢，像冉求一样多才多艺，再加上礼乐的熏陶，就可以做到成人了。"不欲"也可以看作仁，所以臧武仲之智、孟公绰之不欲、卞庄子之勇，代表了儒家的仁、智、勇"三达德"。具有了仁、智、勇"三达德"，又多才多艺，加以礼乐的熏陶，就可以算是成人了。孔子又说："今之成人者何必然？见利思义，见危授命，久要不忘平生之言，亦可以为成人矣。""要"通"约"，穷困的意思。"平生"是平日的意思。今天要成为人格完善的人未必要像臧武仲、孟公绰、卞庄子、冉求等人一样，关键是当看到利的时候能想到义，遇到危险的时候能献出生命，久处穷困也不会忘记平日的诺言，这样也可以说是成人了。

本章主要讨论成人——人格完善的人，怎么才算是成人呢？孔子没有进行抽象地解释说明，而是列出臧武仲、孟公绰、卞庄子和冉求等人，通过几位熟悉的人物对成人做一形象、直观的说明。要想成为人格完善的人，就要见贤思齐，向几位人格典范学习。这种表达的好处是比较形象，容易理解，但概括性不够，不足以道出成人的实质，而且会使人拘泥于某些外在的行为。所以孔子又进一步说明，能够做到见利思义、见危授命、遵守诺言就算是成人了。见利思义是义，见危授命是勇，遵守诺言是信，具有了义、勇、信品格就是成人了。其实，孔子列出臧武仲、孟公绰、卞庄子、冉求等人格典范就是为了说明具有各种美好品质的人就是成人。孔子通过具体人格典范对成人做出形象化的说明，又用义、勇、信等品格对成人做了实质性的规定。

14·13 子问公叔文子于公明贾曰："信乎，夫子不言、不笑、不取乎？"公明贾对曰："以告者过也。夫子时然后言，人不厌其言；乐然后笑，人不厌其笑；义然后取，人不厌其取。"子曰："其然？岂其然乎？"

本章翻译过来是，孔子向公明贾问公叔文子："（我听说）先生不说、不笑、不取，是真的吗？"公明贾回答："这是告诉你的人没有说清楚。先生该说话的时候才说，所以别人不讨厌他说；快乐的时候才笑，所以别人不讨厌他笑；合于义的才取，所以别人不讨厌他取。"孔子说："是这样吗？难道真是这样吗？"

本章是孔子与人讨论卫大夫公叔文子的行为处事。"子问公叔文子于公明贾"，公叔文子，名拔，或作发，一般称公叔拔，是卫国大夫，卫献公之孙。他比较有见识，是卫国的君子之一。公明贾是公叔文子的使臣。据记载，孔子一生多次来到卫国，与公叔文子有过交往，也听到过一些关于公叔文子的传言，故向文子的使臣公明贾询问。"信乎，夫子不言、不笑、不取乎？"这句话是倒装，实际是说"夫子不言、不笑、不取，信乎？"孔子问，我听说先生不言、不笑、不取，是真的吗？公明贾回答："以告者过也。""以"是代词，此、这的意思。这是告诉你的人说得过分了。"夫子时然后言，人不厌其言"，先生该说话的时候才说话，人们就不讨厌他说话。“时”指合乎时宜。“乐然后笑，人不厌其笑”，高兴快乐的时候才笑，人们就不讨厌他笑。“义然后取，人不厌其取”，符合义然后才取，人们就不讨厌他取。根据公明贾的解释，公叔文子并非不言、不笑、不取，而是该说的时候说，该笑的时候笑，该取的时候才取，故人们不厌其说，不厌其笑，也不厌其取，反而对他非常尊重。孔子听后恍然大悟，“其然？岂其然乎？”是这样吗？难道真是这样吗？从公叔文子这里，孔子也受到启发。

本章虽然是讨论公叔文子，实际涉及行为处事的问题。首先是“时”。孔子虽然不主张多言，但并不反对言，关键还是要合乎时宜。孔子曾经说：“侍于君子有三愆：言未及之而言谓之躁，言及之而不言谓之隐，未见颜色而言谓之瞽。”（《论语·季氏》）跟别人交往的时候容易犯三种过失：一是不该你发言的时候却抢着发言，这样就显得太急躁了；二是该你说话了却吞吞吐吐，给人感觉想隐瞒；三是不懂得别人的感受，别人已没有兴趣了，你还在讲个没完。所以讲话、发言把握时机是非常重要的，交流是两个人的事情，不能只顾及自己的想法，还要考虑他人的感受，将心比心，推己及人，才能达到好的交流效果。其次是情感表达。孔子重视礼，主张“克己复礼”（《论语·颜渊》），所以人们往往会对儒者产生一种循规蹈矩、不苟言笑的感觉。其实并非如此，孔子并不压制人的情感，更不反对人的喜怒哀乐之情，而是强调情感的表达要自然、活泼，不能刻板、机械。郭店竹简《性自命出》称“礼作于情”，又说“始者近情，终者近义”。礼恰恰是源自情，是对情的节文、修饰和提升。再次是见利思义。这是儒学的基本主张，前文已有所涉及，这里不再赘述。

14·14 子曰："臧武仲以防求为后于鲁，虽曰不要君，吾不信也。"

本章翻译为，孔子说："臧武仲凭借他的防邑请求鲁君立他的后代为大夫，（在当时的情况下，）纵使有人说他不想为难国君，我是不相信的。"

本章是讨论臧武仲立后于防的事，但与前文肯定"臧武仲之知"不同，孔子对臧武仲的做法持批评态度。臧武仲，上文已经提到，是鲁国大夫，鲁襄公时曾为鲁司寇，因得罪季孙氏与孟孙氏，被迫逃亡邾（zhū）国。据记载，臧武仲逃到邾国后，又回到臧氏封邑防，派人给鲁襄公去信，请求鲁君宽宏大量，念其祖父、父亲辅佐历代鲁君的功劳，保留臧氏世袭大夫的身份，使臧氏宗庙祭祀不断，同时他也愿意将臧氏封邑防归还公室，以求赎罪。（见《左传·襄公二十三年》）所以孔子说"臧武仲以防求为后于鲁"。"以防"是利用防。"以"是凭借、利用之意。"为后"，犹言立后。"虽曰不要君，吾不信也。""要（yāo）"，学者一般理解为要挟。按照这种理解，这句是说，纵使有人说他不想要挟国君，我是不相信的。

平心而论，臧武仲的要求在当时并不过分，春秋时期大夫逃亡后，保留其子弟封地、身份的事例并非鲜见。况且臧武仲对鲁国公室忠心耿耿，并无叛乱之意。他被逐出鲁国完全是因为孟孙氏、季孙氏的迫害，是政治斗争的牺牲品。那么，孔子为什么不同情他反而对其有所指责呢？朱熹的解释是："武仲得罪奔邾，自邾如防，使请立后而避邑，以示若不得请，则将据邑以叛，是要君也。范氏曰：'要君者无上，罪之大者也。'"（《论语集注》）朱熹认为臧武仲实际上是要挟君主，襄公若不答应其要求，便会据防邑反叛。这完全是诛心之论，是没有事实根据的。另有学者认为，本章孔子对臧武仲的批评有失公允，不能成立。要搞清楚这个问题，首先需要分析鲁国当时的政治形势。鲁襄公当政时期，鲁国的政权实际上由三桓掌控，由于臧武仲的政治立场倾向公室，故与季孙氏、孟孙氏发生激烈冲突，将臧武仲赶出鲁国的是季孙氏、孟孙氏，收走其封地的也是季孙氏、孟孙氏，襄公并没有多少发言权。季孙氏与臧氏订立盟约时，也是百般刁难，想尽办法给其加上不实的罪名。在这种情况下，臧武仲向鲁襄公写信求情，显然是不合时宜的。所以孔子并非如朱熹所言，是批评臧武仲要挟君主，而是说他给襄公出了难题，为难了君主。

14·15子曰："晋文公谲而不正，齐桓公正而不谲。"

本章的意思是，孔子说："晋文公诡诈而不行正道，齐桓公行正道而不诡诈。"

齐桓公与晋文公都是春秋五霸之一，他们在周天子衰落后，率领中原诸侯尊王攘夷，保全了中华文化，维持了政治秩序。但二人的具体行事还是有高下差别的。先看尊王。齐桓公葵丘会盟，周天子只是派使者赐胙，桓公毕恭毕敬，以礼相待。（见《左传·僖公九年》）而晋文公践土会盟，却召周天子亲自到会，并让周天子赏赐大量礼物。《左传·僖公二十八年》记载孔子评论此事："以臣召君，不可以训。"对晋文公持批评态度。再看攘夷。下一章讲"桓公九合诸侯，不以兵车"，桓公多次联合诸侯抗击少数民族，但又不崇尚武力。例如桓公讨伐楚国，只是指责对方不进贡礼物，藐视王室的权威，楚国承认错误后，便订立盟约，引兵而退。晋文公发动城濮之战，以报答楚国当年的帮助为名，令晋军退避三舍，使楚军放松警惕，贸然进攻，然后趁机将楚军打得大败。故孔子评论“晋文公谲而不正，齐桓公正而不谲”，晋文公诡诈而不行正道，齐桓公行正道而不诡诈。“谲（jué）”是欺诈，玩弄权术。

孟子曾经说：“五霸者，三王之罪人也。”（《孟子·告子下》）我们受孟子的影响，往往把齐桓公、晋文公等同视之了。但在孔子看来，二人之间还是有差别的，这种差别就在于齐桓公较多遵从了周礼的精神，而晋文公的诡诈则在一点点侵蚀周礼的精神。

14·16 子路曰：“桓公杀公子纠，召忽死之，管仲不死。”曰：“未仁乎？”子曰：“桓公九合诸侯，不以兵车，管仲之力也。如其仁，如其仁。”

本章翻译过来是，子路说：“齐桓公杀了公子纠，家臣召忽因此自杀，管仲却不自杀。”接着说：“管仲没有做到仁吧？”孔子说：“桓公多次会合诸侯，不凭借兵车武力，全是管仲出的力。谁能比得上他仁，谁能比得上他仁。”

子路曰：“桓公杀公子纠，召忽死之，管仲不死。”公子纠是齐桓公的哥哥。齐桓公的父亲齐僖公有很多孩子，僖公死后，他的长子即位，这就是齐襄公。齐襄公在位期间，荒淫无道，政令无常，公子纠、公子小白只好分别逃到鲁国与莒国避难。后来襄公被杀，公子纠与公子小白争夺王位，公子纠失败后被杀。公子小白回到齐国后继承王位，这就是齐桓公。召忽是公子纠的家臣，他对公子纠非常忠诚，公子纠被杀之后，他自杀殉主。管仲也是公子纠的家臣，他为了帮助公子纠夺取王位，曾率兵截击赶回齐国的公子小白，不过他的箭没有射中要害，齐桓公装死躲过一劫。本来管仲已经必死无疑了，但他的好友鲍叔牙是齐桓公的谋士，极力向桓公推荐管仲。于是桓公没有杀管仲反而重用了他，管仲也没有为公子纠自杀。

“曰：‘未仁乎？’”这里的“曰”还是子路曰，管仲没有为主人死难，反而转过来帮助公子纠的仇敌，子路问，这样做不符合仁吧？对于这样的问题，孔子是怎么回答的？“桓公九合诸侯，不以兵车，管仲之力也。如其仁，如其仁。”桓公多次会合诸侯，不靠兵车武力就做到了，都是管仲出的力，当然符合仁了。“如其仁”有两种解释，一种说法是“谁如其仁”，谁能比得上他仁，省略了“谁”。还有一种说法是“这就是仁”，“如”作乃、就是讲。从语气上看，“谁如其仁”可能更好，对管仲的肯定更为积极，与下一章对管仲的评价也是一致的。

需要注意的是，子路问仁，针对的是管仲不为公子纠死一事，而孔子回答时则将重点转到“九合诸侯，不以兵车”上，说明孔子论仁实际上有两个标准：一是个人道德修养，这方面孔子对管仲的评价并不高，甚至多有批评，而且孔子不认为一个人在道德修养上可以完全做到仁，也很少轻易许诺仁；二是政治功业，尤其是对中华文明的捍卫，从这一标准看，孔子认为无人能及管仲仁。所以孔子对于政治人物首先是看其大节，看其政治、文化上的贡献，至于个人品行则是第二位的。

14·17 子贡曰：“管仲非仁者与？桓公杀公子纠，不能死，又相之。”子曰：“管仲相桓公，霸诸侯，一匡天下，民到于今受

其赐。微管仲，吾其被发左衽矣。岂若匹夫匹妇之为谅也，自经于沟渎而莫之知也？”

本章翻译过来是，子贡说：“管仲不是仁者吧？桓公杀了公子纠，他不但不为公子纠殉节，反而做了桓公的宰相。”孔子说：“管仲辅佐桓公，称霸诸侯，匡正天下，百姓直到今天还受到他的好处。如果没有管仲，我们大概都要披散头发，衣襟向左开了。难道管仲应当像匹夫匹妇那样，为了一点信用就上吊自杀于沟渠而不为人所知吗？”

本章也是对管仲的评价，与上一章密切相关，将两章结合起来就更容易理解了。管仲是春秋时期著名的政治人物，他辅佐桓公功绩卓著，但贪生投敌又留下人生污点，故孔门内部对他多有讨论，本章是子贡与孔子的对话。子贡问：“管仲非仁者与？桓公杀公子纠，不能死，又相之。”管仲不能算是仁者吧？桓公杀了公子纠，管仲是公子纠的家臣，不但不为公子纠殉节，反而又做了齐桓公的相。对于子贡的疑问，孔子的回答是：“管仲相桓公，霸诸侯，一匡天下，民到于今受其赐。”春秋时期，周天子地位衰落，诸侯之间互相征战，礼乐秩序荡然无存。桓公在管仲的辅佐下，挺身而出，打出“尊王攘夷”的大旗，对内订立盟约，互信互助，反对兵戎相见；对外联合诸侯，共同抗击少数民族。所以孔子说，管仲辅佐桓公，称霸诸侯，匡正天下，百姓直到今天还享受到他带来的好处。“微管仲，吾其被发左衽矣。”“微”是没有。“其”是大概。“披发左衽”，披散头发，衣襟朝左边开，这是当时少数民族的习俗，这里指被少数民族同化。没有管仲，我们大概要像少数民族一样披散头发，衣襟朝左边开，被他们同化了。“岂若匹夫匹妇之为谅也，自经于沟渎而莫之知也？”“谅”

是诚实，诚信。“自经”，自缢，指上吊自杀。“渎”是小沟渠。管仲难道要像普通百姓那样，为了一点小小的信用就上吊自杀，死于沟渠之中而不为人所知吗？所以对于政治人物，不能只看小节，而要看其大节。大节是什么呢？就是对中华文明的捍卫，对民族利益的维护。管仲尽管在生活上有违礼的行为，但他“九合诸侯”“尊王攘夷”，抵挡北方游牧民族南迁，这是最大的仁！怎么能说管仲不是仁者呢？

14·18 公叔文子之臣大夫僎，与文子同升诸公。子闻之曰：“可以为‘文’矣。”

本章翻译过来是，公叔文子的家臣大夫僎，（由于文子的引荐，）与文子一同做了卫国的大臣。孔子听说这件事后，说：“他可以配得上‘文’这个谥号了。”

“公叔文子之臣大夫僎”，上文我们已经提到，公叔文子是卫国大夫，“文”是他的谥号。古代贵族去世后，会根据其品行给他一个谥号，是对他一生的总结和评价。僎（zhuàn）是公叔文子的家臣，因为后来做了卫国大臣，所以称“大夫僎”。“与文子同升诸公”，与公叔文子一同进为公朝之臣。“公”指公朝。僎本来是公叔文子的家臣，由于公叔文子的推荐，与文子一起做了卫国大臣。“子闻之曰：‘可以为“文”矣。’”孔子听说此事后，说文子配得上“文”这个谥号了。孔子为何出此言？这涉及“文”这个谥号。《论语·公冶长》记载，子贡问孔文子的谥号为什么是文。孔子回答：“敏而好学，不耻下问，是以谓之文也。”一个人聪明好学，又愿意向比自己地位低的人请教，所以谥号为文。僎本是公叔文子的家臣，但是公叔文子因为僎有才干，便向国君推荐，让僎和自己一起成为卫国大夫。这没有一定的胸襟是很难做到的，在当时的社会更是难得，所以孔子对公叔文子表示赞叹，认为他配得上“文”这个谥号。

14·19 子言卫灵公之无道也，康子曰：“夫如是，奚而不丧？”孔子曰：“仲叔圉治宾客，祝鮀治宗庙，王孙贾治军旅。夫如是，奚其丧？”

本章意思是，孔子说到卫灵公的无道，季康子说：“既然如此，为什么卫国没有灭亡呢？”孔子说：“有仲叔圉接待宾客，祝鮀管理宗庙祭祀，王孙贾统率军队。像这样，怎么会马上灭亡呢？”

本章是讨论卫国的政治。“子言卫灵公之无道也”，卫灵公是卫国国君，他荒淫无道，亲小人而远君子，宠幸弥子瑕，放纵不守妇道的南子，逼走了与南子发生冲突的太子蒯聩。他去世后，引起蒯聩与卫辄的王位之争，令卫国陷入混乱之中。所以孔子说，卫灵公这个人，真是无道啊！“康子曰：‘夫如是，奚而不丧？’”康子是季康子，鲁国三桓之一。他执政后，遵从父亲季桓子的嘱托，召回了流落在外的孔子。本章应该是孔子晚年回到鲁国后与季康子的对话，这时孔子已经年近七十。季康子问，卫灵公既然如此不堪，为什么卫国没有灭亡呢？孔子回答：“仲叔圉治宾客，祝鮀治宗庙，王孙贾治军旅。夫如是，奚其丧？”仲叔圉（yǔ）即孔文子，他与祝鮀、王孙贾都是卫国大夫。其中，仲叔圉接待宾客，负责外交事务；祝鮀管理宗庙，负责宗教事务；王孙贾统领军队，负责国防事务。卫灵公虽然无道，但卫国有很多能干的大臣，所以卫国还不会马上灭亡。

因此治理国家，君主固然重要，而臣下各守其职，亦同样关键。

14·20 子曰："其言之不怍，则为之也难。"

本章翻译过来是，孔子说："一个人说话大言不惭，就很难去实行。"

"怍（zuò）"是惭愧之意。一个人言过其实，夸夸其谈，却没有羞愧之心，说明他根本就没有想着去做。所以听其言，观其行，一个人越是夸大其词，越是不可相信，这是孔子对人生世事的观察和总结。

14·21 陈成子弑简公。孔子沐浴而朝，告于哀公曰："陈恒弑其君，请讨之。"公曰："告夫三子！"孔子曰："以吾从大夫之后，不敢不告也。君曰'告夫三子'者！"之三子告，不可。孔子曰："以吾从大夫之后，不敢不告也。"

本章的大意是，陈成子杀了齐简公。孔子斋戒沐浴后去朝见鲁哀公，告诉他："陈恒杀了他的国君，请出兵讨伐他。"哀公说："去告诉那三位大夫吧！"孔子退朝后说："因为我忝列大夫之后，所以不敢不来报告。国君却说'去告诉那三位大夫吧'！"孔子前往三位大夫那里报告，他们不同意讨伐。孔子说："因为我忝列大夫之后，所以不敢不来报告。"

"陈成子弑简公。孔子沐浴而朝，告于哀公曰：'陈恒弑其君，请讨之。'"陈成子，姓田，名恒，因其家族出自陈国，也称为陈恒，是齐国大夫。鲁哀公十四年（前481），陈恒杀了齐简公。消息传到鲁国，孔子非常愤怒。此时孔子已71岁，他不顾年老体衰，斋戒沐浴后去拜见鲁哀公，请求出兵讨伐陈恒。孔子请求讨伐陈恒，是出于维护“君臣”关系，认为陈恒弑君是大逆不道的。但是齐国是大国，鲁国是小国，鲁国根本没有能力去讨伐齐国。而且鲁哀公也没有实权，鲁国的权力实际掌握在三桓手里。所以鲁哀公只能回答：“告夫三子！”“三子”就是指三桓。你去告诉这三位大夫吧，鲁国的事情由他们说了算，告诉我没有用。“孔子曰：‘以吾从大夫之后，不敢不告也。君曰“告夫三子”者！’”孔子感慨道，因为我忝列大夫之列（孔子曾做过鲁国的司寇，也是鲁国的大夫），看到乱臣贼子的行径，不敢不来报告，可是国君却对我说，去告诉那三位大夫吧！“之三子告，不可。”“之”是动词，前往的意思。于是孔子前往三桓那里报告，可是三桓也不同意出兵，否定了孔子的建议。孔子再次感叹，因为自己忝列大夫之列，不敢不来报告。他认为自己这样做，只是尽其职分罢了。

14·22 子路问事君。子曰：“勿欺也，而犯之。”

本章翻译过来是，子路问怎样侍奉君主。孔子说：“对君主不可欺瞒，而要犯颜直谏。”

“子路问事君”，子路问如何侍奉君主。儒家主张出仕，如何事君，也就是处理与君主的关系，成为必须面对的问题，孔门内部对此多有讨论，本章是子路与孔子的对话。孔子回答：“勿欺也，而犯之。”“欺”是隐瞒、欺骗。“犯”是冒犯，指犯颜直谏，即使冒犯对方的尊严，也要直言规劝。对待君主，不可阿谀奉承，逢迎欺骗，而应坚持真理，犯颜直谏。所以儒家对于事君的态度，是从道不从君。国家需要一个君主、统治者，但是君主不是最高的，君主之上还有道。当君主违背了道，这时就不能无条件地服从，而应该以道抗势，犯颜直谏，敢于指出君主的错误，“格君心之非”（《孟子·离娄上》）。

孔子确立的“勿欺”“犯之”的事君思想，在以后儒家学者那里得到进一步发展。郭店楚简中有《鲁穆公问子思》一篇，记载子思与鲁穆公的对话，反映了子思的事君思想。鲁穆公问子思怎样才算是忠臣。子思回答：“恒称其君之恶者，可谓忠臣矣。”不断指出国君过错的，这才是忠臣。鲁穆公听后，不太高兴。有一位叫成孙弋的大夫拜见，鲁穆公说：我问子思怎样才算是忠臣，结果他回答我，不断指出国君过错的，这才是忠臣。我感到困惑，不是很理解。成孙弋说：子思讲得太好了！为了国君献出生命，这种人是有的；可是不断指出国君过错的人，却是从未有过。因为为国君献身是为了换取俸禄，而不断指出国君的过错根本换不来俸禄，反而远离了俸禄。那么为什么还要这么做呢？那是因为还有更高的道义。为了道义而远爵禄，如果不是子思，我是不会听说这种事的。所以在道义与国君之间，从道不从君，这是儒家的基本立场。

14·23 子曰：“君子上达，小人下达。”

本章的意思是，孔子说：“君子上达天道，小人下循人欲。”

本章只有短短 10 个字，却非常重要，是理解孔子思想，尤其是其道德形而上学的核心章节。什么是“上达”“下达”？“上达”达到哪里？“下达”又达到何处？关于“下达”，一般认为是下达财货，或者人欲，分歧不大。关于“上达”，则有不同的说法，一种说法是“上达者，达于仁义也”（皇侃《论语义疏》）；还有一种说法认为“上达”是达于天道，如清代刘宝楠《论语正义》说：“君子上达，与天合符，言君子德能与天合也。”结合本篇第36章“不怨天，不尤人，下学而上达。知我者，其天乎”看，“上达”应该是达于天道。故本章是说，君子上达天道，小人下循人欲。君子把自己的精神向上提升，最终与天合一，天是绝对者，是至善，故上达是人的精神境界自我提升、完善的过程。小人流于情欲，滑向低俗，故下达是精神堕落的过程。

子贡曾经说：“夫子之言性与天道，不可得而闻也。”（《论语·公冶长》）关于子贡的说法，有两种不同的理解：一种是说孔子不关注性与天道，因而也很少谈论，所以弟子自然听不到；还有一种解释，认为孔子并非不重视性与天道，只是在弟子面前不轻易谈这个问题，因此弟子听不到。这两种理解还是有差别的，前者强调孔子根本不重视性与天道，后者则认为孔子其实非常重视性与天道，因为重视反而不轻易谈了。从学术史的角度看，汉唐学者多持前一种观点，宋明以后的学者则往往持后一种观点。为什么性与天道的问题对儒学来说非常重要呢？因为它涉及道德形而上学的问题。我们一般讲的道德，指人与人之间的伦理规范。但是这种规范又是从哪里来的呢？有没有形而上的根据？我们的道德实践能否达到一个更高的形而上的境界呢？这些就属于道德形而上学讨论的问题了。在儒家看来，道德的形而上学根据就是天。孔子说：“天生德于予。”（《论语·述而》）上天赋予我德。这个德是什么呢？从孔子的论述来看，似乎指一种使命，也可以是道德禀赋。总而言之，上天交付给我一种使命，我是带着使命来到这个世界上的，我的一生就是要完成上天交付给我的使命的。所以当孔子处于人生困境的时候，总是与天对话：“知我者，其天乎！”世无人知，唯天知之。这个世界上没有人理解我，理解我的只有天。天是最高的主宰，不仅交付给人使命，还赋予人道德禀赋，我们培养、扩充、完善自己的德行，就可以上达于天或天道，因为天与我是相通的。孔子在这里只说到我（“予”），没有说到性，此后《中庸》则直接提出“天命之谓性”，认为性是由天赋予的。既然性来自天，那么我们在“尽其性”，扩充我们本性的同时，就可以“尽人之性”“尽物之性”，甚至“赞天地之化育”“与天地参”，达到天人合一的精神境界了。这样就较好地说明了性与天道的关系，建构起一套道德形而上学体系。所以我们读了《中庸》《孟子》，反过来更容易理解孔子的思想。这就是马克思说的，“人体解剖对于猴体解剖是一把钥匙”。一种学说充分发展以后，就容易理解其早期的观念和想法了。

《论语》中经常将君子、小人对举，讲君子如何，小人如何，那么这是否意味着君子、小人的差别是天生的呢？当然不是。孔子主张“性相近也，习相远也”（《论语·阳货》），人的本性是基本相同的，差别是后天形成的。当然，君子、小人的人格形成后，其表现又会有不同。具体到本章，孔子实际上是强调能够感受到天命的召唤，把自己的精神向上提升者为君子；感受不到天命的召唤，精神向下堕落者为小人。所以本章也可以表述为：上达者君子，下达者小人。君子、小人的差别不是天生的，归根结底，还是个人选择的结果。

14·24 子曰：“古之学者为己，今之学者为人。”

本章大意是，孔子说：“古人学习是为了成就自己，今人学习是为了炫耀给别人看。”

有学者根据本章把儒学称为“为己之学”，我认为是恰当的。以往人们谈到儒学，总以为儒学的基本精神是爱人，孔子解释仁就是爱人，而爱人就是要关爱他人，奉献社会，甚至毫不利己，专门利人。其实孔子不仅讲爱人，也讲为己。郭店竹简中“仁”字都写作“㤡”，从身从心，而不是从人从二。“身”在古汉语中可以表示我。如中国最早的一部词典《尔雅》就说：“身……我也。”“朕、余、躬，身也。”晋郭璞注：“今人亦自呼为身。”故仁从身从心，表示心中想着自己，用当时的话说，就是“克己”“修己”“为己”；用今天的话说，就是要成就自己、实现自己、完成自己。儒家仁学包括了成己、爱人两个方面，既讲“仁者，爱人”（《孟子·离娄下》），也讲“成己，仁也”（《中庸》）。只有成己才能爱人，爱人是建立在为己、成己的基础上的。

“古之学者为己”，古人学习是为了成就自己、实现自己，重点在于“己”。“今之学者为人”，今人学习是为了给别人看，是为了炫耀于人，关注的是“人”。这里的“古”“今”不只是时间概念，也是一种价值判断。人类各民族都有古代是黄金时代的看法，故“古”是理想状态，“今”是非理想状态。“古之学者”的态度是正确的、值得学习的；“今之学者”的做法是错误的、需要克服的。

14·25 蘧伯玉使人于孔子。孔子与之坐而问焉，曰：“夫子何为？”对曰：“夫子欲寡其过而未能也。”使者出。子曰：“使乎！使乎！”

本章意思是，蘧伯玉派使者去拜访孔子。孔子与使者坐下，问道：“先生近来在做什么？”使者回答：“先生想要减少自己的过错，但还没能做到。”使者离开。孔子说：“好一位使者！好一位使者！”

本章是孔子与蘧伯玉使者的对话，既通过使者之口介绍了蘧伯玉的为人，又表达了孔子对使者的赞叹。“蘧伯玉使人于孔子”，蘧（qú）伯玉，名瑗，字伯玉，是卫国大夫。前面我们提到，蘧伯玉是卫国的一位贤臣，但卫灵公远君子蘧伯玉而近小人弥子瑕，卫国一位正直的大夫史鱼不得已向卫灵公尸谏。孔子在卫国时，与蘧伯玉有过交往，还曾住在他家，二人算是老朋友了。不过这时孔子已回到鲁国，故蘧伯玉派使者来看望。这一句中的“使”是动词，命令、派遣的意思。“使人于孔子”不太符合语法，应该说“使人见于孔子”，省略了一个“见”或者其他表示拜访的动词。“孔子与之坐而问焉，曰：‘夫子何为？’”孔子和使者对面坐下，问道：蘧伯玉先生最近做什么呢？这里的“夫子”指蘧伯玉，不是孔子。“对曰：‘夫子欲寡其过而未能也。’”使者回答：先生想减少自己的过错，但还没有做到。“使者出。子曰：‘使乎！使乎！’”等使者出去后，孔子赞叹道：好一位使者！好一位使者！孔子为什么会有如此感叹？一是这位使者很了解自己的主人。蘧伯玉是一位善于改过的人，《淮南子·原道训》说：“蘧伯玉年五十，而有四十九年非。”所以当孔子问到蘧伯玉时，他回答蘧伯玉想减少自己的过错。二是这位使者很会讲话，表达非常得当。如果只说蘧伯玉想减少自己的过错，会有炫耀其行为之嫌，显得不够谦虚，所以使者又补充说还没有做到，既说明蘧伯玉勤于修身改过，又显得很谦虚。故孔子称赞他是一位合格的使者。

14·26 子曰："不在其位，不谋其政。"

本章翻译为，孔子说："不在这个职位上，就不要谋划这个职位上的政事。"

"不在其位，不谋其政"，"位"是职位。不在这个职位上，就不要谋划这个职位上的政事。这段文字不难理解，你在什么职位上，就做好这个职位上的事情，不要越俎代庖。本章会引起争议，主要是孔子一生栖栖遑遑，席不暇暖，周游列国，却时时关心着天下之政，而他当时只是布衣之身，并不在其位，这是否与他"不谋其政"的主张矛盾呢？是否表示孔子言行不一呢？当然不是。孔子的行为是在谋道，而非谋政。谋政是有条件的，在其位，则谋其政；不在其位，则不谋其政。不在这个职位上，不负责这项工作，当然不能去指手画脚，否则会与负责这项工作的人发生矛盾。但谋道则是无条件的，"士志于道"，任何一位士人都应超越个人的利益，去关心天下、民众的福祉。这是孔子一生倡导的士的精神，也是儒家的基本理念，以后又发展出"君子忧道不忧贫""位卑未敢忘忧国"等观念，所以谋道与谋政是不矛盾的。

由谋道也可以发展为谋政，"曹刿论战"就是一个例子。据《左传》记载，齐国攻打鲁国，曹刿请求见国君。他的乡里人说："肉食者谋之，又何间焉？"这是吃肉的也就是当官的人考虑的事情，你参与什么？曹刿说："肉食者鄙，未能远谋。"这些当官的人没有见识，目光短浅，所以不得已我要来谋划。于是曹刿去见了国君，得到信任，指挥军队，终于打败了齐国。

14·27 曾子曰：“君子思不出其位。”

翻译本章，曾子说：“君子考虑问题不应超出自己的职位。”

本章实际上是引自《易经·艮卦》的象辞：“兼山，艮；君子以思不出其位。”艮的经卦是两个阴爻，一个阳爻，像个碗倒扣过来，所以八卦歌诀说“艮覆碗”。艮象征山，也有止的含义。艮的重卦为两山重叠，所以说“兼山”。君子从艮卦卦象得到启发，认识到考虑问题不应超出自己的职位，也就是“不在其位，不谋其政”。可能曾子听到孔子“不谋其政”的教诲，故引《艮卦》象辞以论证夫子之说，后被编入《论语》中，置于上章之下。

14·28 子曰：“君子耻其言而过其行。”

本章意思是，孔子说：“君子以其言论超出行为为耻。”

本章比较简短，只有一句，是批评言过其行。“耻”是意动用法，以……为耻。“言而过其行”，言论超过了实际行为。言行不一，言行不符，调子唱得很高，行为做不到，是人之通病，其根源在于言易而行难，故君子当以此为耻。此后儒者提出知行合一，是符合孔子精神的。

14·29 子曰：“君子道者三，我无能焉：仁者不忧，知者不惑，勇者不惧。”子贡曰：“夫子自道也。”

本章的意思是，孔子说：“君子之道有三，我一样也没能做到：仁者不忧虑，智者不迷惑，勇者不畏惧。”子贡说：“这是先生说他自己啊。”

孔子说，君子之道有三个方面，自己一样也没有做到：仁者不忧虑，智者不迷惑，勇者不畏惧。没有做到可能是自谦之辞，孔子实际上强调的是，自己把仁、智、勇“三达德”作为毕生追求的目标。还是子贡理解老师，说“夫子自道也”，认为这是老师在讲他自己。

14·30 子贡方人。子曰：“赐也贤乎哉？夫我则不暇。”

本章翻译过来是，子贡喜欢品评他人。孔子说：“赐啊，你已经很好了吗？我可没有这个闲工夫。”

“方人”，品评他人。子贡喜欢品评他人，背后议论人。孔子说：“赐也贤乎哉？夫我则不暇。”赐是端木赐，子贡是他的字。端木赐，你已经做得很好了吗？我可没有时间评论别人。“不暇”，没有空暇。儒家重修身，主张反省自己，反对苛责他人。孔子说：“见贤思齐焉，见不贤而内自省也。”（《论语·里仁》）曾子也说：“吾日三省吾身。”（《论语·学而》）反省自己可以不断完善自身，议论他人则往往无事生非。

14·31 子曰：“不患人之不己知，患其不能也。”

本章翻译过来是，孔子说：“不必担心别人不了解自己，需要担心的是自己没有能力。”

“患”是担心的意思。“其”是反身代词，指自己。不必担心世人不知道自己，而应担心自己没有能力，没有真才实学让世人了解自己。这是孔子在《论语》中反复强调的思想，如“不患莫己知，求为可知也”(《论语·里仁》)，“不患人之不己知，患不知人也”（《论语·学而》)。不担心别人不了解自己，而应该去了解别人。“人不知而不愠，不亦君子乎？”(《论语·学而》)别人不理解自己，自己也不生气，这不就很有君子风度吗？儒家不同于出世的宗教，而是肯定现实人生，主张积极入世，通过改造现实世界以实现人生的价值和意义，这样便无可避免地面临着被世人承认和理解的问题。孔子说的“人不己知”包含了两个层面：一是自己能力不足，没有得到社会认可；二是有了改造社会的理想、抱负，而不被世人理解。孔子对弟子所论经常涉及前一种情况，而他自己则更多是被后一种情况所困扰。他“志于道，据于德”，栖栖遑遑，席不暇暖，却落得“累累若丧家之狗”的地步，被人嘲讽为“知其不可而为之者”(《论语·宪问》)。对于前一种情况，孔子强调与其抱怨别人，不如提高自己，多去理解他人。对于后一种情况，则更不必为“人不己知”担忧了，因为一个怀抱理想的君子、仁者，注定是不被世人、时代理解的。这时候支撑你的不是世人的理解，而是另一种精神力量——天。世人虽不理解我，但还有天理解我，“知我者，其天乎”（《论语·宪问》)。所以当处于困境时，孔子常常与天对话，寻找精神的慰藉。“子畏于匡。曰：‘……天之将丧斯文也，后死者不得与于斯文也。’”(《论语·子罕》)如果天要抛弃这个文化传统，后来的人也就无法了解这个文化传统，那么我也没有办法了。但是如果“天之未丧斯文也”，如果天不想抛弃这个文化传统，还想让文化传统继续传播下去，那么这个责任就落在我孔丘身上了，这是天赋予我的责任、使命，我的一切努力就是要完成天所赋予的使命。所以即便世人都不理解我，但还有天理解我。这是支撑孔子面对“人不己知”困境时，更为根本的精神力量。

14·32 子曰：“不逆诈，不亿不信，抑亦先觉者，是贤乎！”

本章翻译为，孔子说：“不预先猜疑别人会欺诈，不臆想别人不诚实，但又能提前察觉一切，这就是贤人吧！”

“不逆诈”，不预先猜测别人会欺骗自己。“逆”是预料、预想。“诈”是欺骗、欺诈。“不亿不信”，不揣测别人不诚信。“亿”通“臆”，臆想、臆测之意。“抑亦先觉者，是贤乎！”可是又能提前察觉这一切，这就是贤者吧！“抑”是连词，表转折，可是、但是之意。“亦”是副词，又的意思。与人交往，应当以诚相见，而不是患得患失，老想着别人会欺诈自己，是不诚实的人；但是又能认识到社会的复杂，洞悉到人心的叵测，他人一旦有了欺诈的做法、不诚信的举动，马上就能觉察到。达到这个境界，就是贤者了。

14·33 微生亩谓孔子曰：“丘，何为是栖栖者与？无乃为佞乎？”孔子曰：“非敢为佞也，疾固也。”

本章翻译过来是，微生亩对孔子说：“孔丘，你为什么这样栖栖遑遑呢？难道是想要巧言取媚吗？”孔子说：“我不敢巧言取媚，只是厌恶世俗的固陋啊。”

本章记录时人对孔子的误解，反映的正是“人不己知”的情况。微生亩是孔子同时代的一位人物，由于缺乏记载，他的具体身份已经不可考。微生亩对孔子说：“丘，何为是栖栖者与？无乃为佞乎？”孔丘啊，你为什么这样栖栖遑遑呢？难道是想要巧言取媚吗？“栖栖”是忙碌不安的样子。“无乃”，难道、莫非之意。“佞”指巧言取媚。孔子回答：“非敢为佞也，疾固也。”我不敢巧言取媚，只是憎恶世俗的固陋，想要去改变罢了。

孔子目睹社会礼崩乐坏的局面，发现世俗的弊端和固陋，挺身而出，试图通过克己复礼重建政治秩序，改变不良的社会风气。可是在当时人们的眼里，他只是为了哗众取宠，表现自己罢了。所以真正的君子，是很难摆脱“人不己知”的命运的。

14·34 子曰：“骥不称其力，称其德也。”

本章翻译过来是，孔子说：“千里马不只是称赞它的气力，同时是称赞它的品德。”

“骥”是千里马，一日能行千里。“称”是称赞、称扬之意。千里马常有，而伯乐不常有。真正懂得相马的人，不仅要看它的力，更要看它的德。什么是马之德呢？那就是驯服温顺，听从主人的调遣。如果性子太烈，经常尥蹶子，把主人摔下来，即使跑得再快，也不能算是好马。所以孔子说，千里马称赞的不只是它的力，还有它的德。人才亦是如此，不仅要看他的能力，更要看他的品德。

14·35 或曰：“以德报怨，何如？”子曰：“何以报德？以直报怨，以德报德。”

本章翻译为，有人问："以德报怨，您认为如何呢？"孔子回答："那如何来报答德呢？应该以直报怨，以德报德。"

人类报怨的方式有三种：以怨报怨、以德报怨、以直报怨。以怨报怨是最早的一种报怨方式，流行于早期氏族社会。在当时人们的观念中，为本氏族的人复仇，是氏族每一个成员应尽的神圣义务，任何拒绝这一使命的行为，都是不可思议和难以原谅的。古代的复仇往往采取以怨报怨、血亲仇杀的形式，复仇者常常把仇人的整个氏族看作复仇的对象，对氏族中某位成员的伤害，便构成了对受害人整个氏族的伤害，因此往往酿成氏族间大规模的械斗，甚至扩大为灭绝性的战争。如澳大利亚的库尔奈人要将仇人的整个部族加以杀戮，才会得到满足。又如格灵人不但要杀仇人的全家，甚至还要斩尽他们饲养的牲畜，不许有一个生灵存活。中国古代也有"斩草除根"的做法，均是这种非理性复仇心理的反映。《圣经·旧约》言"要以命偿命，以眼还眼，以牙还牙，以手还手，以脚还脚"，也是主张以怨报怨，不过是同等的报怨。

历史上也有主张以德报怨的，中国的老子就持这种主张，《道德经》第63章："大小多少，报怨以德。"这句话比较费解，汉代河上公的注释是："欲大反小，欲多反少，自然之道也。"希望大反而得其小，希望多反而得其少，事物总是向相反的方向发展，这就是"反者道之动"，是自然的普遍法则。有了这种认识，就不能只是想着以怨报怨，而应反过来思考，以德报怨。《圣经·新约》言："有人打你的右脸，连左脸也转过来由他打。""不要自己申冤，宁可让步，听凭主怒；因为经上记着：主说：'申冤在我，我必报应。'"所以主张以德报怨，往往有一种超脱的宗教情怀。老子的"德"不是一般的德，而是天地之德，是自然、无为之德，是从道的角度观察人间事务而采取的行为法则。

孔子既不同意以怨报怨，也不赞同以德报怨，而是主张以直报怨，他对报怨的思考与以上两种观点均有所不同。“或曰：‘以德报怨，何如？’”有人问，以德来报怨，您认为如何呢？孔子反问道：“何以报德？”怎么回报对你有德的人呢？别人伤害了你，你报之以德；别人有德于你，你也报之以德，那么这有什么差别呢？难道伤害与施德对你来说都是一样的吗？这完全不符合情理，是不能接受也不值得提倡的，所以孔子主张“以直报怨，以德报德”。“以德报德”容易理解，别人有德于你，你报之以德，滴水之恩，当思涌泉相报。关键是“以直报怨”该怎么理解？我们前面分析过，《论语》中的直有率真、率直之意，也指公正、正直，前者发于情，后者入于理。理想的直则是既合情，又合理；既率真、率直，又公正、正直，孔子称为直道。那么以直报怨的直到底是哪种意义呢？我认为是直道。孔子是主张以直道报怨的，既考虑到情，也关注到理。从情上讲，别人伤害了你，当然应该报仇，这是人之常情。但是从理上讲，应该以理智的方式报仇，而不应将怨恨之情无限放大，发展为冤冤相报。所以，以直报怨首先是肯定要报怨，同时强调要以公正、正直的方式报怨。如果说以德报怨和以怨报怨是两个极端，那么以直报怨就是中道。以德报怨只讲理不重情，以怨报怨只重情不讲理，以直报怨则既讲理又重情，既从情出发，肯定报怨的合理性，又强调要采取合理的方式报怨。那么什么是合理的方式呢？不同的时代当然有不同的看法，以古代为例，关于复仇是有许多规定的，如复仇前后应向掌管刑法、狱讼的各级长官报告；复仇只限于仇人本身，不得扩及子弟亲属；有正当的理由才可以复仇，自己的亲人有错在先，对方是出于道义杀人，即使同处一个城市，也不得复仇，如果坚持要复仇就是犯罪了；此外，还限定了复仇的时限。人们常说，君子报仇，十年不晚，其实古代法律规定，超出了一定的年限就不允许复仇了。我们今天要建立法治社会，以直报怨当然是要走法律程序，通过法律维护权利、申冤报仇了。

14·36 子曰："莫我知也夫！"子贡曰："何为其莫知子也？"子曰："不怨天，不尤人，下学而上达。知我者，其天乎！"

本章的意思是，孔子说："没有人理解我啊！"子贡说："为什么没有人理解您呢？"孔子说："不抱怨天，不责怪人，从下面学习而上达于天。理解我的只有天吧！"

本章与前面的第23、31章内容密切相关，可以结合起来讨论。孔子感叹："莫我知也夫！"没有人理解我。孔子为何有此感叹呢？如果读了第31章就容易理解了。古来圣贤多寂寞，一个心怀理想而不随波逐流的人，必然是不会被人理解的。虽然无奈，却是他必须面对的。听到老师的感叹，子贡问道："何为其莫知子也？"为什么没有人理解您呢？"其"是语气词，无实意。孔子回答："不怨天，不尤人，下学而上达。知我者，其天乎！"没有人理解我，我要去抱怨吗？不！我既不抱怨天，也不责怪人。那该怎么做呢？"下学而上达"。前面讲过，"上达"是达于天，所以下一句接着说："知我者，其天乎！"理解我的，恐怕只有上天了！真可谓是世无人知，唯天知之。即便整个世界没有人理解我，但还有天是理解我的，我可以在与天的对话中获得精神的慰藉和无所畏惧的勇气。那么，如何让天理解自己呢？首先要"不怨天，不尤人"，以真诚的态度面对天。更重要的是，通过“下学”而“上达”天。你不能坐在那里等着天来理解你，而是要通过“下学”，通过你的努力，让天来认识你、理解你。牟宗三先生把“下学上达”概括为“践仁知天”，注意到仁而忽略了礼，并不全面。从《论语》中关于学的论述看，学至少包括了仁与礼，故称为“践仁行礼而知天”可能更全面。孔子的这一思想，在儒学史上具有重要意义。

我们知道，殷周以来人们信奉一种至上神，殷人称为帝，周人称为天。所不同者，殷人的宗教还停留在自然宗教阶段，其信奉的神灵不具有伦理的品格，虽然“全能”，但非“全善”，既可以降福，也可以作祟。面对顽固暴躁、变化莫测的神灵，人们只能通过祈祷、献祭等谄媚手段加以哄诱、安抚之。周人则进入伦理宗教的阶段，较殷人有了很大变化，在他们看来，“皇天无亲，惟德是辅”（《尚书·蔡仲之命》），天庇护的不是一族、一姓，而是真正的有德者，谁有德则授予谁天命，授予人间的统治权。与此同时，周人不再关注祭品的多少，而是感受德的芳香，他们认为人间的德可以散发出一种芳香，上达于天，感动神明。因此周人不再是一味地祭祀、奉献，而是转向对民间疾苦的关注。

周人的宗教信仰虽然有了很大发展，但仍然是一个集体概念，天命被少数贵族所垄断，成为政权合法性的根据。到了孔子这里，则使天与个人产生联系，他一方面说“天生德于予”，认为天赋予其德，赋予其道德禀赋或使命；另一方面又提出“下学上达”，认为践仁行礼即可知天，打破了自重、黎“绝地天通”以来少数贵族对天命的垄断，使天与个人产生联系，为个人成圣提供了可能。从这一点看，我们可以说孔子创立了一种“新教”，一个属于所有士人的“宗教”，为士人成圣成贤提供了强大的精神动力。

14·37 公伯寮诉子路于季孙。子服景伯以告，曰："夫子固有惑志于公伯寮，吾力犹能肆诸市朝。"子曰："道之将行也与，命也；道之将废也与，命也。公伯寮其如命何！"

本章翻译过来是，公伯寮在季孙氏面前诋毁子路。子服景伯把这件事告诉了孔子，说："季孙氏已经被公伯寮迷惑了，但我的力量还是能够把公伯寮分尸于街市中的。"孔子说："道将要实行，这是命；道将要废弃，也是命。公伯寮能把命怎么样呢！"

本章涉及孔子的命运观，非常重要。"公伯寮诉子路于季孙。子服景伯以告"，这里提及4个人：公伯寮、子路、季孙与子服景伯。子路是孔子的弟子，大家比较熟悉。季孙指鲁国三桓之一的季孙氏，也称季氏。季氏与孔子生活的时代相当，先后执政的有季平子、季桓子和季康子，这里应该指季康子。公伯寮是鲁国人，姓公伯，名寮，也有人说他是孔子弟子，未必可信。子服景伯是鲁国大夫，姓子服，名何，字伯，谥号景。"诉"，诋毁、诽谤之意。公伯寮在季康子面前诋毁子路，大夫子服景伯知道后，前来告诉孔子，说："夫子固有惑志于公伯寮，吾力犹能肆诸市朝。"这里的"夫子"不是指孔子，而是指季康子。"惑志"指迷惑。"肆诸市朝"指陈尸于街市。"肆"是陈尸。"市朝"是市场与朝廷，这里指街市。季康子被公伯寮迷惑了，听信了他的谗言，但是不要怕，我还是有能力把公伯寮给杀掉的。看来公伯寮地位不高，一个大夫就可以把他杀掉。孔子听后说："道之将行也与，命也；道之将废也与，命也。"先来看什么是"道"。孔子讲"志于道，据于德"（《论语·述而》），"朝闻道，夕死可矣"（《论语·里仁》），故"道"应是指最高理想，指孔子与弟子共同信奉的理想、主张。“道之将行也与”，理想将要实现。“与”同“欤”，语气词，表赞叹。“命也”，这是由命决定的。同样的，理想不能实现，被废弃了，也是由命决定的。“公伯寮其如命何”，公伯寮又能把命怎么样呢！这里孔子是不是在宣扬一种宿命论呢？当然不是。孔子为了实现道，栖栖遑遑，席不暇暖，知其不可而为之，当然不是宿命论者了。但他在追求道的过程中逐渐认识到，道能否实现不完全是由个人决定的，还有命在其中发挥作用，甚至可以说是由命决定的。那么，什么是孔子所说的命呢？是不是指冥冥之中有一个定数，把一切都规定好了，我们只能服从，不能反抗，反抗也无用，只能听天由命呢？当然不是。孔子说的命，指一种个人无法控制的外部力量，这种力量既可以是必然性的，表现为社会的合力或形势；也可以是偶然性的，表现为出人意料的某种机遇或巧合等。这种力量对人的吉凶祸福乃至事业成败都会产生深刻影响，或者说吉凶祸福、事业成败就是由命决定的。这种命是运命而不是宿命，宿命是一切都规定好的，只能服从，而运命则是说有一种外部力量对我们产生影响，引起意想不到的结果，但并不是说我们的命运已经被决定了，更不排斥个人的努力。相反，面对无常的命运，个人的努力是非常重要的。

郭店竹简中有一篇《穷达以时》，其中提到“天人之分”，对于我们理解孔子所说的命非常有帮助。《穷达以时》说：“有天有人，天人有分。察天人之分，而知所行矣。”影响世间穷达祸福以及事业成败的，不仅有人，而且有天，天、人各有其分。“分”是职分，“天人之分”是说天、人各有不同的职分。“察天人之分”就是要搞清楚哪些是天所决定的，哪些是人所决定的，这样便知道哪些该为，哪些不该为，知道该如何为了。竹简《语丛一》说：“知天所为，知人所为，然后知道，知道然后知命。”

这里的“天所为”“人所为”就是强调天、人的职分和作用，也就是“天人之分”。而知道了哪些属于“天所为”，哪些属于“人所为”，也就知道了道，知道了道也就知道应如何面对命了。那么如何面对命呢？那就是“察天人之分”，做好“人所为”，静待“天所为”。所以人间的穷达富贵以及事业成败，不完全是由人决定的，人的努力只是一个方面，更重要的是天。“有其人，无其世，虽贤弗行矣。苟有其世，何难之有哉？”（《穷达以时》）只有个人的努力，但外在条件不具备，时运没有到来，再努力也没有作用。时运来了，机会出现了，成功往往唾手可得。所以穷达取决于时运，毁誉在于旁人，这些都属于天，不属于人。而一个人的德行如何则取决于自己，与天无关，所以积极行善、完善德行才是人的职分所在，才是人应该努力追求的目标。了解了这种“天人之分”，就明白不应汲汲于现实的际遇，而应“敦于反己”，关心自己的德行修养，“尽人事以待天命”。所以，《穷达以时》虽然强调天或者命对于个人际遇的影响，但并没有否定人为的作用，相反，正是通过天人之分甚至是对立，才突显出人之为人的无上价值和尊严。

据学者研究，《穷达以时》是孔门后学对“陈蔡之困”的理论总结，所以对理解孔子的命运观是非常有帮助的。孔子所说的命与竹简所论相似，也是指某种我们无法控制的外部力量，指某种必然性的社会趋势、形势，或者偶然性的机遇、巧合等，这种命对人的穷达祸福以及事业成败发挥着巨大的影响，或者说穷达祸福以及事业成败本来就属于天，是“可遇而不可求”的，是非人力所能控制、掌握的。所以孔子讲“道之将行也与，命也”，就是感慨理想能否实现，事业能否成功，从根本上讲，不是由个人而是由时运、机遇等外在的命决定的。“道之将废”也一样。而他讲“公伯寮其如命何”，则表示命是由多种因素促成的，不是某个人可以决定的。据《史记·仲尼弟子列传》记载，季康子曾多次向孔子询问子路的德性、才能，还让子路做了自己的宰，显然是想重用子路。如果最终如愿，夫子的理想由弟子子路实现也未可知。虽然由于公伯寮的谗言，让子路失去了季氏的信任，但这只是一时的挫折，并不影响命的全部。既然理想能否实现，除了个人的努力，更多是由外在的命决定的，这种命又不是某个人可以改变的，而是多种因素共同作用的结果，那么最好的态度便应如竹简所说，“敦于反己”，做好职分内的事情，尽人事以待天命，而不是听天由命。

我们读《论语》，可以看到孔子经常会讲到命，但孔子讲的命是运命而不是宿命，这点与古罗马是不同的。古罗马有句谚语：愿意的人，命运领着走；不愿意的人，命运拖着走。最能反映欧洲人这种宿命观的就是俄狄浦斯的故事。俄狄浦斯是一个城邦的王子，有神谕说他将弑父娶母。为了避免可怕的神谕应验，俄狄浦斯离家出走，流落他邦。多年后他在路上与人发生争执，失手打死一位老人，此人正是他的父亲。后来他因为破解狮身人面女妖斯芬克斯的谜语，被民众拥护与王妃结婚，成为新的国王，但没想到的是他娶的正是自己的母亲。俄狄浦斯知道神谕应验，痛苦万分，用针刺瞎了双眼，以示对命运的抗争。儒家所讲的命与此是不同的，儒家并不排斥人为的努力，更不认为一切命运都是被安排好的，只是强调人的吉凶祸福、事业成败是人为与命运共同作用的结果。既然命运不是我们可以控制的，那么做好职分内的事，尽人事以待天命就可以了。

14·38 子曰：“贤者辟世，其次辟地，其次辟色，其次辟

言。”子曰：“作者七人矣。”

本章意思是，孔子说：“贤人逃避混乱的社会，其次逃避混乱的地方，其次逃避难看的脸色，其次逃避不好的言论。”孔子又说：“这样做的有七个人。”

本章有两个“子曰”，所以也有人将其分为两章，但从内容上看，作为一章可能更好。本章前一个“子曰”论贤者逃避的4种情况，分别为“辟世”“辟地”“辟色”“辟言”。“辟”同“避”，逃避的意思。首先是“辟世”，逃避社会。对社会彻底失望，逃进深山老林，寻找一个桃花源，无何有之乡，不与浊世来往，这是避世。其次是“辟地”，逃避某个地方。这个地方坏人当道，所以逃避而去，但还是希望找到一个政治清明的地方，对现实还抱有希望，只是从一个地方逃避到另外一个地方，这是避地。再次是“辟色”，逃避难看的脸色。君主本来对你比较尊重，现在连起码的礼貌都没有了，老是给你脸色看，这时候当然要离去，正如《孟子·告子下》言“礼貌衰，则去之”，这是避色。最后是“辟言”，逃避不好的言论。听到关于君主不好的言论，知道他不是一个明君，或者他身旁有一批小人，风言风语，搬弄是非，这时就要离去了，这是避言。从个人的处境来看，避言程度最轻，只是从言论中感到君主不是可以共事的人，主动选择离去。避色的程度稍重了些，君主已经对你没有好脸色了，你为了尊严不得已而离去。避地的程度更重，此地政治黑暗，没有容身之处，只能逃避而去，但还没有完全失望，期待能找到一个政治清明的地方。避世的程度最重，对政治完全失望了，“滔滔者天下皆是也”（《论语·微子》），只能避世而去，以求独善其身。本章罗列的4种情况，存在程度的差别，从逃避某个人开始，到逃避一个地方，最后到逃避整个社会。所以孔子用“其次”来表达，从程度最高的避世讲到最轻的避言。

那么，孔子对于“避”是什么态度呢？从“贤者辟世”的表述看，孔子显然也是承认避世的合理性的，他说“道不行，乘桴浮于海”（《论语·公冶长》），实际上也是避世。不过孔子一生更多是避地，他周游列国，从一个国家到另一个国家，既是寻找出仕的机会，也是避地。至于他说“邦有道，则仕；邦无道，则可卷而怀之”（《论语·卫灵公》），“危邦不入，乱邦不居”（《论语·泰伯》），更是将避地作为出仕的基本原则。孔子一生也不乏避色、避言的情况，如卫灵公“与孔子语，见蜚雁，仰视之，色不在孔子。孔子遂行”（《史记·孔子世家》），这就是避色。朱熹《论语集注》引程氏的话说：“四者虽以大小次第言之，然非有优劣也，所遇不同耳。”他认为避世、避地、避色、避言并没有优劣好坏，只是所处的境遇不同罢了。但是我们要注意，孔子虽然承认避世的合理性，但他更想选择的还是入世，是积极地参与政治，改造社会。在避世与入世、退隐与出仕之间，孔子是有一种紧张和焦虑的，这才是孔子，否则便与当时的隐者没有区别了。在《论语》中，我们经常可以看到孔子与隐者的对话，隐者是对现实彻底失望的人，在他们看来，“滔滔者天下皆是也”，坏人到处都是，“与其从辟人之士也，岂若从辟世之士哉？”（《论语·微子》）人世已经不堪，个人无能为力，难道你能改变这一切吗？与其逃避坏人，不如逃避社会。隐者的优点是独善其身，但他们放弃了努力，不再想改变社会，而是选择逃避，他们对孔子也常常采取讥讽的态度。孔子的态度是：“鸟兽不可与同群，吾非斯人之徒与而谁与？”（《论语·微子》）既然我们不能与鸟兽同处，除了人类社会我们还有什么选择呢？社会不完善，政治不清明，正是需要我们去改造、完善啊！所以我认为孔子的态度是避人——逃避坏人，但并不避世，而且他相信社会是可以改造、完善的。从这一点看，他是一个理想主义者，别人称他“知其不可而为之”是准确的，这是孔子与隐者的不同。

“子曰：‘作者七人矣。’”这个“子曰”可能是对前一个“子曰”的补充说明。前一个“子曰”列举了避世、避地、避色、避言4种情况，后一个“子曰”接着补充，这样做的有7个人。这7个人具体是谁，本章没有说明。《论语·微子》列举了古代的7位逸民，分别是伯夷、叔齐、虞仲、夷逸、朱张、柳下惠、少连。学者一般认为，本章的“作者七人”就是指这7个人。逸民指品行超逸、避世隐居的人，本章所说的“七人”可能与他们有一定关系吧。

14·39 子路宿于石门。晨，门曰：“奚自？”子路曰：“自孔氏。”曰：“是知其不可而为之者与？”

本章翻译为，子路夜晚住在石门。到了早晨，看门人问：“你从哪里来？”子路回答：“从孔子那里来。”看门人说：“就是那个知其不可而为之的人吗？”

本章是时人对孔子的评价，我认为概括得非常准确、生动。“子路宿于石门”，“石门”，有人说是地名，也有人说是鲁国城门，但并没有依据。因为后面提到“门曰”，所以我推测是指某国的城门。子路去某国办事，到达时天色已晚，城门已经关闭，就在城门口睡了一宿。“晨，门曰：‘奚自？’”学者一般将“晨，门曰”断为“晨门曰”，将“晨门”理解为看守城门的人，但“晨”没有作动词的用法，“晨门”连读不合适。也有学者认为“晨门”指早上开启城门的人，这是望文生义。本句应断为“晨，门曰”，“晨”是早晨，“门”才是看守城门的人。到了早晨，看守城门的人问：“你从哪里来？”子路回答：“我从孔子那里来。”从这句话看，子路来到的似乎不是鲁国，而是其他某个国家；或者此时孔子不在鲁国，派子路回鲁国办事。看守城门的人说：“是知其不可而为之者与？”就是那位明明知道做不到还要去做的人吗？看来孔子在当时的影响力已经非常大了，看守城门的人都知道他。朱熹说“盖贤人隐于抱关者也”，认为这个人不是普通的看门人，而是隐居在这里的一位贤人。从看门人对孔子的评价看，他是很有见识的。

上一章说到，孔子虽然不否定避世，但他的人生态度还是积极入世的，希望通过参与政治去积极地改造社会，即使暂时无法实现，也不放弃努力，如守门人所说，“知其不可而为之”，他实际上是一个理想主义者。在理想主义者看来，很多事情当下不能实现，不等于以后不能实现；这一代不能实现，不等于下一代不能实现，这是理想主义的可贵之处。他们不是从一时一地来看待成败得失的，而是从历史发展的角度进行价值选择和判断的。其实不仅孔子，孔子以后的孟子、荀子，以及其他任何一位真正的儒者都是理想主义者。孟子周游列国，宣扬仁政，最后不得已退出政治舞台，他失望了吗？没有。孟子说恐怕上天还不想让天下得到平治，如果上天想让天下得到平治，“当今之世，舍我其谁？”孟子的理想主义精神其实就是来自孔子。所以说，儒家有一个宏观的视野，不只紧盯当下，而且着眼于未来，着眼于历史的发展，不会因为一时的挫折而灰心，也不会因为一时的困难而放弃。

14·40 子击磬于卫。有荷蒉而过孔氏之门者，曰："有心哉，击磬乎！"既而曰："鄙哉，硁硁乎！莫己知也，斯己而已矣。'深则厉，浅则揭。'"子曰："果哉！末之难矣。"

本章大意是，孔子在卫国击磬。一个背着草筐的人从他门前走过，说："这位击磬的人，有心啊！"一会儿又说："磬声硁硁，真是位鄙陋的人啊！（你用乐声感叹）没有人理解自己，这实际上是你自己造成的。（《诗经》中说：）'水深，就扎起腰带涉水而过；水浅，就撩起衣襟走过去。'（你为什么不能跟大家一样呢？）"孔子说："果真能这样，就没有什么困难的事了。"

"子击磬于卫"，"磬（qìng）"是一种用玉石或金属制成的打击乐器，形状如曲尺。孔子在卫国时，有一天在家里击磬。"有荷蒉而过孔氏之门者，曰：'有心哉，击磬乎！'""荷"是动词，肩扛的意思。"蒉（kuì）"是草编的筐。有一个背着草筐的人，从孔子门前经过，说道：这个击磬的人，有心啊！孔子击磬不是自娱自乐，而是抒发情感，通过音乐把理想无法实现、抱负不得施展的愤懑之情表达出来。看来这位背筐人是懂音乐的，他从乐声中听出了孔子不是普通人。古人讲知音，最有名的就是伯牙与钟子期，钟子期能从伯牙的琴声中听出他寄托的心声，被伯牙视为知音。后来钟子期去世，伯牙于是绝弦，不再弹琴，因为世上已无知音。"既而曰：'鄙哉，硁硁乎！'""硁（kēng）硁"是击磬的声音。背筐人又听了一会儿，发现了问题，于是说道：听他击磬硁硁的声音，这个人真是固陋啊！背筐人为什么会这样讲呢？原来他从磬声中听出了孔子的心声。"莫己知也，斯己而已矣。"你用磬声表达的，无非就是没有人理解你吧。后一句“斯已而已矣”比较费解，一般是把这句解释为那你就为你自己吧——既然没有人理解你，那就多为自己着想吧。但这样解释并不合理，与下面的“深则厉，浅则揭”也联系不上。我认为“斯已而已矣”，并不是说你就为你自己，而是说这是你自己造成的。“斯”是副词，则的意思。这句就可以翻译为没有人理解你，这是你自己造成的。你为什么不能跟大家一样呢？就是因为你跟大家不一样，所以总觉得别人不理解你；如果你跟大家一样，不要总想着克己复礼、为仁由己，那么大家自然就理解你了，所以问题还是出在你自己身上。接着背筐人引了《诗经》中的一句话：“深则厉，浅则揭。”这句出自《邶风·匏（páo）有苦叶》。“深”指河水深。“厉”是腰带，这里指扎起腰带渡河。“浅”指河水浅。“揭（qì）”意为撩起衣襟，这里指撩起衣襟过河。古代桥比较少，过河时要试试河水的深浅，如果河水比较深，超过了膝盖，就用腰带扎紧衣服蹚过河；如果河水比较浅，在膝盖以下，撩起衣襟就过去了。背筐人引用这句诗想要说明什么呢？就是随顺世俗，不要标榜自己。天下皆醉我亦醉，这样就没有违和感了，也不会感叹世人不理解自己了。如果反过来，天下皆醉我独醒，那么你永远都会愤愤不平，永远都会觉得别人不理解自己。孔子听后说：“果哉！末之难矣。”“果”是副词，果真。“末”是副词，无、没有之意。果真能随顺世俗、忘却自我的话，那世上就没有什么困难的事了。

本章是孔子在卫国时与一位背筐人的对话，他们并非直接对话，而是隔门而对。虽然没有正式见面，但一问一答，将两种不同的人生观鲜明地表达出来。背筐人认为放下自己，与社会的冲突就消解了，而孔子认为这恰恰是最难做到的事。背筐人显然是位隐者，他与孔子的冲突实际上反映了隐者与儒者的分歧。隐者的态度是避世，由于放弃了对现实的执着，因而显得从容自在。而孔子的内心则充满了焦虑，他虽然不完全否定避世，甚至认为在天下无道时可以“乘桴浮于海”，但内心始终是在出仕与退隐间做艰难的选择，他最终放不下的还是救世之心，这是儒者与隐者的根本不同。从这一点看，背筐人不能算是孔子的知音。

14·41 子张曰：“《书》云：‘高宗谅阴，三年不言。’何谓也？”子曰：“何必高宗？古之人皆然。君薨，百官总己以听于冢宰三年。”

本章翻译为，子张问孔子：“《书》说：‘高宗谅阴，三年不言。’这是什么意思呢？”孔子说：“不只是高宗，古人都是这样。国君死了，百官各尽己职，听命于冢宰三年。”

子张是孔子的弟子，姓颛孙，名师，字子张。他可能比较喜欢表现，孔子评价“师也辟”（《史记·仲尼弟子列传》），批评他谄媚逢迎；又说“师也过，商也不及”（《论语·先进》），子张喜欢表现，所以做事往往过头，子夏遇事谨慎，不够果断，二人正好相反，都没有做到中庸。子张问孔子：“《书》云：‘高宗谅阴，三年不言。’何谓也？”《书》指《尚书》，“孔子以《诗》《书》《礼》《乐》教”（《史记·孔子世家》），孔子教授弟子《诗经》《尚书》《礼》《乐》。子张阅读《尚书》，遇到不懂的内容就来请教孔子。“高宗谅阴，三年不言”，这句出自《尚书·无逸》篇，“高宗”是殷人的先王武丁，他是商朝第二十三任君主，在位期间任用傅说等人，勤于政事，励精图治，取得不错的政绩，史称“武丁盛世”。“谅阴”这个概念一直存在争议，一般认为指沉默不言，不说话。高宗为什么三年不讲话呢？有人说高宗把政事交给了冢宰，自己不便干预，就不再多言。也有人说高宗为父亲服三年之丧，居丧期间，沉默不言。这些都是以后的解释，子张是看不到的，他读到这句话，感到不理解，就来问孔子，“何谓也？”这是什么意思呢？孔子的回答是：“何必高宗？古之人皆然。君薨，百官总己以听于冢宰三年。”“薨（hōng）”，指诸侯去世。“冢宰”，也称“太宰”，类似于后世的宰相。不只是高宗，古人都是这样。国君去世了，百官各尽其职，听命于冢宰三年。这里省略了一句话：新即位的国君就可以三年不问政事了。可见孔子是从三年之丧角度来解释“三年不言”的，所以他说不只高宗如此，古代的制度就是这样规定的，新即位的君主为父亲守丧三年，三年之内是不过问政事的。

“总己”，朱熹解释为“总摄己职”，后人都采取了这个说法，甚至词典、辞书中也是这么解释的。其实这个解释是有问题的，容易产生误解。朱熹把“己”解释为“己职”，这个是对的，但他把“总”解释为“总摄”则不恰当。“总摄”是什么意思呢？“总”有全面、全部的意思，也有统领、统摄的意思，“总摄”把两个含义合在了一起，指全面统摄，这与文义是不符的。宋代的邢昺解释此句为“使百官各总己职，以听使于冢宰”，这个是说得通的，因为他把“总”理解为摄，而不是总摄。后来“总己”发展出总揽大权的意思，如《隋书·皇甫绩传》：“宣帝崩，高祖总己，绩有力焉。”《宋书·戴法兴传》：“时太宰江夏王义恭录尚书事，任同总己。”这里的“总己”是完全由己的意思，“总”取的是完全、全部之意，而不是统领、统摄之意。所以我们阅读经典，要注意文字训诂的训练，掌握了方法以后，就可以自己做分析判断，而不是人云亦云了。

孔子用三年之丧解释“高宗谅阴”，是否恰当呢？现在学者认为，高宗的时候恐怕还没有实行三年之丧，郭沫若曾举出很有力的证据。他发现了武丁时的甲骨文，里面记载了武丁即位的第二年就多次主持祭祀。祭祀是古代的大事，武丁主持祭祀说明他并没有不理政事，所以孔子三年之丧的说法是有问题的。那么“三年不言”如何理解呢？郭沫若认为武丁得了一种奇怪的病，不能讲话，三年之后病好了，他就开口讲话，亲自执政了。他认为“谅阴”的“阴”通“喑”，意为声音哑了。郭沫若说高宗得怪病不能说话，未必成立；但他认为殷代没有三年之丧，孔子的说法不准确，则得到多数学者的认可。孔子的说法虽然未必准确，但对后世的影响非常大。经过儒家的提倡，三年之丧后来成为传统社会普遍实行的制度。我们读《孟子》，就会知道孟子也是提倡三年之丧的。滕文公的父亲去世，他即位后不知道如何处理国事，就派人去向孟子请教。孟子主张实行三年之丧，当时很多人反对，之前也没有先例，但在孟子的鼓励下，滕文公还是实行了三年之丧。

14·42 子曰：“上好礼，则民易使也。”

本章翻译过来是，孔子说：“在上位的人喜好礼，百姓就容易指使。”

本章讲君、民的关系。《子路》篇第 4 章曾记孔子对樊迟说：“上好礼，则民莫敢不敬；上好义，则民莫敢不服；上好信，则民莫敢不用情。”本章与其内容相近。

14·43 子路问君子。子曰：“修己以敬。”曰：“如斯而已乎？”曰：“修己以安人。”曰：“如斯而已乎？”曰：“修己以安

百姓。修己以安百姓，尧舜其犹病诸？”

这段话的意思是，子路问怎样才算是君子。孔子说：“修养自己，使自己做到恭敬。”子路说：“这样就可以了吗？”孔子说：“修养自己，使周围的人安乐。”子路说：“这样就可以了吗？”孔子说：“修养自己，使所有百姓都安乐。修养自己，使所有百姓都安乐，尧舜恐怕都难以做到吧？”

本章论君子，实际上是对儒学基本精神的概括，历来受到学者的重视。孔子授徒讲学就是要培养君子，儒学某种意义上也可以说是君子之学，故子路问孔子，怎么才算是一个君子。孔子回答：“修己以敬。”修养自己，使自己做到恭敬。首先要培养恭敬之心，做人、做事都应如此。子路又问：“如斯而已乎？”做到这样就可以了吗？当然不行，还要“修己以安人”，修养自己，使他人得到安乐。“安”有安定、安乐之意。子路接着又问：“如斯而已乎？”做到这样就可以了吗？孔子回答：“修己以安百姓。”修养自己，让百姓得到安乐。接着又补充说：“修己以安百姓，尧舜其犹病诸？”“其”是副词，也许、大概。“犹”也是副词，同、同样。“病”是困难、不容易，这里用作动词。“诸”是代词，相当于“之”。修养自己，使百姓得到安乐，尧舜恐怕也难以做到吧？所以说，君子首先要修身，重视个人的修养，进一步去影响他人，影响社会，这也是儒学的基本精神。

《大学》提出的修齐治平，是对本章内容的进一步发挥，也是对孔子思想的发展，所以人们也把儒学称为修齐治平之学。修齐治平之中，修身是本，是根本，齐家、治国、平天下是末，是结果。首先要修身，然后才有可能齐家、治国、平天下，取得相应的功业。所以《大学》讲："自天子以至于庶人，壹是皆以修身为本。"从天子到普通的百姓，都要以修身为根本，先要修身，然后去齐家、治国、平天下。不过修齐治平只是儒学的一个方面，并不代表儒学的全部，否则人们就会产生疑问，修身有那么大的作用吗？竟然可以治国、平天下？其实在孔子那里，个人的道德修养，只有在满足了民众的物质生活，在一套礼义制度的约束下才能发挥作用。所以孔子一方面提出超越性的仁，用仁唤醒人的道德意识，把人的精神向上提、向外推，通过道德人格的自我完善，"修己以安人""修己以安百姓"，主动承担起扶危济贫乃至平治天下的责任；另一方面又十分重视礼，认为"礼乐不兴，则刑罚不中；刑罚不中，则民无所措手足"(《论语·子路》)，希望通过"克己复礼"，确立和谐的政治秩序。前者是"为政以德"(《论语·为政》)，后者是"为国以礼"(《论语·先进》)。"为政以德"强调的是执政者的德性、身教，"为国以礼"则突出礼义制度的重要性，认为礼是人与人和谐相处的制度保障。故从孔子开始，完整的儒学至少包括两个方面：一是修己安人，"为政以德"；二是推己及人，"为国以礼"。本章及《大学》主要是对儒学前一方面的概括，虽然重要，但并不等于儒学的全部。以往学者仅仅根据本章及《大学》来理解儒学，只注重道德修养，忽略了制度建构，是不全面的，儒学还有"为国以礼"的方面，这在《礼记》《荀子》那里得到充分体现。近些年我提出将《礼记》《荀子》与《论语》《孟子》结合，作为儒学的"新四书"，重建儒学思想体系，就是出于这种考虑。

14·44 原壤夷俟。子曰："幼而不孙弟，长而无述焉，老而

不死，是为贼。”以杖叩其胫。

本章的意思是，原壤蹲坐在地上等待孔子。孔子说：“年幼时不懂得孝顺长者，年长了又没有什么可称说的成就，年岁已大还不死去，真是个祸害人的家伙。”用手杖敲打原壤的小腿。

本章记载了孔子与老友原壤的一个小插曲，涉及古代礼仪的问题，值得细心品味。原壤是鲁国人，可能从小与孔子一起长大，二人比较熟悉。《礼记·檀弓下》说他是孔子的“故人”，还记载了他们之间发生的另外一件事：原壤的母亲去世，孔子去帮忙料理后事，原壤却登上棺材，说我很久没有唱歌了，于是唱起了一段莫名其妙的歌曲。孔子装作没听见，转身离去。身边的人问，为什么还不和这种人绝交？孔子说，朋友还是不要失去的好。从这里可以知道，原壤有点玩世不恭，母亲去世了，他不仅不悲伤，反而登棺而歌，比庄子鼓盆而歌有过之而无不及。可是孔子虽然对这位故人看不惯，但应该还是有些感情的，不愿轻易绝交。“夷”是蹲踞，蹲坐。“俟”是等待。原壤蹲坐在地上，等着孔子到来。“孙弟”通“逊悌”，谦逊孝悌。“无述”，没有什么可称述，没有说得出的成就。孔子说，你这个人啊，既粗鲁无礼，又一无所成，还为老不尊，说什么好呢？只能骂你是“贼”，祸害人的东西。说完，拿起拐杖朝原壤的小腿打去。

初读这一章的时候，我感到很费解，孔子为人“温、良、恭、俭、让”，这次为什么发这么大的火？从他拄着拐杖看，孔子这时年龄已经不小了，应该是晚年回到鲁国后的事情，原壤与他年龄相仿，也是一位老人了。可是孔子为什么不留情面，开口就骂，拿起拐杖就打？而且打的是小腿，小腿肉少，皮包着骨头，打上去是非常疼的。后来我明白了，问题就出在这个“夷”上。“夷”有什么问题呢？这就涉及古代礼仪了。先秦时期还没有桌、椅，古人一般是席地而坐，坐又分为两种姿势：跪坐与蹲坐。跪坐是双膝着地，脚掌朝上，屁股坐在脚跟上。蹲坐则是屁股着地，两腿撇开，像个八字，也称箕踞，因为坐姿像簸箕。古代在正式场合是要跪坐的，如果是随意蹲坐在地上，两腿撇开，是非常不雅观的。这样就理解了孔子为什么生气、发火，甚至要责打原壤了。原壤一大把年纪，却连基本的礼仪都不懂，状如禽兽，不知羞耻，对于这位老友，孔子除了杖打，实在没有办法了。

所以我们阅读经典的时候，要懂一些古代礼仪的知识，否则很多内容是读不懂的，即使文字读懂了，更深刻的文化含义还是没读懂。其实古人对于行为规范是有严格要求的，《礼记》中规定“坐如尸，立如齐”，“尸”是祭祀时扮作父祖受祭的人，也称尸主。尸居于受祭的位置，坐姿必定矜持端庄。“齐”通“斋”，古人祭祀前沐浴斋戒以示恭敬。坐着要像受祭的尸主一样端庄，站立要像斋戒时一样恭敬。“立毋跛，坐毋箕”，站立时不能偏倚一只脚，像腿跛了一样，坐着不能采取箕踞的姿势。在正式场合，要用跪姿，如“主人跪正席，客跪抚席而辞”“跪而举之”“跪而迁屦”“卒食，客自前跪”（《礼记·曲礼上》）。文明源于自我约束，这种约束一方面是出于对他人的尊重，另一方面则是道德意识尤其是羞耻感的萌动和自觉。进入文明阶段后，人们不仅有了他人意识，更有了内在的羞耻感，进而对自己的行为进行约束和规范。

14·45 阙党童子将命。或问之曰：“益者与？”子曰：“吾见其居于位也，见其与先生并行也。非求益者也，欲速成者也。”

本章翻译为，阙里的一个童子给长辈传话。有人问："他是个要求上进的孩子吗？"孔子说："我看见他坐在长辈的位子上，又见他与长辈并肩而行。他不是要求上进的人，而是个急于求成的人。"

"阙党童子将命"，"阙党"是孔子在鲁国居住的地方，也称阙里。"将命"指传话。孔子所住的街巷里，有个孩子经常给长辈传话。可能这个孩子比较勤快，大人有了事，就让他跑跑腿，传个话。"或问之曰：'益者与？'"有人看到他经常与长辈在一起，就问：他是个要求上进的孩子吗？他跟着长辈是为了好学上进吗？孔子说："吾见其居于位也，见其与先生并行也。"我经常看到他坐在长辈的位置上，看到他跟长辈并肩行走。按照古代礼仪的规定，聚会时孩子要坐在角落，出行时要跟在长辈的身后，所以这个孩子的行为是不符合礼仪的。"非求益者也，欲速成者也。"他不是个要求上进的孩子，是一个急于求成的人。他经常跟着长辈，不是为了提升自己，而是急于让别人知道自己。

本章记载了孔子对街巷里一个孩子的评价，这个孩子可能聪明伶俐，人也勤快，受到长辈的喜爱，经常被叫去传话，久而久之，就有点得意忘形，聚会时经常坐在长辈的位置上，出行时不知谦让，与长辈并肩而行，所以孔子提出善意的批评。

本章给人的启示是，一个人的成长要学习很多东西，其中一个内容就是社会礼仪。如何与人相处，尤其是与前辈、领导相处，是需要学习的。有的年轻人因为工作关系，经常与领导在一起，给领导端茶倒水，陪领导吃饭开会，久而久之，得意忘形，把自己当领导了，说话、办事端起了架子。这样的人不仅没有成长，反而让人反感。我们读到这一章的时候，应该反省一下，自己身上有没有类似的问题。本章看似普通，没有特殊的含义，但是其中蕴含的做人道理，对一个人的成长是有帮助和启发的。

《宪问》篇共45章，涉及的问题比较多，主要讨论的是问政的问题。我觉得以下各章比较重要，需要特别关注。首先是第23与36章，这两章谈“下学上达”，是理解孔子“性与天道”，也就是道德形而上学的重要资料，大家可以结合《中庸》《孟子》做进一步学习、思考，这是理解儒学思想的关键。还有第24与43章，前者谈为己之学，后者谈君子之学，儒学的基本精神是成己安人，这也是君子之学的基本内容，二者需要结合起来理解。第16、17章讨论管仲是否符合仁，也非常重要。孔子论仁实际上存在道德与政治两个不同的维度，前者往往强调道德的自觉与完善，后者则侧重礼乐秩序与政治功业；前者可称为道德化的仁，后者则是政治化的仁，这是理解孔子仁学需要注意的地方，也是读懂以上两章的关键。另外，第35章论“以直报怨”，反映了孔子的法律思想，也非常重要。“以直报怨”，人们耳熟能详，真正解释清楚却不容易，我们根据《论语》“直”的多重含义做了解读。最后，《宪问》篇还记载了隐者与孔子的对话，第33章是微生亩，第40章是背筐人，隐者与儒者的关系，尤其是二者的不同追求，也是我们学习《论语》时需要特别注意的。

卫灵公第十五

肖永明 解读

我们首先对第 15 篇《卫灵公》进行解题，其次介绍第 1 章的语境，然后再按照各章顺序进行文字疏通和义理阐发。历代学者的《论语》学成果很多，我在文字疏通和义理阐发过程中会广泛加以吸纳。

首先，第 15 篇为什么叫《卫灵公》？我们知道《论语》20 篇都是把篇首的两个字或三个字作为篇名的，《卫灵公》就是取自本篇篇首“卫灵公问陈于孔子”中的前三个字。为什么《卫灵公》篇恰恰排在第 15 位呢？南朝时期的学者皇侃说：“卫灵公者，卫国无道之君也。所以次前者，宪既问仕，故举时不可仕之君，故以《卫灵公》次《宪问》也。”《卫灵公》篇之所以排在第 15 位，是因为前篇《宪问》中有“宪既问仕”的事件，故而在此将卫灵公作为“不可仕之君”的代表，把这一篇放在《宪问》的后面。这只是一个说法，古往今来对于《论语》20 篇的编排顺序还有许多不同观点。卫灵公是卫国的第28任国君，在位时间很长，喜欢猜忌，脾气暴躁，所以皇侃说他是一个“不可仕之君”。但卫灵公有一点备受关注，他擅长识人，知人善任。上一篇《宪问》里，孔子就谈到了卫灵公是无道之君，当时就有人问，既然他是无道之君，为什么卫国还没有灭亡？孔子回答，那是因为他提拔的3位大臣——孔圉、祝鮀和王孙贾相互合作，帮他把国家治理得好。

接着，我们来看《卫灵公》篇第1章的历史背景。《史记·孔子世家》记载，孔子在56岁时担任鲁国大司寇，将鲁国治理得非常好，如贩卖猪羊的商人不敢漫天要价，男女行人都分开走路，掉在路上的东西也没人捡走，各地来的旅客不用向官员求情送礼而能够得到很好的照顾。齐国听到孔子把鲁国治理得如此好，就害怕了起来，认为孔子在鲁国执政下去，一旦鲁国称霸，必然会吞并与之毗邻的齐国。因此齐国挑选了80位美貌女子和120匹有花纹的马，一起送给鲁君。齐国先把女乐和马安置在鲁城南面的高门外。季桓子身着便服前往观看再三，打算接受下来，就以外出到各地周游视察为名欺骗鲁君，乘机整天到南门观看齐国的美女和骏马，连国家的政事也懒得去管理了。子路看到这种情形便对孔子说：“老师，我们可以离开这里了吧！”

于是孔子离开鲁国到了卫国，卫君看起来欢迎他，但事实上并没有真正采纳他的主张。卫灵公问孔子在鲁国的俸禄是多少，孔子回答俸米6万斗，卫国也照样给了他俸米6万斗，但是没有重用他的意思。过了不久，有人向卫灵公说了孔子的坏话，卫灵公便对孔子产生了猜忌，就派公孙余假用兵仗监视孔子的出入。孔子害怕在卫国无端获罪，居住了10个月便离开了卫国。

之后孔子又在其他地方周游，后来再度回到卫国。卫灵公得知孔子的到来很高兴，并且赶到郊外迎接孔子，问他是不是可以讨伐曾经围困孔子的蒲人，孔子做了回答并给出了建议，但是卫灵公仍没有采纳孔子的意见。孔子第二次在卫国住了较长时间，此时卫灵公年事已高，怠于政事，也不起用孔子。孔子长叹说："如果有人起用我，一年时间就差不多了，三年就会大见成效。"最终孔子无奈离开。这就是本篇第1章孔子和卫灵公对话的背景。

15·1 卫灵公问陈于孔子。孔子对曰："俎豆之事，则尝闻之矣；军旅之事，未之学也。"明日遂行。

"陈"，即"阵"，指军事行伍之列。"俎豆"，古代行礼时盛肉食的器皿，代指礼仪之事。

这段话翻译过来是，卫灵公向孔子请教阵法。孔子回答："礼仪的事情，我曾经听到过；军队的事情，从没学过。"第二天便离开了卫国。

这里就涉及一个问题，孔子是不是真的不懂、不重视军事？其实并非如此。在《论语·子路》篇里，我们至少可以看到两处孔子讨论军事，子曰："善人教民七年，亦可以即戎矣。""以不教民战，是谓弃之。"由此可见，孔子懂军事也重视军事，甚至觉得要对老百姓进行军事训练。我们知道孔子是不赞成战争的，但是为什么他会在《子路》篇里专门去谈战争，强调练兵，要对民众进行必要的军事训练呢？

我们回到孔子所处的历史环境。当时各诸侯国争战，国家若不修战事，将难以保存，所以我们绝不能把孔子想象成迂腐的书呆子。从根本上看，孔子是站在人道主义的立场去反对战争的，他主张实行德治，要通过礼义教化来治理社会，这是他最根本的治国理念。但是基于现实，他也非常强调权变，强调对民众进行军事训练的必要性。而且他重视军队、重视战备，主要是为了防御外敌的侵略，不是为了侵略别人。他的这种思路在历代的儒家学者那里都得到了继承，包括朱熹、王阳明和曾国藩，他们都反对穷兵黩武和对外战争，但如果面对侵略者的入侵，也会奋死抵抗、殊死搏斗。

岳麓书院创立于宋代，当时书院的儒生主要研习经史，但在1276年的时候，元兵南下把长沙城攻破了，岳麓书院的师生就拿起武器登上长沙城的城头，进行殊死抵抗。史料记载，最后结局非常惨烈，死者十九。这里便有对孔子上述观念的继承。

回到《卫灵公》第1章孔子和卫灵公的对话，孔子之所以不与卫灵公谈军事、政法，事实上是对卫灵公不实行仁德、不修礼义的不满，这反映了孔子与卫灵公之间治国理念的差异。

15·2 在陈绝粮，从者病，莫能兴。子路愠见曰："君子亦有穷乎？"子曰："君子固穷，小人穷斯滥矣。"

第2章的文本，也有其自身的历史背景。《史记·孔子世家》记载：

> 明年，孔子自陈迁于蔡。……明年，孔子自蔡如叶。……去叶，反于蔡。……孔子迁于蔡三岁，吴伐陈。楚救陈，军于城父。闻孔子在陈蔡之间，楚使人聘孔子。孔子将往拜礼，陈蔡大夫谋曰："孔子

贤者，所刺讥皆中诸侯之疾。今者久留陈蔡之间，诸大夫所设行皆非仲尼之意。今楚，大国也，来聘孔子。孔子用于楚，则陈蔡用事大夫危矣。”于是乃相与发徒役围孔子于野。不得行，绝粮。从者病，莫能兴。孔子讲诵弦歌不衰。子路愠见曰：“君子亦有穷乎？”孔子曰：“君子固穷，小人穷斯滥矣。”

孔子在周游列国的过程中，从陈国到蔡国，又从蔡国到叶国，然后又离开叶国回到蔡国。他到蔡国三年以后，吴国去讨伐陈国，楚国则救陈国。楚国听说孔子在陈、蔡两国交界的地方，就派人去聘请孔子，孔子便准备去楚国。陈国和蔡国的大夫认为孔子是一个很能干的人，如果孔子到楚国去，那么陈、蔡两国当权的大夫们就危险了。于是他们派下属把孔子围在陈国和蔡国之间，由此出现了孔子“在陈绝粮”的情况。《史记·孔子世家》里也记载了孔子没有粮食吃，跟随的人都很难受，“莫能兴”。“兴”是起的意思，就是饿得站不起来了。

孔子的弟子子路十分懊恼，对孔子说：“难道君子也有困顿得一筹莫展的时候吗？”孔子说：“君子固然有困顿的时候，但是小人一困顿就无所不为了。”“固穷”是固然有穷困潦倒的时候。对于这个词，其实历代不同的注家是有不同的理解的，比如北宋的大儒程颐就把“固穷”解释为“固守其穷”，但是不管是朱熹还是之前更早的何晏，他们都把“固穷”理解为固然有穷困潦倒的时候，我们遵从此说。另外，“小人穷斯滥矣”，大多连读，但是也有学者主张在“穷”字后面点断，读成“小人穷，斯滥矣”。“滥”是泛滥、溢出来的意思，朱熹《论语集注》引何晏曰“放溢为非”。

这一段文字不多，但非常生动，写出了孔子师生困厄的情形。中间一个“愠”字，我们就可以看出子路刚直的性格，他当时受委屈、发牢骚的情形跃然纸上。子路我们在前面已经有所了解，他是鲁国人，性格非常刚直、好勇、尚武，和孔子相处的时候，他有几次非常没有礼貌，但是孔子对他还是非常欣赏的，对他启发诱导，加以教诲。子路后来做了卫国大夫孔悝的蒲邑宰，政绩突出。孔子曾评价子路“好勇过我，无所取材”，“不得其死”，这可以说是对子路的一个预言，子路最后在卫国的内乱当中，因为救人而被击杀。

这里有一个长期以来不同注家关注的问题，就是怎么看待“穷”？我们今天理解“穷”字，好像仅仅是一个财富经济方面的问题。事实上，穷不只是经济上的贫穷，更是“山重水复疑无路”，是山穷水尽、穷途末路。人生在世，不可能总是一帆风顺的，难免伴随苦难、坎坷、挫折，在这个关头最能考验一个人的操守、胸襟、气度。《史记·孔子世家》记载“孔子讲诵弦歌不衰”，可谓能安于困境、泰然处之、乐观旷达。这一点给后来儒家学者坦然面对困境、保持操守、保持良好的精神状态以很大鼓励，这也是孔子推崇的君子所应该有的状态。但从另一方面说，小人在这个时候就无所不为了。他们会铤而走险、投机取巧、屈膝变节。《论语》里很多地方都有君子和小人对举的情况。什么是君子？什么是小人？我们可以从很多方面对他们进行界定，但也要注意，君子和小人的区分并没有固定标签，而是要从具体的日常生活的细节上面，从一些大节方面去看他们的表现，具体的行为表现才是判断君子、小人最根本的标准。

清初学者张履祥说：“有耿耿自命，宁死决不为小人者，到穷之难忍，平生操履不觉渐渐放松，始焉滥只一二分，既而三四分矣，又既而五六分矣，到此便将无所不至。”(见《论语集释》)他对人在“穷”的情况下变成小人的过程进行了生动阐述。很多人平时是有操守、有气度的，但是到穷之难忍的时候，就会慢慢放松，刚开始放松一二分，慢慢地放松三四分，然后是五六分，最终无所不至。也就是说，一些人即使平时也注意品德的修养，但碰到极端情况难以忍受的时候，他们就不再去坚持了，最后慢慢放松对自己的警惕和操守，由君子一点一点变成小人。这是以前的儒家学者们非常关注的一个问题。

15·3 子曰：“赐也，女以予为多学而识之者与?”对曰：“然，非与?”曰：“非也，予一以贯之。”

这章涉及一个人物：赐。他复姓端木，名赐，字子贡，是“孔门十哲”言语科的弟子。他的特点是：第一，特别会说话；第二，特别会做生意，会经商。他比孔子小 31 岁，曾任鲁、卫之相，办事通达。由于他很会说话，在处理国和国之间的关系方面发挥了重要作用；也由于他很会经商，遂成为后人崇拜的财神。当时甚至有人说子贡比他的老师孔子还有能力，子贡坚决否定这种说法，认为自己与老师差得非常远。《论语·子张》载子贡的话：“譬之宫墙，赐之墙也及肩，窥见室家之好。夫子之墙数仞，不得其门而入，不见宗庙之美，百官之富。”子贡拿房屋的围墙做比喻，说我家的围墙只有肩膀那么高，谁都可以窥探到房屋的美好。我老师的围墙却有几丈高，找不到大门走进去，就看不到他那宗庙的雄伟、房舍的多样。由此可见，子贡对孔子是非常尊敬的。孔子去世以后，子贡非常悲痛，一般给父母守丧是三年，他在孔子的墓旁住下，守丧六年，可见他对老师的感情之深。《论语》里面有关子贡的言论比较多，司马迁在作《史记》的时候对子贡的评价也非常高：“夫使孔子名布扬于天下者，子贡先后之也。此所谓得埶而益彰者乎？”意思是子贡对传播孔子的思想做了巨大的贡献。

此章翻译过来是，孔子对子贡说：“赐，你认为我是博闻强识的人吗？”子贡回答：“是的，难道不是吗？”孔子说：“不是的，我有一个根本观念贯穿始终。”

这里的“一以贯之”究竟是什么？历代学者在“一以贯之”的“一”字的解释上面，费了很多的笔墨。朱熹《论语集注》说：“子贡之学，多而能识矣。夫子欲其知所本也，故问以发之。”孔子希望子贡能有一个最为根本的东西去贯穿他的知识。这就像古代的铜钱，一定要有一根线把这些散钱贯穿起来。对知识学问同样应该融会贯通，深切领悟出一个根本的概念来加以统摄，使之形成一个系统，不能杂乱无章。这是孔子的用意。

此章涉及“一以贯之”和“多学而识”，其中的“一”与“多”，宋明以来很多学者在这个问题上有很多发挥。他们非常关注普遍性和多样性的关系，往往从“一本万殊”“理一分殊”的角度加以阐发，认为整个世界、万事万物各有其表现形式，各不相同，各种各样，但是在这种多样性的背后，又有统一性。这种统一性在理学家看来就是“天理”，正因为“天理”的统一性，所以这个世界才和谐。此章也为宋明理学家们阐发“理一分殊”提供了依据。

在《论语·里仁》中也有一个“吾道一以贯之”的说法，子曰：“参乎！吾道一以贯之。”曾子曰：“唯。”子出。门人问曰：“何谓也？”曾子曰：“夫子之道，忠恕而已矣。”这里孔子跟曾子说“吾道一以贯之”，曾子回答说知道了，并和他的门人说“夫子之道，忠恕而已矣”。曾子对孔子“一以贯之”的说法表示充分的认同，能够理解孔子思想的深刻含义。但是子贡对孔子说的“一以贯之”并没有表示明确的认同，所以理学家尹焞说，从这里可以看出子贡在境界上、学问的造诣上，和曾子还是有差距的。

15·4子曰：“由！知德者鲜矣。”

这里的“由”，即子路。我们知道所谓的“道德”，“道”是一个普遍的规则、原理，那么“德”是什么？《论语集注》：“德，谓义理之得于己者。非己有之，不能知其意味之实也。”德是自己所体悟到的东西，能够在自身践行的东西才是德。朱熹说道，如果德不是自己的真正体会，不是自己真正能够践行的，那么不能说真正了解了德是什么。所以孔子说：“仲由！知晓德的人太少了”。

为什么孔子会对子路说这句话？因为之前我们已经看到子路在孔子陈蔡绝粮时的恼怒表现，所以这句话事实上是有针对性的，子路平时所说的一些操守和德行，在危机时没有很好地表现出来，在孔子看来，这就是没有真正地知德，没有把其体现到自己的行为当中，所以是“知德者鲜矣”。真正的“知德”是能够把我们关于道德的认识落实到实践中的。子路在穷困的时候表现出的愤愤不平，是他修养不够的表现，如果子路在日常生活中对道德有真切的体会，就不会表现出“愠见”。所以此章让我们知道什么是真正的“知德”。

15·5 子曰：“无为而治者，其舜也与？夫何为哉？恭己正南面而已矣。”

“南面”，古代以面向南为尊位，帝王的座位面向南，故称帝位为南面。

这段话的意思是，孔子说：“不需要劳苦奔波而使天下得到治理的人，大概只有舜吧？他做了什么呢？他只是庄重端正地坐在朝堂上罢了。”

这里的“无为”和“恭己正南面”怎么理解？我们知道“无为”就是孔子所说的“述而不作”。其中的“作”就是有为、创作，当然也可以说是一种发扬。孔子的“述而不作”当然是自谦的说法，说自己只是继承，没有太多的创新。那么舜究竟是怎么样“无为”的？他让非常能干的人做臣子，所以他不用事必躬亲，即修德于己而选贤举能，然后不用亲自操持也能很好地治理天下。这就是孔子对当时治理天下的基本看法。我们看《大学》里说得非常明确，格物、致知、诚意、正心、修身、齐家、治国、平天下，是一个首尾相接的顺序。修身当然是根本，“自天子以至于庶人，壹是皆以修身为本”。“恭己正南面”强调的是以修身为本，进而能够选贤举能，治理好天下，所以在《论语·泰伯》里也说“舜有臣五人而天下治”，孔子对舜的这种治理方式很欣赏。

一般我们会想到无为而治是道家的主张，那么孔子在这里所称颂的舜的无为而治和道家的无为而治有什么样的区别呢？道家的无为而治是崇尚自然，认为天地无为，而我们要效法自然；但是孔子所说的无为而治首先是修德于己，其次是内圣外王，进而达到天下治的结果。

15·6 子张问行。子曰："言忠信，行笃敬，虽蛮貊之邦行矣。言不忠信，行不笃敬，虽州里行乎哉？立，则见其参于前也；在舆，则见其倚于衡也。夫然后行。"子张书诸绅。

"问行"，问怎么行得通。"笃"，厚也。张栻说："笃敬者，敦笃于敬也。""蛮貊"，形容教化不通、文明未开化之地。"州里"，此处指本乡本土。钱穆《论语新解》解释："州里近处，文化风教相同，蛮貊远，文化风教相异。""参于前"，与自己并立而三。"衡"，车前横木。"书诸绅"，"书"，写。"绅"，垂下的大带。钱穆参考前人，把这个细节解释为"以孔子语书绅，欲其随身记诵而不忘"。

这段话可以理解为，子张向孔子请教怎样才能行得通。孔子说："言语忠诚老实，行为忠厚严肃，即使到了未开化的地方也能行得通。言语不忠诚老实，行为不忠厚严肃，即使在本乡本土能行得通吗？站立的时候，就看到这几个字在眼前；坐在车里，就看见这几个字刻在横木上。像这样才能行得通。"子张把这些话写在了衣服的大带上，随身记诵而不忘记。

子张是颛孙师的字，他是春秋战国时期陈国人，"孔门十二哲"之一。为人勇武，清流不媚俗，被孔子评为"性情偏激"，但广交朋友，主张"士见危致命，见得思义，祭思敬，丧思哀"（《论语·子张》），重视自己的德行修养。《论语·为政》记载"子张学干禄"，从这可以看出子张比较关注怎么行得通、怎么才有官职俸禄的事情。孔子针对他的问题，把他的关注从外在引向内在，所以说"言忠信，行笃敬"。孔子要表达的道理是，你要在这个社会上行得通，要获得官职俸禄，一定要内在忠信，行动专一，不能够妄行。这就是孔子对子张的教导。

15·7 子曰：“直哉史鱼！邦有道，如矢；邦无道，如矢。君子哉蘧伯玉！邦有道，则仕；邦无道，则可卷而怀之。”

史鱼，名鮀，字子鱼，也称史鰌。卫灵公时任祝史，负责卫国对社稷神的祭祀，故又称祝鮀。“如矢”，指像箭一样直，形容其直言直行。蘧伯玉，即蘧瑗，字伯玉。春秋时期卫国大臣，一生侍奉卫国多位国君，主张以德治国。孔子在卫国时，曾住在蘧伯玉家。

此章用今天的话说就是，孔子说：“史鱼真是正直啊！国家有道，他像一支笔直的箭；国家无道，他仍然像一支笔直的箭。蘧伯玉真是君子啊！国家有道，就出仕做官；国家无道，就隐藏起自己。”可见孔子对史鱼和蘧伯玉都非常赞赏。

关于史鱼，历史上有“史鱼尸谏”的典故。春秋时期，卫国有位贤人蘧伯玉，为人正直且德才兼备，但卫灵公不肯重用他；另有一位叫弥子瑕的小人，作风不正派，卫灵公反而委以重任。史鱼看到这种情况，内心很是忧虑，屡次进谏，但卫灵公始终不采纳。后来，史鱼得了重病将要去世，他将儿子唤过来嘱咐：“我在卫做官，却不能够进荐贤德的蘧伯玉而劝退弥子瑕，是我身为臣子却没有能够扶正君王的过失啊！生前无法正君，那么死了也无以成礼。我死后，你将我的尸体放在窗下，这样对我就算完成丧礼了。”史鱼的儿子听了，不敢不从父命，于是在史鱼去世后，便将尸体移放在窗下。卫灵公前来吊丧，见到大臣史鱼的尸体竟然被放置在窗下，如此轻慢不敬，因而责问史鱼的儿子。史鱼的儿子于是将史鱼的遗命告诉了卫灵公。卫灵公听后很惊愕，脸色都变了，说道：“这是我的过失啊！”于是马上让史鱼的儿子将史鱼的尸体按礼仪安放妥当，回去后辞退了弥子瑕，重用蘧伯玉。孔子听到此事后，赞叹地说道："古来有许多敢于直言相谏的人，但到死了便也结束了，未有像史鱼这样的，死了以后，还用自己的尸体来劝谏君王，以自己一片至诚的忠心使君王受到感化，这样难道还称不上是秉直的人吗？"此章就是孔子对史鱼尸谏的赞颂。

关于蘧伯玉，《论语·宪问》载：

> 蘧伯玉使人于孔子。孔子与之坐而问焉，曰："夫子何为？"对曰："夫子欲寡其过而未能也。"使者出。子曰："使乎！使乎！"

就是说，蘧伯玉派人来拜访孔子，孔子向来人询问蘧伯玉的近况，来人回答："他正设法减少自己的缺点，却苦于做不到。"来人走后，孔子对弟子说："好一位使者！好一位使者！"蘧伯玉是一个富有自省精神的人，与孔子为一生的挚友。孔子在周游列国的14年中，有10年在卫国，其中两次住在蘧伯玉家，前后达9年。尤其是孔子第二次从外地回到卫国，蘧伯玉已年高隐退，孔子再次在其家设帐授徒。蘧伯玉的政治主张、言行、情操对儒家学说的形成产生了重大影响。

孔子对史鱼和蘧伯玉都加以称赞，史鱼主要是行为正直，孔子对此非常赞赏。同时蘧伯玉有君子之德，国家有道他就出仕，国家无道他就韬光养晦，能屈能伸，达到了一个新的高度，所以孔子对他称赞的程度会更高一点。

15·8 子曰："可与言而不与之言，失人；不可与言而与之言，失言。知者不失人，亦不失言。"

本章翻译成白话文是，孔子说："可以跟他说话却不跟他说，就错失人才；不可以跟他说话却跟他说，就说错了话。智者能够不错失人才，也不说错话。"

此章的意思非常好理解：言语应该因人而发，对可言之人则言，就不会失人；如果在不可与言的情况下还言，就会失言说错话。所以说不管是可言还是不可言，都一定要非常谨慎，有自己的判断标准。不管是失言还是失人，事实上的病根都只是不识人，所以只有智者才能够做到真正的识人。孔子的这一段话对我们在现实生活中的识人说话，有很大的指导意义。

15·9 子曰："志士仁人，无求生以害仁，有杀身以成仁。"

"志士"，指有志之士、忠节之士。"仁人"，指成德之人。"求生"，即苟且求活。"以害仁"的"仁"指仁道。

简单翻译此章，孔子说："有志之士和求仁之人，不会贪生怕死而损害仁道，只会牺牲自己的生命来成就仁德。"

这里涉及一个生和死、求生和害仁的问题。按朱熹的说法，"理当死而求生，则于其心有不安矣，是害其心之德也。当死而死，则心安而德全矣"。在生死判断的过程中有一个标准，这个标准高于人对生的贪恋。只有按照这个标准行事，才能对生死做出恰当的判断。但是杀身成仁也不是比较随意的一个说法，一定要合理，以合理的标准做判断。

15·10 子贡问为仁。子曰："工欲善其事，必先利其器。居

是邦也，事其大夫之贤者，友其士之仁者。”

“为仁”，行仁。“善其事”，做好此事。“利其器”，使工具变得锋利。“友”，结交朋友。“贤” 和 “仁”，贤以事言，仁以德言。大夫言贤，士言仁，二者互文。

这段话的意思是，子贡向孔子请教怎样践行仁德。孔子说：“工匠想要把活干好，先要使工具锋利。居住在这个国家，就侍奉此国大夫中的贤人，与士中的仁人结交为友。”

本章是说一个人虽然有很好的素质，但是居住在这个国家，如果不去和有仁德的大夫结交，是干不成事情的，就好像一个工匠的工具不锋利就很难完成工作一样。这一点在我们今天的生活中依然有指导意义，要把什么事情完成好，首先要有好的工具。工具可以指思路和方法。

“事其大夫之贤者，友其士之仁者”，也就是说到一个国家也好，到一个单位也好，我们都是处在一个环境里面做事，如果和能干、有品性的人做朋友，就意味着我们能够在这个环境里受到他们的熏陶和影响，与他们切磋交流，获得进步。反之，如果我们结交的这些人不能做事或品质卑劣，我们可能会不进而退。儒家特别强调亲师取友，有好的老师指导，有好的学习对象，这是非常重要的。

15·11 颜渊问为邦。子曰：“行夏之时，乘殷之辂，服周之冕，乐则《韶》《舞》。放郑声，远佞人。郑声淫，佞人殆。”

颜渊，即颜回，字子渊，被后人尊称为“复圣”，孔门七十二贤之首。

13 岁拜孔子为师，终生师事之，是孔子最得意的门生。“为邦”，即治理国家。“夏之时”，指夏代的历法。“殷之辂”，指殷代天子所乘坐的大车。“周之冕”，即周代的礼帽。“《韶》《舞》”，即《韶》乐、《武》乐。“舞”，通“武”。“放”，禁绝，舍弃。“郑声”，郑国乐曲。“佞人”，有口才但谄媚的人。“淫”，使……放纵、沉溺、惑乱，如《孟子》中的“富贵不能淫”。

这段话的意思是，颜渊问治国之道。孔子回答：“用夏朝的历法，乘殷朝的车子，戴周朝的礼帽，音乐欣赏《韶》《武》。舍弃郑国的乐曲，远离巧谄之人。郑国的乐曲让人放纵沉溺，巧谄之人危险。”

夏、商、周三代有自己的制度，根据时代发展的不同，对这些制度加以损益完善。孔子是与时俱进的人，他教导颜渊的治国之道，其实是把历代的精华之处加以吸收，然后因时而变。很多人疑惑，孔子之道和我们今天的社会究竟有什么关系？我们不是因循他提出来的具体制度、主张，而是用孔子所秉承的思想和精神、原则和思维解决今天的现实问题。孔子崇尚三代，但不是完全复古，而是损益地继承和创造性地转化。

15・12 子曰：“人无远虑，必有近忧。”

“虑”，思虑。“远”和“近”，从时、地两个角度言。钱穆《论语新解》说：“此章远近有两解：一以地言，人之所履，容足之外，皆若无用，而不可废。故虑不在千里之外，则患常在几席之下矣。一以时言，凡事不作久远之虑，则必有日近顷败之忧。两解皆可通。依常义，从后说为允。”

这一章的意思是，孔子说：“人无长远的考虑，必定有眼前的忧患。”

其实从钱穆所说的第一个角度来理解也是很有道理的。如朱熹《论语集注》就引前人说："人之所履者，容足之外，皆为无用之地，而不可废也。故虑不在千里之外，则患在几席之下矣。"人虽然站在只有两只脚大的地方，但是你不能认为其他的地方就没有用，应该考虑千里之外的地方。如果没有这种考虑的话，那么你在一个小的地方可能也站不住脚。

这一章的意思是提醒人们防患于未然，及早预防可能出现的问题。中国传统文化中的忧患意识非常强，如《孟子》就说"生于忧患而死于安乐"。所以要有《大学》里面所说的格物致知的工夫，不断琢磨思考问题，去了解时代的需求，然后问我们自己现在应该做什么，以及如何着眼于未来，从而避免未来的忧患，这就是"人无远虑，必有近忧"带给我们的启示。

15·13 子曰："已矣乎！吾未见好德如好色者也。"

这一章的意思是，孔子说："完了！我从来没有见过像好色那样好德的人。"

"吾未见好德如好色者也"在第9篇《子罕》里也出现过，这里只多了3个字，"已矣乎"。有了"已矣乎"，从程度上面就比《子罕》篇更有所强调。在当时的社会里，孔子看到真正好德的人非常少，所以发出这种感叹。

为什么《论语》会两次提到这句话？这和孔子在卫国的具体事件有关。据《史记》以及后来的考证，孔子至卫国月余后，"灵公与夫人同车，宦者雍渠参乘，出，使孔子为次乘，招摇市过之。孔子曰：'吾未见好德如好色者也。’于是丑之，去卫”。卫灵公宠爱南子，而往往做出糊涂的决定。孔子到卫国，本想在卫国做一番事业，可是卫灵公对孔子并不由衷赏识，也没有重用。有一次，卫灵公跟南子出行，邀请孔子一道。3 个人在一起坐车不方便，卫灵公就叫孔子坐后面那辆马车，他与南子坐前面那辆马车。结果大家都看见车队这样招摇过市。卫灵公把孔子抛在后面，足见他重色不重德，于是孔子就离开了卫国。

15 · 14 子曰："臧文仲其窃位者与？知柳下惠之贤，而不与立也。"

臧文仲，春秋时期鲁国大夫，博闻强识，不拘常理，一生侍奉鲁庄公、闵公、僖公、文公四位国君。谥号“文”，世称臧文仲。孔子对臧文仲的评价比较低，认为他僭越礼制，打击贤良，不“仁”不“知”。有人认为这种偏于负面的评价失之偏颇，有失公允。“窃位”，盗窃官位，身居官位而不称职。柳下惠，即展获，字禽，是鲁国的大贤者，曾为“士师”。“柳下”是他的居处，后世也有说是他的食邑，“惠”是他妻子给他的私谥。

为什么说臧文仲是一个窃位者呢？窃位，事实上是指他在这个位置上不称职，有愧于心的意思。从孔子的标准来看，他对臧文仲有这种判断也是非常正常的。在传统的社会里，举贤是一个非常重要的责任，贤人要靠各级官员推选出来。臧文仲和柳下惠处于同一时期，柳下惠是贤能之士，臧文仲明知道柳下惠是贤能之士却不举荐他同朝共事，这就是不称职。如果臧文仲作为一个官员，不知道柳下惠是贤能之士，这只是不明，其罪尚小；但如果臧文仲掩蔽贤能之士，这个罪名就大了，所以孔子认为臧文仲不仁。

臧文仲做了很多的事情，甚至也表现出他极其能干的一面，但是从他在这个职位上面所应该承担的责任和义务来说，他应该去推荐贤能之士，但他没有做到这一点。孔子也是借对臧文仲的评价来倡导选贤举能的风气，让真正能做事情的人有空间和机会。这种思想在当代依然值得推崇。

15 · 15 子曰："躬自厚而薄责于人，则远怨矣。"

"躬"即自己。

这段话的意思是，孔子说："多责备自己而少责备别人，就可以远离别人的怨恨了。"

这一章事实上就是告诫我们要多从自身找原因。凡是碰到什么问题，不要归咎于别人，而应从自己身上找原因，反省自己，这样的话就可以远离别人的怨恨，和人保持良好的关系。这一点事实上在我们处理人和人之间的关系上有非常重要的指导意义。它看上去非常简单，但做起来非常不容易。

15 · 16 子曰："不曰'如之何，如之何'者，吾末如之何也已矣。"

"末如之何"，即不知道怎么办。"也已矣"，是句尾虚词。

这段话的意思是，孔子说："不说'怎么办，怎么办'的人，我对他也不知道该怎么办了。”

本章是说人要认真对待事情，三思而后行，不能凭着冲动和臆测轻率行事。有一些事情我们要防微杜渐，在它还没有发生的时候，就要有可能发生的意识，这就叫“谋之于其未兆，治之于其未乱，何当至于临难而方曰‘如之何’也？”(《论语义疏》)如果没有事先周密审慎的考虑，当事情真的发生时就无可奈何了。

15·17 子曰：“群居终日，言不及义，好行小慧，难矣哉！”

“居”，聚居。皇侃《论语义疏》解释：“三人以上为群居。”“终日”，整天。皇侃对这一章前两句的情状有着惟妙惟肖的描写：“群居共聚，有所谈说，终于日月，而未曾有及义之事也。”“小慧”，私智、小聪明。“难矣哉”，指有所上进很难，最终难以成德。郑玄也在他的注中说：“难矣哉，言终无成功也。”

这段话的意思是，孔子说：“一群人整日聚在一起，不谈及道义，还喜欢玩弄小聪明，真是很难成德啊！”

“难矣哉”这种感慨，孔子在其他场合也曾谈到。《论语·阳货》中孔子就说：“饱食终日，无所用心，难矣哉！不有博弈者乎？为之犹贤乎已。”句式意思和本章非常接近，孔子说：“整天吃饱了饭，什么心思也不用，真是很难成德啊！不是还有下棋的游戏吗？去下棋也比闲着好。”这是孔子的类似感慨。

这一章是说人们在一起要讨论和道义相关的东西，不能以非道义的小智、小聪明互相诱引。如果整天在一起不讨论那些普遍、长远的原则，而在个人的立场上讨论私人、私欲的相关内容，肯定会离道义越来越远。这也就涉及公和私的问题。在儒家看来，谈论道义才是正言，“好行小慧”不是一种正行。顾炎武《日知录》：“‘饱食终日，无所用心，难矣哉！’今日北方之学者是也；‘群居终日，言不及义，好行小慧，难矣哉！’今日南方之学者是也。”意思是不同地方的人在这方面有不同的表现。鲁迅《花边文学·北人与南人》：“北方人是‘饱食终日，无所用心’；南方人是‘群居终日，言不及义’。”可见孔子所说的这种现象，后世学者也在关注。当然这里所说的北方人、南方人，相当于是互文，一些人是“饱食终日，无所用心”，另一些人是“群居终日，言不及义”。这一章告诉我们，人们在一起要以道义为重，不应去玩弄小聪明，这样才是修德成德的正道。

15·18 子曰：“君子义以为质，礼以行之，孙以出之，信以成之。君子哉！”

“义以为质”，指君子以义为其行事之本。“礼以行之”，就是“行之以礼”。“孙以出之”，“孙”同“逊”，《论语正义》引《诗经》解释，将之解读为说话的时候“慎尔出话，无不柔嘉”。

这段话的意思是，孔子说：“君子要以义为本，用礼制实行义，用谦逊的言辞表达义，用诚实来成就义。这才是君子啊！”

这一章我们可以参考先贤的注解以增进我们的理解。《论语注疏》曰：“此章论君子之行也。”程颐说：“此四句只是一事，以义为本。”朱熹说：“义者制事之本，故以为质干。而行之必有节文，出之必以退逊，成之必在诚实，乃君子之道也。”清代的陆陇其在《松阳讲义》中则说：

这一章，就处事上，见君子学问之精。大抵君子学问规模，固极其阔大，而节目又极其细密。故言敬以直内，则必言义以方外；言主忠信，则必言徙义。说一“义”字，已是极细密了，而于义中又有许多条理，不是执了一义硬做去；细密中复细密，无丝毫病痛，《中庸》所谓“小德川流”也。成个君子不是容易的，这个义，只是事之所当然。

“义以为质”一句，便包得“无适无莫，义之与比”一节意思。若义上稍差，这件事就如没质干一般，总做得来惊天动地也不中用。万事有万事的义，一事有一事的义，常事有常事的义，变事有变事的义，须要认得清，立得定，参不得一毫意见，杂不得一毫功利。

有了这义，则这件事大段不差了。然义又不是可径情直遂的，非怕径情直遂坏了这事，只是义中容不得一毫疏忽。有一毫疏忽，事虽无伤，亦可耻也。故必“礼以行之”，使有节文，而无太过不及之弊焉。

义又不是可棱角峭厉的，非怕棱角峭厉坏了这事，只是义中容不得一丝卤莽。有一丝卤莽，事虽克就，深可鄙也。故必“逊以出之”，使去矜张，而有从容和顺之美焉。

既礼行、孙出，则义已入细密了，又恐几微之间，须臾之顷，诚意或不贯彻，一处不贯彻，便有一处的病；一息不贯彻，便有一息的病。不必大段虚伪，然后为义之累。故自始至终，又必“信以成之”。

15·19 子曰："君子病无能焉，不病人之不己知也。"

"病"，即患，忧虑。唐文治说："病，内疚也。君子但病无德无才，不病人之不知己，惟病无能，而后本心可以无病。若病人之不己知，则成心病，而品日坏矣。"

本章的意思是，孔子说："君子忧虑自己无能，不忧虑别人不了解自己。"

《论语》里有不少地方谈到自己的能力和名利名声之间的关系。《论语·宪问》："不患人之不己知，患其不能也。"《论语·学而》："不患人之不己知，患不知人也。"不怕别人不知道自己，担心的是自己不了解别人。《学而》中还说过："人不知而不愠，不亦君子乎？"人家不了解我的才华、能力、品行，我不感到愠怒、恼火，这就是君子修养的体现。《论语·里仁》："不患无位，患所以立；不患莫己知，求为可知也。"不要担心没有职位，要担心的是自己有什么能力配得上这个位置，从而赢得社会的肯定和承认。《论语》在不同的篇章里面都表达了这个主题，即能不能获得位置、名声，能不能被别人所了解，这其实不那么重要，重要的是考虑怎样培养自己的品德和能力，值得让别人来了解自己。这一点对于我们为人处世有很大的启示，现在很多人都积极追求地位和名声，但是在自己有没有获取别人尊重的能力方面，没有用心去提高，这是我们当今面临的一个很重要的问题。

什么是根本？什么才是应该努力的方向？《论语》中的这些表述和论断，给了我们非常好的指示。我们看到现在一些高校即将毕业的学生总是担心找不到很好的工作，孔子对我们的教导是，重要的是要努力提高自己，加强自身能力的培养，真正有能力的人不怕没有好的工作。如果你有非常突出的品德和才能，即便短时间内无法获得社会的认可，但是从长远看，是金子总会发光的。

15·20 子曰："君子疾没世而名不称焉。"

"疾"，忧虑。"没世"，犹如"没身"，即去世。"称"，称述、称道。

这句话的意思是，孔子说："君子遗憾于直到去世也没有好的名声让人称道。"

这一章很明显是劝人要加强品德修养。上一章我们谈到不要去追求别人对自己的了解，要加强自身能力的培养，好像没有把"名"放在重要位置。那么这一章为什么对"名"又很重视呢？这中间有矛盾吗？其实并不矛盾，因为此句君子所担心的不是没有名声，他所忧虑的是"实"的问题，是自己没有那么多可以让别人来了解和肯定的实质。这要求我们不断努力提高修养，然后就会有相应的好的名声跟随而来。所以这一章不是要求大家去求名，而是强调实际的修养。

儒家思想中的"名"是重要的教化手段，即所谓的"名教"。对君子而言，留下美好名声当然是非常宝贵的，是对其价值的一种肯定。孔子作《春秋》，乱臣贼子就会因为担心留下不好的名声而有所顾忌。如果大家都不看重名声，那么可能就没有沽名钓誉之人了。另一方面，"名"应该和"实"相匹配，我们不是追求虚名，而是要以好的品行和能力来赢得相匹配的好名声，这才是正确的态度。

15·21 子曰："君子求诸己，小人求诸人。"

“诸”，之于。“求”，责也，指责备、责求。

这句话的意思是，孔子说：“君子责求于己，小人责求于人。”

《论语》里有很多章都谈到怎样去处理人和己的关系问题。对君子来说，行有不得反求诸己，即“躬自厚而薄责于人”，对别人不那么苛求。而小人一有问题就会归咎于别人，不知道从自身反省。“求诸己”既是一种修养的境界，又是我们修养的一种途径。如果以这种方式去处理人和人之间的关系，那么每个人的品德都会不断进步；反之，如果什么事情都归罪于别人，那么对自己的要求就会越来越松懈，长此以往则呈现出人格上的君子和小人之别。

15·22 子曰：“君子矜而不争，群而不党。”

“矜”，庄重自持。“争”，与人竞辩。“党”，结党营私。

这句话的解释是，孔子说：“君子庄重自持却无所争，合群却不结党。”

“矜”和“争”、“群”和“党”究竟有什么样的关联呢？庄重自持是对自身的高度自律，但这常常会被误解为有意标新立异，是要与人相争。其实君子的庄重自持并不是为了去和别人发生争执。合群的这些人容易被误解为要结党营私，但其实对君子而言也并非如此。君子能够与人和睦相处，又能够避免结党营私，这就涉及中庸之道，做到恰到好处是不容易的。

15·23 子曰：“君子不以言举人，不以人废言。”

这句话的意思是，孔子说："君子不因为一个人说话好就举荐他，不因为一个人无德就废弃他的善言。"

最理想的状态是，一个人应该言行一致。但是在现实世界中，经常会看到言和行是不一致的，说好话的人不一定就值得推举，一个不那么好的人，他的话也未必就没有价值，就像《论语·宪问》说的"有德者必有言，有言者不必有德"。不因他说好话就去推举他，同时不因为这个人不好而完全不听他的言论，这就要求出于公心，即站在客观立场上来评判。孔子对这些问题看上去没有非常高深抽象的理论，但其背后蕴含了很深刻的道理。

15·24 子贡问曰："有一言而可以终身行之者乎？"子曰："其恕乎！己所不欲，勿施于人。"

"一言"，一字。"行"，奉行。"恕"，推己及人。

这段话是说，子贡向孔子请教："有没有一个字而可以让人终身奉行的？"孔子说："大概是'恕'吧！自己所不愿要的，不要施加给别人。"

前几章已经提到过如"君子求诸己，小人求诸人""躬自厚而薄责于人"之类的话，这些都与本章的意思相类似。20世纪90年代的时候，世界上的一些伦理学家一起开会，说不同的文明、不同的文化，各有自身的价值观念，但不同的文明肯定也有共同的观念，中国文化是否能够提出一句话来，作为价值观念的代表，而成为普遍接受和推广实行的伦理原则？当时就有人提出"己所不欲，勿施于人"。

事实上，"己所不欲，勿施于人"的原则在许多儒家经典里都有展现，如《大学》:“所恶于上，毋以使下；所恶于下，毋以事上；所恶于前，毋以先后；所恶于后，毋以从前；所恶于右，毋以交于左；所恶于左，毋以交于右。此之谓絜矩之道。”“絜”是度量。“矩”是画直角或方形用的尺子，引申为法度、规则。儒家以“絜矩”来说明君子审己度人、将心比心，使人我之间各得其宜。《大学》举了上下前后左右这么多例子来进行表述，事实上起一个强调的作用，即君子在考虑人和己关系的时候，一定要对自己进行反思，站在他人的角度去考虑问题。我们经常说一个词——感同身受，而感同身受的前提就是“推己及人”，就是“恕”。

南宋的张栻是长期在岳麓书院主教的思想家，和朱熹、吕祖谦一同被称为“东南三贤”。他在注释这一段时说:“人之患，莫大于自私。恕者，所以克其私而扩公理也。己所不欲，勿施于人，恕之方也，是所当终身而行之者，极其至，则仁也。忠恕，体用也。独言行恕者，盖于其用力处言之。行恕，则忠可得而存矣。”他主张把个人的情绪克服掉，站在更客观、更普遍的层面考虑问题，这就是一个公和私的问题。

有的人认为圣贤学说太高远，其实孔子所强调的无非是在日用常行之间处理好人与人之间的关系。人不可能不跟周围的人打交道，而在这个过程中，我们所奉行的原则应该是“恕”，应该是“己所不欲，勿施于人”。

15·25 子曰:“吾之于人也，谁毁谁誉？如有所誉者，其有所试矣。斯民也，三代之所以直道而行也。”

“之于人”，对于人。“毁”，即称人之恶而损其真。“誉”，即扬人之善而过其实。“试”，试之以得验证。“斯民”，朱熹解释为“此民，即三代之时所以善其善、恶其恶而无所私曲之民”。“三代”，夏商周三代。“直道”，正直之道，无私曲也。

这段话的意思是，孔子说：“我对于人，何所贬毁，何所赞誉呢？如果有我所赞誉的人，一定确有所验证。这些百姓啊，就是三代直道而行的人啊。”

此章是说圣人对人无论是赞誉还是批评，都是遵循客观普遍的原则，不从个人的好恶立场出发。在孔子的时代，礼崩乐坏，夏商周三代的很多传统已经被破坏，但孔子依然认为对三代人物，一定要按照客观标准去评判，不管是修己还是安人，我们都要去守护。

关于这一章，有的学者认为，孔子虽然面临人心不古的问题，但是仍然认为老百姓没有古今之异，三代也好，今天也好，都有一些人直道而行，应该对他们加以称颂。如果破坏这个原则，就要进行贬损。所以有的学者说这一章是在阐述孔子作《春秋》，他把褒贬寄予在《春秋》的写作过程中，阐明三代以来普遍的公义。

15·26 子曰：“吾犹及史之阙文也，有马者借人乘之。今亡矣夫！”

“及”，赶得上，意指见得到。“史”，记事者也，周官有大史、小史、内史、外史等，职责各异。“阙文”，史官记事讲究信实，遇有不确定处即暂付阙如，而不以臆测代之。“阙”，音义皆同“缺”。“亡”，音义皆同“无”。

这段话的意思是，孔子说：“我还曾见过史书中存疑空缺的地方，以及有马者乘用前先请人将马调教驯服。现在这种情况已经难得一见了!”

历史上很多学者认为这一章不好解，尤其是“有马者借人乘之”这一句，语义非常突兀，所以有学者怀疑此章是错简，不能去强解。

阙疑是一种理性的态度和精神，实事求是，对未知的问题存疑，然后积极求证，寻求答案，消除疑问。“有马者借人乘之”，很可能是借有马者请能者调教马匹之例，来隐喻国君应当用贤者治国之理，也就是说为政应当选贤举能。我们可以从存疑和选贤两个方面来解这一章。

此章所说的问题还是值得关注的，史官在传统的社会里有着重要地位，例如前面讲的史鱼“邦有道，如矢；邦无道，如矢”。再如《左传·襄公二十五年》记载：“大史书曰：‘崔杼弑其君。’崔子杀之。其弟嗣书，而死者二人。其弟又书，乃舍之。南史氏闻大史尽死，执简以往。闻既书矣，乃还。”鲁襄公二十五年（前548)，齐国权臣崔杼杀了当时的君主齐庄公。齐庄公死后，太史伯如实记录“崔杼弑其君”。崔杼不愿落一个弑君的恶名被后世指责，便要求太史伯改写为齐庄公病死。太史伯认为史官的职责是如实记录历史，留给后人真相，便拒绝了崔杼。崔杼便杀了他。太史伯死后，太史伯的弟弟太史仲、太史叔先后承担起了史官的职责。崔杼以同样的方法逼迫他们写齐庄公是病死，太史仲和太史叔都认同兄长的看法，写下了“崔杼弑其君”，又都被崔杼杀死。在先后死了3位兄长之后，老四太史季就职。崔杼对太史季说：“你的哥哥们都太糊涂了，明明是病死，非不照实写。你要识相，不能像你哥哥们一样，明白吗?”太史季说“明白”，提笔写下了“崔杼弑其君”。崔杼终于意识到自己的威逼是没有用的，无可奈何，放了太史季。太史季出来后看到奔来一个抱着竹简的人，询问得知那是南方来的史官（南史氏)，为了支持太史兄弟四人而来，决意如果太史季也遭毒手便自己顶上。听到太史季已经成功，他才放心而归。文天祥在《正气歌》里写“在齐太史简”，说的便是太史伯四兄弟舍生忘死捍卫历史真相的故事。由此可见，“信实”乃是书史的原则，也是史官的操守。因此，史官在记事时，但遇不确定处，无论是有事不明，还是有字不知，都应暂付阙如，以待后来考证或求教知者，而不应以臆测代之，是为“史之阙文”。“史之阙文”的实质，就是孔子所主张的“敬事而信”。

15・27 子曰：“巧言乱德，小不忍则乱大谋。”

“巧言”，即动听讨好的话。孔安国注：“巧言利口则乱德义。”朱熹注：“巧言，变乱是非，听之使人丧其所守。”“德”，德性。明末的刘宗周针对这句解释：“有言者不必有德，巧言者工于言者也。”“小不忍”，朱熹注：“如妇人之仁、匹夫之勇皆是。”

这句话的意思是，孔子说：“巧言会扰乱人的德性，小事不能忍会扰乱大计。”

巧伪的言辞、锋利的口辩，是孔子坚决反对的，他认为这会让人丧失德性。《论语》里多次出现巧言，孔子都对其持批判态度，所谓“巧言令色，鲜矣仁”。“巧言乱德”具体包括两个方面：第一是把没理说成有理，看上去滔滔不绝，事实上是乱了是非，最后扰乱了自己德性的修养；第二是别人听了这种巧言可能会被这种言辞引诱，妨碍进德修业，所以巧言不光乱己德也乱人之德。为什么说乱德呢？因为它不是本于内心诚实说出来的东西。至于“小不忍则乱大谋”，每个人都是有血有肉、有情感有欲望的，如果对一些事情没有理性，很可能会将自己的欲望流为放纵，这就是“小不忍”，它会损害我们的大规划和终极目标。所以谋大事的人应该要有理性，能控制住自己的情感和欲望，这是非常重要的。

15·28 子曰：“众恶之，必察焉；众好之，必察焉。”

“众”，众人。“恶”，厌恶。“必”，必定、一定。“察”，审察、考察。“好”，喜好、喜欢。古本《论语》可能是“众好之”句在上，《论语集释》中对此有较为详细的考辨。

这句话的意思是，孔子说：“众人厌恶他，一定要考察；众人喜欢他，一定要考察。”

此章孔子告诉我们，在众人所恶当中是有君子的，在众人所好当中也是有小人的。一些人为了大义，冒天下之大不韪，反而遭到众人的嫌弃和批判；同时有一些人为了获得大家的好感和赞誉而沽名钓誉，这两种人都是有的。所以不能以众人的是非完全作为我们的是非，要有一个更客观有效的判断。孟子在这方面也有非常深刻的表述，他说“国人皆曰贤，然后察之”，举国之人都说这个人是贤人，那我们也要去细加审察；“国人皆曰不可，然后察之”，大家都说这个事情不行，或者这个人不行，我们也要细细地考察。所以无论在什么情况下，都要有自己独立自主的判断，这就是这一章给我们的一个很重要的启示。

15·29 子曰：“人能弘道，非道弘人。”

“弘”，扩充，扩大。

这句话的意思是，孔子说：“人能将道发扬光大，道却不一定使人宏大。”

钱穆认为：“道由人兴，亦由人行。”也就是说，道的兴起与发展都离不开人，需要人的努力。这便是“人能弘道”。据《朱子语类》记载，有学生问朱熹怎样理解“人能弘道，非道弘人”。朱熹便用扇子作喻，说：“道如扇，人如手。手能摇扇，扇如何摇手？”朱熹的解释有些牵强，但毕竟点出了人的主观能动性。道不会主动弘扬人，而必须要人去弘扬，修德讲学不可缺少。这句话强调的是人的主体性，肯定人的内在价值，宣扬积极进取的精神。张岂之在《论儒学“人学”思想体系》中谈到，这 8 个字展现了中国思想史上最早的主体意识，认为人有发现和宣传真理的能力。很明显，这样的主体意识是理性的集合，它追求的不是个人的富贵尊荣，而是升华为强烈的历史使命感。孔子一生周游列国，游说诸侯，授徒讲学，删述“六经”，堪称人能弘道的典范，激励古往今来的人们自强不息，积极进取，追求真理，创造历史，在他身上我们看到了非常强烈的历史责任感。这就是“人能弘道，非道弘人”的重要背景。

15·30 子曰：“过而不改，是谓过矣。”

这句话的意思是，孔子说：“有了过失不改，这才真说得上是过失了。”

钱穆《论语新解》说：“人道日新，过而能改，即是无过。惟有过不改，其过遂成。若又加之以文饰，则过上添过矣。”孔子的这句话可能不大有名，但与此相类似的话，想必国人都很熟悉：“人非圣贤，孰能无过？过而改之，善莫大焉。”我们每天都要面对新的生活，面对各种各样新的事情，在处理这些事情上面，我们的能力、认识，包括我们自身的局限性，都会使我们犯错，这事实上是再正常不过的，能改正并在这个过程中吸取教训和经验，才是更重要的。

事实上，所谓试错也是成功的重要前提。经常听人说失败是成功之母，这不就是一个试错的过程吗？人类很多知识的积累就是一个试错的过程，就是一个改过的过程。真正的过失是有过还不改，这就真正变成过错了。有的人还文过饰非，用一些谎言去掩饰过错，这就是过上添过。在《左传·宣公二年》里有一句大家非常熟悉的话：“人谁无过，过而能改，善莫大焉。”这和孔子此章所说的是一个道理。在《论语》里面，我们发现孔子关于人物改过方面的论述还是比较多的。比如子曰：“君子……过则勿惮改。”（《论语·学而》）一个人犯错不可避免，改过亦可得人尊重。还有，子贡曰：“君子之过也，如日月之食焉：过也，人皆见之；更也，人皆仰之。”（《论语·子张》）意思是，子贡说：“君子有过失，好像日食月食一般：他有过错时，人人可见；他改过后，人人都仰望他。”这就是儒家对于过错的一个基本判断。

15·31 子曰：“吾尝终日不食，终夜不寝，以思，无益，不如学也。”

“尝”，曾经。“不如学也”，不学而思，不仅无益，且有害。

这句话的意思是，孔子说：“我曾经整天不吃，整夜不睡，用来思考，没有益处，不如去学习啊。”

如果只思考以致忘记吃饭、忘记睡觉，但是在此之前又不去学习，确实是一种空中楼阁式的思考。这种思考没有站在前人经验积累的基础上，没有事实依据，缺乏基础，所以不如学习。在《论语》里面特别强调要学习，第1篇第1章就是“学而时习之”。为什么要学习？因为古往今来人类积累了大量的经验知识，就像一个公共的大的蓄水池，在这个水池里面所汇聚的是古往今来聪明人物的智慧经验。我们学习就是让自己接通那个智慧的大池，去吸取营养，获得滋养我们生命、增长我们智慧的能量。相反，如果我们不学的话，就是把自己和人类积累的经验隔绝开来而自我封闭，是以一人之智去匹敌古往今来无数人的智慧，结果是可想而知的。所以孔子说：“学而不思则罔，思而不学则殆。”“思而不学”其实是很危险的。这里只讲了“思而不学”的问题，我们也应该注意，“学而不思”同样存在着问题。

15·32 子曰：“君子谋道不谋食。耕也，馁在其中矣；学也，禄在其中矣。君子忧道不忧贫。”

“谋”，谋求。“道”和“食”，君子心在大道，而不是整日谋求衣食。“馁”，饥饿。“在其中”，此处指没有主动谋求，馁、禄却不期而至。“忧”，忧虑。

这段话的意思是，孔子说：“君子谋求的是道而不是食。耕田种地，饥饿却在其中；学习圣贤大道，俸禄却在其中。君子忧虑道之不明，而不忧虑贫不得食。”

此章的核心是“君子谋道不谋食”“君子忧道不忧贫”。我们应该谋求的是道而不是食，忧虑的是道之不明而不是贫不得食。在儒家看来，学者的本分应该是求道，而不是去寻求俸禄。确实，对于一个君子来说，要抓住根本，而不是以末为本，不要把俸禄、衣食作为担心考虑的对象，这些东西会随着谋道的实现而实现。

15·33 子曰：“知及之，仁不能守之，虽得之，必失之。知及之，仁能守之，不庄以莅之，则民不敬。知及之，仁能守之，庄以莅之，动之不以礼，未善也。”

“知”，同“智”。“守”，保持。“得”和“失”，指得失于官位，大而言之，即得失于民、得失于国家天下。“莅之”，临之，指临民。“动之”，即动民。“以礼”，按照礼。

这段话的意思是，孔子说：“智达到了，仁德却不能保持，即使得到了，一定会失去。智达到了，仁德能保持了，不用庄敬的心来面对百姓，那么百姓对上也会不敬。智达到了，仁德能保持了，能庄敬地面对百姓，却没有按照礼来鼓舞动员百姓，仍然是不够好啊。”

这一章讨论的是为官治理百姓的方法。得到这个位置当然要有一定的能力和智慧，但是保持这个位置一定要有仁德，如果凭借人的智慧从而获得这个位置，但仁德不够，即使得到禄位最终也会失去。这其中“智”可能是最基本的，但是“仁”是最关键的。所以我们看到历代以来的著述在讨论这个问题的时候，会说“以知得民，以不仁失民，残刻之害为大”，很多人凭借智慧得到权位，但在职位上对老百姓非常残暴，这就失去了民心。我们也可以根据历代的史实来讨论这个问题，像秦代之所以二世而亡，其实就是“以知得民，以不仁失民”。如果只有仁德，但是不用庄敬的心来面对百姓，那么百姓也不会真心认可这样的统治。汉文帝是一位非常仁厚的君主，但是他喜欢清静无为，最后统治也会出问题。所以治理天下不仅要有仁德，还要崇尚法律，这才是最好的治理方式。像唐太宗虽然既能“智”又能“仁”又能“庄”，但是他在“礼”这方面还有不足。所以这里强调的是，在治理天下的过程中，智、仁、庄、礼这几点都是非常重要的，缺一项可能都会出问题。

15・34 子曰：“君子不可小知，而可大受也；小人不可大受，而可小知也。”

“不可”，不能。“小知”，从小处被人知。“大受”，担当大任。

这句话简单翻译为，孔子说：“君子难以从小处被人知，却能担当大任；小人不能担当大任，却能从小处被人知。”

此章是说，君子、小人的道德深浅不同，有些人在一些小事情上未必做得好，但他的才能、德行足以担当重任。小人虽器量浅狭，却未必无一长可取，这一点也是我们应该注意的。这也启示我们怎样去观察一个人，有时我们会在一些小的方面苛责一个有特别德行、才能的人而不委以重任，有时又反而从一些小的方面看到一个人能干却忽略了对那人大的德行、能力的关注，这都是失之偏颇的。孔子告诉我们，在考察用人的时候要非常细致审慎。

15·35 子曰："民之于仁也，甚于水火。水火，吾见蹈而死者矣，未见蹈仁而死者也。"

"仁"，仁道。"甚"，胜过、超过。"水火"，民非水火不能生活，指代生活之所需。"蹈仁"，即履仁、行仁。

这句话的意思是，孔子说："百姓对于仁的需要，应该比水火更甚。我见过因为蹈践水火而死的人，但是没见过因为履仁而死的人。"

孔子此句的感慨里包含了他勉励人为仁的一种期待，即劝人去践行仁道。朱熹曾经解释这一段说："民之于水火，所赖以生，不可一日无。其于仁也亦然。但水火外物，而仁在己。无水火，不过害人之身，而不仁则失其心。是仁有甚于水火，而尤不可以一日无也。"人离开水火便不能够生活，但是仁德对于人来说，其实更是一天都不能离开的。况且水火能够养人也能害人，仁德只会成就人。既然大家对水火一日也不能离，为什么就不能努力地去践行更为重要的仁德呢？这是孔子所感慨的。在历代很多的儒家学者看来，百姓之所以对仁德没有那么强烈的追求，是因为受到了私欲的蒙蔽，如果能够去除人的这种私欲，那么大家都能够很好地践行仁德，即《论语·颜渊》所说的"克己复礼为仁"。

15·36 子曰："当仁不让于师。"

"仁"，指行仁之事。"让"，谦让。

这句话的意思是，孔子说："面对行仁之事，即使是老师，也不谦让。"

一般而言，做事情当然要“让于师”，在师长面前懂得谦让，但是在行仁的事情上，孔子认为即使在老师面前也不要过于谦逊，应当勇往直前。无论是老师还是学生，在积极行仁方面都是同道共进的，可见孔子对践行仁道的迫切。在中国古代儒家文化里，特别强调师道尊严，对老师有礼貌、做事请示老师等只是一个方面，更重要的是，尊师是因为老师是我们去求道的引路人，所以尊师是基于道义的尊重，和“当仁不让于师”并不冲突。

15·37 子曰：“君子贞而不谅。”

“贞”，正也，正而固也。“谅”，小信；还可解释为“执一而不知变通”，如《孟子·告子下》：“君子不亮，恶乎执？”其中的“亮”，通“谅”。

这一句可以翻译为，孔子说：“君子正守其道追求真理，只要合于正道、得理之正，就不必拘执不符合原则和是非底线的小信而不知变通。”

我们都知道，“信”是儒家非常重要的一个道德原则，它和这里所说的“小信”有什么不同呢？我们所讲的“大信”是和道义联系在一起的，是符合道义的，是天下之公；而“小信”是从私人的角度出发的，是一己之私，所以我们不能拘泥于它。《史记·孔子世家》记载孔子过蒲，蒲人要挟孔子，只要不去卫国就把他放了，孔子暂时答应了，但他脱险后就去了卫国。弟子们问这算不算不守信用，孔子认为在受要挟的情况下签订的盟约不符合道义，当然是不算的。

15·38 子曰："事君，敬其事而后其食。"

"事"，侍奉。"君"，君上。"敬其事"，尽力做好分内之事，钱穆说："敬其事，先尽己之心力于所任之职。""食"，食俸禄。

这句话的意思是，孔子说："侍奉君上，先尽力做好分内之事，而把拿俸禄之事放在后面。"

这一点跟我们今天很多人的表现可谓大不同，很多人到一个单位，可能不一定关注工作事项本身，但肯定关心薪酬。在工作中，不管处于什么岗位，都应有"敬其事"的态度，尽职尽责做好自己的本职工作，自然会拿到令人满意的工资；一味盯着工资而不用心工作，工作做不好，工资被扣也就难免。

15·39 子曰："有教无类。"

"教"，教化。"类"，种类、类别，钱穆解释："人有差别，如贵贱、贫富、智愚、善恶之类。"

这句话翻译过来是，孔子说："人人都应当受教育，不分高低贵贱。"

我们知道人和人之间其实是存在各种各样的差别的，有地域、贫富、善恶等不同，这种差别是客观存在的，有的是自然的差别，有的是社会因素所造成的。作为一个教师，应该坚持一个原则，即不以上述这些不同而区别对待学生。在宋明时代，很多的理学家就对这一点进行阐述，为什么应该有教无类？为什么应该没有区别地去教化一切人？如朱熹所言，人性都是善的，但是现实中又有善有恶，之所以如此，不是这个人天生不善，而是因为他在后天环境的影响下，产生了不良的倾向，老师在教育中不应该因此而放弃这个人。所有的人都应该接受教育，这一点至今仍然值得肯定。

15·40 子曰："道不同，不相为谋。"

这一章可以翻译为，孔子说："主张不同，不互相商议。"

此章的"道"指什么，历史上各家注解不同，由此"不相为谋"究竟是什么意思也有不同理解。这些不同的解读，恰恰说明《论语》是一个非常具有生命力的读本，不同的时代、不同的人都可以从中诠释出不同的思想，从而应对不同时代的问题。《论语》之所以成为经典，就在于在不断诠释过程中，其思想和意义不断得以升华。

具体到"道不同，不相为谋"，这里的"道"有以下几种解释：

其一，道理。道理有善恶正邪之分，犹如孟子引述孔子的一句话："道二，仁与不仁而已矣。"朱熹《论语集注》："不同，如善恶邪正之异。"也就是说，在儒家学者看来，正确的"道"应该只有一个，是至善的、正的，和"道"相对的就必然是不善的、不正的，不存在折中式的既善又不善的"道"。至于这个至善、唯一的儒家之"道"究竟是什么，历代儒家学者有不同诠释。

其二，道术，也就是所谓术业有专攻之术业。如日本学者物双松（荻生徂徕）《论语征》曰："道，谓道术也。道不同者，如射与御及笙笛与琴瑟是也。非吾所素习，则不精其事，故不相为谋，恐坏其事也。"术业有专攻，专攻不同术业的人，是很难凑到一起来商谋问题的。

其三，志向。刘宝楠《论语正义》曰："道者，志之所趋舍，如出处语默之类。虽同于为善，而有不同。"后来黄吉村《论语析辨》就直接说："道——志向也。"志向不同的人，很难强聚到一起共商大计。这与今天的理解也很接近。

其四，主张、意见、路线。这是对上一义再进一步的解释。抱有不同的主张、意见以及处于不同路线的人，也很难聚集到一起讨论商量。

以上不管哪一种解释都可以说得通。我们站在今天的角度再来看"道不同，不相为谋"，不同主张的人聚在一起可以互相启发，碰撞出思维的火花。不同领域的人观察事物的角度或视野往往趋于多元，如果能平心静气地坐到一起商量事情，往往能更加全面地考虑到事物的各个方面。

15·41 子曰："辞达而已矣。"

"辞"，文辞，亦有辞令、辞命或专对之辞的意思。"达"，通达、通顺。

这句话的意思是，孔子说："言辞，做到通顺达意就够了啊。"

在说话作文的时候，只要能够通顺达意，把事情说清楚就可以了，不需要太多华丽的辞藻，这是孔子对言辞的基本态度。历代注解的人在这方面也有不同的理解。比如说对这个"辞"，有学者认为不一定要很多，也不一定要很少。也有的学者说，这可能是针对当时的外交活动所说的。当时诸侯国之间，会不断地互派使者传达使命，表达国君的意思，在这个过程中，使者一定要把意思表达清楚，而不是强调文辞的华丽，也不一定要长篇大论。

15·42 师冕见，及阶，子曰："阶也。"及席，子曰："席也。"皆坐，子告之曰："某在斯，某在斯。"师冕出。子张问曰："与师言之道与？"子曰："然，固相师之道也。"

"师"，即乐师。师冕，名冕，为瞽者，即盲人。《日讲四书解义》曾说到为什么要瞽者担任乐师："古者乐师多用瞽者，以其耳能审音也。""见"，指师冕来拜见孔子。"及"，至、到达。"阶"，台阶。"席"，古人席地而坐时所坐的席。"某在斯"，"某"指人名，"斯"指所在的地方。两个"某在斯"意为孔子给师冕介绍在座的人。"出"，离开。"道"，方式，此处指礼。《论语注疏》："道，谓礼也。""然"，是、对。"固"，确实。"相"，扶也，助也。朱熹注："古者瞽必有相，其道如此。"

本章的意思是，师冕来拜见孔子，走到台阶边，孔子说："这是台阶。"走到座席时，孔子说："这是座席。"等大家都坐定了，孔子告诉师冕："某人在这里，某人在那里。"师冕告辞离开。子张问孔子："这是与乐师说话的方式吗？"孔子说："对啊，这确实是帮助乐师的方式啊。"

这里讨论帮助盲人乐师的礼节或者方式。首先可以看出孔门弟子对于孔子的一举一动都非常留心。《日讲四书解义》就说："当时及门之人，凡于孔子言动之间无弗留心体察。"在日用常行中身体力行是孔门教学的一个特点。另外，我们常常说的"圣人之道"究竟是什么？它既表现为通过言语所表达出来的价值观念，同时指日用常行的礼仪规范。孔子教导我们在日常生活中，怎么样把各种细节把握好，做到恰如其分，各得其宜，这事实上是"圣人之道"的一个体现。《中庸》也说："道也者，不可须臾离也。"道和人的日常生活紧密联系在一起，如果真的离开这些具体的事情，道也就悬空了。《论语》有魅力的地方就在于弟子们用精练的文字，记录下与孔子生活学习对话的诸多场景，为我们真实再现了儒门学者如何在生活中体悟儒家之道并实践儒家之道的情境。

也有学者进一步发挥，认为孔子去扶助和引导乐师，本质上是在帮助生理上有缺陷的人。那么对于心有疾病而不明的人，孔子又会采取什么样的帮助方式呢？这种说法其实也具有启发性，对待不明道理的人，也应该像孔子对待身体有疾患的乐师一样去细致入微地引导。所谓的学究竟学什么？我们常常以为所学的只是具体的知识，其实忽略了老师在日常生活中的言传身教和行为处事的示范。

季氏第十六

肖永明 解读

此篇之所以名为《季氏》，同样是取自篇首“季氏将伐颛臾”中的“季氏”二字。之所以排在第 16 篇，是接上一篇《卫灵公》而来的。皇侃《论语义疏》曰：“季氏者，鲁国上卿，豪强僭滥者也。所以次前者，既明君恶，故据臣凶，故以《季氏》次《卫灵公》也。”邢昺《论语注疏》说：“以前篇首章记卫君灵公失礼，此篇首章言鲁臣季氏专恣，故以次之也。”二人解释基本相似，都是说由于前篇记卫灵公为君不正，所以有此篇记其臣季氏为恶专权的事情。

季氏的形象具体是什么样的呢？季氏，即季孙氏，“孙”为尊称，姬姓，是春秋战国时鲁国的卿家贵族。因为他和叔孙氏、孟孙氏皆出自鲁桓公之后，是专政凌驾于公室的鲁国贵族，所以被人们称为“三桓”。《论语》中关于季氏的叙述有三处极具代表性。

其一：

> 孔子谓季氏："八佾舞于庭，是可忍也，孰不可忍也？"（《论语·八佾》）

朱熹《论语集注》："佾，舞列也，天子八、诸侯六、大夫四、士二。每佾人数，如其佾数。"这里孔子批评季氏以大夫之位而僭用天子之乐，如果此事尚可忍，则何事不可忍？春秋末期，社会处于土崩瓦解、礼崩乐坏的阶段，违犯周礼、犯上作乱的事情不断发生。季孙氏用八佾舞于庭院，是典型的破坏周礼的事件，甚至有可能进一步做出伤天害理的事情，因而孔子表现出极大的愤慨。

其二：

> 季氏旅于泰山。子谓冉有曰："女弗能救与？"对曰："不能。"子曰："呜呼！曾谓泰山不如林放乎？"（《论语·八佾》）

朱熹《论语集注》引范祖禹曰："冉有从季氏，夫子岂不知其不可告也，然而圣人不轻绝人。尽己之心，安知冉有之不能救、季氏之不可谏也。既不能正，则美林放以明泰山之不可诬，是亦教诲之道也。"季氏行旅礼于泰山。按照周礼，诸侯祭封内山川，而季氏作为大夫祭之，属于僭越行为。所以孔子对为官于季氏的弟子冉有说："你难道不能劝阻他吗？"冉有说："不能。"孔子说："唉！难道说泰山神还不如林放知礼吗？"这里涉及两个人——冉有和林放。冉有曾担任季氏宰臣，帮助季氏进行田赋改革而聚敛财富，受到孔子的严厉批评。林放，春秋鲁国人，据史书记载是殷代忠臣比干的后裔，一生致力于礼的研究。他曾向孔子问“礼之本”。孔子称赞：“这个问题意义重大呀！就一般礼仪说，与其铺张浪费，宁可勤俭节约；就丧礼说，与其仪式周到，宁可哀恸悲伤。”相传他终生不仕，隐居泰山。

其三：

> 季氏富于周公，而求也为之聚敛而附益之。子曰：“非吾徒也，小子鸣鼓而攻之可也。”（《论语·先进》）

这一篇意思是，季氏比周公还要富有，而冉求作为他的宰臣还帮他搜刮以增加钱财。所以孔子深深责备冉有：“他不是我的学生了，你们可以大张旗鼓地去声讨他！”朱熹《论语集注》：“周公以王室至亲，有大功，位冢宰，其富宜矣。季氏以诸侯之卿，而富过之，非攘夺（掠夺）其君、刻剥其民，何以得此？……小子鸣鼓而攻之，使门人声其罪以责之也。圣人之恶党恶而害民也如此。然师严而友亲，故已绝之，而犹使门人正之，又见其爱人之无已也。”

从上面三处孔子对季氏所作所为的态度，可见季氏在《论语》里多是僭越礼乐的形象，孔子多给予负面评价。这是我们理解《季氏》这一篇的大背景。

16·1 季氏将伐颛臾。冉有、季路见于孔子曰：“季氏将有事于颛臾。”

孔子曰："求！无乃尔是过与？夫颛臾，昔者先王以为东蒙主，且在邦域之中矣，是社稷之臣也。何以伐为？"

冉有曰："夫子欲之，吾二臣者皆不欲也。"

孔子曰："求！周任有言曰：'陈力就列，不能者止。'危而不持，颠而不扶，则将焉用彼相矣？且尔言过矣。虎兕出于柙，龟玉毁于椟中，是谁之过与？"

冉有曰："今夫颛臾，固而近于费。今不取，后世必为子孙忧。"

孔子曰："求！君子疾夫舍曰欲之，而必为之辞。丘也闻有国有家者，不患寡而患不均，不患贫而患不安。盖均无贫，和无寡，安无倾。夫如是，故远人不服，则修文德以来之。既来之，则安之。今由与求也，相夫子，远人不服而不能来也；邦分崩离析而不能守也。而谋动干戈于邦内。吾恐季孙之忧，不在颛臾，而在萧墙之内也。"

我们分开来进行解读，先看第一段：

季氏将伐颛臾。冉有、季路见于孔子曰："季氏将有事于颛臾。"

"颛臾"，何晏《论语集解》注引孔安国曰："颛臾，伏羲之后，风姓之国，本鲁之附庸，当时臣属鲁。季氏贪其土地，欲灭而取之。冉有与季路为季氏臣，来告孔子。"所以这里的"颛臾"其实是个古国名，相传以风为姓的部落首领太皞，在远古时代就建立了颛臾方国。西周初期，成王封其为颛臾王。周天子给颛臾国的主要任务是祭祀蒙山。由于颛臾国小势弱，到了春秋初期就变成了鲁国附庸。“见”，谒见，拜见。“有事”，这里指代用兵。

这一段的意思是，季氏将要讨伐颛臾。冉有、子路去拜见孔子说：“季氏快要对颛臾用兵了。”

这段对话的背景是，鲁国大夫季氏当国（僭越），与鲁君产生矛盾，季氏知鲁君会对付他，怕颛臾凭借有利地势帮助鲁国，因而想先下手为强，攻打颛臾。

此处涉及两个人物，季路和冉有。季路，即仲由，字子路，鲁国人。仲由性情刚直，好勇尚武，曾陵暴过孔子，孔子对他启发诱导，设礼以教，子路最终请为弟子，跟随孔子周游列国。后来他又做了卫国大夫孔悝的蒲邑宰，以政事见称，为人伉直，政绩突出。卫国内乱时，子路临危不惧，冒死冲进卫国国都救援孔悝，混战中被蒯聩击杀，结缨遇难，被砍成肉泥。关于冉有，开篇已经介绍过。

再来看第二段：

孔子曰：“求！无乃尔是过与？夫颛臾，昔者先王以为东蒙主，且在邦域之中矣，是社稷之臣也。何以伐为？”

我们发现，这里有“孔子曰”，《论语》20篇中，只有这一篇每一章都是“孔子曰”，其他大多数篇章都是“子曰”。这是很有意思的一个事情，为什么会这样呢？钱穆先生说这可能是编辑不谨慎所致，他认为《论语》前十篇编得非常好，后十篇不如前十篇严谨。

“无乃……与”，是文言文中的一个固定句式，相当于今天的“恐怕……吧”。“尔是过”，责备你。“过”字可看作动词，责备。“是”字是表示倒装用的词，顺装便是“过尔”，责备你、归罪于你的意思。“东蒙”，即蒙山，在今天山东临沂。“主”，主管祭祀者。“社稷”，“社”指土神，“稷”指谷神。

这一段的意思是，孔子说：“冉求！这不就是你的过错吗？颛臾，从前是周天子让它主持东蒙祭祀的，而且已经在鲁国的疆域之内，是国家的臣属。为什么要讨伐它呢？”

接着看第三、四段：

> 冉有曰：“夫子欲之，吾二臣者皆不欲也。”
>
> 孔子曰：“求！周任有言曰：‘陈力就列，不能者止。’危而不持，颠而不扶，则将焉用彼相矣？且尔言过矣。虎兕出于柙，龟玉毁于椟中，是谁之过与？”

“夫子”，指季孙氏。周任，上古时期的史官。“陈力就列，不能者止”，“陈”，陈列，这里是施展的意思。“就”，走向，这里是担任的意思。“列”，位，职位。“止”，辞职。何晏《论语集解》引马融《论语训说》：“周任，古之良史。言当陈其才力，度己所任，以就其位，不能则当止。”就是说，能施展自己的才能，就接受职位；如若不能，就应辞去职务。“危而不持，颠而不扶”，“危”，名词作动词，指遇到危险（摇晃着要倒下）。“持”，护持。“颠”，跌倒。“扶”，搀扶。何晏《论语集解》

引包咸注："言辅相人者，当能持危扶颠。若不能，何用相为？" "相（xiàng）"，指古代搀扶盲人走路的人（辅助者）。"兕（sì）"，独角犀牛。"柙（xiá）"，关猛兽的笼子。"龟玉"，都指宝物。"龟"，龟板，用来占卜。"玉"，指玉瑞和玉器。玉瑞用来表示爵位，玉器用于祭祀。"椟（dú）"，匣子。马融《论语训说》："柙，槛也。椟，匮也。失虎毁玉，岂非典守之过邪？"意思是虎、兕从木笼中逃出，龟玉毁于匣中。比喻恶人逃脱或做事不尽责，主管者应担负责任。

这部分翻译过来就是，冉有说："季孙大夫想去攻打颛臾，我们两个人都不愿意。"孔子说："冉求！周任曾经说过：'尽自己的力量去承担职责，实在做不好就辞职。'有了危险不去扶助，跌倒了不去搀扶，那还用辅助的人干什么呢？况且你说错了。老虎、犀牛从笼子里跑出来，龟甲、玉器在匣子里被毁坏，这是谁的过错呢？"

此处是说恶人逃脱和宝物损坏，主管者应该担负责任，作为季氏的家臣，冉有和季路是要负责任的。这里明确地告诉他们，不能够把所有的责任推给季氏。

继续看下一段：

冉有曰："今夫颛臾，固而近于费。今不取，后世必为子孙忧。"

马融《论语训说》："固，谓城郭完坚，兵甲利也。费，季氏邑。"这里的"费"，一说读（bì），同"鄪"，古邑名，在今山东费县；一说读（fèi），当地人称费县。

这一段的意思是，冉有说："现在颛臾城墙坚固，而且离费邑很近。

现在不把它夺取过来，将来一定会给子孙留下后患。”

最后一段分开解读，先来看前两句：

> 孔子曰：“求！君子疾夫舍曰欲之，而必为之辞。丘也闻有国有家者，不患寡而患不均，不患贫而患不安。”

“疾”，痛恨。“舍”，舍弃，撇开。“辞”，托词，借口。“有国有家者”，指代有国土的诸侯和有封地的大夫。“国”，诸侯统治的政治区域。“家”，卿大夫统治的政治区域。“不患”两句，朱熹《论语集注》：“寡，谓民少。贫，谓财乏。均，谓各得其分。安，谓上下相安。”这两句或应作“不患贫而患不均，不患寡而患不安”。

这一部分的意思是，孔子说：“冉求！君子痛恨那种不肯实说自己想要那样做而要编造借口来为之掩饰、搪塞的做法。我听说，对于诸侯和大夫来说，不担心民众（衣食）少，而担心财富不均；不担心贫穷，而担心不安定。”

> “盖均无贫，和无寡，安无倾。夫如是，故远人不服，则修文德以来之。既来之，则安之。”

“均无贫，和无寡，安无倾”，《论语集解》引包咸注：“政教均平，则不贫矣。上下和同，不患寡矣。小大安宁，不倾危矣。”“均无贫”，财富分配公平合理，上下各得其分，就没有贫穷。“和无寡”，上下和睦，就不在乎民众少。“安无倾”，国家安定，就没有倾覆的危险。

这一部分可以理解为，财物分配公平合理，就没有贫穷；上下和睦相处，就不会担心民众太少；社会安定，国家就没有倾覆的危险。如果这样，远方的人还不归附，就发扬文治教化招徕他们。他们归附之后，就要使他们安定下来。

“今由与求也，相夫子，远人不服而不能来也；邦分崩离析而不能守也。”

“相（xiàng）”，辅佐。“分崩离析”，国家四分五裂，不能守全。何晏《论语集解》引孔安国曰：“民有异心曰分，欲去曰崩，不可会聚曰离析。”“守”，守国，保全国家。

这句话可以理解为，如今仲由和冉求你们两个人辅助季氏，远方的人不归服，而不能招徕他们；国家分崩离析，毫无凝聚力，却不能保全。

“而谋动干戈于邦内。吾恐季孙之忧，不在颛臾，而在萧墙之内也。”

“干戈”，指军事。“干”，盾牌。“戈”，古代用来刺杀的一种长柄兵器。关于这句，何晏《论语集解》引郑玄曰：“萧之言肃也，萧墙谓屏也。君臣相见之礼，至屏而加肃敬焉，是以谓之‘萧墙’。后季氏之家臣阳虎果囚季桓子也。”

这一部分可以理解为，季氏不能修德怀仁，而策划在国内使用武力。我只怕季氏的忧患不在颛臾，而是在内部（家臣）呢。

此处“萧墙之内”有两种解法：一种解法是指季氏家。皇侃的《论语义疏》就说：“臣朝君之位，在萧墙之内也。今云季孙忧在萧墙内，谓季孙之臣必作乱也。”阳货就是季氏的家臣，后来囚禁了季桓子，所以“萧墙之内”就是说季氏的家臣必然会作乱。另一种解法是指鲁君。方观旭《论语偶记》说：“萧墙之内何人？鲁哀公耳。不敢斥君，故婉言之。”方观旭认为当时的鲁哀公欲去三桓，收三家的权，三家都不高兴。季氏害怕颛臾是鲁国的臣属，而且听从鲁君的命令，颛臾在东，鲁军在西，就会形成掎角之势，自己就有可能被灭掉，所以唯有谋伐颛臾才能阻止鲁哀公的企图。孔子指季氏忧在萧墙之内的意思是，季氏并不是担忧颛臾而去攻伐它，实际上季氏伐颛臾是为了抵抗鲁君，想除去鲁君的助力，使自己得以安稳，不必为后世子孙担忧。这里孔子是在谴责季氏的奸人之心，想要抑制他的邪逆之谋。刘宝楠的《论语正义》也赞同方观旭的这一观点。

这一章集中讨论了季氏企图发动战争，攻打小国颛臾的问题，明确表达了孔子反对武力征伐，主张“仁者爱人”的思想。孔子有反战的思想，他不主张首要通过军事手段解决国际、国内的问题，而希望采用礼、义、仁、乐的方式解决问题，这是孔子的一贯思想。

在这一章里，孔子提出了“不患寡而患不均，不患贫而患不安”的思想。朱熹《论语集注》说：“均则不患于贫而和，和则不患于寡而安，安则不相疑忌，而无倾覆之患。”“内治修，然后远人服。有不服，则修德以来之，亦不当勤兵于远。”这种思想影响很大，背后体现的是共享的理念及以民为本的思想。我们现在常常说的共同富裕，既是马克思主义的一个基本目标，也是自古以来我国人民的一个基本理想。孔子说：“不患寡而患不均，不患贫而患不安。”孟子说：“老吾老以及人之老，幼吾幼以及人之幼。”《礼记·礼运》具体而生动地描绘了“小康”社会和“大同”社会的状态。按照马克思、恩格斯的构想，共产主义社会将彻底消除阶级之间、城乡之间、脑力劳动和体力劳动之间的对立和差别，实行各尽所能、按需分配，真正实现社会共享，实现每个人自由而全面的发展。“不患寡而患不均”与“不患贫而患不安”，强调的就是要重视社会公平，保障社会安定。孔子认为要保障社会稳定，就要使百姓能够安居乐业，就要保障社会的公平和正义。若是无法做到公平，就会致使社会矛盾不断加剧，最终将会危及社会安定。因而，只有倡导公平，确保百姓都能各得其所，国家才能长治久安。

本章虽由对话构成，却有浓厚的论辩色彩，可以分为五步：

第一步，开篇直奔主题，季氏将要对颛臾发起进攻。冉有、季路来见孔子，说：“季氏将要对颛臾展开军事行动。”孔子回答得很直接、很明显，他反对季氏讨伐颛臾，理由充分，态度也很坚决。

第二步，听到孔子的质问，冉有不得不为自己进行辩护，他说：“是季氏想要发兵，作为家臣，我们也不希望他这样做。”于是把一切责任都推到了季氏身上。但是孔子没有就此作罢，继续说：“冉有啊，古时的史官周任有一句话：‘根据自己的能力去任职，不能胜任的便不要担任。’站不稳却不扶着，要跌倒了却不搀着，那么扶着盲人走路的人还有什么用处呢？况且，你的话不正确。老虎和独角犀从笼子里出来了，龟板和玉器在盒子里被毁坏了，这又是谁的责任呢？”孔子引经据典，以两个问句的形式对弟子发出责问。在孔子眼中，他的两位弟子没有辅佐好季氏，就是严重的失职。

第三步，在孔子的责问之下，冉有开始为季氏讨伐颛臾寻找合适的借口。这一次，孔子不再留情面，严厉斥责了冉有。孔子明确知道，季氏想要对颛臾动武，一定会为自己找一个借口，但他不会被这样的借口蒙蔽。

第四步，孔子揭穿了季氏讨伐颛臾的真相。他没有直接加以痛斥，而是开始论述正确的治国之道，借此来反衬季氏的无道。一席话道尽了孔子的政治理念，彰显了他所主张的礼义治国思想。

第五步，孔子最后又将话锋转向两位弟子，此话意在提醒季氏不要贸然行动，否则将会引起鲁哀公的猜疑，进而引发内乱。联系鲁国当时的政治形势，可知孔子的一番驳斥和规诫具有现实意义。当时季氏权倾朝野，是鲁国政权的实际掌控者，鲁国国君哀公心有不满，意欲收回季氏的封地以削弱他的权力。季氏之所以想要攻占颛臾，是为了先下手为强，他担心鲁哀公会联合颛臾一起讨伐自己。孔子对鲁国的政治形势有着冷静的体察，对季氏的盘算也心知肚明。孔子反对季氏发兵，是为了不使季氏与鲁哀公的矛盾激化，进而造成国家的内战。

16·2 孔子曰："天下有道，则礼乐征伐自天子出；天下无道，则礼乐征伐自诸侯出。自诸侯出，盖十世希不失矣；自大夫出，五世希不失矣；陪臣执国命，三世希不失矣。天下有道，则政不在大夫。天下有道，则庶人不议。"

我们一句句来进行解读，首先是第一句：

孔子曰："天下有道，则礼乐征伐自天子出；天下无道，则礼乐征伐自诸侯出。"

刘宝楠《论语正义》："盖礼乐征伐，皆黜陟之大权，所以褒贤诛不肖，天子之所独操之者也。此惟治世则然，故曰天下有道。及无道之时，上替者必下陵，礼乐征伐，不待天子赐命，而诸侯辄擅行之。或更国有异政，僭上无等，虽极霸强，要为无道之天下矣。"这里的"礼乐征伐"，指制作礼乐及发令征伐的权力。

这句话的意思是，孔子说："天下有道的时候，制作礼乐和出兵打仗都由天子做主决定；天下无道的时候，制作礼乐和出兵打仗由诸侯做主决定。"

"自诸侯出，盖十世希不失矣。"

何晏《论语集解》引孔安国曰："希，少也。周幽王为犬戎所杀，平王东迁，周始微弱。诸侯自作礼乐，专行征伐，始于隐公。至昭公十世失政，死于乾侯矣。"

这一句就是说，由诸侯做主决定，大概很少有经过十代不垮台的。

"自大夫出，五世希不失矣。"

何晏《论语集解》引孔安国曰："季文子初得政，至桓子五世，为家臣阳虎所囚。"

这一句是说，由大夫做主决定，很少有经过五代不垮台的。

"陪臣执国命，三世希不失矣。"

马融《论语训说》："陪，重也，谓家臣。阳虎为季氏家臣，至虎三世而出奔齐。""陪臣"，大夫的家臣。在孔子生活的春秋后期，陪臣基本上专指效忠于大夫的家臣。

那么，大夫的家臣何以"执国命"呢？春秋时期礼崩乐坏，西周分封制基本解体，本应该是天子之臣的诸侯架空天子，展开争霸。而在诸侯争霸的过程中，作为诸侯之臣的大夫发展起来，架空了诸侯，鲁国的三桓就是如此。大夫为了能完全控制国政，一方面扩张自己的领地以扩充实力，另一方面则以世袭制垄断实权官位。不过这样一来，大夫自然无法直接管理自己的领地，只得将领地的统治权下放给自己的家臣（陪臣）代管。大夫的权力基础是自己的领地，而这些领地大部分被家臣控制，大夫自然逐渐被家臣架空，被大夫控制的诸侯国政也随之转移到了大夫的强力家臣(如阳虎）手中，这就是"陪臣执国命"。在这个基础上来看这一句的意思，由家臣做主决定，很少有经过三代不垮台的，就容易理解了。

"天下有道，则政不在大夫。天下有道，则庶人不议。"

"天下有道，则政不在大夫"，何晏《论语集解》引孔安国曰："制之由君。"即天下有道，国家政权就不会落在大夫手中，而是被君主所掌控。"天下有道，则庶人不议"，何晏《论语集解》引孔安国曰："无所非议。"即天下有道，老百姓也就不会议论国家政治了，因为确实无可非议。

朱熹《论语集注》："此章通论天下之势。"从这一章也可以看出当时的天下之势与鲁国境况，政之所出从天子—诸侯—大夫—陪臣不断下移，显示出阶层的失序。

孔子多次谈到天下有道、无道的问题，如《论语·泰伯》言天下有道就出来做官，天下无道就隐居不出。《论语·微子》说："天下有道，丘不与易也。"天下有道体现在三个方面：礼乐征伐自天子出；政不在大夫；庶人不议。《中庸》就说："非天子，不议礼，不制度，不考文……虽有其德，苟无其位，亦不敢作礼乐焉。"《孟子·尽心下》："征者，上伐下也，敌国不相征也。"

天下无道指什么？孔子在这里也讲了三个方面：一是周天子的大权落入诸侯手中；二是诸侯国的大权落入大夫和家臣手中；三是老百姓议论政事。

天下有道与天下无道构成了一对具有区别性特征的互为肯否的对立概念。由此我们也可以理解，孔子所说的天下无道，指东周时期诸侯各自为政，国家四分五裂，而周天子式微，无法号令诸侯的境况。孔子对于这种情况极为不满，认为这种僭越的政权很快就会垮台，他希望回到天下有道的时代去。

《老子》第46章也论述了天下有道、无道时的对照："天下有道，却走马以粪；天下无道，戎马生于郊。祸莫大于不知足，咎莫大于欲得。故知足之足，常足矣。"意思是，治理天下合乎"道"，就可以做到太平安定，把战马退还到田间给农夫用来耕种；治理天下不合乎"道"，连怀胎的母马也要送上战场，在战场的郊外生下马驹。最大的祸害是不知足，最大的过失是贪欲。知道到什么地步就该满足了的人，永远是满足的。《老子》的这一章主要强调的是反战思想，与孔子所谈重心不同。

16·3 孔子曰："禄之去公室，五世矣；政逮于大夫，四世

矣；故夫三桓之子孙，微矣。”

“禄之去公室，五世矣”，何晏《论语集解》引郑玄注：“言此之时，鲁定公之初也。鲁自东门襄仲杀文公之子赤而立宣公，于是政在大夫，爵禄不从君出，至定公为五世矣。”“五世”，指鲁国宣公、成公、襄公、昭公、定公五世。“四世”，孔安国注为“文子、武子、悼子、平子”，即季孙氏文子、武子、平子、桓子四世。

这一章可以理解为，孔子说：“鲁君失去国家政权已经有五代了，政权落在大夫之手已经四代了，所以三桓的子孙也衰微了。”

刘宝楠《论语正义》引《汉书·楚元王传》：“‘禄去公室，政逮大夫’，危亡之兆。”朱熹《论语集注》也说“此章专论鲁事”，即鲁国礼乐征伐不从天子出的史事。

16·4 孔子曰：“益者三友，损者三友。友直，友谅，友多闻，益矣。友便辟，友善柔，友便佞，损矣。”

“直”，正直。“谅”，诚实而有信。“多闻”，见闻广博。“便辟”，马融《论语训说》曰：“便辟，巧辟人之所忌，以求容媚。”我们今天可以理解为偏离正道，故意以谄媚他人回避错误。“善柔”，马融《论语训说》言“面柔也”，即善于阿谀奉承。“便佞”，何晏《论语集解》引郑玄注：“便，辩也，谓佞而辩也。”指巧言善辩，逢迎谄媚，惯于花言巧语。

这一章可以理解为，孔子说：“有益的交友有三种，有害的交友有三种。同正直的人交友，同诚信的人交友，同见闻广博的人交友，这是有益的。同惯于邪道的人交友，同善于阿谀奉承的人交友，同惯于花言巧语的人交友，这是有害的。”

本章讲的是交友的问题，谈到了什么样的朋友对我们有益，什么样的朋友对我们有害。刘宝楠《论语正义》指出：“三友、三乐皆指人君言。直者能正言极谏，谅者能忠信不欺，多闻者能识政治之要。人君友此三者，皆有益也。”意思是，这句是对人君而言的。正直的人能够向人君直言极谏，诚信的人不会去欺骗他，见闻广博的人能够知道治国理政哪些东西是最重要的。作为一国的君主，如果有这三种朋友，那么对他治国理政肯定是非常有利的。事实上，不光是君主需要这三种朋友，我们每一个人都是。从整体上说，这一章就是要告诫人们，要慎重择友。南宋时期的理学家张栻说过，朋友的作用就是要帮助我们成就自己、成就德性。正直的人，你有什么过错，他就会给你指出来；诚信的人，他和你交往的时候非常讲究忠诚心意；见闻广博的人知识面很广，可以给你很多补充。所以和这几种人交朋友的话，你总是能够不断地上进，不断地进德修业，这样你就会不断地提高自己。

至于这里说到的三种有害的朋友，为什么会有害呢？这些人要么阿谀奉承，要么走邪门歪道，要么就花言巧语，和这三类人交朋友，就会使自己的惰性与骄气不断表现出来，使我们的修养不进反退。

16·5 孔子曰：“益者三乐，损者三乐。乐节礼乐，乐道人之善，乐多贤友，益矣。乐骄乐，乐佚游，乐宴乐，损矣。”

“节礼乐”，指孔子主张用礼乐来节制人。“骄乐”，骄纵不知节制的乐。“佚”，同“逸”。“佚游”，指放纵性的娱乐。“宴乐”，指宴饮取乐。

这章的意思是，孔子说：“有益的喜好有三种，有害的喜好有三种。喜欢用礼乐调节自己，喜欢讲别人的优点，喜欢交许多贤德之友，这是有益的。喜欢骄傲放纵，喜欢懒散闲游，喜欢大吃大喝，这是有害的。”

这就给我们提出一个问题：应把哪一种乐作为真正的快乐？求乐是人之常情，但一定要分清楚，哪些乐对我们有损害，哪些乐对我们有帮助。有些人对快乐的追求只是停留在耳目感官的嗜欲上，这些浮于表面的快乐，最终对自己都是有损害的。《朱子语类》中朱熹对这一问题也有阐述：

问“乐节礼乐”。曰：“此说得浅，只是去理会礼乐。理会得时，自是有益。”

味道问“损者三乐”。曰：“惟宴乐最可畏，所谓‘宴安鸩毒’是也。”

朱熹认为最有益的乐是以礼乐来调节自己的性情，这是对自己非常有益的一种快乐。通过礼乐的调节，自己的性情趋于和谐，能恰当地处理事情。他认为对自己损害最大的一种乐，就是大吃大喝的“宴乐”。

在儒家的经典中有非常多关于“乐”的阐述，如“孔颜乐处”。子曰：“饭疏食饮水，曲肱而枕之，乐亦在其中矣。不义而富且贵，于我如浮云。”（《论语·述而》）这是孔子的乐。子曰：“一箪食，一瓢饮，在陋巷。人不堪其忧，回也不改其乐。贤哉，回也！”（《论语·雍也》）这是颜回的乐。周敦颐在《通书·颜子》中对颜回的这种快乐进行了解读，他说：“天地间有至贵至爱可求而异乎彼者（指世俗的富贵），见其大而忘其小焉尔。见其大则心泰，心泰则无不足，无不足则富贵贫贱处之一也，处之一则能化而齐，故颜子亚圣。”孔子和颜回有了更高的追求后，就把世俗所认为的贫贱、富贵看得不那么重要了。周敦颐对乐的解读有助于我们去理解“益者三乐，损者三乐”。

在孔子对“三乐”阐发的基础上，历代都有人对什么是真正的快乐提出自己的看法。如《孟子·尽心上》：“君子有三乐，而王天下不与存焉。父母俱存，兄弟无故，一乐也；仰不愧于天，俯不怍于人，二乐也；得天下英才而教育之，三乐也。君子有三乐，而王天下不与存焉。”意思是，君子有三件快乐的事，而王天下不在其中。父母都健在，兄弟没有病患、怨恨，这是第一件快乐的事；仰头对天不觉得内疚，低头对人不觉得惭愧，这是第二件快乐的事；得到天下优秀的人才并教育他们，这是第三件快乐的事。君子有三件快乐的事，而王天下不在其中。

晚清湘军统帅、洋务运动的积极推动者曾国藩践行理学，又在政治上取得了很大的成就，受到后人崇仰，像毛泽东就说过“愚于近人，独服曾文正”。曾国藩也有他的“三乐”：“读书声出金石，飘飘意远，一乐也；宏奖人材，诱人日进，二乐也；勤劳而后憩息，三乐也。”读书铿锵有力，就像金石的声音，这是一乐。第二乐和孟子说的第三乐有相近的地方，“宏奖人材，诱人日进”，就是提携人才，教导学生不断进步。第三乐就是辛辛苦苦地做事情，然后有一个休息的时间。孔子、孟子和曾国藩的“三乐”在精神上有继承性，是儒家精神在历史上的回响。

16·6 孔子曰：“侍于君子有三愆：言未及之而言谓之躁，言及之而不言谓之隐，未见颜色而言谓之瞽。”

“愆（qiān）”，过失。“隐”，孔安国注：“隐匿不尽情实。”“瞽”，本义是盲人。何晏《论语集解》引周生烈曰：“未见君子颜色所趣向，而便逆先意语者，犹瞽者也。”就是说不能察言观色，也就等同于盲人了。

这章可以理解为，孔子说：“侍奉在君子旁边陪他说话容易犯三种过失：还没有问到你的时候就说话，这是急躁；已经问到你的时候却不说，这叫隐瞒；不看君子的脸色而贸然说话，这是（像盲人一样）不能察言观色。”

需要说明的是，最初“君子”并无明确的道德含义，只是当时对贵族男性的普遍称谓。后来，“君子”被早期儒家赋予道德内核，扩展为“君子之道”，并逐渐内化为个体的情感结构。那么，君子观颜色与小人观颜色有什么样的区别呢？《朱子语类》就说：

> 曰：“‘未见颜色’，是不能察言观色。”曰：“如此，则颜色是指所与言者。”曰：“向时范某每奏事，未尝看着圣容。时某人为宰相，云：‘此公必不久居此。’未几，果以言不行而去。人或问之。云：‘若看圣容，安能自尽其言？’自是说得好。但某思之，不如此。对人主言，也须看他意思是如何，或有至诚倾听之意，或不得已，貌为许可。自家这里也须察言观色，因而尽诱掖之方。不可泛然言之，使泛然受之而已。固是有一般小人，伺候人主颜色，迎合趋凑，此自是大不好。但君子之察言观色，用心自不同耳。若论对人主要商量天下事，如何不看着颜色，只恁地说将去便了！”

朱熹在和他的学生讨论这个问题的时候，举了一个例子：有一个官员在整个上奏的过程当中，没有看一眼皇帝的圣容。当时宰相就说这个人肯定在朝堂待不长久。果然过了不久，这个人就因为上奏内容未被采纳，离开了朝堂。那么为什么一定要在上奏的时候注意皇帝的脸色呢？这就属于察言观色。虽然在我们的理解里察言观色好像有贬义的色彩，但是如果在奏事的时候不顾皇帝的反应，而只表达个人的意见，就很难实现合理劝谏的目的。这里的察言观色当然和一般的逢迎、谄媚、投其所好不同，君子的察言观色是为了治理好国家。朱熹的这段话是在宋代特殊的“与士大夫共治天下”的环境中说的，宋儒认为他们是和皇帝共治天下的，他们是道统的代表，君主是政统的代表，君主的政统只有符合道统的标准时才是合理的。所以朱熹说，在以道义学说规劝君主时也要注意察言观色，注意方法方式。

历代对此章有很精辟的阐发，就是告诉我们在说话时要注意言说的对象，做到恰到好处，而不是通过所谓奉承或者和稀泥取悦于人。要避免“三愆”就要靠平时的训练，平时训练有素，到时候就自然能得体地做事交流。

16·7 孔子曰：“君子有三戒：少之时，血气未定，戒之在色；及其壮也，血气方刚，戒之在斗；及其老也，血气既衰，戒之在得。”

“血气”，朱熹《论语集注》说：“形之所待以生者，血阴而气阳也。”“斗”，《论语正义》曰：“犹争也。”“得”，孔安国注：“贪得。”

这一章的意思是，孔子说：“君子有三种戒忌：年少的时候，血气尚未稳定，要戒女色（亦泛指其他以外在形式引诱人的事物）；到了壮年，血气旺盛刚烈，要戒争斗；到了老年，血气已经衰弱，要戒贪得无厌。”

这一段是孔子对人从少年到老年这一生中需要注意的问题提出的忠告。朱熹也说："血气虽有盛衰，君子常当随其偏处警戒，勿为血气所役也。"很多学者从这一章中也体会出一些道理，认为血气是人人都有的，不可避免，并且随时可能给人带来负面的影响。圣人也有血气，但是和一般人不同，他除了血气，还有志气，血气有偏颇和衰弱的时候，但是志气不会衰弱，所以这里说的"少年未定""壮而方刚""老年既衰"都是指血气，而"戒于色""戒于斗""戒于得"都是指志气。

那么我们怎么修养自身？简而言之，养志气。用理性、理智来主宰自己，不为血气所动。我们看到有的人年高德劭，受人尊敬，为什么？就是因为他有这种志气，血气虽衰，志气长存。如果我们能够心存义理，不断地进行德性的修养，就有可能把自身血气所带来的负面影响减少到最小。

16·8 孔子曰："君子有三畏：畏天命，畏大人，畏圣人之言。小人不知天命而不畏也，狎大人，侮圣人之言。"

"天命"，上天之所命。皇侃《论语义疏》："天命，谓作善降百祥，作不善降百殃。从吉逆凶，是天之命，故君子畏之，不敢逆之也。"刘宝楠《论语正义》："天命，兼德命、禄命言。知己之命原于天，则修其德命，而仁义之道无或失。安于禄命，而吉凶顺逆必修身以俟之，妄为希冀者非，委心任运者亦非也。"钱穆《论语新解》："天命在人事之外，非人事所能支配，而又不可知，故当心存敬畏。""大人"，郑玄注："谓天子诸侯为政教者。言天子诸侯能为政教，是为贤德之君。""狎"，郑玄注："狎，惯忽也。"孔颖达疏："谓惯见而忽之，是谓小人狎侮其君上，不加敬也。"

这一章的意思是，孔子说："君子有三件敬畏的事情：敬畏天命，敬畏贤德高贵的人，敬畏圣人的话。小人不懂得天命，因而也不敬畏天命，不尊重贤德高贵的人，轻侮圣人之言。"

这段话的核心是"畏天命"。儒家对天命的关注，大致可以从两个角度来理解，首先，天命是上天给我们的使命，我们要积极地去接受这种使命，要不断地进德修业。其次，天命是上天对我们的一种限定，这种限定包含不可改变的因素，是我们不能支配的。例如，如果我们没有学音乐的天赋，那么，我们就应该坦然地接受这种人生的局限性，做自己擅长的其他事。这就是所谓"畏天命"的两个方面。

16·9 孔子曰："生而知之者，上也；学而知之者，次也；困而学之，又其次也；困而不学，民斯为下矣。"

"困"，孔安国注："谓有所不通。"郑玄注："困而知之，谓长而见礼义之事，己临之而有不足，乃始学而知之。"

这一章的意思是，孔子说："生来就知道的人，是上等人；经过学习以后才知道的，是次一等的人；遇到困难后再去学习的，是又次一等的人；遇到困难后还不学习的，这种人就是下等的人了。"

这是孔子对"学"的不同表现的划分：生而知之、学而知之、困而学之、困而不学。孔子虽承认有"生而知之者"，但他不承认自己是这种人，他说自己是经过学习之后才知道的人。他希望人们勤奋好学，不要等遇到困难再去学习。俗话说，书到用时方恨少，就是讲的这个道理。至于遇到困难还不去学习，就不足为训了。

从此章可见，通往“知”的“学”各异，但“知”是相同的。《中庸》说：“或生而知之，或学而知之，或困而知之，及其知之，一也。”不管我们拥有什么样的天资、天赋和才智，最后学有所成的结果是一致的，只有那种困而不学的人才是无可救药的。

那么，怎么“学”呢？《中庸》说：“有弗学，学之弗能弗措也。有弗问，问之弗知弗措也。有弗思，思之弗得弗措也。有弗辨，辨之弗明弗措也。有弗行，行之弗笃弗措也。人一能之，己百之；人十能之，己千之。果能此道矣，虽愚必明，虽柔必强。”如果没有学会的话，就不要停下来，要去问别人。如果问过还不知道的话，也不要停下来，要学会思考。如果思考后还没有把这个问题想清楚的话，也不要停下来，要学会辨析。如果没有把这个事情辨明，也不要停下来，要学会采取行动。如果踏实地实行了还没有成效，也不要停下来。别人一次就学会的，自己下百倍的功夫也要学会；别人十次就学会的，自己下千倍的功夫也要学会。如果能下得了这些功夫，即使是愚笨的人也会聪明起来，即使是弱小的人也能变得强大。最不可取的就是自暴自弃而不学。

从这里也可以看到，儒家并不认为圣人和凡人之间的界限不可逾越，普通人经过努力学习，不断地提升自我修养，也可以成为圣人。宋明时期的儒家学者从人性理论的角度对人加以分析，认为一方面，每一个人都有共同的人性，这就是天命之性，是上天所赋予我们的纯粹至善本性，任何人都具有，这也是每个人都有可能成为圣人的依据；但另一方面，不同的人有不同的气质之性，就是说每一个人来到这个世界都有各自独特的气质、形体和欲望等。现实中每个人都同时兼有天命之性和气质之性，要想成为圣人，一定要不断地变化提升自己的气质之性，最终使自身行为完全符合天命之性的规范。朱熹就曾比喻，人就像是一盏被罩住的灯，只要去掉了遮蔽，每个人都会发光。

16·10 孔子曰："君子有九思：视思明，听思聪，色思温，貌思恭，言思忠，事思敬，疑思问，忿思难，见得思义。"

这一章比较好理解，大致意思是，孔子说："君子有九种考虑：看，要考虑看清楚了没有；听，要考虑听明白没有；面色，要考虑是否温和；态度，要考虑是否恭敬；说话，要考虑是否忠诚；办事，要考虑是否认真；有问题，要考虑向人请教没有；生气，要考虑是否会引起麻烦；看到能获得什么，要考虑是否合理。"

从细节上而言，此处表面上说的是君子处理问题时的九种考虑，但其实可以归结为对礼的解释。九思代表了我们日常生活当中方方面面要注意的事情，时刻要用心去考虑是不是合乎礼义。在这个过程中有一条贯穿其中的线索，就是要用我们的诚心去统率九思，以我们内在的诚意考虑做这个事情是否合理，是不是符合礼义的要求，如此就无时不保持一种内省的状态。自我省察、合乎礼义才是九思给我们的启示。

16·11 孔子曰："见善如不及，见不善如探汤。吾见其人矣，吾闻其语矣。隐居以求其志，行义以达其道。吾闻其语矣，未见其人也。"

"如不及"，如同追赶不上，指为善要孜孜以求。皇侃《论语义疏》

引袁乔曰："恒恐失之，故驰而及之也。""如探汤"，如同用手试探热水，指如果不把手迅速拿开，则烫烂其手。"隐居以求其志"，隐居以求保持自己的志向。"行义以达其道"，好行义事来达其所求之道。

这一章的大意是，孔子说："看到善良的行为，就担心达不到；看到不好的举动，就好像把手伸到开水中一样赶快避开。我见到过这样的人，也听到过这样的话。以隐居避世来保全自己的志向，好行义事来达其所求之道。我听到过这种话，却没有见到过这样的人。"

此章谈到两种不同层次的人，一种是"见善如不及，见不善如探汤"，这种比较容易看到，可以见其人闻其语；另一种是"隐居以求其志，行义以达其道"，这种其实是很难达到的，所以只闻其语未见其人。如北宋的理学家陈祥道就说："'见善如不及，见不善如探汤'，好学者能之，故曰'吾见其人'。隐居求志，行义达道，非圣人不能，故曰'未见其人'。"朱熹也说："真知善恶而诚好恶之，颜、曾、闵、冉之徒，盖能之矣。……求其志，守其所达之道也。达其道，行其所求之志也。盖惟伊尹、太公之流，可以当之。当时若颜子，亦庶乎此，然隐而未见，又不幸而蚤死，故夫子云然。"可见这是一种非常高的要求，是圣人之事或者大人之事，所以"未见其人也"。这也可以视为孔夫子的一种感叹，在春秋末年，这些有着高洁志向的人隐居起来了，所以他感到很孤独。

16·12 齐景公有马千驷，死之日，民无德而称焉。伯夷、叔齐饿于首阳之下，民到于今称之。其斯之谓与？

"千驷"，4000 匹马，形容马多。"驷"，同驾一辆车的 4 匹马。"首阳”，山名。伯夷、叔齐，商朝末年孤竹国君的两个儿子，父亲死后，伯夷、叔齐互让君位而出逃。周灭商后，他们耻食周粟，隐居于首阳山，采薇而食，最终饿死。

这一章的大意是，齐景公有马 4000 匹，死的时候，百姓觉得他没有什么德行可以称颂。伯夷、叔齐饿死在首阳山下，百姓到现在还在称颂他们。说的就是这个意思吧！

《史记·伯夷列传》载：

> 伯夷、叔齐闻西伯昌善养老，盍往归焉。及至，西伯卒，武王……东伐纣。伯夷、叔齐叩马而谏曰：“父死不葬，爰及干戈，可谓孝乎？以臣弑君，可谓仁乎？”左右欲兵之。太公曰：“此义人也。”扶而去之。武王已平殷乱，天下宗周，而伯夷、叔齐耻之，义不食周粟，隐于首阳山，采薇而食之。及饿且死，作歌。

从这一章我们可以看到，当时人们称赞的是什么呢？人们所称赞的不在富而在德，大家追求的是永恒的道德价值。这一章的基本内容可以说就是尚德不尚富。很多学者在这方面有精辟的阐发，如清末民初的学者唐文治就说道：“孔子盖引古语，而以景公、夷齐事征实之也。庸人与草木同朽，仁人与日月争光，学者当先辨其所志。”《论语注疏》：“此章贵德也。……齐君景公虽富有千驷，及其死也，无德可称。伯夷、叔齐……虽然穷饿，民到于今称之，以为古之贤人。其此所谓以德为称者与？”清人李中孚说：“景公、夷齐，一则泯没无闻，一则垂芳无穷，公道自在人心，三代所以直道而行也。噫！一时之浮荣易过，千载之影样难移，是故君子贵知所以自立。”

这一章告诉我们，一个人的价值，其实和他外在的财富、地位关系不大，主要在其内在的品德。不管哪个文明都会追求不朽，这是一种比较普遍的追求。儒家的不朽是什么？在《左传·襄公二十四年》中就记载了春秋时鲁国的叔孙豹与晋国的范宣子关于何为“死而不朽”的讨论。范宣子认为，他的祖先从虞、夏、商、周以来世代为贵族，家世显赫，香火不绝，这就是“不朽”。叔孙豹则不以为然，他认为这只能叫作“世禄”而非“不朽”，真正的不朽乃是“大上有立德，其次有立功，其次有立言，虽久不废，此之谓不朽”。这三不朽是传统儒家士人衡量自己人生价值的重要标准，首先有高尚的德行，其次要有功业，对社会有贡献，再次能提出有创造性的思想学说。如《论语》已经成为我们中华民族文化结构当中非常重要的组成部分，这就是立言，但历史没有给孔子立功的机会。有的人说，明代的王阳明有德行、有功业、有著书立说，他就是一个在立德、立功、立言三方面都能够被称为不朽的人。

16·13 陈亢问于伯鱼曰：“子亦有异闻乎？”对曰：“未也。尝独立，鲤趋而过庭。曰：‘学《诗》乎？’对曰：‘未也。’‘不学《诗》，无以言。’鲤退而学《诗》。他日又独立，鲤趋而过庭。曰：‘学礼乎？’对曰：‘未也。’‘不学礼，无以立。’鲤退而学礼。闻斯二者。”

陈亢退而喜曰：“问一得三，闻《诗》，闻礼，又闻君子之远其子也。”

陈亢，春秋末年陈国人，是陈国君主陈胡公的后裔，他也是孔子的弟子。“独立”，孔安国注：“谓孔子。”关于“异闻”“鲤”“趋而过庭”，刘宝楠《论语正义》：“异闻者，谓有异教独闻之也。称鲤者，将述对父之语，若当父前，子自称名也。趋而过庭者，礼，臣行过君前，子行过父前，皆当徐趋，所以为敬也。过庭谓东西径过也。”关于“远其子”，司马光《家范》说：“远者，非疏远之谓也。谓其进见有时，接遇有礼，不朝夕嘻嘻相亵狎也。”“远”，意思是远离，避开，不亲近。这里指对自己的儿子不偏向，没有偏爱，没有特殊照顾和过分关照。

这一章的大意是，陈亢问伯鱼：“你在老师（孔子）那里听到过什么特别的教诲吗？”伯鱼回答：“没有呀。有一次他（孔子）独自站在堂上，我快步从庭院里走过。他问：‘学《诗》了吗？’我回答：‘没有。’他说：‘不学《诗》，就不懂得怎么说话。’我回去就学《诗》。又有一天，他又独自站在堂上，我快步从庭院里走过。他问：‘学礼了吗？’我回答：‘没有。’他说：‘不学礼，就不懂得怎样立身。’我回去就学礼。我就听到过这两件事。”

陈亢回去后高兴地说：“我提一个问题，得到三方面的收获，听了关于《诗》的道理，听了关于礼的道理，又听了君子不偏爱自己儿子的道理。”

这一章以陈亢的提问开始，再以陈亢谈他的体会结尾。历代对此章有不同的解读，有人说这一章是在教人学《诗》、学礼，文中非常明确地说到“不学《诗》，无以言”“不学礼，无以立”。但也有学者从另外一个角度来解读，当代的易学家程石泉就说：“陈亢所喜者在知诗、礼之重要，并知父之教子，应有义方。所谓‘远其子’者，盖为父者，不应亲昵嘻狎，使为子者，失其恭敬之心也。”因为陈亢最后说，问一个事情明白了三个方面的道理，知道学《诗》重要、学礼重要，而且知道父亲应该怎么样教孩子，有人就从“远其子”这个方面发挥，说父亲对儿子不应该过分亲密，不要偏爱，如果父子之间相处得非常亲密的话，就会“使为子者，失其恭敬之心也”。在我们传统的文化当中，父子之间的亲情是最基本的，做儿子的一定要对父亲保持一种恭敬之心，这也是大家非常注意的，所以主张父子之间不要特别亲密，《孟子》中甚至还有易子而教的说法。

虽然历代对此章有不同的解释，但重心还是在《诗》、礼上。为什么“不学《诗》，无以言”？这里“诗”专指《诗经》。在春秋战国期间，《诗经》被称为《诗》或《诗三百》，到了《庄子·天运》才被称为《诗经》。为什么这部《诗经》那么重要，不学它就连话也不会讲呢？因为《诗经》反映了商周时期的社会生活和政治思想状况，包含许多做官、做人、治国、成家的经验教训可以供后人参考。孔子还说过：把《诗》背熟了，但依然搞不好外交政治，背得再多也是没用的。孔子的话是符合当时实际的，我们翻开一部《左传》就可以看到，当时的政治外交家一开口就是“《诗》曰”“《诗》云”，该书引《诗经》达219条之多。所以孔子这里所说的“言”，应该不是一般意义上的说话，而是指政治上的交际应对。同时因为《诗经》里内容丰富，可以“多识于鸟兽草木之名”，所以这里的“言”也有说话得体、文雅的意思。当时的人不管是说话还是写文章，引《诗》时都不太注意《诗经》的本义，往往断章取义，或者把《诗》的主题进行合乎需要的新诠释。

至于“礼”，其实在传统社会，礼不仅是对社会生活的规范，同时是一种基本的文化精神，渗透到社会生活的各个方面。礼从个人的修养，到人和人之间关系的处理，到治国理政的各个方面，都提供了一套规则、规矩、规范。如果不了解这些规则，在传统社会生活可以说是寸步难行。所以孟子有一句话叫“礼门义路”，礼是我们进入社会的一个门径，不懂礼可以说连进入这个社会的门都没有，这就是“不学礼，无以立”。

16·14 邦君之妻，君称之曰夫人，夫人自称曰小童；邦人称之曰君夫人，称诸异邦曰寡小君；异邦人称之亦曰君夫人。

“小童”“寡小君”，皆谦辞。

这一章大致的意思是，国君的妻子，国君称她为夫人，她自称为小童；国人称她为君夫人，与别国人谈到的时候则称她为寡小君；他国人也称她为君夫人。

这里列举了一系列关于国君夫人的不同称谓，其实这些称谓的背后涉及儒家的正名思想。在不同的场合、不同的关系中，有不同的称谓。皇侃《论语义疏》就说：“当时礼乱，称谓不明，故此正之也。”但也有学者认为，这一章的真实意思其实不可知。比如钱穆就说：“本章记入《论语》，其义不可知。……遇古书难解处，当以阙疑为是。”

很多人把此章理解成儒家正名的一种方式，孔子确实特别重视正名，他的正名思想在《论语》中的很多地方都有体现。比如说在《雍也》里孔子就说：“觚不觚，觚哉！觚哉！”孔子看到觚，感慨觚不像觚，联想到自己所推行的周礼与今日觚的处境及境遇是如此相似，礼崩乐坏，君不像君，臣不像臣，父不像父，子不像子，大家都不能各守其位，各尽本分。再如《论语·子路》篇：

> 子路曰："卫君待子而为政，子将奚先？"子曰："必也正名乎！"子路曰："有是哉，子之迂也！奚其正？"子曰："野哉，由也！君子于其所不知，盖阙如也。名不正，则言不顺；言不顺，则事不成；事不成，则礼乐不兴；礼乐不兴，则刑罚不中；刑罚不中，则民无所措手足。故君子名之必可言也，言之必可行也。君子于其言，无所苟而已矣。"

又如《论语·颜渊》篇：

> 齐景公问政于孔子。孔子对曰："君君，臣臣，父父，子子。"公曰："善哉！信如君不君，臣不臣，父不父，子不子，虽有粟，吾得而食诸？"

春秋时期的社会变动，使当时的等级名分受到破坏，弑君弑父之事屡有发生。孔子认为这是国家动乱的主要原因，所以他告诉齐景公，"君君，臣臣，父父，子子"，国家要得到治理，首先应该正其名分，恢复周礼所规定的秩序。这一章把"君夫人"的名称从不同的角度进行叙说，事实上也是体现了正名思想。

总体而言，《论语》第16篇的内容非常琐碎，其实《论语》中记载的很多事情，都是很细的事情。吕留良在《四书讲义》中说道："《论语》中琐琐屑屑记载细事，都是圣人全身，所谓动容周旋中礼者，盛德之至也。"《论语》虽然记载的都是一些日常生活中的小事，但这恰恰展现了圣人日常生活当中的一言一行、举手投足，他的仪容和进退，都符合礼的要求，体现圣人之道。从第16篇的内容解读当中，也能够体会到这一点。如果能够结合我们现实生活的各个环节、各个方面去体会，我想收获会更大。其实，正像理学家程颐所说：“今人不会读书。如读《论语》，未读时是此等人，读了后又只是此等人，便是不曾读。”一定要结合我们的日常生活，结合自己的进德修业，真正地在日常生活中去学习、践行和体会《论语》。

阳货第十七

颜炳罡 解读

《阳货》是《论语》的第 17 篇，朱熹断为 26 章。其中有三章记录了孔子与当时政治反叛者的关联，从其对待阳货的态度和准备遵从叛臣公山弗扰、佛肸（xī）的召唤来看，孔子并不是无条件地、绝对地反对一切反叛者，而是既坚持自己从政的原则立场，又留下与叛臣合作的弹性空间。因为“怀其宝而迷其邦”乃至迷天下不合乎仁者的心愿，“好从事而亟失时”更不是智者的本怀，而“欲往”是力图发现撬动道易天下的杠杆。当发现这个杠杆是块朽木时，他决然不往。“子之武城”章、“子张问仁”章、“鄙夫不可与事君”章等，是孔子地方治理乃至国家治理理念的正面表达。“六言六蔽”章体现了孔子对学的高度重视。学什么？接下来三章是有关《诗》、礼、乐的章节，可视为孔子对学的内容的回答。孔子对“乡原”、对“道听涂说”者、对“色厉内荏”者、对“巧言令色”者进行大声斥责，这些则显示孔子对人格操守的珍惜和对鄙俗之人的轻蔑！孔子与宰我“三年之丧”的争论和孔子对“女子”的看法，批孔者与尊孔者会有不同的理解。“无言”章是对天道的感悟，说明孔子已进入天人合一的境界。

17·1 阳货欲见孔子，孔子不见，归孔子豚。孔子时其亡也，而往拜之。遇诸涂。谓孔子曰：“来！予与尔言。”曰：“怀其宝而迷其邦，可谓仁乎？”曰：“不可。”“好从事而亟失时，可谓知乎？”曰：“不可。”“日月逝矣，岁不我与。”孔子曰：“诺。吾将仕矣。”

这段话译成白话就是，阳货想见孔子，孔子不想见他，阳货馈赠给孔子一只蒸熟的小猪。孔子趁阳货不在家的时候去拜谢他，在路上遇上了阳货。阳货对孔子说：“过来，我有话跟你说。”说：“怀有一身才能却听任国家迷乱，这可以叫作仁人吗？”说：“不可以。”“喜欢有番作为却屡屡错过良机，这可以说是智人吗？”说：“不可以。”“时间一天天过去了，岁月是不等人的。”孔子说：“好吧，我将从政。”

这是《阳货》篇的首章，虽然故事性很强，但不交代其历史背景，仍然不好理解。我们先来看这段话发生的历史背景。

阳货，名虎，又称阳虎，是鲁国执政大夫季孙氏的家臣。由于他是季孙氏家的老臣，季桓子是新主，老臣与新主之间在新旧权力交替之际，产生了严重分歧，他毅然将季桓子囚禁起来，秉鲁国之政。阳货的行为虽然不合礼法，但足见其胆识。季桓子本来是鲁国的实际执政者，阳货囚禁了季桓子，代替他职掌了鲁国的国政，也就是孔子批判的“陪臣执国命”。鲁国的命运不掌握在鲁国国君手里，也不掌握在执政大夫手里，而是掌握在大夫的家臣阳货手里。

阳货“陪臣执国命”，无论从道义上，还是从威望上，都存在严重不足，所以他特别想见孔子，想让他帮助自己治理鲁国。孔子当时已经40多岁了，手下培养了一大批弟子，拥有一批治国理政的人才，而且孔子在鲁国有着非常高的声望，阳货想借助孔子的声望，来为他在鲁国的执政加分。

孔子是出山，还是退修诗书，隐而不仕？孔子想有所作为，但不愿意与阳货这种人合作。“陪臣执国命”是礼崩乐坏的一个典型体现，是孔子所批判的，他当然不愿意出山，甚至不想见阳货这种人。阳货怎么办的？他送给孔子一只小猪。按照当时的礼节，大夫对士馈赠，士不在家，则必须亲自登门回访，阳货借助礼节的规定，期待孔子的到来。孔子是一位知礼、懂礼、守礼之人，他不能不去阳货家中答谢，但他又不想见阳货，怎么办？孔子就乘阳货不在家时，去阳货家里，不巧两个人在半路上相见了。既然见到了，孔子也不回避，阳货的年龄比孔子大，社会地位在当时也比孔子高，所以他召唤孔子上前，对孔子进行了一番劝说。

阳货从三个方面试图说服孔子，孔子表面上也答应了阳货出仕。但是孔子真的要和阳货这种不义之人合作吗？当然不会。在那种场合下，孔子答应出仕是为了摆脱阳货对自己的纠缠不休，并且答应出仕与何时出仕不是一回事。

所以从这一章我们可以看出，孔子对破坏礼法的人的态度。阳货的官做得很大，而孔子不过是一介平民，但是并不是阳货赐给孔子官做，孔子就会出来做官；也不会因阳货社会地位高，想见孔子就能见成。由此，大家可以看出孔子的人格操守。在孔子看来，“陪臣执国命”不合乎道义，对于无道之人，孔子是不愿意与其同流合污的。阳货官再大，孔子不攀附，更不趋炎附势，坚守自己出仕的原则。但是做人需要守礼，阳货之流不守礼义，并不是自己不守礼义的理由，进以礼，退以礼，礼仪周全是君子的基本修养。即便与阳货在路上相遇了，孔子也不回避，大大方方，该怎么应对就怎么应对，这体现了孔子的人格修养。

17·2 子曰：“性相近也，习相远也。”

这句话翻译成白话就是，孔子说：“人的本性是差不多的，由于积习、习惯等不同，人的性情差距拉大了。”

有的人说，孔子是圣人，所以他说“性相近也，习相远也”；孟子只是大贤，所以讲性善；荀子也只是大贤，所以说性恶。一个言性善，一个言性恶，两个人都没有达到孔子的圣人境界。这个说法对不对？我们认为似是而非。

“性相近”的“性”是什么？孔子没有回答。孟子回答善，荀子回答恶，都是对孔子思想的发展。相近之性是什么？孟子从人之所以为人的本质讲人性相近，相近之性就是善，善的具体体现就是仁义礼智四端。由于后天的扩之充之，人可以成为君子，可以成为大人，乃至成为圣人。荀子认为相近之性是恶，恶的表现是人的欲望，人人都有生理需求，人人都有喜怒哀乐。人有欲望，欲望不加控制，就会走向恶；加以控制，就不会走向恶。实际上，无论是孟子的性善还是荀子的性恶，都是对孔子“性相近也，习相远也”的进一步发挥，不存在孟子的理论不如孔子、荀子的理论不如孔子的问题。

自孔子首发人性问题之后，千百年来争论不休，到孟子那个时代，人性问题的争论非常激烈，各种说法都有，如性有善，有不善；可以为善，可以为不善；有的人性善，有的人性不善，等等。孟子截断众流，认为人性本善，确立了中国人性的主调、主流。此后，人性本善也成为中国人判断人性的一个基本前提。

到了宋明理学家那里，人性分为天地之性和气质之性。天地之性是什么？就是《中庸》所说的“天命之谓性”，这个性是善的。气质之性是什么？它指人是禀气而生的，气有清有浊，所以人先天的气质之性就有善有恶。孟子的人性善是从人之所以为人的命理上说的，指的是天命之性或天地之性；荀子的人性恶是从人禀气而生的气质上说的，二者角度不一样，但目标是一样的。性善论是要培养人的善性，让它长之养之，让善端进行成长。性恶论是要变化气质，化性起伪，化去性恶，化浊气为清气，让人成为好人，积善成德。

17·3 子曰：“唯上知与下愚不移。”

这句话可以翻译为，孔子说：“只有上等的智者和下等的愚者不可改变。”

我认为，这样的理解大有问题。在批孔的时代，许多人引用这句话，认为孔子所说的“上知”指的是奴隶主贵族，“下愚”指的是奴隶阶级或劳动人民，“上知”与“下愚”不可改变，代表着人的血缘身份的不平等。后世不少学者认为这一章是接着上一章“性相近也，习相远也”的，更有甚者，认为这两章就是一章，不应分为两章。我认为这两章还是分开为好，因为两章指向不一样。

什么是“上知”？什么是“下愚”？按照传统的解释，只有上等的智者和非常愚昧的人是不可改变的。什么意思呢？有的人天生聪明，有的人天生愚昧，这两者不可教化。这就是把人一生下来就分成三六九等了。有的人生来就是圣人，有的人生来就是愚人，好像永远不可改变。这个道理通吗？

自汉以来，对孔子的这句话注解者多矣，但皆不得善解。他们多将上、下理解为修饰词，又与汉儒的“性三品”相呼应，将上、下理解为社会地位或智慧的上、下。我认为，这里的上、下不是修饰词，而是动词，上即尚，崇尚、推崇，下即轻视、卑视。这里反映了孔子对智慧与愚昧的态度，“上知”即崇尚智慧，“下愚”即贬低愚昧。重新翻译这句话就是，孔子说：“只有崇尚智慧和贬低愚昧的态度是不可改变的。”

人类的历史发展过程就是一个从愚昧走向智慧、由蒙昧走向文明的过程，不管人类社会发展到什么程度，也不论是哪一个国家或民族，崇尚智慧，轻视愚昧，是一种普遍认同的规律。我们如今科学昌明了，但存不存在愚昧？可以说，我们今天仍然没有完全摆脱愚昧，要不然的话，那些歪理邪说、邪教就不可能有市场。所以即使在科学昌明的今天，我们也需要崇尚智慧，崇尚知识，崇尚理性，贬低愚昧，反对迷信。

17·4 子之武城，闻弦歌之声。夫子莞尔而笑，曰：“割鸡焉用牛刀？”子游对曰：“昔者偃也闻诸夫子曰：‘君子学道则爱

人，小人学道则易使也。’”子曰：“二三子！偃之言是也。前言戏之耳。”

翻译为白话就是，孔子到了武城，听到管弦和唱歌的声音。孔子微笑着说：“杀鸡何必用宰牛的刀呢？”子游回答：“以前我听老师说过：‘君子学习了礼乐就会慈爱人民，老百姓学习了礼乐就容易听指挥。’”孔子说：“学生们！言偃的话是对的。我刚才是同他开玩笑罢了。”

这一章篇幅不长，但很有画面感；文字不多，但故事情节紧张。遥想当年，孔子带着众多弟子，前来子游治下的武城，远远听到丝竹管弦和满城的唱歌之声。子游是孔子晚年的学生，姓言，名偃，吴国人，是孔门文学科的高足，“孔门十哲”之一，比孔子小46岁。他学成之后，来到武城，做了武城的地方行政长官。武城是鲁国的一个城邑，地方不大。孔子和他的一帮学生到子游管辖的武城进行参观、考察，其实也是一种审视与检阅。听闻老师及众同学前来，子游出城迎接，孔子远远地听到从城里传出的弦歌之声。孔子非常重视礼乐教化，他看到自己的学生如此治理武城，心里一定很高兴。然而孔子却说：“割鸡焉用牛刀？”意思是武城这么小的一个地方，哪里用得上礼乐教化呢？子游听到老师如此评价，一定十分意外，又非常紧张，马上说：“从前我听老师说过这样的话：‘君子学习礼乐就会仁爱百姓，百姓学习礼乐就容易听从指挥。’”这里需要注意，子游说的君子、小人，不是指道德修养上的君子、小人，而是社会位阶上的君子与小人，君子指的是统治者，小人指的是没有官职的平民百姓。孔子听了子游的话，感受到子游的紧张，马上说出自己的真正意图以及对子游做法的评价：“学生们！言偃的话是对的。我刚才不过是与他开个玩笑罢了。”

从这一章我们可以感受到孔子与学生的相处方式，孔子并不是一位板着面孔，天天进行道德说教的老学究，而是有血有肉、有情感、懂生活的智慧长者。孔子告诉我们，地方不管大小，国家不分贫富，都要推行礼乐教化。而礼乐教化是普遍的教化，不仅仅指向为官者，对百姓也要教化。儒家，尤其是儒家的礼乐文化从来不是面向少数贵族、知识精英的奢侈品，而是民众生活的向导。礼乐教化是一种教养，这种教养王公大夫需要，平民百姓也需要，可以说人人需要，家家需要，这样才能实现“人人君子”“比屋可封”的儒者理想。

17·5 公山弗扰以费畔，召，子欲往。子路不说，曰：“末之也已，何必公山氏之之也？”子曰：“夫召我者，而岂徒哉？如有用我者，吾其为东周乎？”

公山弗扰，即《左传》记载的公山不狃，复姓公山，名弗扰（也作不狃、不扰），字子泄，鲁国当政者季桓子的家臣。“费”，鲁国城邑，鲁国执政大夫季孙氏的封地，在今临沂费县。

翻译成白话就是，公山弗扰在费邑发动叛乱，召唤孔子，孔子准备前往。子路不高兴，对孔子说：“没有地方去实现理想就算了，何必到公山氏那里去呢？”孔子说：“那召唤我前往的人，难道会让我白白去吗？如果有任用我的人，我难道只满足于复兴周代礼乐于东方吗？”

公山弗扰征召孔子前去，孔子欲往，子路不高兴了。在孔门弟子当中，子路是很率直的一个人，对孔子多有冲撞，心里有什么马上就把它说出来，敢于表达自己的意见。子路疑惑孔子为什么要到公山氏那里去。孔子告诉他自己想复兴礼乐教化，所以欲往。但是公山弗扰本质上是叛臣，孔子怎么还会到叛臣那里去呢？

学术界历来对这一章有争议，至今不少学者对其持怀疑态度，认为是后人羼入的，因为这一章与孔子的思想反差太大了。但大多数学者只是对内容存疑。今天影响最大的是杨伯峻先生的《论语译注》对本章的解释，他指出："我们于此等处只能存疑。"钱穆先生的《论语新解》用了三个"或曰"，提出种种可能。有的学者认为，这里"召"的主体不是公山弗扰，而是想要除掉公山弗扰的季氏，此说在逻辑上讲不通。还有人怀疑《论语》的编者滥收，孔子不可能身为鲁国大司寇而对公山弗扰之召有兴趣。

其实，这是弄错了"公山弗扰以费畔"的时间。《左传》载：鲁定公五年（前505），季平子卒。因季平子丧事，阳货与季桓子嬖臣仲梁怀产生嫌隙。阳虎欲逐仲梁怀，告公山弗扰，公山弗扰止之。这年秋天，仲梁怀更加骄纵，对公山弗扰不敬。公山弗扰大怒，联合阳虎逐仲梁怀，囚禁季桓子。朱熹认为，这是公山弗扰与阳货"共执桓子，据邑以叛"，这就是以费叛。我认为这个说法有道理。公山氏之叛既不是发生于鲁定公八年（前502），也不是鲁定公十二年（前498），而是鲁定公五年（前505），那时孔子作为鲁国大司寇，是镇压公山弗扰叛乱的总指挥。这一年，公山弗扰与阳货共同逐仲梁怀，囚禁季桓子。此事发生在季氏封地的费邑，故称"以费畔"。换句话说，公山弗扰反叛的是权臣季桓子，不是鲁国国君，所以在这个时期，"子欲往"是有一定道理的。

但为什么子路不悦呢？我认为子路有自己的原则，在他看来，实现政治理想，何必到一个叛乱者公山弗扰那里去呢？子路已经达到"可与立"，但尚未进入“可与权”的境界，所以对孔子的做法产生疑问。在孔子看来，伸张道义于天下是自己的理想，以自己的理想和主张去改变礼乐崩坏的局面是第一要义，至于个人毁誉可以暂时放下。所以他为了实现自己的政治主张和道易天下的理想，愿意到公山氏之处。当然孔子最终为什么没有去呢？我们猜测原因不在孔子，而是公山氏心不诚、意不坚。

这里强调一点，阅读经典，尤其对于圣人的言行，我们应该抱有一种“同情”的态度来理解，而不是不分是非，横加批判。读《论语》，如果不能体会孔子当时的真实心境，则不能体察孔子处理问题的精微处。

17·6 子张问仁于孔子。孔子曰：“能行五者于天下，为仁矣。”“请问之。”曰：“恭、宽、信、敏、惠。恭则不侮，宽则得众，信则人任焉，敏则有功，惠则足以使人。”

这一章翻译成白话就是，子张向孔子问仁。孔子说：“能够推行五种美德于天下，可以称得上仁人了。”子张接着问：“请问是哪五种？”孔子进一步解释：“恭敬、宽厚、诚信、勤敏、慈惠。恭敬就不会招致侮辱，宽厚就会得到大众的拥护，诚信就会得到别人的信任，勤敏就会取得功效，慈惠就能够使用他人。”

子张是孔子晚年的弟子，比孔子小 49 岁，孔子去世的时候子张才 25 岁，但“子张之儒”位列韩非所说的“儒分为八”之首。子张出身低贱，所以他有一个非常强烈的诉求：急切翻身。怎样才能叫翻身？在那个时代，唯一让自己的社会地位发生变化的途径就是做官。子张学干禄，不断问孔子如何做官的问题。而孔子针对不同的人、不同的爱好、不同的性情、不同的人生追求，因材施教，回答的结果也不一样。当子张又问老师什么是仁时，孔子告诉他能践行五种品质的就是仁人了。显然，这五种品质都是为官从政应具备的美德，即要做官就应该具备恭、宽、信、敏、惠五种品质。

做人要温、良、恭、俭、让，当官要恭、宽、信、敏、惠，这句话适合于古代，同样适合于今天。恭就是庄重严肃，老百姓之间可以随意开玩笑，但官员能够随意与百姓开玩笑吗？官员许诺了一件事，然后说我刚才是开个玩笑，能行吗？当然不行。所以要严肃、庄重。宽就是宽厚，老百姓如果心胸狭窄，只能影响自己，影响自己的家庭，影响和同事的关系，当官的人如果心胸狭窄，会导致什么局面？只能任用不如自己的人，比自己好的人、比自己优秀的人统统被排斥。俗话说："将军额上能跑马，宰相肚里能撑船。"官员要有容人之量，胸怀越大，格局越大，手下的人就越放得开，这样才能干出政绩，才能成就一番事业。信就是讲诚信，官员如果不讲诚信，影响会很恶劣，会失去其他人的信任。敏就是要勤奋，"敏则有功"，官员如果不勤奋，就不会有什么实绩。我们改革开放40多年的伟大成就，离不开各位领导干部所做出的巨大贡献，他们兢兢业业，日夜奔赴在改革的道路上，所以才有我们今天的成功。惠就是恩惠，"分人以财曰惠"，能够把自己的财富分给大家就叫惠。懂得分享的人才能够成就大事，当领导不惠及员工，公司挣的钱全是他一个人的时，没有几个人愿意在他手下干。

17·7 佛肸召，子欲往。子路曰："昔者由也闻诸夫子曰：'亲于其身为不善者，君子不入也。'佛肸以中牟畔，子之往也，

如之何？”子曰：“然。有是言也。不曰坚乎，磨而不磷；不曰白乎，涅而不缁。吾岂匏瓜也哉？焉能系而不食？”

本章大意是，佛肸召孔子，孔子打算前往。子路说：“以前我听老师说过：‘亲身做过不好事情的人，君子是不会到他那里去的。’佛肸在中牟发动叛乱，您却想去，这怎么解释呢？”孔子说：“是的。我有说过这样的话。不是说有那种坚硬的东西吗？无论怎样磨也磨不薄；不是说有一种洁白的东西吗？无论怎样染也染不黑。我难道是匏瓜吗？怎能终日挂在那里却不让人食用呢？”

佛肸是晋国大夫赵简子的家臣，尝为中牟宰，是与公山弗扰一样的人物。春秋末期，晋国的政治情势比鲁国还要复杂。到孔子时代，晋国世家大族主要有韩氏、赵氏、魏氏、智氏、范氏、中行氏六家，六家各占据一卿位，号称“六卿”。六卿长期把持晋国政权，又相互攻伐。佛肸作为小角色，利用六卿之间的矛盾，兴风作浪。“佛肸以中牟畔”，即佛肸反叛赵氏，投靠范氏、中行氏。佛肸来召唤孔子，孔子想去应征。子路表示不理解：“我以前亲耳听您说过：‘亲身做了坏事的人，君子是不会到他那里去的。’佛肸据城反叛，您却要去，这是怎么回事？”孔子以“磨而不磷”之坚和“涅而不缁”之白作答。这不由让人想起孟子所说的话：“柳下惠，不羞污君，不卑小官。进不隐贤，必以其道。遗佚而不怨，厄穷而不悯。故曰：‘尔为尔，我为我，虽袒裼裸裎于我侧，尔焉能浼我哉？’故由由然与之偕而不自失焉。”（《孟子·公孙丑上》）孔子当然高于柳下惠，他不会与佛肸、公山不扰“由由然与之偕而不自失”，佛肸、公山氏“焉能浼我哉”。不少人说“匏瓜”是葫芦，味苦，不能吃。我认为孔子所说的

"匏瓜"应当是只能用来观赏而没有食用价值的瓜类植物。孔子不做"匏瓜",意味着一定要让自己有现实价值、实际价值,一定要做出一番事业。

孔子的理想是匡扶天下,挽狂澜之欲倒,扶大厦之将倾,所以即使是佛肸、公山氏之流,只要真正起用他,真正按其理想去执行,他同样可以行王道,一天下,这显示了孔子对自己能力的自信。孔子并不是像章太炎所说是个官迷,一心想当官,如果孔子是官迷,他在鲁国可以做官,在卫国也可以做官。如果像卫灵公那样,只是给他提供一个职位,不实行他的主张,即使食粟六万,他也弃之若敝屣。所以孔子关心的不是有无官做,而是能否实现自己的理想。

联系到孔子的生平,我们再来解读这一章。孔子兼伊尹之任、柳下惠之和、伯夷之清,乃集诸圣之大成。用孔子自己的话说,他是"无可无不可"。后人曾说学孟子易,学孔子难。孟子可以学得来,只要学他那种浩然正气,学他那"富贵不能淫,贫贱不能移,威武不能屈"的气节就可。孔子学不来,孔子的境界是无可无不可。如果孔子果真去了中牟,就可以改造叛党,但学孔子的人去了,不仅无法变易叛党,还可能会沦为叛党。我们今天说,传统社会的反叛者,都有他反叛的理由和根据。但不是说反叛就对,也不是说反叛就不对,应放到当时的历史条件下,结合他们的理想、主张综合加以分析才能衡定。由于时代久远,我们今天不可能完全还原那个时代,不能找出孔子当年要去的原因。

17·8 子曰:"由也,女闻六言六蔽矣乎?"对曰:"未也。""居!吾语女。好仁不好学,其蔽也愚;好知不好学,其蔽也荡;好信不好学,其蔽也贼;好直不好学,其蔽也绞;好勇不好学,

其蔽也乱；好刚不好学，其蔽也狂。”

这一章的大意是，孔子说：“仲由呀，你听说过有六种美德便会有六种弊病吗？”子路回答：“没有。”孔子说：“坐下！我告诉你。爱好仁德而不爱好学习，它的弊病是会受到别人的愚弄；爱好聪明而不爱好学习，它的弊病是空荡无根；爱好守信而不爱好学习，它的弊病是害人害己；爱好直率而不爱好学习，它的弊病是说话会尖刻伤人；爱好勇敢而不爱好学习，它的弊病是犯上作乱；爱好刚强而不爱好学习，它的弊病是狂妄自大。”

由本章可以看出孔子时代的教学方式。孔子给子路开小灶，主动问子路知道“六言六蔽”吗？子路立即站起来作答。按照传统的教学方式，当老师要教导学生的时候，这个学生应该马上站起来回答老师的问题。孔子看见子路站起来，马上说：“坐下！我告诉你。”

第一种言与弊：“好仁不好学，其蔽也愚。”爱好仁德而不爱好学习，它的弊病是会受到别人的愚弄。仁是孔子思想的核心概念，孔子的学问就是仁学，也可以说儒学就是仁学。仁在孟子的解释下，就是人的“恻隐之心”“不忍人之心”，是“人之安宅”。在孔子看来，爱好仁但是不爱好学习，会产生一种弊害，就是被人利用这种好心肠愚弄自己。

第二种言与弊：“好知不好学，其蔽也荡。”爱好智慧而不爱好学习，它的弊病是空荡无根。“知”，在这里指耍小聪明。看上去很聪明，但是没有知识做底蕴、做支撑，不是真正的聪明。腹中空空，没有真才实学，书到用时方恨少。现实中有人很聪明，但不喜欢读书，不喜欢学习，结果只是口头上夸夸其谈，了无实际。

第三种言与弊："好信不好学，其蔽也贼。"爱好守信而不爱好学习，它的弊病是害人害己。讲诚信、讲信用没问题，言必行，行必果是一种美德，但一味地死守信、守死信，不知道变通，后果会很严重。鲁国有一个人叫尾生，他和一位女子相约于桥下，结果山洪暴发了，怎么办？他觉得不能因避洪水而失信跑到桥上，所以就抱着桥柱，以防被冲走，结果抱柱而死。他为女子守信而死，但留给女方和家人的是无尽的哀伤，不仅害了自己，也害了女子。所以爱好守信而不爱好学习，它的弊病是害人害己。

第四种言与弊："好直不好学，其蔽也绞。"爱好直率而不爱好学习，它的弊病是说话会尖酸刻薄。"直"是心直口快，有话就说。直率、坦率当然是美德，但是不分场合的直率，不分场合的口无遮拦，就会尖刻伤人，让人下不来台。这样伤害了别人也伤害了自己。

第五种言与弊："好勇不好学，其蔽也乱。"爱好勇敢而不爱好学习，它的弊病是犯上作乱。崇尚勇敢是美德，智、仁、勇为三达德，孟子的浩然之气也是一种勇，但是好勇不好学，没有礼乐教养会怎么样？一味地崇尚血气之勇，不懂礼法，不知学习，不善于运用自己的勇敢，就会闯祸作乱。

第六种言与弊："好刚不好学，其蔽也狂。"爱好刚强而不爱好学习，它的弊病是狂妄自大。刚强也是一种美德，但是不爱好学习，就会沦为狂妄自大之辈。

"六言六蔽"章，孔子不仅仅是对子路讲的，也是对所有学生讲的；既是对古人讲的，也是对今人讲的。孔子的这一段话可以说是千古不刊之论，直到今天还值得我们认真体会。从这一章里我们可以发现孔子对学习的重视，儒家文化有一个非常重要的特色就是注重学习。学无止境，活到老，学到老，一个家庭要想兴旺发达，家庭成员就应该不断学习；一个民族要想发展进步，族人就应该不断学习；一个国家要想发展进步，人民也要爱好学习。所以，中国人一直讲："忠厚传家久，诗书继世长。"诗书就是教养，就是学习。只有学习才能够克服我们的性情之偏，才能调整我们生命当中的负面情绪，才能沉淀我们生命中的杂质，才能让我们走向美好。所以只有美德是不行的，要想真正践行美德，就必须学习。

17·9 子曰："小子何莫学夫《诗》？《诗》，可以兴，可以观，可以群，可以怨。迩之事父，远之事君；多识于鸟兽草木之名。"

这一章翻译成白话是，孔子说："学生们为什么不学《诗》呢？《诗》可以丰富人的想象力，可以提高观察力，可以激发合群的乐趣，可以学得讥刺的方法。从近处讲，可以用来侍奉自己的父母；从长远说，可以用来侍奉国君；还可以多认识鸟兽草木的名称。"

孔子以诗书礼乐教人，追求的是人格的全面教育和全面发展。有人说儒家人物没有感情，这样说后儒、宋明儒可以，但在孔子那个时代不是这样。儒家人物天真烂漫，喜怒哀乐发而中节。那么儒家的一派天机和真性情体现在哪里？体现在《诗经》中。《诗经》可以兴、观、群、怨，而且记载了许多植物、动物名称，学习《诗经》纵然不能增长德行，提高本领，但是最起码可以掌握一些草木花卉的名称，以及天上飞鸟、地上走兽的名称吧！所以孔子鼓励他的弟子学习《诗经》。

孔子劝弟子学习《诗经》，有一个很重要的特点是学以致用，在家里可以侍奉父母，为国家可以侍奉国君。孔子非常强调《诗经》的政治功能和伦理功能，他曾讲："诵《诗》三百，授之以政，不达；使于四方，不能专对；虽多，亦奚以为？"《诗经》都背下来了，但是让这个人去治国理政，却做不好；出使到各国去，不能独立应对；背得再多，又有什么用呢？古代上层的贵族相交，通常会赋诗言志，委婉表达自己的心志，懂诗的人，大家就心照不宣了。

17·10 子谓伯鱼曰："女为《周南》《召南》矣乎？人而不为《周南》《召南》，其犹正墙面而立也与？"

大意是，孔子对伯鱼说："你学习《周南》《召南》诗篇了吗？一个人不学习《周南》《召南》，就像正面对着墙站立一样。"

本章承前一章而来，如果说前一章是用来教育学生，这一章则是用来教育儿子。孔子19岁结婚，20岁时儿子降生，鲁国国君知道了此事，送来鲤鱼以示祝贺。孔子感到非常荣幸，于是为自己的儿子起名为鲤。孔鲤，字伯鱼。孔子既是伯鱼的父亲，也是伯鱼的老师。孔子教导孔鲤学《诗》，尤其重视学习《周南》《召南》两组诗篇。《周南》《召南》是《诗经》开头部分的篇名，两篇所讲的都是关于男女夫妇之事和修身齐家之事。在孔子看来，不学习《周南》《召南》，就像面墙而立，什么也看不见，向前一步都不可能。

孔子为什么告诫儿子要学习《周南》《召南》呢？大家知道，孔子教人学习都具有针对性，因材施教，因病发药。孔鲤和他的夫人关系不是很好，孔子应当是见他们夫妻关系不好，所以劝诫儿子应当学习《周南》《召南》，学习后就知道如何处理夫妻关系了。

古人非常重视家庭和睦、和谐，“君子之道，造端乎夫妇”。夫妻关系出现问题，要家庭和睦是不可能的。孔子非常明白这点，所以劝儿子学习《周南》《召南》，处理好家庭关系。由此看来，孔子特别重视因材施教，根据每一个人的实际情况来教导弟子和儿子。

17·11 子曰：“礼云礼云，玉帛云乎哉？乐云乐云，钟鼓云乎哉？”

这一章的大意是，孔子说：“礼啊礼啊，难道仅仅说的是玉器和丝帛等物品吗？乐啊乐啊，难道仅仅说的是钟鼓等器物吗？”

这是孔子对当下时事的一种感叹，也是对礼乐存在与流行的一种批判式反思。孔子重视礼乐，但是礼乐仅仅是玉器、丝帛、钟鼓等形式吗？形式固然重要，但更重要的是内涵，形式体现什么、代表什么很重要。心存敬意而呈上玉帛等物，就是礼；内心和畅而借助钟鼓表达出来，就是乐。丢掉了礼乐的本质，而专注于礼乐的形式，难道还能叫礼乐吗？我们经常说一句话：“千里送鹅毛，礼轻情义重。”只注重形式、器物，而忽略背后的情义，就成了舍本逐末。

我们都知道杨震拒金的故事。东汉时，杨震曾多次举荐王密。一次杨震在赴任途中经过昌邑，此时王密担任昌邑县令，晚上来拜访杨震，拿了10斤金子要送给他。杨震说：“我了解你，你却不了解我啊。”王密没理解杨震的意思，说：“天黑，没有人知道。”杨震说：“天知，神知，你知，我知，何谓无知？”君子爱人以德，君子爱护一个人，爱护的是他高尚的美德。不贪就是一种美德，行贿者要人贪，就不是爱人以德，而是损人以德了。程子讲：“礼只是一个序，乐只是一个和。只此两字，含蓄多少义理。天下无一物无礼乐。且如置此两椅，一不正，便是无序。无序便乖，乖便不和。”所以形式重要，但相比形式，礼乐背后体现的精神才是根本。

17·12 子曰：“色厉而内荏，譬诸小人，其犹穿窬之盗也与？”

“色”，容貌。“厉”，威严的意思。“荏”，柔弱的意思。“小人”，指行为不端的人。“穿”，指挖洞穿墙。“窬（yú）”，指翻过墙头。

这一章的大意是，孔子说：“有些人看起来非常严厉，但是内心非常怯弱，如果用一类行为不端的人做比喻，就如同挖墙打洞、跳过墙头的盗贼。”

为什么孔子把色厉内荏的人比喻成盗贼小人？孔子最讨厌的就是那种表面上装腔作势，内心非常卑劣的人，这种人的心态和小偷的心态是一样的。孔子用这句话来批判当时的执政者，他们表面上为民父母，盛气凌人，但实际上在谋自己的私利。《孟子》讲：“说大人，则藐之，勿视其巍巍然。”孟子看穿了这些王公大人的本质，就是色厉内荏！现实中有些官员装腔作势，高高在上，很有威严，内心深处却十分卑劣，孔子对这种人表示不屑。

17·13 子曰："乡原，德之贼也。"

这一章的大意是，孔子说："乡愿，是对道德的败坏。"

"乡"，鄙陋、庸俗的意思。"原"，同"愿"。"乡原"，指在自己生活的乡村或社区里没有原则，到处讨好他人的人。这种人与鄙俗同流合污，一味讨好世俗，一味迎合他人，没有原则，没有底线。孔子因为乡愿貌似道德而实际上不合乎道德，反而扰乱了道德的标准，所以认为乡愿是对道德的败坏，故而对乡愿深恶痛绝。

对于普通人来说，乡愿与否，关系不大。但对于执政者，由乡愿而形成乡愿政治对社会的危害就大了。什么是乡愿政治？一味讨好人的政治就是乡愿政治。比如西方的选举制度，在无原则的政客的操纵下，一味地追求选民的选票，到处许愿承诺，往往会沦为乡愿政治。《孟子·尽心下》对乡愿有一段精彩的论述：

> "孔子曰：'过我门而不入我室，我不憾焉者，其惟乡原乎！乡原，德之贼也。'"曰："何如斯可谓之乡原矣？"曰："'何以是嘐嘐也？言不顾行，行不顾言，则曰：古之人，古之人。行何为踽踽凉凉？生斯世也，为斯世也，善斯可矣。'阉然媚于世也者，是乡原也。"万子曰："一乡皆称原人焉，无所往而不为原人，孔子以为德之贼，何哉？"曰："非之无举也，刺之无刺也，同乎流俗，合乎污世，居之似忠信，行之似廉洁，众皆悦之，自以为是，而不可与入尧、舜之道，故曰德之贼也。"

乡愿说白了就是好好先生，就是没有原则的世故滑头，儒家对这种人持坚决批判的态度。所以大家应该怎么做？要有原则、有操守，要有自己的行为底线，这才是儒家对人的要求。人可以狂，可以狷，就是不能乡愿。乡愿一旦成为风气，浩然正气就会被贬抑。

17 · 14 子曰："道听而涂说，德之弃也。"

这一章翻译成白话是，孔子说："在道路上听到的消息就到处传播，这是自己丢弃自己的德行。"

道听途说，用今天的话讲就是既信谣又传谣，到处传播小道消息，孔子认为这是败坏自己的德行。当今社会，互联网发达，网上的消息有些是可信的，有些是不可信的，我们在不能分辨真假的情况下，起码要做到不传播。两千多年前孔子的话，放在今天仍然没有过时，仍然有很大的教导意义。

17 · 15 子曰："鄙夫可与事君也与哉？其未得之也，患得之；既得之，患失之。苟患失之，无所不至矣。"

"鄙夫"，心胸狭窄之人。

这一章的大意是，孔子说："可以同一个心胸狭窄的人共同侍奉国君吗？他未得到官位时，总是害怕自己得不到；得到官位以后，又唯恐失去。如果总是担心失去官位，就没有什么事是做不出来的。"

孔子在鲁国做过 5 年的大司寇，当过 3 个月的代理宰相。这段话，应当是孔子有过亲身经历并深受其害才发出的感叹，在当时的朝堂之上就有所谓的“鄙夫”。

怕丢官的人，往往不敢担责，这种人在工作中比比皆是，不求有功，但求无过。为了不丢掉官，也为了能当上更大的官，弑父弑君，无所不用其极。这就是患得患失。回到前文“子张问仁”那一章，孔子认为为政者、当官者应该采取什么态度？或者说应当秉持什么原则？恭、宽、信、敏、惠。

许昌靳裁之有言曰：“士之品大概有三：志于道德者，功名不足以累其心；志于功名者，富贵不足以累其心；志于富贵而已者，则亦无所不至矣。”后世有人认为，“志于富贵而已者”，即孔子所谓的“鄙夫”。那些以道德人格作为人生目标的人，认为自己所做的事情是成就天地之大德，对于功业与美名是不放在心上的；那些以功业与美名作为人生目标的人，致力于做一番事业，任何困难、险阻都不能使其退缩，至于荣华富贵他们是不考虑的；而那些以荣华富贵作为人生目标的人，为了自己的利益，什么事都干得出来。一辈子为了功名利禄，跳不出功名利禄的枷锁，就会无所不为。孔子和儒家批判的就是这种无原则、无是非、无标准、无底线，一味以富贵是求的鄙夫、乡愿。

17·16 子曰：“古者民有三疾，今也或是之亡也。古之狂也肆，今之狂也荡；古之矜也廉，今之矜也忿戾；古之愚也直，今之愚也诈而已矣。”

“狂”，志愿高。“肆”，指不拘小节。“矜”，矜持自守。“廉”，棱角分明。“忿戾”，愤怒凶暴。

这一章翻译成白话是，孔子说：“古代的人有三种毛病，现在的人可能连古人的这些毛病都没了。古代狂妄自大的人不过是肆意直言，不拘小节，现在狂妄自大的人却放荡越礼，毫无底线；古代矜持自守的人不过是棱角分明，不可冒犯，现在矜持自守的人却愤怒凶暴，蛮横无理；古代愚昧不明事理的人不过是简单直率，现在愚昧不明事理的人却一意虚伪欺诈。”

这一章孔子比较了古人和今人身上共存的三种毛病，尽管是共有，但古人之“病”还有可取的一面，而今人之“病”则是彻底的病。孔子感伤春秋末期社会风气的败坏，认为世风日下，人心不古，离淳厚的风俗越来越远了。这种风气能不能改变？当然能改变。孔子讲学一生就是要改变这种风气，他的学生继续他的讲学事业，目的也是想改变这一风气。儒家力图通过一代又一代，一批又一批学者、名贤的努力，再现风俗淳朴的社会，再造良好的社会环境。

17·17 子曰：“巧言令色，鲜矣仁。”

这一章在《学而》篇出现过。“巧”，好。“令”，善。“巧言令色”，即满口说着讨人喜欢的话，满脸装出讨人喜欢的神色。

这一章翻译成白话是，孔子说：“花言巧语，伪装出一副和善的面孔，这种人的仁德是很少的。”

花言巧语，别人愿听什么，他就说什么，装出一副和善的面孔，这种人表里不一，喜欢做表面文章，说到底就是伪善。孔子讨厌这种人，今天的人也应讨厌这种人。

17·18 子曰："恶紫之夺朱也，恶郑声之乱雅乐也，恶利口之覆邦家者。"

这一章翻译为白话是，孔子说："憎恶紫色夺去红色的光彩和地位，憎恶郑国的乐曲扰乱了典雅正统的乐曲，憎恶用巧言善辩颠覆国家的人。"

孔子说这些话时肯定有具体的场景，也有具体所指，但今天我们已经无法还原当时的具体情境了。根据孔子的一贯思想，郑国的乐曲是不符合礼的规定的，却大行其道；巧言令色的人是会危害国家的，但是许多人尤其是当政者喜欢任用他们。孔子对这些表示厌恶。

17·19 子曰："予欲无言。"子贡曰："子如不言，则小子何述焉？"子曰："天何言哉？四时行焉，百物生焉。天何言哉？"

这一章译为白话就是，孔子说："我想不说话了。"子贡说："您如果不说话，那我们这些学生传述什么呢？"孔子说："天说什么话了吗？四季照样运行，万物照样生长。天说什么话了吗？"

这一章在《论语》中的地位非常重要，因为它是孔子直接把自己和天相提并论的明证。从思想逻辑与人生境界上看，这应该是孔子 70 岁或至少是年过五十进入知天命之年后所发出的感叹。孔子自述生命历程时说："吾十有五而志于学，三十而立，四十而不惑，五十而知天命，六十而耳顺，七十而从心所欲，不逾矩。"五十只是知天命，未必能体会天道，与天合一；七十而从心所欲，不逾矩的时候，完全与天道合一，孔子的视听言动都是天道流行。他这个时候说"予欲无言"，应是合理的。

此处应该注意：孔子不是不想说话了，而是不想正式讲课了。当时的人及后世学者，往往从圣人所说的话中去发现圣人，而忘记圣人本身，忘记圣人的身体力行。孔子正是借这番话来告诫弟子，不要只关注自己说什么，其实自己的生活本身就是天理流行。这时候的子贡还不能完全理解孔子，说先生不讲课了，那学生传述什么呢？子贡正是借助圣人的言说发现圣人，所以才对圣人之言有疑问。如果是颜子在场，就不会如此发问，当然也不会留下这篇文字了。

的确，四时运行，百物生长，无不是天理显现的实情，不需要天言天说就可以看得到。而孔子之一动一静，无不是妙道精义的发用，怎能单靠言语而显现道呢？这正显示了孔子开导、启示子贡的恳切之情，可惜子贡终究也没有明白这个道理。正如后世学者所言：孔子之道，像日月星辰那样显明，还担心学生不能全懂，所以孔子讲“我想不说话了”。像颜子则当下心里明白，而其他学生不免怀疑，所以才说出“学生传述什么”。又说天说什么啦，不过四时运行不已，百物生生不息而已，说到这里，圣人之意可以说已经非常明白了。

吴道子的《孔子行教像》用了 16 个字来评价孔子：“德侔天地，道贯古今，删述六经，垂宪万世。”赞美孔子的德行与天地一般伟大。什么是天德？天德就是自强不息；什么是地德？地德就是厚德载物。所以，实现了自强不息，实现了厚德载物，就是“与天地合其德，与日月合其明，与四时合其序，与鬼神合其吉凶”，而这就是孔子的境界。我们讲到孔子的天人合一境界，也就讲到了孔子思想的极致处、高明处。天道流行就是圣道流行，天地的呈现就是圣人之道的呈现。

这一章实际上在孔子的整个思想中起到了非常重要的作用。孔子的思想用当代大儒牟先生的话说，叫作“道德的形上学”。孔子说“予欲无言”，他为什么无言？他为什么要跟子贡说“予欲无言”？如果他是跟颜子说“予欲无言”，颜子肯定不会问：“子如不言，则小子何述焉？”但是子贡一定会问老师，您不说话，那么我们去传述什么？孔子说：“天何言哉？四时行焉，百物生焉。”天说什么了？天什么也没有说，天道自然流行。道在哪里？道无处不在，哪里都有，道就在我们的日常生活当中，就在我们的日常行为规范当中。所以孔子说我们正是通过四时的交替、百物的生长这样一个过程来体察天道。与之相对，我们也可以从孔子的行为、孔子的日常生活当中来体认圣人之道。

朱熹曾经说：“四时行，百物生，莫非天理发见流行之实，不待言而可见。”春夏秋冬的一次次交替，万物的生生不息，都是天道流行的真实呈现。“圣人一动一静，莫非妙道精义之发”，圣人的一举一动都是圣人圣道的展现，体现的正是天道流行。从孔子达到与天合一的境界，从其心所欲不逾矩时起，孔子身上呈现的就是天道流行。“岂待言而显哉？”这还要靠言说吗？我们向圣人学习，学习的是什么？难道仅仅学习圣人的言语吗？我们要学习圣人的行为，学习圣人的一举一动，学习圣人的一言一行，学习圣人的生活方式，这才是真正的学习圣道。

朱熹认为孔子“予欲无言”章可以与《论语·述而》的“无隐”章相发。孔子在《论语·述而》中有这么一段话，也是讲给学生的：“二三子以我为隐乎？吾无隐乎尔。吾无行而不与二三子者，是丘也。”孔子说，学生们，你们以为我有什么隐瞒吗？以为我有好多道理没有传授给你们吗？甚至我有什么绝学或独门绝技没有展现给你们吗？他的学生还真有这样怀疑的。学生陈亢就曾问伯鱼：你听到过老师在课堂上没有讲的内容吗？伯鱼告诉他，没有。原来老师在课堂上讲的道理，和他教育儿子的道理是一样的。所以孔子说，你们都以为我有什么隐瞒，其实我对学生完全是君子坦荡荡，没有一点隐瞒，全部教给学生。“吾无行而不与二三子者”，我的所有的日常行为，所有的活动，你们都非常清楚，这就是我孔丘。

孔子告诉他的学生，你们要从我的日常生活当中来发现我的学问，不要仅从我留下的言语、文章当中来发现，圣人的行为本身就是一门学问。到了宋明理学那里，有个说法叫“立千年人极”，极就是极致，做人要做到极致，给万世留下一个人格的典范，一个榜样，一个楷模，这就是圣人。中国人认为做人是根本，无论是后来的程朱理学还是陆王心学，都把做人看成至高无上的追求，一直到当代新儒家。

孔子的“予欲无言”，用我们今天的话说就是一个境界的形上学，孔子追求的是一个人格的境界。前面我们已经提到，孔子对自己的生命历程有一个总结，他只活到 73 岁，所以就说到“七十而从心所欲，不逾矩”。但八十如何？九十如何？一百又如何？孔子以后的两千多年里，没有一个人能够总结出来。我们经常讲如何超越孔子，我想这不是我们能不能超过孔子的问题，是我们能不能延续孔子、接续孔子的问题。

17·20 孺悲欲见孔子，孔子辞以疾。将命者出户，取瑟而歌，使之闻之。

这一章翻译为白话是，孺悲想见孔子，孔子推说有病不能见。传话的人刚出门，孔子就取瑟弹唱了起来，有意让他听见。

这一段话生动描绘了孔子的一个教学场景。孺悲是鲁国人，跟鲁国国君关系不错，《礼记·杂记》记载，鲁哀公曾经派他到孔子那里学习士丧礼。这样说来，孺悲还算是孔子的学生。这个学生是由鲁国国君推荐来的，大概自视高人，不自觉地有些傲慢。孔子为什么要“辞以疾”？拒绝孺悲求见，意在减其锐气。在孔子眼里，无论你是贵族，还是平民百姓，无论你是富人，还是穷人，进入自己门下，有教无类，一视同仁。要见孔子，想向孔子学习，亲身登门，有何不可？孺悲找人传话想见孔子，孔子辞以疾，不是很合理吗？传话的人走出家门，孔子马上取瑟弹唱起来，故意让使者听见，就是为了表明自己没有病，身体很健康。其实在一命一辞之间，教学活动已经开始了。孟子有言：“教亦多术矣，予不屑之教诲也者，是亦教诲之而已矣。”（《孟子·告子下》）不屑于教诲，也是教诲的一种。如果一个人连老师都不屑于教育了，这个人应该如何？应该自我反省，应该深以为耻。我为什么让老师不屑教育？我应该怎么办才能让老师同意教诲？当有了这种觉悟的时候，教育自然在其中了，教诲的作用也就实现了。这就叫不教而教，也是教育人的一种方法。

孔子是中国历史上最伟大的教育家，进而言之，孔子是人类历史上最伟大的教育家。历史上著名的儒家人物几乎没有不是教育家的，比如王阳明在赣南领兵打仗“破山中贼”的时候，依然讲学不断，学生从之者众。2021年，全国两会期间，有53个政协委员联名提出，以孔子诞辰纪念日为教师节，我认为这个提案很好。在孔子以前，夏商周三代，都有教育，都有学校，但那个时候都是退休的官员到学校里去任教，所谓“学在官府”，没有固定的师生关系。教师作为一辈子从事的职业，以传授知识作为谋生的手段，是从孔子开始的，师生一伦是由孔子与其学生共同创建的。

17·21 宰我问："三年之丧，期已久矣。君子三年不为礼，礼必坏；三年不为乐，乐必崩。旧谷既没，新谷既升，钻燧改火，期可已矣。"子曰："食夫稻，衣夫锦，于女安乎？"曰："安。""女安，则为之！夫君子之居丧，食旨不甘，闻乐不乐，居处不安，故不为也。今女安，则为之！"宰我出。子曰："予之不仁也！子生三年，然后免于父母之怀。夫三年之丧，天下之通丧也。予也有三年之爱于其父母乎？"

这一章译为白话是，宰我问："父母死了，服丧三年，期限太久了吧。君子三年不习礼，礼一定会败坏；三年不演奏音乐，音乐一定会荒废。旧谷已经吃完，新谷已经登场，钻木取火用的木材已经用过一个轮回，服丧一年就可以了。"孔子说："（丧期不到三年就）吃稻米，穿锦缎，你心安吗？"宰我说："心安。"孔子说："你心安，就那样做吧！君子服丧，吃美味不觉得香甜，听音乐不感到快乐，住在房室不觉得舒适安宁，所以不那样做。如今你觉得心安，就那样做吧！"宰我出去了。孔子说："宰我不仁啊！孩子出生之后，三年才能脱离父母的怀抱。三年丧期，是天下通行的制度。宰我难道没有从他父母那里得到过三年怀抱之爱吗？"

宰我，名予，字子我。他曾白天上课睡觉受到孔子的训斥，孔子的训斥让他警醒，从此学习非常努力，成为孔门言语科的高足，后来在齐国做官。宰我在孔门中是位很有主见的学生，此章他就三年之丧与孔子发生争论。宰我说："三年之丧，期已久矣。"服丧要三年，时间太长了吧，一年就够了，理由是"君子三年不为礼，礼必坏；三年不为乐，乐必崩"。宰我是位现实主义者，他从客观功用的角度出发，担心三年不去演习礼乐，就会礼坏乐崩。他主张缩短丧期，一年为准，理由是“旧谷既没，新谷既升”，旧的粮食已经吃完了，新的粮食已经上市了；“钻燧改火，期可已矣”，钻燧改火的木头一年也正好用过了一个轮回。古人不像今人那样取火很容易，在孔子那个时代，要钻木取火，而且在不同的季节，用的木材不同。有的记载说春天取火用榆木和柳木，夏天取火用枣木、杏木和桑木，秋天取火用柞木和楢木，冬天取火用槐木和檀木。每年取火用木都是在这几种木材中周而复始。在宰我看来，守丧一年就可以了，为什么要三年呢？宰我说的“期可已矣”，不是没有道理的。

孔子面对宰我对三年之丧的质疑，反问宰我：“食夫稻，衣夫锦，于女安乎？”宰我说：“我心安。”孔子说：“女安，则为之！”如果你确实觉得心安，你就那样做吧。“夫君子之居丧，食旨不甘，闻乐不乐，居处不安，故不为也”，君子在居丧期间，吃再好的美味都觉得不香，听再美妙的音乐都高兴不起来，居住在舒服的环境里会觉得心神不安，所以守三年之丧。

安与不安，是孔子裁量守与不守的标准。当宰我回答“安”时，孔子说：“予之不仁也！”予指的是宰我。为什么说宰我不仁呢？“子生三年，然后免于父母之怀”，一个孩子诞生下来，三年才能够脱离父母的怀抱，而且“夫三年之丧，天下之通丧也”，这一丧期制度的形成客观上是为了回报父母三年的怀抱之恩。

宰我主张短丧，认为一年就可以，是出于社会功利的考虑，“三年不为礼，礼必坏；三年不为乐，乐必崩”。他还找了一条根据，大自然和天体的运行都是春夏秋冬为一次轮回。孔子主张守天下之通丧，他的根据只有一条，心安还是不安。孔子认为每一个人都从父母那里得到三年的怀抱之爱，礼的意义在于报本反始，父母给我三年的关爱，我当然要用三年守丧来回报父母。

宰我要求短丧，只是对三年之丧的否定，发展到墨子，则彻底否定儒家丧制，明确提出短丧薄葬。在墨家看来，守丧三年既妨害社会的生产，也妨害人口的增长，因而父母死后，只要哭着送往墓地，埋葬之后哭着返回即可，然后马上投入生产活动中。这就彻底陷入了实用主义和功利主义，三年之丧在墨家这里已没有存在的空间了。如果说宰我主张的“期可已矣”，出发点还是防止礼乐崩坏的话，那么墨家就是要消除礼乐了。这是孔子所担忧的。

17·22 子曰：“饱食终日，无所用心，难矣哉！不有博弈者乎？为之犹贤乎已。”

这一章的大意是讲，孔子说：“整天吃饱了饭，什么事也不花心思，这样不行呀！不是有掷骰子、下围棋之类的游戏吗？干这些也比什么都不干好。”

“博弈”，“博”是古人经常玩的一种棋戏，“弈”是围棋。孔子在此处不是推崇博弈，而是主张终生进德修业，努力学习。博弈固然说不上高尚，但有的人天天吃饱了饭，无所事事，两害相权取其轻，还是玩玩博弈好一些。

有些人退休后，天天在家无所事事，不是看电视，就是吃饭睡觉，这就成了孔子说的“饱食终日，无所用心”。睡来睡去，既不锻炼，也不与人交流，久而久之，各种毛病就出来了。其实退休了，闲下来后，可以做自己想做、能做的事了，是多么大的幸福！身体好，可以去做志愿者，也可以返聘回单位，什么也不愿意干，孔子说“不有博弈者乎？”不是有掷骰子、下围棋之类的游戏吗？孔子并非教人博弈，“所以甚言无所用心之不可尔”。整天吃饱了饭，无所事事，这是不可以的。人只要活着，大脑就要不停地思索，这比无所用心要好得多。

17·23 子路曰：“君子尚勇乎？”子曰：“君子义以为上。君子有勇而无义为乱，小人有勇而无义为盗。”

这一章的大意是，子路说：“君子崇尚勇敢吗？”孔子说：“君子崇尚道义。君子有勇而无道义就会作乱，小人有勇而无道义就会成为盗贼。”

“尚”是崇尚，“尚勇”就是崇尚勇敢，将勇置于一切之上，看成最为重要的一种德行。子路问老师：“君子崇尚勇敢吗？”孔子明确告诉子路：“君子崇尚道义。”君子之所尚是比勇更根本、更基础的一种品德——道义。对一个人来讲勇气是什么？勇气是做事的一个支撑，而不是评判是非善恶的标准，所以“君子义以为上”，把道义放到最高位置。君子崇尚勇敢而无道义，就会犯上作乱；小人崇尚勇敢而无道义，就会变成盗贼。这个地方的君子、小人，不是就德性上说的，而是就人们的社会地位而言的。君子就是居高位的人，他如果只崇尚勇敢，不管是非曲直，没有道义做支撑，就会犯上作乱。小人就是百姓，百姓如果只崇尚勇敢，没有道义做支撑，就会变成强盗。

有人说这段话是子路初见孔子时两个人的对话，我认为有道理。子路，“卞之野人”，志气刚强，性格直爽。他初见孔子时头戴雄鸡式的帽子，佩戴公猪装饰的宝剑，好勇斗狠，瞧不起孔子的礼义教化。子路觉得自己很勇敢，自以为勇力可以解决一切问题，所以把勇敢放在第一位，以“君子尚勇乎”向孔子发难。孔子告诉他有比勇敢更重的存在，这就是道义。只有在正确价值观指导下的勇敢，才是有意义的勇；失去了道义做支撑的勇敢，就会给社会带来负面效应，或是犯上作乱，或是变成盗贼。所以，以道义为支撑的勇敢才是真正的勇敢，才是有意义的勇敢。荀子在《荀子·荣辱》篇对“勇”的论述，可视为对孔子思想的注脚。他认为：“有狗彘之勇者，有贾盗之勇者，有小人之勇者，有士君子之勇者。争饮食，无廉耻，不知是非，不辟死伤，不畏众强，恈恈然唯利饮食之见，是狗彘之勇也。为事利，争货财，无辞让，果敢而振，猛贪而戾，恈恈然唯利之见，是贾盗之勇也。轻死而暴，是小人之勇也。义之所在，不倾于权，不顾其利，举国而与之不为改视，重死持义而不桡，是士君子之勇也。”尚勇是好品德，但要尚士君子之勇，不能尚狗彘之勇、贾盗之勇、小人之勇。

17·24 子贡曰：“君子亦有恶乎？”子曰：“有恶：恶称人之恶者，恶居下流而讪上者，恶勇而无礼者，恶果敢而窒者。”曰：“赐也亦有恶乎？”“恶徼以为知者，恶不孙以为勇者，恶讦以为直者。”

“窒”，阻塞，不通畅，这里指于理不通。“徼”，剽窃，抄袭。“讦”，攻击、揭发别人。

本章大意是，子贡问："君子也有憎恶的人或事吗?"孔子说："有憎恶：憎恶宣扬别人过错的人，憎恶身居下位而毁谤自己上司的人，憎恶勇敢而没有礼义的人，憎恶果敢而顽固不化的人。"孔子又问："端木赐，你也有憎恶的人和事吗?"子贡说："我憎恶剽窃他人之说而自以为聪明的人，憎恶把不谦逊当作勇敢的人，憎恶揭发别人的隐私却自以为直率的人。"

从本章可以看出，孔子和学生之间几乎是平等对话，相互交流看法，多少含有相互学习之意。子贡问老师，君子也有憎恶的人或事吗？孔子开诚布公地回答，然后又反过来问学生对这一问题的看法，相互交心。在这段平等的对话里，师生各抒己见，谈论自己的喜好和憎恶。

人们会问，君子不是心包天地吗？君子不是坦坦荡荡、无所不容吗？君子也有常人的好恶之情吗？亦有自己所讨厌、所厌恶的东西吗？孔子明确回答："有恶。"君子讨厌到处传扬别人不好的人。这种人见到别人的过失，发现别人的不好后，到处宣扬。君子厌恶身居下位诽谤上位的人。一个职位低的人，不断诽谤比自己职位高的人，他总是这也看不惯，那也不顺眼，两眼只盯着上司的缺点与不足，总以为彼可取而代也。君子厌恶勇敢而不懂礼节的人。勇是一种美德，但勇而无礼，更令人讨厌。因为无礼之人无勇，还不敢为所欲为，而无礼之人有勇，没有道德规范与法制理念的约束，什么事都敢干，这种人对社会的危害更大。君子厌恶固执而不通事理的人。有些人自以为是，刚愎自用，固执己见，顽固不化，不通事理，惹人生厌。

孔子问："赐也亦有恶乎?"子贡厌恶剽窃、抄袭别人的成就而自以为聪明的人。将别人的成果当作自己的功劳，拿出来炫耀，自以为聪明，这种人欺人欺己，欺天欺地。子贡厌恶把不谦逊当作勇敢的人。不逊就是傲慢，把傲慢当作勇敢，可谓无耻之尤！子贡厌恶揭发别人的隐私却自以为直率的人。有些人到处刺探别人的隐私，然后将其播扬，还自认为是一个直率的人。孔子说过："直而无礼则绞。"一味直率，没有礼的节制，说话就会尖刻伤人。孔子又说："好直不好学，其弊也绞。"刺探、宣扬别人的隐私是不德的行为，却自以为是直率，是美德，实际上这是以耻为荣。

好恶是人之常情，圣人也有好恶，孔子说："唯仁人为能爱人，能恶人。"好恶是一种人人都具有的情感，但只有道德高尚的人，他的好恶才能得其中，他才能爱人，能恶人。说到底就是仁者胸怀广大，没有私心，境界高远，不是只看眼前，是非分明。

《大学》有句话说："好人之所恶，恶人之所好，是谓拂人之性，灾必逮夫身。"所好所恶颠倒了，灾害就来了。好恶很重要，一个人的好恶，虽然是个人情感的表达，其背后却有价值观的支撑。一个人的好恶恰恰表明了他是什么样的人，展现了一个人的人格和修养，显露了他的知识水平与对问题的判断能力。我们这一辈子犯的最大的错误，就是"好人之所恶，恶人之所好"，好恶完全颠倒了，以致产生一系列人生的悲喜剧，造成人生的错位。大家都知道，人的好恶会随着年龄、知识的增长而发生变化。晚清小说《老残游记》中逸云的一段话，很能体现人的好恶的变化：

> 德夫人道："……难道你现在无论见了何等样的男子，都无一点爱心吗？"逸云道："不然。爱心怎能没有？只是不分男女，却分轻重。譬如见了一个才子、美人、英雄、高士，却是从钦敬上生出来的爱心；见了寻常人却与我亲近的，便是从交感上生出来的爱心；见了

些下等愚蠢的人，又从悲悯上生出爱心来。总之，无不爱之人，只是不管他是男是女。”德夫人……又问道：“你是几时澈悟到这步田地的呢?”……逸云道：“……我十二三岁时什么都不懂，却也没有男女相。到了十四五岁，初开知识，就知道喜欢男人了，却是喜欢的美男子。怎样叫美男子呢？像那天津捏的泥人子，或者戏子唱小旦的，觉得他实在是好。到了十六七岁，就觉得这一种人真是泥捏的绢糊的，外面好看，内里一点儿没有；必须有点斯文气，或者有点英武气，才算个人，这就是同任三爷要好的时候了。再到十七八岁，就变做专爱才子英雄，看那报馆里做论的人，下笔千言，天下事没有一件不知道的，真是才子！又看那出洋学生，或者看人两国打仗要去观战，或者自己请赴前敌，或者借个题目自己投海而死，或者一洋枪把人打死，再一洋枪把自己打死，真是英雄！后来细细察看，知道那发议论的，大都知一不知二，为私不为公，不能算个才子。那些借题目自尽的，一半是发了疯痰病，一半是受人家愚弄，更不能算个英雄。只有像曾文正，用人也用得好，用兵也用得好，料事也料得好，做文章也做得好，方能算得才子；像曾忠襄自练一军，救兄于祁门，后来所向无敌，困守雨花台，毕竟克复南京而后已，是个真英雄！再到十八九岁又变了，觉得曾氏弟兄的才子英雄，还有不足处，必须像诸葛武侯才算才子，关公、赵云才算得英雄；再后觉得管仲、乐毅方是英雄，庄周、列御寇方是才子；再推到极处，除非孔圣人、李老君、释迦牟尼才算得大才子、大英雄呢！推到这里，世间就没有我中意的人了。既没有我中意的，反过来又变做没有我不中意的人，这就是屡变的情形。”（第五回《俏逸云除欲除尽 德慧生救人救澈》）

逸云是泰山尼姑庵里的一位尼姑，她的上述话道出了自己的爱恨历程与好恶变化：十四五岁，情窦初开，喜欢美男子；到十七八岁，就专爱才子英雄；再到十八九岁，又觉得只有诸葛武侯才算是才子，关公、赵云才算是英雄；变到极致，“除非孔圣人、李老君、释迦牟尼才算得大才子、大英雄”。人的好恶随着岁月、阅历的变化而变化，只有修养到了一定程度，才能摆脱个人主观情绪的困扰，理性、客观地对待一切事与人，其所好所恶才能发而皆中节。

17·25 子曰：“唯女子与小人为难养也，近之则不孙，远之则怨。”

这是《论语》中极为流行的一章，有人说就凭这一句，孔子把世界上一半的人给得罪了。批判孔子的人说，“唯女子与小人为难养也”，这是将女子与小人并列，是孔子歧视女性的铁证。这句话真的是这个意思吗？

大家看朱熹怎么来解释这一章，他说：“此小人，亦谓仆隶下人也。”这个地方的“小人”，不是指小民，也不是指道德低下的人，而是指奴仆、下人，尤其指宫廷里边给国君服务的那些人。相应地，这里的“女子”应指的是国君身边的那些女子，如卫灵公身边的南子等。

孔子说的每一句话都有具体的场景，《论语》编者对这些场景也许是清楚的，但两千多年过去了，当时具体的语境我们已不可知，这就增加了理解的难度。如孔子说：“吾未见好德如好色者也。”孔子真的是从来没有见过爱好德行就像爱好美色那样的人吗？显然不是。《论语》中孔子表彰了很多君子，像蘧伯玉、颜子等，孔子对他们称颂有加，他们好德不如好色吗？显然不是。孔子还说："鲁无君子者，斯焉取斯？"鲁国就有不少君子，有不少道德高尚的人，如果没有君子，他的学生的优点从哪学来的呢？孔子"吾未见好德如好色者也"这句话，在司马迁《史记·孔子世家》中还原了历史场景。卫灵公这个人有好贤之名，但没有好贤之实。他出去视察的时候，车队浩浩荡荡。卫灵公和夫人南子并坐在第一辆车上，却安排孔子乘坐第二辆车，孔子感到可耻，于是说："吾未见好德如好色者也。"孔子的这句话是针对卫灵公的。

"唯女子与小人为难养也"同样如此，这句话本来指的是特殊情况下的一批人，我们今天竟然把它泛化了，好像孔子骂尽天下女子。孔子为什么说他们"难养"？"难养"就是难伺候，即"近之则不孙，远之则怨"，过度地亲近这些人，他们就会放肆，没有规矩；疏远他们，他们又抱怨。

还有一种解释，"唯女子与小人为难养也"，其中的"女"不是指女性，而是指"汝"，这句话就被解释为只有你们这帮人和小人难以伺候。

孔子生活的时代，是以男性为中心的社会，没有男女平权的观念。几千年来，中国妇女乃至世界各地的妇女饱受压迫，直到近代，启蒙思想家大声疾呼：男女平权，女性才慢慢得到解放。当然，孔子是没有男女平权的观念的，但是这不意味着孔子歧视女性。孔子讲求孝道，整个儒家系统都讲求孝道，孝道不只包括孝敬父亲，还包括孝敬母亲。儒家还提倡乾坤并建，乾道是男性，坤道是女性，二者是不可或缺的。

17·26 子曰："年四十而见恶焉，其终也已。"

这句话的意思是，到了40岁仍然被人所厌恶，这个人这辈子就完了。

朱子解释，这是“勉人及时迁善改过也”。这个说法很有道理。古人认为十八九岁是弱冠之年，20 岁举行冠礼，30 岁而立，到 40 岁是成德之时，一个人应该真正成熟了，社会人格也塑造完成了。这时候重塑他，改变他，无论是男人还是女人，希望都不大。当然，孔子的意思并不是说到了这个时候就什么事都不要干了，依朱子解释，孔子是在勉励时人，必须及时迁善改过，不能再拖了，人生大好的时光所剩不多，只有努力修正自己，向君子人格奋进和努力，此生才不至于“其终也已”。

微子第十八

颜炳罡 解读

《微子》是《论语》的第 18 篇，这一篇分章比较少，只有 11 章。朱熹《四书章句集注》云："此篇多记圣贤之出处。"该篇记载了大量隐士、贤人的事情，记事性很强。《论语》一书有言有行，《微子》这一篇多记行，以行代言。这里面牵涉微子、箕子、比干、柳下惠、接舆、长沮、桀溺、荷蓧丈人、伯夷、叔齐、虞仲、夷逸、朱张、少连、大师挚、周八士等人。这些人物当中，既有仁人，也有高士，更不乏隐者，孔子对他们兼有称赞和评论。由这些人的出处进退，衬托出孔子周游天下时的礼节、进退之道。也可以说，在孔子周游天下的过程中，注重了原则性和灵活性的高度统一，体现了孔子"无可无不可"的行事风格。

18·1 微子去之，箕子为之奴，比干谏而死。孔子曰：“殷有三仁焉。”

这一章翻译成白话是，微子远离了商纣王的朝廷，箕子被纣王贬为奴隶，比干因劝谏而死。孔子说：“商朝末期有三位道德高尚的人。”

夏商周三代，夏代的开国之君是大禹，他治水有功，其子启继承了王位。从此以后，公天下变为家天下。夏朝末期，夏桀继位，他是个暴君，汤推翻了他的统治，建立了商朝。但商朝并没有把夏朝的人赶尽杀绝，因为禹是圣王，应该世代享受香火祭祀，所以商汤就建立小国来奉祀禹，这个小国就是杞国。商朝末年，商纣王残暴无道，周武王伐纣灭商，建立周朝。因为商朝开国之君商汤是圣王，应该世代享受奉祀，所以周朝就建立宋国来奉祀他，宋国的开国之君就是微子。微子，名启，商纣王之兄。他见纣王无道，谏而不听，就离开了朝廷。微子与孔子还有血缘关系，微子有个弟弟叫微仲，微子死后，微仲为宋国之君，他是孔子的远祖。

箕子是殷周之际的一位政治家，他是商纣王的叔叔，因封于箕，所以称为箕子。箕子也在朝中做官，他见商纣王暴虐无道，苦心劝谏，商纣王也不听，于是“被发而佯狂”，即装疯卖傻。商纣王就把箕子囚禁起来，贬为奴隶。等武王伐纣之后，释放囚徒，箕子就被释放了。周武王还专门拜访箕子，向他讨教治国平天下的大政方针。

比干，我们一般称其为王子比干，在诸葛亮之前，他是智慧的化身。《红楼梦》第三回描述林黛玉“心较比干多一窍，病如西子胜三分”，前一句是说她聪明，后一句是描述她的体态。比干是商朝大臣，商纣王的叔叔，也有人说他是商纣王的兄弟。他见纣王无道，不忍心商朝就此败坏在纣王的手里，于是竭力挽回，拼死劝谏，最后被纣王所杀，剖腹挖心。

大概孔子到了宋国，想起这三个人，思慕其高义，感叹其命运，于是发出由衷赞叹：商朝末期有三位仁人。仁人就是道德高尚的人。

这三个人同样面对商纣王，同样面对商王朝大厦将倾的局面，做出了三种不同的选择，一个是离开，一个是被囚，一个是被杀。在孔子看来，选择不同，命运不同，其心是一，这个心就是仁心。三个人都实现了“求仁得仁”，所以他们都是仁人。

18·2 柳下惠为士师，三黜。人曰：“子未可以去乎？”曰：“直道而事人，焉往而不三黜？枉道而事人，何必去父母之邦？”

这一章的大意是，柳下惠担任掌管刑狱的官，多次被罢免。有人问：“您不可以离开鲁国吗？”他说：“用正直的原则侍奉上司，去哪里而不被多次罢免呢？用不正直的原则侍奉上司，何必要离开自己的故国家园呢？”

柳下惠并不姓柳下，也不姓柳，他姓展，名获，字子禽（一字季禽）。古人死后，往往用一个字来评价其一生，这叫谥号。“惠”，就是他的谥号。谁给他起的这个谥号？据说是他的妻子起的。那么为什么称他柳下惠？一说他住在柳下，一说他的封地在柳下，故后人称他为柳下惠。柳下惠最著名的故事就是坐怀不乱，众所周知，广为流传。

“士师”是典狱官，就是管理刑狱的官。这不是很大的官，柳下惠竟多次被罢免。别人劝他：“你连遭羞辱，为什么还不离开鲁国呢？”他回答：“按公平正直的原则侍奉国君，到哪里不会被多次罢官呢？不按公平正直的原则侍奉国君，为什么一定要离开自己的祖国呢？”用俗语说就是，天下乌鸦一般黑，天下国君皆一般。所以孔子周游列国“干七十余君”，终不见用。后来有人说司马迁说得不对，孔子没有到过那么多国家。我认为，孔子“干七十余君”是有可能的。为什么？因为有好多小国是不出名的，可能消失在历史长河中，没有留下它的名字。

这一章其实和孔子关系不大，全文在说柳下惠，为什么会被编入《论语》？有人说：“此必有孔子断之之言而亡之矣。”就是说这章本来有孔子对柳下惠的评价，可惜在流传过程中散失了。这只是猜想，当然有一定道理。不过，也不尽然。因为《论语》中也有其他篇章没有孔子评语，不只是此一处。朱熹认为，柳下惠多次遭到羞辱也不离开鲁国，可见他这个人非常雍容大度，非常随和。柳下惠为什么不生气？第一，柳下惠眼光独到，他看问题非常通达，滔滔者天下皆是，自己走到哪里也摆脱不了这种结局，因而没有必要逃避。第二，柳下惠有自己的人格操守，有自己的坚持，有自己做人的底线。用今天的话说，就是有自己的节操，绝不为了利益牺牲自己的原则，牺牲自己的品格，牺牲自己做人的底线。所以朱熹说他“有确乎其不可拔者”，他有怎么也动摇不了的做人原则和底线。这两点不是历代儒者乃至我们今天应该具备的品格吗？编入《论语》不是合乎常理的吗？

18·3 齐景公待孔子曰：“若季氏，则吾不能，以季、孟之间待之。”曰：“吾老矣，不能用也。”孔子行。

这一章翻译成白话是，齐景公谈到孔子待遇时说：“像鲁国国君对待季氏那样对待他，我做不到，以低于季氏而高于孟氏的规格来对待他。”

又说："我已经老了，不能用他了。"孔子离开了齐国。

孔子35岁那年，季平子和郈（hòu）昭伯因为斗鸡的缘故引发了内乱，鲁昭公率领军队攻打季平子，季平子和孟孙氏、叔孙氏三家联合攻打鲁昭公。鲁昭公战败，逃奔到齐国。此后不久，鲁国大乱。孔子离开鲁国，来到齐国。

当时的齐国国君是齐景公，晏婴为相。齐景公是一位政治家，很愿意有所作为，又有贤相晏婴辅佐，所以此时的齐国处在历史上较好的时代。已过而立的孔子很想在政治上有所作为。齐景公知道孔子的才华与名望，向孔子请教如何来治理国家。孔子回答："君君，臣臣，父父，子子。"齐景公对孔子的治国主张大为赞叹。《史记·孔子世家》对此记载颇详：

> 景公问政孔子，孔子曰："君君，臣臣，父父，子子。"景公曰："善哉！信如君不君，臣不臣，父不父，子不子，虽有粟，吾岂得而食诸！"他日又复问政于孔子，孔子曰："政在节财。"景公说，将欲以尼溪田封孔子。晏婴进曰："夫儒者滑稽而不可轨法；倨傲自顺，不可以为下；崇丧遂哀，破产厚葬，不可以为俗；游说乞贷，不可以为国。自大贤之息，周室既衰，礼乐缺有间。今孔子盛容饰，繁登降之礼，趋详之节，累世不能殚其学，当年不能究其礼。君欲用之以移齐俗，非所以先细民也。"后景公敬见孔子，不问其礼。异日，景公止孔子曰："奉子以季氏，吾不能。"以季孟之间待之。齐大夫欲害孔子，孔子闻之。景公曰："吾老矣，弗能用也。"孔子遂行，反乎鲁。

晏婴在齐国的政治地位很高，齐景公非常信任他，他出面反对封赐孔子，孔子在齐国的政治前途也就渺茫了。晏婴的思想和孔子的思想非常接近，他也主张以礼治国，“君君，臣臣，父父，子子”这套理论，晏婴并不否定，他反对的是孔子及其学生进入齐国朝廷。齐景公在晏婴的影响下，借口说自己年老体衰，不能起用孔子。于是孔子就离开了齐国。

《孟子》一书记载，孔子离开齐国的时候，是“接淅而行”的。“接淅”是什么意思？古人淘米时要把米放在笼布上过滤掉水分，再放在笼屉上蒸。“接淅”就是水还没滤干，孔子就带着米离开了齐国。为什么孔子会“接淅而行”？有人说是因为当时有人要加害孔子的性命，所以他走得很匆忙，这是一种解释。按照孟子的本意，孔子离开鲁国的时候，“迟迟吾行”，这是“去父母国之道也”，即离开自己的父母之邦是非常不舍的，迟迟不前行。而齐国不是父母之邦，孔子在这个地方一分钟也不愿停留，所以赶快离开。这是孔子年轻时候到齐国的一次政治试探性的访问。

本章记载了孔子在齐、去齐的行为，接下来一章讲孔子怎么离开鲁国的。

18·4 齐人归女乐，季桓子受之。三日不朝，孔子行。

这一章的大意是，齐国赠送给鲁国歌姬舞女，季桓子作为鲁国的执政大夫，竟然接受了。季桓子（惑于女乐，）多日不上朝听政，孔子就离开了鲁国。

《论语》对这件事的记述十分简单，《史记·孔子世家》记述较为详细：鲁定公十四年（前 496），孔子由大司寇代理宰相职务。齐国人认为孔子掌握了国政，鲁国必将成为霸主，而齐国与鲁国距离最近，鲁国必将对齐国构成威胁。于是齐国挑选了 80 位容貌漂亮的女子，都穿着华丽的衣服，教以舞蹈；宝马 120 匹，披以文彩，送给鲁国。季桓子穿着便装偷偷前往观看再三，准备接受，就以外出巡视各处为名欺骗鲁君，乘机整天前往观看齐国的美女和宝马，连国家的政事也懒得去管理了。季桓子接受齐国的女乐，多日不上朝听政；郊祭时，又不将祭肉分赐给大夫，于是孔子离开鲁国。

说到底，齐国的女乐、宝马都是表面现象，孔子离开鲁国的深层原因是其执政理念与季桓子存在结构性矛盾。孔子的执政理念是强公室，弱三桓，而季桓子作为三家大夫的代表不可能同意此事，这才是孔子离开鲁国的根本原因。孔子这一生只有五年的为政时间，五年中由中都宰升为司空，又升为大司寇，短暂摄相事。孔子在鲁国的仕途如何，不取决于鲁国国君，而取决于季桓子。季桓子作为季孙氏的宗主，实际控制着鲁国的政权。公元前 505 年，季平子病逝，其家臣阳虎趁机囚禁季桓子，代替季氏在鲁国执政三年。阳虎之乱平定后，季桓子重新执政，因孔子不跟阳虎合作，坚守了他的原则，于是季桓子执政期间就重用孔子，一度与孔子配合比较默契。但是后来孔子为什么非走不可？难道仅仅是因为季桓子三日不朝吗？难道仅仅是因为那块祭祀的肉吗？不是，它有更深层的原因。因在“堕三都”问题上，孔子触及三家大夫的利益，与季桓子产生矛盾，季氏将孔子逼走，于是孔子开始周游列国。

18 · 5 楚狂接舆歌而过孔子曰：“凤兮，凤兮！何德之衰？往者不可谏，来者犹可追。已而，已而！今之从政者殆而！”孔子下，欲与之言。趋而辟之，不得与之言。

这一章的大意是，楚国的狂人接舆唱着歌从孔子的车子前头走过，歌词说：“凤啊，凤啊！你为什么这么不幸呢？过去的已经无可挽回了，未来的还是可以赶得上的。罢了吧，罢了吧！现在的从政者危险了。”孔子下车，想与他说话。狂人赶快避开，孔子无法和他说话。

李白有诗“我本楚狂人，凤歌笑孔丘”，说的就是这回事。楚狂就是楚国的狂人。这个狂人是真狂，还是佯狂？在孔子眼里，他可能是举世皆醉的独醒者，是位隐逸的高人。楚狂不是看不起孔子，在孔子最为落魄的时候，他以凤比喻孔子，足见其独具慧眼。

凤凰、麒麟，在中国古代是祥瑞的象征。这种象征什么时候才出现？有圣人在世的时候才出现，如有文王而凤鸣岐山。楚狂以凤比喻孔子，生在乱世，孔子是何其不幸，但作为人中龙凤，孔子又是何其荣耀！

“往者不可谏，来者犹可追”，过去的一切已经无可挽回了，但未来还可以赶得上。楚狂让孔子追什么？追上他，去做一位隐者吗？显然不是。楚狂连声感叹：“已而，已而！今之从政者殆而！”罢了吧，罢了吧！现在的从政者危险了。楚狂不狂，而是佯狂，是一位清醒的政治观察者，对当下政治分析非常到位。他有自己的政治选择，在他看来，天下的国君没有一个是可以侍奉的，而过去孔子一直在努力寻找贤明的国君来实现自己的政治理想，这在楚狂看来是昔日之事，是不可谏的往事；罢了吧，罢了吧，不要做这种无谓的努力了，现在的从政者都非常危险，还是想想未来怎么办吧。孔子从其歌声里发现这是位值得一起讨论问题的人，于是下车与之交流，结果楚狂有意避开了。

“孔子下”三字，一向有不同的解释，一是说孔子下车，一是说孔子下堂。我们认为，下车的可能性比较大，而下堂有点牵强。子“欲与之言”，想要跟他说话，楚狂“趋而辟之”，赶快避开了，结果孔子没有跟他说上话，是为历史的遗憾。如果孔子与楚狂有一段对话，一定会很精彩。

18·6 长沮、桀溺耦而耕，孔子过之，使子路问津焉。长沮曰：“夫执舆者为谁？”子路曰：“为孔丘。”曰：“是鲁孔丘与？”曰：“是也。”曰：“是知津矣。”问于桀溺。桀溺曰：“子为谁？”曰：“为仲由。”曰：“是鲁孔丘之徒与？”对曰：“然。”曰：“滔滔者天下皆是也，而谁以易之？且而与其从辟人之士也，岂若从辟世之士哉？”耰而不辍。子路行以告。夫子怃然曰：“鸟兽不可与同群，吾非斯人之徒与而谁与？天下有道，丘不与易也。”

本章是讲孔子周游列国途中与隐者的交往。大意是，长沮、桀溺两个人一起耕种土地，孔子从他们耕种的土地旁边走过，派子路向他们打听渡口的位置。长沮就问：“拿着马缰绳的人是谁？”子路回答：“是孔丘。”长沮又问：“是鲁国那个孔丘吗？”子路回答：“是。”长沮说：“他已经知道渡口在哪了。”子路问桀溺。桀溺说：“你是谁？”子路说：“我是仲由。”桀溺说：“你是鲁国孔丘的弟子吗？”子路说：“是的。”桀溺说：“丑恶世道如洪水滔滔，到处都是，你们同谁去改变它呢？而且你与其跟着躲避坏人的人，还不如跟着我们这些躲避恶质社会的人呢。”说完，依然不停地做田里的农活。子路回来后把情况告诉了孔子。孔子很失望地说：“人是不能与飞禽走兽合群共处的，如果不同世上的人打交道，还能与谁打交道呢？如果天下太平，我就不会与你们一起来改变它了。”

许多隐者都不是真正的隐者，都没有忘情于政治，而是因对政治失望而不得已选择避世，看起来超然世外，实际上对政治洞若观火，往往成为现实政治的冷静、理性的观察者、分析者与评判者。孔子与他们不同，他没有也绝不会选择避世，他选择避人，他有权利选择与谁合作，不与谁合作，他会避开昏暗、残暴的国君，避开犯上作乱、不守礼法的执政大臣。孔子“干七十余君”，目的在于避开昏君，找到贤明之君，这在隐者看来，是孔子对现实政治存有幻想，没有将社会看透。

问题是隐者为什么说孔子是知津者？既然知津，为什么还要问？一般的解释是说孔子周游天下，各处都去过，他应该知道渡口在哪儿，问是多此一举。津是由此达彼的桥梁，通过这个地方可以渡到那个地方。在这里，津已经不是实质上的渡口了，而是指挽救世界的方法，挽救礼崩乐坏的方法，能够把世界由不好变得更好的方法。这样的话，也许能够解释为什么说孔子是知津者了。这是一个隐喻、借喻，借知津来说明孔子知道拯救世界的方法，由不理想到达理想的方法。这样的话，当然是对孔子的一个比较高的评价。

“鸟兽不可与同群，吾非斯人之徒与而谁与？天下有道，丘不与易也”，这是孔子对长沮、桀溺的回应，也是对一切隐者的回应。人的力气没有牛大，跑得没有马快，牙齿没有老虎锋利，而人高于庶物，贵于庶物者，何也？人何以是万物之灵？依荀子的话说，“人能群，彼不能群”。合群与不合群，是自然、本能的生存，还是社会性生存，这就将人与动物区别开了。孔子说我们人类已经脱离动物界了，不可能再回到禽兽生活的方式，再回到丛林法则当中，再回到没有政府、没有组织的无序社会状态当中。人类文明已经发展到这一程度了，人只能过人的生活，不能过鸟兽的生活。为人类前途与命运计，人类社会只能向更文明、更发达、更安适的方向发展。回到原始状态中去，与鸟兽同群，如挟泰山以超北海，非不为也，是不能也。

“鸟兽不可与同群，吾非斯人之徒与而谁与？”既然鸟兽不可与同群，那我们与谁同群，与谁一起干事创业呢？每一个个体都是具体的存在，不是抽象的存在，我们生活在现实社会中，注定只能与现实的人打交道，只能生活在当下的社会中。有人说我早生 50 年或晚生 50 年该有多好，可能吗？不可能。我们只能生活在具体的历史时空中，古人将人的这种限定性叫“命”。我们就生活在这一时空，只能和现在的人打交道，在这一特殊的时空环境中成就自己，实现人的理想价值。

“天下有道，丘不与易也”，这句话真正透露了孔子的使命感、担当感。正是因为天下无道，才需要我们；天下有道，孔子及其弟子还会出来改变它吗？在一个有道的世界里面，每个人都享受自己的生活，各尽其能，人人君子，家家和美。天下无道，所以才需我辈，因为我们的社会文明程度还不够高，我们的社会发展程度还不够高。用今天的话说，伟大的中国梦还没有实现，我们的民族还没有实现伟大复兴，所以才需要我们去努力、去奋斗、去想办法早日促成民族复兴。天下无道，正需我辈，沧海横流，方显英雄本色，正是在被需要中，成就自己的人生理想，实现自己生命的价值。

这一章和上一章，最能突显孔子和隐者的区别。孔子与隐者的区别，在于遇见了社会问题，是迎难而上、积极有为、敢于担当，还是退缩、畏难、逃避。迎难而上、积极担当，这是儒家的态度；隐退、明哲保身、自我保护，这是隐者的态度，这一态度为后世道家所传承。

18·7 子路从而后，遇丈人，以杖荷蓧。子路问曰："子见夫子乎？"丈人曰："四体不勤，五谷不分，孰为夫子？"植其杖而芸。子路拱而立。止子路宿，杀鸡为黍而食之，见其二子焉。明日，子路行以告。子曰："隐者也。"使子路反见之。至则行矣。子路曰："不仕无义。长幼之节，不可废也；君臣之义，如之何其废之？欲洁其身，而乱大伦。君子之仕也，行其义也。道之不行，已知之矣。"

这一章的大意是，子路跟随孔子，却落到了后面，碰到一个老人，用拐杖挑着除草工具。子路问："您看见我的老师了吗？"老人说："我手脚不停地劳作，五谷还来不及播种，哪里顾得上你的老师是谁？"说完，便拄着拐杖除草。子路拱着手恭敬地站着。他便留子路到他家住宿，杀鸡、做黄米饭给子路吃，又叫他两个儿子出来相见。第二天，子路赶上孔子，汇报了这件事。孔子说："这是位隐士。"叫子路返回去见他。子路到了那里，他却走了。子路说："不做官是不合乎道义的。长幼间的关系，是不可能废弃的；君臣间的关系，怎么能废弃呢？不想玷污自身的清誉，却无视了君臣间的大伦理，这怎么可以呢？君子出来做官，是为了推行道义。主张不能实行，我早就知道了。"

本章不是孔子面对隐者所做出的回应，而是通过子路之口来表明孔子及其弟子对当时隐者的一种态度，或者表达他们不同于隐者的生活态度和政治主张，表明孔子及其弟子积极入世的缘由。

子路跟随孔子周游列国的途中，落在了后面，和孔子的队伍走散了。子路向一位丈人询问孔子的去向，“丈人”就是年龄高的人，这位老者用一根拐杖挑着一个除草的工具。子路问：“您见过我老师了吗？”这个老者竟然回答：“四体不勤，五谷不分，孰为夫子？”在批孔年代里，这句话是批判孔子的有力证据，理由是当时人认为孔子“四体不勤，五谷不分”，四肢不劳动，五谷分不清，就是不从事生产劳动的剥削阶级的代表。“四体不勤，五谷不分”还有另一种解释，即老者说的是自己，不是孔子，四肢不停地劳作，五谷还来不及播种，哪有空闲去到处观察你的老师？我们认为，以前一种理解去解释“四体不勤，五谷不分”并以此论断孔子，是对孔子的误解。孔子自幼就是勤奋之人，他小的时候，生活相当穷困，3岁的时候父亲就去世了，由年轻的母亲抚养长大，如果四体不勤，五谷不分，没有生活自理能力，他就无法生存。孔子说自己：“吾少也贱，故多能鄙事。”（《论语·子罕》）“鄙事”就是各种粗活。这些活，贵族子弟是不愿做的，体面的人也不会做，孔子却样样都可以做。孔子的父亲去世前，给他留下仆人了吗？在曲阜给他买好宅院了吗？留下钱安顿孔子及其母亲了吗？统统没有。所以，孔子早年的生活是非常艰辛的。后来孔子还做了乘田、委吏之类的官，实际上就是管理牛羊、仓库的小官。孔子管理牛羊，让牛羊长得膘肥体壮；管理仓库，把账目算得清清楚楚。孔子可谓干一行爱一行，爱一行精一行，用今天的话说就是爱岗敬业的典范，所以怎能说孔子“四体不勤，五谷不分”呢？

孔子说自己的一生是“学而不厌，诲人不倦”“发愤忘食，乐以忘忧，不知老之将至”。他的一生是多么勤奋，老了还发愤忘食。人们对此会说，孔子的勤是动脑勤，不是四体勤，但孔子从习礼到弹琴，从驾车到射箭，都很高明，都需要四肢的勤。如《礼记·射义》记载："孔子射于矍相之圃，盖观者如堵墙。"孔子射箭时大家都来围观，水泄不通，没有力气射箭能拉开弓吗？所以，"四体不勤，五谷不分"这 8 个字不可能说的是孔子。

老人"植其杖而芸"，继续耕作，"子路拱而立"，子路只好拱手站在那里。子路与老者对话时，天色已晚，老者"止子路宿"，让子路在家里住下来，还"杀鸡为黍而食之"，杀鸡为黍以招待子路。"黍"是一种精细的小米，"为黍"即蒸细米饭，说明老者将子路当贵客招待。"见其二子焉"，老人还有两个儿子，他把两个儿子喊出来，和子路相见。

在老者家中住了一夜，第二天子路继续追赶老师。"明日，子路行以告"，子路见到老师后，就把自己见到老者的事情向孔子做了汇报。孔子说："隐者也。"这是位隐士、高人。"使子路反见之"，让子路返回去再看那位老人。"至则行矣"，子路回到见老者的地方，结果这一家人都搬走了。

老者一家为什么要搬家呢？是因为已经被子路发现了，担心子路找上门，或者担心子路告诉他人，从此隐居生活不再宁静吗？对此子路大发感慨，他说："不仕无义。长幼之节，不可废也；君臣之义，如之何其废之？欲洁其身，而乱大伦。君子之仕也，行其义也。道之不行，已知之矣。"这是子路借老者行为抒发的一番评论，显示出儒家对待隐者的态度，表明儒家必须出仕的理由。子路认为，不出来做官是不合乎道理的，有理想、有抱负、有治国理政的才能，为什么要隐而不见呢？为什么不出来做官呢？现代知识分子的出路多了，可以当老师，可以当作家，可以当记者，可以当主持人，可以当企业高管，可以自己创业，有各种各样的行当，都可以施展自己的才华。但在孔子那个时代，知识分子的唯一出路就是出来做官，做社会的管理者，这是他们实现自身价值和人生理想的唯一手段。阳货之问："怀其宝而迷其邦，可谓仁乎？"对隐者很有启发意义。

"长幼之节，不可废也"，父子之间、兄弟之间的伦常关系是不可废弃的。这位老者有两个儿子，两个儿子也有长幼之分，他与儿子之间也有父子之伦，他不仅没有废除长幼之节，而且处理得很好。子路不禁反问："君臣之义，如之何其废之？"长幼之节是血缘伦理，那君臣之义是什么？是社会伦理、政治伦理。长幼之节不可废，君臣之义就能废吗？当然，子路的意思是政治伦理也不能废，它对社会同样重要。

"欲洁其身，而乱大伦。"隐者的通病，就是天下皆浊我独清，天下皆醉我独醒。为了自己的清、自己的醒，难道就能破坏大伦吗？因为政治腐败，官场黑暗，隐者为了保持自己的高洁，不被政治的污泥浊水溅到身上，就不出仕而选择隐退。子路认为这种人为了自身的高洁而乱了大伦，即扰乱了社会最根本的伦理。

君臣一伦是根本伦常，是大伦，隐者避世而居相当于把这个伦常破坏了。"君子之仕也，行其义也。"君子为什么要出仕？目的在于推行仁义，为了实现自己的理想，为了实现社会道义。然而，理想丰满的子路，话锋一转，说"道之不行，已知之矣"，理想推行不下去，我早已经知道了。孔子不知道吗？孔子当然知道。知道道之不行，为什么他还栖栖遑遑、到处奔走？为什么还要寻求一位贤明的国君来推行自己的政治理论、政治主张？正是"知其不可而为之"，知道自己的主张行不通，还是要勉力去做，这是孔子的精神。

当官是为了什么？子路在这个地方做了回答，这一回答完全可以代表孔子，也可以说是孔子给我们的一个很好的答案。做官不是为了自己，而是为了社会大伦，是为了实现仁道理想于天下，为了伸张大义于天下，简而言之，即为天下生民而做官，不是为了一己之私而做官。

《微子》这一篇中的许多章节都是借事言理，有人物、有场景、有情节、有对话，借助故事以及人物场景对话，阐明儒家的道义，这就叫以事言理。韩国有位学者专门研究《论语》，他跟我说《论语》的许多章节都是独幕话剧，都可以让学生演绎出来，在他的课堂上，他会和学生把《论语》一些章节排成独幕话剧来表演。我认为这一章节就适合话剧表演。

18·8 逸民：伯夷、叔齐、虞仲、夷逸、朱张、柳下惠、少连。子曰："不降其志，不辱其身，伯夷、叔齐与！"谓："柳下惠、少连，降志辱身矣，言中伦，行中虑，其斯而已矣。"谓："虞仲、夷逸，隐居放言，身中清，废中权。我则异于是，无可无不可。"

这一章的大意是，散落在民间的高人有：伯夷、叔齐、虞仲、夷逸、朱张、柳下惠、少连。孔子说："不降低自己的意志，不辱没自己的身份，这是伯夷、叔齐吧！"又说："柳下惠、少连，降低自己的意志，辱没自己的身份，但说话合乎伦常，做事合乎人心，他们只做到了这些。"又说："虞仲、夷逸，过着隐居的生活，说话很随便，能洁身自爱，离开官位合乎权宜。我却和这些人不同，可以这样做，也可以那样做。"

什么叫"逸"？就是散落、安闲之意。"逸民"就是散落、失散在民间的人。一些高人雅士离开了朝堂，当然就是散落了，散落到哪儿呢？散落到民间。在“二十四史”当中，有些史书专门给这些人作传，称《逸民列传》或《隐逸传》。

“逸民”都有谁呢？这里共列举了伯夷、叔齐、虞仲、夷逸、朱张、柳下惠、少连七位。伯夷、叔齐，是《论语》当中经常出现的两个人。他们是商朝末年孤竹国君的两个儿子，都非常有贤能，但是国君特别喜欢叔齐，想把国君之位传给他。伯夷为了弟弟能顺利继位，于是就离开了朝堂，隐居在首阳山下。叔齐觉得国君之位应该是哥哥的，自己不应该当国君，于是他也离开了朝堂，跟随哥哥来到了首阳山下。商朝末年，周武王起兵伐纣，这两个人叩马而谏，就是拉着武王的马劝谏，让他不要去讨伐纣。当然周武王没有听他们的，而是伐纣灭商，建立周朝。作为商朝遗民，这兄弟俩不食周粟，即不再吃周朝生产的粮食，饿死于首阳山。孔子称颂他们，“不降其志，不辱其身”，坚贞不屈，气节高尚。

“柳下惠、少连，降志辱身矣，言中伦，行中虑，其斯而已矣”，此句是孔子对柳下惠、少连这两个人的评价。柳下惠为士师，多次被罢免，仍然不离开父母之邦，依然在朝堂做官，是位名贤。少连，东夷人之子，史称他“善居丧”。什么叫“善居丧”？就是说他在居丧期间的行为合乎规范，成为大家的榜样。

柳下惠多次被免官，但起用他时，他还出来做官。在许多人看来，每一次免官，都是一次羞辱。但柳下惠不这样想，只要国君起用他，他就去做官；只要做官，就要坚持自己的原则，他认为：国君可以罢免我，也可以起用我，但不能改变我做官的原则。从多次被罢免，但仍然出来做官的意义上说，此谓“降志辱身矣”。他不像伯夷、叔齐那样清高，毅然离开朝堂，不食周粟。

什么叫“言中伦，行中虑”？他们说话合乎伦常，做事合乎人心，没有违背人之大伦，不是“欲洁其身，而乱大伦”的隐者。换句话说，就是“言思忠，事思敬”，说话时要考虑是否忠诚，办事时要考虑是否认真。“其斯而已矣”，在孔子看来，柳下惠、少连不过如此罢了。放在今天，“言中伦，行中虑”也是非常难能可贵的品德。

虞仲是古公亶父的第二子，也就是周文王的二伯父。古公亶父有 3 个儿子，老大叫泰伯，老二是虞仲，老三是季历，季历就是周文王的父亲。《论语》有一篇《泰伯》，开篇即说：“泰伯，其可谓至德也已矣！三以天下让，民无得而称焉。”泰伯的德行太高尚了，找不出一个词能恰当地称颂他。作为老二的虞仲与泰伯一样，为了让三弟季历顺利继位，也出走朝堂，来到吴国。泰伯让，虞仲让，季历得以顺利继承王位。此后周文王、周武王一脉相承，才有周之天下。

相传夷逸是周朝一位隐而不见的高人，有人劝他出来做官，他以牛为喻，说：你看到那头牛了吗？我宁愿套上犁头，在田野里耕作，也不愿意披上纹绣，进入太庙作为牺牲。在田野里耕作还可以活命，做了牺牲就成了祭祀时用的牛，虽然很尊贵，还披上纹绣，结局却只有一个，杀了做祭品。出仕做官，就是做牺牲的牛；隐而不见，就是套上犁头在田野里耕作的牛，虽然很辛苦，但自由自在。

孔子评论虞仲、夷逸：“隐居放言，身中清，废中权。”“隐居放言”，“隐居”是说他们不出来做官；“放言”是说他们关心时政，评议朝政。隐和显是相对的，出世与入世也是相对的，夷逸隐居，虞仲也隐居，但他们放胆直言，敢于说话，发出正义的声音。放胆直言的前提是自己身正，没有瑕疵，没有把柄在别人手里，才可以批评别人。“身中清，废中权”，“身中清”即立身清白，没有污点；“废中权”即弃官不做，合乎权变之道。废与用相对，用就是被国君起用，出仕为官，理民听政；废就是不被用、废弃。废有两种，一种是被国君所废，不再起用；一种是自废，有官而不做，有才而隐居。做一位现实政治的批评者，不出来做官，这是虞仲、夷逸，其虽然隐居，虽然不出仕，但合乎权变之道。

朱张，其事不可考。王弼认为：“朱张，字子弓，荀卿以比孔子。”我认为这不可信，因为子弓，很多人认为即仲弓，他是孔子之后对儒家学说有所继承的人，不会早于孔子，而此章是孔子对其以前高人的总结。另外，仲弓是不会做逸民的，所以仲弓不会是朱张。

最后，孔子自我评价，说自己与前面提到的所有人都不同，自己是“无可无不可”。孔子认为他与伯夷、叔齐不同，与柳下惠、少连不同，与虞仲、夷逸不同，与朱张也不同，他是“无可无不可”。对孔子而言，没有什么绝对的可，也没有什么绝对的不可，可而不可，不可而可，随一心之妙用。

18·9 大师挚适齐，亚饭干适楚，三饭缭适蔡，四饭缺适秦，鼓方叔入于河，播鼗武入于汉，少师阳、击磬襄入于海。

这一章的意思是，大师挚去了齐国，亚饭干到了楚国，三饭缭去了蔡国，四饭缺去了秦国，鼓方叔到了河滨，播鼗武去了汉水，少师阳、击磬襄入居海边。

这一章是说鲁国的乐团是怎么样解体、云散四海的。鲁国一度是中国礼乐文化最为繁盛的地方，也是中国礼乐文化的中心，但是到了孔子时代，礼崩乐坏，乐官四散。

这些人都是鲁国的乐官，都是顶级音乐人才，然而由于鲁国经济财力入不敷出，以及国君昏庸不再重视人才，逼迫这些乐师自谋出路，一个顶级乐团解散了。孔子深为之惋惜！

18·10 周公谓鲁公曰："君子不施其亲，不使大臣怨乎不以。故旧无大故，则不弃也。无求备于一人。"

这一章的大意是，周公对鲁公说："一个有道的国君不疏远他的亲族，不使大臣怨恨没有被任用。故旧朋友如果没有大的过错，就不要抛弃他们。不要对一个人求全责备。"

周公是西周时期最伟大的政治家、思想家，是中国礼乐文化系统的重要奠基人，是孔子心目中最理想的人物。孔子 3 个月不梦周公，就感叹："甚矣吾衰也！久矣吾不复梦见周公。"孔子的理想就是成为周公式的人物。

鲁公是周公之子，名伯禽，是鲁国的首位国君。周公是位大政治家，他将自己的治国理政经验传授给儿子，就给鲁公说了这番话。周公告诉儿子"君子不施其亲"，"施"，同"弛"，即疏远、怠慢的意思。作为一位有道国君，不要怠慢了自己的亲族。西周社会是一个以血缘伦理构成的社会，社会的稳定、权力的巩固都要依靠血缘关系发挥作用。周公治国强调"亲亲""尊尊"，"亲亲之杀，尊贤之等，礼所生也"，用人要用亲人，不能疏远亲人。这是不是就是我们现在所说的任人唯亲呢？当然是。不过，在西周时期“家天下”的局面下，这是巩固政权的主要手段。

“不使大臣怨乎不以”，不要使大臣抱怨自己没有被任用。如何对待大臣是对国君的重要考验，有些大臣功高震主，往往对国君的权力构成威胁，而国君担心自己的权力被架空，往往排斥乃至杀功臣。念旧恩、思功臣，是周公执政的重要指导思想。

“故旧无大故，则不弃也”，过去的故旧大臣没有大的过错，就不要舍弃他们。这一条还是讲用人政策与用人原则。不忘故旧、不忘老友，这是周公政治思想的特点，也是鲁国的历史文化传统。这一文化传统有利有弊，利在政治有人味，不是冷血政治，是有温度的政治，弊在守成有余而创新、进取不足，是保守主义的政治。

“无求备于一人”，不要对一个人求全责备。在周公看来，“金无足赤，人无完人”，人有所能，也有所不能，有所长，必有所短，在一个人身上追求完美是不可能的。这些话语对于我们今天使用人才仍有启发意义。

18·11 周有八士：伯达、伯适、仲突、仲忽、叔夜、叔夏、季随、季騧。

大意是，周朝有8位名士：伯达、伯适、仲突、仲忽、叔夜、叔夏、季随、季騧。

八士的生平与事迹已不可详考，有学者认为八士是周成王时期的人，也有学者认为他们是周宣王时期的人。《春秋繁露·郊语》：“四乳而得八男，皆君子俊雄也。”东汉经学家包咸注：“四乳生八子，皆为显士。”即周朝时期，有位母亲四胎生了 8 个儿子，这 8 个儿子都成为有名人士。这在当时是奇迹，所以记载下来了。这兄弟八人按照伯、仲、叔、季来排行，即伯达、伯适、仲突、仲忽、叔夜、叔夏、季随、季騧。孔子记载这一案例，旨在说明周朝初期之所以繁荣昌盛，在于人才济济。

《微子》篇从“殷有三仁”开始，到“周有八士”结束，该篇从始至终贯穿着对高人雅士的期待，对人才的渴望，贯穿着出仕与隐退之间的冲突与张力。作为人才，作为高人雅士，身处衰世乃至乱世，是出而行道，以道易天下，还是知难而退，明哲保身，千百年来纠结与拷问着知识分子的灵魂。天下腐朽黑暗，“殷有三仁”而纣王不用，商朝灭亡；“周有八士”而见用，周朝兴起；一兴一亡，士命与国运联系在一起。士人命运好则国运好，士人命运衰则国运衰，这是该篇给我们最大的启示。朱熹对该篇有一个总结：“此篇孔子于三仁、逸民、师挚、八士，既皆称赞而品列之；于接舆、沮、溺、丈人，又每有惓惓接引之意。皆衰世之志也，其所感者深矣。在陈之叹，盖亦如此。三仁则无间然矣，其余数君子者，亦皆一世之高士。若使得闻圣人之道，以裁其所过而勉其所不及，则其所立，岂止于此而已哉?”朱熹对《微子》一篇的总结仍然是偏于表面的，没有透过这些表面现象看到其实质，对《微子》篇编纂者的心意还是没有领会到位。

子张第十九

刘瑾辉 解读

《子张》篇共计 25 章，主要阐释学与仕的关系。孔子以君子与小人在过失面前的不同表现，倡导学而不厌、不耻下问。

本篇围绕着“道”展开：首章阐述对士的总体要求；第 2 章则说明为“道”的正确态度——不但要信“道”，而且要坚定不移；第 4 章和第 12 章告诉人们“道”有小大，应区别对待；第 5~7 章指明实现“道”的途径——勤奋好学；第 14、17、18 章论“孝”，明言要志于“道”，首先要从孝敬父母开始；最后 4 章借不懂“道”之人对孔子的误解，阐述孔子的“大道”，赞美孔子之“道”的玄妙高深。

19 · 1 子张曰：“士见危致命，见得思义，祭思敬，丧思哀，其可已矣。”

“士”，上古掌刑狱之官。商、西周、春秋时期士为最低级的贵族阶层，多为卿大夫的家臣。春秋末年以后，士逐渐成为统治阶级中知识分子的通称。士人是中国古代才有的一种特殊身份，是中华文明发展过程中所独有的一个社会精英群体。他们是脱离具体生产劳动的读书人，他们学习知识，传播文化，政治上尊王，学术上循道，周旋于道与王之间。他们是国家政治的参与者，又是中国传统文化的创造者、传承者。“致命”，献出自己的生命。“得”，段玉裁《说文解字注》：“行而有所取，是曰得也。《左传》曰：凡获器用曰得。从彳（chì，小步慢走的样子），㝵（dé）声。”“哀”，是一种特殊的心理状态，指耳闻、目睹、感触到外物时，内心有所触动而发出的叹息声。

本章的意思是，子张说：“士遇见社会和他人危险时能毫不犹豫地献出自己的生命，看见有利可得时能考虑是否符合义的要求，祭祀时能做到严肃恭敬，居丧时能做到悲痛哀伤，这样就可以了。”

本章是子张对孔子部分思想的总结。“见危致命，见得思义”是君子之所为，在国家民族需要的时候，君子会毫不犹豫，勇于献身；同样，在有利可图的时候，他们首先考虑这样做是否符合义的规定，这是孔子思想的要义所在。孔子在《论语》中多次强调这点，比如他在《论语·宪问》中曰“见利思义，见危授命”，在《论语·季氏》中强调“九思”之一为“见得思义”。子张，即颛孙师，字子张，春秋时陈国人，“孔门十二哲”之一。“十二哲”初名“十哲”，始于唐开元八年（720），朝廷接受何休等人建议，命以圣门四科弟子（德行：颜渊、闵子骞、冉伯牛、仲弓；言语：宰我、子贡；政事：冉有、子路；文学：子游、子夏）从祀。宋咸淳三年（1267），升颛孙师为“十哲”之一。清康熙五十一年（1712），升朱熹位居“十哲”之后。乾隆三年

(1738)，升有若为“十二哲”之一，居颛孙师之后、朱熹之前。“十二哲”配祀于大成殿内，位于殿内东西两端，每端各6位，东面为闵子骞、仲弓、子贡、子路、子夏、有若；西面为冉伯牛、宰我、冉有、子游、子张、朱熹。

“祭思敬，丧思哀”，孔子在《论语·八佾》中也说“临丧不哀，吾何以观之哉”“祭如在，祭神如神在”“吾不与祭，如不祭”。“祭思敬，丧思哀”又可归纳为“慎终追远”，就是希望慎重地办理父母丧事，虔诚地祭祀远代祖先，认为如此才能“民德归厚”。

子张在孔子思想的基础上，指出士人应具有三种品质：对国家要忠，对社会要义，对故亲要孝。子张弘扬孔子思想，目的是警醒士人做官要选择有道之邦，一旦居其位，就要担其责，当国家遇到危难时应挺身而出，舍生取义，杀身成仁。《荀子·荣辱》曰：“先义而后利者荣，先利而后义者辱。”陆九渊《与郭邦逸》云：“君子义以为质，得义则重，失义则轻，由义为荣，背义为辱。”都与孔子思想异曲同工。

自古以来，中华民族不乏“见危致命”者。古代岳飞是践行“见危致命”的典范，他精忠报国，美名流芳百世。新时代，中华儿女中“见危致命”者层出不穷。2020年初，新冠病毒在中国肆虐，在无法确知新冠病毒传播途径、传播速度、危害性、病死率的情况下，无数白衣天使临危受命，奔赴抗疫第一线。他们是践行“见危致命”的表率，是新时代最可爱的人，他们的精神闪烁中华，称誉世界。

19·2 子张曰：“执德不弘，信道不笃，焉能为有？焉能为亡？”

“执”，最早见于商代甲骨文，其古字形象是用刑具将一个人的双手铐住，本义指捕捉、捉拿，引申为握着、拿着。“弘”，始见于甲骨文，本义指发弓的声音，引申为大、扩充，即发扬光大。“笃”，坚定，专一。“亡”，同“无”，没有。邢昺在《论语注疏》中云：“弘，大也。笃，厚也。亡，无也。言人执守其德，不能弘大，虽信善道，不能笃厚。”

本章的意思是，子张说：“坚守德但未能发扬光大，信仰真理而不能忠实坚守，这样的人有他不多，没他不少。”

本章论述“执德”与“信道”应有的态度，强调不仅要“执德”，还要“弘德”，应将“德”发扬光大；不但要“信道”，还必须“笃”，应坚定不移，坚持“遁世不见知而不悔”（《中庸》），做到默默无闻不被理解而不后悔。

看见别人做好事，心里一定肃然起敬；看见人家有好画，心里也很欣赏；读书时感到书中的道理很对，也很开心。但自己没有照着做并弘扬之，此乃“执德不弘”。明知道这个道理是对的，但在处理具体事情的时候，往往受个人性情影响，忘了道理，此乃“信道不笃”。故朱子曰：“有所得而守之太狭，则德孤；有所闻而信之不笃，则道废。”

“执德不弘”是从广度而言的，“信道不笃”是从深度而言的。执德、信道相互发见，互文足义。执德、信道者若既不能推己及人，使其有广度，又不能求己自坚，坚守善道，使其有深度，则空有洁身自好之虚名，而无笃厚成事之功。所以说此等人有之不为多，无之不为少，无足轻重。皇侃《论语义疏》有云：“有德不能弘大，信道不务厚至，虽有其怀，道德蔑然，不能为损益也。”邢昺《论语注疏》亦云：“人之若此，虽存于世，何能为有而重？虽没于世，何能为无而轻？言于世无所轻重也。”李颙《四书反身录》说："执德是持，守坚定宏，则扩所未扩。信道是心，孚意（情投意合）契笃，则始终如一。既宏且笃，方足以任重致远，做天地间大补益之事，为天地间有关系之人。若不宏不毅，则至道不凝（注意力集中），碌碌一生，无补于世。世有此人，如九牛增一毛，不见其益。世无此人，如九牛去一毛，不见其损。何足为轻重乎？"都是贬抑不弘、不笃之辈。历朝历代，执德与信道者多，弘德与笃道者少，更有甚者，口中执德、弘德，行为失德；人前信道、笃道，私下背道。不管什么时代，失德背道者都为人们所唾弃。

19·3 子夏之门人问交于子张。子张曰："子夏云何？"对曰："子夏曰：'可者与之，其不可者拒之。'"子张曰："异乎吾所闻：君子尊贤而容众，嘉善而矜不能。我之大贤与，于人何所不容？我之不贤与，人将拒我，如之何其拒人也？"

"交"，《说文解字》："交胫也。"本义是反叉两腿而立，引申为彼此连接、接触，后又引申为结交、交情、友谊。"可者与之"的"与"，交往、结交。"拒"，拒绝、远离。"嘉"，本义是美好，引申为赞美、褒扬、表彰，又引申为吉庆、快乐、喜欢等。"矜"，本义为仪仗矛，引申为庄重、怜悯、同情。"我之大贤与"的"与"，用在分句末，表停顿，兼有舒缓语气的作用。

本章的意思是，子夏的学生向子张请教如何结交朋友。子张问："子夏怎么说？"对方回答："子夏说：'可以交往的就和他交朋友，不可以交往的就拒绝、远离他。'"子张说："我所听到的与此不同：君子不仅尊重贤人，也能容纳众人；既能赞美、推举善人，也能同情、宽容能力弱的人。如果我是十分贤良的人，那对别人有什么不能容纳的呢？如果我是坏人，那别人就会拒绝、远离我，我又怎么能拒绝别人呢？”

这一章记述子夏与子张不同的交友原则。子夏主张交友应慎重而有选择，子张主张广泛结交朋友，多多益善。子夏为人宽厚，所以孔子曾告诉他能结交的人就交，不能结交的人就拒绝、远离；子张为人褊狭，所以孔子曾教育他要能容众。孔子是因材施教，不是朝令夕改。

《论语集解》有云：“友交当如子夏，泛交当如子张。”子张“容”，认为交友应泛而觅，子夏“拒”，认为交友应慎而择，表面看似矛盾，其实只是落脚点和目标不同，实际上二人各自申发了孔子交友之道的一个侧面，而孔子的交友之道是“对症下药”，因人而异。子夏之言接近孔子的“无友不如己者”，就如皇侃在《论语义疏》中云：“凡结交取友，必令胜己，胜己则己有日所益之义；不得友不如己，友不如己，则己有日损。故云‘无友不如己者’。”意思是凡是结交的朋友，一定要胜过自己。朋友胜过自己，自己每天才会有所进益；朋友不如自己，自己每天都会有所损失。《朱子语类》一书记载朱子对学生讲解这句话时说：“人交朋友，须求有益。若不如我者，岂能有益？”“凡人取友，须是求胜己者，始有益。且如人学作文，须是与胜己者商量，然后有所发明。若只与不如己者商量，则好者彼或不知，不是彼或不识。我又只见其不胜己，浑无激励之意，岂不为害！”子张之言接近孔子的“泛爱众，而亲仁”。故孔子曰：“师（子张）也过，商（子夏）也不及。”（《论语·先进》）蔡邕在《正交论》中曰：“商也宽，故告之以拒人；师也褊，故训之以容众。”子夏、子张之言都有启发意义，需因时制宜，因人而异。与人初遇要学子张，泛交博采；与人深交应学子夏，慎重而有选择。或曰子夏、子张皆可取法，但“容”“拒”需有度，“容”“拒”应适时，区分时间、地点、社会环境等。

19·4 子夏曰：“虽小道，必有可观者焉；致远恐泥，是以君子不为也。”

“小道”，指小的技艺才能。“观”，本义指有目的地仔细察看，也指有目的地向别人展示，引申为对事物的认识和看法，又引申为观赏及值得观赏的景象。“致”，定州汉墓竹简《论语》中为“至”，有追求、达到之意。“致远”，指追求远大的理想。“泥（nì）”，阻塞、阻滞、妨碍。

本章的意思是，子夏说：“即使是小的技艺，也必有可取之处；但依靠它来实现远大目标就行不通了，所以君子不在‘小道’上下功夫。”

本章意在说明君子应该有所为有所不为，人生大智慧就是懂得抉择，知道取舍。有远大志向抱负的人，不必倾力于小的技艺。朱熹认为“小道，如农圃医卜之属”，即具有专业性质的具体技艺。从本篇第12章可知子夏精于“小道”，此章可视为子夏受到孔子教导后的感悟。诸葛亮《诫子书》云：“夫君子之行，静以修身，俭以养德。非淡泊无以明志，非宁静无以致远。”就是希望君子要以宁静修养身心，以节俭培育道德，以淡泊彰明志向，以心无旁骛追求远大目标，也就是集中心智，专心致志实现自己的理想。子夏认为，“小道”不仅有用，而且可以钻研，既能有益于社会，又能以此谋生并找到乐趣，所以一般情况下，不应贬抑之，但其与“大道”不可同日而语。“大道”指《大学》中所论的“大学之道”，是治国平天下之道，胸怀远大，着眼宏观，俯视全局，追求的是造福人类。新时代，中国倡导的“一带一路”建设和人类命运共同体理念，就是造福人类的“大道”，是关注人类福祉的大智慧。“小道”与“大道”是相对而言的，只是人生定位和追求目标不同。

19·5 子夏曰：“日知其所亡，月无忘其所能，可谓好学也已矣。”

“亡”，同“无”，没有。《孟子·尽心上》有“人莫大焉亡亲戚、君臣、上下”。

本章的意思是，子夏说：“天天都能学到一些过去所不知道的东西，每月都不忘自己已经学习和掌握的知识，就可称得上是潜心求学了。”

本章记述学习的基本方法。子夏强调每个人都应该每天反省自己，知道自己的学识修养欠缺些什么，有哪些不知不明，知不足才能积极进取，奋发钻研才能有所进步，有更大的收获。如果一个人每天都能补充自己所不明之学问，不断巩固自己已知之学问，日复一日，月复一月，年复一年，持之以恒，潜心向学，不仅可以称得上是好学，还算得上是博学。孔子给教师的定义是“温故而知新，可以为师矣”，“日知其所亡”是“知新”，“月无忘其所能”是“温故”，“可谓好学也已矣”即“可以为师矣”。求学需要不断知新，同时要常常温故，方可“积土成山”“积水成渊”。顾炎武著的《日知录》，就取名于此。子夏所言表面看是论学习方法，实是张扬孔子的教育思想。孔子并不一味强调博闻强识，因为一个人在积累知识的过程中，很多内容都需要认真记忆，不断巩固，并且要在原有知识的基础上再接受新的知识，也就是温故知新。

19·6 子夏曰："博学而笃志，切问而近思，仁在其中矣。"

"笃"，本义为马行走缓慢，引申为深厚、厚重，又派生出牢固、坚定、专一的意思。"志"，通"识（zhì）"，记住。"笃志"，牢固记忆，确实掌握。"切"，切实。

本章的意思是，子夏说："广泛学习而又意志坚定，切实发问而又勤于思考，仁就在其中了。"

本章承接上章之论，子夏再次申发孔子的教育思想，论求仁之道，目的也是教导人如何"学"。"学"一般要经历学、记、问、思四个阶段，这是一个循序渐进的过程。博览群书，广泛深入地学习，难免会产生诸多困惑，有困惑而又能不耻下问，虚心求教，然后再进行切近实际的思考和体悟，才能有所得。《中庸》曰："博学之，审问之，慎思之，明辨之，笃行之。"学能博学，记能强记，问能切问，思能近思，每一个阶段都做到尽心竭力，这样"仁"就在其中了，也就能知仁、行仁、倡仁了。朱熹对"近思"尤为推崇，他与吕祖谦合编的北宋理学家周敦颐、程颢、程颐、张载等人之语录，取名为《近思录》，一是强调学者要有思想，要有灵魂；二是强调思考问题不要太虚幻，要切近实际，既要有治国平天下的胸怀，又要关注国计民生。此与《论语》"博学而笃志，切问而近思，仁在其中矣"所表达的思想高度一致。

19·7 子夏曰："百工居肆以成其事，君子学以致其道。"

"百工"，泛指各行各业的工匠。"肆"，指店铺，也指古代工匠制作物品的作坊。《隋书·裴矩传》云："令三市店肆皆设帷帐。""致"，达到，实现。

本章的意思是，子夏说："各行各业的工匠在各自的作坊里完成自己的工作，君子专心致志于学才能明道践道。"

本章以"百工成事"喻"君子成道"。百工居肆谋食，君子精学求道；百工以成事为己任，君子以成道为目标。"百工居肆以成其事"虽属"小道"，必有可赞之功，必须有人为之；"君子学以致其道"乃"大道"，将谋道行仁视为己任，任重而道远，也必须有人为之。成事、成道目标不同，但都需尽心竭力，专心致志，不屈不挠。子夏以百工尽心尽力劳作为喻，劝勉君子要专心致志学习，才能实现大道。皇侃《论语义疏》曰："言百工日日居其常业之处，则其业乃成也。……君子由学以至于道，如工居肆以成事也。"子夏认为百工在肆中专心勤奋工作，才能胜任职位，完成任务；君子要像百工一样，日日勤于学，潜心学，才能明道、行道、倡道。此章强调的是成事、谋道者都需有目标、有追求，不遗余力，履其职，胜其位。

19·8 子夏曰："小人之过也必文。"

"文"，最早见于甲骨文，像一个站立着的人形。本义指文身，引申为花纹、纹理，后又引申为文饰，也就是掩饰错误。

本章的意思是，子夏说："小人犯了错误一定会掩饰。"

本章子夏告诫君子若有错必改，不加掩饰，就还是君子；若文过饰非，那就是错上加错，君子也会变为小人。《论语·卫灵公》曰："过而不改，是谓过矣。"《孔子家语·执辔》曰："过而改之，是谓不过。"一般人犯错误，多属无心之失，非主观为恶也。若犯错后不敢承认，不能积极改正错误，还要加以文饰掩盖，那就是错上加错，实是自欺欺人，此乃小人所为。与小人相反，君子有过错，不仅敢于承认，还勇于改正，仍不失君子本色。所以本篇下文记载子贡言："君子之过也，如日月之食焉：过也，人皆见之；更也，人皆仰之。"意指君子犯错好比日食月食，偶尔有一点点阴影，大家都看得见；一旦他改正错误，人们依然仰望他。换言之，过而能改，不影响形象之高大、光辉之耀眼。

19·9 子夏曰："君子有三变：望之俨然，即之也温，听其言也厉。"

"俨"，昂头也。"俨然"，庄严的样子。"即"，本义是就食，引申为就、接近、靠近。"温"，本字为"昷（wēn）"，最早见于甲骨文，后演变为形声字"温"，从水，昷声。其本义为加热浴盆里的水，引申为适中的热度，派生出不冷不热、性情柔和等意思。"厉"，本义为磨刀石，引申为严格、严肃、凶猛。

本章的意思是，子夏说："君子有三种变相：远远地望着，觉得他庄重严肃；接近他，觉得他温和可亲；听他说话，又觉得他严厉不苟。"

本章论不同视角下君子给人的不同感觉，通过其言谈、举止、神情、姿态，展示了一位君子的风度和气质魅力。君子有三种变相：远望之可敬不可亲，实际上一与他亲近，又觉得非常温和，听他讲话，哪怕是聊天，内容也非常庄重严肃，不随意，不轻率。朱熹《论语集注》云：“俨然者，貌之庄。温者，色之和。厉者，辞之确。”钱穆《论语新解》云：“君子敬以直内，义以方外，仁德浑然（完整不可分割）。望之俨然，礼之存。即之也温，仁之著。听其言厉，义之发。人之接之，若见其有变，君子实无变。”指出三种变化反映的是君子不同气质的外化，“君子三变”，其实是变而未变，变而不离其宗，变而不失君子风度和气质。“君子三变”是人们在接触君子的时候，由远而近、由浅入深的不同感觉和认知。《论语·述而》云“温而厉，威而不猛，恭而安”，与本章所言“俨、温、厉”较为相近。子夏在此强调“俨、温、厉”应成为君子固有的品质，既是自勉，也是勉励后学。“君子三变”，一般人是无法兼得的，唯有孔子浑然一体，自然流露，恰如从不同视角赏玉，既能观得美玉的碧波玲珑，又能欣赏到美玉的冰清高洁。

19·10 子夏曰：“君子信而后劳其民；未信，则以为厉己也。信而后谏；未信，则以为谤己也。”

“信”，本义为言语真实，引申为诚实不欺，又引申为信用，即能履行诺言而令对方不疑。“劳”，本义是费力、劳苦，引申为疲劳、劳累，此处有役使之义。“厉”，此处有折磨、虐待之义。“谤”，意为公开指责别人的过失。《说文》：“谤，毁也。”

本章的意思是，子夏说：“君子必须取得信任之后才能去役使百姓，否则百姓就会认为是在饱受虐待。君子必须得到信任之后才能去进谏，否则君王就会认为你在诽谤他。”

此章谈为人处世的道理，强调不管自己处在什么地位，信是立世前提。在社会生活中，信是非常重要的。君子做事，务必要取信在先，否则陷于猜忌，往往会事倍功半。孔子特别强调信，“人而无信，不知其可也”（《论语·为政》），强调信是做人的基本要求。“子以四教：文，行，忠，信”（《论语·述而》），“文”为礼乐制度，道之显者谓之文，是孔子教育弟子的一个重要方面；“行”为德行，是做人的基本原则；“忠”“信”，是个人的优秀品质，也是立人之本。孔子以德作为育人之纲，强调从四个方面培育学生，“信”是四教之一。子夏认为要役使百姓或进谏君王，必须以取得信任为前提，“信则人任焉”（《论语·阳货》），否则会惹来诸多麻烦。

此章前两句谈如何做领导，具备怎样的品质才能指使他人；后两句讲如何做别人的下属，即如何做好辅臣。一个君子要想顺利役使自己的下属，必须要在下属面前建立起诚信，否则就得不到下属信任，不被下属信任也就无法正常役使下属。作为下属，对自己的领导提出意见和建议前，先要评估一下自己在领导心目中是否建立起信任：若领导对你信任，方可提出建议；若你在领导心目中没有建立起信任，就侃侃而谈，领导就会认为你在诽谤他，那就麻烦了。所以领导与下属之间，要相互有信，下对上敬信，上对下信任，才能共谋大计，成就事业。

19·11 子夏曰：“大德不逾闲，小德出入可也。”

“大德”“小德”，一般认为指大节、小节。也有人认为“大德”指从不违背道德法则的上贤之人，小德指偶有出格言行的次贤之人。“逾”，逾越、违背。“闲”，《说文》：“闲，阑也。从门中有木。”本义为木栏，此处指界限，引申为伦理道德原则。“不逾闲”，即不超越界限，有坚守伦理道德规范之义。“出入”二字，重在“出”字，即有所失之义。“可”，允许、可以。

这一章的大意是，子夏说：“重大的品德原则不能违背，小的生活细节有点差错是可以原谅的。”

在大节、小节的问题上，儒家向来主张：作为有君子人格的人，应当顾全大局，着眼于大是大非，而不在细枝末节上斤斤计较。《荀子·王制》云：“孔子曰：‘大节是也，小节是也，上君也；大节是也，小节一出焉，一入焉，中君也；大节非也，小节虽是也，吾无观其余矣。’”这是对孔子这段话的诠释，主张大的原则性问题不能出错，小节问题偶有出入，不要过分责备。换言之，大节不放过，小节可权宜。《孟子》曰：“言不必信，行不必果，惟义所在。”强调一切唯“义”是从，“义”乃大德，其余可权宜。也就是说，大德、大原则不可以轻易改变，小的毛病、细节问题不必过分责备。朱熹《论语集注》说：“大德、小德，犹言大节、小节。闲，阑也，所以止物之出入。言人能先立乎其大者，则小节虽或未尽合理，亦无害也。”即一个人大德守得住，小德虽有瑕疵，亦可也。朱熹接着又引吴氏曰：“此章之言，不能无弊。”刘向《论甘延寿等疏》言：“论大功者不录小过，举大美者不疵细瑕。”白居易在《策林四·议文章》中亦云：“然臣闻大成不能无小弊，大美不能无小疵。”不过话说回来，如果不注意小节，也会影响大节，关键在于怎样认识大节和小节，确定什么是大节和小节，这甚为重要。同时，在特定的情境下，小节也会损害大节。子夏之言，是个人对别人的要求，宽以待人应该说是可取的；如果对己而言，则要严于律己，坚持“勿以恶小而为之，勿以善小而不为”。

19·12 子游曰：“子夏之门人小子，当洒扫应对进退，则可矣，抑末也。本之则无，如之何？”子夏闻之，曰：“噫，言游过矣！君子之道，孰先传焉？孰后倦焉？譬诸草木，区以别矣。君子之道，焉可诬也？有始有卒者，其惟圣人乎！”

“抑”，文言助词，表转折，相当于“但是”“不过”。“倦”，本义指人体因疲劳而不能挺直，引申为疲劳、厌烦、懈怠。有学者认为此处的“倦”与前面的“传”字意思一样，即传授。“诬”，本义是说假话冤枉别人，引申为欺骗、歪曲。

本章的意思是，子游说：“子夏的学生，做些打扫和迎送客人的事情是可以的，但这些不过是末节小事，根本的东西没有学到，这怎么能行呢？”子夏听到后，说：“唉，子游说错了！君子之道，先传授哪一条呢？后传授哪一条呢？这就像草和木一样，都是分类区别的。君子之道怎么可以随意歪曲，欺骗学生呢？能按次序有始有终地教授学生，恐怕只有圣人吧！”

子游，姓言，名偃，字子游，亦称“言游”“叔氏”，春秋末吴国人，“孔门十二哲”之一，曾为武城宰。子游和子夏在如何教授学生的问题上产生了分歧，其实他们之间没有根本的不同，不过是教育方法有异，引导学生的入门路径不同而已。子游重本，批评子夏传授给学生的是枝节末学；子夏认为传道应由浅入深，循序渐进，批评子游一开始就教以大道，大多数情况下会让学生产生迷茫、厌倦和挫败感。子游树立高标，直指根本；子夏遵循规律，循序渐进，循循善诱。两者本无优劣，只是方法路径有别。子夏从小道入手，并非忽略大道；子游重大道，也未尝不传授学生小道。朱熹《论语集注》云："程子曰：'君子教人有序，先传以小者近者，而后教以大者远者。非先传以近小，而后不教以远大也。'又曰：'洒扫应对，便是形而上者，理无大小故也。故君子只在慎独。'又曰：'圣人之道，更无精粗。从洒扫应对，与精义入神贯通只一理。虽洒扫应对，只看所以然如何。'又曰：'凡物有本末，不可分本末为两段事。洒扫应对是其然，必有所以然。'又曰：'自洒扫应对上，便可到圣人事。'愚按：程子第一条，说此章文意，最为详尽。其后四条，皆以明精粗本末。其分虽殊，而理则一。学者当循序而渐进，不可厌末而求本。盖与第一条之意实相表里，非谓末即是本，但学其末而本便在此也。"强调成才成德需循序渐进，本末应相表里。程树德《论语集释》引元人许谦《读四书丛说》云："读此章者颇易失旨，但见'言游过矣'四字，便谓子游之言全非。盖子游但言门人虽知洒埽之末，不即举大学之本以教之；子夏则言教之当有序。子游未尝讥子夏教洒埽之非，而子夏亦未尝言不教以大学也。"许谦认为子游、子夏虽各执己见，但并不讥刺彼此，后人要辩证全面地理解二人之言，不能误解其意，也不能执其一端。

19·13 子夏曰："仕而优则学，学而优则仕。"

"优"，本义是充足、宽裕，这里应该是有余力的意思。

本章的意思是，子夏说："做官还有余力的人，就可以去学习；学习还有余力的人，就可以去做官。"

本章直接谈"学"与"仕"的关系。学界对此章有不同的理解：其一，圆满完成工作之后还有余力，就应该去学习、进修，不断提高自己；学习、研究之余要多参与社会实践，并以所学验之于社会。其二，做官处理好政事后还有余力，就应广泛地去学习以求更好；学习学好了还有余力，就可以去做官以便推行仁道。

关于"优"字的理解有两种，一种说法认为，"优"即裕也，意为有余力或有时间。本章的意思就是做官有余力就努力去学习，进修学业有余力就可以去做官。朱熹《论语集注》云："优，有余力也。仕与学理同而事异，故当其事者，必先有以尽其事，而后可及其余。然仕而学，则所以资其仕者益深；学而仕，则所以验其学者益广。"另一种说法是将"优"解为优良、优异。本章的意思就变成做官已经有成绩了就进一步努力去学习，学习有成果了便可去为官。皇侃《论语义疏》云："故学业优足则必进仕也。"这样一来，"优"字在前后两句话中意思不同，让人难以理解。正如金人王若虚在《论语辨惑》中说："旧说以仕优为优闲有余力，学优为德业优长，岂有一字而二义？不若皆训为有余力也。"刘宝楠《论语正义》曰："古者大夫士，年七十致事，则设教于其乡，大夫为大师，士为少师，是'仕而优则学'也。学至大成乃仕，是'学而优则仕'也。"这种说法较为勉强，大夫士到了70岁不再从政后，"设教于其乡"，是教书而非读书，这样就变成"仕而优则教"了。南怀瑾《论语别裁》认为，古人的可爱处就是"仕而优则学"，尽管地位高了，还要不断求学。"学而优则仕"，学问高了，当然出来为天下人做事。然而到了现代，大多是

“学而优则仕”，“仕而优则学”就少了，常见“仕而优则舞”“仕而优则牌”，甚至不乏“仕而不优则商”，值得深思。

19·14 子游曰：“丧致乎哀而止。”

“丧”，指居丧。“致”，达到。“哀”，指悲戚。“止”，本指停止，此有足够之义。

本章的意思是，子游说：“居丧，充分表达悲哀就可以了。”

学者对本章有不同的理解，一是认为本章是劝人节哀，不要因为悲伤哀痛过度而伤神伤身。皇侃《论语义疏》云：“虽丧礼主哀，然孝子不得过哀以灭性，故使各至极哀而止也。”二是认为本章强调居丧时应内心尽哀，不去追求表面的丧礼仪式。朱熹《论语集注》言：“致极其哀，不尚文饰也。”《论语·八佾》篇有“林放问礼之本”，子曰：“丧，与其易也，宁戚。”孔子认为就丧礼而言，与其铺张浪费，宁可悲哀过度，强调真诚才是礼的本质。《礼记·檀弓上》云：“子路曰：‘吾闻诸夫子：丧礼，与其哀不足而礼有余也，不若礼不足而哀有余也。’”孔子更讲求人的内心对已故亲人的哀戚，而非外在的礼仪表现形式。从《论语》《礼记》中可知，儒家对于居丧，还有以礼节制，以免过度毁伤生者的一面，故兼顾内外是儒家对于居丧的完整态度。孟子强调“厚葬”和“三年之丧”，批驳墨家“节葬”乃无父无母。实际上，墨家的“节葬”并不反对尽哀，其根据“节用”原则，主张“节葬”，即葬礼要节俭，守丧期要缩短，这与孔子思想是异曲同工的。

19·15 子游曰："吾友张也为难能也，然而未仁。"

"张"，指孔子弟子子张。"难能"，指不易做到。"未仁"，未完全达到仁的境界。

本章的意思是，子游说："我的朋友子张的水平可以说是很难达到的了，然而还没有达到仁的境界。"

魏王肃《孔子家语注》云："子张不务立仁义之行，故子游激（抨击）之以为未仁也。"认为子游批评子张"不务立仁义"，未能达到仁的境界。朱熹《论语集注》曰："子张行过高，而少诚实恻怛（恳切）之意。"认为子张才高意广，人所难能，而心驰于外，不能全其心德，未得为仁。纵观《论语》，孔子极少以仁来赞许一个人，说明达到仁的境界是非常困难的。在孔子弟子中，子张是比较突出的，他把仁作为自己追求的目标，修道之时既重理论又重实践。子张的缺点是言行偏激，这不符合中庸之道，因此说"未仁"。在本章中，子游的目的并不是贬低子张。仁道当为人人可行之道，高广或平易只是不同进路。而子张务求高广，大多数人难能同行，因此说他已超乎常人，但并不足以称为仁。

一般认为，此章是孔子去世后，孔子弟子的自我和相互评价之言。子游首先肯定子张的确是个了不起的人，他的学问一般人很难达到，他所做之事一般人也很难做到。他有责任感，勇于担当，但对仁义的追求、修养还没有达到夫子那样仁的境界。此处强调的是，唯有圣人能真正达到仁之境界，一般人需终身修行，不懈努力。

19·16 曾子曰："堂堂乎张也，难与并为仁矣。"

“堂堂”，盛大的样子，形容容貌庄严大方，有时也指有志气、有气魄。

本章的意思是，曾子说：“仪表堂堂的子张，别人难以和他共成仁德。”

继上一章子游对子张评点之后，本章记述曾子对子张的评价。曾子（前505—前434），名参，字子舆，春秋末年鲁国南武城（今山东嘉祥）人。是孔子晚年的弟子，与其父曾点同师孔子，是儒家学派的重要代表人物之一。

“仁”，从人从二，天地相爱有生即仁。因其有生，故仁为一切生命的中心。《说文》曰：“仁，亲也。”《韩非子·解老》有云：“仁者，谓其中心欣然爱人也。”仁的意思是两个人愿意走在一起，表明相互之间都有亲近的要求，因此其本义是两个人亲近友爱，其核心指人与人相互亲爱。仁字蕴含着中国人之世界观、价值观、人生观：《周易·系辞上》曰“一阴一阳之谓道”，阴阳有生即仁，此乃世界观；以仁为参照是善恶好坏的起源，此乃价值观；以仁为己任，亲爱苍生，此乃人生观。孔子认准仁对人类具有普世价值，所以建立了一个以仁为核心、孝悌为体用的思想体系，并将仁作为道德原则、道德标准、道德境界予以大力宣扬。

朱熹《论语集注》曰：“堂堂，容貌之盛。言其务外自高，不可辅而为仁，亦不能有以辅人之仁也。范氏曰：‘子张外有余而内不足，故门人皆不与其为仁。子曰：“刚毅木讷近仁。”宁外不足而内有余，庶可以为仁矣。’”何晏《论语集解》曰：“言子张容仪盛，而于仁道薄也。”基本都认为子张虽仪表堂堂，但薄于仁道。清王闿运《论语训》云：“亦言子张仁不可及也。难与并，不能比也。曾、张友善如兄弟，非贬其堂堂也。”

认为此章是说子张的仁德之大，非一般人能及，本义并不是贬其徒有堂堂仪表，内无仁德，而是批评其难以共同为仁。近人程树德《论语集释》言："况曾子一生最为谨慎，有口不谈人过之风，故知从前解释皆误也。"也认为曾子重在批评子张不善与人共同为仁。《论语·先进》篇言"师也辟"，说明子张较偏激，难以和别人共同成就仁德，由此可知，曾子并不是贬低子张仁德低下。

19·17 曾子曰："吾闻诸夫子：人未有自致者也，必也亲丧乎！"

"诸"，之于。"致"，通"至"，到了极点。"亲丧"，父母之丧事。

本章的意思是，曾子说："我听老师说过：人不可能自动地将感情发挥到极致，（如果有，）一定是在父母去世的时候。"

此章强调人心之善，亲丧之时便会真切显现。朱熹《论语集注》曰："致，尽其极也。盖人之真情所不能自已者。"说明人的情感不会随时随地自动发挥到极致。《中庸》有云："喜怒哀乐之未发，谓之中；发而皆中节，谓之和。"喜、怒、哀、乐等情绪是人们在受到外界刺激时的正常反应，在未受到外在刺激时，人的内心是平静的、自然的。但人在处理各种事情时，必然会受到外界各种环境因素的触动，从而产生各种各样的情绪变化，并通过表情、行为等反映出来。"人未有自致者"的意思是人们并不会随时、自主、尽情地抒发自己的情感，感性和理性结合才是人的情感完整的表现。通常情况下，人的各种情绪总是受到理性的约束。因而，人们通常的表现都是偏理性的而不是偏感性的。但是，理性并不是任何时候都能占上风的，情感的表达在受到理智约束的同时，还受到外在环境的影响，在特定情况下，情感也会摆脱理智约束，真情得以尽情流露。什么样的外在刺激能使人的情感尽情流露呢？“必也亲丧乎！”一定是在父母去世的时候。因为子与父母，本天性之至亲，居丧之时，乃人世间之大变故，只有此时其哀痛迫切之诚，发于至情而无法控制，内尽其心，无丝毫勉强和做作。也就是说，见人心之良，最真切者莫过于亲丧之时。

19·18 曾子曰：“吾闻诸夫子：孟庄子之孝也，其他可能也；其不改父之臣与父之政，是难能也。”

“其他”，指其他人，一般人。“难能”，指很难做到。

本章的意思是，曾子说：“我听老师说过：孟庄子的孝，其他人也是可以做到的；但他不更换父亲的旧臣及其政治措施，是其他人难以做到的。”

本章意在强调，圣君能任用父之良臣，发扬父之善政，此乃大孝于天下也。孟庄子，即仲孙速，鲁国大夫，当时人皆称其有孝行。孟庄子之孝，表现在生事尽礼，死事尽哀。曾子认为生尽礼，死尽哀，其他人还是可以做到的。但孟庄子在父亲去世后，其父所用之臣仍用，其父所行之政仍行，以父亲之心为心，无专断适己之意，不是一般人可以企及的。因为孟庄子志在立身行道、济世行仁，以此彰显父亲仁道之举、爱民之心，所以曾子认为孟庄子之孝乃孝之大者也。孝的内核是爱，爱要扩展到爱天下人，就是大孝于天下。因此汉唐之后，有“求忠臣必于孝子之门”之说，认为发自内心孝顺父母的人，若出来从政，一定会有责任感，一定能忠于国家，爱天下百姓。之所以说孟庄子“其不改父之臣与父之政，是难能也”，是因为常言道“一朝天子一朝臣”，孟庄子能大孝于天下，任用父亲所用之良臣，继续发扬父亲的善政，是非常难得的。社会发展到今天，我们对于“不改父之臣与父之政”是需审慎与辨析的，不能机械地固守之。因为“父之臣”需能适应国家发展需要，方可不改；“父之政”即使是仁道，在坚持大方向的前提下，也需要随着环境条件的变化而随机应变。“不改”是相对的，“改”是必然的。如传说中“禹改鲧（gǔn，大禹之父）道”，后世未闻有谓禹之不孝者也。

19·19 孟氏使阳肤为士师，问于曾子。曾子曰：“上失其道，民散久矣。如得其情，则哀矜而勿喜。”

“孟氏”，指鲁国权臣孟孙氏。鲁桓公生公子庆父，其后为孟孙氏，是孟子先辈。阳肤，春秋时鲁国人，曾子弟子。“士师”，古时司寇下属官员，掌管禁令刑狱、财物诉讼等。“民散”，本指情义乖离，不相维系，此处指百姓心里没有法纪概念。“哀矜”，指哀怜、怜悯。

本章的意思是，孟氏任命阳肤当法官，阳肤向曾子求教。曾子说：“国家政教不行，人民心里早已没有法纪概念了。审案时，不应以查清案情为喜，而应哀怜罪人。”

本章赞扬曾子的爱民之心。孟孙氏请曾子的学生阳肤做士师，阳肤上任前向曾子请教如何履职。曾子告诉他，若君王失其道，忽视政教，社会混乱，百姓心目中也就没有法纪概念了，这种情形存现越久，违法行为也就越多。“如得其情，则哀矜而勿喜”，曾子认为应该把社会的实际情形与法治结合起来，这是执法人员应该具有的认知和态度。断案的人应了解社情民生，了解犯罪者的犯罪动机和社会深层原因，若是社会问题导致人犯罪，那么办案的时候，对犯罪的人应该持有一种怜悯悲痛的心情，将减少和避免犯罪视为为政者的责任。所以在厘清案情之后，不应居功自喜，而应无比的悲痛和怜悯。曾子认为统治者应尽的职责是仁政德治，教化百姓向善。若百姓敢于以身试法，说明统治者既缺乏德治，也缺乏对百姓的教化，应承担相应的责任。所以法官若有爱民之心，就不要因为审出犯人犯法的实情，便认为这是履行自己的职责而沾沾自喜。故朱熹《论语集注》有云："谢氏曰：'民之散也，以使之无道，教之无素（质朴不加修饰的素质）。故其犯法也，非迫于不得已，则陷于不知也。故得其情，则哀矜而勿喜。'"《论语·颜渊》曰："听讼，吾犹人也。必也使无讼乎！"也就是说，法官不要因为明察秋毫、破案如神而沾沾自喜，真正能令法官欣慰的是天下无讼。天下无讼靠的是德治和教化。

19·20 子贡曰："纣之不善，不如是之甚也。是以君子恶居下流，天下之恶皆归焉。"

纣，指商纣王，名受，又称帝辛，纣是他的谥号。他是商代最后一个君主，历来被认为是一个暴君。"不如"，比不上。"甚"，严重。"君子恶居"之"恶（wù）"，讨厌。"下流"，指地势低洼、各处来水汇集的地方。"天下之恶"的"恶（è）"，坏事。"归"，强加。

本章的意思是，子贡说："商纣王的坏，并不到传说中的那种程度。所以君子厌恶处在地势低洼、恶水汇集的地方，天下一切坏名声都归到自己的身上了。”

纣是历史上有名的暴君，据史料看，纣有文武才能，对东方的开发、文化的发展和中国的统一，都曾有过贡献。传说纣宠爱妲己，贪酒好色，刚愎自用，拒纳忠言；制定残酷刑法，残害百姓；又大兴土木，无休止地役使人民。后周武王会合西南各族伐纣，在朝歌牧野（今河南淇县西南，牧野实际上指殷都朝歌的远郊地区，而不是一个地名）一战，纣兵败，逃入城内，引火自焚而死，商遂灭。

此章强调圣贤要亲君子、远小人，否则会出现众小人之恶集于己身的局面。“纣之不善，不如是之甚也”，子贡之言内在的含义是，舆论对一个人的评价往往带有从众心理和惯性思维，说某人好，要说得比某人实际状况还要好；说某人坏，则要说得比某人实际状况还要坏。因此劝诫君子要注重修身，不要居于污秽汇集的地方。朱熹《论语集注》亦曰：“喻人身有污贱之实，亦恶名之所聚也。子贡言此，欲人常自警省，不可一置其身于不善之地。非谓纣本无罪，而虚被恶名也。”也就是说，人不能为不善之事，一旦迈进污秽之地，就会成为众矢之的，百恶就会集于一身。《列子·杨朱》篇云：“天下之美，归之舜、禹、周、孔；天下之恶，归之桀、纣。”之所以“天下之美，归之舜、禹、周、孔”，就是因为他们是圣人；之所以“天下之恶，归之桀、纣”，就是因为他们是荒淫残暴之君王。程树德《论语集释》有云：“千古恶名纣独当之，纣岂无一毫之善哉？特亲小人而远君子，集众小人之恶为纣一人之恶耳。”清李渔《闲情偶寄》有云：“传奇无实，大半皆寓言耳。欲劝人为孝，则举一孝子出名，但有一行可纪，则不必尽有其事。凡属孝亲所应有者，悉取而加之，亦犹纣之不善，不如是之甚也，一居下流，天下之恶皆归焉。”李渔认为传说没有事实依据，只是用来寄托意味深长的道理。换言之，就是劝人向善，人一旦为恶，天下之恶都有可能归之。“尽信《书》，则不如无《书》”（《孟子·尽心下》），庆幸的是，古代圣贤不仅富有智慧，还能从历史真实的角度，客观评价历史人物。但这也警醒人们：千万不要做坏事、居恶地，否则就如居低洼污秽之处，坏事恶名总会笼罩在自己头上。

19·21 子贡曰：“君子之过也，如日月之食焉：过也，人皆见之；更也，人皆仰之。”

“日月之食”，即日食和月食。“更”，改正。“仰”，仰望，敬仰。

本章的意思是，子贡说：“君子的过错好比日食、月食：他犯过错，人们都看得见；他改正过错，人们都还继续敬仰他。”

此章以日月食的变化为喻，赞扬君子不像文过饰非的小人，不隐瞒掩盖自己的过错，还能公开改正自己的错误，具有光明磊落的胸襟。人非圣贤，孰能无过？犯了错能光明正大承认并改正错误，不加掩饰，此乃君子所为。君子犯错改过，其品格恢复如初，既不影响其本有的光辉，也不影响人们对其尊崇。换言之，君子不怕有过，而怕掩饰，错了就勇于承认，大家都看得见；承认并改正错误，人们就会像对待太阳、月亮一样，仍然会仰望他。“更”是君子的风度，就是敢于直面问题，勇于修正错误，因为君子其心向善，求仁成德，虽然偶尔也会犯错，但那不是他的本意。就像太阳和月亮一样，其作用是照亮大地，但也避免不了会有日食、月食的出现。故钱穆说：“君子有过，本出无心，亦不加文饰，故人皆见之。或说：以君子之德位，为瞻望所集，故苟有过，不得掩。”为什么君子犯错人们都能看得见呢？因为君子德高位尊，本就是人们瞩目的对象，而且君子光明磊落，犯错之后不文过饰非，所以君子一旦有错，所有的人都会看到。君子之所以能够成为君子，不是因为其永远不会犯错，而是因为他从来不回避过错，而且能及时主动地纠正错误。君子一旦纠正了自己的错误，就如同太阳和月亮恢复了光明一样，照样被人们敬仰。

19·22 卫公孙朝问于子贡曰："仲尼焉学？"子贡曰："文武之道，未坠于地，在人。贤者识其大者，不贤者识其小者，莫不有文武之道焉。夫子焉不学？而亦何常师之有？"

卫公孙朝，指卫国大夫公孙朝，因别国亦有同名之人，故加"卫"以示区别。仲尼，孔子的字。"焉"，哪里，什么地方。"坠"，落，引申为失传。"人"，指人世间传播。"识（zhì）"，记住，把握。"大"，纲领。"小"，细节。"常师"，固定的老师。

本章的意思是，卫国的公孙朝向子贡问道："仲尼的学问是从哪儿学来的？"子贡说："文王、武王的治国之道还没有失传，仍留在人间。贤能的人把握其根本，不贤能的人只能了解其细枝末节，可以说文武之道无处不在。我的老师（孔子）无处不学习，为什么一定要有固定的老师传授呢？"

此章意在说明善于学习的人，随时随地都可以学到有益的东西。孔子学说承继周文王、周武王之道，并没有固定的老师教授。换言之，孔子肩负着上承尧、舜、禹、汤、文武、周公之道，并把它发扬光大的责任，不需要专门的老师传授给孔子，在当时也没有人能传授仁学大道。由此表明孔子“不耻下问”“学无常师”的求学过程。从子贡的回答来看，卫国的公孙朝所问，有表示怀疑和质问的意味。盖当时孔子“祖述尧舜，宪章文武（以尧舜之道为祖而述之，以文武之制为宪而章之）”的学说已经普遍流传，所以公孙朝才会问仲尼是从哪里学到这些的。言外之意似乎说孔子的学说没有师承，没有来历，没有根据，乃旁门左道。子贡的回答很清楚也很合理，一是说明文武治国之道没有失传，仍在世间流传，故孔子学术有本有根；二是强调善学者无常师。鲁守宗周传统，“周礼在鲁”，“齐一变，至于鲁；鲁一变，至于道”（《论语·雍也》），孔子占据地利之便，能够更多地接触“文武之道”，而且孔子敏而好学，“入太庙，每事问”（《论语·乡党》），“择其善者而从之”（《论语·述而》）。孔子见贤思齐、无处不学，故学无常师。据记载，孔子曾问礼于老子，问官制于郯子，向师襄学琴，向苌弘学乐，正因学无常师，才成就其博学多闻、融会贯通的名声。同时，孔子一心向善，遍寻仁道，在对“二帝三王”治道理论化的基础上，形成了深深影响中华文化的仁学思想体系。

19·23 叔孙武叔语大夫于朝曰：“子贡贤于仲尼。”子服景伯以告子贡。子贡曰：“譬之宫墙，赐之墙也及肩，窥见室家之好。夫子之墙数仞，不得其门而入，不见宗庙之美，百官之富。得其门者或寡矣。夫子之云，不亦宜乎！”

叔孙武叔，姬姓，叔孙氏第八代宗主，名州仇，谥武，春秋时鲁国司马。子服景伯，即子服何，春秋时鲁国大夫。“以”，拿，把。“宫墙”，围墙。赐，即端木赐，复姓端木，字子贡。“及”，到。“仞”，一人之高。

一仞，旧有七尺、八尺、五尺六寸之说，尺不同，实皆以一人之高为数。“官”，房舍。“百官”，指各种各样的房屋。俞樾《儿笘录》云：“官者，馆之古文也。”

本章的意思是，叔孙武叔在朝廷中对各位官员说：“子贡比他的老师仲尼还要贤能。”子服景伯把这话告诉了子贡。子贡说：“就像房舍的围墙，我家的只有肩膀那么高，站在墙外很容易看见我家的好东西。但我老师家的围墙有几个人那么高，找不到进院的大门，就看不见里面宗庙的富丽堂皇和房屋的绚丽多彩。能找到大门而进院的人或许很少吧。所以叔孙武叔说出这样的话，不也是很自然的吗？”

此章旨在说明人需要有高深的学识修养和宽广的胸襟，方可尚美和知圣。子贡在孔子去世后，不失时机地向时人宣扬老师的至道大德。据说子贡在初入孔门时，也曾觉得自己比孔子强。东汉王充《论衡》有云：“子贡事孔子，一年自谓过孔子，二年自谓与孔子同，三年自知不及孔子。当一年、二年之时，未知孔子圣也，三年之后，然乃知之。”对于高深的学说，很难一目了然，随着子贡对孔子的了解由浅入深，才逐步认识到孔子学说的博大精深。当叔孙武叔认为“子贡贤于仲尼”时，子贡以“宫墙”为喻，一方面说明孔子学说的高深，自感与老师相差甚远；另一方面暗喻叔孙武叔之流尚未初窥孔子之道，难知圣道。故叔孙武叔之言，属无知之言。朱熹《论语集注》曰：“不入其门，则不见其中之所有，言墙高而宫广也。”说明圣人之道犹如高墙之内瑰宝，一般人难以窥见。程树德《论语集释》有云：“贤人之道卑浅易见，圣人之道高深难知，此子贡以墙室取譬之意也。”子贡说自家的墙只有肩膀那么高，人家站在外面就能看到里面的摆设与物件，好坏美丑一目了然。换言之，自己的学问、修养、做人的程度，易被人了解。而老师家的围墙，有数十尺之高，在墙外是无法了解老师的学问修养的，一般人连老师家的门在哪里都找不到，那么围墙之内宗庙的富丽堂皇和房屋的绚丽多彩就更不可能知晓了。子贡善于言辞，他没有直接批评叔孙武叔的无知，而是用一个比喻说明一个人缺乏高深的学识修养和宽广的胸襟，就无法尚美和知圣。

19·24 叔孙武叔毁仲尼。子贡曰："无以为也！仲尼不可毁也。他人之贤者，丘陵也，犹可逾也；仲尼，日月也，无得而逾焉。人虽欲自绝，其何伤于日月乎？多见其不知量也。"

"毁"，《说文》："缺也。"此处指诋毁。"无以为"，不要这样做。"逾"，超越。"多"，用作副词，只是。

本章的意思是，叔孙武叔诋毁仲尼。子贡说："不要这样做！仲尼是诋毁不了的。其他人的贤德就像小山，是可以超越的；但仲尼的贤德就像太阳和月亮，是没法超越的。如果有人要自绝于太阳和月亮，那对太阳和月亮又有什么损害呢？只不过说明其太自不量力罢了。"

此章言人自避光明，不会损害日月，只会让自己走向黑暗而毁灭。人若诽谤圣人，就似自绝于日月。孔子生前就得到弟子们敬仰，去世后更是得到弟子们的竭力维护。一旦遇到有人想诋毁孔子，弟子们就会主动地站出来维护老师。应该说，孔子之所以成为我国伟大的思想家、教育家，根本原因是他学识渊博，品德高尚，贡献卓越，同时得益于他的弟子对其学术思想的推举、继承和发扬光大。所以，当叔孙武叔欲诋毁孔子时，子贡借机盛赞孔子之德如日月朗照。子贡维护师道之尊严，把孔子比喻为日月，认为孔子的学识修养就像太阳和月亮一样高悬天空，高不可攀，是任何人都无法达到的，也是任何人都诋毁不了的。叔孙武叔居心叵测，自不量力，只能自取其辱。程树德《论语集释》有云："叔孙武叔毁仲尼，究竟何损于仲尼？徒得罪名教，受恶名于万世，适足以自损耳。"人欲毁谤圣人，就如自绝于日月。换言之，人欲自避光明，无损于日月之明亮，只会让自己渐渐走向黑暗而毁灭。

19·25 陈子禽谓子贡曰："子为恭也，仲尼岂贤于子乎？"子贡曰："君子一言以为知，一言以为不知，言不可不慎也。夫子之不可及也，犹天之不可阶而升也。夫子之得邦家者，所谓立之斯立，道之斯行，绥之斯来，动之斯和。其生也荣，其死也哀，如之何其可及也？"

陈子禽，即陈亢，字子亢，一字子禽，春秋末年陈国人，孔子弟子。"知"，同"智"。"邦家"，指封国和采邑，此处偏指国。"道（dǎo）"，同"导"，引导。"绥"，本义指登车时用以拉手的绳索，引申为安抚。"和"，同心协力。

本章的意思是，陈子禽对子贡说："你很谦恭，仲尼怎么能比你更贤良呢？"子贡说："君子一句话就可以显示出他的智慧，也可以显示出他的无知，所以说话不能不谨慎。老师的学问修养是没人能比得上的，就像天不能搭着梯子爬上去一样。如果我的老师治理一个国家，他要百姓立于礼，百姓就会立于礼；他引导百姓，百姓就会按他的指引前进；他安抚百姓，远方的百姓就会前来归顺；他动员百姓，百姓就会齐心协力。我的老师生得荣耀，去世后总有人怀念，我怎么能赶得上他呢?”

此章陈子禽认为子贡谦恭严谨，学识修养已达到完美程度，比孔子更贤能。陈子禽也是孔子的学生，他认为孔子的学识修养未必比子贡好，一是怀疑贬低老师，二有逢迎拍马的嫌疑。子贡借回复陈子禽，进一步赞扬孔子的品德和智慧，反映孔门后学对先师的敬仰。孔子处在一个天下无道的时代，他的学说不被当时社会广泛接受，生前身后常被误解、诽谤。盛名在外的子贡常挺身而出，维护先师。子贡在上章与此章分别把孔子比喻成日月、苍天，说明别人只能仰望孔子。

此章子贡与前两章回复不同，他认为一个人的言谈可显示其智慧学问。也就是说，当一个人口一开，其有多少学识、修养如何，一听便知，所以言语要特别谨慎，乱开口会反映出自己的无知与愚昧。子贡认为，孔子的思想是中国文化的代表，从修身齐家到治国平天下，都离不开孔子的学说。所以孔子生得荣耀，去世后人们总是怀念他。汪荣宝《法言义疏》有云：“夫子殁后，诸弟子切劘（mó，切磋相正）砥砺（相互勉励），以成其学。故当时以有若似圣人，子夏疑夫子，而叔孙武叔、陈子禽皆以子贡贤于仲尼，可见子贡晚年进德修业之功，几几乎超贤入圣。”每当有人无视、毁谤孔子时，孔门弟子就会挺身而出，昌明正道，其中以子贡功劳最大，而将其言语置于本篇之末，以显子贡不仅尊重老师，还能申发张扬师道。故朱熹《论语集注》引谢氏曰：“观子贡称圣人语，乃知晚年进德，盖极于高远也。夫子之得邦家者，其鼓舞群动，捷于桴鼓（鼓槌与鼓，比喻响应迅速）影响。人虽见其变化，而莫窥其所以变化也。盖不离于圣，而有不可知者存焉，此殆难以思勉及也。”说明一个人即使每天立于圣人之侧，或者每日拜读圣人之书，但欲真正理解、全面把握圣人之道也是很难的。

最后对本篇做一总结。本篇辑录的多为孔子弟子的言行，以子夏最多，其次是子贡。这些语录反映了孔子弟子各自的思想倾向和性格特征，如子张的恢宏、子贡的敏锐、子夏的笃实。孔子弟子不同的思想倾向说明孔子思想具有解释、发挥和发展的空间。子贡对孔子的思想把握较为全面深刻，对孔子的评价是弟子中极具代表性的，对孔子在中国思想史上地位的确立产生了深远的影响。

子贡是孔子的得意门生，他与孔子接触很多，关系密切。从《论语》中可知，他的领悟能力强，对孔子所说能举一反三，触类旁通，孔子表扬他能“告诸往而知来者”（《论语·学而》）。子贡很有钻研精神，善于提出问题，对孔子学说有颇多发挥，孔子的许多重要思想就是在回答子贡的问题或在同子贡的交谈中阐发出来的。

《论语》的许多篇章中都有子贡对孔子思想具体、准确而生动、传神的描述。子贡最早意识到孔子思想对于中国文化的伟大意义，本篇中子贡对孔子的颂扬，并非只是出于学生对老师的敬仰之情而表达的溢美之词，而是一个具有广博知识、丰富阅历和卓越眼光的学者、政治家和外交家，对切身感受其思想、学问和人格超绝的历史人物恰如其分的赞美。子贡对孔子的评价与颂扬，凸显以下几点：

首先，孔子对中华文化具有承前启后、继往开来之功。子贡曾言孔子是文武之道的继承者，在儒家学术体系中，文武之道代表了中国古代优秀的文化传统。“文武之道，未坠于地，在人”，子贡所说的文武之道并非只是周朝建立初期统治者的政治理念，而是植根于中华大地、活在中国人心中并被中华民族世代传承的文化传统。“贤者识其大者，不贤者识其小者”，子贡赞扬孔子学无常师，凡有益于社会、能造福人类的学问无所不学，从而把握了文武之道的根本精神，继承发扬了优秀的文化传统。子贡实际上将老师推举为其之前两千余年中国古代文化最伟大的总结者。

其次，孔子的思想博大精深，非常人可以探知。子贡很有才华，善于辞令，擅长外交，还富有经商才能。在《论语·公冶长》中，孔子称他是一个很宝贵的器具；在《论语·雍也》中，孔子说他通达，从政没有什么困难。子贡才华出众，本篇鲁国大夫叔孙武叔说他“贤于仲尼”，既有贬孔之意，又有挖坑之嫌。子贡敏锐洞察，用及肩之墙自比，以数仞之墙喻孔子，这不仅仅是自谦，亦是基于自知之明和对孔子思想意义的深切感知与推崇而作喻，应该说是实事求是的。子贡善于观察，具有极强的感知力，擅长处理实际事务，他说“不得其门而入，不见宗庙之美，百官之富”，是因为孔子的思想涉及人文学科理论的许多基本问题，揭示了人生的意义，探索了完善人格的途径以及提升人格精神境界的方法，是治国平天下的学问，对人类社会关系的确立和社会文明的发展影响极大。言下之意，没有一定的生活阅历、学术造诣和较高认知水平的人，是无法探知孔子的思想的。

再次，宣示孔子在中国思想史上不可替代的地位。《资治通鉴》曰：“是故才德全尽谓之圣人，才德兼亡谓之愚人，德胜才谓之君子，才胜德谓之小人。”孔子可谓知行完备的至善之人，即才德全尽之圣人。子贡喻孔子为日月，将其提升到极其崇高的地位，反映子贡对孔子的崇拜。他认为孔子是不可超越的，将批评孔子之人视为自绝于日月，言之过激，这在一定程度上会影响学术争鸣，妨碍思想的自由发展。孔子作为古代文化的总结者，可视为中国数千年文明发展的精神导师，其贡献是无与伦比的。

孔子也是儒家学说的创立者，当今西方思想家将儒家文化视为东亚文化代表，认为其是当今和未来世界最有活力的伟大的精神文化之一，这也是对孔子历史地位的一种肯定。因此，子贡对孔子的评价显示了其非凡的智慧和远见卓识。

尧曰第二十

刘瑾辉 解读

《尧曰》篇侧重谈论的是治国平天下的学问，重点论述如何治国。本篇共 3 章，第 1 章论古圣贤的治国方略，第 2 章述孔子的治国方略，第 3 章既是对《尧曰》篇内容的概括，也是对《论语》全书的总结。

本篇只有 3 章，《齐论》《鲁论》中这 3 章是合在一起的，同于今本。《古论》则又把后面两章分出，列为第 21 篇，题为《从政》，古人称为“两《子张》”（《汉书 · 艺文志》如淳注）。其中前两章字数较多，看似与前面篇章的短小精悍很不相符，故后世学者对此篇的真实性常有质疑，如崔述《洙泗考信录》就认为此篇不足信。程树德《论语集释》说：“《尧曰》一章是《论语》全书后序，古人序文常在篇末。”他还以《庄子》有《天下》、《史记》有《自序》为例。翟灏《四书考异》也持这种观点。这种观点在一定程度上肯定了本篇的逻辑性，既然是后序，肯定不会是零章碎句的杂凑。其实，本篇不但主题鲜明单一，形散神不散，而且多与前面篇章有所映照，是《论语》主体内容的一部分，其中存在的是文献流变的问题，而非真伪问题。

本篇第 1 章篇幅较长，大略可分为 4 个层次，为便于阅读，将其分为 4 个小节进行解读。

20·1·1 尧曰："咨！尔舜！天之历数在尔躬，允执其中。四海困穷，天禄永终。"

此节明言，欲避免"天禄永终"，就必须"允执其中"。尧，传说中的中国父系氏族社会后期的部落联盟首领，他把君位禅让（指统治者生前把首领之位让给血亲之外的人。"禅"意为在祖宗神灵面前大力推荐，"让"指让出帝位）给舜，史称"唐尧"，后被尊称为"圣君"。"尧曰"，下面引号内的话是尧在禅让帝位给舜时说的话。"咨"，即"啧"，表赞叹。舜，传说中受尧禅位的君主，他又把君位禅让给禹。据说他的眼睛有两个瞳仁，故又名重华。"天之历数"，天命，这里指帝王更替的次序。古代帝王都说自己之所以为帝，是由天命所决定的。"允"，公平，真诚。"执"，坚持，持守。"中"，中正不偏，无过无不及。

本节的意思是，尧说："啧啧！舜啊！上天赋予的大任已经落到你的身上，你要忠诚地执行中庸之道。如果四海百姓都陷于贫苦穷困，那么上天赐予的禄位也就会永远地终止了。"

在中国 5000 多年的文明进程中，早期君王大体实行禅让制，"尊贤使能，俊杰在位"。君主轮流做，但为政以德的传统始终未变，从尧舜圣王开始，一脉相传。此段文字，多引用古文《尚书》，不是纯粹抄录，目的是强调时代在更迭，社会在变化，但圣王政治传统没有变。

这一部分是尧将帝位禅让给舜时，对舜的告诫之辞，重点是“允执其中”。尧舜时期，人们认为帝王是上天选派下来管理天下万民的人，并不认为这是美差或权力的象征，而认为是身挑重担的苦差。做好了，百姓满意了，是帝王分内之事；做得不好，既有负于上天的信任，也愧对黎民百姓。故王位对于帝王来说意味着一种责任和担当。所以受天命登上帝位并不值得沾沾自喜，因为接过先王交付的重担后就需要全身心投入，竭力做好各项工作，不仅不能有负先王赏识，更不能有负天意民心。否则，天怒人怨，天就会收回所授之权。而衡量神圣使命完成得如何，就要看是否出现“四海困穷”的局面。一旦出现“四海困穷”，民不聊生，百姓走投无路，说明君主既不能顺天意，也不能遂人意，就会天舍人弃，也就“天禄永终”了。

20·1·2 **舜亦以命禹。**

曰：“予小子履，敢用玄牡，敢昭告于皇皇后帝：有罪不敢赦。帝臣不蔽，简在帝心。朕躬有罪，无以万方；万方有罪，罪在朕躬。”

周有大赉，善人是富。“虽有周亲，不如仁人。百姓有过，在予一人。”

此节强调，若天下不治，责在君王，不能怪罪臣下，更不能责罚百姓。“命”，告诫。禹，传说中受舜禅位的君主，姒（sì）姓，亦称“大禹”“夏禹”。以治水闻名天下，曾划分天下版图为九州。“履”，商汤的名字。他曾为商族首领，任用伊尹执政，积聚力量后灭掉夏桀，建立商朝。“敢”，谦辞，胆敢，斗胆。“玄牡”，黑色公牛，宰杀后用为祭品。“皇皇”，伟大。“后帝”，古代指最高的天神。这里“后”和“帝”是同一个概念，指天帝。“帝臣”，天帝之臣。古人有三种理解，一种认为指桀。皇侃《论语义疏》：“此明有罪之人也。帝臣，谓桀也。桀是天子，天子事天，犹臣事君，故谓桀为帝臣也。”另一种认为指天下贤人。朱熹《论语集注》：“言桀有罪，己不敢赦。而天下贤人，皆上帝之臣，己不敢蔽。简在帝心，惟帝所命。”还有一种认为指汤。“简”，本指阅，此处意为知道。“朕”，我，帝王自称。“赉（lài）”，赏赐。“周亲”，指至亲。“周”，最。

本节的意思是，舜也以尧诫己之辞诫禹。（商汤）说：“我斗胆用黑色的公牛来祭祀，向伟大的天帝祷告：有罪的人我不敢擅自赦免。天帝的臣仆（的善恶）我也不敢掩蔽，都由天帝的心来分辨、选择。我本人若有罪，不要牵连天下万方；天下万方若有罪，都由我一人承担。”周朝大封诸侯，使善人都富贵起来。（周武王说：）“我虽然有至亲，不如有仁德之人。百姓如果有过错，责任都在我一人身上。”

舜将帝位交给禹的时候，也是行大礼，向天地祭告。后面两段是商汤和周武王伐桀诛纣时的誓言。可以看出，随着社会的发展，文化越来越发达，帝王更加意识到肩负的责任重大。“敢用玄牡，敢昭告于皇皇后帝”，《墨子》引《汤誓》有此文，《尚书·汤誓》无此文，《汤诰》有之，与此小异。“敢用玄牡”，因为慎重才斗胆用黑色的公牛做祭品。此处有两种说法，一是说当时人间尚白，故用黑牛祭告上天；二是说当时人间尚黑，故用黑牛祭告上天，表隆重。“敢昭告于皇皇后帝”，代表全国百姓，向伟大的、威严的、高不可知的天帝祈告。“帝臣不蔽，简在帝心”，天帝的臣仆如果有过错，我绝不敢掩蔽，敬请天帝明辨、警示并给予惩戒。“朕躬有罪，无以万方”，自己所犯错误，不会推卸责任，更不会怪罪臣下或百姓。“万方有罪，罪在朕躬”，此句与下文的“百姓有过，在予一人”意思一致，如果百姓有过错，责任全在帝王。这是帝王最重要的政治德性，是中国文化政治哲学的精神，也是中国政治领导哲学的大原则，虽然很难做到，但非常值得倡导。

20·1·3 谨权量，审法度，修废官，四方之政行焉。兴灭国，继绝世，举逸民，天下之民归心焉。

此节明言，若希望国家强盛，民心归附，必须谨慎地制定度量衡的标准，审查修订各项法律规章，恢复废弃的官府工作，确保政令天下通行。“谨”，谨慎。“权量”，“权”，秤锤，指量轻重的标准；“量”，斗斛，指量容积的标准。宋蔡节《论语集说》云：“权，秤锤也，所以定轻重；量，斗斛也，所以定多寡。”“法度”，就是法律制度。朱熹《论语集注》云：“法度，礼乐制度皆是也。”皇侃《论语义疏》曰：“法度，谓可治国之制典也，宜审谛分明之也。”“废”，废弃。“官”，职官。“四方之政”，指天下的政令。“行”，畅通。“兴”，恢复，使之兴起。“灭国”，被灭亡的诸侯国。“继”，接续。“绝世”，断绝的家族。“举”，收揽任用。“逸民”，本指节行超逸、避世隐居的人，此处指亡国后被遗落的人才。

本节的意思是，谨慎地制定度量衡的标准，审查修订各项法律制度，整顿废弃职守的官府工作，使政令得以通行天下。恢复被灭亡的诸侯国，接续即将断绝的家族，收揽任用被遗落的人才，使天下百姓真心归附。

“谨权量，审法度，修废官，四方之政行焉。”汉儒认为此及后一节乃孔子之言，皇侃《论语义疏》认为此乃“二帝三王”所修之政。“谨权量，审法度”，就是谨慎制定各种标准和各项规章制度，同时应“权”，随时事变化而改变度量和法律制度。中国文化讲究“经权”之道，即大原则不变，也就是标准、制度基本稳定，方法、措施可以随机应变。“修废官”有两层意义，第一层意义是，尧、舜、禹以后，经过殷商时期，政治荒废，到了周朝重新整顿起来；第二层意义是，任何一个制度、一条法规、一项行政措施，依《周易》“穷则变，变则通，通则久”的道理，不可能永远保持一成不变。换言之，法久则生变，变则通，通则盛而久。时移世易，人的生理、思想、情感也是随时变，随地变，不变是不可能的。有时很好的计划，施行下去，到了基层，经过空间或者时间的转换，计划赶不上变化，就会出问题，所以“修废官”等于说应把握好兴废之间的分寸。“四方之政行焉”，“四方”即天下，保证政令在天下得以通行，百姓即可安居乐业，国家即可长盛不衰。本节强调“谨权量，审法度，修废官”，政令才能通行天下；“兴灭国，继绝世，举逸民”，天下之民就会归附，“然而不王者，未之有也”。

20·1·4 所重：民、食、丧、祭。宽则得众，信则民任焉，敏则有功，公则说。

此节旨在说明，政宽就能得到百姓拥护，诚实就能赢得人民信赖，勤勉就能建立功绩，公平就会使百姓愉悦。“宽”，宽厚。“得众”，得民心。“信”，诚实。“任”，信任。“敏”，勤勉。“公”，公正，公平。“说”，同“悦”，高兴。

本节的意思是，百姓看重的是：粮食、丧礼、祭祀。为政宽厚就会得到百姓的拥护，行事诚实就会得到人民的信赖，执政勤勉就能建立功绩，公平就会让百姓高兴。

“所重：民、食、丧、祭。”此句断句有分歧，一种为“民、食、丧、祭”四者并列，何晏《论语集解》引孔安国曰：“重民，国之本也。重食，民之命也。重丧，所以尽哀。重祭，所以致敬。”另一种将“民”前置，“食、丧、祭”三者并列。《论语集注》引《武成》曰：“重民五教，惟食、丧、祭。”我认为此句应理解为“民所重：食、丧、祭”，因为“民”和“食、丧、祭”不属于同一个逻辑层次，不应该并列。

“宽则得众，信则民任焉，敏则有功，公则说。”《论语·阳货》云：“子张问仁于孔子。孔子曰：‘能行五者于天下，为仁矣。’‘请问之。’曰：‘恭、宽、信、敏、惠。恭则不侮，宽则得众，信则人任焉，敏则有功，惠则足以使人。’”两段文字有相似之处，有人据此认为本节的“公则说”由后人所加。

百姓所重视有三：民以食为天，故重食；逝亲需尽哀，故重丧；缅怀祖先以致敬，故重祭。重食，生民所依。重丧、祭，则生者哀思，思亲怀古。为政宽厚，得民心；行事诚实惠民，民拥戴；勤勉为政，定有功绩；施政公平公正，百姓欢呼。任何时代为政者若能做到这几点，百姓定会信赖、支持、拥护，国家就能长治久安。

关于此章编撰之意义逻辑，历来多有争议。柳宗元《论语辩》云：

"《论语》之大，莫大乎是也。是乃孔子常常讽道之辞云尔。彼孔子者，覆生人之器者也。上之尧舜之不遭，而禅不及己；下之无汤之势，而己不得为天吏。生人无以泽其德，日视闻其劳死怨呼，而己之德涸然无所依而施，故于常常讽道云尔而止也。此圣人之大志也，无容问对于其间。弟子或知之，或疑之不能明，相与传之。故于其为书也，卒篇之首，严而立之。"柳宗元认为孔门弟子推尊孔子，以为祖述尧舜，宪章文武，故缀之于先王之后，有以王道自任之意。柳宗元之说，无文献支撑，实难求证。钱穆《论语新解》对此章与《论语》全书之关系有见解："盖此章既非孔子之言，又非其门弟子之语，而自尧、舜、禹、汤而至武王，终以孔子，其次序有条不紊，其为全书后序而出于编订者某一人或某几人之手，殆可无疑。"此说也因文献不足，仅作扩大见闻录之。

20·2 子张问于孔子曰："何如斯可以从政矣？"子曰："尊五美，屏四恶，斯可以从政矣。"子张曰："何谓五美？"子曰："君子惠而不费，劳而不怨，欲而不贪，泰而不骄，威而不猛。"子张曰："何谓惠而不费？"子曰："因民之所利而利之，斯不亦惠而不费乎？择可劳而劳之，又谁怨？欲仁而得仁，又焉贪？君子无众寡，无小大，无敢慢，斯不亦泰而不骄乎？君子正其衣冠，尊其瞻视，俨然人望而畏之，斯不亦威而不猛乎？"子张曰："何谓四恶？"子曰："不教而杀谓之虐；不戒视成谓之暴；慢令致期谓之贼；犹之与人也，出纳之吝谓之有司。"

此章是子张向孔子求教为政之道，孔子所言乃为官行政要领。“尊”，尊重。“屏（bǐng）”，排除。“惠”，施惠。“费”，花费，浪费。“泰”，安适，庄重。“正其衣冠，尊其瞻视”，指面对自己敬仰的人，要先整理好自己的仪容，以示恭敬、尊重；然后仰望尊容，翘首以待，侧耳聆听。“俨然”，庄重、严肃的样子。“教”，教育。“虐”，虐待。“戒”，告诫。“视”，发令，要求。“成”，完成。“暴”，粗暴。“慢”，迟缓。“贼”，伤害，害人。“犹之”，犹如，如同。“司”，苛刻，小气。

本章的意思是，子张问孔子：“怎样才能治理政事呢？”孔子回答：“尊重五种美德，排除四种恶政，这样就可以治理政事了。”子张问：“五种美德是什么？”孔子回答：“君子要给百姓以恩惠而自己却无所耗费，使百姓劳作而不使他们怨恨，追求仁德而不贪图财利，庄重而不傲慢，威严而不凶猛。”子张又问：“怎样才能给百姓以恩惠而自己无所耗费呢？”孔子说：“看人民在哪些方面能得利，就引导他们去做这些方面的事，不就是给百姓以恩惠而自己无所耗费吗？选择可以使百姓劳作的事再去让他们劳作，谁又会怨恨呢？想要得到仁德就得到了仁德，怎么还会贪图财利呢？君子不管人口多少，不管年龄大小，都不敢怠慢他们，不就是庄重而不傲慢吗？君子衣冠整齐，庄重严肃，人人见了都很敬畏，不就是威严而不凶猛吗？”子张问：“四种恶政是什么？”孔子回答：“不经教化便加以杀戮叫作暴虐；不加告诫便要求成功叫作粗暴；起先懈怠而突然限期完成叫作害人；给人财物却出手吝啬叫作器量狭小。”

这一章孔子讲了“五美四恶”，这是他政治主张的基本观点，其中包含有丰富的“民本”思想，如“因民之所利而利之”“择可劳而劳之”，他反对“不教而杀”“不戒视成”的暴虐之政。从这里可以看出，孔子对德治、礼治社会有自己独到的见解，在今天仍不失其重要的借鉴价值。

孔子强调为政以德，统治者要修仁成德，先正其身，做好本职工作，才能要求百姓更多。本章可谓孔子谆谆告以治世的良方妙药。他反对暴民、虐民、害民之政，提倡统治者在教化百姓的同时，也要爱民赏民，调动百姓的积极性。在《论语·颜渊》中子张就曾以如何执政的问题问于孔子，孔子回答："居之无倦，行之以忠。"这主要是针对臣如何奉君而言的。此章子张又问政于孔子，孔子的回答更为详尽，且与《颜渊》篇侧重点不同，是从统治者对百姓的态度而言的，倡导要实行德政，反对滥施暴政和刑罚。

本章孔子详细阐述了治国之道，意义尤为深远。诚如清杨名时《论语札记》说："此章溯流穷源，见微知著，抉尽病根，只在贪、骄、猛三字，而王道圣学，直昭揭日月而行。"

本章安排在前章之后，上承先圣先王言行事迹，更可见儒家济世安民的理想与追慕圣贤的取向，以及孔门后学对于孔子承继先王之道的认知。

20·3 孔子曰："不知命，无以为君子也；不知礼，无以立也；不知言，无以知人也。"

这一章孔子再次向君子提出三点要求，即"知命""知礼""知言"，这是君子立身处世需要特别注意的问题。"命"，天命。"礼"，礼节。"立"，立足。"言"，言语，说话。

本章的意思是，孔子说："不懂得天命，就不能做君子；不知道礼仪，就不能立身处世；不善于分辨别人的话语，就不能真正了解他人。"

《论语》一书最后一章重点谈君子人格，表明此书主旨就在于塑造具有理想人格的君子，培养治国安邦平天下的志士仁人。此章为《论语》末篇末章，孔子强调君子要三知："知命""知礼""知言"。此处的"命"为"天命"。孔子自述人生各时期的不同境界时，就说"五十而知天命"，人需对"天命"有所敬畏。"君子有三畏"，其中一个就是"畏天命"。郭店楚简《穷达以时》说："遇不遇，天也。"这里的"天"和"时"就是指"天命"。"天命"是人力之外的决定性因素，它可左右人生的穷达祸福，影响人生的升降沉浮，也就是说，如果时运不佳，即使是贤能之人，同样无法获得施展才能与伸张正义的机会。

孔子所讲的"命"，其真正意义指的是宇宙的某一法则，人事、物理、历史的命运，人对其没有办法转变，现在我们称它为"时代的趋势"。势在那里的时候，只要顺势而为，充分施展自己的才华，穷达祸福往往就掌控在自己的手里。所以这个"命"有时很难讲，也许我们的"八字"早就定了，当然这个"八字"不是指生辰八字，而是"生于忧患，死于安乐"八个字。中国古代"天命之谓性"的"命"又是另一种解释，可释为宇宙生命之命。如果我们把这一章的"命"解释为生命之命，又牵涉哲学问题了，也是非一言可尽的。孔子这里说"不知命，无以为君子也"，就是指一个人不知道时代的趋势，对于环境没有了解，既不能有前知之明，又不能顺势而为，那就无法成就事业。

孔子所处的是"无道"的乱世，他本人"有德而无位"，虽然胸怀天下，却难以施展自己的才华，无法实现自己的政治抱负。他对自己所处的时代有一个清醒的认识，即"道之将行也与，命也；道之将废也与，命也"（《论语·宪问》）。但这并不意味着儒家放弃行道的努力，《孔子家语·在厄》记载他的言论："芝兰生于深林，不以无人而不芳；君子修道立德，不为穷困而改节。"他认为君子面对人生的态度，首先是认识"命"，对于时代未知、人力所不能及的部分有所认识和尊重，同时不因"命"而改变自己的节操，因为人的穷达自己是无法完全决定的，而人的德行、才智的增长却只能取决于自己，与"天"和"命"无关。这也和《论语》首篇首章的"人不知而不愠，不亦君子乎"相照应，自身有贤能，而不为人了解，这是由天命所致，而非我自身的原因，所以我并不恼怒，这是君子所为。

"不知礼，无以立也。"这个"礼"包括了中国文化，简单来说，包含一切礼义。中国传统文化的哲学道理、人生道理要懂得，假使不懂，就无法站立在这人世间。孔子重礼，有学者甚至认为礼是孔子思想的核心。孔子所推重的周代文明，其制度架构的基础即"礼乐文明"。礼是实现社会和谐的重要载体，孔子所言的"君君，臣臣，父父，子子"就是希望社会中的每个人都能遵守自己应遵守的礼仪，这样社会才会和谐，诚如有子所说的"礼之用，和为贵"。如果一个人不知礼，就会受到别人的耻笑、唾骂乃至疏离，《诗经·鄘风·相鼠》就有"人而无礼，胡不遄死"之语。可见，"礼"与今日的"法"较为相近，是人立足社会的基本条件。《论语·泰伯》云："兴于《诗》，立于礼，成于乐。"《诗》有着强大的感染力，可以启迪心智，陶冶性情，使人懂得人生的真谛；"礼"能使人行为规范，熏陶人格，卓然自立于社会群体之间；"乐"可陶冶情操，使修身、治学得以完成。《论语·季氏》中孔子教导伯鱼也说："不学礼，无以立。"这些都和本章的表述是一致的。孔子十分精通各种礼仪，所以鲁国大夫孟僖子在临终前曾嘱咐他的两个儿子孟懿子和南宫敬叔向孔子拜师学礼。

孔子还强调“知言”的重要性。言由心生，通过对人的言语、言论的考察分析，便可以了解一个人的修养，从而择善而交。“不知言，无以知人也。”依字面解释，不知道如何说话，就无法做人行事。人怎么会不“知言”呢？其实这里的“言”指的是言语文化，比如《论语》中蕴含着孔子的人生经验，告诉我们的是做人做事的道理，我们不能深切理解，就无法很好地为人处世。

总之，一个人若能知命、知礼、知言，自身所行就会合乎礼义，就能交于他人、立足社会，就能正确体悟人生。人之为人，必须生活于社会群体之中，能知命、知礼、知言，君子人格便能卓然树立。

在《论语》最后一篇中，孔子先是总结了古代的政治思想。第 1 章前半部分按照历史的顺序，依次引用了古代圣王的话语，这实际上是用孔子的“述而不作”的方法来表达其政治理念；后半部分则提出了孔子的治国大纲。具体表现在以下几个方面：

首先，爱民富民。尧说：“四海困穷，天禄永终。”而尧的继位者舜又将这一教诲传给大禹，《论语》以此强调爱民富民是古代圣王世代相传的政治理念。而“天禄永终”之说则是警醒统治者，若不实行爱民之政、富民之策，百姓穷困，就会造成失位亡国的灾难性后果。这一理念在孔子提出的治国大纲中得到了反映，孔子特别重视“民”和“食”。而在第 2 章中孔子又重申了这一理念（“因民之所利而利之”），并且把它列为从政者必须遵从的“五美”之首。所有这些充分显示了爱民富民理念在孔子政治学说中的重要地位。

其次，宽和施政。孔子常强调宽容温和，不仅将其当作个人的美好品质和日常生活中待人接物应有的态度，而且将其提升为治国理政的基本原则，内涵十分丰富。宽和施政的主张，主要是针对当时各国实行苛政的社会背景提出的。孔子认为苛政猛于虎，因此他竭力提倡宽和的政治，反对严刑峻法和苛捐杂税。在本篇中，孔子对宽和的政治理念又有了进一步的展开，强调政策的实施、官役的派遣、法令的执行都不能祸害百姓，都要考虑到百姓的利益。在第2章中，他主张“择可劳而劳之”，就是选择百姓愿意、能够做的事让他们去做，只有如此才会“劳而不怨”。孔子特别憎恨统治者事先不动员、不做好准备，却要求立刻成功；不及时下达政令，却要求限时完成任务，百姓稍有延误，就加以惩罚；对这些做法，孔子愤怒地斥为“暴”和“贼”。孔子宽和施政理念的又一表现是他对当时犯人的同情之心。他破除了统治阶级的偏见和世俗之见，不将犯罪行为完全归罪于犯罪个体，而是寻找造成犯罪现象的社会、政治原因。在《颜渊》篇第18章中，孔子把盗窃归因于统治者的多欲；而在本篇第2章中，他又把犯罪行为归罪于统治者事先不对百姓加以教育，甚至提出“不教而杀谓之虐”，这些都流露出孔子对处于苦难中的百姓的深切怜悯之心。

再次，敬重百姓。在第2章中，孔子要求具有一定地位和权力的人，不可以骄横跋扈，要敬重他人。他们待人的态度要庄重而不傲慢，威严而不凶猛。遇到管辖范围内的百姓，不论他们人多还是人少，年龄大还是年龄小，都不可怠慢。这是要求尊重普通百姓的人格。

最后，执政者应有责任感和担当意识。前文精心选择的古代文献里，远古英明的圣王都主动承担治国中出现问题的罪责。商汤说：“朕躬有罪，无以万方；万方有罪，罪在朕躬。”周武王也表示了同样的态度，说：“百姓有过，在予一人。”此理念同孔子“其身正，不令而行；其身不正，虽令不从”（《论语·子路》）的思想一致，因而也反映了孔子的政治理念，强调执政者应有责任感和担当意识。

自“子曰：学而时习之”开始，到“不知言，无以知人也”结束，《论语》全部20篇连起来，都是学问。学问不是知识，不是文字，学问是用人生修养来体验的，随时随地来学习，才能达到“知命”而“自立”的境界。那么，怎样才能算得上真正读了《论语》呢？至少要做到以下几点：一是不断阅读，反复斟酌，断其字句，领会其深层内涵；二是用圣人的智慧之光指引人生航向，修身成德，成就事业；三是倡导学《论语》，宣扬、践行孔子思想，尊孔崇儒，共推中华优秀传统文化。

明末心学大家刘宗周曾说：“第二十篇历叙尧、舜、禹、汤、文、武之传，而终之以夫子之论政，又推本君子之学。内圣外王，于斯为至矣。……尧授舜，言祈天永命之道，而推本于‘执中’，其旨微矣。中之为义，从方所得名而实不落方所，其在道体亦然。浑然至善，中而已矣。圣人为天地立心，为生民立命，为万世开道统，亦准诸此而已矣。圣人立天命人心之极，而修道以立教者，更无偏倚之私、过不及之弊。”关于道统，曾有人说自韩愈《原道》始，儒家道统即已清晰。非也！事实上，儒家道统自《论语·尧曰》起就已经明晰。换言之，首论道统者，《论语》也。

《尧曰》篇是《论语》终篇，终篇想表达什么呢？朱熹《论语集注》引杨氏曰：“《论语》之书，皆圣人微言，而其徒传守之，以明斯道者也。故于终篇，具载尧舜咨命之言，汤武誓师之意，与夫施诸政事者，以明圣学之所传者，一于是而已，所以著明二十篇之大旨也。《孟子》于终篇，亦历叙尧、舜、汤、文、孔子相承之次，皆此意也。”《论语》终篇具载“尧舜咨命之言，汤武誓师之意，与夫施诸政事者”，即孔子倡导尧舜之道，以明圣学之所传者。也就是说，《论语》将“治统”与“道统”合一，即将实践上升到理论，事实上将孔子归入儒家统系。

《孟子》终篇提到圣人之道的继承问题，“由尧、舜至于汤，五百有余岁……由汤至于文王，五百有余岁……由文王至于孔子，五百有余岁……由孔子而来，至于今，百有余岁。去圣人之世，若此其未远也；近圣人之居，若此其甚也。然而无有乎尔，则亦无有乎尔！”（《孟子·尽心下》）孟子从“五百年必有王者兴”（《孟子·公孙丑下》）的观点出发，历述历史上那些具有里程碑性质的圣人，同时对圣人之道的不继深感忧虑，以“舍我其谁”（《孟子·公孙丑下》）的豪气，隐然以大道继承者自居。

唐韩愈尤重孟子，并且推举孟子学说。韩愈在《原道》中，详细排列圣人传承谱系，即儒家道统。《原道》云：“斯吾所谓道也，非向所谓老与佛之道也。尧以是传之舜，舜以是传之禹，禹以是传之汤，汤以是传之文、武、周公，文、武、周公传之孔子，孔子传之孟轲，轲之死，不得其传焉。”在韩愈的道统论中，孟子被视为孔子之后儒家道统的唯一继承人。韩愈曾说：“始吾读孟轲书，然后知孔子之道尊，圣人之道易行。”所以他主张：“故求观圣人之道，必自孟子始。”韩愈所排列的道统就是儒家“道”的传承系统，通过这个传承系统使自己所推崇之道的合法性获得了历史性依据。但是“道”在中国古代是一个共名，各家思想都言道。所以韩愈又给他所说的儒家之道的含义进行了界定：“博爱之谓仁，行而宜之之谓义，由是而之焉之谓道，足乎己无待于外之谓德。仁与义为定名，道与德为虚位。……凡吾所谓道德云者，合仁与义言之也。”这样不仅使儒家的道与其他的道区分开来，而且使儒家的道落到了实处。所以他特别标明儒家的道并不仅仅用于个人的修养，而且完全适用于治国理民的实践。

宋儒提出道统并且完善道统学说。北宋理学家包括孙复、张载、二程等都为道统站队。其中，孙复提出“尊王明道”“崇儒排佛”的主张，并延展了道统传承的队伍，他在《孙明复小集》中言：“吾之所为道者，尧、舜、禹、汤、文、武、周公、孔子之道也，孟轲、荀卿、扬雄、王通、韩愈之道也。”二程进一步进行阐述，并且提高“四书”的地位。宋儒理学和孟子的学说有很密切的联系，于是孟子的地位进一步上升。朱子延续了二程的理念，正式将这种传承命名为道统。朱子还强化了道统概念，将其追溯至孔子、三王。朱子在《中庸章句序》中言：“《中庸》何为而作也？子思子忧道学之失其传而作也。盖自上古圣神继天立极，而道统之传有自来矣。”朱子特尊二程，认为他们是孟子之后的道统传人，而自己是二程之后儒家道统的继承者。

康熙在《日讲四书解义序》中曰：“朕惟天生圣贤，作君作师，万世道统之传，即万世治统之所系也。自尧、舜、禹、汤、文、武之后，而有孔子、曾子、子思、孟子；自《易》《书》《诗》《礼》《春秋》而外，而有《论语》《大学》《中庸》《孟子》之书。……盖有四子，而后二帝三王之道传；有四子之书，而后五经之道备。四子之书，得五经之精意而为言者也。孔子以生民未有之圣，与列国君、大夫及门弟子论政与学，天德王道之全，修己治人之要，俱在《论语》一书。《学》《庸》皆孔子之传，而曾子、子思独得其宗。明新止善，家国天下之所以齐治平也；性教中和，天地万物之所以位育，九经达道之所以行也。至于孟子，继往圣而开来学，辟邪说以正人心，性善仁义之旨著明于天下。此圣贤训辞诏后，皆为万世生民而作也。道统在是，治统亦在是矣。”他对道统的推崇与维护，也正是为了宣扬清王朝治统的正统性，同时自然而然地将自己归入儒家道统之中。

中国民主革命的先驱孙中山说："中国有一个道统，尧、舜、禹、汤、文、武、周公、孔子相继不绝，我的思想基础，就是这个道统，我的革命，就是继承这个正统思想，来发扬光大！"明言自己接续儒家道统。

清末民初的唐文治说："唐柳宗元谓：'《论语》之大，莫大乎《尧曰》一篇，是乃孔子常常讽道之辞。……'文治谨案：柳氏之说是也。盖治统者原于道统，尧以是传之舜，舜以是传之禹，禹以是传之汤，汤以是传之文、武、周公，文、武、周公传之孔子。《尧曰》一篇以孔子之道统，继尧、舜、禹、汤、文、武、周公之治统也。……至知命、知礼、知言三者，乃又示万世学者继续道统之全功。……是道统也，亦治统也。综全篇数百言中，天下万世之学术、治术包括而无不尽。呜呼！神乎微乎！……二千数百年之后有王者起，其必来取法乎！"

综上所述，不管是圣贤伟人还是帝王，不管是否能践行儒家仁学，都视仁爱天下是正统善道，都欲将自己归入道统之中，自言是道统的接续者。他们起码主观上是认可儒家仁爱思想的，其崇仁理念是可嘉的。

附　录

一、南怀瑾在《论语别裁》中提出，读《论语》必须了解几个前提：

（一）《论语》是孔门弟子们所编记，先贤们几经考据，认为它大多是出于曾子或有子门人的编纂，这个观念比较信实而可靠。

（二）但是当孔门弟子编辑此书的时候，对于它的编辑体系，已经经过详密的研究，所以它的条理次序，都是井然不乱的。

（三）所以此书不但仅为孔子和孔门弟子们当时的言行录，同时也便是孔子一生开万世宗师的史料，为汉代史家们编录孔子历史资料的渊源。由此可知研究《论语》，也等于直接研究孔子的生平。至于效法先圣，自立立人以至于治平之道，那是当然的本分事。

（四）可是古代书册是刻记于竹简上的，所以文字极需简练，后来发明了纸张笔墨，也是以卷幅抄写卷起，但因古代的字体屡经变更，所以一抄再抄，讹误之处，不免有所脱节，因此少数地方，或加重复，或有脱误，或自增删，都是难免的事实。

（五）古代相传的《论语》有三种，即《鲁论》二十篇，和《齐论》二十二篇，又在孝景帝的时期，传说鲁恭王坏孔子故宅的墙壁，又得《古文论语》。但《古文论语》和《齐论》，到了汉魏之间，都已逐渐失传，现在所传诵的《论语》，就是《鲁论》二十篇了。

（六）至于《论语》的训诂注疏，历汉、唐、宋、明、清诸代，已经有详实的考据，我们不必在此另作画蛇添足的工作。至若极言性命心性的微言，自北宋五大儒的兴起，也已经有一套完整的努力，我们也不必另创新说，再添枝叶。

二、梁漱溟将《论语》总结为14种态度（见梁漱溟著，李渊庭、阎秉华整理《梁漱溟先生讲孔孟》）：

一是“仁”。仁是人原本的心，以敏锐直觉流露于外。仁者的生活，是人原来的生活，听凭当下的直觉，不是学习理智，努力习惯的矫揉造作的生活。

仁，分问仁、亲近仁人、仁极容易做、仁极难做、违仁、不仁。仁是生命的直觉，生命合适的理，表现为慈爱、柔嫩、真挚、敦厚、慎重。

要使生命合乎自己生命之理，不是难事，“仁远乎哉？我欲仁，斯仁至矣”。要恰恰好，实在很难。离了丝毫就成了违仁。人心，不走原来路。见到一个可怜的人，直觉想帮他，但习惯和理智让你有防备心，助人念头搁置下来，仁心被牵制。心落在别物上，看不见当下，这就是不自然，是不仁。

二是“乐”。乐的态度是安和自在。到达乐，有两个途径，向外找，满足欲求；取消欲求，取消问题。所谓的问题，可以不成问题。乐者，是生机的活泼，是生机畅达，生机畅达有两个条件：调和和新波澜。儒家的生活，不需要找乐子。乐在心上，放下找的时候便是乐。

“仁者不忧”，仁者的生命是自己涌现出来的，不用外面去拨动。

乐有三种：与苦对应的乐、依赖于环境的乐、无条件的乐。孔子的乐是无条件的乐，无论贫富贵贱，一样开心。

三是“讷言敏行”。讷言敏行是少说多做。多言，“恐人陷于不仁”，不仁者，是对许多事不觉得不安，此种状况成为习惯就陷入了不仁。“君子耻其言而过其行”，说的比做的多，是很羞耻的事。“巧言令色，鲜矣仁”，一个人讲话表情谄媚、辞令华丽，这样的人达到仁的不多。“力行近乎仁”，一个人只要埋头苦干就接近仁的状态了。

四是“看自己”。“古之学者为己，今之学者为人”，为己是为兴趣学，为人是为利益学。为己不自私，为人自私。“君子求诸己，小人求诸人”，君子有问题在自身找原因，小人有问题在别人身上找原因。

五是“看当下”。当下即心，看当下是心在心那个地方，盯住你的心。心是生活中的决定部分，心与生活不能分开，而人心容易滑脱。“出门如见大宾，使民如承大祭”，出门的时候，仿佛是去见重要的人一样，保持心在这儿，不会心不在焉，会一直注意对方的言行，所以心在当下是仁。

如果能做到老实人和小孩的状态，就生活在看自己、看当下的状态。

六是“反宗教”。“未知生，焉知死”“未能事人，焉能事鬼”，别瞎琢磨鬼神、生死的事情。宗教和看当下的态度相反，宗教来自人的情志不安，心中觉得痛苦，找宗教求得安慰。将私心无限放大，不是孔子提倡的态度。

七是“毋意必固我”。孔子有四件事不做：毋意、毋必、毋固和毋我。毋意，不瞎猜。毋必，通权达变，根据事情的状态，调整做法。毋固，不固执己见。毋我，不以自我为中心。

八是“非功利”。“君子喻于义，小人喻于利”“放于利而行，多怨”。君子做事是非功利的，不问对社会有没有帮助，对他人有没有帮助。非功利的生活是凭借趣味的，依靠直接和内心的良知。追求功利，会失去生活的乐趣，丧失好的行为。好的行为，取决于人的和乐心理。

九是“非刑罚”。“道之以政，齐之以刑，民免而无耻；道之以德，齐之以礼，有耻且格。”拿法律刑罚治理社会，百姓求不犯罪，没有羞耻心；用道德礼制引导百姓，百姓有羞耻心，有归服心。

十是“礼乐”。礼是自然的，是天理，不是人为。礼是人情的要求，不是人情外的假形式，不在乎繁文缛节，是发自真性情的，率真、质朴是真的礼。真性情被扭曲，礼就是假的。礼是合乎人性的，合乎人发自本心的、活泼的、当下的东西。美好的教化通过礼乐来完成。

十一是“孝弟”。孝悌是内部灵活、自然的心理外化，成为社会教条。孝悌没有错，是生命里自然的心情。孝悌，是对你身边的人好，发自内心地爱他们，你的内心是柔软的、活泼的。所谓孝悌，就是人伦间的父慈子孝，兄友弟恭，是那颗柔嫩和乐的心。

十二、十三是“不迁怒，不贰过”。怒是正常的事情，迁怒是把痛苦转嫁给别人。“不贰过”有两层意思：知过和改过。“不迁怒”和“不贰过”之间有联系。做错事，首先要知“过”，知“过”是件难事。过是松懈了，人一松懈，就会犯错。“不贰过”意味着不懈，重新觉醒，所以不懈是觉醒的状态。

十四是“天命”。君子有三畏：畏天命、畏圣人之言、畏大人。天命是宇宙流行趋势。要有成就，不能没有凭借，不能不要缘法，外面的条件很重要。外面的条件有两面，顺的是好机缘，逆的是不好的机缘。求学不求学，不是天命；成功不成功，是被决定的，需要外面的条件。为不为在自己，成不成在天。真正的听天由命，是尽自己的力量去拼搏，做听天命、尽自己心力的人。